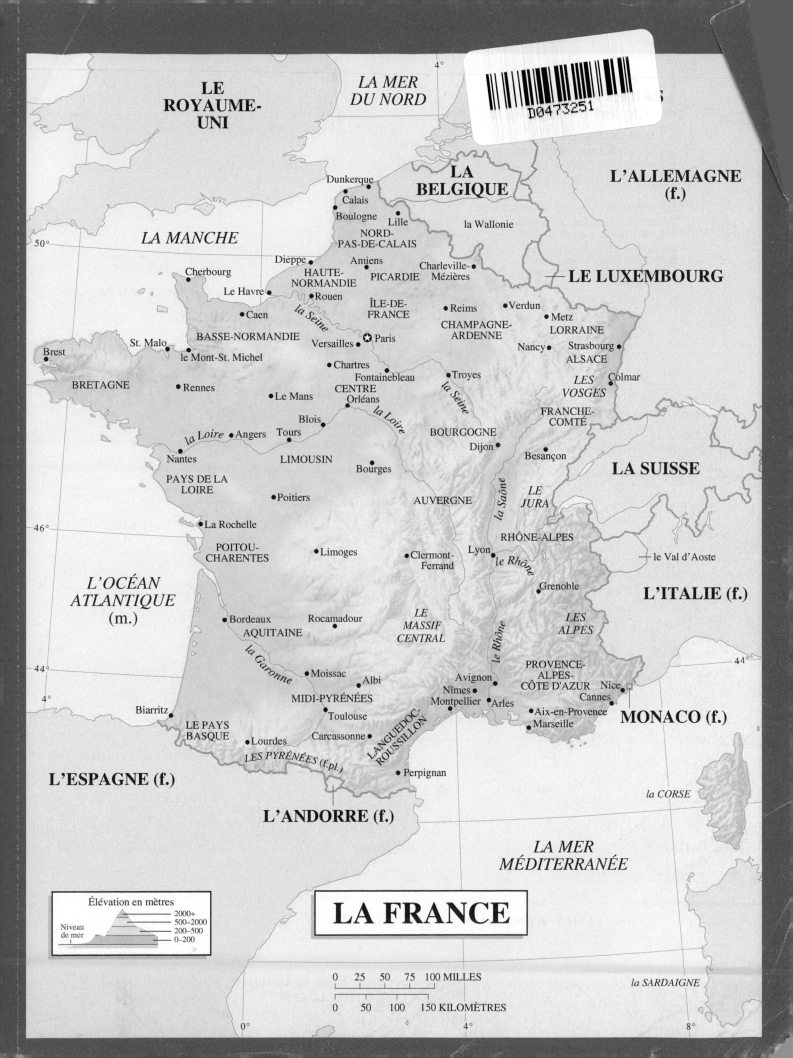

LA FRANCE

LE ROYAUME-UNI

LA MER DU NORD

L'ALLEMAGNE (f.)

LA MANCHE

LA BELGIQUE

la Wallonie

LE LUXEMBOURG

Dunkerque
Calais
Boulogne
Lille
NORD-PAS-DE-CALAIS

Dieppe
Amiens
PICARDIE
Charleville-Mézières

Cherbourg
HAUTE-NORMANDIE
Le Havre
Rouen
la Seine
Caen

ÎLE-DE-FRANCE

Reims
CHAMPAGNE-ARDENNE
Verdun
Metz
LORRAINE

Versailles
Paris
Nancy
Strasbourg
ALSACE

St. Malo
le Mont-St. Michel
BASSE-NORMANDIE

Chartres
Fontainebleau
CENTRE
Orléans

Troyes
la Seine

LES VOSGES
Colmar

Brest
BRETAGNE
Rennes
Le Mans

Blois
Tours
BOURGOGNE
Dijon

FRANCHE-COMTÉ
Besançon

la Loire
Angers
la Loire

LA SUISSE

Nantes
PAYS DE LA LOIRE
LIMOUSIN
Bourges

AUVERGNE

LE JURA

la Saône

Poitiers

L'OCÉAN ATLANTIQUE (m.)

POITOU-CHARENTES
Limoges
Clermont-Ferrand

RHÔNE-ALPES
Lyon
le Rhône

le Val d'Aoste

La Rochelle

L'ITALIE (f.)

Grenoble

Bordeaux
AQUITAINE
Rocamadour

LE MASSIF CENTRAL

LES ALPES

la Garonne
Moissac
Albi
MIDI-PYRÉNÉES
Toulouse

le Rhône

PROVENCE-ALPES-CÔTE D'AZUR

Avignon
Nîmes
Montpellier
Arles

Nice
Cannes

Biarritz
LE PAYS BASQUE
Lourdes
Carcassonne
LANGUEDOC-ROUSSILLON

Aix-en-Provence
Marseille

MONACO (f.)

LES PYRÉNÉES (f.pl.)

Perpignan

L'ESPAGNE (f.)

L'ANDORRE (f.)

la CORSE

LA MER MÉDITERRANÉE

Élévation en mètres
2000+
500–2000
200–500
0–200
Niveau de mer

| 0 | 25 | 50 | 75 | 100 MILLES |

| 0 | 50 | 100 | 150 KILOMÈTRES |

la SARDAIGNE

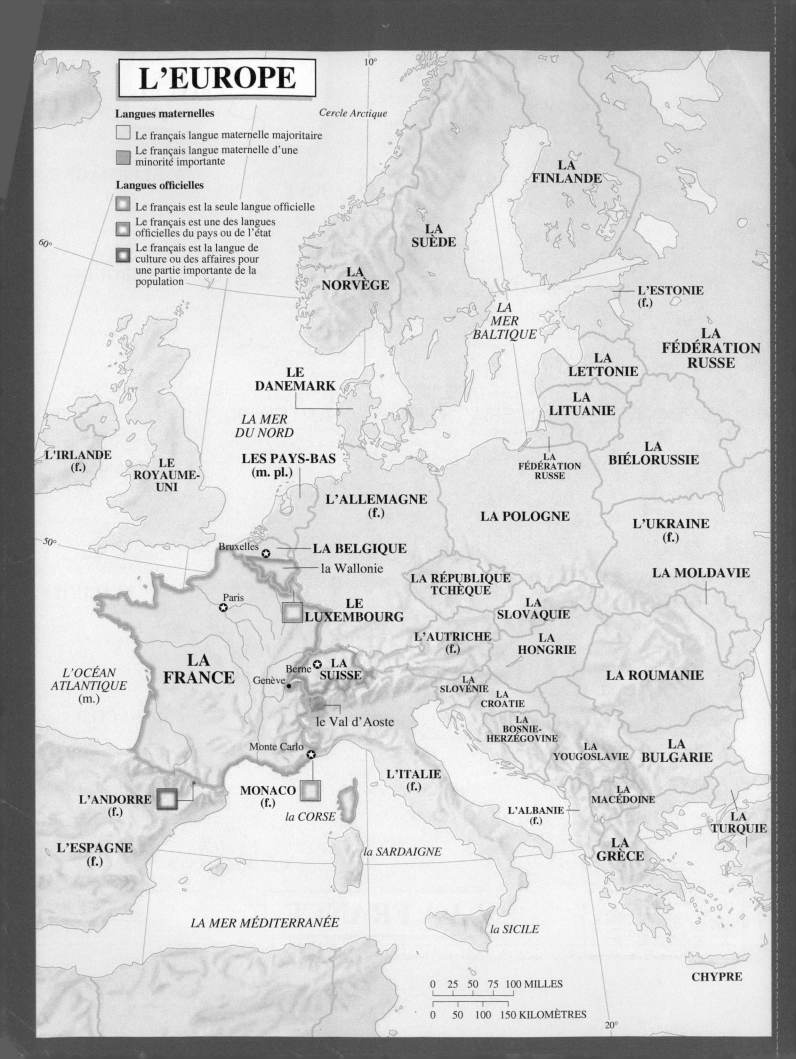

L'EUROPE

Langues maternelles

☐ Le français langue maternelle majoritaire

■ Le français langue maternelle d'une minorité importante

Langues officielles

◻ Le français est la seule langue officielle

▣ Le français est une des langues officielles du pays ou de l'état

▣ Le français est la langue de culture ou des affaires pour une partie importante de la population

À Vous!

The Global French Experience
with Student Activity Manual

Enhanced Second Edition

VÉRONIQUE ANOVER | THERESA A. ANTES

CENGAGE
Learning

Australia • Brazil • Japan • Korea • Mexico • Singapore • Spain • United Kingdom • United States

À Vous!
The Global French Experience
with Student Activity Manual
Enhanced Second Edition

À Vous! The Global French Experience, Enhanced Second Edition
VÉRONIQUE ANOVER | THERESA A. ANTES

© 2014, 2012, 2008 Cengage Learning. All rights reserved.

Library of Congress Control Number: 2010930900

Senior Project Development Manager:
 Linda deStefano

Market Development Manager:
 Heather Kramer

Senior Production/Manufacturing Manager:
 Donna M. Brown

Production Editorial Manager:
 Kim Fry

Sr. Rights Acquisition Account Manager:
 Todd Osborne

For product information and technology assistance, contact us at
Cengage Learning Customer & Sales Support, 1-800-354-9706

For permission to use material from this text or product,
submit all requests online at **cengage.com/permissions**
Further permissions questions can be emailed to
permissionrequest@cengage.com

This book contains select works from existing Cengage Learning resources and
was produced by Cengage Learning Custom Solutions for collegiate use. As such,
those adopting and/or contributing to this work are responsible for editorial
content accuracy, continuity and completeness.

Compilation © 2013 Cengage Learning
ISBN-13: 978-1-285-90202-9

ISBN-10: 1-285-90202-5

Cengage Learning
5191 Natorp Boulevard
Mason, Ohio 45040
USA
Cengage Learning is a leading provider of customized learning solutions with
office locations around the globe, including Singapore, the United Kingdom,
Australia, Mexico, Brazil, and Japan. Locate your local office at:
international.cengage.com/region.

Cengage Learning products are represented in Canada by Nelson Education, Ltd.
For your lifelong learning solutions, visit **www.cengage.com/custom.**
Visit our corporate website at **www.cengage.com.**

Printed in the United States of America

Brief Contents

Excerpted from:
À Vous! The Global French Experience
Enhanced Second Edition
Anover | Antes

Excerpted from:
À Vous! The Global French Experience
An Introductory Course / Student Activities Manual
Anover | Antes

Table of Contents

Scope and Sequence

	VOCABULARY	STRUCTURES	CULTURE
CHAPITRE 1: Qui es-tu?	Basic conversational expressions (4) Introductions (16) Making plans (16)	1. The alphabet (9) 2. **Tu** vs. **vous** (7) 3. Numbers 0-69 (18) 4. The verb **être** (21)	Greetings and good-byes in Francophone countries (12) The university system in France (24)
CHAPITRE 2: Je suis comme je suis	Describing yourself and others (34) Talking about your personality (34) Daily activities; professions, pets (51)	1. Negation (37) 2. The verb **avoir** (42) 3. Adjective agreement and placement (45) 4. Regular **-er** verbs (54) 5. Indefinite articles (56)	Portrait of the French and Francophones (49)

À l'aventure! La Guadeloupe (64-66)

	VOCABULARY	STRUCTURES	CULTURE
CHAPITRE 3: Ma famille et mes amis	Talking about leisure activities (69) Family members (83) Days of the week and months of the year (88)	1. Yes/no questions (77) 2. Definite articles (72) 3. Possessive adjectives (85) 4. **On** and **il y a** (90) 5. Numbers 70-1,000,000 (92)	The French and their pets (79) Mother's Day in the Central Africa (95)
CHAPITRE 4: Mon appartement 	Describing an apartment or house (105) Prepositions (116) Household chores; the weather (122)	1. The verb **aller à** and the near future (108) 2. Regular **-ir** verbs (111) 3. Prepositions and contractions with definite articles (118) 4. The verb **faire** (125) 5. Telling time (127)	Comparison of housing in the United States and France (114)

À l'aventure! La Wallonie (136-138)

	VOCABULARY	STRUCTURES	CULTURE
CHAPITRE 5: Ma ville 	Shops and stores (143) Food items (144) Clothing items (154) Urban places such as businesses and streets (152)	1. Regular -**re** verbs (145) 2. Partitive articles and expressions of quantity (148) 3. The verbs **mettre, porter,** and **essayer** (157) 4. The pronouns **y** and **en** (159) 5. The verbs **prendre, comprendre,** and **apprendre** (164)	**Brasseries** (151) Grocery shopping in France (166)
CHAPITRE 6: Mes goûts gastronomiques 	Ordering and paying at a restaurant (172) Expressing likes and dislikes (189) Expressions with **avoir** (174) Foods (186) Table settings (195)	1. The verbs **vouloir, boire,** and **pouvoir** (176) 2. Adverbs (179) 3. Review of articles and expressions of quantity (191) 4. The interrogative adjective **quel** (196) 5. Negative expressions (189)	Types of bread and cheese (182) Table manners in France and Francophone Africa (198)

À l'aventure! La Provence (202-204)

	VOCABULARY	STRUCTURES	CULTURE
CHAPITRE 7: Les infos qui m'entourent 	The media (207) Current events (224)	1. **Passé composé** with **avoir** and **être** (209) 2. The **passé composé** in the negative and interrogative (212) 3. **Passé composé** with **y** and **en** (226) 4. Placement of adverbs in the **passé composé** (226) 5. The verbs **lire, dire, écrire** (228)	French/Francophone television (222) French/Francophone radio stations (232)
CHAPITRE 8: Mes relations amoureuses et amicales 	Reflexive and reciprocal verbs for expressing emotions (240) Reflexive and reciprocal verbs for talking about daily routine and relationships (250)	1. Reflexive verbs in the present tense (242) 2. Reciprocal verbs in the present tense (245) 3. Reflexive and reciprocal verbs in the **futur proche** (252) 4. Reflexive and reciprocal verbs in the **passé composé** (255) 5. The verbs **partir, sortir,** and **quitter** in the present and **passé composé** (258)	Interracial and intercultural marriage (247) Example of a French/Francophone wedding (254)

À l'aventure! La Louisiane (264-266)

	VOCABULARY	STRUCTURES	CULTURE
CHAPITRE 13: Ma vie branchée! 	Computers, the Internet, and other technology (403) Extreme sports and other hobbies (414) Fitness (426)	1. The verbs **connaître** and **savoir** (406) 2. The future tense (418) 3. Stress pronouns (422) 4. Indirect object pronouns (428) 5. Multiple object pronouns in a sentence (432)	The Internet in Africa (411) The French and soccer (435)
CHAPITRE 14: Mon bien-être et ma santé 	Health, including common illnesses and remedies (443) Impersonal expressions (444) Expressing emotions (457) Expressing volition, doubt, certainty (457)	1. The present subjunctive (446) 2. The subjunctive of irregular verbs (449) 3. Subjunctive vs. infinitives (460) 4. The subjunctive with expressions of emotion and volition (462) 5. The subjunctive with expressions of doubt (465)	How the French attain well-being (453) Traditional medicine in Africa (469)

À l'aventure! La Province de Québec (474-476)

To the Student

We hope you will enjoy using and learning from *À vous!* **Enhanced Second Edition**. In addition to your student textbook, the *À vous!* program offers a variety of components to help you get the most out of your Introductory French course. Whether you learn best from conversations and working with groups, from reading or writing, or from using multimedia components, *À vous!* can help you learn effectively and, hopefully, help you have fun in the process!

Below are the components available to you as part of the *À vous!* Enhanced Second Edition program.

Student Components

Student Textbook

The **Student Textbook** contains the information and activities that you will need for in-class use. It is divided into fourteen core chapters, each containing vocabulary and grammar presentations, listening practice, cultural information, and plenty of vocabulary and grammar practice activities. Reading selections and writing practice are featured in alternating chapters. The back of the book contains valuable reference sections, including French-English and English-French glossaries, verb charts, and a vocabulary list of classroom-related terms.

Text Audio Program

In your book, this icon refers you to the **Text Audio Program**, available in MP3 format on the Premium Website. The audio program contains recordings of the **Passage** dialogues from each chapter, as well as the listening **segments** for the À l'écoute! exercises. Your instructor may play the audio during class time or assign the listening activities to be done outside of class.

Student Activities Manual (SAM)

The **Student Activities Manual (SAM)** is intended as a way for you to get extra practice outside of class. It contains both workbook (written practice of the grammar and vocabulary presented in the Student Textbook) and lab manual (listening and pronunciation practice) components.

SAM Audio Program

The **SAM Audio Program**, also available in MP3 format on the Premium Website, contains the pronunciation and listening practice that corresponds to the listening portions of the **Student Activities Manual**. The **SAM Audio Program** is meant for you to use outside of class or at the language lab.

Video Program

The video that accompanies *À vous!* consists of four segments that incorporate vocabulary, structures, and cultural material from various chapters of the textbook. It follows the daily lives of four college roommates, each from a different Francophone country or region (France, Belgium, Morocco, and Quebec). The focal point of each episode is the preparation of a recipe, which corresponds to those featured in four of the À l'aventure! sections of the book, and, in the process, the roommates share their experiences with and insights into their respective cultures.

iLrn™ Heinle Learning Center

The iLrn™ Heinle Learning Center includes an audio- and video-enhanced eBook, assignable textbook activities, companion videos with pre- and post-viewing activities, partnered voice-recorded activities, an online workbook and lab manual with audio, interactive enrichment activities, and a diagnostic study tool to help you prepare for exams.

Heinle eSAM powered by Quia™ (Online Student Activities Manual)

Your instructor may choose to use an electronic version of the **Student Activities Manual.** It allows you to complete the same practice as presented in the print version, but in a computerized format that provides immediate feedback for many exercises. The audio corresponding to the lab exercises is also included.

Premium Website

This icon directs you to supplementary material found on the Premium Website for *À vous!*, located at **www.cengagebrain.com.** There you will find the following resources:

- **Text Audio Program,** available in MP3 format;
- **SAM Audio Program,** available in MP3 format;
- **Video clips,** to accompany the video activities;
- **Chapter quizzes,** designed to help you practice chapter vocabulary and grammar and to assess your own progress via immediate feedback;
- **Audio-enhanced flashcards,** for additional practice learning chapter vocabulary;
- **Grammar tutorials,** visual presentations of the more challenging grammar structures;
- **Grammar podcasts,** audio presentations of pronunciation and grammar structures;
- **Web search activities,** designed to give you further practice of chapter vocabulary and grammar structures and enhance your cultural knowledge through exploration of authentic French-language websites;
- **Interactive games,** including crossword puzzles and concentration activities;
- *À vous* **iTunes™ Playlist,** a complete list of French and Francophone songs to accompany the *À vous!* program;
- **Google Earth™ Coordinates,** to help you locate the French speaking countries of the world;
- **Chapter glossary,** recordings of all chapter vocabulary.

Acknowledgments

Perhaps the best (and worst) part of writing an **Enhanced Second Edition** of a textbook is that you have a chance to critically reexamine and improve the first edition. It is during this process that you realize, if they haven't already been pointed out to you, the imprecisions, typos, and other flaws that managed, despite the best editing and proof-reading in the world, to insert themselves into the previous edition.

We therefore come to the enhanced second edition grateful to the entire editorial staff at Heinle, Cengage Learning for their amazing guidance through the revision process. Nicole Morinon, Senior Acquisitions Editor, Mayanne Wright, Development Editor, Cat Thomson, Developmental Editor, and Beth Kramer, Publisher, for their continued support of this project.

We are also indebted to many colleagues around the country who have offered invaluable help in the production of *À vous!* **Enhanced Second Edition**, from providing feedback on the first edition to reading and commenting on sample chapters of the new edition. *Merci beaucoup!* We acknowledge:

Eileen M. Angelini, *Canisius College*

Mary Angelo, *School of the Art Institute of Chicago*

Elizabeth Angresano, *College of Idaho*

Renée Arnold, *Kapiolani Community College*

Frank Attoun, *College of the Desert*

Sonia Badenas, *Andrews University*

Jody Ballah, *University of Cincinnati – Raymond Walters College*

Devan Baty, *Cornell College*

Renée Benson, *Pima Community College – Downtown, Northwest*

Inès Bucknam, *Modesto Junior College*

Lori Crawford-Dixon, *Holy Cross College*

Wade Edwards, *Longwood University*

Katie Golsan, *University of the Pacific*

Cheryl Hansen, *Weber State University*

Judith Jeon-Chapman, *Worcester State College*

Warren Johnson, *Arkansas State University*

Erin Joyce, *Baker University*

Barbara Kruger, *Finger Lakes Community College*

Monika Laskowski-Caujolle, *Santa Barbara City College*

Jacek Lerych, *Grays Harbor College*

Tamara Lindner, *University of Louisiana – Lafayette*

Jane Lippman – *University of Texas – Austin*

Chantal R. Maher, *Palomar College*

Sharla Martin, *University of Texas – Arlington*

Carolyn Martin Woolard, *Milligan College*

Keith Moser, *Mississippi State University*

Eva Norling, *Bellevue College*

Patricia Scarampi, *Lake Forest College*

Pierre Schmitz, *San Antonio College*

Sanford W. Shaw, *Covenant College*

Jennifer Shotwell, *Randolph-Macon College*

Jan Solberg, *Kalamazoo College*

Kathryn Stewart-Hoffmann, *Oakland Community College*

Jean-Jacques Taty, *Howard University*

Adriana Tufenkjian, *Moorpark College*

Lynni Weibezahl, *University of Nevada – Reno*

Brett Wells, *University of Pittsburgh*

Larry Wineland, *Messiah College*

ACTFL Focus Group Participants

Eileen M. Angelini, *Canisius College*

Geraldine A. Blattner, *Florida Atlantic University*

Carl Blyth, *University of Texas – Austin*

Krista S. Chambless, *University of Alabama – Birmingham*

Rosalie Cheatham, *University of Arkansas – Little Rock*

Bette G. Hirsch, *Cabrillo College*

Hannelore Jarausch, *University of North Carolina – Chapel Hill*

Brian G. Kennelly, *California Polytechnic State University – San Luis Obispo*

Marina Peters-Newell, *University of New Mexico*

Virginie Pouzet-Duzer, *Pomona College*

Benedicte Pia Sohier, *University of Wyoming*

Bernadette Takano, *University of Oklahoma – Norman*

Virtual Focus Group Participants

Tania DeClerck, *Ventura College*

Suzanne Hendrickson, *University of Missouri – St. Louis*

Chantal R. Maher, *Palomar College*

Elizabeth A. Martin, *California State University – San Bernardino*

Robert McCready, *Harding University*

Francoise Sullivan, *Tulsa Community College*

Sandra Trapani, *University of Missouri – St. Louis*

Theresa's acknowledgments

I have to begin by thanking, first of all, the students and graduate teaching assistants at the University of Florida. Your feedback on the first edition of *À vous!* has helped us tremendously in the revision process, and we are eternally grateful for your help, your comments, and most especially, your patience, as we worked to improve the first edition. To those language-teaching professionals (i.e., graduate students) who work under my supervision, I am especially grateful—I know that it is not always easy to tell your supervisor that you've spotted an error, or that an activity is somehow flawed. You have managed to do so with grace, however, and I do firmly believe that the enhanced second edition of *À vous!* is greatly improved because of your help and support. Next, my thanks go to my family, who continue to support me in all my writing endeavors; without your support, there would be no reason to write. Finally, I give heartfelt thanks once again to Véronique Anover, (is there such a thing as an author soul-mate?), and to Bernadette Cesar-Lee and Marion Geiger. Writing is a true pleasure when surrounded by a "dream team"! I hope that we'll have the pleasure of collaborating on many more ventures!

I dedicate this second edition to the memory of my grandparents.

T.A.A.

Véronique's acknowledgments

À vous! **Enhanced Second Edition** has been written with our students in mind. We have written *À vous!* for you and we hope that you will enjoy your textbook as much as we enjoyed writing it. I am extremely thankful to my dear French students at California State University San Marcos for their suggestions for this new edition. Both Dr. Theresa Antes and I have done our best to incorporate the comments you shared with me in the classroom in the **Enhanced Second Edition** of *À vous!* Thank you also to all my students who patiently posed for the new pictures that appear in this edition. All of you look great!

I am extremely fortunate to be working "hand in hand" (or should I say "mouse in mouse!" as we are miles away from each other) with my wonderful co-author, colleague and friend, Theresa Antes. I would like to thank Theresa for her great sense of humor, her patience and optimism, and her bright insight. It is easy to work with someone such as Theresa who is an expert in her field (Applied Linguistics) and who is a passionate educator and instructor. *Theresa, c'est un privilège et un honneur de travailler avec toi.*

I am indebted to my friends (Stéphane, Sandrine, Ana, and Nathalie to name a few) as well as my family for sharing with me the pictures we needed for *À vous!*, and for allowing me to take pictures of them as well. *Vous êtes tous des stars!*

Last but not least, I would like to express my deepest and heartfelt gratitude to my beloved husband and son for all the sacrifices they had to endure so that I could spend time away from them to work on *À vous!*

C'est «à toi», mon cher fils que je dédie cette seconde édition, mon petit garçon tri-culturel, à qui j'espère savoir transmettre l'amour des langues, et surtout du français, ta langue maternelle.

V.A.

● Vidéothèque

Épisode un

Avant de visionner

1. D'où venez-vous?

2. Quel temps est-ce qu'il fait en été chez vous? en hiver?

3. Comment est-ce qu'on dit bonjour chez vous?

4. Quelles sont vos activités préférées?

5. Est-ce que vous avez des colocataires?

6. Si oui, est-ce que vous passez beaucoup de temps avec eux? Que faites-vous ensemble? Sinon, avec qui est-ce que vous passez du temps? Qu'est-ce que vous faites pour vous amuser?

Pendant le visionnage

1. D'où sont les quatre colocataires? Associez chaque personne à sa ville natale.

   _____ Zoé   a. Aix-en-Provence

   _____ Catherine   b. Paris

   _____ Rachid   c. Bruxelles

   _____ Sylvain   d. Québec

2. Combien de bises est-ce qu'on se donne à Bruxelles?

   a. 1   b. 2   c. 3   d. 4

3. Quel temps fait-il en Provence en été?

   a. Il pleut.   c. Il fait du soleil.

   b. Il fait chaud.   d. Il fait froid.

   Et à Bruxelles en hiver?

   a. Il pleut.   c. Il fait du soleil.

   b. Il fait chaud.   d. Il fait froid.

4. Comment est-ce qu'on se dit bonjour chez Catherine?

   a. On se donne la bise.   b. On s'embrasse.   c. On se serre la main.

5. Quelle langue est-ce qu'elle parle?

   a. le canadien   b. le français   c. le joual

6. Complétez le tableau ci-dessous avec les activités préférées des colocataires.

Colocataire	Activité(s) Préférée(s)
Rachid	
Catherine	
Sylvain	
Zoé	

7. Combien de chambres est-ce qu'il y a dans l'appartement?

8. Quelles autres pièces est-ce qu'il y a?

9. Comment est la cuisine, selon Rachid?

10. Qui étudie quoi? Associez la spécialisation à la bonne personne.

   _____ Zoé   a. le marketing

   _____ Sylvain   b. l'hôtellerie

   _____ Rachid   c. la littérature américaine

   _____ Catherine   d. la psychologie

11. Qu'est-ce que Zoé prépare à manger?

12. Quelle est la réaction des colocataires?

Après avoir visionné

Faites une description d'un(e) des colocataires. Comment est-il/elle du point de vue physique? Qu'est-ce qu'il/elle aime faire? Donnez autant de *(as many)* détails que possible.

Épisode deux

Avant de visionner

1. Quand vous organisez une soirée, quelles sont les différentes tâches ménagères que vous devez faire pour vous préparer?

2. Si vous avez déjà organisé une soirée avec des amis, qui a fait quel travail? Quelles sont les tâches que vous aimez faire? Est-ce qu'il y a des tâches que vous détestez? Pourquoi?

3. Comment peut-on vous convaincre de faire quelque chose que vous n'avez pas envie de faire? (en vous offrant un lecteur MP3? en vous présentant à une fille / un garçon? autre chose?)

4. Est-ce que vous savez faire la cuisine? Quelles sont vos spécialités?

Pendant le visionnage

1. Selon sa chanson, qu'est-ce que Sylvain va faire avec les melons?

2. Est-ce qu'il s'est réveillé tôt ou tard ce matin? Pourquoi?

3. Catherine et Zoé parlent d'un magasin de vêtements. Où est-ce qu'il se trouve?

4. Qu'est-ce qu'elles y ont acheté?

   Zoé:

   Catherine:

5. Zoé, Catherine et Rachid veulent faire une soirée à la maison, mais Sylvain ne veut pas. Pourquoi?

6. Pourquoi est-ce qu'il accepte finalement de le faire?

7. Qui va faire quoi pour préparer la soirée? Associez chaque personne au travail qu'il/elle propose.

_____ Zoé   a. la cuisine

_____ Sylvain   b. le menu

_____ Rachid   c. les courses

_____ Catherine   d. le ménage

8. Qu'est-ce qu'ils vont manger?

_____ entrée   a. soupe de melon à la menthe

_____ plat principal   b. salade verte

_____ légume   c. poulet rôti

_____ autres   d. tapenade d'olives

_____ dessert   e. tomates provençales

                            f. plateau de fromage

9. Où est-ce que Sylvain a appris à cuisiner?

Après avoir visionné

Avec un(e) partenaire, imaginez le dialogue entre Sylvain et "Alice."
Qu'est-ce qu'elle va lui dire à propos du menu et des plats qu'il a préparés?
De quoi pourraient-ils (could they) parler?

Épisode trois

Avant de visionner

1. Où aimeriez-vous voyager, si vous aviez beaucoup d'argent? Pourquoi?

2. Où serait votre poste idéal? Pourquoi? Que penseriez-vous de travailler à Hawaii?

3. Avez-vous fait des bêtises quand vous étiez adolescent(e)? Quoi, exactement?

4. Quels conseils donneriez-vous à un adolescent qui commence à faire des bêtises typiques?

Pendant le visionnage

1. Qu'est-ce que Sylvain a acheté pour Rachid?

   a. un oignon   b. du gingembre   c. de l'agneau

2. Pourquoi est-ce que Rachid n'en a pas acheté lui-même?

3. Qu'est-ce que Rachid demande à Sylvain de faire?

4. La recette du tajine d'agneau que prépare Rachid est de qui?

   a. la mère de Rachid   c. la grand-mère de Rachid

   b. la famille de Rachid   d. la tante algérienne de Rachid

5. D'où est la mère de Rachid?

6. Quelle était l'occupation de la mère de Rachid?

7. Où est-ce que Rachid a passé son enfance? Quel âge avait-il quand sa famille a déménagé en France?

8. Où est-ce que Rachid voyagerait, s'il pouvait?

   a. en Europe   c. en Tunisie seulement

   b. dans tous les pays du monde   d. à Tunis

9. Quelles sont les bonnes nouvelles de Catherine?

10. Vrai ou faux?

    a. L'entretien de Catherine s'est bien passé.

    b. Catherine était nerveuse.

    c. Catherine était calme et détendue.

    d. Catherine a répondu à toutes les questions de son interlocuteur.

11. Est-ce qu'elle veut absolument ce poste? Pourquoi ou pourquoi pas?

12. Pourquoi est-ce que la tante de Zoé a écrit à Zoé?

13. Qui a fait quelle bêtise? Cochez (✓) pour indiquer la personne qui a fait la bêtise indiquée.

Bêtise	Cousine de Zoé	Sylvain	Zoé	Rachid	Catherine	Les 4 colocs
Faire le mur						
Aller en boîte de nuit						
Voler des chocolats						
Servir de la nourriture pour chiens à sa sœur						
Prendre la voiture sans permission / avoir un accident						
Faire des bêtises						

Après avoir visionné

1. Expliquez en anglais ce que les expressions de la mère de Rachid veulent dire.

    «Tu travailles pour vivre, tu ne vis pas pour travailler.»

    «Plus ça change, plus c'est pareil.»

    «Le tajine, c'est comme la vie; quand on mélange un peu de tout, c'est toujours délicieux.»

2. Êtes-vous d'accord avec la mère de Rachid, en général? Pourquoi ou pourquoi pas?

3. Est-ce que votre mère ou votre père vous a donné des conseils comme la mère de Rachid? Qu'est-ce qu'il/elle vous a dit?

Épisode quatre

Avant de visionner

1. Est-ce que vous faites des économies pour vous offrir quelque chose en particulier? Pour quoi, exactement?

2. Avez-vous déjà voyagé en Europe? Si oui, quelles villes et quels monuments est-ce que vous avez visités? Sinon, qu'est-ce que vous aimeriez visiter?

3. Est-ce qu'il est important pour vous que vos amis se souviennent de votre anniversaire? Comment aimez-vous fêter votre anniversaire?

Pendant le visionnage

1. Qu'est-ce que Catherine se dit dans la cuisine?

   a. J'ai neuf choses à faire!   c. Je ne veux pas le faire!
   b. Je n'ai rien à faire!   d. Joyeux anniversaire!

2. Pourquoi est-ce que Rachid s'est inscrit au club de fitness?

3. Qu'est-ce que l'entraîneur lui a conseillé de faire?

4. Pourquoi est-ce que Catherine ne peut pas s'inscrire au club?

5. Pour quelle raison est-ce que Catherine fait des économies?

6. Zoé a pris rendez-vous pour le week-end: pour aller où?

7. Est-ce que Catherine va avec elle? Pourquoi ou pourquoi pas?

8. Pourquoi est-ce que Catherine n'accepte pas de faire du deltaplane avec Sylvain?

   a. Elle en a déjà fait.   c. Elle a peur.
   b. Elle n'a pas assez d'argent. d. Elle préfère lire des livres.

9. Qu'est-ce qu'elle offre à Rachid, Zoé et Sylvain? Qu'est-ce qu'ils répondent?

   Rachid:

   Zoé:

   Sylvain:

10. Qu'est-ce que les amis offrent à Catherine pour son anniversaire?

Après avoir visionné

Avec un(e) partenaire, imaginez le dialogue entre Rachid, Zoé et Sylvain dans le salon, juste avant d'entrer dans la cuisine avec le gâteau d'anniversaire pour Catherine. Qu'est-ce qu'ils se sont dit?

Qui es-tu?

In this chapter, you will learn basic greetings in French, as well as how to introduce yourself, how to ask how someone is and what city they are from, and how to give someone your phone number or address. You will also learn important differences between American and Franco-phone cultures, and the effects that they have on everyday language (for example, the way we greet peers versus people of a different age or social class).

La classe de français

Courtesy of Véronique Anover and Theresa A. Antes

VOCABULARY

- Asking someone's name
- Saying hello and good-bye
- Asking how someone is
- Introducing yourself and others
- Exchanging telephone numbers
- Asking if someone is free
- Talking about time of day

STRUCTURES

- The alphabet
- **Tu** vs. **vous**
- Numbers 0–69
- The verb **être**

CULTURE

- Greetings and good-byes in various Francophone countries
- The university system in France

iLrn

🔊 Audio

🌐 www.cengagebrain.com

RESSOURCES

Passage 1

1. Au début du semestre, en cours de philosophie

CAROLINE:	Bonjour. Je m'appelle Caroline. Et toi? Comment tu t'appelles?
MATHIEU:	Je m'appelle Mathieu. Et voici Clémence.
CAROLINE:	Salut, Clémence. Comment vas-tu?
CLÉMENCE:	Bonjour, Caroline. Je vais bien, merci. Et toi, ça va?
CAROLINE:	Oui, ça va.
MATHIEU:	Voilà le professeur, Monsieur Grandjean.
CLÉMENCE:	Chhhut… le cours commence.

2. Le professeur se présente et fait l'appel

MONSIEUR GRANDJEAN:	Bonjour. Je suis le professeur Grandjean. Je suis prof de philosophie, et je suis content de travailler avec vous ce semestre. Je vais faire l'appel; levez le doigt, s'il vous plaît. Caroline Aband?
CAROLINE:	Présente.
MONSIEUR GRANDJEAN:	Très bien. Bonjour, Mademoiselle. Claire Lambert? Claire Lambert? L-A-M-B-E-R-T? Lambert, Claire? Non? OK. Mathieu Beauclair?
MATHIEU:	Présent, Monsieur.

3. À la fin du cours

MATHIEU:	Au revoir, Caroline. À demain.
CAROLINE:	Au revoir, Mathieu. Ciao, Clémence. À plus!
CLÉMENCE:	À bientôt!

4. Après le cours

CLÉMENCE:	Bonjour, Professeur Grandjean. Comment allez-vous?
MONSIEUR GRANDJEAN:	Bien, merci. Et vous, Mademoiselle... euh... rappelez-moi[1]... Comment vous appelez-vous?
CLÉMENCE:	Je suis Clémence Toussaint. Je suis dans votre cours de philosophie.
MONSIEUR GRANDJEAN:	Ah, oui, Mademoiselle Toussaint. Excusez-moi! Voici ma collègue, la professeure Mansour.
CLÉMENCE:	Enchantée, Madame!
PROFESSEURE MANSOUR:	Enchantée, Mademoiselle.

Vous avez bien compris?

A. Give a one-sentence summary of what is happening in each of the preceding mini-dialogues.

B. Answer the following questions about the mini-dialogues. In some cases, more than one response is possible; list all that you find.

1. How can you say *hello* or *hi* to someone in French?
2. How do you ask someone what his/her name is? How do you respond to this question? Did you notice that the students use a different question than the professor uses? Why do you think this might be the case?
3. In the mini-dialogues, there are three ways to ask how someone is. Can you find them? What do you think the differences between them might be?
4. How do you say *please* in French?
5. How can you say *good-bye* in French? List all the expressions that you find in these dialogues. What do you think the differences are between these expressions?
6. How do you say *It's nice to meet you* in French?

[1] remind me

→ Mon vocabulaire ←

Salutations

There are two ways to say hello in French:

Bonjour.   *Hello. (used with anyone)*
Salut.   *Hi. (used in informal situations, with close friends and peers)*

To say good-bye you can choose from many expressions:

Au revoir.	*Good-bye.*
À bientôt.	*See you soon.*
À demain.	*See you tomorrow.*
À plus. / À plus tard.	*See you later.*
À tout à l'heure.	*See you in a while.*
Ciao.	*See you.*
Salut.	*Bye.*

Présentations

To introduce yourself, say:

Je m'appelle... (Bernard, Christelle, etc.)	*My name is . . .*
Je suis...	*I am . . .*

To ask a peer his/her name, you can say:

Comment tu t'appelles? / Comment t'appelles-tu?[1]	*What is your name?*
Qui es-tu?	*Who are you?*
Tu es... ?	*Are you . . . ?*

To ask a nonpeer (e.g., a professor, a person older than you) his/her name, say:

Comment vous appelez-vous?	*What is your name?*
Qui êtes-vous?	*Who are you?*
Vous êtes... ?	*Are you . . . ?*

As you approach someone you do not know, choose from the following expressions:

Excusez-moi.	*Excuse me.*
Pardonnez-moi.	*Pardon me.*
Pardon, Madame / Monsieur / Mademoiselle.	*Excuse me, ma'am / sir / young lady.*

To greet a person whom you have just met:

Enchanté. (*if you're a man*) / Enchantée. (*if you're a woman*)	*It's nice to meet you.*

Questions personnelles

To ask a peer how he/she is and to answer that question, choose from:

Comment vas-tu?	*How are you?*
Je vais bien, et toi?	*I'm doing well, and you?*
	I'm good, and you?
Très bien, merci.	*Very good/well, thank you.*
Comment ça va?	*How's it going?*
Ça va bien.	*It's going well.*
Ça va pas mal.	*It's going all right.*
Ça peut aller.	*It could be better.*
Ça va?	*Is it going okay? Is everything okay?*
Ça va.	*It's going okay.*
Comme ci comme ça.	*So-so.*

To ask a nonpeer how he/she is and to respond, you can say:

Comment allez-vous?	*How are you?*
Je vais bien, merci.	*I'm doing well, thank you.*
(Je vais) pas mal.	*Not bad.*

[1]Both expressions mean *What is your name?* The first one is most common, while the second one is used in more formal situations, such as writing.

À vous!

A. Petits dialogues. Indicate if the following conversations are logical or not.

1. —Salut, Nina.
   —Comme ci comme ça.
   _____ logique   _____ pas logique

2. —Comment tu t'appelles?
   —Très bien, merci.
   _____ logique   _____ pas logique

3. —Bonjour, Céline!
   —Salut, Paul. Ça va?
   _____ logique   _____ pas logique

4. —Comment allez-vous?
   —Merci.
   _____ logique   _____ pas logique

5. —À bientôt!
   —À demain.
   _____ logique   _____ pas logique

6. —Comment t'appelles-tu?
   —Je m'appelle Delphine.
   _____ logique   _____ pas logique

7. —Comment ça va?
   —Ça peut aller.
   _____ logique   _____ pas logique

8. —Excusez-moi, Madame.
     Vous êtes Catherine Deneuve?
   —Je vais bien merci.
   _____ logique   _____ pas logique

9. —Qui êtes-vous?
   —Je m'appelle Jean-Luc Picon.
   _____ logique   _____ pas logique

10. —Je m'appelle Bruno.
    —Enchanté.
    _____ logique   _____ pas logique

B. Présentations. Complete the following dialogues in a logical manner. (There may be more than one logical expression; choose any that is logical in the context.)

1. —Bonjour, je _____ David.
   —Bonjour, David, _____?
   —Ça peut aller, merci.

2. —Je m'appelle Ahmed et toi, _____?
   —Je m'appelle Céline.

3. —Au revoir, Leïla!
   —_____, Patrick.

4. —Jean-Marc, c'est Brigitte.
   —Bonjour, Brigitte, _____!
   —_____, Jean-Marc!

5. —Excusez-moi, Mademoiselle, _____?
   —Je _____ Joséphine Laurent. Et vous, Monsieur?

6. —À demain, Marie-Claire!
   —_____, Marc!

STRUCTURE 1

Les pronoms *je, tu* et *vous*

Tu is informal and singular. Use **tu** to address:

- someone you know well
- a peer

Vous is the singular formal form and the plural form. Use **vous** to address:

- someone you don't know or to whom you wish to show respect
- someone in a position of authority
- more than one person

Je m'appelle Céline.

Tu es Laurent? Comment vas-**tu**? *(classmate)*

Bonjour, Madame Mansour. Comment allez-**vous**? *(professor)*

Vous êtes Clémence et Mathieu? *(two classmates)*

 VÉRIFIEZ votre compréhension

Now go back to the **Passage 1** dialogues at the beginning of the chapter (pp. 2–3). On a separate sheet of paper, list each use of **tu** and **vous,** and explain, for each one, why the speaker chose that pronoun. For each instance of **vous,** tell whether it is used to address one person formally or to address a group of people.

> You have seen three subject pronouns so far: **je, tu,** and **vous.** Subject pronouns replace nouns and perform the action of verbs. **Je** means *I,* and **tu** and **vous** both mean *you.*

Pratiquons!

A. *Tu* ou *vous*? Indicate whether you would use **tu** or **vous** with the following persons.

1.

2.

3.

4.

5.

6.

7.

8.

B. Voilà Caroline! In each of the following sentences, Clémence is speaking with Mathieu. Imagine that Caroline joins the conversation. Change the sentences to reflect the form that Clémence would use if she were speaking with both Mathieu and Caroline. If no change is necessary, explain why not.

1. Comment t'appelles-tu?
2. Comment vas-tu?
3. Bonjour!
4. À bientôt!
5. Qui es-tu?
6. Comment ça va?

STRUCTURE 2

CD 1
Track 6

L'alphabet français

There are 26 characters in the French alphabet. Listen to the In-Text Audio for the correct pronunciation of each one.

A	a	J	ji	S	esse		
B	bé	K	ka	T	té		
C	cé	L	elle	U	u		
D	dé	M	emme	V	vé		
E	euh	N	enne	W	double vé		
F	effe	O	o	X	iks		
G	gé	P	pé	Y	i grec		
H	hache	Q	ku	Z	zèd		
I	i	R	erre				

Diacritical marks (accents) are considered part of a word's spelling. They are:

´	accent aigu	é = euh accent aigu	
`	accent grave	à = a accent grave	
^	accent circonflexe	ô = o accent circonflexe	
¨	tréma	ï = i tréma	
ç	cédille	ç = c cédille	

The **cédille** is used only with the letter *c* so that it is pronounced like an *s* instead of a *k*.

Here are some more useful words for spelling aloud:

apostrophe *apostrophe*
point *period*
point d'exclamation *exclamation mark*

point d'interrogation *question mark*
trait d'union *dash, hyphen*
virgule *comma*

À l'écoute!

CD 1
Track 7

Mes initiales. Listen to the following sentences, and indicate the initials that you hear.

> MODÈLE: You hear: Mes initiales? C'est T.A.
>
> _____✓____ T.A. _____ T.E.
>
> You write: *T.A.*

1. _____ G.V.   _____ J.V.   6. _____ R.B.   _____ E.B.
2. _____ I.M.   _____ E.M.   7. _____ W.J.   _____ V.J.
3. _____ C.R.   _____ S.R.   8. _____ X.L.   _____ I.L.
4. _____ H.T.   _____ A.T.   9. _____ M.E.   _____ M.I.
5. _____ J.P.   _____ G.P.   10. _____ Y.C.   _____ I.C.

Pratiquons!

 A. Qui êtes-vous? Comment ça s'épelle? *(How do you spell that?)*
Introduce yourself to your classmate. Spell out your name for him/her, so he/she can write it down.

> **MODÈLE:** —*Je m'appelle Cathy Blume. Ça s'épelle C-A-T-H-Y B-L-U-M-E.*
> —Bonjour, Cathy. Je m'appelle Patrick Frèrebeau. Ça s'épelle P-A-T-R-I-C-K F-R-E-accent grave-R-E-B-E-A-U.

 B. Le mot secret. Taking turns with a partner, select a word or expression from the following list. Spell it out for your partner, who must write it down without looking, and then pronounce it out loud. Continue, alternating words, until you have spelled them all out.

> **MODÈLE:** —Le mot secret (L'expression secrète) s'épelle: J-E-nouveau mot-M-apostrophe-A-P-P-E-L-L-E.
> —Ah, c'est «je m'appelle».
> —Oui, c'est ça!

1. bientôt
2. pardon
3. ça va comme ci, comme ça
5. excusez-moi
4. bonjour
6. très bien

 C. Des célébrités. Choose your favorite celebrity for each of the following categories. Spell the names out to your neighbor to see if he/she can guess who they are.

> **MODÈLE:** —Mon acteur préféré s'appelle: J-A-M-I-E-nouveau mot-F-O-X-X
> —*Il s'appelle Jamie Foxx?*
> —*Oui, c'est ça!*

1. acteur / actrice
2. auteur / poète
3. réalisateur *(movie director)*
4. présentateur de télévision *(news anchor)*
5. athlète
6. professeur
7. chanteur *(singer)*

À vous de parler!

 A. Présentations. Greet five classmates, doing the following:

- Say hello, tell them your name, and ask them their name.
- Ask how they are; tell them how you are.
- Say good-bye. Use a variety of expressions.

Then greet your professor, and ask him/her how he/she is. *Pay attention to the expressions and pronouns you use for a peer versus those you use for your professor.*

> **MODÈLE:** —*Salut! Je m'appelle Philippe. Et toi, comment tu t'appelles?*
> —*Bonjour, Philippe. Je suis Robert. Comment ça va?*
> —*Ça va bien, merci! Au revoir, Robert.*
> —*Au revoir, Philippe!*

 B. Conversations. Form groups of three or four, and introduce yourself to your classmates. Ask each classmate how to spell his/her name, and write it down. Continue the conversation.

> **MODÈLE:** —*Bonjour, je m'appelle Karine Blondeau. Et toi?*
> —*Je m'appelle Raïsa Haj.*
> —*Raïsa Haj. Comment ça s'épelle?*
> —*Raïsa: R-A-I tréma-S-A Haj: H-A-J. Et Karine, comment ça s'épelle?*
> —*Karine: K-A-R-I-N-E Blondeau: B-L-O-N-D-E-A-U.*
> —*Enchantée, Karine. Comment vas-tu?*
> —*Je vais bien, merci. Et toi, ça va?*
> —*Ça va pas mal, merci.*

Courtesy of Véronique Anover and Theresa A. Antes

Les Baux de Provence is a medieval village located in the south of France. Imaginez des questions logiques entre ces étudiants.

Petit lexique utile (*Useful lexical terms*)

s'embrasser = to kiss on the cheeks or the mouth

un bisou ou un baiser = a kiss on either the cheek or the mouth

une bise, un bisou sur la joue = a light kiss on the cheek

un baiser sur la bouche = a kiss on the mouth

Attention! Never say **baiser** without **un** before it when you want to say a *kiss!* **Baiser** by itself means *to have intercourse* in slang! Since we are talking about slang, do you know how the French say *to give someone a French kiss?* They say **rouler un patin** or **rouler une pelle,** literally, *to spin the wheel of a roller skate* or *to spin a shovel!* Finally, to say *to shake hands* in French, we say **se serrer la main** (literally, *to squeeze each other's hand*).

Les francophones se saluent comme ça

The use of personal space differs widely from one culture to another. In general, personal space is not as restricted in the Francophone cultures as it is in the United States. Body contact occurs much more often in the Francophone world. Nevertheless, there are differences in typical greetings throughout the Francophone world.

Courtesy of Véronique Anover and Theresa A. Antes

Les Tunisiens: In Tunisia, people greet each other differently depending on whether they come from the capital, Tunis, or from a small town or village. In Tunis, friends and family members kiss each other on both cheeks when saying hello and good-bye: men kiss both men and women, and women also kiss women and men. This is called **faire la bise** in French, and it is not at all romantic. In small towns and villages in Tunisia, greetings are essentially the same except that after kissing on both cheeks, Tunisians hug each other for a long time. If Tunisians have just been introduced to each other, they shake hands; this is true for both men and women.

Les Canadiens: In Canada, French Canadian friends hug each other like Americans do. In some families, relatives kiss each other on both cheeks. Men who are related tend to shake hands when greeting one another. When meeting for the first time, both men and women shake hands.

Les Belges, les Suisses et les Français: The way Belgian, Swiss, and French people greet each other among friends and family members is very similar. In all three countries, men and women kiss each other on the cheek. **La bise** is exchanged between women, between men and women, and occasionally between male family members. In general, however, men tend to shake hands when greeting one another.

The main distinction between greetings in Belgium, Switzerland, and France lies in the number of kisses exchanged. Belgians tend to give three kisses, Parisians two (but people in the South of France give up to five kisses!), and the Swiss two. They rarely hug, unless it is a romantic long hug followed or preceded by a kiss on the mouth!

Courtesy of Véronique Anover and Theresa A. Antes

When meeting for the first time, people in all three countries usually shake hands, but women will occasionally exchange **la bise**—this is especially true if a woman is introducing one close friend to another close friend and it is assumed that they will also share a friendship.

When leaving, people once again kiss one another on the cheek. In fact, it is considered rude not to say good-bye to each person individually!

Courtesy of Véronique Anover and Theresa A. Antes

👥 Réfléchissons!

With a partner, discuss the following questions. When you have finished, share your responses with the whole class to see if you are all in agreement.

1. How do American friends and family members greet one another? Do you kiss and hug family members when greeting them? Do you do so in public, or only at home? What about among your friends? Are there differences depending on whether the person that you are greeting is a man or a woman?

2. How do you greet someone that you are meeting for the first time? Would you ever hug or kiss that person? Under what circumstances?

3. List all the differences that you can think of in typical greetings between Americans and between people in the Francophone groups listed in the reading.

4. Francophone speakers often have a different sense of personal space than Americans. When talking to each other they tend to stand quite close. What is the sense of personal space like in your country? Are you uncomfortable when someone is too close to you? Why?

Passage 2

Au restaurant universitaire

SOPHIE:	Ah! Mathieu, Caroline et Clémence–bonjour! Comment allez-vous?
MATHIEU, CAROLINE ET CLÉMENCE:	Salut, Sophie, ça va bien, et toi?
SOPHIE:	Moi, ça va super bien! Je vous présente Nathalie et Éric. Ils sont de Bruxelles.
CLÉMENCE:	Bonjour, je suis Clémence. Et moi aussi je suis de Bruxelles!
CAROLINE:	Et moi, c'est Caroline, et voilà Mathieu.
NATHALIE ET ÉRIC:	Bonjour, tout le monde![1]
SOPHIE:	Vous êtes libres ce week-end? Je fais une fête chez moi samedi.[2]
CLÉMENCE:	Génial! J'adore danser!
ÉRIC:	Moi aussi!
MATHIEU:	Dis, Sophie, quel est ton numéro de mobile?
SOPHIE:	C'est le 06.18.43.67.12. À samedi!

[1]Hello everyone!   [2]I am having a party at my place on Saturday.

Vous avez bien compris?

A. Comment dit-on? Answer the following questions about the preceding dialogue. In some cases, more than one response is possible; list all that you find.

1. Based on the drawings, what body language accompanies greetings in French? How do women greet other women? And how do men greet one another?

2. How did the students above ask *Are you free (to do something)?*

3. How did the students in the dialogue ask for a friend's telephone number?

4. How did the students in the dialogue respond?

5. In previous dialogues we have seen different ways to say good-bye. What is another way used in this dialogue? What do you think this expression means?

6. How did the students in the dialogue say *they are from*?

B. Présentations. Now let's go one step further! Fill in the blanks (in French!) according to the dialogue.

1. Une expression pour présenter des amis: _____

2. Sophie fait une _____ samedi.

3. Clémence adore _____. Éric adore _____ aussi.

4. Le numéro de mobile de Sophie c'est le _____.

5. Clémence est de _____, et Éric et Nathalie sont de _____ aussi!

Présentations

To introduce people to someone you call **tu:**

Je te présente _____ (et _____). (Et voilà _____.)
(Michel...), c'est _____.

To introduce people to someone you call **vous:**

Je vous présente _____ (et _____). (Et voilà _____.)
(Madame Leclair), c'est _____.

To introduce yourself and tell what city you are from:

Je m'appelle...
Je suis...
Moi, c'est...
Je suis de... (Marseille)

To indicate what city one person is from:

Il est/elle est de... (Paris)

To indicate what city two or more people are from:

Ils/elles sont de... (Genève)

Des projets

To ask if someone is free to do something:

For someone you call **tu:**	Tu es libre...?
For someone you call **vous:**	Vous êtes libre...?
For a group of people:	Vous êtes libre**s**?

To talk about time:

ce matin	*this morning*
ce soir	*this evening*
ce week-end	*this weekend*
aujourd'hui	*today*

To ask someone for his/her telephone number:

For a person you call **tu:**	Quel est ton numéro de téléphone / de mobile?
For a person you call **vous:**	Quel est votre numéro de téléphone / de mobile?
To answer:	C'est le...

À vous!

A. Que dit-on? (What do we say?) Consider the following situations, and indicate if the speaker would most likely use **je te présente** or **je vous présente** to make the introduction.

1. student introducing his girlfriend to his parents
2. student introducing her best friend to her roommate
3. student introducing three apartment-mates to her father
4. student introducing his father to his professor
5. you introducing your parents to the president of the university

B. Finissons la conversation! (Let's finish the conversation!) Complete the following dialogues in a logical way. Then, compare your responses with those of a partner.

1.

CHRISTINE:	Bonjour, Joël. Comment vas-tu?
JOËL:	_____, et toi?
CHRISTINE:	Je vais bien, merci. Joël, _____ Lucie. Lucie, c'est Joël. Il _____ Lyon.
JOËL:	Bonjour, Lucie.
LUCIE:	Enchantée, Joël. Moi aussi je _____ _____ Lyon!
CHRISTINE:	Vous _____ ce week-end? Allons *(Let's go)* au cinéma.
JOËL ET LUCIE:	Oui, bonne idée!

2.

SIMON:	Excusez-moi, Monsieur Leclair. _____ _____ Madame Amon.
MONSIEUR LECLAIR:	Bonjour, Madame. _____
MADAME AMON:	_____, Monsieur. _____?
MONSIEUR LECLAIR:	Je vais très bien, merci.

C. Ton profil. You are in France studying abroad for a year and you would like to make friends. Create your profile in Netlog™, the French version of Facebook™. Complete the following sentences with your information.

1. Je m'appelle _____.
2. Je suis de _____.
3. Mon numéro de téléphone c'est le _____.
4. J'adore _____. *(to dance)*
5. Je suis toujours _____ *(free/available)* pour danser!
6. À _____!

STRUCTURE 3

CD 1
Track 9

Les nombres de 0 à 30

Here are the numbers in French from 0 to 30. Memorize the spelling of each number and practice its pronunciation.

0	zéro	10	dix	20	vingt
1	un	11	onze	21	vingt et un
2	deux	12	douze	22	vingt-deux
3	trois	13	treize	23	vingt-trois
4	quatre	14	quatorze	24	vingt-quatre
5	cinq	15	quinze	25	vingt-cinq
6	six	16	seize	26	vingt-six
7	sept	17	dix-sept	27	vingt-sept
8	huit	18	dix-huit	28	vingt-huit
9	neuf	19	dix-neuf	29	vingt-neuf
				30	trente

⚑ VÉRIFIEZ votre compréhension

Much of language learning is paying attention to patterns that are repeated. What patterns can you find in the numbers 1–30 in French? In what ways are they similar to or different from the corresponding English numbers?

🔊 À l'écoute!

CD 1
Track 10

Écoutez bien! Listen to the following sentences, and indicate the number that is used in each one.

   You hear:

—Mathieu, tu as combien de cousins?

—*J'en ai sept.*

("Matthew, how many cousins do you have?"
"I have seven [of them].")

You answer: ___✓___ 7   _____ 17

1.	___ 6	___ 16		5.	___ 4	___ 14	
2.	___ 2	___ 12		6.	___ 12	___ 10	
3.	___ 13	___ 3		7.	___ 16	___ 6	
4.	___ 9	___ 2		8.	___ 30	___ 13	

Pratiquons!

A. C'est combien? *(How much is it?)* With a partner, take turns asking and telling how much the following items cost, using the prices that you see on the tags. Follow the model.

MODÈLE: —C'est combien?
—C'est dix-huit euros.

1. **4** Francs Suisses
2. **22** DIRHAMS
3. *16 Dinars*

4. **9** €
5. **12** €
6. **21** FRANCS SUISSES

7. **30** €
8. **17** DIRHAMS

Le saviez-vous?

In France, Monaco, Belgium, and Luxembourg, as well as throughout most of the European Union, the common currency is the euro (€). In Switzerland, however, the Swiss franc **(le franc suisse)** is used. In Morocco the currency is the dirham, and in Tunisia the dinar.

B. Ça coûte... *(That costs . . .)* Imagine that you are shopping, and you have decided to pay by check. Your instructor will give you a number. Write down the numbers in letters *and* in numbers, the way you would on an American check.

MODÈLE: Your instructor says: Ça coûte 23 euros.
You write: *23* on the first line and *vingt-trois* on the second line.

1.
2.

3.
4.

5.
6.

CD 1
Track 11

STRUCTURE 4

Les nombres de 31 à 69

The numbers 31–69 follow the same pattern as the numbers 20–30.

30	trente	40	quarante	50	cinquante	60	soixante
31	trente et un	41	quarante et un	51	cinquante et un	61	soixante et un
32	trente-deux	42	quarante-deux	52	cinquante-deux	62	soixante-deux
33	trente-trois	43	quarante-trois	53	cinquante-trois	63	soixante-trois
34	trente-quatre	44	quarante-quatre	54	cinquante-quatre	64	soixante-quatre
35	trente-cinq	45	quarante-cinq	55	cinquante-cinq	65	soixante-cinq
36	trente-six	46	quarante-six	56	cinquante-six	66	soixante-six
37	trente-sept	47	quarante-sept	57	cinquante-sept	67	soixante-sept
38	trente-huit	48	quarante-huit	58	cinquante-huit	68	soixante-huit
39	trente-neuf	49	quarante-neuf	59	cinquante-neuf	69	soixante-neuf

Pratiquons!

 A. Un examen d'arithmétique. (A math test.) Do the math! Use the appropriate French expressions, as in the models.

> **MODÈLES:**   18 + 7 *Dix-huit **plus** sept **font** vingt-cinq.*
> 42 − 12 *Quarante-deux **moins** douze **font** trente.*

1. 32 + 26
2. 49 + 14
3. 28 + 33

4. 57 − 51
5. 64 − 30
6. 69 − 41

B. Et en France, c'est combien? With a classmate look at the average prices below in France and the United States and tell the prices out loud to each other.

		En France	Aux États-Unis
1.	Un croissant:	0,60 centimes d'euros	$1.50
2.	Café Sumatra (Starbucks):	5€ 50 (Paris)	$10.65 (NY)
3.	Un CD:	22€ 40	$14.38
4.	Un lecteur DVD (Samsung):	52€	$37
5.	Shampooing Kérastase (l'Oréal):	11€ 45	$32
6.	Crème Clinique (Séphora):	55€ 10	$48.60

CD 1
Track 12

STRUCTURE 5

Les pronoms sujets et le verbe *être*

Être is the infinitive form of the verb *to be*. The *infinitive* of a verb doesn't correspond to any particular subject, doesn't have a time frame, and doesn't vary in form. In English it is usually preceded by *to*.

 Grammar Tutorials

To use most verbs, you make them correspond with the subject and tense (time frame). This is called *conjugating*. Subjects may be nouns or pronouns. Here are the subject pronouns and the present tense forms of **être**:

être	*to be*		
je suis	*I am*	**nous sommes**	*we are*
tu es	*you are (fam)*	**vous êtes**	*you are (for, pl)*
il / elle / on est	*he / she / one is; we are*	**ils / elles sont**	*they (masc or mixed) / they (fem) are*

- Note that the subject pronoun **on** can mean *one* or *we*, although it is only conjugated in the singular third person.

    On est content dans la classe de français.
    One is happy in French class.
    We are happy in French class.

- The pronoun **ils** refers to a group of all males or a mixed group of males and females. The pronoun **elles** refers only to females.

    Charlotte, Juliette et Vincent sont français. **Ils** sont sympathiques.
    Charlotte, Juliette, and Vincent are French. They are nice.

    Et Catherine et Anne? Oui, **elles** sont sympathiques aussi.
    And Catherine and Anne? Yes, they are nice too.

- Use **être de** to say what city you are from. If the city begins with a vowel sound, use **être d'**.

    Tu **es de** Québec?   *You are from Quebec City?*
    Je **suis** d'Abidjan.   *I am from Abidjan.*

🚩 VÉRIFIEZ votre compréhension

1. Go back to the *Passage 2* section on page 14 and indicate who is telling where they are from. How do they say it?
2. Why does Sophie use the subject pronoun "ils" to say where Nathalie and Éric are from? What subject pronoun would she have used if she had been talking about Nathalie? And about Éric?

🔊 À l'écoute!

CD 1
Track 13

> **Petits Tuyaux! Listening for detail.** In the next listening activity you will be asked to differentiate singular subjects from plural subjects in sentences where the verb **être** is used. As you may remember, the plural "s" at the end of a word is not pronounced in French (except when a verb starts with a vowel and you hear the liaison between **ils/elles** and the verb: **ils adorent -/il-z-adorent/**). Instead of listening for the sound "s" at the end of a word, pay attention to the verb conjugation.
>
> | **Singular** | **Plural** |
> |---|---|
> | suis, es, est, êtes | sommes, êtes, sont |
>
> In some instances, it is impossible to distinguish between a plural and a singular, for example, ***vous êtes libres?*** We can see from the "s" on **libres** that it is plural, but we cannot hear that "s" phonetically. In a case like this, you'll need context to help you determine if *vous* refers to one person or several.

Singulier ou pluriel? Listen to the following sentences. Choose S if the sentence is about one person, P if it is about more than one person, and ? if you can't tell. Attention! Sometimes you cannot distinguish singular and plural phonetically.

> **MODÈLE:** You hear: *Je suis d'Alger.*
> You check: ___✓___ S _____ P _____?

Complete the diagnostic tests to check your knowledge of the vocabulary and grammar structures presented in this chapter.

1. _____ S _____ P _____?   5. _____ S _____ P _____?
2. _____ S _____ P _____?   6. _____ S _____ P _____?
3. _____ S _____ P _____?   7. _____ S _____ P _____?
4. _____ S _____ P _____?   8. _____ S _____ P _____?

Pratiquons!

Je peux conjuguer! (*I can conjugate!*) Complete the following sentences with the correct form of the verb **être**. Then make the substitutions indicated in parentheses.

1. *Je* _____ de Paris. (tu / il / vous)
2. *Vous* _____ libre ce soir? (tu / elle)
3. *Ils* n(e) _____ pas de Toulouse. (elle / je / tu)
4. *Nous* _____ de Québec. (elles / vous / il)
5. *Elle* n(e) _____ pas de Port-au-Prince. (je / nous / ils)
6. *Tu* _____ libre ce week-end? (vous / elles)

À vous de parler!

 A. Contacts. Go around the class and introduce yourself to five classmates. Ask them how they are doing. Tell them how you are doing. Get their first names **(prénoms)** and phone numbers and write them down. If you do not know how to spell a name, ask your classmates to spell it out for you: **Comment ça s'épelle?** Say *good-bye, see you later, see you soon,* etc. Finally, read each telephone number out loud. The person whose phone number you just read will say «**Allô? Bonjour!**»

1. Prénom _____ Numéro de téléphone _____
2. Prénom _____ Numéro de téléphone _____
3. Prénom _____ Numéro de téléphone _____
4. Prénom _____ Numéro de téléphone _____
5. Prénom _____ Numéro de téléphone _____

 B. Je te présente... Based on the information you gathered in activity A, introduce several of your classmates to other classmates and to your teacher.

- Use a variety of expressions to introduce one another.
- Use a French gesture when being introduced (i.e., shake hands, kiss, etc., as you feel is appropriate).

> **MODÈLE:** —*Daniel, je te présente Robert.*
> —*Bonjour, Robert. Enchanté.*
> —*Enchanté. Voilà Suzanne.*
> —*Bonjour, Suzanne.*
> —*Enchantée!*

 C. Jeu de rôles. (Role play.) In groups of three, create a role-play dialogue in which you each adopt a specific role (student[s], professor[s], colleague[s], etc.).

- Greet and introduce one another and have a basic conversation.
- Pay specific attention to the different forms of the expressions that you use, depending on whether you would call one another **tu** or **vous**.
- Try to use a variety of expressions, to make your dialogue as interesting as possible.

> **MODÈLE:** —*Professeur Micah, je suis Caroline Richard. Et voici Paul Trudeau.*
> —*Bonjour!*
> —*Bonjour, Professeur Micah. Comment allez-vous?*
> —*Bien, merci. Et vous, comment allez-vous?*
> —*Je vais très bien, merci. À demain, Monsieur—je suis dans votre classe!*
> —*Très bien! À demain!*

Les universités en France sont comme ça!

Universities in France resemble those in the United States in many ways, but differ substantially in other ways. Students

Courtesy of Véronique Anover and Theresa A. Antes

in France who wish to study at the university level must pass **le bac** (the **baccalauréat** exam) in high school. A passing score on this exam gives them admission to any university of their choice; otherwise, admission is not allowed. In this way, admission is more restricted than in the United States, where no national standards exist. (Individual universities in the United States determine their own admission policies, often based on SAT or ACT scores, but also have policies to admit students who have not taken such exams.) In France, not only is **le bac** required, but there are different exams based on the intended major of the student. There is a **bac-sciences,** for those who want to major in the natural sciences, and a **bac-lettres,** for those wanting to major in the humanities or social sciences, for example. The exam that a student takes determines which major(s) he/she will be allowed to pursue at the university level.

The French university system has undergone important changes in the last several years in order to make its degrees conform with those granted by other European universities. Under the new system, students from other European Union countries can study in France and obtain the equivalent of a diploma from their own country, and vice versa. In 2005 the French university system adopted the LMD reform. LMD stands for **Licence** (a three-year degree), **Master** (a five-year degree), and **Doctorat** (a six- to nine-year degree).

In France, the cost of a college education is much lower than in the United States for several reasons. First, all universities are controlled by the national government, and tuition is the same at all. Because the French government pays for many social services (through taxes paid by their citizens), university fees are very low, consisting of only a small "per credit" fee for each course taken. There is no competition between private and public universities, and no fees other than those for the classes that the student is taking. Every student enrolled in a university gets health insurance.

Student life is also different in substantial ways in France. All universities have dormitories (**la cité universitaire** or **la cité U**) and cafeterias (**la cafét, le restaurant universitaire,** or **le resto U**), but many students choose to attend the university that is closest to their home, and therefore continue to live at home with their families. Those who live in dormitories tend to stay there through the week, and then go home on the weekend. For these reasons, in addition to the fact that many of the universities are located in urban areas, campuses as we know them in the United States generally do not exist in France. Buildings are usually grouped in the same general area of town, but are intermixed with local businesses and residential areas. In this way, the university is not set apart from the town in which it is located, but is an integral part of it. Finally, intramural and club sports are popular at most universities, but there are no interuniversity sports—students are at the university to study, and sports have no prominence. Students find other reasons to come together—concerts, lectures, discussions at the local café—rather than gathering around a weekend football game!

With all these differences, how can we say that French universities are similar to their American counterparts? They offer courses in many disciplines, preparing students for professional careers of all sorts. They bring together students from many different ethnicities, social classes, nationalities, and backgrounds, both those with a family tradition of attending college and those who are the first generation in their family to earn a college degree. And perhaps most importantly, they provide a natural setting for conferences, concerts, poetry readings, debates, and the like, and in this way serve as a major cultural magnet for the town in which they are located, which often derives much of its identity from the college located there.

Réfléchissons!

Answer the following questions based on the cultural reading.

1. What is your opinion of a national standardized exam that is mandatory for admission to college? Does this help to assure quality among the universities in the country, or does it limit access? Would you be in favor of such an exam in the United States?

2. What do you think of a national educational system that covers *all* educational levels, from preschool through college? Are there advantages that you can think of to not having private and public universities? What about disadvantages?

3. Are you surprised that there are no interuniversity sports in France (or in Europe, for that matter)? How would your university change if it had only club sports?

4. Imagine that you have decided to study abroad for a semester. What similarities do you think you would find between students in France and yourself? What differences?

À vous de lire!

A. Stratégies. Before reading, you should determine what your purpose for reading is, as this will change the way that you read. There are many ways that we can read: we can skim a passage to determine if it meets our interests, we can scan it to see if it has particular information that we are looking for, or we can read it in depth for complete understanding. Before you start to read, look at the activities provided with the reading passage to see what your goal is. If you are supposed to skim for general comprehension or scan for specific information, but you try to read for complete understanding, you may experience a frustration that was not intended! Likewise, if you only scan an article but the questions require complete comprehension, you may be unable to answer them. Determine your purpose before reading, and then read as necessary with that purpose in mind.

B. Avant de lire. The readings in this section come from the official websites of several French universities. Before reading, answer the following questions, then move on to activity C.

1. Have you ever looked at the official website for your university? If so, what type of information did you find? Indicate which of the items on the following list were included on your university website. (If you have not looked, try to guess what information might be included.)

   _____ Types of courses offered   _____ Date of sessions

   _____ Information about the town   _____ Student opinions

   _____ Photos of students   _____ Photos of professors

   _____ Degrees offered   _____ Student grades

   _____ Links to area newspapers   _____ Samples of exams

   _____ Dates of exams   _____ Sporting events

2. When and why do you read your university's website? What kind of information are you generally looking for? Why would you consult *another* university's website?

3. Who do you think the target audience for university websites is? Do they serve more than one potential audience? In what ways?

4. Look at the ad for the Sorbonne on page 28. It lists four different sessions: **Session d'*automne*, session d'*hiver*, session de *printemps*,** and **session d'*été*.** What do you think the difference is between these sessions? (Hint: Let your knowledge of English guide you!)

5. In the Sorbonne ad, what other unfamiliar words can you figure out the meaning of, based on your knowledge of vocabulary from this chapter and of English?

C. Lisons! Read the following websites in stages, answering the following questions. There will be many words that you have not yet seen; concentrate on figuring out what you can, using words that you saw in this chapter, words that resemble English words (we call these *cognates*), and words that you can figure out from the context. The rest will take care of itself!

1. First, *skim* each website briefly to understand the general nature of its message. Write the item(s) that best represent(s) the information included, and the intended audience.

   a. **La Sorbonne**

   Information included:

   _____ Types of courses offered

   _____ Information about Paris

   _____ Information about student housing

   _____ Admission requirements

   _____ Specializations of the university

   _____ Dates of sessions

   Intended audience:

   _____ Parents of students

   _____ International students

   _____ French students

   b. **Université de Nantes**

   Information included:

   _____ Types of courses offered

   _____ Information about Nantes

   _____ Information about student housing

   _____ Admission requirements

   _____ Specializations of the university

   _____ Dates of sessions

   Intended audience:

   _____ Parents of students

   _____ International students

   _____ French students

   c. **Université Montpellier 1**

   Information included:

   _____ Types of courses offered

   _____ Information about Montpellier

   _____ Information about student housing

   _____ Admission requirements

   _____ Specializations of the university

   _____ Dates of sessions

   Intended audience:

   _____ Parents of students

   _____ International students

   _____ French students

2. Now *scan* each website for more specific information, answering the questions that follow.

   a. What exactly would you study if you went to the Sorbonne to do the program presented on this web page? What courses would you take? When would those courses take place?

   b. The website for the Université de Nantes mentions a "Formation continue" and a "Université permanente" in two places. Given the information that appears with them (the mention of "auditeurs," for example), what do you think these items refer to?

   c. For whom would the Université Montpellier 1 not be a good choice (i.e., what majors are you not likely to find there, based on the specializations listed on this web page)?

   d. If you wanted to study sports and sports medicine, which of these universities would be your best choice?

   e. The Université Montpellier 1 lists **santé** as one of their areas of specialization. What do you think this term might mean, based on the information that follows it on the Université Montpellier 1 website?

iStockphoto.com/Arpad Benedek

Cours de Civilisation Française de la Sorbonne

Les cours

Les Cours de Civilisation Française de la Sorbonne s'adressent aux étudiants étrangers[1].Ils incluent des «cours pratiques» de grammaire, de la phonétique en laboratoire et des conférences de civilisation française.

EXAMENS à la fin de chaque session:

******

☛ CERTIFICATS—DIPLÔMES

Activités annexes: visites de musées, excursions

☛ CONDITIONS D'ADMISSION

- 18 ans minimum
- Équivalence officielle du Baccalauréat français
- Visa de long séjour pour les pays hors Union européenne (faire une «demande de préinscription» par internet)

☛ DATES ET HEURES DE COURS

Session d'automne
Dates: de septembre à décembre
Inscriptions: début septembre
Heures des cours:
Grammaire, phonétique: l'après-midi
Conférences: 12h–13h

Session de printemps
Dates: de février à mai
Inscriptions: fin janvier
Heures des cours:
Grammaire, phonétique: matin ou après-midi au choix; + cours du soir
Conférences: matin ou après-midi selon niveau

Session d'hiver

Dates: d'octobre à janvier
Inscriptions: fin septembre
Heures des cours:
Grammaire, phonétique: matin ou après-midi au choix; + cours du soir.

Conférences: matin ou après-midi selon niveau.

Session d'été

Dates: entre juin et septembre 4, 6, 8 ou 11 semaines
Inscriptions: 1 semaine avant chaque session
Heures des cours: Grammaire, phonétique: le matin
Conférences: l'après-midi.

☛ PROGRAMMES DÉTAILLÉS ET TARIFS SUR LE SITE www.ccfs-sorbonne.fr

L'Université de Nantes

Pôle majeur d'enseignement supérieur et de recherche du Grand Ouest, l'Université de Nantes est l'une des grandes universités pluridisciplinaires françaises. Elle se développe dans un territoire attractif ayant une expansion économique et démographique forte et continue depuis deux décennies. Implantée à Nantes, Saint-Nazare et La Roche-sur-Yon, elle accueille 90% des étudiants sur le site de Nantes, 6e ville de France située sur l'estuaire de la Loire à une cinquantaine de kilomètres du littoral atlantique et à deux heures de Paris.

Une université de dimension européenne

45 200 étudiants parmi lesquels:

- 33 700 en formation initiale dont 3 360 étudiants étrangers
- 11 500 auditeurs de la Formation continue et de l'Université permanente

3 000 personnels et 1 400 personnels contractuels pour la formation et la recherche

[1]internationaux

Données 2009

21 centres de formation initiale et de recherche parmi lesquels:

- 11 facultés et unités de formation et de recherche (UFR)
- 8 instituts
- 1 école d'ingénieurs
- 1 observatoire des sciences de l'Univers
- 1 centre de formation continue
- 1 université permanente ouverte à tout public

Université Montpellier 1

Forte d'une longue tradition en matière médicale et juridique, l'Université Montpellier 1 a su préserver ses caractéristiques tout en s'ouvrant au monde du XXIe siècle. Université pluridisciplinaire, ce sont les UFR (Unités de formation et recherche) et Instituts regroupant une à plusieurs disciplines fondamentales qui organisent les enseignements autour de trois axes principaux:

Autour de l'axe droit, économie, gestion et administration, se regroupent:
- l'UFR de Droit
- l'UFR d'Administration Économique et Sociale (AES)
- l'UFR de Sciences Économiques
- l'Institut Supérieur de l'Entreprise de Montpellier (ISEM)
- l'Institut de Préparation à l'Administration Générale (IPAG)

Jean Claude Moschetti/REA/Redux

Autour de l'axe santé, se regroupent:
- l'UFR de Médecine
- l'UFR d'Odontologie
- l'UFR de Sciences Pharmaceutiques et Biologiques

Autour de l'axe sport, s'est développée jusqu'ici:
- l'UFR Sciences et Techniques des Activités Physiques et Sportives (STAPS)

D. Après la lecture. Answer the questions that follow, based on the information that you learned while reading.

1. Think back to the information that you predicted would appear on a university website. Do these sites provide that information, in general? In what ways did they provide or not provide what you expected to find?

2. Based on your own interests, would one of these programs appeal to you more than others? Which one, and why?

3. How do these universities compare to American universities, based on what you read? In what ways are they different?

4. What parts of American university life are not represented on these web pages? Why do you think this is the case? (Is it because they are not part of French university life, or are they simply not mentioned on this page?)

5. What percentage of these sites would you say that you were able to read in French? Does this surprise you?

Lexique 🔊

Salutations *Greetings and good-byes*

À bientôt.	*See you soon.*	Au revoir.	*Good-bye.*
À demain.	*See you tomorrow.*	Bonjour.	*Hello.*
À plus. / À plus tard.	*See you later.*	Ciao.	*See you.*
À tout à l'heure.	*See you in a while.*	Salut.	*Hi. / Bye. (informal)*

Présentations *Introductions*

Comment tu t'appelles? / Comment t'appelles-tu?	*What is your name? (informal)*	Qui êtes-vous?	*Who are you? (formal)*
		Tu es... ?	*Are you . . . ?*
Comment vous appelez-vous?	*What is your name? (formal)*	Je te présente...	*This is . . . (informal) (literally: I present . . . to you.)*
Enchanté. / Enchantée.	*It's nice to meet you. (masculine/ feminine)*	Je vous présente...	*This is . . . (formal) (literally: I present . . . to you.)*
Excusez-moi.	*Excuse me.*	(Madame Leclair), c'est...	*(Mrs. Leclair), this is . . .*
Je m'appelle...	*My name is . . .*	et voilà...	*and here is . . .*
Je suis...	*I am . . .*	Vous êtes... ?	*Are you . . . ?*
Moi, c'est...	*Me, my name is . . . / Me, I am . . .*	Je suis de... (Marseille)	*I am from . . . (Marseilles)*
Pardon, Madame / Monsieur / Mademoiselle.	*Excuse me, ma'am / sir / young lady.*	Il est/elle est de... (Paris)	*He/she is from . . . (Paris)*
Pardonnez-moi.	*Pardon me.*	Ils/elles sont de... (Genève)	*They are from . . . (Geneva)*
Qui es-tu?	*Who are you? (informal)*		

Questions personnelles *Personal questions*

Ça va?	*Is it going okay? Is everything okay?*	Je vais bien, merci.	*I'm doing well, thank you.*
Ça va.	*It's going okay.*	(Je vais) pas mal.	*Not bad.*
Comme ci comme ça.	*So-so.*	Comment vas-tu?	*How are you?*
Comment ça va?	*How is it going?*	Je vais bien, et toi?	*I'm doing well, and you? / I'm good, and you?*
Ça va bien.	*It's going well.*		
Ça va pas mal.	*It's going all right.*	Très bien, merci.	*Very good/well, thank you.*
Ça peut aller.	*It could be better.*		
Comment allez-vous?	*How are you?*		

Des projets *Plans*

aujourd'hui	*today*	Quel est votre numéro de téléphone / de mobile?	*What's your phone number? (formal)*	Vous êtes libre?	*Are you free? (formal, singular)*
ce matin	*this morning*				
ce soir	*this evening*				
ce week-end	*this weekend*	C'est le...	*It's . . .*	Vous êtes libres?	*Are you free? (plural)*
Quel est ton numéro de téléphone / de mobile?	*What's your phone number? (informal)*	Tu es libre?	*Are you free? (informal)*		

Je suis comme je suis

In this chapter, you will learn how to describe yourself and others. You will also talk about your daily activities, your professions, and your pets.

Courtesy of Véronique Anover and Theresa A. Antes

VOCABULARY

- Describing yourself and others
- Talking about your personality
- Talking about daily activities, professions, and pets

STRUCTURES

- Negation
- The verb **avoir**
- Adjective agreement and placement
- Regular **-er** verbs
- Indefinite articles

CULTURE

- A portrait of the French and Francophones

iLrn

◆)) Audio

⊕ www.cengagebrain.com

RESSOURCES

Passage 1

Je suis...

In this chapter you will learn how to describe yourself and others and to talk about your hobbies, your pets, and your work. First, meet the following people and Boulotte (the dog) as they describe themselves to you.

Alain

Je suis de Fort-de-France (Martinique).
Je suis grand.
Je suis sportif.
Je suis intelligent.
Je ne suis pas provocateur.

Bébé Alex

Je suis de Bordeaux (France).
Je suis tout petit.
Je ne suis pas grand.
Je suis content.
Je suis amusant.
Je suis mignon!

Rhaimona

Je suis de Moorea (Tahiti).
Je suis petite.
Je suis sympathique.
Je suis sociable.
Je suis intelligente.

Lucien

Je suis de Pointe-à-Pitre (Guadeloupe).
Je suis grand.
Je suis sympathique.
Je suis beau.
Je suis optimiste.

Yolanda

Je suis de Montréal (Canada).
Je suis grande.
Je suis sportive.
Je suis contente.
Je suis courageuse et amusante.

Boulotte

Je suis de Toulouse (France).
Je suis forte.
Je ne suis pas timide.
Je suis poilue.
Je suis courageuse.

Vous avez bien compris?

Complete the following sentences based on the preceding descriptions. Since more than one response is possible in some cases, choose a logical one.

1. Yolanda: Je suis _____ et *(and)* je suis
   _____.

2. Lucien: Je suis _____.

3. Alex: Je suis _____ petit. Je ne suis pas
   _____.

4. Boulotte: Je suis _____.

5. Alain: Je suis _____. Je suis de _____.

6. Rhaimona: Je suis _____ et je _____
   _____ Moorea.

CD 1
Track 14
(cont.)

Now, Alain wants you to meet his friends, Anou and Gérard. He is describing them to you.

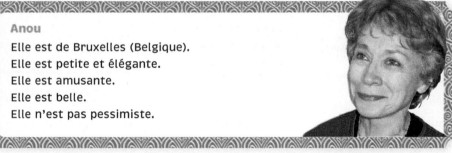

Anou
Elle est de Bruxelles (Belgique).
Elle est petite et élégante.
Elle est amusante.
Elle est belle.
Elle n'est pas pessimiste.

Courtesy of Véronique Anover and Theresa A. Antes

Gérard
Il est de Québec (Canada).
Il est grand.
Il est optimiste.
Il est sociable.
Il est gentil.

Courtesy of Véronique Anover and Theresa A. Antes

Vous avez bien compris?

Vrai ou faux? (*True or false?*) Indicate whether the following statements about Anou and Gérard are **vrai** or **faux.** Correct the sentences that are not true.

1. Gérard n'est pas sociable. _____ vrai _____ faux
2. Anou est grande. _____ vrai _____ faux
3. Anou n'est pas élégante. _____ vrai _____ faux
4. Gérard est pessimiste. _____ vrai _____ faux
5. Gérard est grand. _____ vrai _____ faux
6. Gérard n'est pas gentil. _____ vrai _____ faux
7. Anou est pessimiste. _____ vrai _____ faux
8. Anou est belle. _____ vrai _____ faux

Les adjectifs descriptifs (1)

Following is a list of physical and emotional descriptors. Some of these words you are already familiar with from the descriptions in *Passage 1;* others will be new to you. Can you guess the meaning of the new words? Many of them are cognates, which means they are very similar to their English equivalents. You will find translations next to the words that are not cognates.

The following adjectives are the same in their masculine and feminine forms.

optimiste	riche		triste	*sad*
pessimiste	pauvre	*poor*	timide	
sociable	sympa(thique)	*friendly*	jeune	*young*
stupide	antipathique	*unfriendly*	mince	*thin*

The following adjectives are spelled differently in their masculine and feminine forms.

To talk about a male:	*To talk about a female:*	
beau	belle	
laid	laide	*ugly*
mignon	mignonne	*cute*
grand	grande	*tall, big*
petit	petite	
(tout) petit	(toute) petite	
vieux	vieille	*old*
sportif	sportive	
élégant	élégante	
bavard	bavarde	*talkative*
content	contente	*happy*
gentil	gentille	*nice*
méchant	méchante	*mean*
intelligent	intelligente	
courageux	courageuse	
poilu	poilue	*hairy*
fort	forte	*strong*
amusant	amusante	
ennuyeux	ennuyeuse	*boring*
provocateur	provocatrice	
joli	jolie	*pretty*
gros	grosse	*overweight*
paresseux	paresseuse	*lazy*

À vous!

A. Comment sont-ils? *(What are they like?)* Choose from the list provided the adjectives that best characterize the following famous personalities.

1.  Tom Cruise. Il est... (timide / mince / petit / sympa / élégant / beau / amusant / fort / intelligent / laid / mignon / méchant)

2. Larry King. Il est... (riche / amusant / bavard / beau / poilu / intelligent / petit / élégant / laid / ennuyeux / vieux)

3.  Oprah Winfrey. Elle est... (mince / très riche / optimiste / belle / amusante / élégante / intelligente / bavarde / sympathique)

4. Yao Ming. Il est... (paresseux / gros / fort / laid / sportif / pauvre / grand / beau / mince / ennuyeux / amusant)

5.  Michael Moore. Il est... (amusant / intelligent / provocateur / mincc / courageux / élégant / beau / petit / optimiste)

6. Julia Roberts. Elle est... (jolie / timide / sympathique / vieille / élégante / laide / mince / petite / ennuyeuse / jeune)

7.  Céline Dion. Elle est... (ennuyeuse / gentille / belle / intelligente / amusante / pauvre / mince / poilue / jeune).

👤👤👤 Now, compare the characteristics you gave to each one of the preceding celebrities with your classmates. Are you in agreement with your classmates?

👤👤 **B. Trouvez-les. *(Find them.)*** First, look at the following drawings. Then, describe them to your classmate without following the numerical order in which they appear. Your classmate will tell you which drawing you are describing.

1.

2.

3.

4.

5.

6.

👤👤 **C. Et toi, tu es comment? *(And you, what are you like?)*** Find out how your classmate views himself/herself. Your classmate will start his/her answers by saying **Je suis...** *(I am . . .).*

> **MODÈLE:** Tu es riche?
>
> *Non! Je suis pauvre! / Oui! Je suis très riche!*

1. Tu es optimiste?
2. Tu es grand(e)?
3. Tu es méchant(e)?
4. Tu es intelligent(e)?
5. Tu es ennuyeux (ennuyeuse)?
6. Tu es provocateur (provocatrice)?
7. Tu es content(e)?
8. Tu es bavard(e)?

👤👤👤 Now, share your partner's answers with the class to find out the following information.

1. Qui est le plus grand / la plus grande *(the tallest)* de la classe? C'est *(It is)...*
2. Qui est le plus provocateur / la plus provocatrice de la classe? C'est...
3. Qui est le plus optimiste / la plus optimiste de la classe? C'est...
4. Qui est le plus content / la plus contente de la classe? C'est...

STRUCTURE 1

La négation: *ne... pas / n' ... pas*

🌐 Grammar Tutorials

In *Chapter 1*, you learned how to conjugate **être** and use it in a sentence. To make a sentence negative, place **ne... pas** around the conjugated verb.

Je **ne** suis **pas** Clément. Je suis Patrice.	*I'm not Clément. I'm Patrice.*
Nous **ne** sommes **pas** de Paris.	*We're not from Paris.*

Ne becomes **n'** before a vowel sound.

Tu **n'**es **pas** optimiste.	*You are not optimistic.*
Elle **n'**est **pas** riche.	*She's not rich.*

⚐ VÉRIFIEZ votre compréhension

1. Go back to the *Passage 1* section and pick out the negative sentences. Explain how the negative is formed in each case.
2. How would you negate the sentences that describe Gérard?

Elle n'est pas méchante.

Il n'est pas gros.

Courtesy of Véronique Anover and Theresa A. Antes

Courtesy of Véronique Anover and Theresa A. Antes

Pratiquons!

A. Corrections. Your friend makes erroneous statements about the following people. Correct him/her using the negative. Follow the model.

> **MODÈLE:** Oprah Winfrey est de Miami. (Chicago)
> *Non, elle n'est pas de Miami, elle est de Chicago.*

1. Céline Dion est de Paris. (Montréal)
2. Janet et Jermaine Jackson sont de Chicago. (Gary [Indiana])
3. Michael J. Fox est très grand. (petit)
4. Miley Cyrus est vieille. (jeune)
5. Nous sommes antipathiques. (sociables)
6. Vous êtes de Nice. (??)

B. Oui ou non. Say if the descriptions match the pictures or not. Correct the wrong descriptions. Follow the model.

> **MODÈLE:** Il est gentil.
> You say: *Mais non! Il n'est pas gentil. Il est méchant!*

1.

Il est mince.

2.

Nous sommes timides.

3.

Marc et Bernard sont pauvres.

4.

Thomas est content.

5.

Ils sont ennuyeux.

6.

Sylvie et Corinne sont jeunes.

7.

Simon est gros.

Passage 2

Descriptions

Now, some of the people you met previously are talking about their own physical features. They are describing themselves to you.

Bébé Alex
J'ai les cheveux châtains[1]
et très courts.
J'ai les yeux bleus.
J'ai quatre dents[2].

Rhaimona
J'ai les cheveux noirs et lisses.
J'ai les yeux verts.
J'ai les cheveux
longs.

Lucien
J'ai les yeux noirs.
J'ai les cheveux mi-longs
et frisés.

Yolanda
J'ai les cheveux blonds
et courts.
J'ai les yeux bleus.

Anou
Elle a les cheveux
blonds, courts et
un peu[3] bouclés.
Elle a les yeux bleus.

Gérard
Il a les cheveux lisses
et gris.
Il a les yeux noirs.

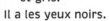

Courtesy of Véronique Anover and Theresa A. Antes

Vous avez bien compris?

Qui est-ce? (Who is it?) Write the name of the person(s) who is (are) making the following statements about their physical appearance.

1. J'ai les cheveux très courts.
2. J'ai les cheveux frisés.
3. J'ai les cheveux mi-longs.
4. J'ai les cheveux gris.
5. J'ai les yeux verts.
6. J'ai les yeux bleus.

[1] The adjective **châtain** is always *masculine*. It is invariable in gender, i.e., it never adds an **-e**. However, it agrees in number with the noun: **les cheveux châtains**.   [2] *teeth*   [3] *a little bit*

→ Mon vocabulaire ←

Les adjectifs descriptifs (2)

Here are some adjectives for describing hair and eye color.

Les cheveux

bruns	noirs	roux

Les yeux

bleus	noirs	verts	marron[1]

Les couleurs en général

bleu(e)	blanc(he)	jaune	marron[2]	rouge

noir(e)	crème	gris(e)

rose	vert(e)	violet(te)	orange	beige

[1] The adjective **marron** is always masculine. It is invariable, i.e., it never adds an **-e** or an **-s**, no matter the gender or number of the noun it is modifying.   [2] Reminder: when talking about hair color, use **brun** for brown.

À vous!

A. Cheveux et yeux. Look at the following people and decide which adjectives from the *Passage 2* and *Mon vocabulaire* sections fit them best.

> **MODÈLE:** Stéphane a...
>
> *Stéphane a les cheveux châtains et les yeux marron.*

Courtesy of Véronique Anover and Theresa A. Antes

1. Alexandre a...

Courtesy of Véronique Anover and Theresa A. Antes

2. Marie-Louise a...

Monart Design/Fotolia.com

3. Laura a...

auremar/Shutterstock.com

4. Éric a...

Piotr Marcinski/Shutterstock.com

B. Devinez! (Guess!) Take turns describing one of your classmates to the class. The class will guess which student has been described.

> **MODÈLE:** *Il a les cheveux longs et blonds. Il a les yeux bleus. Il est très sympa et très beau!*

C. De quelle couleur est-ce? (What color is it?) The following items are known for their characteristic colors. Give the color, in French, of each of the items mentioned, paying attention to the gender and number of each.

1. Les yeux d'Elizabeth Taylor. Ils sont _____.

2. Les poils d'un tigre. Ils sont _____ et _____.

3. Les roses. Elles sont _____, _____ ou _____.

4. Le drapeau (*flag*) américain. Il est _____, _____ et _____.

5. Les éléphants. Ils sont _____.

STRUCTURE 2

CD 1
Track 16

Le verbe *avoir*

avoir *to have*			
j'ai	*I have*	nous **avons**	*we have*
tu **as**	*you have*	vous **avez**	*you have*
il / elle / on **a**	*he / she / one has (we have)*	ils / elles **ont**	*they have*

- You can use **avoir** to talk about parts of the body.

  Marc **a** les yeux bleus. *Marc has blue eyes.*

- To make a form of **avoir** negative, use **n'... pas.**

  Marc **n'a pas** les yeux marron. *Marc doesn't have brown eyes.*

Note: The subject pronoun **je** becomes **j'** before **ai.**

⚑ VÉRIFIEZ votre compréhension

1. Go back to the **Passage 2** section on p. 39 and read the descriptions again. How does Yolanda say *I have blue eyes*?

2. How does Lucien say about Anou that *she has short blond hair*?

Rohan/Stone/Getty Images

C'est au Maroc *(Morocco)* ou en Côte d'Ivoire *(Ivory Coast)*?

◀)) À l'écoute!

Track 17

Petits Tuyaux! Determining Word Boundaries. One of the hardest things about learning to listen in a foreign language is determining where one word ends and another starts. Remember the old childhood rhyme *"I scream - you scream - we all scream for ice cream!"*? Children love that so much because *I scream* and *ice cream* sound almost identical.

This is especially problematic in a language like French because it has a feature called *liaison*, which means that if a word begins with a vowel, the consonant from the word before it is going to carry over.

You saw that in the last chapter with expressions like **Comment allez-vous?** where the 't' from **comment** is pronounced with **allez**. As you do the first activity, read along while you listen, paying careful attention to how the words are pronounced, and how they run together in French. Then close your eyes and listen several more times, trying to pick out the individual words that you know until you can understand what you hear without reading it at the same time.

Les verbes *être* et *avoir*. Distinguishing between the pronunciation of **être** and **avoir** can be difficult. It takes lots of practice listening not to confuse them. Repeat the following sentences and phrases.

Tu es gentil. | Tu as les cheveux courts.
Tu es | Tu as
Il est grand. | Elle a les yeux noirs.
Il est | Elle a
Elles sont contentes. | Elles ont les cheveux bouclés.
Elles sont | Elles ont

Now, indicate the phrases that you hear.

1. _____ Tu es   _____ Tu as
2. _____ Ils ont   _____ Ils sont
3. _____ Elle a   _____ Elle est
4. _____ Il est   _____ Il a
5. _____ Elles sont   _____ Elles ont

Le ballon est rouge et petit; le garçon est grand et il a les cheveux très longs! C'est vrai? Non? Pourquoi?

Courtesy of Véronique Anover and Theresa A. Antes

Chapitre 2   Structure 2 • quarante-trois   **43**

Pratiquons!

A. Qui a quoi? (Who has what?) Match each subject in the left column with an appropriate sentence completion in the right column. Make sure that the verb form agrees with the subject.

1. Frédéric
2. Les étudiants
3. Je (J')
4. Nous
5. Tu
6. Vous

a. ai les yeux marron.
b. avez les yeux noirs.
c. a les cheveux bouclés.
d. ont les cheveux roux.
e. as les cheveux très courts.
f. avons les yeux bleus.

B. Descriptions. Look at the following photos. For each one, first tell what kind of hair the person does *not* have, and then go on to describe the person's hair. Next, do the same thing for the person's eyes.

MODÈLE: Stéphane

Courtesy of Véronique Anover and Theresa A. Antes

Stéphane n'a pas les cheveux frisés; il a les cheveux lisses.

Il n'a pas les yeux verts; il a les yeux marron.

1. Laura

auremar/Shutterstock.com

2. Alexandre

Courtesy of Véronique Anover and Theresa A. Antes

3. Éric

Piotr Marcinski/Shutterstock.com

4. Marie-Louise

fotoluminate/Shutterstock.com

CD 1
Track 18

STRUCTURE 3

L'accord et la place des adjectifs

 Grammar Tutorials

L'accord féminin / masculin des adjectifs

- Adjectives in French agree in gender (masculine / feminine) with the nouns they modify. If a masculine adjective ends in a consonant, add **-e** to make it feminine.

  Marc est intelligent et bavard. Patricia est intelligent**e** et bavard**e** aussi.

- If a masculine adjective already ends in **-e**, leave it as is.

  David est jeun**e** et sympa(thiqu**e**).   Caroline est jeun**e** et sympa(thiqu**e**) aussi.

- Some adjectives undergo a spelling change in the feminine form; however, they usually follow a pattern. Here are a few:

	Masculine	Feminine
-f → -ve	actif	active
-eux → -euse	ennuyeux	ennuyeuse
-teur → -trice	provocateur	provocatrice
-il → -ille	gentil	gentille
-on → -onne	mignon	mignonne
-en → -enne	canadien	canadienne
-os → -osse	gros	grosse
-g → -gue	long	longue

- Some adjectives, however, are simply irregular and have a completely different feminine form. Here are a few:

Masculine	Feminine
beau	belle
blanc	blanche
roux	rousse
vieux	vieille

L'accord singulier / pluriel des adjectifs

- Adjectives in French also agree in number (singular / plural) with the nouns they modify. For most adjectives, add **-s** to make them plural.

  Marc et Louis sont intelligent**s**.   Patricia et Anne sont intelligentes aussi.

- If the adjective already ends in **-s,** or if it ends in **-x,** add nothing.

  Patrick est gros et il a les cheveux[1] gris.   Marc et Vince sont gros et ils ont les cheveux gris.

  Pascal est courageu**x**.   Dominique et David sont courageu**x** aussi.

---

[1]**Note:** Nouns in French, like the body parts you've learned, also have gender and number, and the articles, such as **les**, that accompany them must also agree.

- If the adjective ends in **-eau,** add **-x: beau → beaux.**

  Thibault est beau. Marc et Antoine sont très beaux aussi.

- Three adjectives of color **(crème, marron, orange)** are invariable; they don't change forms to agree in either gender or number.

  Anne a les yeux **marron.**

La place des adjectifs

- Most adjectives in French follow the nouns they modify.

  J'ai les cheveux **noirs** et **courts.**   Il a les yeux **bleus.**

- A few common and short adjectives precede the noun. Memorize them. Here are a few you already know:

  beau(x) / belle(s)   joli(e)   petit(e)(s)
  grand(e)(s)   jeune(s)   vieux / vieille(s)

  Mme Fontaine est une **belle** femme.   *Mrs. Fontaine is a beautiful woman.*
  Antoine a un **petit** chien.   *Antoine has a little dog.*

- When the masculine, singular adjective **beau** and the masculine singular adjective **vieux** precede a noun beginning with a vowel sound, they undergo a spelling change: **bel, vieil.**

  un **bel** homme   *a good-looking man*   un **vieil** homme   *an old man*

  J'ai **les** cheveux *(m., pl.)* longs.

You'll learn more about articles later on in this chapter and in Chapter 3. For now, consider them as part of the vocabulary expression.

◀ VÉRIFIEZ votre compréhension

1. Go back to the **Passage 1** section on p. 32 and find two adjectives that have the same form in the feminine and the masculine. Then find two adjectives that are spelled differently in the masculine and the feminine.

2. How would you write in French *she is courageous, she is cute, they* **(ils)** *are boring,* and *they* **(ils)** *are old?*

À l'écoute!

CD 1
Tracks
19–20

A. Féminin ou masculin? Listen to the following sentences, and indicate whether the subject of each one is feminine (F) or masculine (M), or if it could be either or could represent a mixed group (F&M). Indicate the correct answer.

> **MODÈLE:** You hear: *Je suis gentille.*
> You check: **F** (for feminine).

1. ＿＿F ＿＿M ＿＿F&M   6. ＿＿F ＿＿M ＿＿F&M
2. ＿＿F ＿＿M ＿＿F&M   7. ＿＿F ＿＿M ＿＿F&M
3. ＿＿F ＿＿M ＿＿F&M   8. ＿＿F ＿＿M ＿＿F&M
4. ＿＿F ＿＿M ＿＿F&M   9. ＿＿F ＿＿M ＿＿F&M
5. ＿＿F ＿＿M ＿＿F&M   10. ＿＿F ＿＿M ＿＿F&M

B. Singulier ou pluriel? Listen to the following sentences. If the sentence is about one person, write S for singular. If it is about more than one person, write P for plural. Write a question mark if you can't tell. **Attention!** Sometimes you cannot distinguish singular and plural phonetically.

> **MODÈLE:** You hear: *Je suis petite.*
> You check: **S** (for singular).

1. ＿＿S ＿＿P ＿＿?   6. ＿＿S ＿＿P ＿＿?
2. ＿＿S ＿＿P ＿＿?   7. ＿＿S ＿＿P ＿＿?
3. ＿＿S ＿＿P ＿＿?   8. ＿＿S ＿＿P ＿＿?
4. ＿＿S ＿＿P ＿＿?   9. ＿＿S ＿＿P ＿＿?
5. ＿＿S ＿＿P ＿＿?   10. ＿＿S ＿＿P ＿＿?

Pratiquons!

A. Descriptions approfondies. (*Expanded descriptions.*) The following drawings each have a description that could be made more complete. Add the adjective(s) in parentheses, paying attention to both the placement and the form, to make the description complete. Follow the model.

> **MODÈLE:** Sophie et Caroline ont les cheveux roux. (joli)
> *Sophie et Caroline ont de[1] jolis cheveux roux.*

1.

Jennifer a les cheveux tressés (*braided*). (long)

2.

Pascal et Dominique ont les cheveux courts. (frisé)

3.

Coralie et Chloé sont deux étu-diantes. (jeune)

4.

David a une guitare (f.) (beau).

5.

Folco a les yeux noirs. (petit)

[1] For reasons that will be explained later, the article **les** changes to **de** here. When learning a foreign language, don't be overly concerned with details such as these. Concentrate instead on the topic at hand—in this case, the adjective.

B. Descriptions. Look at the pictures and describe the hair and eye color of each person. Use the appropriate form of the verb **avoir.**

MODÈLE: Elle *Elle a les cheveux lisses et les yeux noirs.*
Elle a les cheveux châtains.

1. Nous

2. Je

3. Elle

4. Il/Elle

5. Tu

6. Vous

À vous de parler!

A. Devinez! (Guess!) Describe a celebrity without saying his/her name. (Talk about height, personality, hair, and eyes.) Ask your classmates to guess who it is.

B. Cherchons... (Let's look for . . .) Find classmates who fit the following descriptions. Write their names on a separate sheet of paper. Report back to the class on whom you found. Then talk a little bit about each student, mentioning his or her physical appearance and personality.

MODÈLE: You see: Une étudiante avec *(with)* les cheveux bruns et très courts.
You say: *Juliette a les cheveux bruns et très courts. Elle est sympathique et intelligente. Elle est très belle aussi!*

1. Une étudiante avec de jolis cheveux blonds.
2. Une étudiante avec les yeux verts.
3. Un étudiant avec de jolis yeux bleus.
4. Une étudiante avec les cheveux roux.
5. Un étudiant ou une étudiante avec les cheveux bouclés.
6. Un jeune étudiant bavard.
7. Un étudiant et une étudiante amusants.
8. Un étudiant timide.

Portrait personnel

On a separate sheet of paper, write a short paragraph describing the classmate seated next to you. Talk about his or her physical features and personality. How do you compare with your classmate?

Les Français et les francophones sont comme ça

Vous allez rencontrer[1] de vrais[2] Français et francophones. Lisez[3] leurs descriptions physiques.

Sandrine

Elle est de Paris. Elle a les cheveux bruns, longs et lisses. Elle est très sympa. Elle a les yeux verts. Elle est petite et mince. Elle est jeune. Elle est étudiante à l'université.

Rahma

Elle est de Tunis. Elle a les cheveux noirs, longs et lisses. Elle est grande et mince. Elle est amusante et sportive. Elle est mère de famille et femme au foyer[4]. Elle a trois enfants.

Alix

Il est de Pointe-à-Pitre, Guadeloupe. Il est mince. Il est fort et sportif. Il est intelligent. Il est écrivain[5]. Il a les cheveux noirs et frisés. Il est mignon!

Jean

Il est canadien. Il a les cheveux gris. Il est gentil. Il est amusant. Il est beau! Il est comédien[6].

Ana

Elle est de Genève (Suisse). Elle est entrepreneuse. Elle a les cheveux longs. Elle est très intelligente. Elle a les yeux marron. Elle est jeune maman[7].

Réfléchissons!

1. What are the Americans that you know like? Are they very different from the French/Francophone people that you just met? Explain your answer.

2. Do you have a stereotypical image of the French and Francophone people? When you think about a man/woman from France, what image comes to your mind? And a man/woman from Morocco or Tunisia? How about someone from the French Caribbean (Martinique, Guadeloupe)? Did the people you just met conform to the images you had in mind? How do you think that the French/Francophone people view Americans? What is the stereotypical image they may have? Why is it or is it not a good idea to stereotype?

[1]*You are going to meet*   [2]*real*   [3]*Read*   [4]*housewife*   [5]*writer*   [6]*actor*   [7]*young mother*

Passage 3

Qui êtes-vous? Où est-ce que vous habitez? Avec qui? Qu'est-ce que vous aimez faire le week-end?

Je m'appelle Yolanda. Je suis mariée.
J'habite une maison à Montréal avec ma famille.
Le week-end, nous regardons la télé, ou nous
    jouons au Monopoly.
Nous ne voyageons pas souvent, mais de temps
    en temps nous aimons aller à Toronto.
Je suis entrepreneuse, et je travaille dans
    un bureau. Je parle français, anglais
    et espagnol.

Je suis médecin. Je m'appelle Roland Gaillard.
Je travaille dans un hôpital à Paris.
Normalement, je commence à 7 h du matin, et je
    termine à 18 h. C'est une journée très longue!
Je suis marié, mais je n'ai pas d'enfants.
Le week-end, ma femme et moi, nous jouons au
    tennis.
Nous voyageons souvent aussi–nous aimons visiter
    la Belgique et le Luxembourg, parce que nous
    avons de la famille là-bas.

Je m'appelle Lucien.
Je suis étudiant à l'université de Bordeaux.
J'ai une fiancée. Elle s'appelle Pascale. Elle est
    belle et dynamique!
J'étudie beaucoup, mais je ne travaille pas.
Je n'ai pas beaucoup d'argent, donc, je ne
    mange jamais[1] au restaurant.
J'habite dans une cité universitaire. Ma cham-
    bre est petite, mais confortable.
Le soir, j'écoute de la musique. J'aime surtout
    le rock classique.

[1]never

Je m'appelle Claire. Je suis divorcée, avec deux enfants.
Je suis pilote chez Air France, donc je voyage souvent!
Mes enfants et moi, nous habitons à Grenoble.
Nous cherchons un nouvel appartement–notre
   appartement est trop petit.
Mes enfants aiment jouer au football, et ils aiment
   aussi regarder les sports à la télévision.
Le week-end, nous mangeons chez mes parents.
   Ils habitent à Grenoble aussi.
Nous avons un chien. Il s'appelle Marcel.

Vous avez bien compris?

Answer the following questions with a word or two. In some cases, more than
one response may be correct.

1. Qui habite dans un appartement?
2. Qui n'est pas marié?
3. Qui aime regarder la télé?
4. Comment s'appelle la personne qui ne mange pas au restaurant?
5. Quelle est la profession de Roland? Et de Yolanda?
6. Où est-ce que Yolanda habite? Et Lucien?
7. Qu'est-ce que Claire cherche?
8. Quelle est la musique préférée de Lucien?
9. Quel est le sport préféré de Roland?

> **Mots utiles**
> **qui** = who
> **où** = where
> **qu'est-ce que** = what
> **quel(le)** = which/what

Based on the first sentence on the
street sign, **J'aime mon quartier,**
what does **je ramasse** mean? The
fine is 457 euros. How does that
compare with the fine in your
country? Are there signs like this
one in your country?

Les activités, les professions, les animaux domestiques

Pour parler des professions

un/une pilote	un médecin / une femme médecin
un/une dentiste	un vendeur / une vendeuse
un/une architecte	un étudiant / une étudiante
un/une secrétaire	un professeur / une professeure
un/une juge	un assistant / une assistante
un avocat / une avocate	un entrepreneur / une entrepreneuse
un technicien / une technicienne	un ingénieur / une ingénieure
un policier / une policière	

Pour parler de vos activités

Verbes apparentés

adorer	commencer	danser	détester	préférer
préparer	regarder	téléphoner à	terminer	voyager

Verbes non-apparentés

chercher   **trouver**

Elle cherche son portable. Elle trouve son portable.

jouer-pratiquer

Ils jouent au football. Ils pratiquent le football.

appeler[1]   **parler**

Marc appelle Sophie. Marc et Sophie parlent au téléphone.

chanter   **écouter**   **fumer**

Ils écoutent de la musique, ils chantent, et ils fument.

[1]This verb (*to call*) is similar to the verb **s'appeler** (*to be called, to be named*). You saw some forms of **s'appeler** in Chapter 1. This type of verb is called a pronominal verb, because it uses an additional pronoun, in addition to the subject pronoun. We'll see the full conjugation of these verbs in a later chapter.

acheter   travailler

La femme achète un CD. L'homme travaille.

habiter   manger   étudier

Ils habitent un appartement. Sami et Ana mangent; Karine étudie.

Pour parler de vos animaux

un chien

un chat

un hamster

un lapin

un poisson rouge

un cochon d'Inde

un oiseau

À vous!

A. Activités. Look at the following nouns, and tell which verb you associate with each. (Note that verbs in French don't need a preposition, unless specifically listed: for example, **jouer à**.)

> **MODÈLE:** la radio
>
> *écouter la radio*

1. la télévision
2. une pizza
3. français

4. une chanson *(a song)*
5. une cigarette
6. les chiens

B. Les professions. Indicate who performs the following activities. List as many professions as you can think of.

> **MODÈLE:** travailler au tribunal *(courthouse)*
>
> *Un(e) juge, un(e) avocat(e), un(e) secrétaire, un policier/une policière*

1. travailler sur le campus
2. préparer des projets importants
3. travailler dans un hôpital

4. voyager souvent
5. travailler le week-end

C. Les animaux domestiques. Determine the best pet for someone with the following living arrangements.

1. un petit appartement
2. une chambre *(room)* à l'université
3. une maison *(house)*

4. une maison et trois petits enfants
5. un appartement spacieux
6. un énorme jardin *(yard, garden)*

 Grammar Tutorials CD 1 Track 25

STRUCTURE 4

Les verbes en -*er*

You have learned how to conjugate two verbs: **être** and **avoir.** Both these verbs are *irregular* because each form is different. *Regular* verbs follow a predictable pattern. The most common type of regular verb group in French has infinitives ending in -**er.**

- All infinitives are made up of a *stem* and an *ending*. To conjugate an -**er** verb, drop the -**er** ending of the infinitive and add the ending that corresponds to the subject to the resulting stem. The present tense endings for -**er** verbs are in boldface below.

chanter *(to sing)*	
je chant**e**	nous chant**ons**
tu chant**es**	vous chant**ez**
il / elle / on chant**e**	ils / elles chant**ent**

- The present tense can be expressed in three ways in English. French uses only one form for all three ways. Context will help you determine what the speaker means.

I sing.	
I am singing.	Je chante.
I do sing.	

- To make a verb negative, place **ne (n')** and **pas** around the conjugated form.

| Elle danse. | *She dances.* |
| Elle **ne** danse **pas.** | *She doesn't dance.* |

| Nous aimons Paris. | *We like Paris.* |
| Nous **n'**aimons **pas** Paris. | *We don't like Paris.* |

Quelques verbes à changements orthographiques

- A few verbs in the present tense have regular endings, but undergo spelling changes in their stem. These are called *stem-changing* verbs. The verbs **appeler, préférer,** and **acheter** are all stem-changing verbs. The spelling change occurs in all forms but **nous** and **vous.** This makes the paradigm look like a boot.

appeler	*(to call)*	préférer	*(to prefer)*
j'appelle	nous appelons	je préfère	nous préférons
tu appelles	vous appelez	tu préfères	vous préférez
il / elle / on appelle	ils / elles appellent	il / elle / on préfère	ils / elles préfèrent

acheter	*(to buy)*
j'achète	nous achetons
tu achètes	vous achetez
il / elle / on achète	ils / elles achètent

- Verbs that end in **-cer** and **-ger**, like **commencer** *(to begin)* and **manger** *(to eat)* have a spelling change in the **nous** form. The **c** becomes **ç** in verbs ending in **-cer** and **e** is added after the **g** in verbs ending in **-ger**.

vous commencez BUT nous commençons vous mangez BUT nous mangeons

Verbe + infinitif

Like English, when there are two or more verbs in a clause, the first verb is conjugated and the verbs that immediately follow it are in the infinitive.

J'**aime** danser et chanter.   *I like to dance and sing.*

To make the sentence negative, add **ne (n')** and **pas** around the conjugated verb.

Elle **n'**aime **pas** voyager en Europe.   *She doesn't like to travel in Europe.*

 VÉRIFIEZ votre compréhension

1. Return to the *Passage 3* section on page 50, where Yolanda, Lucien, Roland, and Claire introduce themselves. Which **-er** verbs do they use to talk about their activities? List them and explain the subject pronoun and ending used with each.

2. Are there any stem-changing verbs used by these four people? Which ones? What stem is used?

3. Do you see any *verb + infinitive* combinations? What do these verbs express?

Pratiquons!

A. Des activités. Complete each sentence with the correct form of the given verb. Then repeat the sentence, replacing the original subject with each subject or subject pronoun in parentheses.

1. *jouer:* Lucien _____ au football le week-end. (ils / vous / je)
2. *fumer:* Elle ne _____ pas. (tu / nous / on)
3. *voyager:* Ils _____ souvent à Paris. (je / vous / elle)
4. *adorer:* Philippe _____ travailler à la banque. (tu / on / elles)
5. *habiter:* Tu _____ sur le campus? (il / vous / ils / je)
6. *acheter:* Vous _____ souvent des chewing-gums. (tu / elle / nous)
7. *appeler:* J(e)' _____ le technicien. (nous/ tu/ ils)

B. Mes préférences. Using the verbs **aimer, adorer, préférer,** and **détester,** create sentences to explain the likes and dislikes of the following people.

> **MODÈLE:**   Moi / manger au fast-food
> *Je déteste manger au fast-food.* **ou** *J'adore manger au fast-food.*

1. Moi / préparer un examen
2. Mon professeur / parler anglais en classe
3. Mes parents / voyager
4. Moi / habiter sur le campus
5. Mon professeur / travailler à l'université
6. Mes parents / appeler ma famille au téléphone
7. Mes amis / fumer
8. Mon chien / manger les insectes

CD 1
Track 26

STRUCTURE 5

 Grammar Tutorials

Les articles indéfinis: *un, une, des*

In the above exercises, you used *nouns* and *indefinite articles* to talk about professions and pets: **un étudiant / une étudiante, un chien, des poissons rouges.**

- In French all nouns have gender (masculine / feminine), not just people. For example, **un lapin** *(a rabbit)* is a masculine noun and **une tortue** *(a turtle)* is a feminine noun, regardless of whether the rabbit and turtle are male or female. When you learn a vocabulary word, you need to learn its gender.

- Indefinite articles are used before nouns that have not been mentioned before and are new to a conversation. They correspond roughly to *a, an,* or *some* in English. Like adjectives, they agree in gender and number with the nouns they precede. Use **un** *(a, an)* with masculine singular nouns, **une** *(a, an)* with feminine singular nouns, and **des** *(some)* with all plural nouns.

	Singular	Plural
Masculine	**un** assistant	**des** assistants
Feminine	**une** assistante	**des** assistantes

- Nouns in French rarely appear without an article. In English, sometimes the indefinte article is omitted in the plural; it is always used in French, however.

  J'ai **des** enfants.   *I have children.*

- **Un, une,** and **des** change to **de** or **d'** after many negated verbs.

  J'ai **un** chien.   Je n'ai pas **de** chien.

  Nous avons **des** poissons rouges.   Nous n'avons pas **de** poissons rouges.

- When stating a profession with the verb **être,** the indefinite article is generally not used.

  Je suis étudiant.   Elle est dentiste.

However, if an adjective modifies the profession, the indefinite article *is* used, and the pronouns **il(s)** and **elle(s)** become **ce (c')**.

  Je suis **un** étudiant sérieux.
  C'est **une** dentiste excellente.
  Ce sont **des** professeurs intéressants.

Le saviez-vous?

Do you know what **je t'aime** means? And **je t'adore**? What about **je t'aime un peu, beaucoup, passionnément, à la folie, pas du tout**? Is there a saying like this one in English? What is the English translation and in which context do you say it?

⚑ VÉRIFIEZ votre compréhension

1. Return to the statements made by Lucien, Roland, Yolanda, and Claire in the **Passage 3** section, and point out the indefinite articles that they use. Can you explain why they have used an indefinite article (the equivalent of *a, an,* or *some*) in each of these cases?

2. Write down their professions. Do they use an indefinite article to describe what they do? Why or why not?

À l'écoute!

CD 1
Track 27

Un, une ou des? Listen to the sentences, and indicate whether each noun being described is masculine, feminine, or plural.

1. _____ masculine   _____ feminine   _____ plural
2. _____ masculine   _____ feminine   _____ plural
3. _____ masculine   _____ feminine   _____ plural
4. _____ masculine   _____ feminine   _____ plural
5. _____ masculine   _____ feminine   _____ plural
6. _____ masculine   _____ feminine   _____ plural

Pratiquons!

A. Au centre commercial. You and your friends are going to the mall. Tell what each person buys, according to the subject (pronoun) given. Use the correct form of the verb **acheter** and an indefinite article with a noun. (We've given you the noun if necessary.) Follow the model.

MODÈLE:

Je / DVD (m.)

J'achète un DVD.

1. Marc

2. Je

3. Marie-Claire

4. Nous / billets de cinéma

5. Stéphanie et Richard / livres

B. Des professions. Give the profession of each person listed, choosing from the following options: médecin, professeur, étudiant, pilote, architecte, ingénieur, entrepreneur(-euse), juge.

MODÈLE: Andy Taylor (Il habite à Mayberry.)
Il est agent de police.

1. Gregory House
2. I. M. Pei
3. Sonia Sotomayor
4. Gustave Eiffel
5. Amelia Earhart
6. Donald Trump
7. vous
8. Dr. Richard Feynman

C. Des détails. Redo activity B, adding an adjective to each of your descriptions.

MODÈLE: Andy Taylor
C'est un agent de police sympathique.

iLrn Complete the diagnostic tests to check your knowledge of the vocabulary and grammar structures presented in this chapter.

À vous de parler!

 A. Une entrevue. With a classmate, ask and answer questions based on the cues. Vary the ways in which you form your questions. Record your partner's responses so you can report them to the entire class.

> **MODÈLE:** avoir un chat
>
> —*Est-ce que tu as un chat?*
>
> —*Oui, j'ai un chat. / Non, je n'ai pas de chat.*

1. avoir un(e) fiancé(e)
2. regarder souvent la télévision
3. manger un sandwich en classe
4. fumer une pipe
5. préparer un examen important
6. avoir un animal domestique
7. écouter des concerts à la radio
8. chanter des opéras
9. ?

B. Portrait personnel. Write a brief description of your partner based on his/her answers to the questions in activity A and any others that you may have asked him/her. In addition, give your own answers to the questions.

> **MODÈLE:** *Mathieu a un chien, mais moi, je n'ai pas de chien. Il fume, mais je ne fume pas.*

 C. Un sondage. (*A survey.*) In groups of four or five, ask your classmates questions based on the following cues. Make sure that each classmate answers each question, so that you can establish percentages for the class as a whole when you have finished.

1. avoir un chien / un chat
2. préférer danser / chanter
3. regarder souvent des films / la télévision
4. préférer voyager / travailler
5. fumer
6. parler une autre langue (le français, l'espagnol,... ?)
7. étudier une autre langue
8. travailler

 D. Des comparaisons. Compare your class's responses to those of another class (your teacher will provide you with these). How does your class compare to the other class? With your classmates, establish several comparisons. Are you more alike or more different from the other class? On which points do you differ?

> **MODÈLE:** *Les étudiants dans l'autre classe préfèrent danser, mais nous préférons chanter...*

Il s'appelle Rémi. Comment est-il physiquement? Il est français, canadien, belge ou suisse?

Les Français sont comme ça

How can we describe the typical French person? It is as hard to describe a typical French person as it is to describe a typical American. Throughout this chapter, you have seen the faces of many different speakers of French. While these speakers come from many countries throughout the world, the face of a "typical" French man or woman is no less diverse. Currently, there are approximately 64 million inhabitants in France, of whom about 11 million live in the Paris metropolitan region. The other inhabitants live in smaller urban regions (such as Lyon and Toulouse) and in truly rural villages throughout the French mainland. The density of the French population thus ranges from a staggering 20,000 inhabitants per square kilometer in Paris to only 10 in the mountainous regions, resulting, as you can imagine, in vastly different lifestyles!

Continental France has witnessed waves of immigration for more than 150 years, first from European neighbors seeking work in France (especially Portuguese, Italians, Greeks, Armenians, Russians, and Spaniards), and then people from former colonies (Moroccans, Tunisians, Algerians, Senegalese, Vietnamese, etc.) who came seeking educational and work opportunities. The result of these various waves of immigration is that currently one of every four French inhabitants can claim to have foreign roots.[1] This again changes the "face" of France, making it increasingly more difficult to describe a typical French man or woman.

The arrival of immigrants from various parts of the world has also had a profound effect on French society. Although fifty years ago the country claimed to be overwhelmingly Catholic, the last several decades have seen an important growth in other religions, with Islam now representing the second religion of France, with an estimated 4–5 million followers.[2] At the same time, Buddhism, Judaism, and a number of other religions are represented on French soil and help to shape the French experience.

So what does the typical French person look like? He/she is tall *and* short, dark- *and* light-skinned, with blond, brunette, *and* black hair, and eyes of every possible color. He/she leads a city *or* a country life, and attends religious services regularly, occasionally, *or* not at all. In other words, he/she closely resembles his/her American cousins!

Réfléchissons!

1. What does it mean to be French in the 21st century?

2. In what ways does the French experience parallel the American experience?

[1] Ministère des Affaires étrangères
[2] *Time Europe*, 12 Juin, 2000. Vol. 155, No. 23

À vous d'écrire!

Now that you know some French, you have decided to enter into e-mail communication with a native French speaker. Your first step is to write to your new key pal and introduce yourself to him/her. In this first note, you'll want to tell your key pal who you are, where you're from, what you're like (both physically and generally), what activities you participate in on a regular basis, what pets you have, etc. Follow the steps below to write this first note.

Elle s'appelle Laurie. Comment est-elle physiquement? Elle est française ou américaine?

A. Stratégies. One of the most important things to remember when writing in a foreign language is to use the language that you know how to use, rather than trying to express yourself as you would in your native language. While these sentences may seem very simplistic to start with, they will be much more comprehensible than sentences you attempt to create with words or grammar that you have not yet learned.

Additionally, remember that when you write, you generally have a specific person or audience in mind, and this determines the style of language and degree of familiarity that you use. Consider your audience for this particular activity: To whom are you writing? For what purpose? What form of address would you use to ask this person about himself/herself?

B. Organisons-nous! (Let's get organized!) What are the types of information that you want to include in your note to your key pal? Make a quick outline of your self-description on a separate sheet of paper. (Think in general categories only for the moment, jotting a few words down in English.)

C. Pensons-y! (Let's think about it!) For each of the following categories, list some of the words and phrases in French that you would use to describe yourself.

Apparence physique   **Activités**
Personnalité   **Animaux domestiques**
Profession

Now, using those words and phrases, start to write some complete sentences in French. How are these words incorporated into sentences in French? What verbs do they generally appear with, and how are these verbs conjugated?

D. Révisons. Look back over the sentences that you have just created.

- Are they phrased as a native speaker of French would phrase them? (Look back at the examples in the chapter if you are unsure.)

- Have you conjugated the verbs in your sentences according to the subject pronouns that you used?

- Have you made sure to use the correct form of the adjectives and articles?

Make any corrections that you need to, and add any additional sentences that you feel are necessary to describe yourself.

E. Écrivons! Now that you have several sentences that you are happy with, organize them into a coherent paragraph. How would you introduce yourself to your key pal in a way that includes all this material? Write your paragraph on your sheet of paper. You can begin with **Salut!** and end with **Amitiés,...**

Lexique 🔊

Les adjectifs descriptifs *Descriptive adjectives*

amusant / amusante	*amusing, funny*	mignon / mignonne	*cute*
antipathique	*unfriendly*	mince	*thin*
bavard / bavarde	*talkative*	optimiste	*optimistic*
beau / belle	*handsome / beautiful*	pessimiste	*pessimistic*
		petit / petite	*short, small*
content / contente	*happy*		
courageux / courageuse	*courageous, brave*	poilu / poilue	*hairy*
élégant / élégante	*elegant*	pauvre	*poor*
ennuyeux / ennuyeuse	*boring*	provocateur / provocatrice	*provocative*
fort / forte	*strong*	riche	*rich*
gentil / gentille	*nice*	sociable	*outgoing*
grand / grande	*tall, big*	sportif / sportive	*athletic*
gros / grosse	*big, fat*	stupide	*stupid*
intelligent / intelligente	*intelligent*	sympathique	*friendly*
jeune	*young*	timide	*timid, shy*
joli / jolie	*pretty*	tout petit / toute petite	*very little*
laid / laide	*ugly*	triste	*sad*
méchant / méchante	*mean*	vieux / vieille	*old*

Les cheveux *Hair*

blonds	*blond*	gris	*gray*
bouclés	*curly*	lisses	*straight*
bruns	*brown*	longs	*long*
châtains	*light brown*	mi-longs	*shoulder-length*
courts	*short*	noirs	*dark*
frisés	*very curly*	roux	*red*

Les yeux *Eyes*

bleus	*blue*	marron	*brown*
noirs	*dark*	verts	*green*

Les couleurs *Colors*

beige	*beige*	noir / noire	*black*
blanc / blanche	*white*	orange	*orange*
bleu / bleue	*blue*	rose	*pink*
crème	*cream*	rouge	*red*
gris / grise	*gray*	vert / verte	*green*
jaune	*yellow*	violet / violette	*purple*
marron	*chestnut brown*		

Verbes *Verbs*

acheter	*to buy*	commencer	*to begin*
aimer	*to like, to love*	danser	*to dance*
adorer	*to adore*	détester	*to hate*
appeler	*to call*	écouter	*to listen to*
avoir	*to have, to own*	étudier	*to study*
chanter	*to sing*	fumer	*to smoke*
chercher	*to look for*	habiter	*to live*

jouer à	*to play a game or sport*	préparer	*to prepare*
manger	*to eat*	regarder	*to watch*
parler	*to speak*	téléphoner à	*to telephone*
pratiquer	*to practice, to participate in*	terminer	*to finish*
		travailler	*to work*
préférer	*to prefer*	trouver	*to find*
		voyager	*to travel*

Les animaux domestiques *Pets*

un chat	*cat*	un lapin	*rabbit*
un chien	*dog*	un oiseau	*bird*
un cochon d'Inde	*guinea pig*	un poisson rouge	*goldfish*
un hamster	*hamster*		

Les professions *Professions*

un/une architecte	*architect*
un assistant / une assistante	*assistant*
un avocat / une avocate	*lawyer*
un/une dentiste	*dentist*
un entrepreneur / une entrepreneuse	*businessman / businesswoman*
un étudiant / une étudiante	*student*
un ingénieur / une ingénieure	*engineer*
un/une juge	*judge*
un médecin / une femme médecin	*doctor*
un/une pilote	*pilot*
un policier / une policière	*police officer*
un professeur / unc professeure	*professor*
un/une secrétaire	*secretary*
un technicien / une technicienne	*technician*
un vendeur / une vendeuse	*salesperson*

La Guadeloupe

 Visit La Guadeloupe on Google Earth!

À vous de découvrir!

La Guadeloupe est une île située dans les Caraïbes, découverte par Christophe Colomb et colonisée par la France. Elle est un département français depuis[1] 1946. Sa capitale économique, Pointe-à-Pitre, doit[2] son nom au pêcheur[3] hollandais qui l'occupait[4] au 18e siècle[5]—Pitre a construit sa maison sur une pointe favorable de l'île, et bientôt, les autres pêcheurs l'ont suivi[6] à la «Pointe à Pitre».

Pointe-à-Pitre est maintenant le centre économique de la Guadeloupe, avec une population d'approximativement 21.000 habitants. La ville est célèbre pour son art, son histoire et, surtout, son marché aux épices[7].

(Information taken from: http://www.ville-pointeapitre.fr/)

Avez-vous compris?

1. Guadeloupe is a French department. What do you think that means for its citizens, in terms of the language that they speak, their government, their health care system, etc.?

2. Explain how Pointe-à-Pitre got its name. Do you know of other cities with interesting stories behind their names?

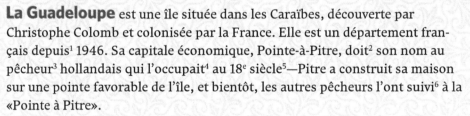

[1]since [2]owes [3]fisherman [4]occupied it [5]century [6]followed him [7]spices

À vous d'apprécier!

Explorations gastronomiques

Quand vous voyagez, est-ce que vous aimez manger les spécialités régionales? En Guadeloupe, la cuisine est relativement simple—on utilise principalement les produits locaux. Pour préparer l'ananas[1] grillé, il est nécessaire d'avoir deux ingrédients: des tranches[2] d'ananas et de la noix de coco[3]. Vous huilez[4] un gril chaud[5] et vous ajoutez[6] les tranches d'ananas. Attendez cinq minutes et ensuite, ajoutez la noix de coco, et mangez cela tiède. Voilà!

© Bon Appétit / Alamy

Explorations artistiques

Claudie Ogier est une artiste guadeloupéenne. Faites une description de sa peinture *Marchande de fruits et poissons*.

Comment est la femme? Est-ce qu'elle est grande ou petite? Grosse ou mince? Elle a les cheveux comment? Elle est sociable ou timide, à votre avis[7]? Quelles couleurs est-ce qu'il y a dans cette peinture?

À votre avis, comment est l'artiste? Est-ce qu'elle est contente ou triste? Provocatrice ou conservatrice? Optimiste ou pessimiste? Jeune ou vieille? Expliquez vos réponses.

© 2007 Claudie Ogier

[1]pineapple [2]slices [3]coconut [4]oil [5]hot [6]add [7]in your opinion

À vous de réagir!

1. Who is Nathaly Coualy? Where will her show be taking place?

2. What information about her nationality is included in this poster? How does this correspond to what you learned about the origins of many Francophone speakers in Chapter 2?

3. Based on this poster, what do you imagine her one-woman play to be like? Explain your answer.

With permission of Nathaly Coualy

Mon blog

Courtesy of Véronique Anover and Theresa A. Antes

Bonjour! Je m'appelle Lucien et je suis de Pointe-à-Pitre, Guadeloupe. Pour le moment, je suis étudiant et j'habite à Bordeaux, en France, mais ma famille est toujours[1] en Guadeloupe. Je téléphone à ma famille le week-end et je retourne à Pointe-à-Pitre en été[2]. Nous parlons français et créole à la maison.

Je suis sociable et dynamique. J'aime danser et chanter, et j'adore le rock classique. J'ai une fiancée qui est très dynamique aussi. Le week-end, nous jouons au tennis et nous regardons des films. Nous étudions aussi, bien sûr!

Je cherche des amis dans le monde entier[3]. Et toi, comment es-tu? Qu'est-ce que tu aimes faire? Qu'est-ce que tu étudies? Réponds-moi!

À vous de décider: Le français pour quoi faire? 🌐

What brings you to this French class? Why did you choose French over the other foreign languages that are offered at your college or university? Do you expect to use the skills that you'll gain in this class in your future travels or in your job? Go to the *À vous* online resources to meet Brynn, a student of French and a college senior. She would like to share with you why she decided to study French, how she is using it daily, and how she plans to use it in the future. ✈

Courtesy of Véronique Anover and Theresa A. Antes

[1]still [2]in the summer [3]entire world

Ma famille et mes amis

Andresr/Shutterstock.com

In this chapter, you will learn how to talk about your favorite sports and leisure activities, how to describe your family, and how to ask and answer basic questions. You will learn the numbers from 70 to 1,000,000, and you will learn how to talk about where you and your family live and what you like to do.

VOCABULARY
- Talking about leisure activities
- Family members
- The days of the week
- The months of the year

STRUCTURES
- Questions with **est-ce que** and **n'est-ce pas**
- Definite articles
- Possessive adjectives
- **On** and **il y a**
- Numbers from 70 to 1,000,000

CULTURE
- French pets as members of the family
- Mother's Day in Central Africa

iLrn

◀)) Audio

🌐 www.cengagebrain.com

RESSOURCES

CD 1
Track 28

Passage 1

Mes préférences

In Chapter 2 you met a few French and Francophone people. Now they are going to tell you about their favorite (and least favorite) sports and leisure activities.

Bonjour, je m'appelle Rahma.
J'adore les bébés!
Je déteste le football américain!
Je préfère le cinéma.
Je préfère les films d'aventure et les films d'horreur.
Et toi, tu aimes les films d'aventure?

Courtesy of Véronique Anover and Theresa A. Antes

Bonjour. Je m'appelle Jean.
Je suis sportif et très actif.
J'aime le football américain.
Le football américain, c'est passionnant, n'est-ce pas?
J'aime les pièces de théâtre.
J'aime les films romantiques.

Courtesy of Véronique Anover and Theresa A. Antes

Salut! Je m'appelle Alix.
Je n'aime pas les films romantiques.
Je suis intelligent et sympathique.
J'aime le tennis, mais je n'aime pas le base-ball.
J'adore le rock.
Tu aimes le rock? Est-ce que tu danses bien?

Courtesy of Véronique Anover and Theresa A. Antes

Vous avez bien compris?

Tell which people in the *Passage 1* section have the following likes and dislikes.

1. Cette *(This)* personne n'aime pas le base-ball. _____

2. Cette personne adore les bébés. _____

3. Cette personne aime les films romantiques. _____

4. Cette personne aime les pièces de théâtre. _____

5. Cette personne n'aime pas le football américain. _____

6. Cette personne est sportive. _____

7. Cette personne adore le rock. _____

→ Mon vocabulaire ←

Les sports et les passe-temps

le football / un match de football[1]

le football américain

le basket

le volley

le tennis

le rugby

l'athlétisme (m.)[2]

la musculation

le yoga

le karaté

le base-ball

la natation

le judo

le golf

le surf

le canoë

[1]To talk about the sport, use 'le football;' a game is 'un match.'
[2]This abbreviation indicates the gender (masculine or feminine) of a noun beginning with a vowel.

Les films

les comédies (f.)
les comédies romantiques
les comédies musicales
les films (m.) d'aventure
les films d'horreur
les thrillers (m.)

les films dramatiques
les films de science-fiction
les films policiers
les films de guerre *(war movies)*
les westerns (m.)
les films historiques

Le théâtre

les pièces (f.) (comiques,
   dramatiques)
l'opéra (m.)
les comédies musicales

le théâtre classique
le théâtre moderne
les pièces de théâtre musicales

La musique

la musique classique
le rock
le jazz
le rap
le hip-hop
la musique électronique (l'électro)

le rock indépendant (le rock indé)
la (musique) techno
la country
le reggae
le concert

À l'opéra. Est-ce que vous aimez l'opéra ou est-ce que vous préférez le cinéma ou le théâtre?

À vous!

A. Titres de films. Following is a list of movie titles. Guess the English title, and name the genre to which each belongs.

> **MODÈLE:** L'Exorciste
>
> *The Exorcist / film d'horreur*

1. *27 Robes*
2. *Troie*
3. *Le Silence des agneaux*
4. *2001: L'Odyssée de l'espace*
5. *Marley et moi*
6. *Il faut sauver le soldat Ryan*
7. *La Nuit au musée*
8. *Le Patriote*

B. Goûts personnels. (Personal tastes.) Complete the following sentences, choosing appropriate words to describe yourself and others, as indicated.

1. J'aime _____, (musique) mais je n'aime pas _____ (musique).
2. J'adore _____. (les sports)
3. Je déteste _____. (les films)
4. Mon passe-temps préféré, c'est _____.
5. Les étudiants de mon université aiment _____. (les sports)
6. Les étudiants de mon université aiment _____. (les films)

C. Moi et mes goûts. (Me and my tastes.) Using adjectives and pastimes that you learned in this chapter, describe yourself to the class.

> **MODÈLE:** *J'aime les comédies et les films dramatiques, mais je n'aime pas le base-ball. J'adore le théâtre, et je déteste les films d'horreur. Mon passe-temps préféré, c'est le yoga. Je suis sociable et amusant(e). Je ne suis pas très sportif/sportive.*

Courtesy of Véronique Anover and Theresa A. Antes

Il s'appelle Yassine. Est-ce qu'il est sportif? Quelle sorte de musique est-ce qu'il écoute? Quel genre de film préfère-t-il?

CD 1
Track 29

STRUCTURE ①

Les articles définis et le genre des noms

Les articles définis

In the previous exercise, you used definite articles with different activities:
J'adore *les* sports. The definite articles **le, la, l'** and **les** all translate as *the,* and
like indefinite articles, agree in number and gender with the nouns they precede.

	Singular		Plural	
Masculine	le	le judo	les	les films
	l' (before a vowel)	l'opéra		
Feminine	la	la musique	les	les pieces
	l' (before a vowel)	l'aventure		

- Definite articles are used **a)** to indicate a general category or all members of
  a group, or **b)** to refer to a specific noun or one that is / can be assumed as
  part of the conversation.

General category / All members of a group	Specific noun / Part of the conversation
J'aime **le** football.	Il aime **la** fille aux yeux bleus.
Ils détestent **les** comédies musicales.	Tu as **les** DVD?

- French always uses the defninite article in the situations mentioned above.
  However, in English, the article *the* is not used when referring to a general
  category or all members of a group.

Nous adorons **le** rock.	*We adore rock.*
Ils aiment **les** thrillers.	*They like thrillers.*

Le genre des noms

You learned in *Chapter 2* that all nouns in French have gender, even when they
do not refer to people. You have also learned that other parts of speech, like
adjectives and articles, must agree with nouns in number and gender. You will
have to memorize the gender of each noun you learn, but there are some general rules to help you.

- When referring to people and animals, gender usually corresponds to bio-logical sex.

  un dentiste   **une** dentiste

- Words borrowed from another language are usually masculine.

  le judo   **le** baseball

- Words ending with a particular spelling may also indicate gender.

Typically masculine endings	Typically feminine endings
-age: courage, entourage	**-ation:** natation, nation
-ard: foulard, placard	**ance / -ence:** adolescence, enfance
eau: bureau, chapeau	**esse:** maîtresse, vitesse
-er/-ier: boucher, chocolatier	**-ette:** bicyclette, toilettes
-et: billet, buffet	**eur(e):** (abstract nouns) couleur, heure
-eur: (concrete nouns) professeur, réfrigérateur	**-ie:** comédie, tragédie
-in: cousin, matin	**-ine:** cantine, cousine
-isme: athlétisme, communisme	**-ité:** célébrité, identité
-ment: appartement, département	

◢ VÉRIFIEZ votre compréhension

1. Go back to the *Passage 1* section (p. 68) and read the text one more time.
2. How does Jean say what he likes?
3. How does Alix say what he does not like? Can you tell if the noun in the sentence is feminine or masculine just from the article? Why or why not?

◀)) À l'écoute!

A. Singulier ou pluriel? Listen and indicate which noun you hear, the singular or the plural one. Remember that the only distinction between singular and plural is in the pronunciation of the definite article.

1. _____ la comédie   _____ les comédies
2. _____ le théâtre   _____ les théâtres
3. _____ la pièce   _____ les pièces
4. _____ le film d'aventure   _____ les films d'aventure
5. _____ le match   _____ les matchs
6. _____ le sport   _____ les sports

B. Masculin ou féminin? Listen to the sentences, and indicate whether each noun that you hear is masculine, feminine, or of a gender undeterminable from the article.

1. _____ masc.   _____ fem.   _____ ?
2. _____ masc.   _____ fem.   _____ ?
3. _____ masc.   _____ fem.   _____ ?
4. _____ masc.   _____ fem.   _____ ?
5. _____ masc.   _____ fem.   _____ ?

Pratiquons!

A. Préférences. Rahma is going to talk about her likes and dislikes as well as those of her friends. Complete the sentences with the appropriate definite articles. If the definite article is **l'** or **les,** indicate whether the noun is masculine or feminine.

J'aime (1) _____ base-ball, mais je n'aime pas (2) _____ football américain. Mes amis aiment tous (3) _____ sports: (4) _____ tennis, (5) _____ golf, (6) _____ natation et (7) _____ musculation. Ils aiment beaucoup *(a lot)* (8) _____ comédies musicales et moi aussi. J'aime beaucoup (9) _____ musique, spécialement (10) _____ opéra et (11) _____ jazz. Mes amis détestent (12) _____ opéra. C'est dommage *(too bad)*!

B. Descriptions et préférences. Based on the descriptions given, complete the sentences in a logical way.

> **MODÈLE:** Marianne est grande. Elle préfère *le basket.*

1. Juliette est paresseuse. Elle n'aime pas _____.
2. Armelle est très intelligente. Elle adore _____.
3. Arnaud adore les sports individuels. Il aime _____.
4. Thierry est très fort. Il aime _____.
5. Robert est un vieil homme. Il n'aime pas _____.
6. Nathalie est jeune. Elle adore _____.
7. Jean-Jacques préfère les sports d'équipe *(team sports)*. Il aime _____.
8. Claire aime regarder les films. Elle n'aime pas _____.

C. Préférences et activités. Use the given verbs to tell the likes or dislikes of the person indicated. Then tell how often the person does the activity using the adverbs **souvent, quelquefois,** or **rarement.**

> **MODÈLE:** moi: aimer / regarder film(s) d'aventure
> *J'aime **les** films d'aventure. Je regarde souvent **un** film.*

1. moi: aimer / écouter concert(s) de rock
2. nous: préférer / regarder comédie(s)
3. mes parents: détester / ne...pas regarder match(s) de football américain
4. moi: préférer / avoir chien(s)
5. Philippe: détester / ne...pas avoir chat(s)
6. Mes amis: adorer / regarder westerns

Mots utiles

Adverbs in French are placed after the verb they describe. The following are adverbs:

souvent = often

quelquefois = sometimes

rarement = rarely.

À vous de parler!

 A. Un entretien. (An interview.) Interview a partner to find out what pastimes he/she enjoys. Share your favorite pastimes with him/her also.

1. Tu aimes les sports? Moi, j'aime _____, mais je n'aime pas _____.
2. Comme films, je préfère _____. Et toi?
3. Tu préfères la musique électronique ou le hip-hop?
4. Tu préfères le théâtre classique ou le théâtre moderne?
5. Je déteste _____. J'adore _____. Et toi?
6. Tu préfères Justin Timberlake ou Beyoncé? Moi, j'aime _____.
7. Comme actrice, je préfère _____ parce qu'elle (*because she*) est _____. Et toi?
8. Comme acteur, je préfère _____ parce qu'il est _____. Et toi?

Do you and your partner have a lot in common? Tell the class what preferences you have in common as well as the ones you don't share.

 B. Qui est-ce? (Who is it?) Create a description of someone in your class. Using vocabulary from Chapters 2 and 3, talk about his/her personality and what he/she looks like. Your classmates will try to guess who you are talking about.

> **MODÈLE:** *Cette personne est grande et blonde. Elle aime le cinéma, mais elle n'aime pas les films d'horreur. Elle préfère le rock et elle déteste la musique classique.*

Elle s'appelle Estelle. Imaginez ses passe-temps préférés.

STRUCTURE 2

Les questions avec réponse affirmative (oui) ou négative (non)

There are several ways to ask questions that can be answered with a yes or no.

- The most frequent way is to use rising intonation. Statements in French have falling intonation.

  Tu téléphones souvent à ta famille?　　*Do you phone your family often?*

  Il cherche un appartement?　　*Is he looking for an apartment?*

- Another way to ask a yes/no question is to place **est-ce que** at the beginning of the sentence. **Est-ce que** becomes **est-ce qu'** before a vowel sound. **Est-ce que** has no equivalent in English; it simply signals a question.

  Est-ce que tu téléphones souvent à ta famille?　　*Do you phone your family often?*

  Est-ce qu'il cherche un appartement?　　*Is he looking for an apartment?*

- If you expect an affirmative answer, you can add the "tag expression" **n'est-ce pas?** or **non?** to the end of the statement. This is the equivalent of *right?* in English.

  Tu téléphones souvent à ta famille, **n'est-ce pas**?　　*You phone your family often, right?*

  Il cherche un appartement, **non**?　　*He is looking for an apartment, right?*

- A fourth way to ask a yes/no question is to invert the subject and verb. This is considered more formal and you will often see it used in written language or in certain fixed expressions. You should learn to recognize it.

  Téléphones-tu souvent à ta famille?　　**Parlez-vous** souvent au téléphone?

⚑ VÉRIFIEZ votre compréhension

Go back to the *Passage 1* section at the beginning of this chapter (p. 68), and underline all the questions that you find. Explain how they are formed. Think back to the expressions that you learned in Chapters 1 and 2 as well. Which of those questions are formed with inversion? Which ones with **est-ce que?** Which ones with simple intonation?

🔊 À l'écoute!

CD 1
Track 32

Phrase déclarative ou interrogative? Listen, and indicate whether each sentence you hear is a declarative statement or a question.

1. _____ statement   _____ question
2. _____ statement   _____ question
3. _____ statement   _____ question
4. _____ statement   _____ question
5. _____ statement   _____ question
6. _____ statement   _____ question
7. _____ statement   _____ question
8. _____ statement   _____ question
9. _____ statement   _____ question
10. _____ statement   _____ question

Pratiquons!

A. Des questions. You work for the campus newspaper, and you have been asked to interview students at your university for an article about student life. Use the verbs and activities listed to form questions to ask your interviewees.

Using intonation
1. chanter bien
2. étudier le week-end
3. parler chinois *(Chinese)*
4. écouter souvent de la musique classique
5. aimer voyager
6. ?

Using n'est-ce pas
13. étudier le français
14. regarder la télévision
15. terminer toujours tes devoirs *(always finish your homework)*
16. ne... pas / fumer
17. détester travailler le week-end
18. ?

Using est-ce que
7. manger au restaurant
8. travailler
9. habiter un appartement
10. jouer au football / au tennis
11. préférer parler français ou anglais
12. ?

 B. Les interviews. Now ask a partner the questions that you created in Activity A, noting his/her answers carefully. Share his/her answers with the class.

Portrait personnel

Write a short description of the person you interviewed in Activity B, using the information that he/she gave you. You don't need to include all the information; simply use what you find the most interesting.

Les Français aiment leurs chiens comme ça

In Chapter 2 you learned how to talk about your pets—did you list them as members of your family in this chapter? In France, dogs are very important to family life. Many families have a dog, even if they live in a small apartment. What's more, the dog is considered a member of the family and accompanies the family on outings to the park, to the café, or even to the corner bakery to buy bread. Dogs are permitted in the post office, in department stores, in supermarkets, on public transportation, and even in many restaurants. On buses and in the subway, dogs sit on their owners' laps, and in restaurants they wait under the table. Most French people would consider it cruel to leave the dog at home while they went out to have fun!

While we often think of the poodle as the prototypical French dog, the truth is that the French love all varieties of dogs, even large dogs. German shepherds, for example, are a favorite, and are owned by people living in large houses as well as small Parisian apartments. In previous years, in many of the large cities in France, there were so many dogs that the cities hired people with the specific job of keeping the sidewalks clean. These employees rode around on small motorcycles with vacuums attached, to clean up after the dogs. Lately, however, many cities are taking a different approach. Paris has imposed fines of up to 183€ for people who don't clean up after their dogs! In the United States we say that dogs are man's best friend; in France it's true to say that "les Français sont les meilleurs amis des chiens!"

© Jerry Cooke/CORBIS

Réfléchissons!

1. Do you have a dog? If so, what role does that dog play in your life? How do you think the American view of dogs compares to the French view? Would you be shocked to see a dog in a park? In a restaurant? In a supermarket? Why or why not?

2. The French take their dogs everywhere. In your opinion, are they going too far? How are dogs treated differently in your country? Do you object to seeing dogs in certain places? Where and why?

3. What would you say is the typical American pet for those who live in the city? In the suburbs? And in the country?

4. Is there a stereotypical American dog? If so, what is it? Compare your response to those of your classmates.

Passage 2

La famille de Claudine

Claudine Dupuis has brought her family photo album to show you. She is going to tell you a little bit about the members of her family.

Bonjour! Je m'appelle Claudine Dupuis et je suis de Genève. J'ai une grande famille: on est cinq, bon[1], six avec Filou! Commençons par mes parents. J'adore mes parents!

Claudine
Moi, je suis étudiante aussi. J'étudie la chimie pour être pharmacienne.

Valérie
Papa est ingénieur et maman est médecin. Mon père et ma mère sont très intelligents.

Cyrille

Raphaël
Mon frère Raphaël est barman. Il n'étudie pas.

Delphine
Ma sœur jumelle Delphine est étudiante en mathématiques.

Filou
Mon chien Filou est très intelligent: il n'étudie pas et il ne travaille pas!

Now that you have met Claudine's immediate family—**la famille proche**—she is going to tell you about the rest of her family. She will start with the paternal side—**la famille paternelle.**

Ma famille paternelle est super!

[1] well

Papi Marcel

Papi Marcel fume une pipe. Tous les matins, mon grand-père achète le journal et une baguette. C'est le papi parfait! Il adore son petit-fils, Raphaël, et ses petites-filles.

Mamie Germaine

Mamie Germaine est une excellente cuisinière. Sa mousse au chocolat est mon dessert préféré!

Charlotte et Thierry

Tonton Thierry est très amusant. Mon oncle travaille à la télévision pour la chaîne M6. Il est directeur de publicité. Sa femme, tatie Charlotte, est moderne et jeune. Ma tante voyage souvent: elle est entrepreneuse. Mon oncle et ma tante ont une fille. Leur fille s'appelle Isabelle.

Isabelle

Ma cousine, Isabelle (on l'appelle[1] Zaza!) est très moderne aussi[2]. Elle est fille unique[3]. Elle étudie au lycée Jules Ferry.

Finally, Claudine is going to show you the maternal side of her family—**la famille maternelle.** Ma famille maternelle est originale! Il y a trois membres dans ma famille maternelle.

Angèle

Ma grand-mère est divorcée. Elle habite à Québec. Elle parle anglais parfaitement. Mamie est professeur de mathématiques à l'université Laval. Mamie préfère Delphine parce qu'elle étudie les mathématiques! Elle a une autre fille, Monique, mais elle n'a pas de fils.

Monique

Ma tante Monique est célibataire. Elle n'est pas mariée. Elle n'est pas fiancée. Elle a un petit ami[4]. Son petit ami, **Amed**, est journaliste. Amed parle arabe et français.

[1]we call her [2]also [3]an only child [4]boyfriend

Vous avez bien compris?

A. Tell if the following sentences are true (**vrai**) or false (**faux**). Correct the false sentences.

1.	Le père de Claudine est ingénieur.	Vrai	Faux
2.	L'oncle de Claudine fume la pipe.	Vrai	Faux
3.	La grand-mère de Claudine est divorcée.	Vrai	Faux
4.	La cousine de Claudine est fille unique.	Vrai	Faux
5.	La tante de Claudine travaille à la télévision.	Vrai	Faux
6.	Le frère de Claudine étudie la chimie.	Vrai	Faux
7.	La tante de Claudine est célibataire.	Vrai	Faux

B. Complete the following sentences about Claudine's family.

1. Tante Charlotte est *(profession)* ——.
2. Delphine, la sœur de Claudine, est étudiante en ——.
3. Zaza, la cousine de Claudine, est fille ——.
4. Delphine et Claudine sont *(twins)* ——.
5. La mère de Claudine s'appelle ——.
6. Claudine a un frère: *(name)* ——.
7. La grand-mère maternelle de Claudine habite à ——.

Un mariage. Quel âge (approximativement) ont cette femme et son mari? Quels membres de la famille sont toujours présents à un mariage?

Mon vocabulaire

La famille

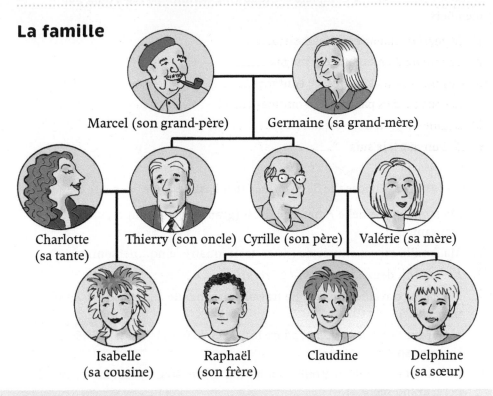

Marcel (son grand-père) Germaine (sa grand-mère)

Charlotte (sa tante) Thierry (son oncle) Cyrille (son père) Valérie (sa mère)

Isabelle (sa cousine) Raphaël (son frère) Claudine Delphine (sa sœur)

Autres membres de la famille proche *(Other close family members)*

le mari	*husband*
la femme	*wife*
les enfants *(m. / f.)*	*children*
la fille	*daughter*
le fils	*son*
les frères *(m.)* jumeaux	*twin brothers*
les sœurs *(f.)* jumelles	*twin sisters*
le cousin / la cousine	
la nièce	
le neveu	
le petit ami / la petite amie	*boyfriend/girlfriend*

Membres de la famille par alliance *(Family members through marriage)*

le beau-père	*stepfather / father-in-law*
la belle-mère	*stepmother / mother-in-law*
le beau-frère	*brother-in-law*
la belle-sœur	*sister-in-law*
le demi-frère	*half brother / stepbrother*
la demi-sœur	*half-sister / stepsister*
être... adopté(e)	
divorcé(e)	
fiancé(e)	
marié(e)	
séparé(e)	
célibataire	*single*
amoureux / amoureuse	*in love*

À vous!

A. Liens parentaux. Complete the following definitions regarding family members.

1. Le mari de ma mère, c'est mon _____.
2. La femme de mon oncle, c'est ma _____.
3. Les filles de mes oncles, ce sont mes _____.
4. Les fils de mes parents, ce sont mes _____.
5. La fille de mon frère est ma _____.
6. J'ai un mari, je suis _____.

B. Ma famille. Choose the descriptions that best describe your family.

1. Ma famille paternelle / maternelle est (grande, petite, super, ennuyeuse, amusante,...).
2. Ma famille est constituée de (deux, trois, quatre, cinq...personnes).
3. J'ai (un[e], deux...) sœur(s) / frère(s).
4. Ma mère (travaille pour... / ne travaille pas, habite à..., parle espagnol / français...).
5. Mon père (aime les films..., adore le basket/le foot/le tennis..., déteste le rock/le rap...).
6. De toute ma famille, je préfère mon / ma (frère, sœur, père, mère, grand-père, grand-mère...).

 C. Ta famille. Among your classmates, find students with the following family situations. Write the names of the students for each situation. Ask the follow-up questions in parentheses to get more details.

Trouvez...

1. un étudiant ou *(or)* une étudiante qui est fils / fille unique (Tu aimes être fils / fille unique?)
2. un étudiant ou une étudiante qui est marié(e) (À qui?)
3. un étudiant ou une étudiante qui a un enfant (Il / Elle s'appelle comment?)
4. un étudiant ou une étudiante qui a une mère entrepreneuse (Elle travaille où *[where]*?)
5. un étudiant ou une étudiante qui a un père ingénieur (Il travaille où?)
6. un étudiant ou une étudiante qui a plus de *(more than)* quatre frères ou sœurs (Ils s'appellent comment?)
7. un étudiant ou une étudiante qui a un demi-frère ou une demi-sœur (Il / Elle est gentil(le)?)

> **Portrait personnel**

Now report your findings from Activity C to the class! Be sure to include a variety of information about a number of your classmates.

MODÈLE: *Rob n'est pas fils unique. Jen est mariée; son mari s'appelle Marc...*

STRUCTURE 3

Le possessif

Les adjectifs possessifs

 Grammar Tutorials

Possessive adjectives agree in number and gender with the nouns they modify (the object "possessed"). Here are the forms:

	Masculine singular	Feminine singular	Feminine singular before a vowel sound	Masculine and feminine plural
my	mon	ma	mon	Mes
your	ton	ta	ton	tes
his/her/one's	son	sa	son	ses
your	votre	votre	votre	vos
our	notre	notre	notre	nos
their	leur	leur	leur	leurs

- The possessive adjectives for *my, your* (fam.), and *his/her/one's* use different forms for masculine singular, feminine singular and plural nouns.

  Mon père est vieux.   *My father is old.*
  Ma mère est jeune.   *My mother is young.*
  Mes parents sont très actifs.   *My parents are very active.*

- Note that for feminine singular nouns beginning with a vowel sound, the masculine forms **mon, ton,** and **son** are used.

  ta meilleure amie   BUT   **ton** amie

- **Son, sa,** and **ses** can mean either *his, her* or *one's*. The context will tell you what it means.

  C'est la famille de Céline.   *This is Céline's family.*
    Pierre est **son** oncle.   *Pierre is **her** uncle.*

- **Votre, notre,** and **leur** use the same form for feminine and masculine singular nouns.

  Votre sœur et **votre** frère   *Your brother and sister are*
    sont beaux!   *goodlooking!*

Le possessif avec *de*

Another way to express possession is to use this formula: *object possessed* + **de** + *possessor*. This is the equivalent of using 's in English and can be used to clarify possession.

  C'est le fils d'Alain.   *That's Alain's son.*

▚ VÉRIFIEZ votre compréhension

1. Go back to the illustration in the *Passage 2* section on page 80, in which Claudine is showing her family album. Identify the possessive adjectives, then say whether each one is masculine singular, feminine singular, or plural. For example: **Mon frère Serge est barman.** Why does Claudine use **mon** and not **ma?** With which noun does **mon** agree?

2. Do the same for the first illustration on page 81 (Claudine's paternal family). For example, ask yourself why it is **Leur fille s'appelle Isabelle** (talking about **oncle Thierry** and **tante Charlotte**).

3. Can you predict how you would say *my father* or *my mother* in French? What about *my aunt* or *my uncle*? Will the form of *my* change depending on whether you are male or female? Why or why not?

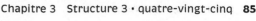

À l'écoute!

CD 1
Track 34

Un ou plusieurs? Listen to the sentences in the In-Text Audio, and indicate whether the possessive adjective you hear is singular or plural.

1. _____ singular   _____ plural
2. _____ singular   _____ plural
3. _____ singular   _____ plural
4. _____ singular   _____ plural
5. _____ singular   _____ plural
6. _____ singular   _____ plural
7. _____ singular   _____ plural
8. _____ singular   _____ plural
9. _____ singular   _____ plural
10. _____ singular   _____ plural

Pratiquons!

A. Des familles. Some French speakers are describing their families. Complete the sentences with the correct possessive adjectives.

ANNE: «Il y a cinq membres dans (1) _____ famille: (2) _____ père, (3) _____ mère et (4) _____ deux sœurs. (5) _____ parents sont suisses. Toute (6) _____ (our) famille habite à Genève. Et vous, Jean-Jacques et Marie-Do, où est-ce que (7) _____ (your) parents habitent?»

JEAN-JACQUES: «(8) _____ (Our) familles sont très différentes. Les parents de Marie-Do sont divorcés. (9) _____ (Her) mère habite à Lyon et (10) _____ (her) père habite à Marseille. (11) _____ (Their) trois filles sont des triplées!»

MARIE-DO: «La famille de Jean-Jacques est très unie *(united)*. (12) _____ (His) parents sont mariés depuis trente ans. Jean-Jacques est (13) _____ (their) fils unique. Il a de la chance *(He's lucky)* d'avoir une petite famille unie!»

B. Vous vous souvenez? (*Do you remember?*) With a classmate, try—without looking at the text!—to answer the following questions about Claudine's family. Use possessive adjectives in your answers. Then, go back to the text to check how good your memory was!

1. Comment est le grand-père paternel de Claudine? _____ grand-père est _____.

2. Comment est la grand-mère maternelle de Claudine? _____ grand-mère est _____.

3. Comment s'appellent l'oncle et la tante paternels de Claudine? _____ oncle paternel s'appelle _____ et _____ tante paternelle s'appelle _____.

4. Quel est le nom de la fille de l'oncle et de la tante paternels de Claudine? _____ fille s'appelle _____.

5. Qu'étudie la sœur jumelle de Claudine? _____ sœur étudie _____.

C. Vos amis. With a classmate, talk about your friends: your best friend, your childhood friends, your friends at the university. Talk about your enemies too! Don't forget to use a possessive adjective with each noun, and to conjugate the verbs according to the subject indicated.

Suggestions: être sympa / marié(e) / célibataire / étudiant(e) / blond(e) / grand(e) / gentil(le) / adopté(e) / intelligent(e) / amusant(e) / méchant(e) / laid(e) / ennuyeux(-euse) / stupide,

avoir une sœur / un frère / trois cousins / un chien / un enfant

travailler à...

habiter à...

1. meilleur(e) ami(e)
2. ami d'enfance
3. amie d'enfance
4. amis à l'université
5. ennemi(e)

Portrait personnel

With the information that your classmate shared with you in Activity C, write a short paragraph describing his/her best friend, his/her childhood friend, his/her friends at the university, and his/her enemy.

Quels sont les membres de cette famille? Est-ce que les enfants sont jumeaux? Un des parents est américain et l'autre français. Est-ce que la mère est française ou américaine? Et le père? De quelle nationalité sont vos parents?

→ Mon vocabulaire ←

Les jours de la semaine et les mois de l'année

Voilà les mois de l'année en français. *(Here are the months in French.)*

janvier	avril	juillet	octobre
février	mai	août	novembre
mars	juin	septembre	décembre

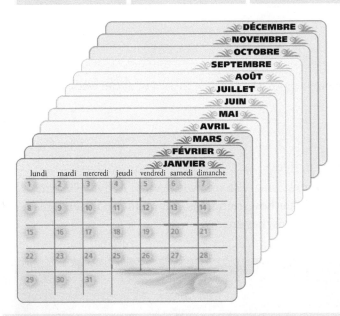

Claudine est curieuse! Regardez le calendrier et lisez les questions de Claudine.

Claudine wants to know when your birthday is.

CLAUDINE: Quelle est la date de ton anniversaire?

VOUS: Mon anniversaire c'est le 2 août, et toi?

Now she wants to know what today's date is.

CLAUDINE: Quelle est la date aujourd'hui?

VOUS: Nous sommes le 30 septembre.

If she had wanted to know what day of the week it was, she would have asked:

CLAUDINE: On est quel jour aujourd'hui?

VOUS: On est mardi.

For the month, she would have said:

CLAUDINE: On est quel mois?

VOUS: On est en janvier.

Finally, Claudine asks you what you watch on TV every Thursday evening.

CLAUDINE: Qu'est-ce que tu regardes le jeudi soir à la télé?

VOUS: Je regarde CSI le jeudi soir.

À vous!

A. Que fait Cyrille Dupuis? *(What is Cyrille Dupuis doing?)* Look at Cyrille Dupuis's planner and tell what he is doing on the following days.

1. mercredi 5 octobre: Il _____.

2. vendredi 7 octobre: Il _____.

3. samedi 8 octobre: Il _____.

4. dimanche 9 octobre (regarder): Il _____.

B. Comment dit-on... ? *(How do you say . . . ?)* Which questions would you ask to obtain the following information?

1. Today's date: _____

2. What day today is: _____

3. Someone's birthday: _____

4. What TV program someone watches on a particular day of the week (the same day every week): _____

5. What month it is now: _____

C. Et après? *(And after?)* Complete the following sequence of months.

octobre, _____, décembre, _____, _____, _____, avril, mai, _____, _____, _____, septembre

OCTOBRE

lundi 3:
rendez-vous avec Renault
mardi 4:
chercher les enfants
mercredi 5:
voyage à Nice
jeudi 6:
téléphoner à Peugeot
vendredi 7:
déjeuner avec le PDG de Ford
samedi 8:
dîner avec les Dumoulin
dimanche 9:
match de foot des enfants

Voici l'agenda électronique[1] de Cyrille Dupuis (le père de Claudine), ingénieur chez Citroën.

[1] electronic planner

STRUCTURE 4

Le pronom *on* et l'expression *il y a*

Le pronom *on*

The subject pronoun **on** is used:

- to express generalities

  On mange bien en France.

  Comment dit-**on** «book»
    en français?

  One eats/People eat well in France.

  *How do you/does one say book
    in French?*

- to say *we* in informal situations

  Mes amis et moi, **on** danse
    beaucoup le samedi soir.

  On n'aime pas les devoirs!

  *My friends and I, we dance a lot on
    Saturday evenings.*

  We don't like homework!

On has begun to replace **nous** in informal speech in France. Remember, it is conjugated in the third person, like **il** and **elle**.

L'expression *il y a*

- The expression **il y a** is used to state that something exists or to express quantity. Its English equivalent is *there is* or *there are*.

  Il y a un chien dans la classe.

  Il y a des étudiants sur le campus.

  Il y a 28 jours en février.

  There is a dog in the class.

  There are students on campus.

  *There are 28 days in the month
    of February.*

- The negative of **il y a** is **il n'y a pas.** If an indefinite article (**un, une, des**) follows, it becomes **de.**

  Il y a **des** étudiants sur le campus. → **Il n'y a pas d'**étudiants sur
    le campus.

- If the negative of **il y a** is followed by a number, do not use **de.**

  Il y a **30** étudiants dans la classe. → **Il n'y a pas 30** étudiants dans
    la classe.

- To ask a question, use rising intonation or **est-ce qu'** before **il y a.**

  Il y a un chat dans la classe?

  Est-ce qu'il y a un chat
    dans la classe?

  Is there a cat in the class?

 VÉRIFIEZ votre compréhension

Go back to the *Passage 2* section on pages 80–81. Find sentences in which **on** and **il y a** are used, and think about their usage in each case. For example, in the first sentence, Claudine says **On est cinq dans ma famille.** Does **on** here mean *one*, *people*, or *we?*

Pratiquons!

A. Dans la classe de français. Are the following statements **vrai** (true) or **faux** (false)?

1. On chante en classe. _____ vrai _____ faux
2. On parle anglais en classe. _____ vrai _____ faux
3. On ne fume pas en classe. _____ vrai _____ faux
4. On mange en classe. _____ vrai _____ faux
5. On n'écoute pas le professeur en classe. _____ vrai _____ faux
6. Il y a trois professeurs dans la classe. _____ vrai _____ faux
7. Il n'y a pas de fenêtres *(windows)* dans la salle de classe. _____ vrai _____ faux

B. Mes amis et moi, on... Tell the class what you do with your friends on the following days. Start your sentences with **Mes amis et moi, on....**

1. jeudi
2. vendredi
3. *(every)* samedi
4. dimanche
5. *(every)* mercredi
6. lundi

Une journée typique à Montréal. Ces personnes habitent et travaillent à Montréal. Le week-end pour s'amuser elles mangent au restaurant et elles regardent des films et des pièces de théâtre. Et vous, où est-ce que vous habitez? Est-ce que vous travaillez? Qu'est-ce que vous faites le week-end pour vous amuser?

STRUCTURE 5

Les nombres de 70 à 1 000 000

70	soixante-dix	80	quatre-vingts
71	soixante et onze	81	quatre-vingt-un
72	soixante-douze	82	quatre-vingt-deux
73	soixante-treize	83	quatre-vingt-trois
74	soixante-quatorze	*etcetera* --------------------	
75	soixante-quinze	90	quatre-vingt-dix
76	soixante-seize	91	quatre-vingt-onze
77	soixante-dix-sept	92	quatre-vingt-douze
78	soixante-dix-huit	*etcetera* --------------------	
79	soixante-dix-neuf		

100	cent	1 000	mille
100	cent un	1 578	mille cinq cent soixante-dix-huit
200	deux cents	2 000	deux mille

1 000 000	un million
1 794 865	un million sept cent quatre-vingt-quatorze huit cent soixante-cinq

Patterns and spelling rules

- Note the pattern of numbers 70–99:

  70 = 60 + 10   80 = 4 x 20   90 = 80 + 10

- For numbers ending in 1, from 21 to 61, **et** is used. **Et** is not used for numbers from 81 to 101, nor for 1 001 or 1 000 001.

  21 vingt **et** un   BUT   81 quatre-vingt-un
  61 soixante **et** un   101 cent un

- **Vingt** and **cent** do not have an **s** when followed by another number. **Cent** by itself also does not take an **s.**

  80 quatre-vingt**s**   BUT   87 quatre-vingt-sept
  400 quatre cent**s**   BUT   405 quatre cent cinq

- **Mille** never takes an **s**: 2 000 = **deux mille**, 3 130 = **trois mille cent trente.**

- The word **million** is a noun and takes an **s** in the plural: **un million, deux millions, cinq millions.**

- **Cent, mille,** and **million** plus another number have no hyphen:

  162 cent soixante-deux
  1 343 mille trois cent quarante-trois
  1 300 522 un million trois cent mille cinq cent vingt-deux

Reading dates

- Read all figures as a complete number:

  1792 mille sept cent quatre-vingt-douze
  2014 deux mille quatorze

- Or, for years between 1700 and 1999, read in two components:

  1792 dix-sept cent quatre-vingt-douze

Pratiquons!

A. C'est loin d'ici? *(Is that far from here?)* Claudine and her family are planning a short vacation. Following the model, read the number of kilometers between the following cities.

> **MODÈLE:** Genève / Paris: 409
>
> *Genève est à quatre cent neuf kilomètres de Paris.*

1. Genève / New York: 6 209
2. Genève / Londres: 755
3. Genève / Nice: 299
4. Genève / Bern: 170
5. Genève / Buenos Aires: 11 080
6. Genève / Rome: 684

B. C'était quand, ça? *(When was that?)* Read the following important historical dates.

 Complete the diagnostic tests to check your knowledge of the vocabulary and grammar structures presented in this chapter.

> **MODÈLE:** La date de naissance *(birth)* d'Albert Einstein: March 14, 1879
>
> *La date de naissance d'Albert Einstein, c'est le quatorze mars, mille huit cent soixante-dix-neuf.*

1. La date de l'arrivée du Mayflower à Plymouth: November 21, 1620
2. La date de la mort *(death)* de Mère Teresa: September 5, 1997
3. La date du mariage de Abraham Lincoln et Mary Todd: November 4, 1842
4. La date de la première exploration sur la lune *(moon)*: July 20, 1969
5. La date du grand tsunami en Asie: December 26, 2004

![PLACE VAUQUELIN plaque]

PLACE VAUQUELIN

PARTIE DU FIEF CONCÉDÉ EN 1658 À LAMBERT CLOSSE, LIEUTENANT DE MAISONNEUVE ET UN DES PREMIERS COLONS DE MONTRÉAL, CÉDÉ AUX JÉSUITES EN 1692, PUIS À LA COURONNE EN 1763. PRISON COMMUNE DE 1783 À 1836. ON Y EXPOSAIT LES CRIMINELS PLACE PUBLIQUE DEPUIS 1858

PART OF THE FIEF GIVEN IN 1658 TO LAMBERT CLOSSE, LIEUTENANT OF MAISONNEUVE AND ONE OF THE FIRST COLONISTS OF MONTREAL. THIS LAND WAS CEDED TO THE JESUITS IN 1692 AND PASSED TO THE CROWN IN 1763. SITE OF THE CITY JAIL IN 1836, WHERE CRIMINALS WERE PUT ON VIEW. A PUBLIC SQUARE SINCE 1858

Courtesy of Véronique Anover and Theresa A. Antes

La Place Vauquelin à Montréal. Quelles dates est-ce que vous trouvez sur le panneau ci-dessus? Lisez-les en français.

À vous de parler!

 A. Les présentations. Bring in a picture of your family, and introduce your family to the class. Use Claudine's text on pages 80–81 as a reference if necessary.

 B. Des dates importantes. First, ask your classmates what the most important date in their lives is and how they celebrate it.

Questions: Quelle est la date la plus importante de ta vie? Comment est-ce que tu célèbres cette date?

Now, look at the special days and/or holidays that the French and the Canadians celebrate. How do you think that they celebrate them? Match the days with the dates.

la fête de la Saint-Valentin	le 29 janvier
la fête des pères	le 24 juin
le Carnaval de Québec	le 2 février
la Chandeleur	le troisième dimanche de juin
la fête des mères	le 14 février
la Fête Nationale du Québec	le dernier dimanche de mai

Mots utiles

mon anniversaire de mariage

mon anniversaire

mes fiançailles (*engagement*)

la naissance de mon fils / ma fille

mon voyage à...

la rupture avec mon petit ami / ma petite amie

 C. Des personnes uniques. Circulate amongst your classmates to find one person to fit each of the following categories. The first person to find a different name for each item below wins!

1. sa mère est professeure
2. son père est architecte
3. il est fils unique
4. elle a deux sœurs
5. sa tante est divorcée
6. son oncle est célibataire
7. son cousin / sa cousine est fiancé(e)
8. son anniversaire est en janvier
9. il a dix-neuf ans
10. elle a vingt et un ans
11. il a un frère jumeau
12. son grand-père a plus de (*more than*) quatre-vingts ans

En Centrafrique la fête des mères, c'est comme ça

La République Centrafricaine est située entre le Soudan à l'est, le Tchad au nord, le Cameroun à l'ouest et la République démocratique du Congo au sud[1]. Les Centrafricains parlent sängö et français. La capitale est Bangui. La fête des mères en Centrafrique n'est pas une fête familiale. Les mères se réunissent[2] entre elles et célèbrent cette fête ensemble dans un bar ou dans un restaurant. Les hommes ne sont pas invités et les enfants non plus[3].

©Abdou Yaro

Réfléchissons!

1. How is Mother's Day celebrated in your country? What do you think of the way women from the Central African Republic celebrate Mother's Day? Do you think it is a good idea? Why?

2. Do you celebrate Mother's Day? How?

3. Should Mother's Day be celebrated at all? Do you believe that Mother's Day is purely a commercial holiday? Or do you think that mothers should be honored every day, not only on a special occasion one day a year?

Courtesy of Véronique Anover and Theresa A. Antes

Courtesy of Véronique Anover and Theresa A. Antes

Une borie. Voici deux photos d'une borie*, une ancienne maison que l'on trouve en Provence (dans le sud de la France). Quelle est la relation probable entre ces trois femmes?

[1]south [2]get together [3]neither

*__Bories__ were built in the Middle Ages by shepherds living in the south of France. They all have the same unusual shape because they were built without mortar—gravity has held them together for nearly a thousand years! Many are still very safe; this one is used as an art studio by the oldest woman in the photos, Claude Astrachan, who is a well-known sculptor in France.

A. Stratégies. Look at the title of the reading on page 97 and try to guess which topics might be mentioned in the text. Ask yourself the following questions: What type of information can I expect to find in this text? What is the text going to talk about? What words or expressions pertaining to the family from the vocabulary in this chapter will I probably see in this text?

B. Avant de lire. Read the numbered, bold-faced category headers in the first paragraph, and define what each category (1–6) refers to, without reading the explanations that follow each one. Write your definitions/translations on a sheet of paper.

1. _____   4. _____

2. _____   5. _____

3. _____   6. _____

The second paragraph mentions a **médaille d'honneur de la famille nombreuse.**

To whom do you think such an award would be given? Why?

Scan the fourth paragraph, and write a list of the family members that are mentioned. Next, search for key words that would explain their role. Finally, using the context in this paragraph, try to guess the meaning of **crèches** (or **garderies**).

C. Lisons! Now read the passage more thoroughly, and then answer the questions that follow.

Courtesy of Véronique Anover and Theresa A. Antes

Voici une famille française contemporaine. Décrivez les membres de cette famille. Est-ce que votre famille est semblable ou différente? Comment (how)?

La famille française contemporaine

Il y a plusieurs[1] types de familles en France:

1) **La famille monoparentale.** Un seul parent élève[2] les enfants. En général, c'est la mère qui s'occupe des enfants.

2) **Les unions libres.** Le couple n'est pas marié. La naissance[3] d'un enfant ne change pas la situation.

3) **La famille recomposée.** Existe après un divorce ou une séparation. Dans la famille il y a des demi-frères ou des demi-sœurs, une belle-mère ou un beau-père.

4) **Les couples mixtes.** Un des époux appartient à une autre race.

5) **Les couples modernes.** La femme travaille et le mari aussi. Les deux conjoints contribuent financièrement aux dépenses[4] familiales. En général, ces couples élèvent les enfants ensemble.

6) **Les couples traditionnels.** La femme ne travaille pas, elle reste au foyer et s'occupe des enfants.

La natalité est en hausse[5] en France depuis plusieurs années: la moyenne[6] est de plus de deux enfants, un record dans l'Union européenne. En 1920 le gouvernement crée «la médaille d'honneur de la famille nombreuse» pour récompenser les familles avec quatre enfants ou plus[7] qui élèvent «dignement» leurs enfants. De plus, les familles avec plus de deux enfants peuvent demander une «Carte Famille Nombreuse» qui leur donne des tarifs réduits pour le train, le cinéma, etc. Cependant[8], les mariages diminuent et les divorces augmentent. Dans les grandes villes les mariages se terminent fréquemment en divorce: un mariage sur deux[9]. L'homme se marie en moyenne à 31 ans et la femme à 29 ans.

Quand les enfants sont petits (de un à trois ans), ce sont parfois les grands-parents qui s'occupent de leurs petits-enfants. Les grands-parents constituent un support important pour l'éducation des enfants. Pour les personnes qui n'ont pas leur famille (les grands-parents, par exemple) à proximité[10], les crèches, les assistantes maternelles ou les garderies sont une option possible. Elles sont subventionnées par l'État et les tarifs dépendent du revenu des parents.

Les jeunes adultes habitent chez leurs parents jusqu'à ce qu'ils[11] trouvent un travail stable et une indépendance financière ou jusqu'au jour de leur mariage. En moyenne, ils habitent chez leurs parents jusqu'à l'âge de 25 ans.

Monkey Business Images/Shutterstock.com

[1]several [2]raises [3]birth [4]expenses [5]rising [6]average [7]more [8]however [9]one out of two [10]near [11]until they

D. Après la lecture. Answer the following questions about the reading.

1. Dans la famille monoparentale, qui est responsable des enfants le plus souvent *(the most often)*?

2. Dans les couples modernes, qui s'occupe *(takes care of)* des enfants?

3. Est-ce que la natalité augmente *(is rising)* en France? Combien d'enfants est-ce que les couples ont?

4. Est-ce que les divorces diminuent? Où est-ce qu'il y a surtout *(especially)* des divorces?

5. Est-ce que le rôle des grands-parents est important? Pourquoi?

6. Quelles sont les deux possibilités pour la garde des enfants à l'extérieur des familles?

7. Quand est-ce que les jeunes adultes deviennent *(become)* complètement indépendants?

Donnez votre opinion personnelle aux questions 8–11 :

8. En France, le métissage (le mariage entre races différentes) est commun. Est-ce qu'il y a beaucoup de couples mixtes aux États-Unis? Où est-ce qu'on trouve les mariages mixtes, en général?

9. Est-ce que les couples pratiquent l'union libre aux États-Unis? Les mariages diminuent-ils ou augmentent-ils?

10. Aux États-Unis, est-ce que le rôle de la famille proche est similaire à celui de la famille proche en France? Est-ce que les crèches sont chères? Et les assistantes maternelles?

11. Quelle est votre opinion sur le fait que les jeunes Français habitent avec leurs parents jusqu'à l'âge de 25 ans en moyenne? Est-ce similaire dans votre pays? Habitez-vous chez vos parents? Pourquoi?

Lexique 🔊

Les sports et les passe-temps *Sports and pastimes*

l'athlétisme (m.)	*track and field*	un match	*a game*
le base-ball	*baseball*	la musculation	*weightlifting*
le basket	*basketball*	la natation	*swimming*
le canoë	*canoeing*	le rugby	*rugby*
le football/le foot	*soccer*	le surf	*surfing*
le football américain	*football*	le tennis	*tennis*
le golf	*golf*	le volley	*volleyball*
le judo	*judo*	le yoga	*yoga*
le karaté	*karate*		

Les films *Movies*

les comédies (f.)	*comedies*
les comédies (f.) musicales	*musical comedies*
les comédies (f.) romantiques	*romantic comedies*
les films (m.) d'aventure	*adventure movies*
les films (m.) d'horreur	*horror movies*
les films (m.) de guerre	*war movies*
les films (m.) de science-fiction	*science-fiction movies*
les films (m.) dramatiques	*dramas*
les films (m.) historiques	*historical movies*
les films (m.) policiers	*detective films*
les thrillers (m.)	*thrillers*
les westerns (m.)	*westerns*

Le théâtre *Theater*

les comédies (f.) musicales	*musical comedies*
l'opéra (m.)	*opera*
les pièces (f.) comiques	*comic plays*
les pièces (f.) dramatiques	*drama*
les pièces (f.) musicales	*musicals*
le théâtre classique	*classic theater*
le théâtre moderne	*modern theater*

La musique *Music*

un concert	*concert*	la (musique) techno	*techno music*
la country	*country*	le rap	*rap*
le hip-hop	*hip-hop*	le reggae	*reggae*
le jazz	*jazz*	le rock	*rock*
la musique classique	*classical music*	le rock indé(pendant)	*indie music*
la musique électronique (l'électro)	*electronic music*		

Expressions verbales *Verbal expressions*

être...adopté(e)	*to be adopted*	...amoureux(-euse)	*in love*
...célibataire	*single*	...divorcé(e)	*divorced*
...fiancé(e)	*engaged*	...marié(e)	*married*
...séparé(e)	*separated*		

La famille *The family*

Membres de la famille proche *Close family members*

le cousin / la cousine (masc. / fem.)	cousin	le mari	husband
		la mère	mother
		le neveu	nephew
l'enfant (m./f.)	child	la nièce	niece
la femme	wife	l'oncle (m.)	uncle
la fille	daughter	le père	father
le fils	son	un petit ami / une petite amie	boyfriend / girlfriend
le frère	brother		
les frères (m. pl.) jumeaux	twin brothers	la sœur	sister
		les sœurs (f. pl.) jumelles	twin sisters
la grand-mère	grandmother		
le grand-père	grandfather	la tante	aunt

Membres de la famille par alliance *Family members through marriage*

le beau-père	stepfather; father-in-law
le beau-frère	brother-in-law
la belle-mère	stepmother; mother-in-law
la belle-sœur	sister-in-law
le demi-frère	stepbrother; half brother
la demi-sœur	stepsister; half sister

Les jours de la semaine *Days of the week*

lundi	Monday	vendredi	Friday
mardi	Tuesday	samedi	Saturday
mercredi	Wednesday	dimanche	Sunday
jeudi	Thursday		

Les mois de l'année *Months of the year*

janvier	January	juillet	July
février	February	août	August
mars	March	septembre	September
avril	April	octobre	October
mai	May	novembre	November
juin	June	décembre	December

Mon appartement

Kheng Guan Toh/Shutterstock.com

In this chapter, you will learn what sort of homes the French and other Francophones live in. You will get a look at apartment living in Geneva, Switzerland. You will also learn how to run errands and talk about the weather.

VOCABULARY
- Describing the rooms in an apartment or a house
- Describing the furniture in a house
- Talking about household chores
- Talking about the weather

STRUCTURES
- The verb **aller (à)** and the near future
- Regular verbs ending in **-ir**
- Prepositions and contractions with definite articles
- The verb **faire**
- Telling time

CULTURE
- Differences and similarities between housing in the United States and in France

RESSOURCES

◄)) Audio

🌐 www.cengagebrain.com

Passage 1

L'appartement d'Aurélie

Today, Aurélie Marquis is going to show you her apartment in Geneva, Switzerland. You should feel special given that the Swiss, like the French and the Belgians, usually do not show their homes—not even to their friends. Friends stay in the living room or in the dining area. Neither the hostess nor the host will offer a guided tour of the house!

la porte

Bienvenue chez moi[1]! Je m'appelle Aurélie Marquis et tu vas visiter[2] mon appartement à Genève en Suisse. Mon appartement a quatre pièces[3]. Mon immeuble[4] a cinq étages[5]. J'habite au troisième étage. J'habite toute seule: je n'ai pas de colocataire[6]. On y va[7]?

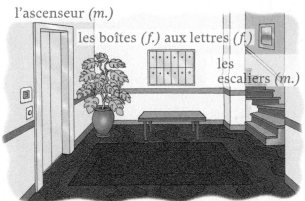

l'ascenseur (m.)

les boîtes (f.) aux lettres (f.)

les escaliers (m.)

Voilà la porte de mon immeuble. Nous n'avons pas de concierge. Je suis locataire[8] et mon loyer[9] est assez cher: mille francs suisses par mois. C'est normal, j'habite à Genève, en Suisse!

Nous allons monter en ascenseur, d'accord? Les escaliers, c'est trop fatigant!

[1]Welcome to my place!   [2]You're going to visit   [3]rooms   [4]building   [5]floors   [6]roommate
[7]Shall we go?   [8]tenant   [9]rent

Nous allons entrer dans mon appartement par la cuisine. Ma cuisine est toute petite (c'est une kitchenette), mais elle est très pratique. J'ai un four à micro-ondes, un four[1], un réfrigérateur, un évier[2], une cuisinière[3] et un lave-linge. Tu aimes ma cuisine? Je choisis avec soin[4] les choses que j'achète, parce qu'elle est si petite!

Ensuite, tu vas voir[5] le salon et la salle à manger. J'aime mon salon parce qu'il est très lumineux[6]. J'ai deux grandes fenêtres[7] et un balcon qui donne sur la rue[8]. Mon sofa est très confortable. J'ai aussi un fauteuil[9]. Voilà ma chaîne hi-fi (elle est super!) et mon téléviseur. Ma salle à manger est très simple: un tapis[10], une table et deux chaises.

[1]oven [2]kitchen sink [3]stove [4]carefully [5]you are going to see [6]sunny [7]windows [8]overlooking the street [9]armchair [10]rug

Maintenant, nous allons aller dans ma chambre. Tu vas aimer ma chambre! Elle est petite mais elle a une grande fenêtre qui donne sur un parc. J'ai un lit[1], bien sûr, et aussi un ordinateur et un bureau. Normalement, je finis mes devoirs[2], et puis[3], je vais sur Internet!

Pour finir, tu vas voir la salle de bains. Il n'y a pas de fenêtre. Il y a une douche[4] mais il n'y a pas de baignoire[5]. Il y a un lavabo[6] et un miroir. Les toilettes sont séparées.

Tu aimes mon appartement? Il est chouette[7], non?

Vous avez bien compris?

Read the following statements about Aurélie's apartment and tell whether each statement is **vrai** or **faux**. Correct the false statements.

1. La chambre d'Aurélie a une petite fenêtre. _____ vrai _____ faux
2. Dans la cuisine d'Aurélie il n'y a pas de lave-linge. _____ vrai _____ faux
3. Aurélie a une baignoire dans la salle de bains. _____ vrai _____ faux
4. Dans le salon, Aurélie a un sofa et deux fenêtres. _____ vrai _____ faux
5. Dans la salle à manger, il y a cinq chaises. _____ vrai _____ faux
6. Il y a un tapis dans la chambre. _____ vrai _____ faux
7. Les toilettes ne sont pas dans la salle de bains. _____ vrai _____ faux
8. L'appartement d'Aurélie est cher. _____ vrai _____ faux

[1]bed   [2]homework   [3]then   [4]shower   [5]bathtub   [6]bathroom sink   [7]cool; nice

→ Mon vocabulaire ←

Le logement et la maison

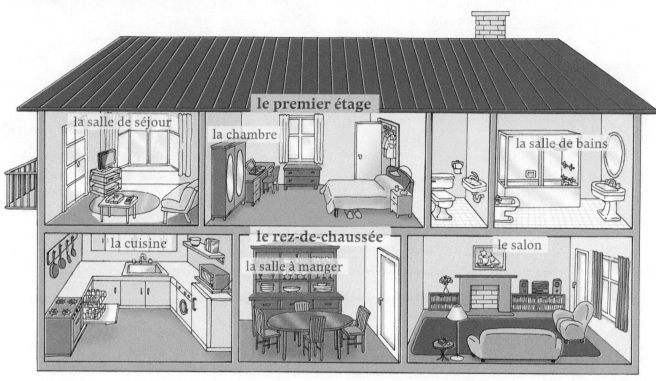

le premier étage

la salle de séjour

la chambre

la salle de bains

le rez-de-chaussée

la cuisine

la salle à manger

le salon

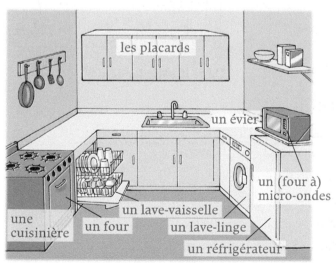

les placards

un évier

un (four à) micro-ondes

une cuisinière

un four

un lave-vaisselle

un lave-linge

un réfrigérateur

Dans la cuisine

un buffet

une table

une chaise

Dans la salle à manger

un tableau

une chaîne hi-fi

une lampe

un fauteuil

un canapé / un sofa

un tapis

Dans le salon

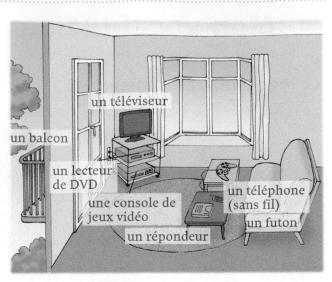

un téléviseur

un balcon

un lecteur de DVD

un téléphone (sans fil)

une console de jeux vidéo

un répondeur

un futon

Dans la salle de séjour

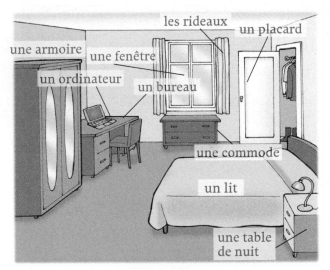

les rideaux

un placard

une armoire

une fenêtre

un ordinateur

un bureau

une commode

un lit

une table de nuit

Dans la chambre

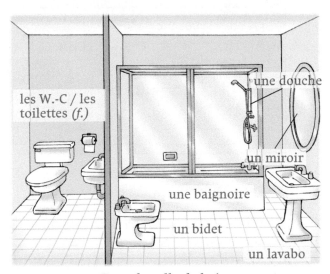

une douche

les W.-C / les toilettes (f.)

un miroir

une baignoire

un bidet

un lavabo

Dans la salle de bains

À vous!

A. Où se trouve... ? (Where is . . . ?) Indicate in which rooms the following items can be found in Aurélie's house.

> **MODÈLE:** un lave-vaisselle
>
> *Il y a un lave-vaisselle dans la cuisine.*

1.	une baignoire	6.	une armoire
2.	une commode	7.	un fauteuil
3.	un évier	8.	un four
4.	un répondeur	9.	un tableau
5.	un lit	10.	un buffet

B. Où fais-tu... ? (Where do you do . . . ?) Indicate in which rooms you do the following things. Use complete sentences.

> **MODÈLE:** manger
>
> *Je mange dans la cuisine ou dans la salle à manger.*

1.	regarder un film	4.	travailler sur l'ordinateur
2.	écouter de la musique	5.	étudier
3.	parler au téléphone	6.	préparer le dîner

 C. Ce que je possède. (What I own.) Tell a classmate what things you have in each of the following rooms. Then reverse roles. Who has the most things?

1.	la cuisine	3.	le salon
2.	la chambre	4.	la salle de bains

Now, look at the picture of the bedroom of Aurélie Marquis' little brother, Thomas. What do you see in Thomas' bedroom?

© Cengage Learning

STRUCTURE 1

CD 1
Track 37

Grammar Tutorials

Le futur proche (*the near future*) et aller à

Le futur proche

- You have already used the verb **aller** *(to go)* to talk about how you are.
  —Comment ça va? *How's it going?*
  —Ça va bien. *It's going well.*

Aller is an irregular verb. Here are the conjugations.

aller (to go)	
je **vais**	nous **allons**
tu **vas**	vous **allez**
il / elle / on **va**	ils / elles **vont**

- When reading Aurélie's text, you saw conjugations of **aller** followed by an infinitive; for example, **tu vas visiter** *(you are going to visit)*. This structure expresses what will happen in the near future. To form the near future, use:

  a conjugation of **aller** + *infinitive*

  Nous **allons manger** au restaurant. *We are going to eat at the restaurant.*

- To make a sentence negative, place **ne** and **pas** around the conjugation of **aller.**

  Je vais commencer mes → Je **ne** vais **pas** commencer mes
  devoirs ce soir. devoirs ce soir.
  I'm going to begin my homework *I'm not going to begin my homework*
  tonight. *tonight.*

- To ask a question, place **est-ce que** at the beginning of the sentence.

  Est-ce que vous allez chercher le CD de Feist?

Aller à

- The verb **aller** is also used to say where you are going. When followed by a specific location, the preposition **à** follows the form of **aller.**
  Je **vais à** la maison. *I'm going home (to the house).*
  Tu **vas à** l'université. *You are going to the university.*

- When **à** is followed by the masculine definite article **le**, it contracts to **au.** When followed by the plural definite article **les**, it contracts to **aux.** There is no contraction with **la** or **l'.**

à	+	la	=	à la
à	+	l'	=	à l'
à	+	le	=	au
à	+	les	=	aux

  Je vais **à la** maison *I'm going home (to the house).*
  Tu vas **à l'**université. *You are going to the university.*
  Chloé va **au** cinéma. *Chloé is going to the movies.*
  Céline et David vont **aux** concerts *Céline and David go to Coldplay*
  de Coldplay. *concerts.*

- Two common expressions with **aller** are:
  Allons-y! *Let's go!* **On y va?** *Shall we go?*
  You can use them to invite someone to go somewhere.

◀ VÉRIFIEZ votre compréhension

1. Go back to the **Passage 1** section on pp. 102–104 and find where Aurélie uses the expression **allons-y** or **on y va.** Why does she use it? In what context?
2. Reread Aurélie's description of her apartment one more time to see the use of the near future (**aller** + infinitive) in context. Write down each example of the near future that you find.

 ## À l'écoute!

CD 1
Track 38

> **Petits tuyaux!** **Determining when an action happens.** In French, as in English, to determine when an action happens, you will often need to listen to the entire sentence. This is because verb tenses are often composed of more than one word. In the same way that we make a distinction in English between *I eat, I'm going to eat, I ate, I was eating,* and so on, you'll see that in French expressing these types of thoughts sometimes requires more than one word as well.
>
> In Chapter 2, you saw the present tense: **je mange** (I eat / I do eat / I am eating). In this chapter, you were introduced to the near future: **je vais manger** (I am going to eat). When listening for the meaning of a sentence, remember to listen for all of the verbs, otherwise you may miss an important part of the speaker's message!

Présent ou futur proche? Listen to the following sentences, and tell if the action expressed is in the present or the near future.

1. present _____   near future _____
2. present _____   near future _____
3. present _____   near future _____
4. present _____   near future _____
5. present _____   near future _____
6. present _____   near future _____

Pratiquons!

A. Demain matin. (Tomorrow morning.) Lucien is going to tell you what he and his friend Alain are going to do tomorrow morning. Complete each blank in the paragraph with the correct form of the verb **aller.**

Demain, je (1) _____ manger le petit déjeuner sur le balcon.
Je (2) _____ contempler les palmiers et la mer *(sea)*.
Mon copain Alain (3) _____ téléphoner à 10 heures. Alain
et moi, nous (4) _____ aller au parc faire du jogging.
Ensuite, nous (5) _____ chercher le pain *(bread)* et nous
(6) _____ acheter le journal. Les vendeurs *(sellers)* de
journaux (7) _____ commenter les derniers événements
(events) politiques. Finalement, je (8) _____ rentrer chez moi
(to my house) et Alain (9) _____ aller chez lui *(to his house)*.

B. Dans quelques années. (*In a few years.*) Tell what these celebrities are going to do, using the expressions provided. Answer in the affirmative or the negative.

> **MODÈLE:** John Travolta / être président des États-Unis
>
> *Dans quelques années, John Travolta va être président des États-Unis. / Dans quelques années, John Travolta ne va pas être président des États-Unis.*

1. Nicole Kidman / gagner un autre Oscar
2. Madonna / avoir un quatrième enfant
3. Jodie Foster et John Travolta / habiter à la Maison Blanche ensemble (*together*)
4. Brad Pitt / sortir avec (*to go out with*) Lindsay Lohan
5. Steven Spielberg / filmer *E.T. 2*
6. Jon Stewart et Beyoncé / chanter ensemble sur un nouveau CD

C. Pas maintenant! (*Not now!*) Ask a classmate if he/she is going to do the following things. Your classmate is going to answer with a complete sentence, using **pas… maintenant** (*now*). Follow the model.

> **MODÈLE:** écouter le prof
>
> —*Est-ce que tu vas écouter le prof?*
>
> —*Je ne vais pas écouter le prof maintenant!*

1. étudier la leçon de français
2. travailler sur l'ordinateur
3. regarder le DVD de *À vous!*
4. parler au prof
5. jouer sur la console
6. aller au laboratoire de langues

D. Le livreur. (*The delivery person.*) A client has ordered some furniture and appliances to be delivered to his house. You are **le livreur (la livreuse)** and are calling to update your client. Use the near future to say which item you are going to deliver **(livrer)** and when.

> **MODÈLE:**

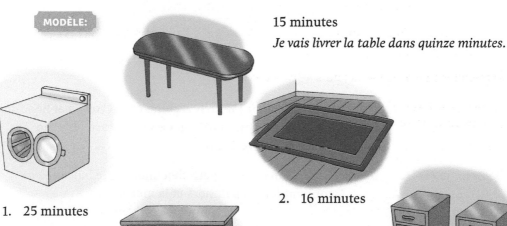

15 minutes

Je vais livrer la table dans quinze minutes.

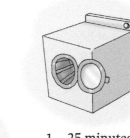

1. 25 minutes

2. 16 minutes

3. 40 minutes

4. 5 minutes

5. 38 minutes

STRUCTURE 2

Les verbes réguliers en *-ir*

Grammar Tutorials

In Chapters 2 and 3 you learned about regular and stem-changing verbs ending in **-er.** A second group of regular verbs in French end in **-ir.** To conjugate these verbs, drop the **-ir** of the infinitive and add the appropriate ending.

finir *(to finish)*	
je finis	nous finissons
tu finis	vous finissez
il / elle / on finit	ils / elles finissent

The following **-ir** verbs are also regular.

bâtir *to build*	punir *to punish*
choisir *to choose*	réussir (à) *to succeed in, to pass (a test)*
obéir (à) *to obey*	salir *to dirty*

- To to ask a question or make an **-ir** verb negative, follow the same rules as for other verbs.

    —**Est-ce que** tu punis ton chien?   *Do you punish your dog?*
    —Non, je **ne** punis **pas** mon chien.   *No, I don't punish my dog.*

- The verb **obéir** uses the preposition **à** when followed by a noun.

    Alex obéit **à sa mère.**   *Alex obeys his mother.*

- The verb **réussir** uses the preposition **à** when followed by an inifinitve. It does not use **à** when followed by a noun.

    Je réussis à **finir** mes devoirs.   BUT   Je réussis mes examens.

Attention!

When making a form of **réussir** or **obéir** negative, the **ne** and **pas** directly precede and follow the verb form. The preposition **à** follows **pas.**

Les enfants **n'**obéissent **pas** à   *The children don't obey their parents.*
  leurs parents.

Remember that **à + le = au** and **à + les = aux.**

  Est-ce que les étudiants obéissent **aux** professeurs?
  J'obéis **au** prof de français!

 VÉRIFIEZ votre compréhension

1. Go back to the *Passage 1* section on pp. 102–104. Which **-ir** verbs does Aurélie use? What are their infinitives?
2. If Aurélie had been using the **nous** form of these verbs instead of the **je** form, how would these verbs be conjugated?

Pratiquons!

A. Dans mon quartier. Tell what the following people in your neighborhood do. Complete each sentence with the correct form of the verb in parentheses.

1. Tous les matins, les enfants (finir) _____ leurs devoirs.
2. Mon voisin (punir) _____ son chat quand il est sur la table.
3. Tu (bâtir) _____ une nouvelle maison très moderne à côté de mon appartement.
4. Au parc, la petite fille (obéir) n'_____ pas à son père.
5. Vous (choisir) _____ un bon vin pour le dîner.
6. Mes amis et moi, nous (salir) _____ la cuisine quand on prépare le dîner.
7. Mon colocataire (finir) _____ ses devoirs dans le salon devant la télé!
8. Je (réussir) enfin _____ à faire des crêpes!

 B. Je suis étonné(e)! (I'm stunned!) Your classmate just can't believe what you are telling him/her. Compose a sentence based on the cue. Your partner will reply by repeating the sentence in the **tu** form and by saying, "**je suis étonné(e)!**"

> **MODÈLE:** je / finir les activités dans le cahier
>
> —*Je finis les activités dans le cahier.*
>
> —*Tu finis les activités dans le cahier… je suis étonné(e)!*

1. je / finir les devoirs pour le cours de français
2. je / choisir des cours difficiles ce semestre
3. mes amis / ne… pas / salir mon salon quand il y a une fête
4. ma petite sœur (mon petit frère) / obéir à mes parents toujours
5. mes parents / punir mes amis aussi
6. mes amis et moi, nous / réussir à obtenir / un score parfait au jeu *Rock Band!*

 C. Oh, vraiment? (Oh, really?) Go back to Activity B, and ask your classmate to tell you the truth about each statement. Reverse roles. Follow the model.

> **MODÈLE:** Toi: *Est-ce que tu finis vraiment les activités dans le cahier?*
>
> Ton/Ta partenaire: *Oui, je finis vraiment les activités dans le cahier. / Pas vraiment, je ne finis pas les activités dans le cahier.*

À vous de parler!

A. Votre maison / appartement. Your new in-laws are calling from abroad. They have not seen your new home yet. However, they are very curious and they want to know what your new house/apartment is like. Describe it to them and tell them what you have in each room, answering their questions in detail.

Possible questions from the in-laws: What is your bedroom like? Do you have two beds or one bed? What is your kitchen like? Do you have two bathrooms or one? etc.

> **MODÈLE:** —*Comment est votre chambre?*
> —*Notre chambre est...*

B. Le voyant / La voyante. *(The fortune-teller.)* You are a famous fortune-teller. Two clients have come to you to find out what the future holds for them. Using the near future, make predictions based on your clients' questions.

Possible questions: Am I going to live in Paris? Am I going to work? Am I going to get married **(me marier)**? Am I going to have children? etc.

> **MODÈLE:** —*Est-ce que je vais terminer mes études?*
> —*Oui, vous allez terminer dans dix ans!*

C. La nouvelle collection! You and your friends have been hired as designers at Roche Bobois, the very prestigious French furniture store. You are in charge of designing the new collection for their catalog, in particular living rooms and bedrooms. Write a short description of the furniture pieces and the furnishings (such as rugs, paintings, etc.) as well as the price for each item. Create this new collection by drawing or cutting pictures from a catalog of the rooms that you and your friends have designed, and show them to the class. Which ones would you buy?

What do you imagine the apartments inside this building would look like?

Les Européens habitent comme ça

En Europe francophone (c'est-à-dire en France, en Belgique, à Monaco, au Luxembourg et en Suisse), il est très commun d'habiter en centre-ville. Les Européens aiment bien leurs villes, et beaucoup de personnes préfèrent habiter dans un appartement en ville, plutôt que[1] d'habiter dans les banlieues[2]. Les vieux bâtiments sont surtout recherchés[3]; ce qui[4] est nouveau et moderne est beaucoup moins désirable. Les maisons dans le centre-ville sont assez rares; il y a surtout des appartements. Il n'est pas rare pour les familles qui habitent dans un appartement en ville d'avoir aussi une maison de vacances à la campagne[5]; comme ça ils peuvent quitter[6] la ville de temps en temps.

Dans les banlieues, c'est très différent. On trouve beaucoup de nouvelles maisons individuelles, et des immeubles modernes avec beaucoup d'appartements. Le problème, c'est qu'on n'a pas l'avantage d'habiter près[7] des magasins et des restaurants, et le trajet[8] pour aller au travail est plus long. Pour cette raison, les logements dans les banlieues sont moins chers[9] que les logements au centre-ville. C'est aussi dans les banlieues où l'on trouve les HLM—les habitations à loyer modéré[10]—pour les personnes aux revenus modestes.

Réfléchissons!

Compare housing in the United States and in Europe by answering the following questions.

1. What differences do you see between living downtown and living in the suburbs in the United States and in Europe? What are considered the advantages and disadvantages of each in the two cultures?

2. In the United States, where is subsidized housing generally located? And in Europe? What does this say about how these locations are perceived in the two cultures?

3. Can you think of any American towns where living downtown is as prized as it is in Europe? Why do you think this is the case?

4. Do you know many people with vacation homes? If not, what do the people you know do for vacation instead?

[1]rather than   [2]suburbs   [3]especially sought after   [4] that which   [5]in the country
[6] can leave   [7]near   [8]commute   [9]less expensive   [10]subsidized housing

Passage 2

Retournons à l'appartement d'Aurélie

Dans l'appartement d'Aurélie, il y a quatre pièces: une cuisine, un salon, une salle à manger, une chambre et une salle de bains. Il y a aussi des toilettes, bien sûr! Regardons ces pièces ensemble... Dans la cuisine, il y a une cuisinière avec un four. La cuisinière est entre[1] le réfrigérateur et l'évier. (Le réfrigérateur est à gauche[2] de la cuisinière, et l'évier est à droite[3] de la cuisinière.) Au-dessus[4] de la cuisinière, il y a un four à micro-ondes. Dans le coin[5], il y a un lave-linge.

À côté de[6] la cuisine, il y a le salon avec un sofa mais il n'y a pas de fauteuil. Devant[7] le sofa il y a une table basse, et sous[8] la table basse, il y a un tapis. À gauche du sofa, il y a une lampe. Dans le coin, Aurélie a un téléviseur, avec une console de jeux vidéo et un lecteur de DVD. Elle a aussi une chaîne hi-fi. Derrière[9] le sofa, il y a une grande fenêtre, donc, c'est une pièce très lumineuse. À droite du sofa, il y a une table et quatre chaises. Il y a un grand tapis sous la table.

Derrière le salon, il y a une chambre. Aurélie aime bien sa chambre; elle est calme et accueillante[10]. Dans sa chambre, elle a un grand lit. À côté du lit, il y a une table de nuit, et en face[11] du lit, il y a un bureau. Sur[12] le bureau, il y a un ordinateur.

Pour finir, il y a la salle de bains. Elle est très petite, mais il y a l'essentiel— un lavabo et une douche. Au-dessus du lavabo, il y a un miroir. Les toilettes sont à côté de la salle de bains. Dans[13] les toilettes, il y a les W.-C et un lavabo.

[1]between   [2]to the left of   [3]to the right of   [4]Above   [5]corner   [6]Next to   [7]In front of
[8]under   [9]Behind   [10]cozy   [11]facing   [12]On   [13]In

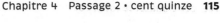

Vous avez bien compris?

Describe Aurélie's apartment using an appropriate word or expression.

1. À côté du sofa il y a _____ et devant le sofa il y a
   _____.

2. Dans la cuisine, il y a l'essentiel: un _____, un
   _____ et l'_____. Le micro-ondes est
   _____ de la cuisinière.

3. Pour se détendre *(to relax)* dans le salon, Aurélie a un _____,
   une _____ de jeux vidéo et une _____.

→ Mon vocabulaire ←

Les prépositions

à côté de	*beside, next to*	dans	*in*
à droite de	*to the right of*	derrière	*behind, in back of*
à gauche de	*to the left of*	devant	*in front of*
au-dessus de	*above, over*	entre	*between*
en face de	*across from, facing*	sous	*under*
près de	*close to*	sur	*on*
loin de	*far from*		

À vous!

A. C'est logique? Mme Foufou is very extravagant and the way she has furnished her house is somewhat unusual. Read the description of the rooms in her house and indicate *normal* if the lay out and placement of the furniture makes sense or *pas normal* if it does not make sense.

1. Dans la cuisine, il y a une petite douche pour le chien.
   normal   pas normal

2. Dans la cuisine, il y a un réfrigérateur, un évier et une cuisinière aussi.
   normal   pas normal

3. Dans le salon, il y a un fauteuil et une table de nuit.
   normal   pas normal

4. Dans le salon, il y a aussi un tapis et des rideaux.
   normal   pas normal

5. Dans la chambre, il n'y a pas de lit, mais il y a un sofa.
   normal   pas normal

6. Dans la salle de bains, il y a un ordinateur à côté du lavabo.
   normal   pas normal

7. Dans la salle de bains, il y a un miroir.
   normal   pas normal

8. Dans la salle à manger, il y une grande table et six chaises.
   normal   pas normal

B. Le studio de Lucien. Look at the floor plan of Lucien's studio, and say whether the following statements are **vrai** (*true*) or **faux** (*false*). Correct the false statements.

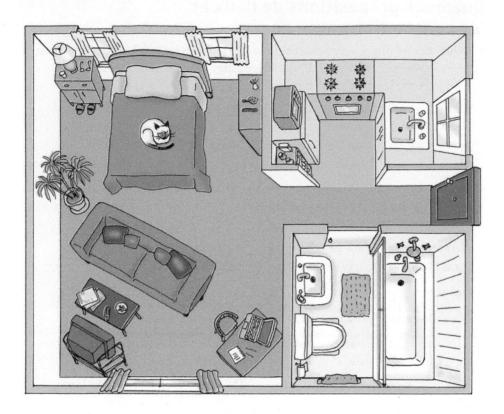

1. Dans l'appartement de Lucien, il y a deux lits. _____ vrai _____ faux
2. La commode est entre le lit et la cuisine. _____ vrai _____ faux
3. Il n'y a pas de table dans la cuisine de Lucien. _____ vrai _____ faux
4. La table basse est derrière le sofa. _____ vrai _____ faux
5. Le bureau est à côté de la porte. _____ vrai _____ faux
6. Le téléviseur est dans le coin du salon. _____ vrai _____ faux
7. Le four à micro-ondes est sous le réfrigérateur. _____ vrai _____ faux
8. Le lit est près du sofa. _____ vrai _____ faux

 C. C'est où chez vous? *(Where is it in your house?)* Using the prepositions from this chapter, answer the following questions about your own room or house.

1. Où est votre ordinateur?
2. Est-ce que votre table de nuit est à gauche ou à droite de votre lit?
3. Est-ce que votre four à micro-ondes est près de la table ou loin de la table?
4. Qu'est-ce qu'il y a *(What is there)* derrière votre canapé?
5. Où sont les tapis?
6. Qu'est-ce qu'il y a en face de votre bureau? Et sur votre bureau?

STRUCTURE 3

Quelques prépositions de lieux et les contractions avec *de*

- When describing where something is located in relationship to something else, a preposition is used. Prepositions may consist of one or more words. Compare these sentences below.

  Dans mon apartement, le sofa est **à côté d**'un fauteuil.   *In my apartment, the sofa is **beside** an armchair.*

  Sous le sofa, il y a un tapis.   *Under the sofa, there is a rug.*

  Devant le sofa, il y a un téléviseur.   *In front of the sofa, there is a television.*

- Notice that many of the prepositions in ***Mon vocabulaire*** on p. 00 end in **de.** These prepositions use **de** when followed by a noun, but they can also stand alone.

  La salle de bain est **à gauche de** la chambre.   *The bathroom is to the left of the bedroom.*

  BUT

  La salle de bain est **à gauche.**   *The bathroom is to the left.*

- The one-word prepositions (**dans, derrière, devant, entre, sous, sur**) are never followed by **de.**

  Le fauteuil est **devant** la lampe.   *The armchair **is front of** the lamp.*

- When **de** is followed by **le** or **les** it contracts.

de	+	la	=	de la
de	+	l'	=	de l'
de	+	le	=	du
de	+	les	=	des

  Le lit est à côté **de la** table.   *The bed is next to the table.*

  Le lit est à côté **de l'**armoire.   *The bed is next to the armoire.*

  Le lit est à côté **du** téléviseur.   *The bed is next to the television.*

  Le lit est à côté **des** chaises.   *The bed is next to the chairs.*

Pratiquons!

A. Où sont-ils? Look at Lucien's apartment and answer the following questions. Some questions may have several possible answers.

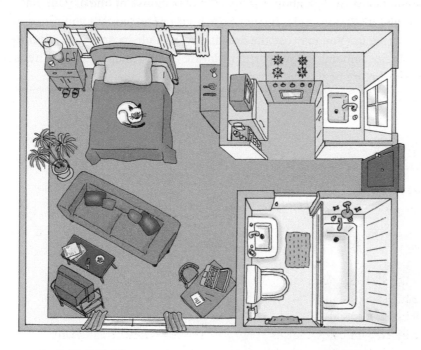

1. Combien de fenêtres est-ce qu'il y a dans l'appartement de Lucien?
2. Qu'est-ce qu'il y a dans la cuisine?
3. Est-ce que le four à micro-ondes est sur le réfrigérateur ou sous le réfrigérateur?
4. Où est l'ordinateur?
5. Où est le lit?
6. Est-ce que la table basse est devant le sofa ou derrière le sofa?
7. Où sont les placards?
8. Où est la porte *(door)*?

B. Architectes. You are an architect, and you are talking to a client over the phone about a remodeling job. Ask your client the following questions so that you can draw a layout of his/her rooms, with furniture and appliances in place. When you are finished, reverse roles. Did the drawings come close to your actual houses or apartments?

1. Est-ce que vous habitez dans une grande maison ou une petite maison? Où? Habitez-vous dans un appartement? Où? À quel étage?

2. Combien de pièces avez-vous? Où sont les pièces? La cuisine? Le salon? La salle à manger? Les toilettes? etc.

3. Qu'est-ce qu'il y a dans chaque pièce? Où sont placés les meubles *(furniture)*?

4. Est-ce que vous avez un bureau? Où est-il? Qu'est-ce que vous avez sur votre bureau?

Portrait personnel

Have you heard enough about the apartment or house of one of your classmates to describe it? Choose a classmate whose house or apartment you remember and describe it. (You may use the drawings you made in Activity B, *Architectes*.) If you do not remember your partner's house or apartment, ask him/her some questions before beginning to write.

Courtesy of Véronique Anover and Theresa A. Antes

How are the public restrooms in your country different from the one you see in this picture? How are they indicated? Are they indicated on a street sign?

© Cengage Learning

Passage 3

Activités pendant le week-end

Le week-end, Aurélie retourne chez ses parents. Toute la famille est là, et tout le monde[1] travaille. Le matin, il fait beau mais pas trop chaud, donc vers[2] huit heures[3] son père, Michel, travaille dans le jardin. Il aime bien faire du jardinage. Le reste de la famille aime dormir[4] un peu plus tard[5]. Ils commencent à travailler vers dix heures. La sœur d'Aurélie, Agnès, fait la lessive et son frère, David, fait le repassage. David regarde la télé pendant qu'il travaille. Les jumelles, Léa et Andréa, font la vaisselle. La mère d'Aurélie, Cécile, est en train de peindre[6] la maison. Elle déteste faire du jardinage, mais elle adore faire du bricolage[7]. Et Aurélie? Qu'est-ce qu'elle va faire? Elle va travailler à l'intérieur. Elle va passer l'aspirateur[8] et elle va faire le ménage. Le soir, vers six heures et demie, elle va faire la cuisine; c'est elle qui prépare le dîner ce soir!

Vous avez bien compris?

Answer the following questions in French.

1. Qu'est-ce qu'Aurélie va faire aujourd'hui?

2. Que fait David pendant qu'il travaille?

3. Que font les jumelles?

4. Qui fait du jardinage?

5. Qui ne va certainement pas faire de jardinage? Pourquoi pas?

6. D'après vous *(In your opinion)*, comment dit-on «faire le ménage» en anglais?

[1]everyone   [2]around   [3]8:00 am   [4]sleep   [5]later   [6]to paint   [7]to do repair work
[8]run the vacuum cleaner

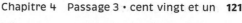

→ Mon vocabulaire ←

Travaux ménagers

faire la cuisine

faire les courses (f.)

faire le linge / faire la lessive

faire le ménage

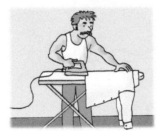

faire le repassage

faire la vaisselle

faire du bricolage

faire du jardinage

passer l' aspirateur (m.)

faire les valises (f.)

faire les vitres (f.)

faire un gâteau

Expressions de temps

Quel temps fait-il?

Il fait beau.

Il fait chaud.

Il fait froid.

Il fait frais.

Il fait du vent.

Il fait du soleil.

Il neige.

Il pleut.

Les saisons

l'été *(m.)*

le printemps

l'automne *(m.)*

l'hiver *(m.)*

À vous!

A. Que faites-vous? For each of the following situations, tell which of the activities listed in the *Mon vocabulaire* section is important to do or not to do.

> **MODÈLE:** avant l'arrivée de tes parents
> *Avant l'arrivée de mes parents, il est important de...*
> *faire la vaisselle, faire la lessive, passer l'aspirateur.*

Expressions utiles

faire un voyage (*to take a trip*)

faire les devoirs (*to do homework*)

faire un gâteau (*to make a cake*)

1. pour fêter (*to celebrate*) l'anniversaire d'un ami chez vous (*at your place*) (il est important de...)
2. avant d'aller en cours
3. pour nettoyer (*clean*) la maison
4. pour travailler à l'extérieur
5. pour aller en vacances

B. Quel temps fait-il? Tell the class what the weather is like in the city or town you come from for each of the following seasons. When you have finished, vote on whose hometown has the best weather **(le meilleur climat).**

1. Je suis de _____.
2. En hiver, il _____.
3. En été, il _____.
4. Au printemps, il _____.
5. En automne, il _____.
6. La saison que je préfère, c'est le _____ parce que _____.
7. La ville de _____ a le meilleur climat.

C. Qui fait le travail? Ask a classmate the following questions about household chores. Then, answer his/her questions. Who does all the work at home?

1. Qui fait le ménage chez toi? Quand?
2. Qui fait la cuisine d'habitude? Quelle est la spécialité de la maison?
3. Qui fait la lessive? Quel jour de la semaine?
4. Qui fait les courses? Où? Quand?
5. Qui fait le repassage? Quand?
6. Qui fait du bricolage? Pourquoi?

vgstudio/Shutterstock.com

STRUCTURE 4

🌐 Grammar Tutorials

Le verbe *faire*

The verb **faire** *(to do, to make)* is irregular in the present tense.

faire	
je **fais**	nous **faisons**
tu **fais**	vous **faites**
il / elle /on **fait**	ils / elles **font**

Je **fais** mes devoirs.	*I'm doing / I do my homework.*
Il **fait** un gâteau.	*He's making / He makes a cake.*

- **Faire** is used in a number of idiomatic expressions. This means that they can't be literally translated into English.

Nous **faisons un voyage.**	*We're taking a trip.*
Je **fais la vaisselle.**	*I'm washing (doing) the dishes.*
Ils **font du jardinage.**	*They garden / do the gardening.*

- **Faire** is used in many expressions to describe the weather. These expressions are conjugated in the third person singular.

Il fait beau.	*It's nice outside.*
Il fait du soleil.	*It's sunny.*

Note: Two common weather expressions do not use **faire**, but **pleuvoir** *(to rain)* and **neiger** *(to snow)* instead.

Il pleut.	*It's raining. / It rains.*
Il neige.	*It's snowing. / It snows.*

VÉRIFIEZ votre compréhension

Reread the description of the weekend activities of Aurélie and her family on p. 121. Then answer the following questions.

1. What idiomatic expressions contain **faire?** What do these expressions mean?
2. Are there any weather expressions with **faire?** If so, how is it conjugated, and why?
3. What other verbs are used? Are they regular or irregular verbs?

Pratiquons!

A. Que font ces personnes? Look at the drawings and tell what each person is doing. Then rewrite your sentences, substituting the subject pronouns in parentheses. Pay specific attention to the form of the verb.

1.

Il... (Je / Vous / On)

2.

Ils... (Tu / Nous / Vous)

3.

Elle... (Elles / Je / On)

4.

Ils... (Vous / Nous / Elle)

 B. Quel temps fait-il à... ? Ask and answer the following questions with a partner. There may be more than one appropriate answer; give as many as you can.

1. Quel temps fait-il à Houston en été?
2. Quel temps fait-il à Québec en hiver?
3. Quel temps fait-il à Seattle en mars?
4. Quel temps fait-il à Atlanta en automne?
5. Quel temps fait-il à Dakar (au Sénégal) en juillet?
6. Quel temps fait-il dans ta ville en janvier?

 C. À la recherche d'un «oui»! Interview your classmates to find someone who does each of the following. Do not use the same classmate for more than one **oui** answer.

Trouvez une personne qui...

1. aime faire la vaisselle.
2. aime faire du jogging.
3. va faire la lessive aujourd'hui.
4. finit toujours ses devoirs.
5. fait ses devoirs le samedi.
6. va faire des courses après le cours.
7. n'aime pas l'été.
8. adore l'hiver.
9. habite près de l'université.
10. travaille loin de l'université.

STRUCTURE 5

L'heure

Les journées d'Aurélie sont très chargée. Elle va en cours à huit heures et quart du matin.

À midi, elle retourne à la maison. Elle déjeune *(has lunch),* et elle fait la vaisselle. À deux heures et demie de l'après-midi, elle va au travail.

Vers sept heures du soir, elle dîne avec des amis. Elle prend *(takes)* le bus de huit heures vingt pour retourner chez elle.

- To tell time on the hour, use the formula:

Il est + *number* + **heure(s).**

1 h 00	Il est une heure.	*It's one o'clock.*
10 h 00	Il est dix heures.	*It's ten o'clock.*

Notice that there is no s on **heure** when it follows **une**.

- To say it's noon and midnight, use:

  Il est midi.   *It's noon.*   Il est minuit.   *It's midnight.*

- To tell time to up to 30 minutes past the hour, use:

Il est	+	number	+	heure(s)	+	number of minutes
						et quart (quarter past)
						et demi(e) (half past)

2 h 10	Il est deux heures dix.
9 h 15	Il est neuf heures et quart.
1 h 30	Il est une heure et demie.
12 h 30	Il est midi et demi.

- To tell time 30 minutes before the hour, use:

Il est	+	number	+	heure(s)	+	moins	number of minutes
							le quart (quarter until)

6 h 55	Il est sept heures moins cinq.
3 h 45	Il est quatre heures moins le quart.

- Other time expressions include:

à ... **heures**	*at ... o'clock.*
du matin	*in the morning*
de l'après-midi	*in the afternoon*
du soir	*in the evening*

 VÉRIFIEZ votre compréhension

1. How is *noon* expressed in French?
2. What does Aurélie do at **huit heures et quart du matin?** And **at deux heures et demie de l'après-midi?**
3. At what time does she take the bus?

Pratiquons!

A. La journée de Cécile Marquis. You've seen Aurélie Marquis's day. Now, say at what time her mother completes her activities.

> MODÈLE: 9 h 30, aller au travail
>
> *À neuf heures et demie du matin, Cécile va au travail.*

1. 10 h 10, parler avec le patron *(boss)*
2. 10 h 40, aller à la poste
3. 11 h 15, retourner au bureau
4. entre 12 h et 1 h 30, déjeuner
5. 2 h 30, assister à *(attend)* une réunion
6. 4 h 20, téléphoner à un client

B. À quelle heure est-ce que tu... ? Interview a partner to find out what time he/she does the following things.

> **MODÈLE:** arriver à l'université
>
> *À quelle heure est-ce que tu arrives à l'université?*

1. déjeuner
2. rencontrer *(meet up with)* tes amis
3. aller en cours de français
4. faire tes devoirs
5. retourner chez toi
6. regarder ton émission préférée à la télé

Portrait personnel

Write a description of your partner's day. When does he/she do each activity? How does this compare to your own day?

C. Quelle heure est-il? (*What time is it?*) Restate the time, using the 24-hour clock.

> **MODÈLE:** 9 h 50 du soir
>
> *Il est vingt et une heures cinquante.*

1. 6 h 30 du matin
2. 10 h 20 du soir
3. 1 h 15 de l'après-midi
4. 3 h 10 de l'après-midi
5. 7 h 08 du matin
6. 11 h 35 du soir

Now, tell a classmate what you do at the above times.

> **MODÈLE:** À 6 h 30 je commence la journée.

Trains au départ

Départ	Destination		Train nr	Voie
8 h 16	LYON -PART-DIEU		17702	2
8 h 46	PARIS -LYON	TGV 1 - 2 CLASSE	6194	
9 h 01	CERBERE	SUPPRIME	76409	
9 h 48	MARSEILLE		17703	
10 h 05	LYON -PART-DIEU		17430	
10 h 07	MONTPELLIER	SUPPRIME	76411	
10 h 29	STRASBOURG METZ	TRAIN GRANDES LIGNES	4340	
10 h 32	MIRAMAS	TGV 1 - 2 CLASSE	6191	

Courtesy of Véronique Anover and Theresa A. Antes

Le saviez-vous?

In French-speaking countries, the 24-hour clock is used much more frequently than in the United States. We tend to think of this as "official" or "military" time, but other cultures use the 24-hour clock as a way of making clear whether an activity is scheduled for the morning or the afternoon. It is used for train and bus schedules, TV guides, movie and concert announcements, appointments, and class meetings. To convert from conventional time to official time, simply add 12 to the P.M. hours: 8:00 A.M. remains **huit heures,** but 8:00 P.M. becomes **vingt heures.** When using the 24-hour clock, the expressions **midi, minuit, quart,** and **demie** are not used, and minutes to the hour are not expressed: 4 h 55 is **quatre heures cinquante-cinq** (and not **cinq heures moins cinq,** as in conventional time).

iLrn Complete the diagnostic tests to check your knowledge of the vocabulary and grammar structures presented in this chapter.

À vous de parler!

 A. Décorateur d'intérieur. You are an interior designer. Two roommates ask you to help them decorate their empty house. Look at their floor plan and decorate one room at a time. Decide with them on the furniture and appliances. You might also talk about the colors of the walls and the furniture (sofas, curtains, rugs, etc.). Once you are done, show the newly designed house to the class. The class will vote on their favorite.

 B. L'agent immobilier. You and some classmates have decided to rent an apartment together in Paris. In groups of three or four, decide what kind of apartment you are going to rent (how many rooms, etc.). Explain to your real estate agent (your teacher) what your needs are; he/she will provide you with options. When you have chosen an apartment, discuss together how you will furnish it. Then, decide with your roommates who is going to do which housekeeping chores. When you have finished, explain your choices to the rest of the class. Each member of the group should speak at least once during this presentation.

 C. La météo. *(The weather forecast.)* You work for the French TV station, TV5. One of you is a meteorologist who will use the map of France to forecast the weather in the near future. The other is a journalist who makes comments on the weather. Let the class decide who has the best newscast.

> **MODÈLE:** Meteorologist: *Il va pleuvoir à Paris samedi.*
> Journalist: *Alors, nous n'allons pas aller au parc!*

Expressions utiles

un décorateur / une décoratrice d'intérieur

le plan de la maison / de l'appartement

meubler *(to furnish)*

décorer

peindre *(to paint)* les murs

Expressions utiles

louer *(to rent)* un appartement / une maison

au premier étage / au deuxième étage

en banlieue *(in the suburbs)*

en centre-ville *(downtown)*

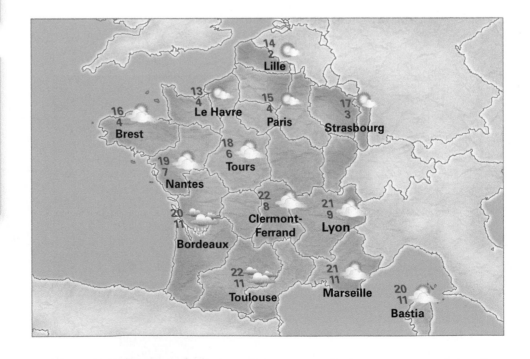

Les Québécois s'amusent comme ça en hiver

Au Québec, il fait très froid en hiver et il neige beaucoup. Malgré cela[1], les Québécois ne restent pas à l'intérieur pendant toute cette saison! Ils aiment beaucoup les sports d'hiver, et ils sortent[2] souvent pour faire du ski ou du patin à glace[3]. Pour célébrer cette belle saison, ils

ont aussi un carnaval d'hiver chaque année. Le carnaval dure deux semaines en janvier et en février, et il y a beaucoup d'activités très variées pour toute la famille. Les activités les plus populaires sont les défilés[4], les promenades en traîneau à chien[5], les sculptures sur glace, les courses en canoë[6] et les courses d'attelages de chiens[7]. Il y a aussi une maison de glace et un grand bonhomme de neige[8]. Tout le monde sort pour s'amuser à l'extérieur—il fait froid, mais beau, et normalement il fait du soleil. Après, on retourne à la maison fatigué, mais de très bonne humeur. C'est vrai que l'hiver est rude[9] au Québec, mais cela ne veut pas dire[10] que l'on ne peut pas[11] s'amuser!

Réfléchissons!

1. Why do you think the people of Quebec stage a winter carnival each year? What is its real purpose?

2. Do you live now, or have you ever lived, in a place where the climate is particularly severe? How do people adapt to it?

3. Can you think of any festivals that are similar to the Quebecois winter carnival in purpose? What happens at these festivals? What do they celebrate? What would people from other climates think of these activities?

4. What is the main outdoor activity in the city where you live? When does it take place? What would people from other cultures think of this activity?

[1]in spite of this   [2]go out   [3]ice skating   [4]parades   [5]dogsled   [6]ice-canoe races (on snow-covered streets)   [7]dogsled races   [8]snowman   [9]harsh   [10]does not mean   [11]cannot

À vous d'écrire!

You are going to spend a year abroad (choose a city in France, Francophone Europe, Canada, or West Africa). You need to rent a fully furnished apartment for one year, and you are going to write an email in French to a real estate agent who can help you find an apartment.

A. Stratégies. Keep in mind the vocabulary and the expressions that you have just seen in this chapter and in previous chapters. Do not try to translate directly from your own language in order to express your ideas. Use the words that you already know. Pay attention to noun-adjective agreement, spelling, and sentence structure.

It may help you to look at the below pictures of an apartment in France to list all the vocabulary words that you know to describe these pictures. For example, a bedroom with a big bed and a desk; a bathroom with a bathtub and two sinks; a kitchen with a washer and a dish washer; etc.

salon

cuisine

chambre

salle de bains

B. Organisons-nous! First, think about how you would start your message. Decide in which city you are going to be spending a year and in what type of neighborhood you would like to live (for example, near the university, or near a park, etc). Greet the real estate agent in your email and tell him/her the reason you are writing.

Next, consider the type of apartment that you would like to rent, and write a brief description in French. There is no need at this point to write complete sentences. Your description could be as short as "one bedroom with a balcony, two bathrooms, a big kitchen, and a living room."

Would you like to live in a house like this one? Why or why not?

Finally, make a list in French of questions that you would like to ask the real estate agent, such as whether there is certain furniture in the apartment, whether there are roommates **(colocataires)**, etc.

C. Pensons-y! Now that you have decided what type of apartment you are looking for, make a list of the furniture and appliances that you would like to have in each room, and where you would like them to be. Start with **Je voudrais…** *(I would like . . .).*

Kitchen	Living room
Bedroom	Dining room
Bathroom	Additional rooms/features

D. Révisons! Exchange your draft with a classmate. Then check each other's work. Check the spelling of the words as well as the prepositions. Check the way he/she phrased his/her questions. Did he/she make agreements between adjectives and nouns? Does he/she have the correct articles with the nouns? Correct each other's work before you begin Activity E.

E. Écrivons! Now that you have drafted the main ideas that you would like to include in your email, create a coherent paragraph. In order to make your email more personal, tell the real estate agent a little about yourself (your likes and dislikes) and why you are going abroad.

Expressions utiles
Monsieur… / Madame…
Je me permets de vous contacter parce que je…
Bien cordialement,

→ Lexique 🔊

Le logement *Housing*

un appartement	*apartment*	un(e) locataire	*tenant*
un ascenseur	*elevator*	un loyer	*rent*
une boîte aux lettres	*mailbox*	une maison	*house*
un(e) colocataire	*roommate*	une pièce	*room*
un escalier	*stairs*	un vestibule	*foyer*
un étage	*floor*	un volet	*shutter*
un immeuble	*apartment building*		

La cuisine / La kitchenette *The kitchen / the kitchenette*

une cuisinière	*stove*	un (four à) micro-ondes	*microwave (oven)*
un évier	*sink*		
un four	*oven*	les placards *(m.)*	*kitchen cupboards*
un lave-vaisselle	*dishwasher*		
un lave-linge	*washing machine*	un réfrigérateur	*refrigerator*

Le salon *The living room*

un balcon	*balcony*	une lampe	*lamp*
un canapé	*couch*	un tableau	*painting*
une chaîne hi-fi	*stereo*	un tapis	*rug*
un fauteuil	*armchair*		

La salle de séjour *The family room*

une console de jeux vidéo	*video game system*	un sofa	*sofa*
un futon	*futon*	un téléphone (sans fil)	*(cordless) phone*
un lecteur de DVD	*DVD player*	un téléviseur	*television*
un répondeur	*answering machine*		

La salle à manger *The dining room*

un buffet	*sideboard*	une table	*table*
une chaise	*chair*		

La chambre *The bedroom*

une armoire	*armoire*	un ordinateur	*computer*
un bureau	*desk; office*	un placard	*closet*
une commode	*chest of drawers*	les rideaux *(m.)*	*curtains*
une fenêtre	*window*	une table de nuit	*nightstand*
un lit	*bed*		

La salle de bains *The bathroom*

une baignoire	*bathtub*	un miroir	*mirror*
une douche	*shower*	les W.-C *(m.pl.)*/ les toilettes *(f. pl.)*	*toilet, restroom*
un lavabo	*sink*		

Verbes *Verbs*

aller	*to go*	punir	*to punish*
bâtir	*to build*	réussir (à)	*to succeed (in)*
choisir	*to choose*	salir	*to dirty*
finir	*to finish*		
obéir (à)	*to obey*		

Les prépositions *Prepositions*

à côté de	*beside, next to*	en face de	*across from, facing*
au-dessus de	*above, over*		
à droite de	*to the right of*	entre	*between*
à gauche de	*to the left of*	loin de	*far (from)*
dans	*in*	près de	*close (to)*
derrière	*behind, in back of*	sous	*under*
		sur	*on*
devant	*in front of*		

Travaux ménagers *Household chores*

faire du bricolage	*to do repair work*	faire le ménage	*to do the housework*
faire les courses (f.)	*to run errands*		
faire la cuisine	*to cook*	faire le repassage	*to do the ironing*
faire un gâteau	*to make a cake*		
faire du jardinage	*to do the gardening*	faire la vaisselle	*to do the dishes*
		passer l'aspirateur (m.)	*to vacuum*
faire la lessive	*to do the laundry*		

Expressions de temps *Weather expressions*

Il fait beau.	*It's nice out.*	Il fait du vent.	*It's windy.*
Il fait chaud.	*It's warm.*	Il neige.	*It's snowing.*
Il fait frais.	*It's cool.*	Il pleut.	*It's raining.*
Il fait froid.	*It's cold.*	Quel temps fait-il?	*What's the weather like?*
Il fait du soleil.	*It's sunny.*		

Les saisons *The seasons*

l'automne (m.)	*autumn*	l'hiver (m.)	*winter*
l'été (m.)	*summer*	le printemps	*spring*

L'heure *The time*

de l'après midi	*in the afternoon*	et quart	*quarter past*
du matin	*in the morning*	une heure	*an hour/one o'clock*
		midi	*noon*
du soir	*in the evening*	minuit	*midnight*
et demi(e)	*half past/ thirty*	moins le quart	*quarter to*

La Wallonie

Visit La Wallonie
on Google Earth!

À vous de découvrir!

DEA PICTURE LIBRARY/age fotostock

Le château de Jehay

Où est la Wallonie? La Wallonie est une région dans le sud de la Belgique. Dans cette région (la commune wallonne ou romane) on parle français, par opposition à la région flamande (au nord) où l'on parle néerlandais. Ces deux régions, aussi appelées communes, sont indépendantes et autonomes. (Elles ont leurs propres parlements.) Les Wallons sont les habitants de la Wallonie. Les villes les plus grandes sont Liège, Charleroi, Sambre et Namur. La capitale de la Wallonie est Namur.

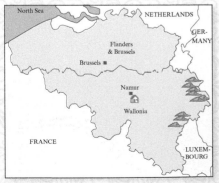

Si vous aimez les châteaux[1], allez visiter le château de Jehay dans la province de Liège, qui date du XVIe siècle[2]. À l'intérieur du château il y a de très beaux meubles (des antiquités), des tableaux, des tapisseries, des porcelaines et des œuvres d'art magnifiques. À l'extérieur, il y a des jardins, des fontaines et de très belles fleurs sur les allées.

Si vous êtes aventuriers, allez visiter le site archéologique de Malagne (une villa gallo-romaine) où vous pourrez[3] revivre l'époque romaine d'il y a 2000 ans!

[1]castles   [2]century   [3]will be able

Avez-vous compris?

Tell if the following statements are true or false (**vrai** ou **faux**) and then explain your answer.

1. La Wallonie est une région indépendante.
2. La Wallonie est une commune romane.
3. On parle français et néerlandais en Wallonie.
4. Le château de Jehay est dans la région flamande.
5. La villa Malagne est une villa (une maison) où habitaient (*lived*) les Romains.

À vous d'apprécier!

Explorations gastronomiques

Voici la recette (*recipe*) traditionnelle de la gaufre liégeoise. Au petit déjeuner, les gaufres sont servies nature (*plain*), avec du sucre ou de la confiture (*jam*). Au goûter, les enfants (et les grands!) aiment manger les gaufres avec de la crème chantilly (*whipped cream*) et des fruits. En dessert, on les sert avec de la crème chantilly, de la glace ou du chocolat fondu (*melted*). Et vous, quand et comment mangez-vous vos gaufres?

Gaufres liégeoises

Courtesy of Véronique Anover and Theresa A. Antes

250 grammes de sucre
200 grammes de beurre (*butter*) fondu
500 grammes de farine (*flour*)
20 grammes de levure (*baking powder*)
100 + 100 millilitres de lait
3 jaunes d'œufs (*eggs*)
Une pincée de sel (*salt*)
Mélanger la farine et la levure dans 100 millilitres de lait. Ajouter (*Add*) le beurre, le sucre, les 3 jaunes d'œufs et les 100 millilitres de lait et bien mélanger. Dans le gaufrier (*waffle maker*) déposer 30 grammes de pâte à gaufre (*dough*) et laisser cuire (*cook*) jusqu'à ce que la gaufre soit bien dorée (*golden*).

Explorations artistiques

Here is a painting from René Magritte (1898–1967), a surrealist artist from Wallonie. The Magritte Museum is in Brussels.

 With a classmate, ask each other the following questions:

1. Tu aimes aller au musée? Lequel (*Which one*) est ton préféré?
2. Préfères-tu l'art réaliste, impressionniste ou surréaliste?

Ceci n'est pas une pipe.

Digital Image © 2009 Museum Associates / LACMA / Art Resource, NY

3. Quel est ton tableau *(painting)* préféré? Et ton artiste préféré?

4. Que veut dire «Ceci n'est pas une pipe»?

5. With your classmate, explain why the artist chose this name for his painting. What point is he trying to make?

 ## À vous de réagir!

Henri Michaux est un poète et peintre belge, né à Namur en 1899 et décédé à Paris en 1984. Voici une de ses citations *(quotes)* les plus célèbres:

«On n'est pas seul *(alone)* dans sa peau *(skin)*».

1. In groups, give your interpretation of this quote. Then, share your interpretation with the class. Did the class find similar explanations of this quote? Who had the most convincing interpretation?

2. Why do you think this book cover has two pictures of Henri Michaux? Do you see any link between the quote above and this book cover?

Voici la couverture (*book cover*) d'une biographie sur Henri Michaux de Jean-Pierre Martin.

Mon blog

Je suis une mamie moderne... je blogue! (Je suis une blogueuse!!!) Je m'appelle Anou et je suis de Bruxelles. Mes deux filles habitent en Wallonie: une habite à Charleroi et l'autre à Liège. Mon mari et moi nous allons souvent voir nos petits-fils Alexandre et Maximilien. J'ai deux questions pour vous: mon petit-fils, Alexandre, va faire ses études en Californie (à San Francisco). Je cherche une chambre à louer[1] pour mon petit-fils dans un appartement avec des colocataires. Est-ce que vous avez une chambre à louer? Comment est l'appartement? Dans quel quartier? Voici ma deuxième question: mon petit-fils est très sportif. Il adore jouer au foot. Quels sont les sports qu'Alexandre peut faire à San Francisco? Merci chers[2] blogueurs pour vos réponses! ☺

In groups, answer Anou's questions. Make descriptions as detailed as possible using the vocabulary and expressions that you saw in Chapters 3 and 4.

À vous de décider: Le français pour quoi faire?

Did you know that French is spoken on five continents, in 56 countries including island groups in both the Atlantic and Pacific Oceans? Visit the *À vous* online resources to find out more about the many different uses of French all around the world. ✈

The Eiffel Tower, in Paris

[1]to rent [2]dear

Ma ville

Courtesy of Véronique Anover and Theresa A. Antes

In this chapter, you will learn how to describe city streets and shops, and how to shop at clothing and grocery stores.

VOCABULARY

- Shops and stores
- Food items
- Clothing items
- Urban places such as commercial businesses, streets, and parks

STRUCTURES

- Regular verbs ending in **-re**
- Partitive articles and expressions of quantity
- The verbs **mettre**, **porter**, and **essayer**
- The pronouns **y** and **en**
- The verbs **prendre**, **comprendre**, and **apprendre**

CULTURE

- Brasseries
- Grocery shopping in France

(iLrn

◄)) Audio

⊕ www.cengagebrain.com

RESSOURCES

Passage 1

On fait les courses

Après les cours à l'université, Aude et Julien vont faire les courses. Leur réfrigérateur est vide![1] Aude a la liste des courses[2] et Julien a le chariot.[3]

Ils font les courses dans une grande surface (c'est-à-dire un supermarché) et ils continuent chez les petits commerçants du quartier.

Julien et Aude vont d'abord[4] au supermarché *Carrefour*.

Courtesy of Véronique Anover and Theresa A. Antes

Au rayon crémerie

AUDE: Bonjour, Monsieur. Je voudrais[5] un morceau de Gruyère et je vais prendre[6] aussi un morceau de Roquefort.

LE CRÉMIER: Très bien! Voilà vos fromages. Et avec ceci?[7]

AUDE: Je vais prendre aussi une douzaine d'œufs.

Courtesy of Véronique Anover and Theresa A. Antes

Au rayon boucherie

JULIEN: Bonjour, Monsieur. Je voudrais un poulet fermier[8] et deux filets de bœuf.

LE BOUCHER: J'ai un beau poulet d'un kilo 200 grammes pour vous et voilà vos deux filets de bœuf. Et avec ceci?

JULIEN: C'est tout, merci.

[1]empty [2]shopping list [3]shopping cart [4]first
[5]I would like [6]to take / to buy [7]Anything else? [8]farm-raised chicken

Au rayon poissonnerie

Il y a beaucoup de monde au rayon poissonnerie, alors Aude attend son tour[1] patiemment.

LA POISSONNIÈRE: À qui le tour[2] maintenant?

AUDE: C'est à moi! Bonjour, Madame. Est-ce que vous vendez des moules?

LA POISSONNIÈRE: Pardon, mais comme il y a beaucoup de monde, je n'entends[3] pas votre question.

AUDE: Est-ce que vous vendez des moules?

LA POISSONNIÈRE: Ah! Mais oui! Et elles sont excellentes aujourd'hui.

AUDE: Parfait! Alors, je voudrais un kilo de moules, s'il vous plaît. Et je voudrais aussi 500 grammes de crevettes.

LA POISSONNIÈRE: Avec plaisir! Je vais choisir les plus grosses moules et les plus belles crevettes!

AUDE: Merci, vous êtes très gentille! *(À Julien:)* Julien, ça te dit[4] une bouteille de vin rouge pour accompagner le dîner ce soir?

JULIEN: Ouais![5] Quelle bonne idée!

À la caisse

AUDE: Julien, tu mets[6] les provisions dans le chariot? Moi, je vais payer la caissière, d'accord?

JULIEN: D'accord, ça marche![7]

Aude et Julien vont à la boulangerie du coin.[8]

À la boulangerie

JULIEN ET AUDE: Bonjour, Madame.

LA BOULANGÈRE: Bonjour, Messieurs Dames! Que désirez-vous?[9]

JULIEN: Nous voudrions[10] une baguette, s'il vous plaît.

LA BOULANGÈRE: La baguette, bien cuite[11] ou pas trop cuite?[12]

JULIEN: Bien cuite! C'est combien?

LA BOULANGÈRE: Voilà votre baguette! C'est un euro.

[1]waits her turn [2]Whose turn is it? [3]hear [4]What about...? [5]Yeah!
[6]put [7]That works (for me)! [8]on the corner [9]What would you like?
[10]would like [11]well-baked [12]not baked too dark

Vous avez bien compris?

A. First, answer the following questions according to the dialogue.

1. Où est-ce que Julien met ses provisions?

2. Au rayon crémerie, combien de fromages est-ce qu'Aude achète? Et combien d'œufs?

3. Qu'est-ce que Julien achète au rayon boucherie?

4. Comment est-ce que Julien demande au boucher ce qu'il veut?

5. À la caisse, qui va payer? Et que fait Julien?

6. Comment est-ce que Julien et Aude demandent à la boulangère ce qu'ils veulent?

B. Now, answer the following cross-cultural questions from the dialogue.

1. Julien met les provisions dans le chariot. Est-ce qu'aux États-Unis on met les provisions dans le chariot? Et en France, qui met les provisions dans le chariot?

2. Julien demande une baguette bien cuite. Est-ce qu'aux États-Unis on demande aussi des baguettes bien cuites? Pourquoi?

3. Julien et Aude utilisent beaucoup de formules de politesse avec les commerçants. Est-ce qu'on utilise autant de *(as many)* formules de politesse aux États-Unis quand on s'adresse aux commerçants? Pourquoi?

Le rayon des vins dans un supermarché en France. Est-il différent des rayons des vin de votre pays? Pourquoi? Est-ce que vous voyez des vins étrangers ou français? Qu'est-ce qui facilite[1] la sélection des vins?

[1]makes easy

→ Mon vocabulaire ←

Les magasins spécialisés

Quand on va… on achète…

à la boucherie

de la viande et du poulet

à la boulangerie

du pain et des croissants *(m.)*

à la boutique de vêtements

des vêtements *(m.)*

au magasin de chaussures

des chaussures *(f.)*

à la poste

des timbres *(m.)*

à la pharmacie

des médicaments *(m.)*

au grand magasin

de tout!

à l'épicerie

de tout aussi!

à la pâtisserie

des pâtisseries *(f.)*; des gâteaux *(m.)*; des tartes *(f.)*

au bureau *(m.)* de tabac

des cigarettes *(f.)*

à la crémerie

des produits laitiers *(m.)*

à la chocolaterie

des chocolats *(m.)*

Faire les courses *(To run errands)*

les achats *(m.)*	*purchases*
le caissier / la caissière	*cashier*
le chariot	*shopping cart*
une grande surface	*supermarket*
un grand magasin	*a department store*
la liste des courses	*shopping list*
les provisions / les courses *(f.)*	*food supplies*
le rayon boucherie / la boucherie	*meat department / the butchershop*
le rayon crémerie / la fromagerie	*dairy department / the cheese store*
le rayon poissonnerie / la poissonnerie	*seafood department / the fish market*

Les produits alimentaires *(Groceries and produce)*

une baguette (bien cuite / pas trop cuite)	*loaf of French bread (well baked / lightly baked)*
du bœuf *(m.)*	*beef*
des crevettes *(f.)*	*shrimp*
des moules *(f.)*	*mussels*
un poulet fermier	*farm-raised chicken*
du vin rouge *(m.)*	*red wine*
des œufs *(m.)*	*eggs*
des fromages *(m.)*	*cheeses*
des fruits *(m.)*	*fruit*
des légumes *(m.)*	*vegetables*

À vous!

A. Où? Tell where the following items can be purchased.

 MODÈLE: des vêtements

au grand magasin (à la boutique de vêtements)

1. des médicaments
2. des croissants
3. des timbres
4. de la viande
5. des œufs
6. des crevettes
7. des chaussures

 B. Le petit frère curieux! You are about to leave the house to run some errands, but your little brother is very curious! He wants to know where you are going and what you are going to buy. With a classmate, play the role of the little brother and the older sibling.

MODÈLE: the bakery

—*Où vas-tu?*

—*Je vais à la boulangerie.*

—*Que vas-tu acheter?*

—*Je vais acheter du pain.*

1. the butcher
2. the cheese store
3. a department store
4. a clothing store
5. a pastry shop
6. a chocolate shop

STRUCTURE 1

Les verbes réguliers en -re

Grammar Tutorials

You are already familiar with two groups of regular verbs, those ending in **-er** and in **-ir.** A third group of regular verbs are those ending in **-re.** To conjugate a regular **-re** verb, drop the **-re** from the infinitive and add the appropriate ending.

vendre *(to sell)*	
je vend**s**	nous vend**ons**
tu vend**s**	vous vend**ez**
il / elle / on vend	ils / elles vend**ent**

Here is a list of regular **-re** verbs.

attendre	*to wait (for)*
descendre	*to get down; to go down*
entendre	*to hear*
mordre	*to bite (into)*
perdre	*to lose*
rendre	*to return, give back*
rendre visite à	*to visit (a person)*
répondre (à)	*to answer*

- The verb **répondre** takes the preposition **à** when followed by a noun.

  Je réponds **au** téléphone.   *I answer the phone.*
  Vous répondez **à** votre professeur.   *You answer your professor.*

- When **répondre** is followed by an adverb (*correctly, quickly,* etc.), the preposition **à** is not needed.

  Tu réponds **correctement.**   *You respond correctly.*
  Nous répondons **rapidement.**   *We respond quickly.*

Note, however, that if a noun follows the adverb, the preposition **à** is used.

  Ils répondent **mal aux** questions.   *They respond incorrectly to the questions.*

▶ VÉRIFIEZ votre compréhension

1. Can you give the conjugation of **perdre** in the present tense?
2. Go back to the *Passage 1* dialogues (pp. 140–141) and find all the **-re** verbs. Think about their endings and ask yourself these questions: Who or what is the subject? Why do some verbs have an **s** at the end? Why do others not have an **s**? Why does one of the **-re** verbs end in **-ez**? Who or what is the subject of this verb?

🔊 À l'écoute!

> **Petits Tuyaux!** In the next listening activity you will be asked to distinguish between the singular and the plural forms of the verbs ending in **-re** that you just learned in **Structure 1**. Keep in mind that the **"d"** sound is not pronounced when it is used in a singular form: **je ven[ds]**. In this case you will hear **je vends [vã]**. However when these verbs are conjugated in their plural forms the sound **"d"** is pronounced: **nous rendons; vous attendez; ils mordent.**

A. Qui parle? Listen to the sentence fragments and complete the sentences by indicating the correct subject.

1. _____ il   _____ ils
2. _____ nous   _____ vous
3. _____ il   _____ ils
4. _____ ils   _____ nous
5. _____ ils   _____ nous
6. _____ il   _____ ils
7. _____ vous   _____ tu

> **Petits Tuyaux!** In the next listening activity you will be asked to identify the verbs **entendre** or **attendre** in isolated sentences. These two verbs have very similar pronunciations. One way to distinguish them is by paying particular attention to the nasal sound **"en"** in **entendre** versus the oral sound **"a"** in **attendre.** Of course in a conversation where these two verbs are used, the context will help you distinguish them a little more easily.

B. Le verbe correct. Is the speaker using **entendre** or **attendre?** Indicate the sentence you hear.

1. _____ J'attends l'autobus.   _____ J'entends l'autobus.
2. _____ Nous entendons les enfants.   _____ Nous attendons les enfants.
3. _____ Tu entends le prof.   _____ Tu attends le prof.
4. _____ Il attend sa femme.   _____ Il entend sa femme.
5. _____ Vous attendez le train.   _____ Vous entendez le train.

Pratiquons!

A. La bijouterie Bijoux-Bijoux. *(The Jewelry store Jewel-Jewel.)* Write the correct form of each verb in parentheses.

Ma famille et moi, nous avons une bijouterie qui s'appelle Bijoux-Bijoux. Nous (1) _____ (vendre) des bijoux très chers et très beaux! Nos clients sont toujours satisfaits—ils ne (2) _____ (rendre) pas les bijoux qu'ils achètent chez nous. Si un client (3) _____ (perdre) un bijou, nous pouvons fabriquer *(we can make)* un autre bijou identique. Pour vérifier l'authenticité d'un diamant, je (4) _____ (mordre) le diamant très fort. Et vous, quand vous achetez un diamant, est-ce que vous (5) _____ (mordre) la pierre précieuse?

B. Que dit-on? *(What do people say?)* Complete each sentence with the correct form of an **-re** verb that fits the context logically.

1. Quand les étudiants parlent en cours, je (ne... pas) _____ bien le professeur.
2. Quand il y a beaucoup de monde à la poste, vous _____ votre tour patiemment.
3. Quand un étudiant finit son examen, il _____ l'examen au professeur.
4. Quand un chien est méchant, il _____ les enfants.
5. Quand c'est la Saint-Valentin, les supermarchés _____ des chocolats et des cartes romantiques!

C. Entretien. Interview a classmate and find out a little about his or her personality by asking the following questions. When you have finished, complete the **Portrait personnel** that follows.

1. Est-ce que tu perds souvent tes clés *(keys)*? Où? À la maison? À l'université? Dans un lieu public? Dans la voiture *(car)*?
2. Toi et les autres étudiants dans ton cours, est-ce que vous répondez toujours aux questions du professeur de français? Pourquoi? Est-ce que ses questions sont faciles ou difficiles?
3. Est-ce que tu rends visite à tes parents? Souvent? Une fois par semaine? Une fois par mois? Une fois par semestre?
4. Est-ce que tu attends patiemment ou impatiemment ton meilleur ami / ta meilleure amie? Est-ce qu'il/elle est souvent en retard? Combien de temps *(How long)* est-ce que tu attends ton meilleur ami / ta meilleure amie avant de partir *(before leaving)*?

Val Thoermer/Shutterstock.com

> ### Portrait personnel

Write a brief paragraph about your classmate, using some of the adjectives that you learned in earlier chapters and justifying your description with some of the information that you learned in Activity C.

> **MODÈLE:** *Karen est très intelligente, mais elle perd toujours ses clés.*
> *C'est amusant!*

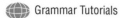

STRUCTURE 2

L'article partitif et les expressions de quantité

L'article partitif

Like indefinite articles, partitive articles are used before nouns that have not been mentioned before and are new to a conversation. They translate roughly to *some* or *any* in English. In this chapter, you have seen the partitive article used with food items: **de la viande** *(some meat)* and du pain *(some bread)*.

	Singular		Plural	
Masculine	du	du vin	des	des fruits
	de l' (before a vowel)	de l'opéra		
Feminine	de la	de la viande	des	des crevettes
	de l' (before a vowel)	de l'eau		

[1]The article **des** is included here in the list of partitive articles; however, many linguists consider **des** to be a definite article since the nouns it often precedes are nouns that can be counted.

- The partitive article precedes nouns you cannot count (called *mass* or *non-count* nouns)[1].

  du bœuf *some beef*   **du vin** *some wine*   **de l'argent** *some money*

- The partitive article can also precede nouns that refer to ideas, sports, and music.

  de l'intelligence *(some) intelligence*   **du tennis** *tennis*   **de la musique** *music*

Note that *some* is not always expressed in English.

- The partitive article is *not* used after verbs expressing likes or dislikes, such as **adorer, aimer, détester,** and **préférer.** Use the definite article instead.

  Éric adore **le** chocolat.   Nathalie déteste **la** viande.

- In negative sentences, replace **du, de l', de la,** and **des** with **de.**

  Je mange souvent **du** poulet.   ⟶   Je **ne** mange **pas** souvent **de** poulet.
  I eat chicken often.   *I don't eat chicken often.*

  On a **de l'**eau en bouteille.   ⟶   On **n'**achète **pas d'**eau en bouteille.
  We have bottled water.   *We don't have (any) bottled water.*

  Nous achetons **de la** viande.   ⟶   Nous **n'**achetons **pas de** viande.
  We're buying (some) meat.   *We're not buying (any) meat.*

  Ils vendent **des** spaghettis.   ⟶   Ils **ne** vendent **pas de** spaghettis.
  They sell spaghetti.   *They don't sell spaghetti.*

Les expressions de quantité

To express a certain amount of something, use: *an expression of quantity* + **de** + *noun.*

Je mange **une tranche de** pain.   *I am eating a slice of bread.*
Je voudrais **un kilo de** carottes.   *I would like a kilo of carrots.*
Nous voudrions **une douzaine d'**œufs.   *We would like a dozen eggs.*

Here are some common expressions of quantity.

assez de	*enough (of)*	**un morceau de**	*a piece of*
beaucoup de	*a lot of*	**un paquet de**	*a package of*
moins de	*less (of)*	**un peu de**	*a little (of)*
pas mal de	*quite a lot of*	**un sac de**	*a sack of*
plus de	*more (of)*	**une boîte de**	*a box of*
un gramme de	*a gram of*	**une bouteille de**	*a bottle of*
un kilo de	*a kilo of*	**une douzaine de**	*a dozen (of)*
un litre de	*a liter of*	**une tranche de**	*a slice of*

- These expressions do not change in the negative.

Catherine achète **beaucoup de** magazines?

Does Catherine buy a lot of magazines?

Non, elle **n'**achète **pas beaucoup de** magazines.

No, she doesn't buy a lot of magazines.

🚩 VÉRIFIEZ votre compréhension

1. Go back to the *Passage 1* dialogues (pp. 140–141) between Aude, Julien, and the clerks. Underline all the partitive articles as well as any expressions of quantity. Think about the meaning of each in its context.
2. Can you explain why Aude says, **un kilo de moules** rather than **un kilo des moules,** since **moules** is a plural noun?

Pratiquons!

A. Combien? Identify the item and the quantity in each drawing. Then, tell where each item can be bought.

MODÈLE:

Un paquet de cigarettes; On achète un paquet de cigarettes au bureau de tabac.

1.

2.

3.

4.

5.

6.

B. Végétariens et carnivores! Based on their lifestyles (vegetarian versus meat eaters), tell if the following people eat the food mentioned. Pay attention to differences in form between the affirmative and the negative.

MODÈLE: Sandrine est végétarienne. Mange-t-elle de la viande?
*Non, elle ne mange pas **de** viande.*

1. Olivia est végétarienne. Mange-t-elle du poisson?
2. Patrick est carnivore. Mange-t-il du poisson?
3. Mes parents sont carnivores. Mangent-ils des œufs?
4. Yves est végétarien. Mange-t-il du poulet?
5. Michel et Christine sont végétariens. Mangent-ils des croissants?
6. Patricia est carnivore. Mange-t-elle du fromage?

C. Vos préférences. Find out your classmate's personal and gastronomic tastes by asking him/her the following questions. Then, report your classmate's answers to the class.

1. Aimes-tu le vin rouge ou le vin blanc?
2. Préfères-tu le poisson ou la viande?
3. Combien de litres de Coca est-ce que tu bois *(drink)* par semaine?
4. Fumes-tu des cigarettes? Combien de cigarettes ou de paquets par jour?
5. Est-ce que tu achètes beaucoup de chaussures? Où?
6. Est-ce que tu achètes plus de chaussures ou plus de vêtements?
7. Combien de fois par semaine est-ce que tu vas faire tes courses (au supermarché)?

Au marché. Qu'est-ce qu'on peut acheter à ce stand? Est-ce que ce sont des baguettes normales? Pourquoi? Comment est-ce qu'on peut acheter du pain à ce stand?

On fait comme ça dans une brasserie en Suisse[1]

The **brasserie** pictured here is located in Lausanne, Switzerland. A **brasserie** is the equivalent of a brewery. However, European **brasseries** are very different from American breweries. For instance, one may have a drink and/or a meal outside. There are usually tables and chairs placed on the sidewalk. Inside there is a bar and a restaurant. If you choose a seat outside, prices are going to be higher than inside, regardless of what you order. Normally, the Swiss like to sit outside—provided that the weather is nice—so that they can look at the people passing by. They like to talk about them too (the way they are dressed, the way they walk, their hairstyles, with whom they are walking, and so on). There are no refills of any drink: sodas, coffee, or tea, as there are in the United States. And the drinks are served chilled, but without ice. Another difference is that, with the exception of beer, drinks come in one size only—the equivalent of the small size in the United States. At a **brasserie,** customers can choose between draft beer **(une pression** or **un demi[2]),** and bottled beer **(une bière[3]).** Beers can be **blondes, brunes, blanches, rouges, amères,**[4] or **fruitées.**[5] The legal drinking age in Switzerland is 16. Smoking is allowed at 16 as well. However, the legal drinking and smoking age is not as strictly enforced as it is in the United States.[6] Adolescents may drink a little wine at home on very special occasions (such as Christmas). Parents may add a few drops of wine to water for their children to taste.

Courtesy of Véronique Anover and Theresa A. Antes

Réfléchissons!

1. In your country, are prices higher depending on where you sit in a microbrewery or a restaurant (inside, outside, at the bar)?

2. What custom described in this reading surprised you the most? Explain your answer.

3. What do you think about 16 as a legal drinking age? Do you think it is reasonable for an American 18 year old to be able to vote but not to be able to drink legally? Explain your answer.

---

[1]Swiss   [2]Both expressions mean draft beer, but of different sizes.   [3]beer   [4]bitter   [5]flavored with fruit   [6]The cultural difference described in the text also applies to France, where there is no actual legal "drinking" or "smoking" age, but where children under 18 cannot purchase alcohol or cigarettes.

Passage 2

Au magasin de vêtements

C'est samedi après-midi et Aude et Julien vont faire les magasins[1] dans une rue piétonne, la rue Sainte-Catherine, à Bordeaux.

AUDE: Il fait beau aujourd'hui, n'est-ce pas, Julien?

JULIEN: Oui! L'été arrive!

AUDE: Je voudrais acheter une jupe,[2] un chemisier[3] blanc et des sandales. Et toi?

JULIEN: Moi, je voudrais des jeans et un tee-shirt.

AUDE: On va à Promod? Je suis sûre de trouver un joli chemisier.

JULIEN: Je préfère un chemisier sexy!

AUDE: Ne sois pas bête,[4] Julien!

Aude et Julien entrent à Promod.

LA VENDEUSE: Bonjour! Je peux vous aider?

AUDE: Oui, je cherche une jupe et un chemisier, taille 38.

JULIEN
(À AUDE): Un chemisier sexy!

AUDE
(À JULIEN): Chut![5] Tu es pénible![6]

LA VENDEUSE: Pardon, Monsieur, je n'entends pas bien ce que vous dites.[7]

JULIEN
(TOUT ROUGE): Euh, ce n'est rien d'important...

AUDE
(À LA VENDEUSE): Est-ce que je peux essayer[8] ce chemisier blanc, s'il vous plaît?

LA VENDEUSE: Oui, les cabines d'essayage[9] sont à droite.[10]

Le saviez-vous?

Clothing and shoe sizes in France are different than in the United States.

Women's pants, dresses, blouses

United States	France
2	32
4	34
6	36
8	38
10	40
12	42
14	44

Men's shirts

United States	France
15	38
15 1/2	39
16	40
16 1/2	41
17	42

Women's shoes

United States	France
6	36
7	37
8	38–39
9	40
10	42

Men's shoes

United States	France
8	41
9	42–43
10	44
11	45
12	46

[1]to go shopping   [2]skirt   [3]blouse   [4]Don't be silly!   [5]Shh! / Hush!   [6]You're a pain!
[7]what you're saying   [8]Can I try on. . .?   [9]dressing rooms   [10]to the right

Dans la cabine d'essayage: Aude met[1] le chemisier. Il est parfait pour elle.

LA VENDEUSE:	Le chemisier vous va bien?[2]
AUDE:	Oui, merci. Il me va parfaitement! Je le prends.[3]

Aude et Julien sortent[4] de Promod.

AUDE:	Où vas-tu acheter les jeans et le tee-shirt?
JULIEN:	À Célio.
AUDE:	Encore? On y va toujours![5]
JULIEN:	C'est normal. Il y a souvent des soldes[6] et leurs vêtements sont bon marché.

Aude et Julien sortent de Célio, les mains pleines.[7]

AUDE:	J'aime beaucoup nos achats![8]
JULIEN:	Oui, moi aussi! Aude, est-ce que tu voudrais aller à la brasserie[9] Gambetta pour prendre une bière?[10]
AUDE:	Oh, oui! Je veux bien y aller!
JULIEN:	Alors[11] allons-y!

Vous avez bien compris?

Tell if the following sentences are true (**vrai**) or false (**faux**) according to the preceding dialogues.

1. Dans une rue piétonne il n'y a pas
   de voitures.   _____ vrai   _____ faux

2. Il pleut.   _____ vrai   _____ faux

3. Aude voudrait une robe bleue.   _____ vrai   _____ faux

4. Julien voudrait des jeans.   _____ vrai   _____ faux

5. À Célio les vêtements sont bon marché.   _____ vrai   _____ faux

6. Après leurs achats, Aude et Julien vont
   à la brasserie.   _____ vrai   _____ faux

[1]puts on   [2]Does the blouse fit you well?   [3]I'll take it.   [4]leave   [5]We always go there!   [6]sales
[7]their hands full   [8]purchases   [9]brewery   [10]to have a beer   [11]Then

Les vêtements

un chemisier

une chemise

une jupe

une robe

un tee-shirt

un tailleur

un costume

une cravate

une veste

un manteau

un sweat

un short

un pantalon

des chaussettes (*f.*)

des chaussures (*f.*)
de sport / des tennis

des bottes (*f.*)

un maillot de bain

un caleçon

une culotte

un soutien-gorge

une casquette

un survêtement / un jogging

Mode unisexe

un jean / des jeans	des sandales
un pantalon	un short
un pull (-over)	un tee-shirt

Quelques mots et expressions utiles quand on fait des courses

des soldes *(m.)*	*sales*
les cabines *(f.)* d'essayage	*dressing rooms*
C'est combien?	*How much is it?*
C'est (trop) cher.	*It's (too) expensive.*
C'est bon marché.	*It's cheap.*
C'est soldé / en solde.	*It's on sale.*

À vous!

 A. Cherchez bien! For each item, find at least one student in the class who is wearing the following.

1. un pantalon marron
2. une casquette verte
3. des chaussettes blanches
4. un pull rouge
5. des chaussures de sport Nike
6. une robe rouge

 B. Les achats. With a classmate, play the role of a clerk **(le vendeur / la vendeuse)** and a customer **(le client / la cliente)**. The clerk asks the client if he/she needs help and the client tells the clerk what he/she wants (the item pictured).

> **MODÈLE:** LE VENDEUR / LA VENDEUSE: *Je peux vous aider?*
> LE CLIENT / LA CLIENTE: *Oui, je voudrais une chemise.*

1.

2.

3.

4.

5.

6.

C. Que porte-t-on? (What do we wear?) List the clothing items that we can wear for each occasion listed below. Be logical!

1. pour aller à la plage
2. pour aller à l'université
3. pour aller au travail
4. pour aller à une soirée
5. pour aller au centre de fitness
6. pour aller faire les courses

CD 1
Track 55

STRUCTURE 3

Les verbes *mettre, essayer et porter*

In the **Passage 2** dialogues, you saw the verbs **mettre** *(to put on)* and **essayer** *(to try on)* in context. Both of these verbs undergo spelling changes to the stem for some forms.

- The verb **mettre** is irregular because the stem of the **je, tu,** and **il / elle / on** forms only has one **t** instead of two. Otherwise, it is conjugated like regular **-re** verbs.

mettre *(to put on)*	
je mets	nous mettons
tu mets	vous mettezv
il / elle / on met	ils / elles mettent

Le professeur **met** toujours des vêtements noirs.
Vous **mettez** un pyjama pour dormir?

- The verb **essayer** is conjugated like other regular **-er** verbs, except the **y** changes to **i** in all forms but **nous** and **vous.** This is another "boot" verb.

essayer *(to try on)*	
j'essaie	nous essayons
tu essaies	vous essayez
il / elle / on essaie	ils / elles essaient

Thérèse **essaie** un joli pantalon à Promod.	*Thérèse is trying on some pretty pants at Promod.*
J'**essaie** des sandales au magasin de chaussures.	*I'm trying on some sandles at the shoe store.*

- Another verb often used with **mettre** and **essayer** is **porter** *(to wear; to carry; to bring[1])*. **Porter** is a regular **-er** verb.

Les étudiants **portent** souvent des jeans.	*Students often wear jeans.*
Nous **portons** du vin aux amis.	*We're bringing wine to our friends.*

- The verbs **mettre, essayer,** and **porter** are often followed by a noun with an indefinite or partitive article preceding it. Remember, these articles change to **de** in negative sentences.

—Votre professeur porte **des** jeans? —Non, il/elle ne porte pas **de** jeans.

🚩 VÉRIFIEZ votre compréhension

1. Go back to the **Passage 2** text (pp. 152–153) and see how **mettre** and **essayer** are used in context. Look at the meaning and the structure of the sentences in which the two verbs appear. Explain the form of each one.

2. Try to explain why **essayer** is left in the infinitive form in the sentence **Est-ce que je peux essayer ce chemisier?**

[1]When **porter** means *to bring*, the preposition à is used with it: **Je porte le café** *à* **ma femme le matin.**

Pratiquons!

A. Histoire de sandales! Complete the sentences with the correct form of the verb in parentheses.

Marine va au centre commercial aujourd'hui. Comme il fait chaud, elle
(1) _____ (mettre) un short et un tee-shirt. Elle fait du lèche-vitrine.
Elle regarde les magasins de chaussures parce qu'elle adore les chaussures!
Elle découvre des sandales bon marché. Elle entre dans le magasin et elle
(2) _____ (essayer) les sandales. Une autre cliente (3) _____ (essayer) les
mêmes *(same)* sandales. Les sandales de Marine sont trop petites. Zut! Mais, les
sandales de l'autre cliente sont trop grandes! Elles échangent leurs sandales et
elles les *(them)* (4) _____ (mettre). Marine et l'autre cliente sortent *(leave)* du
magasin toutes contentes: elles (5) _____ (porter) leurs sandales!

B. Est-ce que c'est normal? Tell if what the following people wear is normal or not. Correct the sentences that are not logical. Use a complete sentence using the verb **mettre**.

> **MODÈLE:** Océane porte un maillot de bain pour aller à l'université.
> *Non! Elle met des jeans et un tee shirt!*

1. Les politiciens portent des jeans pour dîner au restaurant avec le président des États-Unis.
2. Mon ami porte un maillot de bain en hiver.
3. Nous portons un survêtement pour aller au mariage de nos amis.
4. Robert porte une jupe pour aller à l'université.
5. Tu portes un costume pour aller danser.

C. Normalement, oui ou non? With a classmate, ask each other the following questions and answer with complete sentences. Who is more logical?

1. Qu'est-ce que tu portes d'habitude pour venir en cours?
2. Quand *(when)* est-ce que tu portes une casquette?
3. Où *(where)* est-ce que tu achètes tes chaussures d'habitude?
4. Essaies-tu les vêtements avant de les acheter *(before buying them)*?
5. Est-ce que tu mets des chaussettes avec des sandales?
6. Est-ce que tu es un/une fashionista? Pourquoi?

Mots utiles
d'habitude *(usually)*
le week-end
pour venir en cours
pour sortir
pour aller
au restaurant
pour aller danser

Portrait personnel

Describe what you and your partner usually wear to class. Then, draw some comparisons between the two of you (where each of you buys your shoes, if you try on clothes before you buy them, etc.).

STRUCTURE 4

Les pronoms *y* et *en*

🌐 Grammar Tutorials

Le pronom *y*

- The pronoun **y** replaces a preposition (except for **de**) followed by a place or thing. It often translates as *there*, but **y** can also translate as preposition + *it*. You will be using **y** only to refer to locations for now. Place **y** before the conjugated verb.

Je vais à **la poste.**	J'y vais.
I'm going to the post office.	*I'm going there.*
Nous allons **au centre commercial.**	Nous y allons.
We're going to the mall.	*We're going there.*
Vous entrez **dans la maison.**	Vous y entrez.
You enter the house.	*You enter there.*

- When the conjugated verb is followed by an infinitive, the pronoun **y** is placed before the infinitive.

Je vais voyager **à Bruxelles.**	Je vais y voyager.
I'm going to travel to Brussels.	*I'm going to travel there.*
L'infirmière aime travailler **à l'hôpital.**	L'infirmière aime y travailler.
The nurse likes to work at the hospital.	*The nurse likes to work there.*
Le prof n'aime pas parler anglais **en cours.**	Le prof n'aime pas y parler anglais.
The professor doesn't like to speak English in class.	*The professor doesn't like to speak English there.*

- In Chapter 4, you learned two expressions with the pronoun **y**. Remember them?

—On y va?	*Shall we go?*
—Oui, allons-y!	*Yes, let's go!*

Le pronom *en*

- The pronoun **en** often means *some / of it / them*. It replaces the preposition **de** followed by a person or thing. For example, it can replace: *partitive article + noun* and **de** + *noun* following an expression of quantity.

Je mange **du fromage.**	J'**en** mange.
I eat cheese.	*I eat some (of it).*
Je mange beaucoup **de fromage.**	J'**en** mange beaucoup.
I eat a lot of cheese.	*I eat a lot of it.*

- The pronoun **en** can also replace a noun when it follows a number.

Il a **cinq livres.**
He has five books.

Il **en** a cinq.
He has five (of them).

- Like the pronoun **y, en** is place before the conjugated verb or before the infinitive when there are two verbs in a clause.

Je voudrais une douzaine **d'œufs.**
I would like a dozen eggs.

J'**en** voudrais une douzaine.
I would like a dozen (of them).

Tu vas manger **des escargots?**
Are you going to eat (some) snails?

Tu vas **en** manger?
Are you going to eat some (of them)?

- When **en** is used with the expression **il y a, en** follows **y.**

Il y a **vingt-deux étudiants** en classe.
There are twenty-two students in class.

Il y **en** a vingt-deux.
There are twenty-two (of them).

⚑ VÉRIFIEZ votre compréhension

1. Go back to the *Passage 2* dialogues (pp. 000–000) and find the pronoun **y** each time it appears. What is it replacing? Where does it occur in the sentence? Why does it occur there?
2. How does Julien strike you when he uses the expression **Allons-y!** Is he enthusiastic or not?
3. How would you answer in the affirmative the question **Est-ce que tu manges beaucoup de pain?** using the pronoun **en**? How would you answer in the negative?

Pratiquons!

A. Rectifications. Answer the following questions according to the drawings and photos. Use the pronoun **y** in your answers.

 MODÈLE:

Est-ce que Chloé entre dans la salle de bains?

Non, Chloé n'y entre pas. Elle entre dans la cuisine.

© Cengage Learning

1. Est-ce que Pierre mange au restaurant?

2. Est-ce que Jules et Georges regardent un film au cinéma?

3.  Est-ce que Céline va acheter des vêtements à Promod?

4. Est-ce que les étudiants écoutent des CD au laboratoire?

5. Est-ce que Paul achète du fromage à la crémerie?

6. Est-ce que Julien et Aude vont faire les magasins au centre commercial?

B. Ne répétez pas! Ask and answer the following questions. In your answers, replace the italicized phrase with the pronoun **y** in order to avoid repetition. Pay attention to the placement of the pronoun.

1. Tu aimes danser *en boîte?*
2. À quelle heure *(At what time)* est-ce que tu arrives *en cours de français?*
3. Quand *(When)* vas-tu *au cinéma?*
4. Est-ce que tu vas aller *à la maison* après le cours de français?
5. Est-ce que tu prépares tes devoirs *dans ta chambre?*
6. Est-ce que tu manges *au restaurant* pendant *(during)* la semaine?

C. Qu'est-ce qu'il y a dans le placard? *(What's in the cupboard?)*
You are helping Cédric prepare his grocery list. He's asking questions and making a list while you check the cupboards. Answer his questions based on the cues below. Use the pronoun **en** in your responses.

> **MODÈLE:** Est-ce que j'ai **des oranges?** (oui)
> *Oui, tu **en** as.*

1. Est-ce qu'il y a **des croissants** dans le placard? (oui)
2. J'ai besoin *(I need)* **d'une baguette?** (non)
3. Je dois *(have to)* acheter **du Coca?** (oui)
4. Est-ce que j'ai **du riz** *(rice)?* (non)
5. Il y a **une bouteille de vin?** (oui)
6. Est-ce que j'ai besoin **de chocolat?** (non)
7. Est-ce qu'il y a **beaucoup de pain?** (oui)
8. J'ai **des bananes?** (non)

D. Vous êtes gourmand? With a partner, ask and answer the following questions, using the pronoun **en** in your response. When you have finished, tell if your partner is a **gourmand (quelqu'un qui aime manger)** or a **gourmet (quelqu'un qui aime la bonne cuisine)**.

1. Au supermarché, tu achètes beaucoup ou peu de bonbons *(candy)?*
2. Pour le petit déjeuner, tu manges un croissant ou trois croissants?
3. Pendant la journée, tu préfères un verre de Coca ou un litre de Coca?
4. Tu manges un morceau de fromage ou un fromage entier?
5. Le matin, tu aimes une tasse de café ou une cafetière de café?
6. Pour le déjeuner, tu manges un fruit ou beaucoup de fruits?
7. Pour le dîner, tu manges deux tranches de pizza ou une pizza entière?
8. Pour le dessert, tu préfères un grand gâteau ou une mousse très delicate?

Based on the information that you gathered in Activity D, write a brief paragraph about the eating habits of your classmate. What does he/she eat for breakfast? And lunch? How many sodas does he/she drink? Is your classmate a gourmand or a gourmet?

À vous de parler!

A. Au supermarché. In groups of three, pretend that you are shopping at a supermarket. Two of you will be the customers and one of you the clerk at the different departments. First, make a list with the food items you need to buy. Then, create a dialogue between the customers and the clerk in the different food departments at the supermarket. (You may use the dialogues at the beginning of the chapter as models.) Make sure that the customers and the clerk greet each other each time.

B. Au magasin de vêtements. You are going to go shopping at Promod (for women) and/or at Célio (for men). One of you plays the role of the clerk and the other two are the customers. Decide which clothing items you would like to purchase (color, size, price). In the store, the clerk greets the customers and asks if they need help. The customers tell the clerk what they need. Once they find what they want, the customers ask the clerk if they can try on the items. After they try them on, they decide if they are going to buy them.

© Cengage Learning

La nouvelle collection de Célio. Ce sont des vêtements pour homme ou pour femme? Quels vêtements voyez-vous (do you see)?

CD 1
Track 56

STRUCTURE 5

Les verbes *prendre, comprendre* et *apprendre*

Earlier in this chapter, you learned how to conjugate regular **-re** verbs. There is a second group of **-re** verbs that are irregular and should be memorized separately. This group includes **prendre** *(to take)*, **comprendre** *(to understand)*, and **apprendre** *(to learn)*. All three verbs follow the same pattern. Note the three different verb stems.

prendre *(to take)*	
je **prends**	nous **prenons**
tu **prends**	vous **prenez**
il / elle / on **prend**	ils / elles **prennent**

Nous **prenons** souvent un taxi.	*We often take a taxi.*
Je **comprends** l'espagnol.	*I understand Spanish.*
Ils **apprennent** le français.	*They're learning French.*

- The preposition **à** is used with **apprendre** when it is followed by an infinitive.

Tu apprends **à** parler espagnol?	*You're learning to speak Spanish?*

⚑ VÉRIFIEZ votre compréhension

1. Go back to the **Passage 2** dialogues (pp. 152–153), and find the pronoun **y** each time that it appears. Think about what it is replacing and about its placement in the sentence. (Does it occur before the conjugated verb or before an infinitive? Why?)

2. Look at the use of the expression **Allons-y!** By saying that, how does Julien strike you? Is he enthusiastic about going to the **brasserie** or not?

 ## À l'écoute!

CD 1
Track 57

Listen to the sentences and indicate whether each sentence is about one person or several people.

	one person	several people
1.	_____	_____
2.	_____	_____
3.	_____	_____
4.	_____	_____
5.	_____	_____

Pratiquons!

A. Qu'est-ce qu'ils font? Complete the following sentences with the appropriate form of the verb in parentheses. Then make the substitutions indicated.

GiLm Complete the diagnostic tests to check your knowledge of the vocabulary and grammar structures presented in this chapter.

1. *Je* _____ (prendre) le bus pour aller sur le campus. — *Les étudiants / Mes amis et moi / Tu*

2. Ce semestre, *il* _____ (apprendre) le japonais. — *vous / je / nous*

3. *Tu* _____ (comprendre) toujours le professeur? — *Elles / Vous / Il*

4. *Nous* _____ (apprendre) à faire du ski. — *Je / Elle / Ils*

5. Il _____ (prendre) un taxi ce soir? — *Vous / Nous / Elles*

6. Vos amis et vous, vous _____ (comprendre) le français, n'est-ce pas? — *Vos parents / Elle / Tu*

B. Quel verbe? Quelle forme? Fill in each blank with the correct form of the appropriate verb. Each verb can be used only once.

avoir   prendre   aimer   comprendre   préférer   aller   apprendre

Quand j(e) (1) _____ à Paris, j(e) (2) _____ toujours le métro. C'est rapide et confortable, et j(e) (3) _____ regarder les autres passagers. Souvent, il y a des étudiants qui *(who)* (4) _____ leurs leçons dans le métro! Mais ma mère déteste le métro! Elle n(e) (5) _____ pas le plan *(map)* et donc elle (6) _____ peur de se perdre *(getting lost)*. Elle (7) _____ le bus.

C. Trouve-les! (Find them!) Go around the room to find students who fit the following criteria. Write down their names and report your findings to the class.

1. Trouvez trois étudiants qui comprennent une langue étrangère *(foreign language)*.

2. Trouvez deux étudiants qui apprennent une autre langue en plus du français.

3. Trouvez un étudiant qui ne comprend pas le professeur de français.

4. Trouvez deux étudiants qui prennent le bus quelquefois pour aller en ville.

5. Trouvez un étudiant qui ne prend jamais *(never)* de taxi.

6. Trouvez un étudiant qui n'apprend pas ses leçons régulièrement!

7. Trouvez deux étudiants qui comprennent bien les films de Woody Allen.

8. Trouvez un étudiant qui prend souvent l'avion *(airplane)* pour aller en vacances.

lightpoet/Shutterstock.com

On fait les courses comme ça au supermarché en France[1]

When going to the supermarket, the first thing you do is get a shopping cart, right? Well, people do that in France too, but it gets a little tricky! All the shopping carts are tied together by a chain at the supermarket entrance. In order to get a cart, the customer must deposit a coin (one euro) or a token into a coin slot on the cart. This unties the chain and releases the cart. The customer can get the coin back by returning the cart and chaining it up again with the others.

Once inside, customers must weigh their fruits and vegetables before going to the cash register, as the cashier will not weigh them. There are digital scales located throughout the produce department. Each scale has buttons with pictures of each variety of fruit and vegetable available at the store. The customer presses the right button, and a self-adhesive price tag comes out of the scale.

Finally, after customers have paid at the cash register, they must bag their own purchases. And there are no bags given away. Customers must bring their own reusable bags or buy new ones at the cash register. Supermarkets, as well as other stores, stopped using plastic bags a few years ago!

Réfléchissons!

1. Why do you think that the French must deposit a coin in a shopping cart before they can use it? Is it the same in your country? Where do you take and leave the carts?

2. Do you think it is a good idea to weigh your own produce rather than having the cashier weigh it for you? Why or why not? Why do you think that it is done that way in France?

3. Do you like the fact that in the United States someone usually bags your purchases for you? How about the fact that you can have someone put your purchases in your car? What is customer service like in your country?

[1]The information in this section applies to both France and francophone Europe.

À vous de lire!

A. Stratégies. Before reading the passage, skim it very quickly. Underline terms that are familiar to you from this chapter and that you believe will be important for understanding the text. Are there words in the text that you have not yet seen but whose meaning you can guess because they are cognates? Look for words that are repeated in the text such as **commande** and try to guess the meaning by the context. However remember that you don't need to understand every word in order to understand the gist of a text!

B. Avant de lire. Look only at the title and the subtitles. Can you predict what this reading is about? What type of information do you expect to find here? Compare your answers with those of a classmate to see if you have the same ideas about what you will find in this text.

C. Lisons! Read only the first section of the text below, and answer the questions that follow.

Pourquoi faire ses courses en ligne?

Source: La Redoute

Mais la réponse est très simple! Pour aller plus vite! Depuis le confort de votre maison et avec Internet, vous pouvez placez vos commandes avec le cybermarché. Si vous remplissez votre liste d'emplettes[1] sur le site Internet de la grande surface où vous faites vos courses, vous aurez[2] cette liste pour la prochaine fois. Et vous économiserez[3] du temps et de l'argent bien sûr!

1) Que veut dire **«une commande»** en anglais?
2) Qu'est-ce que les clients peuvent établir pour rendre la deuxième visite au cybermarché plus facile?
3) Comment s'appellent aussi les supermarchés en ligne?

[1]purchases [2]will have [3]save time

- Now read the last two sections (**Faites des économies!** and **Faites vos courses quand vous voulez!**), and answer the questions that follow.

Faites des économies!

Comment peut-on faire des économies? Comme vous ne prenez pas votre voiture (ni l'autobus ou le métro) par conséquent vous économisez en essence[1] (et en temps aussi!) C'est le camion de livraison qui vous livrera[2] votre commande et comme il livre plusieurs commandes dans un même quartier, il réalise aussi une économie en carburant –et c'est un cadeau pour l'environnement!

Faites vos courses quand vous voulez!

Vous voulez faire vos courses à minuit? À midi? Peu importe! Vous pouvez faire vos courses à tout moment 24 heures sur 24 et sept jours sur sept! Évitez[3] également les foules[4] du week-end qui se précipitent le samedi matin au supermarché pour faire leurs courses! Fini le stress! Vous pourrez faire vos achats sans distractions et sans attentes.

1) Comment est-ce que les clients réalisent des économies?
2) Expliquez la dernière phrase «et c'est un cadeau pour l'environnement».
3) Quand est-ce que les clients font leurs courses en ligne?

D. Après la lecture

1. Et vous, faites-vous vos courses en ligne? Pourquoi?
2. Pensez à *(think about)* d'autres avantages que présentent les cybermarchés.
3. Qu'est-ce que vous achetez en ligne d'habitude? Pourquoi?

[1]gas   [2]will deliver   [3]avoid   [4]the masses

Lexique 🔊

Faire les courses To run errands

les achats (m.)	purchases	le rayon boucherie / la boucherie	meat department / the butcher shop
le caissier / la caissière	cashier	le rayon crémerie / la fromagerie	dairy department / cheese store
le chariot	shopping cart	le rayon poissonnerie / la poissonnerie	seafood department / fish market
une grande surface	supermarket		
la liste des courses	shopping list		
les provisions (f.)	food supplies		

Les produits alimentaires Food items

une baguette	loaf of French bread	des fruits (m.)	fruit
		des légumes (m.)	vegetables
une baguette bien cuite	well-baked loaf	des moules (f.)	mussels
		des œufs (m.)	eggs
une baguette pas trop cuite	lightly baked loaf	un poulet fermier	farm-raised chicken
du bœuf (m.)	beef	du vin (m.) (blanc / rouge)	wine (white / red)
des crevettes (f.)	shrimp		

Les magasins spécialisés et leurs produits
Specialty stores and their products

la boucherie	butcher shop	des chocolats (m.)	chocolates
de la viande	meat	la pâtisserie	pastry shop
du poulet	chicken	des pâtisseries (f.)	pastries
la boulangerie	bakery	des gâteaux (m.)	cakes
du pain	bread	des tartes (f.)	pies
des croissants (m.)	croissants	la poissonnerie	fish market
la boutique de vêtements	clothing store	du poisson	fish
des vêtements (m.)	clothing	des fruits (m.) de mer	seafood
la brasserie	brewery	la poste	post office
une bière	beer	des timbres (m.)	stamps
le magasin de chaussures	shoe store	la pharmacie	pharmacy
		des médicaments (m.)	medicine
des chaussures (f.)	shoes	l'épicerie (f.)	grocery store
la crémerie	cheese store	de tout!	everything!
des fromages (m.)	cheeses	le bureau de tabac	tobacco store
chez le chocolatier	at the chocolate store	des cigarettes (f.)	cigarettes

Les expressions de quantité

assez de	enough (of)	moins de	less (of)
beaucoup de	a lot of	un morceau de	a piece of
une boîte de	a box of	un paquet de	a pack of
une bouteille de	a bottle of	pas mal de	quite a lot of
une douzaine de	a dozen (of)	un peu de	a little
un gramme de	a gram of	plus de	more (of)
un kilo de	a kilo of	un sac de	a bag of
un litre de	a liter of	une tranche de	a slice of

Faire les magasins *To go shopping*

bon marché	*cheap, affordable*
les cabines *(f.)* d'essayage	*dressing rooms*
une rue piétonne	*pedestrian street*
des soldes *(m.)*	*sales*

Les vêtements *Clothing*

un caleçon	*man's underwear*	un manteau	*coat*
une casquette	*cap*	un pantalon	*pants*
des chaussettes *(f.)*	*socks*	un pull (-over)	*pullover, sweater*
des chaussures *(f.)* de sport	*sneakers*	une robe	*dress*
		des sandales *(f.)*	*sandals*
une chemise	*man's shirt*	un short	*shorts*
un chemisier	*woman's shirt*	un soutien-gorge	*bra*
un costume	*man's suit*	un survêtement / un jogging	*jogging suit, sweat suit*
une cravate	*tie*		
une culotte	*woman's brief*	un sweat	*sweatshirt*
un jean / des jeans	*jeans*	un tailleur	*woman's suit*
une jupe	*skirt*	un tee-shirt	*T-shirt*
un maillot de bain	*bathing suit*	des tennis *(f.)*	*tennis shoes*
		une veste	*jacket*

Les verbes en *-re*

attendre	*to wait*	rendre	*to return, to give back*
descendre	*to get down, to go down*		
		répondre	*to respond, to answer*
entendre	*to hear*		
mordre	*to bite*	vendre	*to sell*
perdre	*to lose*		

Verbes utiles avec les vêtements

essayer	*to try on*	porter	*to wear*
mettre	*to put on*		

Verbes irréguliers en *-re*

apprendre	*to learn*	prendre	*to take*
comprendre	*to understand*		

Quelques expressions utiles quand on fait les courses

À qui le tour maintenant?	*Whose turn is it now?*
C'est bon marché.	*It is cheap.*
C'est (trop) cher.	*It is (too) expensive.*
C'est combien?	*How much is it?*
C'est mon tour.	*It is my turn.*
C'est tout, merci.	*That is all, thank you.*
Et avec ceci?	*Anything else?*
faire du lèche-vitrine	*to go window-shopping*
Je peux vous aider?	*Can I help you?*
Je voudrais…	*I would like . . .*
Nous voudrions…	*We would like . . .*
Que désiriez-vous?	*What would you like?*
C'est soldé / en solde.	*It is on sale.*

Mes goûts gastronomiques

Courtesy of Véronique Anover and Theresa A. Antes

Are you a **gourmand** or a **gourmet**? Do you like food in quantity, or do you prefer fine food for its quality? In this chapter, you will learn the French names of many of the foods that you eat, ways to express how you are feeling (for example, hungry, thirsty, or tired), and ways to express your desires, your capabilities, and your obligations.

VOCABULARY
- Ordering and paying at a restaurant
- Expressing likes and dislikes
- Expressions with **avoir**
- Foods
- Utensils used at the table

STRUCTURES
- The verbs **vouloir, boire, devoir,** and **pouvoir**
- Adverbs
- Review of articles and expressions of quantity
- The interrogative adjective **quel**
- Negative expressions **ne... plus, ne... jamais, ne... rien, ne... personne**

CULTURE
- Types of bread and cheese
- Table manners in France and Francophone Africa

iLrn
◀)) Audio
🌐 www.cengagebrain.com

RESSOURCES

Passage 1

Au bistro

Le week-end, François et Chloé descendent en ville. Ils font des courses, et ensuite, ils vont au cinéma. Après[1] le film, ils font des projets pour le soir.

FRANÇOIS: Qu'est-ce que tu veux[2] faire maintenant, Chloé?

CHLOÉ: J'ai faim. Allons[3] à ce petit bistro du coin pour prendre un sandwich.

FRANÇOIS: D'accord, mais moi, j'ai envie[4] d'une omelette.

CHLOÉ: Comme tu veux—mais mangeons[5] quelque chose!

Ils s'approchent du restaurant.

CHLOÉ: Regarde, il y a une table en terrasse.

FRANÇOIS: Oh, c'est bien. J'aime bien regarder les passants. Mais est-ce qu'on ne va pas avoir froid?

CHLOÉ: Mais non! Il fait beau ce soir. Allons-y!

À la terrasse du bistro. Ils s'assoient.[6]

FRANÇOIS: J'ai soif![7] Je vais prendre une bière.

CHLOÉ: Pas moi! J'aurais trop sommeil après![8] Je vais prendre une grande bouteille de Perrier.

FRANÇOIS: Comme tu veux! Moi, j'ai envie de boire une bonne bière!

[1]After   [2]want   [3]let's go   [4]I feel like / I want   [5]let's eat   [6]sit down   [7]I'm thirsty   [8]would get too sleepy afterward

François et Chloé sont à leur table. Le serveur arrive.

SERVEUR: Bonjour, Messieurs Dames. Est-ce que vous voudriez[1] une boisson pour commencer?

CHLOÉ: Oui. Je voudrais un Perrier pour commencer, mais je voudrais aussi un sandwich au jambon-fromage, s'il vous plaît.

SERVEUR: Très bien. Et Monsieur?

FRANÇOIS: Je vais prendre une bière et une omelette, s'il vous plaît.

SERVEUR: Pour la bière, une pression[2] ou une bouteille?

FRANÇOIS: Une pression.

SERVEUR: D'accord.

Il s'en va[3]... Il revient avec une bouteille d'eau et un verre de bière. François boit sa bière.

CHLOÉ: Tu bois vite,[4] François!

FRANÇOIS: Oui, j'ai très soif. Et toi, tu ne bois pas?

CHLOÉ: Si, mais plus lentement.[5] Avec l'eau gazeuse, je dois boire lentement!

Vous avez bien compris?

Answer the following questions by responding **vrai** or **faux.** If the sentence is false, correct it.

1. François et Chloé vont au cinéma après *(after)* le bistro. _____ vrai _____✗_____ faux

2. Chloé veut manger un sandwich parce qu'elle a soif. _____ vrai _____ faux

3. François veut manger une omelette. ___✗___ vrai _____ faux

4. François et Chloé s'assoient en terrasse, mais ils ont froid. _____ vrai ____✗____ faux

5. François aime regarder les passants. ___✗___ vrai _____ faux

6. Comme boisson *(drink),* Chloé va prendre une bière. _____ vrai ____✗____ faux

7. François va prendre une bouteille de bière. ___✗___vrai _____ faux

8. Chloé ne boit pas rapidement. ___✗___ vrai _____ faux

[1]would like   [2]draft beer   [3]he leaves   [4]fast   [5]more slowly

Mon vocabulaire

Expressions avec *avoir*

Il a faim.

Elle a soif.

Il a chaud.

Ils ont froid.

Elle a sommeil.

Ils ont de la chance.

Il a raison.

Il a tort.

Elle a envie d'une bague *(ring)*.

Son ami a besoin d'argent!

Ils ont peur du chien.

Elle a l'air intéressée, mais il a l'air ennuyé.

Dans un bistro on mange...

un sandwich
une pizza
des crêpes *(f.)*
une salade
une omelette
de la soupe
des frites *(f.)*

Dans un bistro on boit...

un Coca
une limonade
un café
un café noir / un crème (au lait / au petit déjeuner)
un exprès
un thé (nature / au citron)
une bière / une pression
un vin (rouge / blanc / rosé)
de l'eau *(f.)* (plate / gazeuse)

À vous!

A. Comment se sentent-ils et que désirent-ils? Give an appropriate expression with **avoir** to describe each situation. (Review the conjugation of the verb **avoir** in Chapter 2.) Sometimes more than one expression is logical—choose one. Don't forget to conjugate the verb appropriately for the subject pronoun.

1. Annie est dans le désert. Il fait 37 degrés Celsius (98 degrés Fahrenheit). Elle __a chaud__ .

2. Jérôme et Claire mangent à midi et encore à 8 heures du soir. Avant le dîner, ils __ont faim__ .

3. Mes amis et moi, nous désirons aller à la plage ce week-end, mais il n'y a pas de bus. Nous __avons besoin__ d'une voiture.

4. Hélène se lève *(gets up)* à 6 heures du matin tous les jours. À 10 heures du soir, elle __a sommeil__ .

5. Samuel pense que *(thinks that)* deux plus deux font cinq. Il __a tort__ . Moi, je sais que deux plus deux font quatre. J(e) __j'ai raison__ .

6. En hiver au Québec, il neige beaucoup. On __a froid__ , donc on porte un gros manteau.

7. Marc dort *(sleeps)* de temps en temps en cours. Il __a l'air de__ ennuyé. Mais, il réussit toujours aux examens. Il __a la chance__ !

8. Souvent quand je fais mes devoirs, j(e) __j'ai besoin__ d'un dictionnaire.

9. Quand je vois un gros chien qui a l'air méchant, j(e) __j'ai peur__ .

B. Qu'est-ce que tu vas prendre? Working with a partner, take turns reading the situation and telling one another what you are going to order **(Je vais prendre…)** depending where you are and the time of the day.

1. Il est 6 heures du soir. Vous avez un peu faim, mais vous allez manger à la maison avec votre famille dans une heure.
2. Il est 2 heures de l'après-midi. Vous êtes en classe. Vous avez soif.
3. Il est 5 heures du soir. Vous êtes à la maison, devant la télé. Vous avez soif, et un peu faim.
4. Il est 3 heures du matin. Vous êtes en boîte de nuit. Vous avez soif, mais vous n'avez pas faim.
5. Il est 10 heures du matin. Vous faites du tennis. Vous avez très soif.
6. Il est midi. Vous êtes sur le campus. Vous avez faim.

STRUCTURE 1

Les verbes *vouloir* et *boire*; révision des articles

Le verb vouloir

The verb **vouloir** *(to want)* is irregular in the present tense. Note the stem-change and endings for **je** and **tu.**

vouloir (to want)	
je **veux**	nous **voulons**
tu **veux**	vous **voulez**
il / elle / on **veut**	ils / elles **veulent**

- The verb **vouloir** is usually followed by a noun or a verb.

  Je veux **le nouveau CD** de Phoenix.   *I want the new CD by Phoenex.*
  Je veux **aller** au cinéma ce soir.   *I want to go to the movies tonight.*

- When requesting something, the conditional form of **vouloir** is often used to be polite. You learned two of these forms in Chapter 5: **je voudrais** *(I would like)* and **nous voudrions** *(we would like).*

  Je **voudrais** un café crème,   *I'd like a coffee with cream please.*
     s'il vous plaît.

The verb boire

The verb **boire** *(to drink)* is also irregular. What pattern do you see?

boire (to drink)	
je **bois**	nous **buvons**
tu **bois**	vous **buvez**
il / elle / on **boit**	ils / elles **boivent**

- The verb **prendre** *(to take; to have)* is often used instead of **boire** (and **manger**).

  Je **bois / prends** de l'eau avec   *I'm drinking / having water with*
     mon sandwich.   *my sandwich.*

> **Reminder:** Indefinite and partitive articles change to **de** in the negative: **Je ne veux pas *de* salade.**

Révision des articles

When a noun follows **vouloir, boire,** or **prendre** you must decide which type of article to use.

- With nouns that you can count, use an *indefinite* article.

  Je veux **un** sandwich.   *I want a sandwich.*
  Je bois **un** Coca.   *I'm drinking a Coke.* (a can or bottle of Coke)
  Je veux **une** salade.   *I want a salad.* (a single portion as sold in a restaurant)

- With unspecified amounts of something or nouns you cannot count, use a *partitive* article.

Je prends **du** Coca.	*I'm having (some) Coke. (some of a bottle or can of Coke)*
Je veux **de la** salade.	*I want some salad. (a serving from a bowl or salad bar)*
Je veux **du** sucre dans mon café.	*I want sugar in my coffee. (sugar cannot be counted)*

- When referring to a specific noun, use a *definite* article.

Je voudrais **le** plat du jour.	*I want the daily special. (a specific noun)*
Je veux boire **le** vin que le serveur recommande.	*I want to drink the wine that the waiter recommends.*

 VÉRIFIEZ votre compréhension

1. Reread the conversation between François and Chloé (pp. 172–173) and the questions that follow. Note each occurrence of **vouloir** and **boire.** Which form of the verb is used in each instance?
2. What is the object of **vouloir** in each instance? (a noun? a verb?)
3. How would you tanslate the expression **comme tu veux**?
4. What patterns did you see in the verbs **vouloir** and **boire**?

 À l'écoute!

CD 1
Track 63

Petits Tuyaux! Determining Purpose and Focus. As we've noted in previous chapters, we often listen differently depending on the situation. In an airport, for example, we listen only for flight or gate numbers, ignoring other portions of announcements. At other times, we'll listen to an entire message, trying to glean more complete details. The activity below asks you to determine if the verb in each sentence is in the singular or the plural. Which part(s) of the sentence will help you determine this? Which part(s) of the sentence can you ignore? Determine your purpose and focus in every activity before starting to listen; it will make the task much easier!

Singulier ou pluriel? You will hear a series of sentences using the verbs **vouloir** and **boire.** Note whether each verb is singular or plural.

1. _____ singulier   _____ pluriel
2. _____ singulier   _____ pluriel
3. _____ singulier   _____ pluriel
4. _____ singulier   _____ pluriel
5. _____ singulier   _____ pluriel
6. _____ singulier   _____ pluriel

Pratiquons!

A. Qu'est-ce qu'ils veulent? You are talking about your desires with some friends. Complete the following sentences with the appropriate form of the verb **vouloir** in the present tense. Then substitute the pronouns in parentheses, and redo the sentence.

1. Je _____ une nouvelle voiture. (tu / nous / ils / elle)
2. Ma mère _____ faire un pique-nique ce week-end. (mes parents / vous / je)
3. Mon frère ne _____ pas faire ses devoirs! (les étudiants / je / nous)
4. Toi et moi, nous _____ souvent du chocolat! (toi et tes amis / toi / ma mère)
5. Et vous, qu'est-ce que vous _____?

B. Qu'est-ce qu'on boit? Create sentences with the appropriate form of the verbs **boire** or **prendre,** to tell what the following people drink on various occasions. Vary your responses in order to use both verbs. (If necessary, review the conjugation of the verb **prendre** in Chapter 5 before beginning.)

1. Mon frère / le week-end
2. Mes parents / avec les repas *(meals)*
3. Moi / avant le cours de français
4. Le professeur / après le cours
5. Mes amis et moi / le vendredi soir
6. Les acteurs / la nuit des Oscars

 C. Et toi, qu'est-ce que tu bois? Ask a classmate questions to find out what he/she drinks with the following items. When you have finished, report your answers to the class.

> **MODÈLE:** avec un dessert
> —*Qu'est-ce que tu bois avec un dessert?*
> —*Avec un dessert, je bois un café.*

1. avec un sandwich
2. avec de la pizza
3. avec un croissant
4. avec une salade
5. avec une omelette
6. avec de la soupe
7. avec des frites
8. avec un dessert

 D. Au restaurant. The following sentences are often heard in French restaurants. Working with a partner, play the roles of a server and a customer. The customer answers the server's question, using the conditional form of the verb **vouloir (je voudrais, nous voudrions)** in order to be polite.

1. Bonjour, Monsieur. Est-ce que vous voudriez une boisson pour commencer?
2. Bonjour, Madame. Vous voulez manger quelque chose?
3. Bonsoir, Messieurs Dames. Que voudriez-vous commander?
4. Bonsoir, Madame. Qu'est-ce que vous voudriez comme boisson?
5. Bonjour, Mesdames. Qu'est-ce que je peux vous servir? *(What can I serve you?)*
6. Bonjour, Mademoiselle. Qu'est-ce que je peux vous apporter *(bring you)*?

STRUCTURE 2

Les adverbes

Adverbs generally tell *how* or *how often* something is done. They can modify a verb *(I cook **well**)*, an adjective *(He is **very** tall)*, or another adverb *(I cook **very** w[...]*

In French, there are short adverbs, which are actually irregular and found m[...] frequently, and regular adverbs, which end in **-ment.**

- Here is a list of short adverbs.

assez	*enough; rather*	**souvent**	*often*
beaucoup	*a lot*	**toujours**	*always*
bien	*well*	**très**	*very*
mal	*poorly*	**trop**	*too*
parfois	*sometimes, occasionally*	**vite**	*quickly*
peut-être	*maybe*	couramment	fluently

rarement - rarely

Formation of Adverbs

- To form regular adverbs, add **-ment** to the feminine singular form of the corresponding adjective. In English, we add *-ly* to the adjective.

  (lent) lente → lente**ment**   *slow → slowly*
  (silencieux) silencieuse → silencieuse**ment**   *silent → silently*
  (faux) fausse → fausse**ment**   *false → falsely*

- When a masculine adjective ends in a vowel, add **-ment** directly to the masculine form.

  vrai → vraiment   *true → truly; real → really*
  absolu → absolument   *absolute ⋅ absolutely*

- When a masculine adjective has more than one syllable and ends in **-ent** or **-ant,** drop the **-nt** and add **mment.**

  prudent ⋅ prude**mment**   *careful → carefully*
  constant → consta**mment**   *constant → constamment*

Placement of Adverbs

- When modifying verbs, adverbs in French come after the verb, unlike in English where they come before the verb.

  Je vais **souvent** au supermarché.   *I often go to the supermarket.*
  Je mange **habituellement** chez
  mes parents.   *I usually eat at my parents' house.*

- When modifying adjectives or other adverbs, adverbs come before the adjective or adverb.

  Elle est **très** grande.   *She's very tall.*
  Les étudiants répondent.   *The students answer extremely*
    extrêment vite   *quickly.*

1. Go back to the conversation between Chloé and François (pp. 172–173). Are there any adverbs in this dialogue? Which ones?
2. Explain how each adverb is formed (is it a simple form, or is it based on an adjective?). What does each adverb modify?
3. Can you explain why the adverbs are positioned where they are?

Pratiquons!

A. Comment le font-ils? *(How do they do it?)* The following sentences give you an indication of their subjects' personalities. Use that adjective to form an adverb, and tell how those people do the activity indicated.

> **MODÈLE:** François est très prudent. Il travaille *prudemment*.

1. Chloé est *intelligente*. Elle étudie _intelligemment_
2. Les hommes politiques sont *ambitieux*. Ils travaillent _ambitieusement_
3. Nous sommes *calmes*. Nous réagissons *(react)* _calmement_
4. Le prof n'est pas *méchant*. Il ne répond pas _méchamment_
5. Béatrice est une femme très *polie*. Elle répond toujours _poliment_
6. Mon frère est très *patient*. Il attend _patiemment_ son bus le matin.

B. Moi, je le fais comme ça. With a partner, take turns asking and answering the following questions. In your answers, use one of the adverbs provided (or another adverb of your choice). Notice that some questions ask *how;* others ask *when.* When you have finished, report your partner's responses to the class.

Suggested adverbs: bien, mal, souvent, toujours, vite, parfois, lentement, prudemment, sérieusement, rarement, constamment, poliment, patiemment...

1. Quand est-ce que tu regardes la télé?
2. Quand est-ce que tu parles au professeur de français?
3. Comment est-ce que tu réponds au professeur en cours?
4. Quand est-ce que tu vas au cinéma?
5. Comment est-ce que tu travailles?
6. Comment est-ce que tu chantes?
7. Quand est-ce que tu fais des courses?
8. Comment est-ce que tu danses?

Écrivez maintenant une description de votre partenaire, en disant ce que vous avez appris pendant votre conversation dans le activité B. Quel type de personne est-ce? Comment est-ce qu'il/elle travaille? Et danse? Qu'est-ce qu'il/elle ne va probablement pas faire à l'avenir *(future)*? Utilisez des **adjectifs** et des **adverbes** dans votre description.

MODÈLE: *Paul est toujours très occupé. Il travaille beaucoup, et il va rarement au cinéma. Il ne va certainement pas aller au cinéma ce week-end.*

À vous de parler!

A. Trouvez quelqu'un qui... Circulate around the room, and find someone who can answer **Oui** to one of the following questions. Ask him/her to provide you with details as indicated in parentheses. Once you have found a person who answers **Oui** to a question, you must move on to another person!

Trouvez quelqu'un qui...

1. a soif maintenant. (Demandez-lui *[Ask him/her]* ce qu'il/elle veut boire.)
2. fait habituellement ses devoirs juste après le cours. (Demandez-lui comment il/elle fait ses devoirs: seul[e]? en groupe? rapidement? etc.)
3. veut étudier à la bibliothèque *(library)* cet après-midi. (Demandez-lui pourquoi.)
4. ne boit pas de café. (Demandez-lui pourquoi.)
5. veut absolument voyager en France. (Demandez-lui où et quand.)
6. a sommeil. (Demandez-lui pourquoi.)
7. prend une salade tous les jours. (Demandez-lui où.)
8. parle couramment *(fluently)* une autre langue. (Demandez-lui quelle langue il/elle parle.)

Robert Kneschke/Shutterstock.com

After you have finished, choose three classmates who responded in the affirmative to any three questions and tell the class about them.

MODÈLE: *Rob a très sommeil parce qu'il travaille tard le soir.*

B. Scénarios. In groups of three or four, create a dialogue for one of the following situations. When you have finished, act out your dialogue for the rest of the class.

1. You and some friends have decided to go out this weekend. Talk about where you each want to go. What do you feel like doing? Why? If you decide to go to a restaurant, what will you eat and drink? If you are going somewhere else, what will you do? What will you do afterward?
2. Role-play the interaction between a server and some customers. Be sure to order both food and drinks.

En France, on mange le pain et le fromage comme ça

Bread and cheese are always present in French cuisine, and they are eaten together. They are the two most common food items that accompany almost every meal: **des tartines** for breakfast, and bread and cheese at lunch and dinner. The French continue the tradition of buying their bread every morning—or at the end of the day on their way home from work—at the **boulangerie.**

Courtesy of Véronique Anover and Theresa A. Antes

Normally, bread brought to the table is already sliced and placed in a basket. It is usually cut with a bread knife, le **couteau à pain,** and not torn apart with the hands. There are different types of bread that are frequently served at the table: **la baguette,** of course, but also **la boule campagnarde,**[1] **la ficelle, la flûte,**[2] or **la couronne,**[3] depending on the occasion.

When cheese is brought to the table—at the end of a meal, right after the salad and before the dessert—it comes on a tray, **le plateau à fromage,**

Courtesy of Véronique Anover and Theresa A. Antes

and there is a wide selection of varieties. Cheese that has already been cut into is normally served when eating among family. At the table, the cheese is often cut with a special knife, **le couteau à fromage,** that comes with the tray. Usually, the cheese tray circulates around the table only once. Therefore, if you are a cheese lover, make sure you help yourself generously! The French like cheese so much that it is very common for them to end a meal with cheese and to eat it as dessert!

Réfléchissons!

1. Is cheese a big component of a meal in your country? When is it eaten? At the beginning of a meal, in the middle, or at the end, as in France?

2. How is cheese eaten in your country? Is it eaten only with bread, as in France?

3. What types of bread do you know? How often do you buy bread? Do you buy it every day, as the French do?

4. What French cheeses do you know? What is your favorite one?

---

[1]**La boule campagnarde** is a round loaf of bread.   [2]**La ficelle** and **la flûte** are very long and thin loaves of bread. **Ficelle** means *a string* and **flûte** *a flute*, like the musical instrument.   [3]**La couronne** means literally *the crown*. It is round, with a hole in the middle.

Passage 2

Chez le traiteur

Aujourd'hui, Chloé et François ne veulent pas cuisiner et ne veulent pas manger au restaurant, mais ils ont très faim! Alors, ils décident d'aller chez le traiteur[1] pour acheter leur dîner. Avez-vous faim et soif aussi? Voulez-vous accompagner Chloé et François?

Chloé et François regardent les plats proposés, et puis[2] ils décident ce qu'ils veulent manger et boire. Voici ce qu'ils trouvent chez le traiteur aujourd'hui.

Comme entrées et hors-d'œuvre[3] il y a:

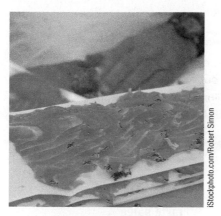

du saumon fumé

des tomates (f.) provençales

de la soupe à l'oignon

du pâté de campagne

Chloé et François décident de prendre des tomates provençales. Et vous, quelle[4] entrée est-ce que vous allez prendre?

---

[1]Catering service. In France and Francophone Europe, it is possible to get meals already prepared from a catering service, or to have them delivered.   [2]then   [3]appetizers   [4]which

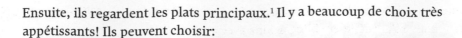

Ensuite, ils regardent les plats principaux.[1] Il y a beaucoup de choix très appétissants! Ils peuvent choisir:

du poulet rôti ou du porc rôti

des lasagnes *(f.)*

des *(f.)* crêpes fourrées *(stuffed)* au poulet

des boulettes *(f.)* de viande *(f.)*

une quiche ou une tarte salée

François voudrait bien manger du poulet, mais Chloé ne veut pas. Elle déclare qu'ils mangent trop de poulet! Après une longue discussion, ils décident de prendre des boulettes de viande. (Mais la prochaine fois, ils vont peut-être choisir des lasagnes!) Et vous, qu'est-ce que vous avez envie de manger?

Après ça, ils doivent choisir les légumes. Regardons le choix:

des carottes

des asperges *(f.)*

Qu'est-ce que vous pensez qu'ils vont choisir? Chloé adore les carottes, alors c'est ce qu'ils choisissent. Est-ce que vous aimez les carottes?

[1]main courses

Finalement, ils doivent choisir un dessert. C'est ce qu'il y a de plus difficile, parce que tout a l'air délicieux! Regardons avec eux.

un gâteau au chocolat

de la glace (au chocolat, à la vanille, à la fraise)

une crème brûlée

Quel dessert est-ce que vous allez choisir? François et Chloé ne peuvent pas se décider, donc ils prennent des tartelettes et de la glace à la vanille!

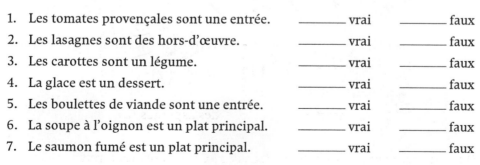

des tartelettes (f.) aux fruits

....

Vous avez bien compris?

Tell if the following sentences are true (vrai) or false (faux). Correct the false statements.

1. Les tomates provençales sont une entrée. _____ vrai _____ faux
2. Les lasagnes sont des hors-d'œuvre. _____ vrai _____ faux
3. Les carottes sont un légume. _____ vrai _____ faux
4. La glace est un dessert. _____ vrai _____ faux
5. Les boulettes de viande sont une entrée. _____ vrai _____ faux
6. La soupe à l'oignon est un plat principal. _____ vrai _____ faux
7. Le saumon fumé est un plat principal. _____ vrai _____ faux

La nourriture

Here is some additional vocabulary related to food.

Les viandes (*f.*), **les poissons** (*m.*) et **les fruits** (*m.*) **de mer**

du bœuf

du thon (grillé)

des crevettes (*f.*)

des huîtres (*f.*)

des coquilles (*f.*)
Saint-Jacques

Les féculents (*m.*) *(Starchy foods)*

des pommes (*f.*)
de terre

des pâtes (*f.*)

du riz

des haricots (*m.*)

des lentilles (*f.*)

Les légumes (*m.*)

des petits pois (*m.*)

des épinards (*m.*)

des haricots (*m.*) verts

des champignons (*m.*)

du chou-fleur

du céleri

un poivron rouge

du brocoli

Les fruits *(m.)*

 une poire

 une banane

 un abricot

 une pomme

 une orange

 un citron

 une pêche

 des cerises *(f.)*

 du raisin

 un melon

 une pastèque

 des fraises *(f.)*

Les condiments *(m.)* **e le sucre**

 le sel

 le poivre

 le sucre

---

Les repas (m.) (Meals)

Pour...

le petit déjeuner *(breakfast)*

le déjeuner *(lunch)*

le goûter *(afternoon snack)*

le dîner *(dinner)*

La carte (The menu)

on prend...

des tartines *(f.)* avec du beurre et
   de la confiture
des céréales *(f.)* avec du lait
des croissants *(m.)*

une salade
de la viande ou du poisson
des légumes *(m.)*
un dessert

un yaourt *(yogurt)*
des biscuits *(m.) (cookies)*
un fruit

de la soupe
du jambon (un sandwich au
   jambon-fromage)
du fromage
un fruit

À vous!

A. La liste des provisions. You are going grocery shopping, and you need to organize your list. Place the following food items in the category in which they belong.

1. le poivron rouge
2. la pastèque
3. les moules
4. la pêche
5. le poulet
6. le chou-fleur
7. une tarte
8. l'eau gazeuse
9. le thon
10. le sucre
11. le riz
12. les crevettes

Viandes et volailles (poultry)	Poissons et fruits de mer	Féculents	Légumes

Fruits	Desserts	Condiments	Boissons (beverages)

B. Tes habitudes alimentaires. Ask a classmate the following questions about his or her eating habits. Then, your classmate will ask you the same questions. Report your findings to the class.

1. Qu'est-ce que tu prends d'habitude *(usually)* pour le petit déjeuner?
2. Combien de cafés est-ce que tu bois par jour?
3. Tu aimes les fruits de mer? Quels fruits de mer? Où est-ce que tu vas pour manger des fruits de mer?
4. Combien de bières est-ce que tu bois par semaine?
5. Est-ce que tu manges souvent des légumes? Quel légume est-ce que tu préfères?
6. Est-ce que tu goûtes *(snack)* tous les jours? Qu'est-ce que tu prends pour le goûter? Des fruits? Des biscuits salés *(crackers)*? Du chocolat? Des biscuits?
7. Tu es gourmand(e)? Quel est ton dessert préféré?

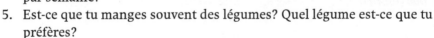

BlueOrange Studio/Shutterstock.com

Portrait personnel

Write a description of your partner's eating habits, based on his or her responses in Activity B.

STRUCTURE 3

L'adjectif interrogatif *quel*

 Grammar Tutorials

In Chapter 1, you learned the question **Quel est ton numéro de téléphone?** This question contains the interrogative adjective **quel,** which can mean *which* or *what* depending on the context.

- Since **quel** is an adjective, it agrees in gender and number with the noun is modifies. Here are the forms.

	Masculine	Feminine
Singular	quel	quelle
Plural	quels	quelles

- **Quel** is always linked to a noun. It is placed either **a)** directly before the noun or **b)** is separated from the noun by the verb **être.**

Quel + noun + verb phrase

Quelle viande préférez-vous? — *Which meat do you prefer?*
Quel type de musique est-ce que vous aimez mieux? — *What type of music do you like the best?*

Quel + être + noun

Quelle est la date aujourd'hui? — *What's today's date?*
Quels sont vos sports préférés? — *What are your favorite sports?*

🚩 VÉRIFIEZ votre compréhension

Reread the **Passage 2** section (pp. 183–185) where Chloé and François go to the caterer's. What forms of the interrogative adjective **quel** can you find in this text? Explain the form of the adjective that you find in each instance—is it masculine or feminine, singular or plural, and why?

Pratiquons!

A. Quel(le) employé(e)! Your boss is considering hiring a new employee who will have some bilingual duties, and has asked for your help with the interview. In order to make sure that the person speaks French well enough to interact with your clients, you'll ask the following questions. Complete them with the correct form of the adjective **quel,** and then ask them to a partner.

1. _Quel_ est votre numéro de téléphone?
2. _____ est votre adresse *(f.)*?
3. _____ passe-temps *(m.)* préférez-vous?
4. _____ genres *(m.)* de films est-ce que vous aimez?
5. _____ sports est-ce que vous pratiquez?
6. _____ sorte *(f.)* de livres aimez-vous?

B. Habitudes alimentaires. Complete each of the following sentences with the appropriate form of **quel,** then ask a partner the questions.

1. _Quelle_ est ta boisson préférée au petit déjeuner? Et au dîner, _Quelles_ boissons prends-tu?
2. _Quel_ fruit est-ce que tu préfères? _Quels_ fruits est-ce que tu ne manges jamais *(never)*?
3. Quand tu manges au restaurant, _Quel_ est ton plat principal préféré? Et quand tu cuisines?
4. _Quelle_ entrée *(f.)* préfères-tu?
5. _Quels_ sont tes desserts préférés?
6. _Quel_ féculent est-ce que tu manges le plus souvent?

C. Quelles sont les questions? Look at the following answers and determine what the questions are. Use the pronoun **quel** in your questions. Make agreements as necessary.

1. J'écoute souvent du rap.
2. Nous aimons les films d'aventure.
3. La ville que je préfère est Avignon.
4. Je prends des cours de français et de japonais.
5. Mon chien s'appelle Marcus.
6. Mon adresse e-mail est eiffel@yahoo.fr.

STRUCTURE 4

CD 1
Track 65

 Grammar Tutorials

Les verbes *devoir* et *pouvoir*

The verb **devoir** *(to have to, must)* is conjugated like the verb **boire** you learned earlier in this chapter. The verb **pouvoir** *(to be able to)* is conjugated like **vouloir.** Both verbs are irregular. Note the stem-change in all forms but **nous** and **vous.**

devoir *(to have to, must)*	
je **dois**	nous **devons**
tu **dois**	vous **devez**
il / elle / on **doit**	ils / elles **doivent**

- The verb **devoir** is generally followed by an infinitive.

On **doit** bien **manger** pour bien vivre.	*One must eat well to live well.*
Vous ne **devez** pas **boire** de bière si vous prenez la voiture.	*You shouldn't drink beer if you take your car.*
Je **dois acheter** du lait pour mon fils.	*I should buy milk for my son.*

pouvoir *(to be able to)*	
je **peux**	nous **pouvons**
tu **peux**	vous **pouvez**
il / elle / on **peut**	ils / elles **peuvent**

- Like **devoir,** the verb **pouvoir** is generally followed by an infinitive.

Vous **pouvez** faire un gâteau pour le dessert?	*Can you make a cake for dessert?*
Je ne **peux** pas **préparer** les fruits de mer.	*I can't cook seafood.*
Les étudiants **peuvent manger** beaucoup de pizza!	*Students can eat a lot of pizza!*

 VÉRIFIEZ votre compréhension

1. Go back to the *Structure 1* section (pp. 176–177) and look at the conjugations of the verbs **boire** and **vouloir.** Look for similarities and differences with the conjugations of **devoir** and **pouvoir.**

2. Reread the *Passage 2* section (pp. 183–185) where Chloé and François go to the caterer. What forms of **pouvoir** and **devoir** can you find in that text?

À l'écoute!

CD 1
Track 66

Une ou plusieurs personnes? You will hear a number of sentences that include the four verbs you have learned in this chapter: **vouloir, boire, devoir,** and **pouvoir.** Indicate whether each sentence is about one person or several people.

1. _____ one person   _____ several people
2. _____ one person   _____ several people
3. _____ one person   _____ several people
4. _____ one person   _____ several people
5. _____ one person   _____ several people
6. _____ one person   _____ several people
7. _____ one person   _____ several people
8. _____ one person   _____ several people

Pratiquons!

A. Obligations et conséquences. For each sentence beginning in the left column, choose a logical completion from the right column. Write the correct form of the verbs in parentheses.

1. Si tu as soif, tu...
2. Quand vous avez sommeil, vous...
3. Ils sont végétariens: ils ne...
4. Quand nous avons froid, nous...
5. Je suis incapable de cuisiner, je ne...
6. Quand Jules a faim, il...

a. (devoir) mettre une veste.
b. (devoir) vite manger quelque chose.
c. (pouvoir) pas préparer de pâtes!
d. (devoir) boire.
e. (devoir) aller au lit.
f. (pouvoir) pas manger de viande.

B. Que doit-on faire? Answer the following questions, using the verb **devoir** in your answers.

1. Qu'est-ce qu'on doit faire pour avoir beaucoup d'argent?
2. Qu'est-ce que tu dois faire pour être heureux (heureuse)?
3. Combien de fois par mois est-ce que tu dois faire le ménage?
4. Que doit-on faire pour avoir du succès avec les filles / les garçons?
5. Qu'est-ce que les Français doivent faire pour prendre un chariot au supermarché?
6. En Suisse, est-ce qu'on doit avoir 21 ans pour pouvoir boire de l'alcool?

C. Que peut-on faire? Answer the following questions, using the verb **pouvoir** in your answers.

1. Qu'est-ce que tu peux faire si tu ne comprends pas le prof de français?
2. Dans une brasserie, est-ce qu'on peut manger ou seulement *(only)* boire? Qu'est-ce qu'on peut boire dans une brasserie?
3. Est-ce que les Français peuvent voyager avec leurs chiens dans les autobus?
4. Est-ce que les Français peuvent aller au restaurant avec leurs chiens?
5. En général, aux États-Unis, est-ce qu'on peut fumer dans les restaurants?
6. Est-ce qu'on peut manger des crêpes facilement en France? Et aux États-Unis, pouvez-vous manger des crêpes dans tous les restaurants?

 D. Entretien. With a partner, take turns asking and answering the following questions.

1. Qu'est-ce que tu dois faire après le cours de français?
2. Qu'est-ce que tu voudrais faire dans la vie *(life)* que tu ne peux pas faire pour le moment?
3. Peux-tu parler une autre langue? Quelle langue?
4. Qu'est-ce que les étudiants de votre université doivent faire pour bien réussir dans leurs cours?
5. Est-ce que tu peux manger de tout *(everything)*? Es-tu allergique à certains aliments *(foods)*?
6. Où est-ce que tu dois aller demain matin?

Portrait personnel

Using the information that you learned from your partner in Activity D, write a paragraph describing your partner and mentioning some of his or her *desires, capabilities,* and *responsibilities.*

Livre des proverbes. Est-ce que vous pouvez trouver la traduction de ces proverbes?[1]

Ce que femme veut, femme peut.	*The end justifies the means.*
Vouloir c'est pouvoir.	*Who can do more can do less.*
Si tu veux la paix, prépare la guerre.	*Give a dog a bad name and hang him.*
Qui peut le plus, peut le moins.	*If you want peace, prepare for war.*
Qui veut la fin, veut les moyens.	*A woman can do whatever she wills.*
Qui veut noyer son chien l'accuse de la rage.	*Where there's a will there's a way.*

[1]Can you translate these proverbs and sayings?

Passage 3

À table!

John rend visite à ses amis français Chloé et François dans leur apparte-ment à Toulouse. John veut aider[1] alors il met la table[2] pour le déjeuner pendant que[3] Chloé finit de faire la cuisine.

JOHN: Chloé, pour la soupe, je mets les assiettes à soupe[4] ou je mets les bols?

CHLOÈ: Tu es marrant! Non, on ne met jamais les bols pour la soupe. Les bols c'est pour le petit déjeuner pour boire du café, du thé ou du chocolat chaud. N'oublie pas les cuillères à soupe et les serviettes,[5] non plus!

JOHN: C'est vrai! Sur la table, j'ai les cuillères à café, mais je n'ai pas encore les cuillères à soupe! J'ai une autre question, Chloé: les cuillères, elles vont à droite ou à gauche de l'assiette?

CHLOÈ: Ah! Ces Américains! Bon, la cuillère à soupe est à droite, à côté du couteau. Comme ça, tu vois?[6] Et la fourchette est à gauche sur la serviette.

JOHN: Je mets les verres à vin?

CHLOÈ: Oui, nous allons boire une bouteille de vin blanc d'Alsace avec le poisson.

JOHN: Tu ne bois pas de vin rouge avec le poisson?

CHLOÈ: Non généralement personne n'en boit[7] avec du poisson. Avec le poisson, normalement, on prend du vin blanc. La table est super jolie. Merci, Johnny! À table![8]

JOHN: De rien, Chloé. Dis, ça sent[9] super bon!

Vous avez bien compris?

Complete the sentences, based on the preceding dialogue.

1. Pour manger de la soupe, on utilise une _____.
2. On met la soupe dans une _____.
3. On mange la viande avec une _____.
4. On coupe *(cuts)* la viande avec un _____.
5. On met le sucre dans le café avec la _____.
6. On boit le vin dans le _____.
7. Généralement, avec le poisson on boit du _____.
8. On s'essuie la bouche *(wipes his/her mouth)* avec la _____.

[1]to help [2]sets the table [3]while [4]Another way to say *soup plate* is **assiette creuse** (literally, a *hollow plate*). [5]napkins [6]you see [7]drinks it [8]Lunch (dinner) is ready! [9]That smells (**ça sent bon** = that smells good; **ça sent mauvais** = that smells bad)

→ Mon vocabulaire ←

À table!

un bouquet de fleurs *(f.)*
une cuillère à café
une assiette[1] (plate)
un verre à eau
un verre à vin
un pichet (d'eau)
une tasse à café
une cuillère à soupe
une serviette
une nappe
un couteau
un tire-bouchon
une fourchette

À vous!

A. Qu'est-ce que c'est? Choose the appropriate item on the right to complete the statement on the left.

1. On boit le café ou le thé au petit déjeuner dans
2. On met l'eau dans
3. Sous les couverts et la vaisselle[1] il y a
4. On boit le café au déjeuner ou au dîner dans
5. On ouvre une bouteille de vin avec
6. On mange de la viande dans

a. une assiette plate.
b. un tire-bouchon.
c. une tasse à café.
d. un pichet.
e. une nappe.
f. un bol.

 B. Les bonnes manières à table. Find out how your partner eats. Ask him or her the following questions and then reverse roles.

1. Avec quoi est-ce que tu manges la pizza? Avec les mains *(hands)* ou avec un couteau et une fourchette?
2. Dans quoi est-ce que tu manges la pizza? Dans des assiettes en papier ou dans le carton où est livrée la pizza *(in the box in which the pizza was delivered)*?
3. Comment est-ce que tu manges les frites? Avec les mains ou avec une fourchette?
4. D'habitude, est-ce que tu manges à table ou sur le fauteuil devant la télé?
5. Est-ce que tu mets une nappe sur la table? Quand est-ce que tu mets une nappe?
6. Est-ce que tu prends la fourchette avec la main droite ou avec la main gauche pour manger la viande?

[1]For a dessert plate, use **une assiette à dessert.**

STRUCTURE 5

D'autres négations

In French as in English, there are several ways to express negation. Many of these negative expressions in French are used like **ne... pas.**

- **ne**... jamais *(never)*

Elle **ne** fume **jamais.**	*She never smokes.*
Vous **ne** mangez **jamais** de chocolat.	*You never eat chocolate.*

- **ne**... plus *(not anymore, no longer)*

Jean-Claude **ne** joue **plus** au tennis.	*Jean-Claude doesn't play tennis anymore.*
Je **ne** vais **plus** boire de Coca.	*I'm not going to drink Coke anymore.*

- **ne**... pas encore *(not yet)*

Nous **n'**avons **pas encore** faim.	*We're not hungry yet.*

Like English, there are two expressions that can be either the object or the subject of the sentence. These are **ne... rien** *(nothing, not . . . anything)* and **ne... personne** *(no one, not . . . anyone).* When they are an object, use them like the above expressions. When they are the subject, use the formula: **rien / personne + ne** + *verb in third person singular.*

- **ne... rien** *(nothing, not . . . anything)* / **rien ne** *(nothing)*

Object	Subject
Tu **ne** fais **rien** dans la maison. *You don't do anything around the house.*	Rien **n'**a l'air bon. *Nothing sounds good.*
Nous **n'**allons **rien** acheter chez le traiteur. *We're not going to buy anything at the caterer's.*	Rien **ne** va être difficile dans ce cours. *Nothing is going to be difficult in this course.*

- **Ne... personne** *(not anyone)* / **personne ne** *(no one)*

Object	Subject
Il **n'**aime **personne.** *He doesn't love anyone.*	**Personne ne** parle en classe. *No one talks in class.*
Tu **n'**écoutes **personne.** *You don't listen to anyone.*	**Personne ne** veut faire le ménage. *No one wants to clean the house.*

◥ VÉRIFIEZ votre compréhension

1. Go back to *Passage 3* section (p. 194) and find all the negative expressions other than **ne... pas** that you can. Tell what each means.
2. If you find instances of **personne** or **rien**, tell if they are used as the subject or the object of the sentence. What does this mean for the sentence structure?

Pratiquons!

A. Un vrai gourmand! You're discussing the dietary habits **(les habitudes alimentaires)** of a person with a real sweet tooth. Imagine his/her negative responses to your questions, using expressions other than **ne... pas.**

1. Vous avez **déjà** de bonnes habitudes alimentaires?
2. Qu'est-ce qui *(what)* explique vos habitudes alimentaires?
3. Vous mangez **souvent** du brocoli?
4. Dans votre famille, **qui** prend au moins cinq légumes et cinq fruits par jour?
5. Vous mangez **toujours** dans des restaurants végétariens?

B. Un(e) étudiant(e) pauvre! Your friend has just gone back to school, and doesn't have money to do the things he/she used to do. Imagine his/her negative responses to the following questions, using an expression other than **ne... pas** in each.

1. Tu vas **toujours** au cinéma le week-end?
2. Est-ce que tu vas **souvent** danser avec des amis?
3. Tu invites[1] **des amis** au restaurant?
4. Est-ce que tu achètes **quelque chose** quand tu vas au centre commercial?
5. Tu peux **déjà** gagner de l'argent avec ton diplôme?
6. **Quelqu'un** va payer tes études?

À vous de parler!

A. Ta nouvelle vie. Tell a classmate about changes that you have made in your lifestyle over the years. Mention five things that you no longer do and five things that you never do. Ask your partner some questions, too—he/she may answer in the affirmative or in the negative.

> **MODÈLE:** *Je ne fume plus et je ne mange jamais de viande. Et toi, est-ce que tu manges toujours beaucoup de fruits?*

B. Bon appétit! In groups of three or four, pretend that you are going to a **brasserie.** One of you is the server **(le serveur / la serveuse)** and the others are the customers. You arrive at the **brasserie** (find a name for it!) and you would like to sit outside. Order **(commander)** your food from the menu. You are very hungry and thirsty! Do not forget to leave the tip **(le pourboire)** after the meal, if not already included in the bill. Also, as part of your conversation, talk about the pedestrians that pass by. Mention their looks and what they are wearing. And of course, **bon appétit!**

---

[1]In France, when you invite someone to a restaurant, the expectation is that you will pick up the tab!

On mange comme ça en Afrique

Dans la plupart des pays africains, on n'utilise pas de couverts (des fourchettes, des couteaux, etc.) à table. Les Africains mangent avec la main droite. Dans les pays musulmans (tels que le Maroc ou l'Algérie), la main gauche ne peut pas toucher la nourriture; elle est réservée à l'hygiène personnelle exclusivement. Avant de mettre la nourriture sur la table, tout le monde se lave les mains dans une assiette creuse qui circule autour de la table et qui contient de l'eau savonneuse.[1]

Quand on apporte la nourriture à table, tout le monde se sert sa portion d'un même récipient.[2] On utilise la main droite (ou on utilise du pain) pour prendre ce qui est dans l'assiette. (Le pain africain est plat—il ressemble plutôt à un pita qu'à une baguette.) Puisqu'on n'a pas d'assiette individuelle, il n'est pas mal vu de jeter les arêtes[3] de poisson par terre pendant qu'on mange. Dans quelques pays africains (le Cameroun, par exemple), les hommes mangent d'abord, les femmes après et les enfants en dernier.

Les plats typiques dans beaucoup de pays africains incluent des lentilles, des arachides[4] et/ou l'igname (f.) un légume qui ressemble beaucoup à une pomme de terre douce. La viande de zèbre est très appréciée dans quelques régions en Afrique, tout comme on apprécie le lapin[5] ou le canard[6] en France. En général, les Africains mangent tout ce qui leur est servi, sans laisser de restes.[7] Tout manger indique que les plats étaient très bons!

Réfléchissons!

1. Dans votre pays, quels aliments est-ce qu'il est acceptable de manger avec les mains?

2. Pour quelles occasions ou pour quels aliments est-ce que tout le monde se sert sa portion d'un même récipient (ou plat) dans votre culture?

3. Est-ce que vous lavez les mains à table dans votre pays? Quand? Pour quels aliments?

4. Est-ce qu'il y a des choses que vous pouvez jeter par terre pendant que vous mangez? Lesquelles?

Courtesy of Véronique Anover and Theresa A. Antes

Le restaurant *Le Vert Galant* se trouve à Amiens, en France.
D'après vous, quelles sont ses spécialités? Est-ce que vous voudriez y manger? Pourquoi ou pourquoi pas? Qu'est-ce que vous allez commander?

[1]soapy   [2]serving dish   [3]bones   [4]peanuts   [5]rabbit   [6]duck   [7]leftovers

À vous d'écrire!

Imagine that you have recently learned that your family will host an exchange student for a year. He/She will attend the same university as you, and will spend holidays with your family. In order to help the student prepare, you decide to write him/her a letter, in which you explain a little bit about your town and your university. You are going to tell him/her all the essentials, such as what he/she is going to need to bring from home for the year, what he/she will probably want to do and see in the area, what he/she can do on the weekends, what he/she must do to succeed in his/her classes, etc. You are going to tell the student where you live, where you go when you are hungry or thirsty, and where you study. You are going to fill him/her in on all the details, so that there will be no surprises upon his/her arrival!

A. Stratégies. Think about your audience. In Chapter 4, you wrote to a real estate agent; here, you are writing to a classmate. How will your language differ? What expressions might you use to begin and end your letter? With your intended audience in mind, think how you will organize the information in your letter before you begin to write.

B. Organisons-nous! Decide how many sections your letter will have. What are the main things that you want to tell your new classmate? Give each section a one- or two-word title (**ma famille, mon université, le week-end,** etc.), and decide on a logical order for all the sections. On a separate sheet of paper, list your sections in the order that they will appear. (You may use as many sections as you wish.)

C. Pensons-y! Now, for each section heading you listed, jot down some of your thoughts. If you listed **mon université** as a section, for example, what information are you going to include in that section? Write down some of the key vocabulary words that you will need, as well as some partial thoughts to get you started. Focus on the **avoir** expressions, the vocabulary, and the new verbs that you learned in this chapter. Use language that you know to express yourself, rather than translating from English.

D. Écrivons! Write a first draft of your letter. Pay attention to content, making sure that you get all your ideas in and that you have expressed them coherently. Being coherent involves stating your ideas clearly, but also using correct vocabulary and grammar. When you have finished writing, ask yourself the following questions: Have I used the appropriate vocabulary words and spelled them correctly? Have I conjugated verbs as necessary? Do the nouns and adjectives agree? Make any changes necessary to your draft.

E. Révisons! Now that you have written a first draft of your letter, go back over it and look for ways in which you might improve it. Pay attention to organization and coherence, especially. Imagine that you are writing this letter for someone who does not know your family, your town, or your university. Will it make sense to him/her? What details must you provide to make the university scene comprehensible to someone who doesn't know it? Rewrite your letter on a clean sheet of paper, making corrections and additions as necessary. Turn it in when you have finished.

Lexique 🔊

Chez le traiteur *At the caterer's*

Les entrées (f.) et les hors-d'œuvre (m.) *Appetizers*

du pâté de campagne	*pâté*	de la soupe à l'oignon	*onion soup*	des tomates (f.) provençales	*stuffed and baked tomatoes*
du saumon fumé	*smoked salmon*				

Les plats (m.) principaux *Main courses*

Les viandes (f.) et les volailles (f.) *Meats and poultry*

du bœuf	*beef*	des boulettes (f.) de viande	*meatballs*	du poulet rôti ou du porc rôti	*roasted chicken or roasted pork*

Le poisson *Fish*   Les fruits (m.) de mer *Seafood*

du thon (grillé)	*(grilled) tuna*	des coquilles (f.) Saint-Jacques	*scallops*	des huîtres (f.)	*oysters*
des crevettes (f.)	*shrimp*				

Les légumes (m.) *Vegetables*

des asperges (f.)	*asparagus*	du céleri	*celery*	des haricots (m.) verts	*green beans*
du brocoli	*broccoli*	des champignons (m.)	*mushrooms*	des petits pois (m.)	*peas*
des carottes (f.)	*carrots*	du chou-fleur	*cauliflower*	un poivron rouge	*red pepper*
		des épinards (m.)	*spinach*		

Les féculents (m.) *Starchy foods*

des céréales (f.)	*cereal*	des lentilles (f.)	*lentils*	du riz	*rice*
des croissants (m.)	*croissants*	des pommes de terre	*potatoes*	des tartines (f.) (avec du beurre et de la confiture)	*toast (with butter and jam)*
des haricots (m.)	*beans*				
des lasagnes (f.)	*lasagna*	des pâtes (f.)	*pasta*		

Les fruits (m.) *Fruit*

un abricot	*apricot*	des fraises (f.)	*strawberries*	une pêche	*peach*
une banane	*banana*	un melon	*cantaloupe*	une poire	*pear*
des cerises (f.)	*cherries*	une orange	*orange*	une pomme	*apple*
un citron	*lemon*	une pastèque	*watermelon*	du raisin (m.)	*grapes*

Les desserts (m.) *Desserts*

des biscuits (m.)	*cookies*	une glace à la fraise	*strawberry ice cream*	des tartelettes (f.) aux fruits	*mini-fruit tarts*
une crème brûlée	*crème brulée*				
un gâteau (m.) au chocolat	*chocolate cake*	une glace à la vanille	*vanilla ice cream*	un yaourt	*a yogurt*
une glace au chocolat	*chocolate ice cream*				

D'autres choses à manger *Other things to eat*

une crêpe	*crepe*	une quiche, une tarte salée	*quiche*	un sandwich (au jambon-fromage)	*(ham and cheese) sandwich*
des frites (f.)	*French fries*	une salade	*salad*		
une omelette	*omelet*			de la soupe	*soup*
une pizza	*a pizza*				

Les condiments (m.) et le sucre Seasonings and sugar

le poivre	*pepper*	le sel	*salt*	le sucre	*sugar*

Les repas (m.) Meals

le déjeuner	*lunch*	le goûter	*afternoon snack*	le petit déjeuner	*breakfast*
le dîner	*dinner*				

Les boissons (f.) Beverages

une bière	*beer*	de l'eau (f.) gazeuse	*carbonated water*	une pression	*draft beer*
une bouteille de bière	*a beer bottle*			un thé au citron	*tea with lemon*
un café au lait	*coffee with milk*	de l'eau (f.) plate	*still mineral water*	un thé nature	*plain tea*
du lait	*milk*			le vin (rouge / blanc / rosé)	*wine (red / white / blush)*
un café crème	*espresso with cream*	un exprès	*espresso*		
		une limonade	*carbonated lemon-lime soda*	un café au lait	*coffee with milk*
un café (noir)	*coffee*				
un Coca	*Coke*				

À table! Lunch/Dinner is ready!

la carte	*the menu*	une cuillère à café	*teaspoon*	une serviette	*napkin*
une assiette	*plate*	une cuillère à soupe	*tablespoon*	une tasse à café	*coffee cup*
une assiette à soupe / creuse	*soup bowl*	une fourchette	*fork*	un tire-bouchon	*bottle opener*
		une nappe	*tablecloth*	un verre à eau	*water glass*
un bol	*bowl*	un pichet d'eau	*pitcher of water*	un verre à vin	*wine glass*
un couteau	*knife*				

Les expressions avec *avoir* Avoir *expressions*

avoir l'air	*to seem*	avoir envie (de)	*to want / to feel like*	avoir raison	*to be right*
avoir besoin (de)	*to need*			avoir soif	*to be thirsty*
avoir de la chance	*to be lucky*	avoir faim	*to be hungry*	avoir sommeil	*to be sleepy*
avoir chaud	*to be hot*	avoir froid	*to be cold*	avoir tort	*to be wrong*
		avoir peur (de)	*to be afraid*		

Les adverbes Adverbs

assez	*enough*	parfois	*occasionally, sometimes*	constamment	*constantly*
beaucoup	*a lot*			trop	*too*
bien	*well*	peut-être	*maybe, possibly*	vite	*quickly*
mal	*poorly, badly*			faussement	*falsely*
toujours	*always*	souvent	*often*	vraiment	*truly*
lentement	*slowly*	très	*very*	absolument	*absolutely*
intelligemment	*intelligently*	silencieusement	*silently*	prudemment	*prudently*

La Provence

Visit La Provence
on Google Earth!

À vous de découvrir!

Les tournesols en Provence

Le terme «la Provence» est utilisé de nos jours pour la région du sud-est de la France, qui s'étend[1] de la Côte d'Azur (Cannes, Nice) à l'est jusqu'à[2] Nîmes et Avignon au centre du pays. Le nom de cette région a surtout une connotation culturelle. Quand on dit «la Provence» on pense aux champs de lavande, de tournesols et à la poterie très célèbre qui est fabriquée dans la région. La Provence est aussi célèbre pour sa cuisine à base de produits frais de la région: l'huile d'olive, le poisson et les fruits de mer, le fromage de chèvre[3] et les fruits et légumes saisonniers. Plusieurs artistes très connus[4] ont habité la Provence—Cézanne, van Gogh, Matisse, Picasso—leurs œuvres reflètent cette région très pittoresque.

Historiquement la Provence, comme la France, a été[5] traditionnellement catholique; le pape a même choisi d'habiter à Avignon pendant de longues périodes au Moyen Âge quand il y avait[6] des perturbations à Rome. De nos jours, l'arrivée d'immigrés venus d'anciennes colonies françaises fait que la Provence se transforme—nous y trouvons maintenant des mosquées à côté des cathédrales et des synagogues. La cuisine change donc aussi—le couscous peut faire partie d'un re-

Le palais des papes à Avignon

[1]extends from [2]as far as [3]goat [4]well-known [5]was [6]there were

pas typique de cette région du pays, par exemple. C'est une région qui a beaucoup évolué pendant les siècles et qui va certainement continuer à évoluer dans l'avenir[1]!

Avez-vous compris?

1. Where exactly is Provence? Are there similar regions in the United States where there is a strong cultural connotation attached to a place name?

2. Describe provençal cuisine. What would you expect typical dishes to consist of, based on the reading?

3. How is Provence changing in the twenty-first century? In which aspects of everyday life are these changes most noticeable?

À vous d'apprécier!

Explorations gastronomiques

Quand on pense à la soupe, on pense à un plat chaud; mais la soupe peut aussi être froide. En Provence, on mange beaucoup de soupe aux fruits, comme hors-d'œuvre ou même comme dessert. Les soupes froides sont surtout très populaires en été—quand il fait très chaud, c'est un plat froid et léger.

Soupe de melon à la menthe: pour 4 personnes

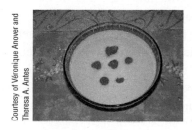

Courtesy of Véronique Anover and Theresa A. Antes

1 gros melon à maturité
1 orange
10 cl. de porto (ou moscatel)
2 cuillères à soupe de sucre en poudre
10 cl. de crème fraîche
125 gr. de framboises
quelques tiges[2] de menthe fraîche

Pressez le jus de l'orange. Ouvrez le melon, retirez[3] les graines et les fibres, puis prélevez[4] la chair[5] avec une cuillère. Passez la pulpe au mixeur avec le jus d'orange, le porto et le sucre. Ajoutez à cela la crème, et mixez pour obtenir une bonne consistance veloutée. Mettez cela dans un saladier, et ajoutez deux tiges de menthe lavées et séchées. Laissez la soupe refroidir au réfrigérateur pendant 6 heures. Pour la servir, versez-la dans quatre jolies coupes à dessert, et décorez-la avec quelques framboises et une tige de menthe.

Explorations architecturales et historiques

Dans plusieurs villes en Provence, on trouve des ruines romaines. L'amphithéâtre à Orange est un très bon exemple de ces vestiges. L'amphithéâtre que vous voyez sur cette photo date du premier siècle avant Jésus-Christ, et fait partie de trois amphithéâtres dans le monde qui ont gardé[6] leur mur extérieur intact. Pendant l'antiquité, c'était le site du théâtre dramatique classique; de nos jours, c'est toujours utilisé pour des spectacles.

Courtesy of Véronique Anover and Theresa A. Antes

L'amphithéâtre d'Orange

[1]future [2]sprigs [3]take out [4]scoop out [5]flesh [6]kept

Quel genre de spectacle est-ce que vous pensez qu'on voit dans ce théâtre? Comment sont les gradins *(seats)*, d'après vous? (Confortables? Trop étroits [*narrow*]?) Quelle sorte de spectacle est-ce que vous préférez?

Clown sans cirque fixe

du 8 au 30 juillet
Théâtre de la Place
Tel: 04 91 87 11 33

À vous de réagir!

Regardez l'annonce publicitaire à gauche. Elle vient du festival de théâtre d'Avignon, où, chaque été, on peut voir plus de 660 pièces de théâtre différentes!

1. Vous êtes père ou mère de famille. Pouvez-vous amener vos enfants à cette pièce?

2. Expliquez le titre de cette pièce. Qu'est-ce que vous allez voir, exactement?

3. Qu'est-ce qu'il faut faire pour réserver des places?

4. Allez-vous souvent au théâtre? Est-ce que vous voudriez être à Avignon en été pour voir le festival?

Mon blog

Bonjour chers blogueurs et blogueuses, et bienvenues à mon site—*Il y a de quoi rêver*[1]! Je m'appelle Clarisse, je suis étudiante à **l'Institut Supérieur de l'Entreprise de Montpellier.** Je rêve d'être entrepreneuse un jour, et sur mon blog je présente mes idées (elles changent souvent!) pour une entreprise éventuelle.

Quand je ne suis pas à Montpellier, j'habite à Gordes, une jolie ville perchée en Provence. Comme beaucoup de villes et villages en Provence, ma ville date de l'antiquité, mais je veux introduire des éléments modernes à la vie de tous les jours. Ma dernière idée, c'est de créer une boutique pour les animaux domestiques: je vais avoir un salon de coiffure pour chiens, une «patte-isserie»[2] où je vais vendre des gâteaux pour chats et chiens ainsi que des compléments comme des colliers avec des diamants. Tout le monde aime gâter son petit Foufou ou sa petite Minoue, n'est-ce pas? Écrivez-moi pour me dire ce que vous pensez de mon idée. Est-ce que vous allez venir à ma boutique? Vous avez une meilleure idée?

À vous de décider: Le français pour quoi faire?

Why become proficient in French? That's a question Christian would like to help you answer. Go to the *À vous* online resources to find out how he made use of his language skills to further his studies in Biological and Environmental Engineering! ✈

[1]Something to dream about! [2]les pattes sont les pieds des animaux

Les infos qui m'entourent

Ekaterina Pokrovsky/Fotolia.com

In this chapter, you will learn about the different media that are popular in France and in the Francophone world. You will become familiar with French radio and television stations and with Canadian newspapers and magazines, and will read about new French television programs. You will also learn how to talk about things that happened in the past.

VOCABULARY
- The media (radio, television, magazines, and newspapers)
- Current events (crime, car accidents, and other newsworthy items)

STRUCTURES
- The **passé composé** (past tense) with **avoir** and **être**
- The **passé composé** in the negative and the interrogative
- The **passé composé** with **y** and **en**
- Placement of adverbs in the **passé composé**
- The verbs l**ire**, **dire**, and **écrire**

CULTURE
- French/Francophone television
- French/Francophone radio stations

iLrn

■) Audio
⊕ www.cengagebrain.com

RESSOURCES

CD 1
Tracks 68–69

Passage 1

Les médias

Christophe et Luc vont en voiture¹ à l'université Le Mirail, à Toulouse.

CHRISTOPHE: Luc, ça te dit d'écouter ²un peu de musique?

LUC: Ouais! Bonne idée! Je vais mettre NRJ,³ OK?

CHRISTOPHE: D'accord! En plus, c'est l'heure de l'émission⁴ L'EuroHot 30 avec le hit-parade des tubes.⁵

LUC: C'est vrai! Super! J'aime bien Vincent, l'animateur de l'émission. Il est trop drôle et il passe⁶ de la bonne musique.

CHRISTOPHE: Oui, tu as raison, il est amusant. On a besoin de rigoler⁷ avant notre cours de maths! Aujourd'hui, le prof rend les examens en classe...

Le saviez-vous?

TF1 (Télévision Française 1) is one of the main French television stations, along with France 2, France 3, and M6. There are many other channels, although not as many as in the United States. Some of the most popular are Arte (a Franco-German network that broadcasts documentaries, political debates, programs on social issues, movies, etc.), La 5, Canal + (a cable network that shows mostly movies and sports), iTélé (news channel), W9, Direct8, Canal Jimmy (a trendy cable TV network for a young audience) and TV 5 (a public channel that can be received in the United States via satellite). There are also special interest channels, such as Pink TV, a cable network for the gay community.

Karim et Yasmina regardent la télévision dans leur salon à Marseille.

YASMINA: Karim, ne veux pas regarder encore du foot! En plus, tu as regardé le match hier.⁸ On peut changer de chaîne?⁹

KARIM: Et quel programme est-ce que tu veux regarder? Des feuilletons¹⁰ interminables?

YASMINA: Eh bien non, Monsieur! Je voudrais regarder le journal télévisé sur TF1. À la radio ce matin j'ai entendu que les employés du RER¹¹ vont faire la grève.¹² Si le RER est en grève, je dois prendre ma voiture pour aller au travail demain.

KARIM: D'accord, change de chaîne alors!

YASMINA: Je ne peux pas, je n'ai pas la télécommande!¹³ Comme tu n'arrêtes pas de zapper, la télécommande doit être dans ton fauteuil quelque part!¹⁴

....

Vous avez bien compris?

Choose the correct completion for each sentence.

1. NRJ est une _____.

   a. station de radio   b. émission de radio

2. *L'EuroHot 30* avec Vincent est une émission _____.

   a. comique   b. de musique

3. Vincent présente _____.

   a. les tubes   b. l'animateur

4. Yasmina veut regarder _____.

   a. des feuilletons   b. le journal télévisé

¹car ²what about listening to ³This radio station is very popular among young people. The name sounds like **énergie**. ⁴program ⁵hit songs ⁶plays/broadcasts ⁷to laugh ⁸yesterday ⁹channel ¹⁰soap operas ¹¹regional train system in Paris ¹²strike ¹³remote control ¹⁴somewhere

5. Yasmina veut changer de chaîne pour voir _____.

   a. le RER   b. la situation sur la grève

6. Karim _____ la télécommande.

   a. a   b. n'a pas

→ Mon vocabulaire ←

Les médias (1)

À la télé on peut regarder...

le journal télévisé (le JT)	*the television news*
un feuilleton	*a soap opera*
la météo	*the weather*
une série (télévisée)	*a (television) series*
un documentaire	*a documentary*
des talk-shows *(m.)*	*talk shows*
la télé-réalité	*reality television*
des films *(m.)*	*films*

On peut aussi...

changer de chaîne	*to change channels*
faire du zapping/zapper	*to channel surf*

À la radio on peut écouter...

les informations (les infos) *(f.)*	*the newscast*
les informations routières	*the traffic report*
une émission musicale	*a musical program*
une émission culturelle	*a cultural program*
des tubes *(m.)*	*hit songs*

On peut aussi...

changer de fréquence	*to change radio stations*

À la télé / Sur le petit écran

On TV / On the small screen

À la radio / Sur les ondes...

On the radio / On the airwaves they broadcast . . .

le présentateur (la présentatrice) présente	*the TV anchor presents*
l'animateur (animatrice) anime	*the DJ or the host announces or hosts the show*

on passe / on diffuse...

de la publicité (de la pub)	*advertisements*
un reportage	*a report*
des magazines *(m.)*	*exposés*
un match de foot en direct	*a live soccer game*
des divertissements *(m.)* / des jeux *(m.)*	*TV games*
des dessins animés *(m.)*	*cartoons*
une émission / un programme	*a program*
des téléfilms *(m.)*	*made-for-TV movies*
des sports *(m.)*	*sports*
le hit-parade	*the hit-parade*

À vous!

A. Programmes et émissions. Match each title of a TV or radio program with the category in which it belongs.

1. *Les meilleurs tubes de l'été*
2. *L'actualité mondiale*
3. *Bob, le bricoleur*
4. *Espèces en danger: les éléphants*
5. *Spécial Mozart*
6. *Qui veut gagner des millions?*
7. *Dexter*
8. *Zone interdite: drogue, anorexie, boulimie*

a. une série
b. des dessins animés
c. une émission musicale
d. un documentaire
e. le journal télévisé
f. un magazine
g. le hit parade
h. les divertissements

B. Tes préférences. Ask your classmate the following questions to find out about his/her favorite TV and radio programs. Then reverse roles. Report your findings to the class and compare the results with your classmates.

1. Est-ce que tu regardes des feuilletons? Quel est ton feuilleton préféré?
2. Quand et où écoutes-tu la radio? Dans ta voiture le matin? Le soir à la maison, dans ta chambre?
3. Quelles émissions écoutes-tu à la radio? Le hit parade? Les infos? Les infos routières? Sur quelle fréquence?
4. Quelles émissions est-ce que tu regardes le soir à la télé? Le JT? Des divertissements? Sur quelle(s) chaîne(s)?
5. Quelle est la chaîne télévisée que tu regardes le plus? Pourquoi? Quelle est la chaîne télévisée que tu regardes le moins? Pourquoi?
6. Est-ce que tu zappes souvent? Qui a la télécommande chez toi?

C. Le choix d'une bonne émission. In small groups, answer the following questions. Report your findings to the class and compare your results with your classmates.

1. Comment est-ce que vous choisissez vos émissions de télévision? Est-ce que vous consultez un guide télé, ou est-ce que vous préférez zapper?
2. Si vous consultez un guide, est-ce que vous préférez consulter un magazine ou Internet?
3. Vous achetez un guide toutes les semaines? Quel guide?
4. À part pour le programme de la télé, qu'est-ce qu'il y a dans les guides télé que vous consultez quelquefois? Est-ce qu'il y a des recettes comme dans ce Télé Magazine français?

STRUCTURE 1

Le passé composé avec *avoir*

🌐 Grammar Tutorials

In previous chapters, you have learned two verb tenses: the present tense and the near future.

le présent		le futur proche	
J'écoute le prof.	*I listen / am listening / do listen to the professor.*	Je vais écouter le prof.	*I will listen to the professor.*

The **passé composé** is the third tense you will learn. It is used to express an event in the past that has a definite beginning and end. Like the present tense, it has three possible translations in English.

> J'ai écouté le professeur.   *I listened / I have listened / I did listen to the professor.*

Forming the passé composé

- Verb conjugations in the **passé composé** have three components:

subject   +   auxiliary verb   +   past participle of the main verb
                  (present tense form of
                  avoir or **être**)

Here are the conjugations for **écouter** *(to listen)*, a regular **-er** verb.

écouter	
j'ai écouté	nous avons écouté
tu as écouté	vous avez écouté
il / elle / on écouté	ils / elles ont écouté

- Every verb has a past participle. Some are regular and some are not. Regular past participles in English end in *-ed*: *I worked a lot.* In French, each regular verb group has a different ending for the past participle.

1. To form the past participle of **-er** verbs[1], drop the **-er** from the infinitive and add **é.**
   regarder ⟶ regardé   J'ai **regardé** la télé.   *I watched TV.*
   manger ⟶ mangé   Tu as **mangé** un sandwich.   *You ate a sandwich.*

2. To form the past participle of **-ir** verbs, drop the **r** from the infinitive.
   finir ⟶ fini   Paul a **fini** ses devoirs.   *Paul finished his homework.*

   choisir ⟶ choisi   Nous avons **choisi** un bon vin.   *We chose a good wine.*

3. To form the past participle of **-re** verbs, drop the **-re** from the infinitive and add **u.**
   vendre ⟶ vendu   J'ai **vendu** mon lave-linge.   *I sold my washing machine.*

   attendre ⟶ attendu   Elle a **attendu** une heure.   *She waited an hour.*

[1]Many verbs that have spelling or stem-changes in the present tense, do *not* change for the past participle: **acheté, mangé, payé**, etc.

- Some past participles are irregular. You will need to memorize these. Here are a few:

  - **avoir** → **eu**
    J'ai **eu** zéro à l'examen de maths.   *I got a zero on the math exam.*

  - **être** → **été**
    J'ai **été** en Afrique en 2010.   *I was in Africa in 2010.*

  - **faire** → **fait**
    Nous avons **fait** nos courses   *We did our grocery shopping*
    à Carrefour.   *at Carrefour.*

  - **apprendre** → **appris**
    Ils ont **appris** à nager.   *They learned to swim.*

  - **comprendre** → **compris**
    Vous avez **compris** la leçon.   *You learned the lesson.*

  - **prendre** → **pris**
    Tu a **pris** le metro.   *You took the metro.*

  - **mettre** → **mis**
    J'ai **mis** une robe blanche.   *I put on a white dress.*

  - **boire** → **bu**
    J'ai **bu** du champagne.   *I drank champagne.*

  - **pouvoir** → **pu**
    On a **pu** finir les devoirs à temps.   *We finished the homework on time.*

  - **voir** → **vu**
    Ils ont **vu** un bon film hier.   *They saw a good movie yesterday.*

  - **vouloir** → **voulu**
    Le garçon a **voulu** mangé   *The boy wanted to eat an ice-cream.*
    une glace.

⌐ VÉRIFIEZ votre compréhension

Go back to the conversation between Karim and Yasmina on page 206. Identify the verbs that are in the **passé composé.** What are the infinitives of those verbs?

Pratiquons!

A. Une soirée à la maison. Do you remember Anou and Jean from Chapter 2? Now you will see what they did last evening. Put the verbs in parentheses in the **passé composé**.

Hier, Jean et Anou (1) ___ont mangé___ (manger) à la maison.
Jean (2) ___a préparé___ (préparer) un poulet rôti. Anou
(3) ___a choisi___ (choisir) un vin rouge pour accompagner la viande.
À table, ils (4) ___ont parlé___ (parler) de leurs prochaines vacances
d'hiver dans les Alpes. Ce n'est pas la première fois qu'ils vont en Suisse. Ils y
(5) ___ont été___ (être) deux fois déjà. Tout en parlant *(While talking)*,
Jean et Anou (6) ___ont bu___ (boire) toute la bouteille de vin! Ils
(7) ___on pris___ (prendre) du café pour ne pas s'endormir *(in order
not to fall asleep)*. Après le dîner, Anou (8) ___a regardé___ (regarder) sa
série préférée: *Desperate Housewives* avec Felicity Huffman.

B. Qu'est-ce que Jérôme a fait hier? Look at the pictures and tell what Jérôme did yesterday.

a acheté du vin   a été

1.

2.

3.

4.

5.

6.

STRUCTURE 2

La négation et les questions au passé composé

- To make verbs in the **passé composé** negative, place **ne (n')** and **pas** around the auxiliary verb.

  Fatou **n'a pas** regardé la télé hier.   *Fatou did not watch TV yesterday.*

  Nous **n'avons pas** fini de faire   *We did not finish doing the housework.*
  le ménage.

- Question formation with the **passé composé** is the same as with the present tense.

1. Place **est-ce que** at the beginning of the sentence.
   Est-ce que tu as regardé la météo?   *Did you watch the weather?*

2. For yes/no questions, use rising intonation.

   Tu as acheté une nouvelle voiture?   *You bought a new car?*

3. Use **n'est-ce pas?** or **non?** at the end of the sentence.
   Vous avez parlé au prof, n'est-ce pas?
   Vous avez parlé au prof, non?   *You talked to the professor, right?*

 VÉRIFIEZ votre compréhension

Go back to the dialogue on page 206 and change the sentences in the **passé composé** to the negative.

Pratiquons!

 A. Non, non! Your classmate is trying to figure out what Franck did yesterday. Answer your classmate's questions in the negative, as in the model.

> **MODÈLE:**   acheter une voiture
> —*Franck a acheté une voiture?*
> —*Mais non! Hier, Franck n'a pas acheté de voiture!*

1. acheter des CD
2. prendre un avion *(plane)*
3. fumer dans la voiture
4. mettre ses chaussures de sport
5. acheter du vin
6. manger de la glace
7. être en boîte de nuit
8. danser

B. Et toi, qu'est-ce que tu as fait hier? Interview one of your classmates to find out what he/she did yesterday. Then reverse roles.

1. Est-ce que tu as pris ta voiture hier? As-tu écouté la radio dans ta voiture?
2. Est-ce que tu as mangé au restaurant? À la maison? Qu'est-ce que tu as mangé?
3. Est-ce que tu as regardé la télé hier soir ou hier après-midi? Qu'est-ce que tu as regardé?
4. Est-ce que tu as travaillé hier? Où? Combien d'heures?
5. Est-ce que tu as fait du sport? Quel sport? Où?
6. Est-ce que tu as rendu visite à *(visit)* tes amis? Qu'est-ce que vous avez fait? Avez-vous parlé? Écouté de la musique? etc.
7. Est-ce que tu as appelé quelqu'un au téléphone? Qui?
8. Est-ce que tu as acheté quelque chose *(something)* hier? Quoi?

Portrait personnel

Write a paragraph in which you describe the highlights of what your partner did yesterday. Compare your partner's activities with your own.

MODÈLE: *Hier, Sam a fait du sport pendant* (for) *trois heures. Elle a joué au tennis et au volley. Moi, j'ai regardé un film...*

Wangkun Jia/Dreamstime.com

L'Opéra de Montréal. Préférez-vous aller aux spectacles, les regarder à la télé ou sur DVD/Blue Ray? Pourquoi?

Passage 2

Chez le marchand de journaux

Do you like reading newspapers, weekly magazines, or fashion magazines? The French and other Francophone speakers get their daily news from the newspapers, the TV, and/or the radio. In this section, you are going to see the different newspapers and magazines that people read in the Francophone world.

Vous êtes à Paris chez le marchand de journaux. Regardez comment le vendeur range[1] les journaux et les magazines par catégories.

un magazine people

une revue de mode

un magazine hebdomadaire

[1]arranges

Ce matin, Aline Roger est allée chez le marchand de journaux du coin. Elle a acheté un journal, *Le Figaro*, et une revue de cuisine, *Maxi Cuisine*. Ensuite, elle est entrée dans un café pour lire les journaux et boire un thé au lait. Elle n'a pas pu résister à un croissant encore tout chaud sorti du four.[1] Quel bon petit déjeuner, n'est-ce pas?

un magazine de santé

un (journal) quotidien

Vous avez bien compris?

1. Look at the publications that are available at these newsstands. Can you guess from the titles and the covers of the newspapers and magazines what types of periodicals these are? Can you place them into categories in English?

2. With a classmate, name an American newspaper or magazine that is equivalent to each of the following French publications.

   a. *Jeune Afrique*
   b. *Châtelaine*
   c. *Le Figaro*
   d. *Top Santé*
   e. *Paris Match*

[1]hot out of the oven

→ Mon vocabulaire ←

Les médias (2)

Chez le marchard de journaux

un quotidien	*daily newspaper*
un hebdomadaire	*weekly magazine*
un mensuel	*monthly magazine*
un journal	*newspaper*
une revue de mode	*fashion magazine*
un magazine d'actualité	*news magazine*
un guide des programmes	*television guide*
télévisés / un guide télé /	
un programme télé	
la presse people	*entertainment magazines*
un magazine people	*entertainment magazine*
une revue de cuisine	*cooking magazine*
un magazine de santé	*health magazine*
une revue de sport	*sports magazine*

Les professionnels

un(e) journaliste	*journalist*
un(e) photographe	*photographer*
un(e) paparazzi	*paparazzi*

Les lecteurs

un lecteur / une lectrice	*reader*
un abonnement	*magazine/newspaper subscription*
un bulletin d'abonnement /	*subscription form*
un bon d'abonnement	
un(e) abonné(e)	*subscriber*

À vous!

A. Magazines et journaux. Give a French and an American title of a newspaper or magazine for each category listed.

1. une revue de mode mensuelle
2. un quotidien
3. une revue de cuisine
4. un magazine de santé
5. un magazine d'actualité hebdomadaire
6. un guide télé hebdomadaire

B. Un abonnement. With a partner, fill out the following subscription forms for the French fashion magazine *Marie Claire* and for the French daily newspaper *Le Monde*.

MARIE CLAIRE ABONNEMENT
B324 – 60732 Sainte-Geneviève Cedex
Téléphone : 03 44 62 52 40 (prix d'un appel local)
Internet : http://abo.marieclaire.fr

**OUI, JE DÉSIRE M'ABONNER POUR 1 AN (12 NUMÉROS) :
23 €* SEULEMENT AU LIEU DE 30 €.**

NOM..................................PRÉNOM..................................

ADRESSE..................................

....

CODE POSTAL..................................VILLE..................................

PAYS..................................

❏ Ci-joint mon règlement par chèque à l'ordre de Marie Claire

❏ Je règle par carte bancaire   ❏ Amex   ❏ CB Visa

N° de carte .... Expire le ....

Conformément à la loi «Informatique et Libertés», vous bénéficiez d'un droit d'accès
et de rectification des données vous concernant. Sauf refus écrit de votre part
auprès du Service Abonnement, ces informations pourront être utilisées par des tiers.

(*) Etranger envoi prioritaire : règlement par carte bancaire ou mandat international en €.
Europe : 58 €. Etat-Unis, Canada : 53 €.
Reste du monde : 91 €. DOM : 65 €. TOM : 111 €.   EP 89

Courtesy of Groupe Marie-Claire

OFFRE D'ABONNEMENT SPÉCIALE ÉTÉ *Le Monde*

À retourner dans une enveloppe affranchie accompagnée de votre règlement à :
Le Monde - Service abonnement - B1200 - 60732 Sainte-Geneviève Cedex - Tél : 0825 000 778
(0,15 € TTC/min)

☑ **Oui,** je souhaite bénéficier de cette offre spéciale été.   91BMQETE   Y316
Je m'abonne au *Monde* et au *Monde 2* pour la durée suivante :

(01) ❏ 1 mois pour 16 € au lieu de 41 €* soit 25 € d'économie
(02) ❏ 2 mois pour 32 € au lieu de 82 €* soit 50 € d'économie
(03) ❏ 3 mois pour 47 € au lieu de 123 € soit 76 € d'économie

Je souhaite recevoir
Le Monde sur mon lieu
de vacances
(en France métropolitaine uniquement)

Mes coordonnées :

Nom : .... Prénom : ....

Adresse : ....

Code postal : ⎕⎕⎕⎕⎕ Ville : ....

Tél. : .... E-mail : ....

Dates : du ...../...../2009
au ...../...../2009 (6 jours minimum)

Adresse : ....

Code postal : ....

Ville : ....

Tél. : ....

E-mail : ....

Mode de paiement :
❏ Chèque bancaire ou postal à l'ordre de la Société éditrice du *Monde*
❏ Carte bancaire : ❏ Visa ❏ MasterCard ❏ American Express

N° : ⎕⎕⎕⎕ ⎕⎕⎕⎕ ⎕⎕⎕⎕ ⎕⎕⎕⎕

Expire fin : ⎕⎕ ⎕⎕

Je note les 3 derniers chiffres du numéro figurant au dos de ma carte,
près de la signature : ⎕⎕⎕

Ensuite, je recevrai à nouveau le journal
à mon adresse personnelle.
Ou faites votre changement d'adresse
sur www.lemonde.fr/monabo

Date et signature obligatoires :

**Plus rapide, plus pratique,
abonnez-vous sur : www.lemonde.fr/journal**

Offre valable pour un premier abonnement en France métropolitaine jusqu'au 30/09/2009.
Société éditrice du Monde - 80, boulevard Auguste-Blanqui 75707 Paris Cedex 13 - Société par actions simplifiée au capital de 149 017 497 € -
RCS Paris B 433 891 850 - TVA FR 67 433 891 850. Vous vous abonnez au Monde : vos nom, prénom et adresse sont communiqués à nos
services internes et, le cas échéant, à quelques publications partenaires, sauf avis contraire de votre part. Si vous ne souhaitez pas recevoir
de propositions de ces publications, merci de cocher la case ci-contre ❏. *Prix de vente au numéro.

Courtesy Le Monde

Now, compare the prices of these two subscriptions with a subscription for an American fashion or major daily newspaper. Which one is more expensive?

STRUCTURE 3

Le passé composé avec le verbe être

In *Structure 2* you learned the **passé composé** with **avoir**. Not all verbs in French use **avoir** as the auxiliary verb to form the **passé composé**. Some verbs use **être**. These generally fall into two groups: verbs of motion and verbs indicating birth and death. You will have to memorize these verbs. To help you, study **La maison d'être** below.

- The **passé composé** with **être** is formed in the same way as the **passé composé** with **avoir**.

  subject + auxiliary verb (conjugation of **être**) + past participle

Here are the past participles of the verbs conjugated with **être**.

Type of verb	Infinitive	Conjugation with past participle	
Verb of motion (coming and going)	aller	il est **allé**	*he went*[1]
	arriver	il est **arrivé**	*he arrived*
	devenir	il est **devenu**	*he became*
	entrer	il est **entré**	*he entered*
	partir	il est **parti**	*he left*
	passer (par)	il est **passé par**	*he went by*
	rentrer	il est **rentré**	*he returned home*
	retourner	il est **retourné**	*he returned*
	revenir	il est **revenu**	*he returned*
	sortir	il est **sorti**	*he went out*
	venir	il est **venu**	*he came*
Verb of (non-)motion (staying)	rester	il est **resté**	*he stayed*

[1]Remember, there are three possible meanings in English for a verb conjugated in the **passé composé**; for example, **il est allé** can mean *he went, he has gone, he did go*. Only one translation appears in the chart. What would the other possible translations be?

Verb of motion (going up and down)	**descendre**	il est **descendu**	*he went down*
	monter	il est **monté**	*he went up; he climbed*
	tomber	il est **tombé**	*he fell*
Verb indicating birth or death	**décéder**	il est **décédé**	*he died*
	mourir	il est **mort**	*he died*[2]
	naître	il est **né**	*he was born*

- The past participles of the verbs that use **être** in the **passé composé,** agree in number (singular or plural) and gender (masculine or feminine) with the subject of the verb. (Remember, the past participle of verbs using **avoir** do *not* agree with the subject.)

RULE	EXAMPLES
Masculine singular: add nothing	−**Marc, tu** es **allé** au cinéma? −**Oui, je suis allé** au cinéma.
Feminine singular: add *e*	−**Anne, tu** es **allée** au cinéma? −**Oui, je suis allée** au cinéma?
Masculine plural: add *s*	−**Les garçons, vous** êtes **allés** au cinéma? −**Oui, nous** sommes **allés** au cinéma.
Feminine plural: add *es*	−**Les filles, vous** êtes **allées** au cinéma? −**Oui, nous** sommes **allées** au cinéma.

- Here are all the conjugation possibilities for the verb **sortir** *(to go out).*

je suis sorti(e)	nous sommes sorti(e)s
tu es sorti(e)	vous êtes sorti(e)(s)
il est sorti elle est sortie on est sorti	ils sont sortis elles sont sorties

- Questions and the negative of the **passé composé** with **être** are formed in the same way as with **avoir.**
  - —Simone est partie?
  - —**Est-ce que** tu es rentré tard?
  - —Paul est tombé, n'est-ce pas?
  - —Non, elle **n'**est **pas encore** partie.
  - —Non, je **ne** suis **pas** rentré tard.
  - —Non, il **n'**est **pas** tombé.

⚑ VÉRIFIEZ votre compréhension

1. Look at the following statements, paying particular attention to the endings of the past participles. What does each past participle agree with?
   Juliette est restée en France deux ans.
   Éva et Sandra sont passées chez moi à midi.
   Ils sont partis en Martinique.
   Luc est arrivé en classe en retard.

2. Go back to the paragraph where Aline Roger bought a newspaper (p. 215). Why is there an **e** at the end of the past participle in the sentence **Aline Roger est allée chez le marchand de journaux?** If Aline had gone to the newsstand with her brother, what would the past participle look like?

3. Are there any sentences in that paragraph in which the **passé composé** is conjugated with the verb **avoir?** Why are these verbs conjugated with **avoir?** Is there agreement of the past participle with the subject?

🔊 # À l'écoute!

CD 1
Tracks 71–72

> **Petits Tuyaux!** When trying to determine the tense of a sentence that you hear, remember that while there is sometimes an adverb such as 'yesterday' (**hier**) or 'today' (**aujourd'hui**) to help orient you, the crucial information comes from the verb. To determine whether the sentences that follow are in the present or **passé composé**, for example, you'll need to listen for a single, conjugated main verb (present tense) versus a combination of auxiliary verb plus past participle (**passé composé**).

A. Présent ou passé composé? Indicate whether each sentence you hear is in the present or the **passé composé.**

1. _____ présent   _____ passé composé
2. _____ présent   _____ passé composé
3. _____ présent   _____ passé composé
4. _____ présent   _____ passé composé
5. _____ présent   _____ passé composé
6. _____ présent   _____ passé composé

B. Être ou avoir? For each sentence you hear, indicate whether the auxiliary verb (the helping verb) is **être** or **avoir.**

1. _____ être   _____ avoir   4. _____ être   _____ avoir
2. _____ être   _____ avoir   5. _____ être   _____ avoir
3. _____ être   _____ avoir   6. _____ être   _____ avoir

Pratiquons!

A. Les enfants n'arrêtent jamais! Put the verbs in parentheses in the **passé composé.** Pay attention to the agreement of the past participle (Martine and Marine are twin girls!).

Martine et Marine sont des jumelles de 4 ans. Voici leur journée hier chez Papi et Mamie:

Martine et Marine (1) _Sont arrivées_ (arriver) chez Papi et Mamie à dix heures. Martine (2) _est entrée_ (entrer) en courant (*running*) dans la maison et elle (3) _est tombée_ (tomber). Marine (4) _est sortie_ (sortir) dans le jardin en courant aussi et elle (5) _est allée_ (aller) jouer directement dans le bac à sable (*sand box*). Martine (6) _est venue_ (venir) jouer avec Marine et elles (7) _sont restées_ (rester) un petit moment dans le bac à sable. Ensuite, Martine et Marine (8) _sont montées_ (monter) dans un arbre et elles (9) _sont descendues_ (descendre) de l'arbre au moins (*at least*) vingt fois! À treize heures, elles (10) _sont parties_ (partir) chez elles après un bon déjeuner et une matinée bien remplie.

B. Qu'ont fait les stars? Look at how celebrities spend their free time. Decide first if the underlined present-tense verbs take **être** or **avoir** in the **passé composé.** Then, convert these sentences to the **passé composé.**

1. Vendredi soir, Leonardo DiCaprio <u>regarde</u> son feuilleton préféré à la télé. *a regardé*
2. La femme du président <u>retourne</u> dans l'émission de Larry King. *est retournée*
3. Beyoncé <u>achète</u> une revue de mode à l'aéroport pour lire dans l'avion. *a acheté*
4. Tous les acteurs de *Grey's Anatomy* <u>vont</u> rendre visite à *Monk*. *sont allés*
5. Le Docteur Phil <u>joue</u> avec ses chiens pour oublier ses problèmes. *a joué*
6. Dimanche matin, Penélope Cruz <u>reste</u> tranquillement à la maison. *est restée*

 C. Entretien. Ask a classmate questions in the **passé composé,** based on the following cues. Then reverse roles.

1. Où / tu / aller / hier soir?
2. À quelle heure / tu / rentrer / à la maison hier après-midi?
3. À quelle heure / tu / arriver / à l'université?
4. Tes copains et toi / où / vous / sortir / le week-end dernier?
5. Comment / tu / venir / à l'université ce matin? À pied? En voiture? En autobus? En métro?
6. Tes parents et toi / quand et où / vous / partir / en vacances tous ensemble?

> **Portrait personnel**

Write a short paragraph about what you did last weekend. Did you go to the movies? Did you watch a movie at home? Did you go out for dinner? Did you fix dinner at home for you and your friends? Did you go out shopping? Compare this to what your partner did, based on his/her responses in activity C.

À vous de parler!

 A. À vous de jouer! Form groups of three or four students each. Each group describes a TV or radio show to the rest of the class. The other groups guess which show is being described. The groups who are guessing may ask questions of the presenters, but only questions that can be answered by **oui** or by **non!**

 B. En direct! Work with a partner. Pretend that one of you is a famous TV anchor. You are interviewing a famous figure—actor/actress, writer, researcher, singer, politician, etc. Your partner is the interviewee and you are the interviewer. The interviewer asks questions, mainly in the **passé composé.** For example, to an actor/actress: Did you go to the Oscars last year? Did you see lots of your friends there? Did you go with your husband? What did you wear? How did you arrive? Where did you stay? etc. Role-play your interview in front of the class.

Expressions utiles
l'année dernière
last year
la semaine dernière
last week
le mois dernier
last month
samedi dernier / lundi
dernier   *last Saturday /
Monday*
en décembre dernier
last December
hier matin / après-midi
*yesterday morning /
afternoon*
hier soir   *last night*
avant-hier   *the day
before yesterday*

En France, la télévision est comme ça

Compared to American television, French television appears to offer a rather limited selection, at least at first glance. In France, there are a number of public and private broadcast networks which are available free of charge and which offer a variety of French, British, German, and American television shows. On networks such as these, foreign shows are always dubbed into French. The difference between public and private networks is a question of funding: public networks are funded by the government and were at one time the only free broadcast networks in the country. They have since been joined by private networks, which are subsidized by advertisers and which often specialize in programming of a specific type. To distinguish public from private networks, the French government has recently prohibited advertising after 8:30 pm on public channels, and is working to eliminate advertising from these networks altogether.

Jupiter Images

In addition to free television, there are premium cable channels available to those who wish to pay for them, as well as a variety of digital stations now available by purchasing a decoder box or accessing them on the internet. Among the most popular of these are TNT (Télévision Numérique Terrestre), which regroups nearly 20 different national and regional channels on one digital site for easy access.

The French talk about the changing 'paysage[1] audiovisuel français' or *PAF*, for short, and it is changing, indeed. To Americans accustomed to cable, and now digital cable, however, this may still seem like a very limited selection! So how do the French deal with a limited number of choices? First, they tend to rely on their television less for entertainment than do Americans. The news is played at 8:00 pm on French television, attesting to the fact that the French consider television primarily a source of information, and use the "prime time" hours for that purpose. Results of a recent survey concerning programming in France may surprise you: when asked what they would like to see more of on television, the number one response from the French was documentaries. This was followed by cultural programs and films, as second and third choices. Sports, sitcoms, series, and game shows were all at the very bottom of the list. (And in case you think that it was the older population that voted for these choices, you should know that 50% of the 24–34 age group proclaimed a need for more documentaries, while 57% of the 18–24 age group asked for more films!)

Secondly, movies (seen on the big screen) remain extremely popular in France; movie theaters continue to give discounts to youths, students, large families, and retirees to allow them to attend on a regular basis. Entertainment is thus moved outside of the home, and shared with others. Finally, the French have started to do what many Americans have done to increase their viewing options at home: they purchase satellite dishes. Use of a satellite in France allows viewers to receive programs from all over Europe, shown in their original language. In this way, television can be not only entertainment, but also a learning experience!

Réfléchissons!

1. How many television stations do you currently receive? How many of those do you watch on a regular basis? Would you willingly give up those that you don't watch? Why or why not?

2. What would you personally like to see more of on television? How does this compare to the French response? Would you like to see less advertising on television? Why or why not?

3. Are you interested in being able to view programs from other countries in their original language? Why or why not?

4. What role do you think Americans in general assign to TV viewing?

[1]landscape

Passage 3

À la une! (On the front page!)

You are listening to the news on a French radio station, and you hear the following news clips. Read along while you listen to the Text Audio.

Aujourd'hui, c'est l'anniversaire de la mort de Marie Curie. Madame Curie est née en Pologne en 1867 et elle est partie à Paris très jeune. Elle y a rencontré son mari, Pierre Curie. Marie Curie a gagné deux prix Nobel dans sa vie. Elle a partagé le premier prix, en physique, avec son mari Pierre et le physicien Antoine Becquerel, pour leur recherche concernant les propriétés radioactives de l'uranium. Elle a gagné le deuxième prix en chimie, pour la découverte de deux autres éléments chimiques, le radium et le polonium. Marie Curie est morte en 1934.

Également dans l'actualité aujourd'hui, un incident tragi-comique est survenu ce matin, à Toulouse. À 11 heures du matin, un homme est entré dans un bureau de tabac et a demandé de l'argent et des cigarettes. Il a prétendu[1] avoir une bombe, et a menacé de la faire exploser si on ne lui donnait pas ce qu'il voulait[2]. Il a même montré un détonateur, ce qui a fait très peur aux employés. Il a de nouveau demandé de l'argent et des cigarettes: on lui en a donné. Mais les employés du bureau de tabac ont remarqué qu'en sortant il a utilisé le détonateur pour allumer une de ses cigarettes! La police a arrêté le voleur peu de temps après dans un parc. Quelle a été sa bombe? Une orange! Quel a été son détonateur? Un briquet[3]!

Vous avez bien compris?

Briefly answer the following questions. (A few words will suffice.)

1. En quelle année est-ce que Marie Curie est née?
2. Quand est-ce qu'elle est morte?
3. Dans quels domaines est-ce que Marie Curie a gagné le prix Nobel?
4. Qu'est-ce que le voleur à Toulouse a demandé?
5. Est-ce qu'il avait vraiment une bombe?
6. Est-ce qu'il a réussi son vol (theft)? Expliquez votre réponse.

[1]claimed   [2]if they didn't give him what he wanted   [3]cigarette lighter

Mon vocabulaire

Des événements mémorables

Événements positifs

jouer dans un groupe (de musique)
jouer dans un orchestre
jouer dans une pièce de théâtre / dans un film
passer à la télé
chanter dans une chorale
chanter dans un groupe (musical)
donner un concert
participer à un match (sportif)
gagner un match
participer à une manifestation *(a demonstration)*
participer à un défilé *(parade)*
publier
    un poème
    un livre
    un article
écrire au Courrier des Lecteurs *(a letter to the Editor)*
donner une conférence
écouter une conférence
gagner un prix
sauver la vie à quelqu'un

Événements négatifs

perdre un match (sportif)
avoir un accident
causer un accident
commettre un crime
être victime d'un crime

être volé(e)	*to be robbed*
être cambriolé(e)	*to be burglarized*
un cambriolage	*a burglary (a break-in)*
un vol	*a robbery*

À vous!

A. Peut-être ou peut-être pas. Tell how certain it is that you will accomplish each of the following things in your lifetime. Use adverbs such as **certainement, probablement, peut-être, probablement pas, certainement pas,** etc. in your response.

> **MODÈLE:** écrire au Courrier des Lecteurs dans le journal de votre ville
>
> *Je vais probablement écrire au Courrier des Lecteurs dans le journal de ma ville un jour. / Je ne vais probablement jamais écrire au Courrier des Lecteurs dans le journal de ma ville.*

1. donner un concert de musique classique
2. participer à une manifestation
3. avoir un accident
4. participer à un match sportif
5. jouer dans un groupe (de rock)
6. écouter une conférence
7. commettre un crime
8. passer à la télé

B. Qu'est-ce qu'ils ont fait? Tell what the following people did last night. Choose any logical activity, and use the **passé composé.**

> **MODÈLE:** Joakim Noah, joueur de basket américain
>
> *Il a participé à un match sportif. / Son équipe* (team) *a gagné un match.*

1. Yo Yo Ma, violoncelliste
2. John Grisham, auteur
3. Serena Williams, joueuse de tennis
4. Jimmy Hoffa, Jr., chef de syndicat *(union leader)*
5. Les membres de Coldplay
6. Votre professeur de français

Courtesy of Véronique Anover and Theresa A. Antes

Une manifestation. Ces gens préparent une manifestation. Est-ce que vous avez déjà participé à une manifestation? Pour quelle raison? Combien de personnes ont manifesté? Est-ce que la police est intervenue?

STRUCTURE 4

Le passé composé avec les pronoms *y* et *en* et avec les adverbes

Le passé composé avec les pronoms *y* et *en*

- Remember, the pronoun **y** replaces a preposition (except for **de**) followed by a place or thing. The pronoun **en** replaces the preposition **de** followed by a person or thing. Both pronouns are placed before the conjugated verb.

—Tu vas **à Paris?**	—Tu bois **du vin?**
—Oui, j'**y** vais.	—Non, je n'**en** bois pas.

- When **y** and **en** are used with the **passé composé,** they precede the auxiliary verb (which, like in the present tense, is the conjugated verb).

—Vous êtes allés **à Paris?**	—*Did you go to Paris?*
—Oui, nous **y** sommes allés.	—*Yes, we went there.*
—Tu as mangé **de la pizza?**	—*Did you eat pizza?*
—Oui, j'**en** ai mangé.	—*Yes, I ate some.*

- If the sentence is negative, the **ne (n')** precedes the pronoun and the **pas** follows the auxiliary verb.

—Elle a mangé **dans ce restaurant?**	—*Did she eat in that restaurant?*
—Non, elle n'**y** a pas mangé.	—*No, she didn't eat there.*
—Il a bu **de l'eau?**	—*Did he drink (some) water?*
—Non, il n'**en** a pas bu.	—*No, he didn't drink any.*

Le passé composé avec les adverbes

Placement of adverbs with the **passé composé** depends on the type of adverb.

- Short adverbs generally follow the auxiliary verb. If the verb is in the negative, the adverb follows **pas.**

Elle a **bien** compris la leçon.	*She understood the lesson well.*
Nous sommes **vite** descendus en ville.	*We went downtown quickly.*
Je n'ai pas **assez** mangé.	*I didn't eat enough.*

- Long adverbs (those based on adjectives) generally come after the past participle.

Elle a parlé **constamment.**	*She talked constantly.*
Ils sont venus **rapidement.**	*They came quickly.*

Pratiquons!

A. Logique / pas logique. Answer the following questions in the affirmative or the negative, based on what you feel is a logical response. Use a pronoun (**y** or **en**) to replace the italicized noun in the question. If you give a negative response, follow it with a logical alternative.

> MODÈLE: Annie et Jean-Pierre sont allés *à la librairie* pour regarder un film?
>
> *Mais non, ils n'y sont pas allés! Ils sont allés au cinéma.*

1. Annie et Jean-Pierre sont allés *au supermarché* pour acheter du riz? *Oui, ils y sont allé.*
2. Ils sont allés *au supermarché* pour acheter du pain? *Non, ils n'y sont pas allé*
3. Ils ont mangé *du fromage* après le dîner? *Oui, ils en ont mangé.*
4. Annie et Jean-Pierre ont séjourné *à Bruxelles* pour pratiquer leur anglais? *Non, ils n'y ont pas séjourné.*
5. Ils ont bu *de la bière* avec le petit déjeuner? *Non, ils n'en ont pas bu.*
6. Ils ont pris *des photos* pendant les vacances? *Oui, ils en ont pris.*

B. Tu y es allé(e)? Tu en as mangé? Take turns asking and answering the following questions in the affirmative or the negative, replacing the noun in each question with **y** or **en**.

> MODÈLE: Tu as voyagé en France?
>
> *Oui, j'y ai voyagé. / Non, je n'y ai pas voyagé.*

1. Tu as mangé du pâté? *Non, je n'en ai pas mangée*
2. Tu es allé(e) au cinéma cette semaine? *Non, je n'y suis pas allée*
3. Tu as voyagé au Canada? *Non, je n'y ai pas voyagée*
4. Tu as bu du vin français? *Non, je n'en ai pas bu.*
5. Tu as pris de la pizza hier soir? *Non, je n'en ai pas pris.*
6. Tu as mangé des céréales ce matin? *Non, je n'en ai pas mangée*

C. Comment est-ce que tu l'as fait? Use adverbs to tell how you did each of the following activities yesterday. Be sure to put the verb in the **passé composé**.

Suggested adverbs: **beaucoup, peu, trop, bien, vite, souvent, constamment, rapidement, lentement, intelligemment, tristement, tranquillement.**

> MODÈLE: manger
>
> *J'ai trop mangé hier. / J'ai mangé rapidement hier.*

1. étudier
2. aller en classe
3. dormir
4. faire mes devoirs
5. regarder la télé
6. manger

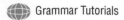

STRUCTURE 5

CD 1
Track 74

Les verbes *lire, dire et écrire*

Three irregular verbs used to talk about the media are **lire** *(to read)*, **dire** *(to say)*, and **écrire** *(to write)*. They have similar conjugations in the present tense and use **avoir** in the **passé composé.**

lire *(to read)*		dire *(to say)*		écrire *(to write)*	
je **lis**	nous **lisons**	je **dis**	nous **disons**	j'**écris**	nous **écrivons**
tu **lis**	vous **lisez**	tu **dis**	vous **dites**	tu **écris**	vous **écrivez**
il / elle / on **lit**	ils / elles **lisent**	il / elle **dit**	ils / elles **disent**	il / elle / on **écrit**	ils / elles **écrivent**
past participle: **lu**		past participle: **dit**		past participle: **écrit**	

Here are the verbs used in context.

- Quand j'arrive au travail, je **lis** mes e-mails. Je parle moins souvent au téléphone aujourd'hui; j'**écris** des e-mails aux collègues. On **dit** que cela cause moins d'interruptions que le téléphone.

- Hier ma mère **a dit** que je passe trop de temps devant l'ordinateur. C'est peut-être vrai! Ce matin j'**ai lu** un journal français sur Internet, et ensuite j'**ai écrit** quatre e-mails. J'ai travaillé sur l'ordinateur pendant trois heures! Je pense que ma mère a raison.

> **Reminder:** The expression **On dit** often means *People say / They say* when reporting information one has heard. **On dit que ce livre est très intéressant.** (*They say that this book is very interesting.*)

⚑ VÉRIFIEZ votre compréhension

1. In the last chapter, we talked about certain patterns that occur in irregular verbs. Do you see any familiar patterns here?
2. We asked you to notice that the **vous** form of **dire** is very irregular. What exactly is irregular about it? Can you think of any other verbs with a similar ending?
3. Most of the verbs in the examples in **Structure 5** are in the affirmative. What would the negative of each verb be? (Pay attention to whether the verb is in the present or the **passé composé!**)

À l'écoute!

CD 1
Tracks
75–76

A. Combien de personnes font cette activité? You will hear various activities described on the Text Audio. Indicate whether each activity is done by one person or by more than one person.

1. _____ une personne _____ plus d'une personne
2. _____ une personne _____ plus d'une personne
3. _____ une personne _____ plus d'une personne
4. _____ une personne _____ plus d'une personne
5. _____ une personne _____ plus d'une personne
6. _____ une personne _____ plus d'une personne

B. C'est quand? For each sentence you hear, indicate whether the activity mentioned took place in the past, or is taking place in the present.

1. _____ passé _____ présent   4. _____ passé _____ présent
2. _____ passé _____ présent   5. _____ passé _____ présent
3. _____ passé _____ présent   6. _____ passé _____ présent

Pratiquons!

A. Qu'est-ce qu'ils lisent? Tell what different people read by choosing from the options.

un roman	des magazines	des revues
des e-mails	des billets doux (*love letters*)	des poèmes
un journal hebdomadaire		

1. Annette et Marie-Claire suivent un cours de poésie. Elles...
2. Ma fiancée et moi, nous habitons dans deux villes différentes. Nous...
3. Je préfère lire des articles scientifiques. Je...
4. Claude n'a pas le temps de lire le journal tous les jours. Elle...
5. Pour te reposer (*relax*) le soir, tu...
6. Le/La pauvre prof! Le week-end, il/elle...

B. Qui fait quoi? For each of the following items, tell who among your family and friends does each activity. Use a complete sentence in your response.

> MODÈLE: lire le journal le matin
> *Ma mère lit le journal le matin. /*
> *Mes amis lisent le journal le matin.*

1. dire que les films de Disney sont amusants
2. lire un quotidien
3. lire un hebdomadaire
4. écrire souvent des e-mails
5. lire un journal français
6. écrire des cartes postales pendant les vacances

wavebreakmedia ltd/Shutterstock.com

C. Avantages/désavantages. Complete the following paragraph with the appropriate present tense form of the logical verb. Each verb will be used only once.

vouloir	écrire	préférer	boire
dire	prendre	lire	pouvoir

Le matin, je me lève *(get up)*, et je (1) _____ le journal pendant que je (2) _____ mon café. Mon mari (3) _____ une douche et ensuite il (4) _____ des courriels[1] à sa famille au Canada. Ses parents (5) _____ que l'e-mail est mieux que le courrier *(snail mail)* parce que c'est plus rapide, et que c'est mieux que le téléphone parce que c'est gratuit! Nous (6) _____ aussi envoyer des photos par courriel, ce qui est super génial. Mais moi, je (7) _____ entendre la voix *(the voice)* de mes proches *(loved ones)* de temps en temps. J'aime l'e-mail, mais je (8) _____ le téléphone!

iLrn Complete the diagnostic tests to check your knowledge of the vocabulary and grammar structures presented in this chapter.

D. Mais non, il l'a déjà fait! A friend asks you if someone is currently doing an activity. Tell your friend that the person already did the activity, at the time indicated.

> **MODÈLE:** Est-ce que Jean-Pierre écrit une chanson d'amour? (hier soir)
> *Mais non, il a écrit la chanson d'amour hier soir.*

1. Est-ce que les étudiants lisent un poème en cours? (hier)
2. Est-ce que Martine écrit à sa mère? (ce matin)
3. Nous lisons le Chapitre 6? (la semaine dernière)
4. On dit bonjour à Madame Ferrier? (déjà)
5. Vous écrivez au Courrier des Lecteurs? (hier matin)
6. On lit *Le Petit Prince* ce semestre? (le semestre passé)

À vous de parler!

A. Sondage. In groups of three or four, ask and answer questions 1–6. When you have finished, answer questions 7 and 8 as a class.

1. Combien de fois par semaine est-ce que tu lis le journal? Quels journaux et magazines lis-tu? Est-ce que ce sont des quotidiens ou des hebdomadaires?
2. Qu'est-ce que tu écoutes à la radio? De la musique? Des infos? Est-ce que tu écoutes la radio tous les jours?
3. Est-ce que tu regardes le journal télévisé le soir? Si oui, combien de fois par semaine? Si non, pourquoi pas?
4. Est-ce que tu parles souvent de l'actualité avec tes amis et ta famille? Est-ce que tu aimes discuter de la politique avec eux *(them)*?
5. Quand quelque chose de très important se passe dans le monde, où est-ce que tu vas pour t'informer *(to get information)*?
6. Est-ce que les journalistes sont honnêtes, à ton avis? Est-ce qu'ils font bien leur travail? Pourquoi penses-tu cela?
7. Dans votre groupe, en général, quels médias est-ce qu'on préfère pour s'informer? Pourquoi?
8. Est-ce que votre groupe fait plutôt confiance à la presse ou à vos amis pour obtenir des informations importantes? Pourquoi?

[1]'Courriel' est une forme contractée de 'courrier électronique.' On dit aussi 'e-mail' ou 'mèl.'

B. La réponse des Français. Now read the following survey results. A group of 1,000 French people were asked questions similar to the ones you answered in Activity A. Keeping the same groups you had in Activity A, compare your responses in A with the responses in this survey, and answer the following questions.

1. De quels moyens est-ce que les Français se servent en particulier pour s'informer? Est-ce que la réponse est différente de celle de votre groupe, ou la même?
2. Est-ce que les Français font plus confiance, moins confiance, ou égale confiance à la presse que votre groupe?
3. Est-ce que vous voyez plus de similarités ou plus de différences entre les opinions des Français et les opinions de votre classe?

QUESTION 1: Les journalistes vous paraissent-ils dans l'ensemble... ?

	Oui	Non	Pas d'opinion
Exprimer des opinions diverses	62%	35%	3%
Décrire honnêtement la réalité des faits	41%	57%	2%
Faire de moins en moins bien leur travail	38%	59%	3%
Être en contact avec la même réalité que vous	38%	60%	2%

QUESTION 2: Personnellement, pour vous informer de ce qui se passe dans la société, diriez-vous que pour chacun des acteurs ou éléments suivants, les sources d'information suivantes jouent un rôle très important, assez important, peu important ou pas important du tout?

	Très important	Assez important	Peu important	Pas du tout important
Les amis, la famille	50%	31%	15%	4%
La télévision	37%	39%	17%	7%
La radio	32%	42%	19%	7%
Les journaux quotidiens	26%	45%	17%	11%
Le budget du foyer	28%	41%	20%	9%
Les magazines (hebdomadaires et mensuels)	10%	40%	34%	16%
Les collègues	14%	32%	26%	15%
Les partis politiques	15%	28%	30%	25%

En France, un guide télé, c'est comme ça

En France, comme aux États-Unis, beaucoup de personnes consultent le programme télé sur Internet.[1] Ce guide a plusieurs avantages: à première vue, on a le resumé de tout ce qu'on peut voir à la télé ce jour-là, mais c'est aussi très interactif. On peut cliquer sur une chaîne de télévision pour voir toute la programmation de toute la journée ou même de la semaine, on peut aussi cliquer sur une émission pour avoir des détails plus complets, on peut également rechercher un type d'émission (films, divertissements, etc.) par catégorie, etc. Mais évidemment, si vous préférez avoir une copie sur votre fauteuil, vous pouvez toujours acheter le guide télé chez le marchand de journaux aussi!

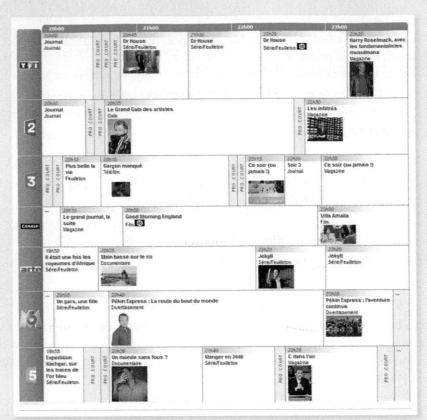

Courtesy of GuideTele

👤👤👤 Réfléchissons!

Par groupes de trois ou quatre, répondez aux questions suivantes:

1. Quelles sortes de programmes est-ce que vous voyez dans le guide télé ci-dessus? Quelles informations sont données concernant ces programmes? Est-ce que ce sont les mêmes informations que dans un guide télé de votre pays, ou est-ce qu'elles sont différentes? En quoi?

2. Regardez les programmes diffusés. Est-ce que les chaînes de télévision se spécialisent dans des programmes en particulier? Comment?

3. Combien de chaînes de télé est-ce qu'il y a? À votre avis, est-ce qu'il y a beaucoup ou peu de choix? Pourquoi est-ce que vous pensez que les chaînes câblées ne sont pas présentes ici?

4. Assez fréquemment dans les guides télé, il y a une rubrique qui s'appelle "*Pro Court*." Qu'est-ce que cela veut dire, à votre avis? Est-ce que c'est quelque chose qui se trouve dans un guide télé américain? Pourquoi ou pourquoi pas?

[1] This 'téléguide' has been slightly abridged. In a complete version, you'd see programming for one more public channel (France2), and for all prime time hours — 8pm to midnight.

À vous de lire!

A. Stratégies. One way we can facilitate the reading process is to think about the topic before we begin to read. This often helps us to predict what we will find in the text and to fill in gaps when we encounter words or grammatical constructions that are unfamiliar to us. The article that you are about to read, *"Les nouveautés télé de la rentrée,"* (*New Shows for the New Season*) comes from the website *Planet.fr*. Before you start reading this article, think about the information that you might find in it. Look at the title of the article: What does it suggest to you? What do you think this article is about?

Now, think about the programs that you like to watch on TV and why. What kind of new show would appeal to you? If you had to create a new show, what would you create and why?

B. Avant de lire

1. Look at the subtitles in the article. How do the subtitles help you to understand what the following paragraphs will be about?

2. Are there any graphics in the text? How do they contribute to your understanding of the information that follows?

3. With a partner, explain the following quotations from the synopses of the new shows:

   - TF1 met l'accent sur la proximité et la solidarité

   - une nouvelle émission de télé-réalité qui porte bien son nom

   - M6 innove en lançant *(while launching)* son journal télévisé

   - un rendez-vous hebdomadaire

 Now, compare your explanations with a classmate's.

C. Lisons! Before you start reading the following article, remember that you do not have to understand *everything*. Try to understand the general meaning of each synopsis, guessing the meaning of unknown words from context as you go. Then reread the paragraphs a second time for more complete understanding before answering the questions.

Les nouveautés télé de la rentrée

Un euro pour tout changer: un téléthon un peu particulier

Cette année, TF1 met l'accent sur la proximité et la solidarité. La chaîne propose l'émission *Un euro pour tout changer* au cours de laquelle[1] les téléspectateurs auront[2] le pouvoir de donner chacun[3] un euro pour venir en aide à une personne et lui permettre de réaliser son rêve[4] ou un projet comme le financement d'un terrain de basket dans une cité[5] ou la production d'un album pour une chanteuse...

Image copyright Tomo Jesenicnik, 2010. Used under license from Shutterstock.com

[1]during which [2]will have [3]each giving [4]dream [5]housing project

Durant l'émission, chaque candidat présentera[1] son projet et annoncera[2] la somme dont[3] il a besoin, libre ensuite aux téléspectateurs d'y contribuer en donnant un euro par SMS, Internet ou audiotel.

'Qui veut épouser mon fils?'

Qui veut épouser mon fils? est une nouvelle émission de télé-réalité qui porte bien son nom! Bientôt diffusée sur TF1, elle permettra à des mères de famille de **trouver une prétendante**[4] **et de mettre fin au célibat de leur fils** âgé d'une trentaine[5] d'années.

19:45, le nouveau journal télévisé de M6

Cette année, **M6 innove en lançant**[6] **son journal télévisé!** D'une durée de quinze minutes, il traitera[7] de l'actualité[8] comme un journal télévisé traditionnel et laissera[9] une place importante à l'interactivité avec les téléspectateurs!

Ainsi, grâce à un partenariat avec le site Internet MSN, **les téléspectateurs pourront**[10] **poser des questions sur l'actualité** en les postant sur Internet. Le journal y répondra[11] au rythme de trois questions par soir de la semaine.

Le samedi, c'est un invité qui viendra[12] répondre aux questions des internautes[13] dans un entretien[14] qui sera[15] prolongé en ligne après la fin du journal.

Quant au dimanche,[16] *19:45* traitera des trois sujets d'actualité qui auront le plus marqué[17] les internautes.

Mot de passe: un succès d'été qui revient[18] à la rentrée

© Courtesy of France 2

Vous avez peut-être regardé *Mot de passe* cet été sur France 2, ce jeu présenté par Patrick Sabatier où les candidats en équipe avec des célébrités doivent deviner[19] un mot le plus vite possible pour gagner 100 000 euros?

Le jeu a connu un tel succès[20] **qu'il revient** à la rentrée pour un rendez-vous hebdomadaire tous les samedis à 19 heures.

D. Après la lecture

1. Write your own one sentence summary of each new television show. (Don't translate, just summarize!) What genre of program would each fall into?

2. How is the telethon being developed by TF1 different from a traditional telethon? Can you think of anything similar on American television?

3. How will the TV news on M6 be innovative? Would you be interested in a news program of this sort? Why or why not?

4. Would you be interested in programs like 'Qui veut épouser mon fils' or 'Mot de passe'? Why or why not? Who do you think is the target audience for these programs?

5. From the titles of these new programs and their descriptions, do you think that French TV is any different from American TV? Explain your answer.

[1]will present [2]will announce [3]that [4]future spouse [5]about thirty [6]while launching [7]will deal with [8]current events [9]will leave [10]will be able [11]will answer [12]will come [13]internet users [14]interview [15]will be [16]On Sundays [17]most marked [18]is coming back [19]guess [20]was such a success

Lexique

À la radio on peut écouter...

une émission culturelle	*cultural program*
une émission musicale	*music program*
les informations (les infos) *(f.)*	*newscast*
les informations routières *(f.)*	*traffic report*
un talk-show	*talk show*
des tubes *(m.)*	*hit songs*

On peut aussi...

changer de fréquence	*change the station*

À la télé on peut regarder...

un documentaire	*documentary*
un feuilleton	*soap opera*
un film	*movie*
le journal télévisé (le JT)	*television news*
la météo	*weather report*
une série (télévisée)	*TV series*
la télé-réalité	*reality show*

On peut aussi...

changer de chaîne *(f.)*	*to change the channel*
faire du zapping/ zapper	*to channel surf*

À la télé et à la radio...

l'animateur / l'animatrice anime	*the DJ or the host announces / hosts the show*
le présentateur / la présentatrice présente	*the TV anchor presents*

À la télé / Sur le petit écran (*On TV / On the small screen*) À la radio / Sur les ondes (*On the radio / On the airwaves*) on passe / on diffuse (*... they broadcast . . .*)

un dessin animé	*cartoon*
des divertissements *(m.)* / des jeux *(m.)*	*game shows*
une émission	*program*
le hit-parade musical	*top music hits*
un magazine	*exposé*
un match de foot en direct	*live soccer game*

un programme	*program*
de la publicité	*advertisements*
un reportage	*report*
les sports *(m.)*	*sports*
un téléfilm	*TV movie*

Chez le marchand de journaux *At the newsstand*

un guide des programmes télévisés / un guide télé / un programme télé	*television guide*
un hebdomadaire	*weekly magazine*
un journal	*newspaper*
une revue de cuisine	*cooking magazine*
un magazine d'actualité	*news magazine*
un magazine de santé	*health magazine*
un mensuel	*monthly magazine*
la presse people	*entertainment magazines*
un quotidien	*daily newspaper*
un magazine people	*entertainment magazine*
une revue de mode	*fashion magazine*
une revue de sport	*sports magazine*

Les professionnels

un(e) journaliste	*journalist*
un(e) paparazzi	*paparazzi*
un(e) photographe	*photographer*

Les lecteurs

un(e) abonné(e)	*subscriber*
un abonnement	*magazine /newspaper subscription*
un bon d'abonnement	*a subscription form*
un lecteur / une lectrice	*reader*

Les événements mémorables dans une vie

Événements positifs

chanter dans une chorale	*to sing in a choir*
chanter dans un groupe	*to sing in a band*
dire	*to say*
donner un concert	*to perform a concert*
donner une conférence	*to present a paper*
écouter une conférence	*to listen to a lecture*
écrire	*to write*
écrire au courrier des lecteurs	*to write a letter to the editor*
gagner un prix	*to win a prize*
gagner un match	*to win a match*
jouer dans un groupe	*to play in a band*
jouer dans un orchestre	*to play in an orchestra*
lire	*to read*
participer à un défilé	*to march/participate in a parade*
participer à une manifestation	*to take part in a demonstration*
participer à un match (sportif)	*to play in a (sports) match/game*
publier	*to publish*
un article	*article*
un livre	*book*
un poème	*poem*
sauver la vie à quelqu'un	*to save someone's life*

Événements négatifs

avoir un accident	*to have an accident*
un cambriolage	*burglary (break-in)*
être cambriolé(e)	*to be burglarized*
causer un accident	*to cause an accident*
commettre un crime	*to commit a crime*
perdre un match (sportif)	*to lose a (sports) match/game*
être victime d'un crime	*to be a victim of a crime*
un vol	*robbery*
être volé(e)	*to be robbed*

Mes relations amoureuses et amicales

There are things we do every day, such as waking up, getting dressed, and brushing our teeth. In this chapter, you will learn the pronominal verbs that are used to express our daily routine; the verbs **partir, sortir** and **quitter**; to talk about different ways of coming and going; and vocabulary to talk about our relationships with others.

Petesaloutos/Dreamstime.com

VOCABULARY

- Reflexive and reciprocal verbs for expressing emotions
- Reflexive and reciprocal verbs for talking about daily routine and relationships

STRUCTURES

- Reflexive verbs in the present tense
- Reciprocal verbs in the present tense
- Reflexive and reciprocal verbs in the **futur proche**
- Reflexive and reciprocal verbs in **passé composé**
- The verbs **partir, sortir,** and **quitter** in the present and **passé composé**

CULTURE

- Interracial and intercultural marriage
- Example of a French / Francophone wedding

 Audio
 www.cengagebrain.com

RESSOURCES

Passage 1

Ma routine

Voici un test de personnalité. Lisez les questions et choisissez la réponse qui décrit le mieux votre personnalité. Vous êtes une personne stressée ou détendue?[1] Si vous ne connaissez pas certains mots de vocabulaire regardez les dessins *(drawings)* ou pensez au contexte.

Psycho-test: êtes-vous une personne stressée ou détendue?

1. À six heures du matin, **vous vous réveillez…**
   a. _____ de bonne humeur, toujours content(e).
   b. _____ de mauvaise humeur, toujours fâché(e).

2. Généralement, le matin, **vous vous levez…**
   a. _____ lentement.
   b. _____ rapidement.

3. D'habitude, le matin, **vous vous lavez…**
   a. _____ tranquillement et minutieusement.
   b. _____ toujours vite, vite, vite!

4. En général, **vous vous habillez…**
   a. _____ confortablement: le confort en premier.
   b. _____ coquettement et inconfortablement: l'esthétique prime.

5. **Vous vous maquillez** (les femmes)**…** / **Vous vous rasez** (les hommes)…
   a. _____ tous les jours sans exception.
   b. _____ seulement le week-end.

6. Normalement, au travail / à l'université **vous vous sentez…**
   a. _____ bien.
   b. _____ mal.

7. **Vous vous rongez les ongles…**
   a. _____ souvent: ça vous détend et ça vous relaxe quand vous êtes énervé(e) ou préoccupé(e).
   b. _____ jamais: vous n'êtes pas souvent nerveux(-euse).

[1]relaxed

8. Quand vous êtes en voiture, **vous vous énervez...**
   a. _____ facilement.
   b. _____ difficilement.

9. Le soir, généralement, **vous vous couchez...**
   a. _____ tôt, avant 22 heures.
   b. _____ tard, après 23 heures.

10. Le soir, **vous vous endormez...**
    a. _____ rapidement.
    b. _____ avec difficulté.

Résultat: Comptez combien de **a** et de **b** vous avez. Si vous avez plus de réponses **b** que de réponses **a,** vous êtes une personne stressée. Nous recommandons un bon massage. Si vous avez plus de réponses **a,** vous êtes une personne détendue. Bravo! Continuez!

....

Vous avez bien compris?

Indiquez si les situations suivantes sont *logiques* ou *pas logiques*.

1. Quand vous buvez beaucoup,
   beaucoup de bières, vous vous
   sentez mal: vous avez une
   migraine et vous voulez vomir.   _____ logique   _____ pas logique

2. Vous vous lavez dans le garage.   _____ logique   _____ pas logique

3. Vous vous rasez les ongles.   _____ logique   _____ pas logique

4. En cours, vous vous levez
   quand vous voulez.   _____ logique   _____ pas logique

5. Vous vous habillez dans la
   chambre ou la salle de bains.   _____ logique   _____ pas logique

6. Vous vous maquillez
   les cheveux.   _____ logique   _____ pas logique

La routine

The following reflexive verbs are listed in the infinitive form.

se brosser les dents

se calmer

se démaquiller

se déshabiller

s'épiler

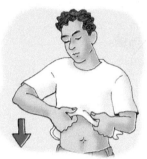
s'habiller

se laver les cheveux

se maquiller

se peigner les cheveux

se presser / se dépêcher

se promener

se reposer

se sécher les cheveux

se baigner

Here are the reflexive verbs that you saw in the personality test: (go back to that test if you are unsure of their meaning).

se coucher	se laver	se raser
s'endormir	se lever	se ronger les ongles
s'énerver	se maquiller	se sentir bien / mal
s'habiller	se réveiller	

À vous!

A. Qu'est-ce qu'il/elle fait? Identifiez les affirmations avec les dessins correspondants.

1.

4.

_____ a. Il/Elle se sèche les cheveux.

_____ b. Il/Elle se rase.

2.

5.

_____ c. Il/Elle se lave.

_____ d. Il/Elle se réveille.

3.

6.

_____ e. Il/Elle se déshabille.

_____ f. Il/Elle se ronge les ongles.

B. La routine du prof. Posez des questions à votre professeur en utilisant les choix donnés entre parenthèses. Ensuite, organisez les phrases de façon logique pour avoir un paragraphe complet sur la routine de votre prof.

> **MODÈLE:** Vous vous rongez les ongles (pendant un film d'horreur / de science-fiction).
>
> *Est-ce que vous vous rongez les ongles pendant un film d'horreur ou un film de science-fiction?*

1. Vous vous couchez (tard / tôt).
2. Vous vous pressez pour aller à l'université (très souvent / pas souvent).
3. Vous vous endormez (facilement / difficilement).
4. Vous vous réveillez (de bonne humeur / de mauvaise humeur).
5. Vous vous séchez les cheveux (toujours / jamais).
6. Vous vous levez (tout de suite / avec difficulté).

STRUCTURE 1

 Grammar Tutorials

Les verbes réfléchis au présent

Reflexive verbs (**les verbes réfléchis**) are *pronominal verbs*—they require an additional pronoun after the subject (pronoun). The subject and object of reflexive verbs is usually the same. Examples in English are: *He hurt himself. They are enjoying themselves.*

- Some reflexive verbs in French, however, are idiomatic. They may not be reflexive in English or the the pronoun *oneself* may be omitted. For example, **je m'appelle**... usually translates as *My name is* . . . rather than *I call myself* . . . and one would usually say *I wake up* instead of *I wake myself up.*

- The object pronouns used with reflexive verbs are: **me, te, se, nous,** and **vous.** Except in the case of positive commands (which you will learn in Chapter 10), they are placed directly in front of the verb. Here are the conjugations of **se raser.**

se raser *(to shave [oneself])*	
je **me** rase	*I shave (myself)*
tu **te** rase	*you shave (yourself)*
il / elle / on **se** rase	*he / she / one shaves (himself / herself / oneself)*
nous **nous** rasons	*we shave (ourselves)*
vous **vous** rasez	*you shave (yourself / yourselves)*
ils / elles **se** rasent	*they shave (themselves)*

- The pronouns **me, te,** and **se** become **m', t',** and **s'** before a vowel sound.

  Je **m'**énerve facilement.   *I get upset easily.*

- To make a reflexive verb negative, place **ne** before the reflexive pronoun and **pas** after the verb.

  Elle **ne** se maquille **pas.**   *She isn't putting on (doesn't wear) make-up.*
  Nous **ne** nous réveillons   *We don't wake up early on Sunday.*
     pas tôt le dimanche.

- Several reflexive verbs have spelling changes.

Verb	Spelling change	Examples
se lever *(to get up)* **se promener** *(to go for a walk)*	Conjugated like **acheter** and **promener**, the stem adds an **accent grave** to the e in all forms but **nous** and **vous.**	je me lève nous nous levons tu te promènes vous vous promenez
se sécher *(to dry [oneself])*	The **é** in the stem changes to **è** in all forms but **nous** and **vous.**	je me sèche nous nous séchons
se ronger	Like **manger**, an e is added after the g in the **nous** form.	vous vous rongez les ongles nous nous rongeons les ongles

¹ The verb **s'endormir** is based on **dormir** *(to sleep)*. The two are conjugated in the same way. How would you conjugate **dormir**?

- **Se sentir** *(to feel)* and **s'endormir**¹ *(to fall asleep)* are irregular. The stem changes in the singular forms.

se sentir *(to feel)*	s'endormir *(to fall asleep)*
je me **sens**	je m'**endors**
tu te **sens**	tu t'**endors**
il / elle / on se **sent**	il / elle s'**endort**
nous nous **sentons**	nous nous **endormons**
vous vous **sentez**	vous vous **endormez**
ils / elles se **sentent**	ils / elles s'**endorment**

- When a body part follows a reflexive verb, the definite article is used (not a possessive adjective like in English).

  Je me lave **les** cheveux.   *I am washing my hair.*
  Tu te ronges **les** ongles?   *Do you bite your nails?*

- Some verbs can be both reflexive and non-reflexive depending on the object of the verb.

  Aurélie s'habille.   *Aurélie is getting (herself) dressed.*

- Aurélie is the subject and object of the verb; therefore, the verb is reflexive.

  Aurélie habille le bébé.   *Aurélie is dressing the baby.*

The baby is the object of the verb, not Aurélie (who is the subject); therefore the verb is not reflexive.

VÉRIFIEZ votre compréhension

1. Go back to the personality test at the beginning of the chapter (pp. 238–239). Why are all the reflexive verbs conjugated in the second person plural form **(vous)**? Whom do they refer to? (Who is **vous?**)
2. Why are they all reflexive? What are they meant to indicate?

CD 2
Track 3

À l'écoute!

> **Petits Tuyaux!** In the next activity you will be asked to distinguish plural from singular forms of the verbs **s'endormir** and **se sentir**. Since phonetically one cannot tell the difference between **il se/ils se** and **elle se/elles se**, you must pay attention to the way the endings of the verbs sound: il se s**en**t (you will hear /**en**/) vs. ils se sen**t**ent (you will hear /**t**/); je m'endor**s** (you will hear /**r**/) vs. ils s'endor**m**ent (you will hear /**m**/).

Pluriel ou singulier? Écoutez les phrases suivantes avec les verbes **s'endormir** et **se sentir**. Pour chaque phrase, indiquez si le verbe est au pluriel ou au singulier.

1. _____ singulier _____ pluriel 5. _____ singulier _____ pluriel
2. _____ singulier _____ pluriel 6. _____ singulier _____ pluriel
3. _____ singulier _____ pluriel 7. _____ singulier _____ pluriel
4. _____ singulier _____ pluriel 8. _____ singulier _____ pluriel

Pratiquons!

A. La routine d'Annette. Voici une journée typique pour Annette Fourcher et sa famille. Complétez chaque phrase avec la forme correcte du verbe entre parenthèses.

Annette Fourcher (1) _____se lève_____ (se lever) toujours très tôt le matin, mais son mari (2) _ne se lève pas_ (ne... pas se lever) tôt. Annette fait du jogging et après elle (3) _____se lave_____ (se laver). Elle (4) _ne se sèche_ (ne... pas se sécher) les cheveux parce que ses deux enfants (5) _se réveillent_ (se réveiller) et ils appellent: «Maman, maman!» Annette (6) _se dépêche_ (se dépêcher) et va dire bonjour à ses enfants. Elle (7) _____se sent_____ (se sentir) heureuse avec sa famille réunie le matin. Après le petit déjeuner, Annette (8) _se promène_ (se promener) avec ses enfants. L'après-midi elle travaille beaucoup et le soir, elle (9) _s'endort_____ (s'endormir) très vite.

B. Questions indiscrètes. Posez à un camarade de classe les questions indiscrètes suivantes et ensuite inversez les rôles. Toute la classe ensemble, comparez les réponses que vous avez reçues. Quel est le cours le plus ennuyeux où la majorité des étudiants s'endorment? Pourquoi est-ce que les étudiants se rongent les ongles? Etc.

1. Est-ce que tu t'endors souvent en classe? Dans quel cours est-ce que tu t'endors le plus souvent?
2. Est-ce que tu te ronges les ongles? Pourquoi? Quand?
3. Est-ce que tu te brosses les dents tous les jours? Combien de fois par jour?
4. Quand est-ce que tu te dépêches? Pour aller à un rendez-vous amoureux?
5. Est-ce que tu te sens bien dans le cours de français? Pourquoi?
6. Quand est-ce que tu te sens mal? Pourquoi?

C. Ma journée typique. Dites à un camarade de classe comment est une journée typique pour vous. Ensuite, inversez les rôles. Présentez vos réponses à la classe et comparez vos routines.

Portrait personnel

Écrivez un **portrait personnel** dans lequel vous allez comparer et contraster la routine de votre partenaire et la vôtre, en vous basant sur les réponses que vous avez reçues à l'Activité C. Placez vos comparaisons sur le site web du cours ou dans vos journaux, si vous en avez.

MODÈLE: *Sam ne se ronge jamais les ongles, mais moi, je suis nerveux (nerveuse). Je me ronge toujours les ongles, surtout pendant un examen!*

Kanopy

STRUCTURE 2

Les verbes réfléchis au futur proche

- Remember, a form of **aller** followed by an infinitive is used to form the **futur proche.**

  Je **vais manger.**   *I'm going to eat.*

- With reflexive verbs in the near future, the reflexive pronoun agrees with the subject and is placed before the infinitive.

  Je vais **me** baigner.   *I am going to take a bath.*

  Il va **se** raser.   *He is going to shave.*

  Nous allons **nous** promener.   *We are going to go for a walk.*

- To make a reflexive verb in the near future negative, place the **ne** and the **pas** around the conjugation of **aller.**

  Je **ne** vais **pas** me sécher les cheveux.   *I'm not going to dry my hair.*

  Vous **n'**allez **pas** vous presser.   *You're not going to hurry.*

 VÉRIFIEZ votre compréhension

1. Go back to the personality test at the beginning of the chapter (pp. 238–239). Look at the reflexive verbs in boldface. They are all conjugated in the **vous** form. How would you phrase question #1 in the **je** and the **tu** forms? How would you phrase question #2 in the **on** form? How about question #3 in the **nous** form? Finally, phrase question #4 in the **ils** form.

2. Try to negate question #5 in the personality test.

3. How would you phrase question #9 in the **futur proche?**

 ## À l'écoute!

CD 2
Track 4

Se lever ou se laver? Il est parfois difficile de faire la distinction entre les verbes **se lever** et **se laver.** Écoutez et répétez les phrases suivantes.

1. Je me lève.   Je me lave.
2. Il va se lever.   Il va se laver.
3. Nous n'allons pas nous laver.   Nous n'allons pas nous lever.
4. Vous voulez vous laver.   Vous voulez vous lever.
5. Tu te lèves.   Tu te laves.
6. Ils ne se lavent pas.   Ils ne se lèvent pas.

Maintenant, indiquez le verbe que vous entendez.

7. _____ se lever _____ se laver   10. _____ se lever _____ se laver

8. _____ se lever _____ se laver   11. _____ se lever _____ se laver

9. _____ se lever _____ se laver   12. _____ se lever _____ se laver

Pratiquons!

A. Parlons de demain. Complétez les phrases de façon logique afin de décrire ce que vont faire les personnes suivantes demain. Choisissez le verbe le plus approprié pour chaque situation et conjuguez-le au futur proche.

se sentir bien	se coucher tard	se presser
se réveiller	s'énerver	s'habiller confortablement

1. Moi, je _____ de mauvaise humeur demain matin parce que je suis toujours fatigué(e).

2. La présidente _____ à cause des problèmes qu'elle ne peut pas résoudre: le parking, par exemple!

3. Les profs _____ pour arriver à l'heure.

4. Mes amies et moi, nous _____ à l'Institut de Beauté![1]

5. Tes amis et toi, vous _____ pour aller faire une longue promenade.

6. Tu _____ après avoir beaucoup dansé avec tes amis.

 B. Pendant les vacances. Avec les éléments ci-dessous, formulez des questions et posez-les à un(e) camarade de classe pour savoir si il/elle va faire les choses suivantes pendant les vacances.

> **MODÈLE:** se lever tôt / À quelle heure?
>
> *Est-ce que tu vas te lever tôt pendant les vacances? À quelle heure tu vas te lever?* non, je ne vais pas me lever tôt

1. se lever tard / À quelle heure?
2. s'énerver facilement / Pourquoi? Contre qui?
3. se maquiller / se raser / Pourquoi?
4. s'habiller élégamment / Pour quelle occasion?
5. se baigner[2] à la mer / à la piscine / Combien de fois *(How many times)* par jour?
6. se reposer / Comment? *(How?)*

Portrait personnel

En vous basant sur les réponses de votre partenaire à l'Activité B, écrivez un paragraphe pour décrire ce qu'il/elle va faire pendant les vacances. Comparez votre paragraphe avec ceux d'autres étudiants et décidez qui va faire les choses les plus intéressantes (ou amusantes).

---

[1]Similar to a day spa   [2]**se baigner** also means *to go swimming*

On se marie comme ça au Maroc

Au Maroc, généralement les jeunes couples se marient par amour. Cependant, il y a encore des mariages arrangés. La famille de la mariée donne une dot[1] et la famille du marié contribue à payer les besoins ménagers, comme par exemple les meubles.

Les préparatifs avant le mariage sont assez traditionnels. Quelques jours avant le grand jour, la mariée est décorée à l'henné[2] par les «hennayats». Les hennayats tracent sur le corps de la femme des symboles de protection et de fécondité. Les décorations à l'henné représentent aussi la séduction, l'érotisme et la passion. Le jour du mariage, les cheveux de la mariée sont coiffés par une femme heureuse qui a un mari fidèle. D'abord, cette femme met de l'henné dans les cheveux de la future épouse. Ensuite, elle place les cheveux dans un anneau d'argent[3] comme symbole de pureté. Après, une hennayat casse un œuf sur la tête de la future mariée en signe de fécondité. Enfin, elle met dans la coiffure de la mariée deux dattes avec du miel.[4]

Pendant la cérémonie, la mariée change sept fois de robe. Les deux époux sont placés sur deux plateaux que l'on tourne sept fois aussi. Dans un mariage marocain il y a toujours la présence des «neggafates», des femmes qui font respecter les traditions qui font partie du patrimoine national.

Réfléchissons!

1. Quelles traditions conservez-vous? Quelle est la tradition lors des mariages dans votre culture? Que fait le marié? Et la mariée? Que font les invités?

2. Le pouvoir de séduction reste très important chez la femme marocaine avec la décoration du corps à l'henné. Est-ce que ce symbolisme de séduction existe dans votre culture? Comment «se décorent» les mariées?

3. Dans votre pays, y a-t-il l'équivalent de «neggafates» pendant les mariages? Y a-t-il des femmes qui aident les mariés pendant la cérémonie religieuse? Comment s'appellent-elles?

[1]*dowry* [2]**L'henné** is the henna plant. Dying agents, usually yellow or red, are extracted from it. Both women and men decorate their bodies with henna. The markings look like tattoos but they are not permanent. Women also dye their hair with henna. [3]*silver ring* [4]*dates with honey*

Passage 2

Une histoire d'amour

Everyone has a very best friend or a special person in his or her life. In this section, you will use pronominal verbs to express emotions and actions common in human relationships, such as *to love each other, to hate each other,* or *to talk to each other.* These verbs are called reciprocal verbs.

Au Chapitre 2, vous avez rencontré *(met)* Anou (belge) et Jean (canadien). Écoutez leur **histoire d'amour.**

Anou et Jean se sont mariés il y a quarante ans. Ils se sont rencontrés à une fête et ils ne se sont plus quittés! Ils sont sortis ensemble[1] six mois avant de se marier. Ils ont deux filles et deux petits-fils, Alexandre et Maximilien. Ils s'aiment beaucoup.

Ils ne se disputent jamais.

Anou et Jean s'amusent beaucoup ensemble: ils aiment se parler, se promener et s'embrasser.

Ils se téléphonent du travail au moins une fois par jour pour se dire des mots tendres. C'est le grand amour! Ils ne vont jamais divorcer, c'est sûr!

[1]*together*

L'histoire d'une rupture (break up)

Au Chapitre 2, vous avez également rencontré Gérard et Yolanda. Écoutez leur histoire:

Gérard et Yolanda se sont mariés il y a quarante ans. Ils ne s'entendent pas bien et ils se disputent souvent.

Ils s'ennuient ensemble.

Ils se fâchent constamment. Ils ne s'embrassent jamais et ils ne se regardent jamais avec amour. Ils se sont aimés à un certain moment mais maintenant ils ne s'aiment plus: ils se détestent et ils vont se séparer. Gérard va partir et va quitter Yolanda. Voilà l'histoire d'une rupture... C'est dommage!

Vous avez bien compris?

En vous basant sur les histoires du **Passage 2,** indiquez si les affirmations suivantes sont **vraies** ou **fausses.** Corrigez les phrases qui ne sont pas correctes.

1. Anou et Jean se téléphonent au travail.   _____ vrai   _____ faux
2. Anou et Jean ne s'aiment pas.   _____ vrai   _____ faux
3. Anou et Jean s'embrassent.   _____ vrai   _____ faux
4. Anou et Jean se disputent.   _____ vrai   _____ faux
5. Gérard et Yolanda s'amusent ensemble.   _____ vrai   _____ faux
6. Gérard et Yolanda se détestent.   _____ vrai   _____ faux

→ Mon vocabulaire ←

Les relations amoureuses et amicales

aimer quelqu'un à la folie	*to love someone madly*
se rencontrer	*to meet (one another)*
s'aimer	*to love one another*
s'embrasser	*to kiss one another / to hug*
se donner un baiser	*to kiss (generally on the lips)*
se faire la bise	*to kiss (on the cheeks)*
l'amour *(m.)*	*love*
s'amuser	*to have fun*
s'ennuyer	*to be bored*
avoir une déception amoureuse	*to have one's heart broken*
se détester	*to hate one another*
se disputer	*to argue with each other*
se marier	*to get married*
se fiancer	*to get engaged*
se quitter	*to leave each other*
se séparer	*to separate*
divorcer	*to get a divorce*
être amoureux(-euse) de quelqu'un	*to be in love with someone*
être fidèle à quelqu'un	*to be faithful to someone*
tromper quelqu'un	*to cheat on someone*
le coup de foudre	*love at first sight*
les amoureux	*lovers*
s'entendre bien	*to get along well*
s'entendre mal	*not to get along*
se fâcher (contre)	*to get mad (at)*
se réconcilier (avec)	*to reconcile*
se regarder	*to look at one another*
tomber amoureux(-euse) de quelqu'un	*to fall in love with someone*

Pour parler de la vie personnelle

Si on est marié(e):	mon mari / mon époux
	ma femme / mon épouse
Si on va se marier:	mon fiancé / ma fiancée
Si on vit avec quelqu'un	mon compagnon / ma compagne
(live with someone):	
Si on sort avec quelqu'un:	mon petit ami / ma petite amie
	mon ami(e) / mon copain / ma copine
Pour parler d'un grand amour:	mon grand amour
	l'homme / la femme de ma vie

Des mots tendres *(Tender words)*

mon amour	*my love*
mon chéri / ma chérie	*my darling*
mon cœur / mon chou[1]	*my sweetheart / sweetie*

[1]Literally *cabbage* (Applies more to children, especially when **petit** is used with **chou**. This is also true with **amour** and **chéri**).

Pour parler d'actions dans le passé

dans les premiers temps / au début	*at the beginning / at first*
la semaine dernière	*last week*
l'année dernière	*last year*
le mois dernier	*last month*
hier	*yesterday*
il y a (un an / une semaine)	*(a year / a week) ago*

À vous!

A. L'histoire d'Adèle et de Pierre. Complétez le paragraphe suivant avec la forme correcte des verbes donnés. Conjuguez les verbes au présent ou laissez-les à l'infinitif selon le cas. (Rappelez-vous que lorsque vous avez deux verbes qui se suivent dans une même phrase, le deuxième verbe reste à l'infinitif.)

s'embrasser	s'entendre	tomber amoureux
se parler	se regarder	se promener
se fiancer		

Adèle et Pierre sont en cours de français ensemble. Immédiatement, ils
(1) _____ et c'est le coup de foudre et ils
(2) _____. En cours, ils ne peuvent pas (3) _____,
mais ils s'écrivent des lettres d'amour. Après le cours de français, Adèle et Pierre
(4) _____ sur le campus la main dans la main. De temps en
temps, quand ils sont seuls et dans l'intimité, ils (5) _____. Ils
ne se disputent pas souvent: ils (6) _____ très bien.

Un jour, en classe, Pierre demande au professeur de français comment on dit
Would you like to be my wife? Le prof répond: «Voudrais-tu être ma femme?»
Pierre et Adèle (7) _____ devant toute la classe et tous les
étudiants sont invités au mariage!

B. Une rupture. Sylvie et Didier sont sur le point de rompre.[1] Un ami
vous demande comment va leur relation. Répondez à ses questions.

1. Est-ce que Sylvie et Didier s'entendent bien?
2. Est-ce qu'ils vont enfin se marier?
3. Est-ce qu'ils s'amusent ensemble?
4. Est-ce qu'ils se disputent souvent?
5. Est-ce qu'ils vont se réconcilier?
6. Oh, là, là... Alors, ils ne s'aiment pas du tout?
7. Qui va quitter qui? Sylvie ou Didier?

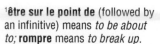

 C. Tes amis et tes amours. Posez des questions à un camarade de classe sur
sa vie personnelle. Ensuite, inversez les rôles.

1. Es-tu amoureux (amoureuse)? C'est le coup de foudre? C'est possible les
   coups de foudre?
2. Tu tombes amoureux (amoureuse) facilement?
3. Est-ce que tu as un(e) petit(e) ami(e) ou un(e) fiancé(e) ou un mari / une
   femme? Quels mots tendres est-ce que vous employez quand vous êtes
   ensemble?
4. Dans ta famille, avec qui est-ce que tu t'entends très bien? Et très mal?
5. Avec qui est-ce que tu t'amuses beaucoup?
6. Avec qui est-ce que tu t'ennuies le plus *(the most)*?

[1]**être sur le point de** (followed by
an infinitive) means *to be about
to;* **rompre** means *to break up.*

STRUCTURE ③

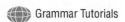 Grammar Tutorials

Les verbes réciproques

- Like reflexive verbs, reciprocal verbs are pronominal, and therefore accompanied by a pronoun. They are used to indicate an action people are doing to each other, and are conjugated like reflexive verbs.

Nous nous aimons.   *We love each other.*

Notice that the pronoun used above means *each other* instead of *ourselves*.

- Reciprocal verbs are always plural.

Ils se parlent tous les jours.	*They talk to each other everyday.*
Nous nous regardons.	*We are looking at each other.*
Vous vous aimez.	*You love each other.*

- Remember that **on** can mean *they* or *we,* and therefore be reciprocal.

On se parle souvent.   *We talk to each other often.*

◤ VÉRIFIEZ votre compréhension

1. Go back to the two stories in the **Passage 2** (pp. 248–249) and find all the reciprocal verbs. Think about the way they are conjugated and their meanings.
2. Look for reciprocal verbs that are not conjugated in the two stories. Why are they left in the infinitive form?

Pratiquons!

A. Petits potins! *(Little pieces of gossip!)* Une de vos amies est une vraie commère *(a real gossip)*! Elle vous confie des potins sur les personnes que vous avez rencontrées dans ce chapitre. Complétez les phrases avec les verbes donnés. Utilisez chaque verbe une fois.

divorcer	se marier	se donner des baisers
se disputer	se rencontrer	tromper
se quitter		

1. Anou et Jean sont toujours mariés, mais dernièrement, ils ___se disputer___ beaucoup: ils se fâchent constamment. Vont-ils divorcer?
2. Yolanda ___trompe___ Gérard avec Jean. Yolanda et Gérard se ___divorcent___ donc: ils ne sont plus mariés.
3. Annette Fourcher et son ex-mari vont ___se marier___ une deuxième fois. Ils se sont fiancés à Paris.

4. Quand Adèle et Pierre _Se rencontrent_ dans un restaurant à Cannes, c'est le coup de foudre. Depuis leur mariage, ils ne _Se quittent_ pas une minute: ils sont inséparables.

5. Mais récemment, Didier a surpris Adèle et Pierre en pleine démonstration affective sur la plage: les amoureux aiment _s'embrasser_ en secret. Didier n'est pas content!

B. Ça ne va pas bien! Les choses ne vont pas bien avec votre tendre moitié *(better half)*. Utilisez les éléments ci-dessous pour lui dire pourquoi vous pensez que votre relation n'est pas harmonieuse. Attention! Tous les verbes dans cette activité ne sont pas réciproques!

> **MODÈLE:** s'entendre mal
>
> *Nous nous entendons mal.*

1. ne pas s'embrasser sur la bouche / se faire seulement la bise _nous ne nous embrassent sur la bouche._
2. ne pas être fidèles _nous ne sommes pas fidèles._
3. se quitter tôt le soir _Nous nous quittons tôt le soir._
4. ne pas se parler beaucoup _nous ne nous parlons pas beacoup._
5. se disputer souvent _Nous nous disputons souvent._
6. ne pas être amoureux comme avant _Nous ne sommes pas amoureux comme avant._

 C. Réactions. Votre tendre moitié passe en revue tous les arguments que vous lui avez donnés à l'Activité B. Donnez des explications logiques pour chaque argument.

> **MODÈLE:** s'entendre mal
>
> —*Nous nous entendons mal.*
>
> —*C'est normal, dernièrement* (lately) *tu es très méchant(e).*

À vous de parler!

 A. Un psycho-test. Vous êtes un(e) collaborateur(-trice) *(contributor)* dans le magazine de mode *Elle*. Un collègue (votre partenaire) et vous travaillez sur un test de personnalité pour le prochain numéro. Une fois le test terminé, mettez-le à l'essai sur vos autres collègues (les membres de votre groupe) pour vérifier son efficacité avant sa publication. Comparez les résultats de votre test avec les autres groupes.

Idées pour le psycho-test

Êtes-vous heureux (heureuse) dans la vie?

Êtes-vous fidèle en amour? En amitié?

Avez-vous une vie équilibrée?

Êtes-vous une personne organisée ou désorganisée?

B. Devinez. Racontez à la classe l'histoire d'amour d'un couple célèbre, ou décrivez la routine d'une star. Vos camarades de classe vont devoir deviner de qui vous parlez.

Les couples mixtes sont comme ça en France

En général, les Français se marient avec des personnes qui habitent à 100 kilomètres autour de[1] leur domicile. Mais, ce n'est pas le cas pour tous les Français. Il y a 10% de mariages qui sont mixtes et ce pourcentage augmente toujours. Les couples mixtes peuvent être formés par deux nationalités différentes ou par deux ethnies différentes. Les couples de mixité ethnique rencontrent plus de problèmes liés au racisme que les couples qui ont deux nationalités mais une même couleur de peau.[2] On appelle les enfants nés de couples mixtes ethniques des métis. Les enfants nés d'un couple blanc-noir sont appelés métis. Souvent, les enfants métis souffrent de leurs différences: ils ne sont considérés ni blancs en France, ni noirs en Afrique. Ils sont «caféolait.»[3] Si l'intégration sociale est parfois difficile, l'intégration familiale est encore plus compliquée: par exemple, les Français «blancs» ne voient pas toujours bien que leur fils ou leur fille épouse un Maghrébin, un Martiniquais ou un Africain et vice versa.

Kathleen Finlay / Masterfile

Mais tout n'est pas négatif! Les couples mixtes symbolisent une alliance entre deux univers. Ils sont unis par un amour qui est plus grand et plus fort que tout: religion, langue, culture, etc. Ces couples incarnent le grand amour! De plus, la famille mixte est biculturelle et bi-identitaire. Finalement, ces couples mixtes ont une mentalité très ouverte: ils sont tolérants et respectueux des cultures différentes. Chacun dans le couple pratique des choses de la culture de l'autre et ils se sentent à l'aise dans les deux cultures.

Réfléchissons!

1. Dans votre pays, y a-t-il beaucoup de couples mixtes? Souffrent-ils de racisme aussi? Ont-ils des problèmes d'intégration?

2. Pensez-vous que les enfants métis ont des problèmes d'identité? Pourquoi?

3. Pensez-vous que l'amour qui unit les couples mixtes est plus pur et plus fort que l'amour qui existe dans les couples non-mixtes? Pourquoi?

[1]*around*   [2]*skin*   [3]**Caféolait (café au lait)** literally means *coffee with milk*. Depending on how this expression is used it could be offensive.

STRUCTURE 4

🌐 Grammar Tutorials

Les verbes pronominaux au passé composé

Remember, pronominal verbs are those that require an object pronoun that agrees with the subject of the verb. All pronominal verbs (both reflexive and reciprocal[1]) are conjugated with the auxiliary verb **être** in the **passé composé.** Like other verbs conjugated with **être,** the past participle agrees in number and gender with the subject. There are two exceptions, however, which you will learn about below.

[1] Remember, only the plural forms of verbs can be reciprocal.

se laver	
je **me suis** lavé(e)	nous **nous sommes** lavé(e)s
tu **t'es** lavé(e)	vous **vous êtes** lavé(e)(s)
il / on **s'est** lavé	ils **se sont** lavés
elle **s'est** lavée	elles **se sont** lavées

- **Exceptions:**

1. The past participle does not agree with the subject if the pronominal verb is followed by a noun, such as a body part. This is because the subject is not the direct object[2]; the noun is.

   Marie s'est **lavée.**   BUT   Marie s'est **lavé** les cheveux.

   Marie washed (herself).   *Marie washed her hair.*

[2] A direct object receives the action of the verb. In the sentence **Je regarde la télé** *(I watch TV),* **la télé** is the direct object. An indirect object is usually the recipient of the direct object, but not always. In French, the preposition **à** always precedes an indirect object. In the sentence, **J'écris un email à ma mère, ma mère** is the indirect object.

2. The past participle also does not agree with the subject if the pronoun of a reciprocal verb is an indirect object[2]. This often happens with verbs that take an indirect object, such as **parler (à), écrire (à), téléphoner (à).**

   Nous nous sommes téléphoné.   BUT   Nous **nous** sommes regardé**s.**

   (On téléphone *à quelqu'un.*)   (On regarde *quelqu'un.*)

   nous = indirect object   **nous** = direct object

- **Negation.** To make pronominal verbs negative in the **passé composé,** place **ne** before the pronoun and **pas, jamais, plus, rien,** etc. after the auxiliary verb.

   Elles **ne** se sont **pas** habillées   *They haven't dressed today.*
      aujourd'hui.

   Cet homme et moi, nous **ne** nous sommes **jamais** parlé.

- **Asking questions.** Use intonation, **est-ce que** or the tag question **n'est-ce pas? (non?)** using the same structures you have already learned.

   Tu t'es reposé ce week-end?   *Did you rest this weekend?*
   Est-ce que tu t'es reposé ce   *Did you rest this weekend?*
      week-end?
   Tu t'es reposé ce week-end,   *You rested this weekend, didn't*
      non?   *you (right)?*

VÉRIFIEZ votre compréhension

Go back to *Passage 2* (pp. 248–249), and answer the following questions.

1. Which pronominal verbs are used in the **passé composé?** List them.
2. Look at the forms of each of the following: the reflexive pronouns, the auxiliary verbs, and the past participles. Can you explain why each has the form it does?
3. How would you negate the sentences that are in the affirmative form in the **passé composé**?

Pratiquons!

A. Une journée bien remplie. Abdou et Clémentine sont toujours très occupés. En vous basant sur les dessins, faites des phrases avec des verbes pronominaux au **passé composé** pour décrire leurs activités.

> MODÈLE: *Clémentine s'est levée très tôt!*

1.

4.

2.

5.

3.

6.

B. Quelle dispute! Complétez les phrases suivantes au **passé composé.** Faites attention aux pronoms et aux participes. C'est Camille qui parle.

se fâcher	se lever	se disputer	se laver
se dépêcher	ne... pas se parler	se recoucher	

Il y a deux jours, je (1) _____ avec mes colocataires. Quelle dispute! Cyrille (2) _____ très tôt, et il a réveillé toute la maison avec sa musique. Quand je lui ai demandé de faire moins de bruit, il (3) _____. Anaïs lui a dit qu'il n'était pas respecteux, et ensuite ils (4) _____ aussi! Je (5) _____, mais avec tout ce bruit, je n'ai pas pu me rendormir. J'étais de très mauvaise humeur! J'étais furieuse! Nous (6) _____ de toute la journée. Aujourd'hui, ça va mieux, mais ce n'est pas facile d'habiter avec deux colocataires!

C. Hier / Il y a / La semaine dernière, j'ai / je suis / je me suis... À tour de rôle et avec un(e) partenaire répondez aux questions ci-dessous sur ce que vous avez fait récemment. (Notez que tous les verbes ne sont pas pronominaux!) Comparez vos réponses avec celles de la classe.

1. Est-ce que tu t'es amusé(e) hier? Avec qui?
2. Est-ce que tu t'es fâché(e) avec quelqu'un la semaine dernière?
3. Es-tu allé(e) à la fac *(university)* il y a deux jours? Si oui, à quelle heure? Sinon, pourquoi pas?
4. Le week-end dernier, combien de temps est-ce que tu as passé à faire les devoirs?
5. Comment est-ce que tu t'es habillé(e) hier? (En jean, etc.)
6. Est-ce que tu t'es reposé(e) la semaine dernière? Quel jour? Où et comment?

 D. Hier / Aujourd'hui. Avec un(e) partenaire comparez ce que vous avez fait hier et ce que vous allez faire aujourd'hui. Utilisez les renseignements donnés afin de formuler vos questions au **passé composé** et au **futur proche.**

> **MODÈLE:** à quelle heure / se coucher
> —*À quelle heure est-ce que tu t'es couché(e) hier?*
> —*Je me suis couché(e) à 11 heures.*
> —*Et à quelle heure est-ce que tu vas te coucher ce soir?*
> —*Je vais me coucher à 2 heures du matin!*

1. où / s'amuser
2. (vous et vos amis) combien de fois / se téléphoner
3. à quelle heure / se lever
4. où / se reposer
5. (vous et vos colocataires) combien de fois / se disputer
6. (vous et vos amis) où / se rencontrer

 Portrait personnel

En vous basant sur les réponses de votre partenaire dans les Activités C et D, écrivez un petit paragraphe pour décrire ce qu'elle/il a fait hier. Comparez ce qu'il/elle a fait hier avec ce qu'il/elle va faire aujourd'hui. Ensuite, avec toute la classe, décidez qui a eu la journée la plus chargée *(busiest day)* hier et qui va avoir la journée la plus chargée demain.

STRUCTURE 5

Les verbes *quitter*, *sortir* et *partir*

The verbs **quitter**, **sortir** and **partir** all mean *to leave;* however, each is used differently.

Quitter

- A regular **-er** verb, **quitter** is used to indicate leaving a *place* or *person*. It is always followed by a direct object.

Je quitte la maison à 7 h 30 du matin.	*I leave the house at 7 a.m.*
Je quitte mon petit ami.	*I'm leaving my boyfriend.*

- **Quitter** is conjugated with **avoir** in the **passé composé** unless used reciprocally, then it is conjugated with **être.**

Il **a quitté** sa femme.	*He left his wife.*
Nous **nous sommes quittés.**	*We left each other.*

Sortir and *partir*

- **Sortir** means to leave in the sense of *to go out* or *to go out of*. It is also used to means *to be going out with/dating someone.*

Nous **sortons** de la boulangerie.	*We are leaving (going out of) the bakery.*
Chloé **sort** avec Vincent.	*Chloé is going out with Vincent.*

- **Partir** means *to leave,* but implies that the return is not immediate. It is often followed by a preposition.

Vous **partez** en voyage?	*Are you leaving on a trip?*
Il **part** au travail à 8 h.	*He leaves for work at 8 o'clock.*

- **Sortir** and **partir** are irregular verbs, and have similar conjugations.

sortir		partir	
je **sors**	nous **sortons**	je **pars**	nous **partons**
tu **sors**	vous **sortez**	tu **pars**	vous **partez**
il / elle / on **sort**	ils / elles **sortent**	il / elle / on **part**	ils / elles **partent**
passé composé: (être) **sorti**		passé composé: (être) **parti**	

VÉRIFIEZ votre compréhension

1. What patterns do you see in the present tense conjugation of **partir** and **sortir?**
2. Look back at *Passage 2* (pp. 248–249). Which of the verbs **quitter, partir,** and **sortir** do they use? Can you explain the choice of each, given the context?
3. Can you give the entire conjugation of **partir** and **sortir** in the **passé composé?**

À l'écoute!

CD 2
Track 7

Une ou plusieurs personnes? Écoutez les affirmations suivantes et ensuite indiquez s'il s'agit d'une ou de plusieurs personnes.

une personne	plusieurs personnes		une personne	plusieurs personnes
1. _____	_____	4.	_____	_____
2. _____	_____	5.	_____	_____
3. _____	_____	6.	_____	_____

Pratiquons!

A. Sortir, partir ou quitter? Anne-Laure nous décrit sa journée. Complétez le paragraphe suivant avec les verbes **sortir, partir** ou **quitter** au présent.

Le lundi matin, je (1) ___*quitte*___ ma maison à 8 h 30. J'ai un cours à 9 h, alors je me dépêche. J'arrive à l'université vers 8 h 55, je (2) ___*sors*___ de ma voiture et je vais vite à mon cours. Mon cours est au troisième étage, donc je prends l'ascenseur. Très souvent, mon prof y est aussi. Nous (3) ___*sortons*___ de l'ascenseur, et nous allons ensemble en classe. Nous (4) ___*quittons*___ le cours à 10 h 30, et je retrouve mes amis pour prendre un café. Mes amis (5) ___*partent*___ avant moi, parce qu'ils ont un autre cours. Je reste encore quelques minutes, et puis je (6) ___*pars*___ pour la bibliothèque, où je travaille jusqu'à 13 h. Mon amie Paule fait aussi des recherches à la bibliothèque, mais elle (7) ___*sort*___ souvent parce qu'elle fume, et elle ne peut pas fumer dans la bibliothèque! Après avoir fini mes recherches, je (8) ___*pars*___. J'arrive chez moi vers 15 h 30 et je me repose.

B. C'est fini! Gérard a quitté Yolanda. Yolanda raconte à son amie Eléonore comment Gérard l'a quittée. Conjuguez les verbes entre parenthèses au **passé composé.**

Gérard (1) _____ (partir) il y a un mois. Nous (2) _____ (se quitter) en bons termes. Le week-end dernier on (3) _____ (sortir) au restaurant une dernière fois et après nous (4) _____ (se quitter). J(e) (5) _____ (sortir) avec quelques hommes, mais je ne cherche plus le grand amour. Et toi, Eléonore, est-ce que tu (6) _____ (sortir) avec beaucoup d'hommes avant de te remarier?

 C. Échange. Posez les questions suivantes à un(e) camarade de classe. Ensuite, comparez vos réponses avec celles de la classe. Qui quitte l'université tôt? Et tard? Qui est sorti(e) hier? Etc.

1. À quelle heure est-ce que tu as quitté ta maison / ta chambre aujourd'hui?
2. Est-ce que tu es sorti(e) hier soir? Si oui, avec qui? Où es-tu allé(e)? Sinon, qu'est-ce que tu as fait?
3. Quand est-ce que tu es parti(e) en vacances la dernière fois? Où es-tu allé(e)?
4. À quelle heure vas-tu quitter l'université aujourd'hui?
5. Est-ce que tu as quitté ton petit ami / ta petite amie récemment? Pourquoi?
6. Veux-tu partir en voyage? Où? Pourquoi?

(iLrn Complete the diagnostic tests to check your knowledge of the vocabulary and grammar structures presented in this chapter.

À vous de parler!

 A. Préparons une sortie! Vous préparez un week-end avec vos amis. En groupes de trois, créez un dialogue pour parler de l'endroit où vous allez aller et ce que vous allez faire. (À quelle heure allez-vous partir? Où allez-vous sortir le soir? Etc.) Utilisez des verbes pronominaux ainsi que les verbes **sortir, partir** et **quitter** au **futur proche.**

B. Oui, chéri(e)! Avec un(e) partenaire, imaginez une conversation entre un couple ou des amis de longue date. Pensez au jour où ils se sont rencontrés, ce qu'ils ont fait le premier jour où ils sont sortis ensemble, etc. Ensuite, faites une comparaison avec ce qu'ils font aujourd'hui. La passion existe-t-elle encore? (Ou l'amitié est-elle la même qu'avant?) Utilisez les verbes et le vocabulaire du chapitre (par exemple, les mots tendres).

Courtesy of Véronique Anover and Theresa A. Antes

Voici un couple de jeunes étudiants. Allie et Marcos. Ils se sont connus en cours de français! Imaginez leur histoire d'amour! (Comment ils se sont connus, où ils sortent, les mots tendres qu'ils se disent, etc.)

À vous d'écrire!

A. Stratégies. Writing often involves incorporating other language skills beyond grammar and vocabulary. Think of an occasion when you were inspired by something that you read or heard. Did the *topic* encourage you to express similar feelings? Did the *style* provide you with a model that you could emulate? Did the author's choice of vocabulary make you think about his or her perspective on the topic? Why did this writing or speech inspire you?

B. Organisons-nous! Lisez l'extrait suivant sorti d'une lettre d'amour écrite par Napoléon à Joséphine. Notez comment l'auteur exprime son amour envers sa femme. Remarquez la simplicité du texte aussi. Le langage de cet extrait est à la portée *(reach)* de tous. D'ailleurs, vous auriez pu *(could have)* vous aussi écrire une lettre pareille en ayant fait un seul semestre en français! Lisez le texte et répondez aux questions.

Lettre de Napoléon Bonaparte à Joséphine

Je vais me coucher, ma petite Joséphine, le cœur plein de ton adorable image, et navré[1] de rester tant de temps loin de toi; mais j'espère que, dans quelques jours, je serai[2] plus heureux et que je pourrai[3] à mon aise[4] te donner des preuves de l'amour ardant que tu m'as inspiré. Tu ne m'écris plus; tu ne penses plus à ton bon ami, cruelle femme! Ne sais-tu pas que sans toi, sans ton cœur, sans ton amour, il n'est pour ton mari ni bonheur, ni vie. Bon Dieu!...

C. Pensons-y!

1. Pourquoi est-ce que cette lettre est émouvante *(moving)*? Avec quel langage est-ce que Napoléon exprime son amour?

2. Y a-t-il des mots tendres dans le texte? Si oui, lesquels? Si la réponse est négative, comment est-ce que l'auteur fait savoir à sa femme qu'il l'aime?

3. Pour exprimer votre amour à quelqu'un (votre conjoint, votre petit(e) ami(e), un parent, un(e) ami(e), etc.), quels verbes, mots et expressions allez-vous utiliser?

4. Choisissez une personne que vous aimez (d'amour ou d'amitié) et faites une liste des expressions que vous avez apprises pour parler d'amour ou d'amitié. Comment allez-vous lui transmettre votre amour (amitié)? Avec une chanson? Un poème? Une lettre? Un e-mail? Est-ce que vous allez vous adresser à la personne directement ou allez-vous lui parler à la troisième personne (il/elle)? Quels mots tendres allez-vous utiliser? Si vous n'utilisez pas de mots tendres, comment allez-vous transmettre vos sentiments?

---

[1]**désolé / triste**   [2]will be   [3]will be able to   [4]as I please

Courtesy of Véronique Anover and Theresa A. Antes

Courtesy of Véronique Anover and Theresa A. Antes

Voici un couple de jeunes mariés près de l'église. Sont-ils déjà mariés? Que fait la mariée? Qu'est-ce que les invités lancent aux mariés? Du riz? Qu'est-ce qu'on lance aux mariés aux États-Unis?

Imaginez leur histoire d'amour.

D. Écrivons! En utilisant le modèle de la lettre de Napoléon, (ou un autre modèle) écrivez un paragraphe sous forme de lettre, e-mail, chanson ou poème où vous exprimez (ou déclarez) l'amour que vous portez à quelqu'un. Utilisez des structures et des mots de vocabulaire que vous avez déjà vus. Pensez à la personne à qui vous exprimez votre amour (ou à qui vous dirigez votre déclaration d'amour)!

E. Révisons! Révisez votre texte et répondez aux questions suivantes.

Pouvez-vous être un peu plus clair(e) (plus concis[e])?
Comment pouvez-vous rendre votre message plus clair?
Comment pouvez-vous simplifier vos structures grammaticales?

Relisez la lettre de Napoléon et analysez sa simplicité. Votre paragraphe est-il aussi simple et à la fois expressif et émouvant? Si ce n'est pas le cas, que pouvez-vous changer? Écrivez de nouveau votre lettre (avec vos révisions) et montrez-la à la personne à qui elle est dirigée!

Lexique 🔊

La routine

se baigner	*to take a bath / to go for a swim*	s'endormir	*to fall asleep*	se presser	*to hurry*
se brosser les dents	*to brush one's teeth*	s'énerver	*to get mad / upset*	se promener	*to go for a walk*
se calmer	*to calm oneself down*	s'épiler	*to remove hair— women*	se raser	*to shave*
se coucher	*to go to bed*	s'habiller	*to get dressed*	se reposer	*to rest*
se démaquiller	*to remove one's makeup*	se laver	*to wash*	se réveiller	*to wake up*
se dépêcher	*to hurry*	se lever	*to get up*	se ronger les ongles	*to bite one's nails*
se déshabiller	*to remove one's clothes*	se maquiller	*to put on makeup*	se sécher les cheveux	*to dry one's hair*
		se peigner les cheveux	*to comb one's hair*	se sentir bien / mal	*to feel well / bad*

Les relations amoureuses et amicales

Les noms

l'amour *(m.)*	*love*	les amoureux	*lovebirds / lovers*	le coup de foudre	*love at first sight*

Les verbes

aimer quelqu'un à la folie	*to love someone madly*	tomber amoureux (amoureuse) de quelqu'un	*to fall in love with someone*	partir	*to leave (for an undetermined period of time)*
s'aimer	*to love each other*	s'ennuyer	*to be bored*	quitter	*to leave (someone or something)*
s'amuser	*to have fun*	s'entendre bien	*to get along well*		
avoir une déception amoureuse	*to have one's heart broken*	s'entendre mal	*not to get along well*	se quitter	*to leave each other*
se détester	*to hate each other*	être amoureux (-euse) de quelqu'un	*to be in love with someone*	se réconcilier (avec)	*to reconcile*
se disputer	*to argue with each other*			se rencontrer	*to meet each other*
divorcer	*to get a divorce*	être fidèle à quelqu'un	*to be faithful to someone*	se regarder	*to look at each other*
se donner un baiser	*to kiss (generally on the lips)*	se fâcher	*to get mad*	sortir	*to go out, to get out of, to leave (for a short time)*
s'embrasser	*to kiss each other*	se faire la bise	*to kiss (on the cheeks)*		
se séparer	*to be apart / to separate*	se fiancer	*to get engaged*	tromper quelqu'un	*to cheat on someone*
		se marier (avec)	*to get married*		

Pour parler de la vie personnelle

mon compagnon / ma compagne	*my partner*	mon grand amour	*my true love*	mon petit ami / mon copain	*boyfriend*
ma femme / mon épouse	*my wife / my spouse (f.)*	l'homme / la femme de ma vie	*my soulmate*	ma petite amie / ma copine	*girlfriend*
mon / ma fiancé(e)	*my fiancé(e)*	mon mari / mon époux	*my husband / my spouse (m.)*		

Des mots tendres

mon amour	*my love*	mon cœur	*my sweetheart*
mon / ma chéri(e)	*my darling*	mon chou	*my sweetie*

Pour parler d'actions dans le passé

dans les premiers temps / au début	*at the beginning / at first*	l'année dernière	*last year*	il y a (un an / une semaine)	*(a year / a week) ago*
la semaine dernière	*last week*	le mois dernier	*last month*		
		hier	*yesterday*		

La Louisiane  Visit La Louisiane on Google Earth!

À vous de découvrir!

© Michel Friang / Alamy

Une fête de Mardi Gras en Louisiane

La Louisiane a un long héritage francophone assez complexe. En 1684, La Salle a découvert la vallée très fertile du Mississippi et les premiers Français sont arrivés en Louisiane en 1699, de Bretagne, Normandie et Paris. En même temps, d'autres francophones, des Acadiens, se sont installés au Canada, où ils luttaient constamment contre les Britanniques. En 1755, avec la chute du Fort Beauséjour au Canada, les autorités britanniques se sont appropriées les terres, les maisons et les animaux des Acadiens qui ont été déportés. Quelque 12 000 habitants ont donc été envoyés en exil aux États-Unis ou en France. Parmi ceux[1] qui sont allés aux États-Unis, plusieurs centaines[2] se sont dirigées[3] vers la Louisiane, arrivant en 1763, l'année où la France a cédé ce territoire à l'Espagne! L'Espagne a quand même reçu ces nouveaux citoyens à bras ouverts,[4] et ils ont établi plusieurs villes nouvelles. Même ceux qui étaient retournés en France n'y sont pas nécessairement restés–ils étaient habitués à la vie du «nouveau monde» et ont eu des difficultés à s'adapter à la vie en Europe. Beaucoup ont décidé de retourner en Louisiane. Le terme «cajun» vient de «cadien», une déformation d'«acadien».

[1]Among those [2]hundreds
[3]turned toward [4]open arms

L'histoire de la francophonie se complique encore plus avec l'arrivée des esclaves du Sénégal et d'autres pays d'Afrique. Ils ne parlaient pas français au moment de leur arrivée, mais l'ont appris au bout de[1] deux ou trois générations. Le créole qui est parlé dans la région reflète le mélange des langues africaines introduites pendant cette période et des langues européennes. Les États-Unis ont acheté le territoire en 1803, et la Louisiane est devenue un État en 1812. Selon le Conseil pour le Développement du Français en Louisiane (CODOFIL), la Louisiane compte maintenant presque 200 000 francophones. La majorité d'entre eux parlent français comme langue principale, mais ne savent ni lire ni écrire en français. CODOFIL est là pour promouvoir[2] le français en Louisiane—il a été créé dans le but de «faire tout ce qui est nécessaire pour encourager le développement, l'utilisation et la préservation du français tel qu'il existe en Louisiane pour le plus grand bien culturel, économique et touristique pour l'État».[3]

Avez-vous compris?

1. Quels ont été les premiers habitants francophones en Louisiane?

2. Quand et pourquoi est-ce que d'autres francophones sont venus dans la région?

3. Comment est-ce que les Africains ont influencé la langue parlée en Louisiane?

4. Quel est le rôle de CODOFIL? Pouvez-vous penser à des organisations semblables pour d'autres langues aux États-Unis?

À vous d'apprécier!
Explorations gastronomiques

Après avoir dansé à la façon cajun, il faut manger «à la cajun aussi»! Un des repas les plus simples, mais aussi un des meilleurs, est le «Cajun Boil». On met tous les ingrédients dans une grande marmite d'eau bouillante et après, on met des journaux sur la table et on verse le contenu dessus. On mange ensuite avec les mains—fourchettes interdites[4]!

Cajun Boil

- 6 épis de maïs[5]
- 6 petites pommes de terre
- 1 kilo d'écrevisses
- 6 saucisses
- 3 cuillères à soupe d'épices cajun

Image copyright David Lee, 2010. Used under license from Shutterstock.com

Mettez de l'eau dans une marmite et ajoutez les pommes de terre et les épices. Faites bouillir pendant 15 minutes. Ajoutez les saucisses. Faites bouillir pendant encore 5 à 8 minutes. Ajoutez le maïs et les écrevisses. Faites bouillir pendant encore 2 minutes. Éteignez le feu et laissez reposer pendant 5 à 10 minutes. Videz complètement l'eau et servez chaud avec un bon vin rouge.

[1]after [2]promote [3]www.codofil.org [4]prohibited [5]ears of corn

Explorations culturelles

Quand vous pensez à la Louisiane, vous pensez sans doute à La Nouvelle-Orléans et à Mardi Gras. Regardez l'affiche à gauche, qui contient la devise[1] des Cajuns. Quelle est cette devise? Expliquez les éléments culturels de cette affiche qui renforcent cette devise.

À vous de réagir!

Regardez l'affiche promotionnelle du CODOFIL ci-dessous et commentez le message central. Pourquoi est-ce qu'il est important de préserver le français dans cette région? Qu'est-ce qu'une langue représente pour ceux qui la parlent? Il y a un autre message présent dans toutes les affiches promotionnelles du CODOFIL. Pouvez-vous le trouver sur cette affiche? À votre avis, pourquoi est-ce qu'on inclut ce message de façon explicite sur les affiches?

La Louisiane
sans le français?
JAMAIS DE
LA VIE!

Mon blog

Bonjour et bienvenue sur notre blog! Nous nous appelons Michel et Thérèse Thibaudault et nous habitons à Lafayette, en Louisiane. Nous sommes fiers de notre héritage francophone—nos arrière-arrière[2]-grands-parents sont nés ici il y a plus de 200 ans. Nous avons appris les chansons traditionnelles de nos grands-parents, et le week-end nous chantons dans un groupe. La musique de la Louisiane s'appelle le zydeco; c'est un mélange de musique traditionnelle comme les valses et les two-steps, de musique moderne comme le blues et le rock et de musique empruntée à d'autres cultures, comme le reggae et la musique afro-caribéenne. On danse beaucoup aussi en Louisiane—on aime faire des bals de maison[3] où on va chez un ami pour faire la fête. Tout le monde est invité!

Et chez vous, elle est comment la musique traditionnelle? Qu'est-ce que vous faites pour vous amuser le week-end? Écrivez-nous pour nous décrire votre culture et vos passe-temps!

À vous de décider: Le français pour quoi faire? 🌐

Visit the *À vous* online resources to meet Dr. Randy Duran, a professor of chemistry. He would like to tell you how he has used his knowledge of French in his work and why he encourages his chemistry students to take part in a three-month total immersion internship in France. ✈

---

[1]motto [2]great great [3]house parties

Quand j'étais adolescent(e)...

Do you have fond memories of your childhood? In this chapter, you'll have a chance to look back (fondly, we hope!) on those bygone days, and to describe your life and actions to others.

Courtesy of Véronique Anover and Theresa A. Antes

VOCABULARY

- School life, including elementary, middle, and high school
- Concerns of adolescents
- Child-rearing
- Body parts

STRUCTURES

- Formation and uses of the **imparfait**
- Pronouns **y** and **en** with the **imparfait**
- Interrogative pronouns and forming questions using the **imparfait**
- The use of indefinite and definite articles with parts of the body

CULTURE

- What life is like for teenagers in France
- Problems faced by adolescents in various Francophone countries

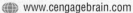

◀)) Audio

🌐 www.cengagebrain.com

RESOURCES

Passage ☐1

Une enfance heureuse

Sandrine, une prof de français qui habite maintenant aux États-Unis, se rappelle son adolescence en Belgique.

Courtesy of Véronique Anover and Theresa A. Antes

«Bonjour. Je m'appelle Sandrine. Je suis belge. J'habite maintenant aux États-Unis, mais quand j'étais petite, j'habitais avec ma famille à Bruxelles. (C'est la capitale de la Belgique.)

Nous étions cinq dans ma famille: mon père et ma mère, bien sûr, mon frère André et ma sœur Gisèle. Nous avions aussi un chien; il s'appelait Alphonse. Il était toujours très méchant! C'était une enfance très heureuse. Mon frère, ma sœur et moi, nous allions tous à la même école. Nous étions en pension,[1] et donc nous ne retournions chez nous que pendant les grandes vacances. Nous étions dans des classes différentes, mais nous mangions à la cantine à midi et le soir, donc nous nous retrouvions souvent.

Pendant la récréation, j'aimais jouer avec mes amis, mais comme ma sœur était plus timide, elle voulait toujours rester près de moi pendant la récré. Quelquefois, c'était gênant, mais comme c'était ma petite sœur, je ne disais rien. Nous jouions bien ensemble. Mon frère préférait jouer avec ses amis–il ne voulait pas participer aux jeux des filles!

Le week-end, nous allions à la patinoire, au cinéma, à la bibliothèque et, quand nous étions plus grands, en boîtes de nuit. Quelquefois, nous passions la nuit chez des copains qui n'étaient pas en pension, et nous allions à des soirées. C'était très amusant! Pendant les grandes vacances, nous retournions chez nos parents et nous voyagions tous ensemble. Nous avons visité la Grande-Bretagne, l'Allemagne, le Portugal et l'Italie.

Maintenant, je retourne assez rarement en Belgique; je suis mariée à un Américain et je travaille à Chicago. Mais j'ai de très bons souvenirs de mon enfance!»

Vous avez bien compris?

Répondez aux questions suivantes, selon le texte.

1. Sandrine a combien de frères et de sœurs?

2. Où restaient les enfants pendant la semaine?

3. Où mangeaient-ils?

4. Avec qui est-ce que Sandrine jouait pendant la récré? Et son frère? Pourquoi?

5. En général, pendant les grandes vacances, est-ce qu'ils restaient à l'école?

6. Qu'est-ce qu'ils ont fait de différent avec leurs parents?

[1]boarding school

→ Mon vocabulaire ←

La scolarité

handwritten notes:
la maternelle
le CP le CE1
le CE1 le CM2
le CE2

handwritten notes (top right):
l'université   la licence
ou   le Master
la fac   le doctrat
les étudiants
les professeurs
la 6ème
la 5ème
la 4ème
la 3ème

Les enfants de 6 à 10 ans vont à **l'école primaire.**

handwritten: elementary school

À l'âge de 11 ou 12 ans, on va au **collège.**

handwritten: Middle Schol

Les enfants de cet âge s'appellent **des élèves.**

handwritten: the pupils

Pour s'amuser entre les cours, les élèves vont à **la récréation/ la récré.**

handwritten: recess

handwritten (right):
l'instituteur
ou le maître
l'institutrice ou la
maîtresse

Quand on est adolescent, on va au **lycée.**

handwritten: highschool

handwritten (bottom left):
la seconde
la première
la terminale (le BAC)

Les étudiants de cet âge s'appellent des **lycéens (lycéennes).**

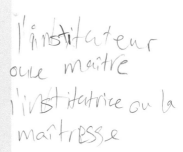

À l'école, on mange à **la cantine.**

Si on reste dormir à l'école pendant la semaine, on dort au **dortoir.**

Ces étudiants s'appellent **des pensionnaires**; ils sont **en pension.**

Pour s'amuser

On fait du sport au **gymnase** ou au **stade.**

En hiver, on peut s'amuser aussi à **la patinoire.**

Les lycéens et les étudiants peuvent danser en **boîte de nuit** ou dans **des clubs**[1] *(m.).*

Ils peuvent aussi aller à **une soirée** ou à **une fête.**[2]

[1]On peut aussi dire **des discothèques** *(f.)* ou **des night-clubs** *(m.)* [2]In slang, French people say **une teuf** (the word **une fête** backwards—this type of slang is called **verlan**).

À vous!

A. Identifications. Regardez les dessins suivants, et identifiez les mots de vocabulaire que vous voyez.

> **MODÈLE:** *Dans la première **salle de classe**, il y a **un professeur** de **maths**.*
> *C'est à **l'université**...*

1.

2.

3.

4.

B. Vrai ou faux? Indiquez si les phrases suivantes sont vraies ou fausses. Si elles sont fausses, corrigez-les!

1. Les élèves qui rentrent à la maison tous les jours sont en pension. _____ vrai ⨯ faux

2. On mange à la cantine. ⨯ vrai _____ faux

3. Quand on a 6 ans, on a un professeur. _____ vrai ⨯ faux

4. Les élèves suivent des cours à l'université. _____ vrai ⨯ faux

5. Le week-end, pour s'amuser, les étudiants peuvent aller à une fête. ⨯ vrai _____ faux

6. Les étudiants de 18 à 22 ans vont au collège; c'est l'équivalent de l'université. _____ vrai ⨯ faux

 C. Mon enfance. Terminez les six phrases suivantes pour donner des détails sur votre enfance. Quand vous avez fini, comparez vos réponses avec celles de votre partenaire et décidez si vous avez eu des enfances similaires ou différentes. Expliquez vos comparaisons à la classe.

1. À l'école primaire, mon instituteur/institutrice préféré(e) s'appelait _____.

2. Dans une classe typique, il y avait _____ élèves. (Donnez un chiffre.)

3. À midi, je mangeais _____. (Où?)

4. À la récré, je jouais avec _____. (Qui?)

5. Au collège, pour m'amuser je *faisais du sport / j'allais à la patinoire / je ne faisais pas d'activités extra-scolaires* _____. (Choisissez la bonne réponse.)

6. Au lycée, j'étais très fort(e) en _____, et nul(le) en _____!

STRUCTURE **1**

CD 2
Track 9

L'imparfait

In Chapter 7, you learned the **passé composé,** the verb tense used to express an event in the past that has a definite beginning and end. In this chapter, you will learn another past tense called the **imparfait.** The **imparfait** is used to express continuous states of being, ongoing activities, or habitual actions taking place in the past.

Formation of the *imparfait*

- To conjugate the **imparfait,** take the **nous** present-tense form of the verb, drop the **-ons** to get the stem, and add the appropriate endings. Here are the full conjugations of three verbs. You can hear them on the In-Text Audio.

parler	finir	avoir
(nous parl~~ons~~)	(nous finiss~~ons~~)	(nous av~~ons~~)
je parlais	je finissais	j'avais
tu parlais	tu finissais	tu avais
il / elle / on parlait	il / elle / on finissait	il / elle / on avait
nous parlions	nous finissions	nous avions
vous parliez	vous finissiez	vous aviez
ils / elles parlaient	ils / elles finissaient	ils / elles avaient

- **Être** is the only verb that is irregular in the **imparfait.** You need to memorize its forms.

être	
j'étais	nous étions
tu étais	vous étiez
il / elle était	ils / elles étaient

- In Chapter 2, you learned that verbs ending in **-ger** like **manger** and **voyager** add an **e** in the **nous** form: **mangeons, voyageons.** You also learned that for verbs ending in **-cer** the **c** changes to **ç: commençons.** In the **imparfait,** you keep the extra **e** in **-ger** verbs and the **ç** in **-cer** verbs in all forms *except* **nous** and **vous.**

manger		commencer	
je mangeais	nous mangions	je commençais	nous commencions
tu mangeais	vous mangiez	tu commençais	vous commenciez
il / elle mangeait	ils / elles mangeaient	il / elle commençait	ils / elles commençaient

- To negate a verb in the **imparfait** or form a question, use the same rules as with the present tense.

Est-ce qu'Adrienne avait des frères?	Non, elle **n'**avait **pas** de frères.

Uses of the *imparfait*

A verb in the **imparfait** usually answers the question: *What was going on?* There are three uses:

- to describe states of being. This includes talking about the weather, time, age, feelings, etc.

Il **faisait** très chaud.	*It was very hot.*
Il **était** midi.	*It was noon.*
Paul **voulait** aller au cinéma.	*Paul wanted to go to the movies.*
J'**avais** 5 ans.	*I was five years old.*

- to describe habitual or repeated actions in the past.

Nous **faisions** le ménage le samedi.	*We used to do the housecleaning on Saturdays.*

- to describe ongoing activities in the past that don't have a clear ending.

Elle **portait** une jupe rouge.	*She was wearing a red skirt.*
Je **lisais** le journal pendant que mon mari **cuisinait.**	*I read the paper while my husband cooked.*

Note: An ongoing action in the past may be "interrupted" by a shorter action with a definite beginning and end expressed in the **passé composé.**

Je **lisais** le journal quand le téléphone **a sonné.**	*I was reading the newspaper when the phone rang.*

VÉRIFIEZ votre compréhension

1. Look back at Sandrine's description of her childhood (p. 268). Which verbs are in the **imparfait?** What is the infinitive of each of these verbs?
2. For each of the verbs that you identified as being in the **imparfait,** tell what its usage is: Is Sandrine giving descriptions, talking about habitual actions, or talking about ongoing actions?
3. How is **être** irregular in the **imparfait?** What, exactly, is irregular about it?

CD 2
Track 10

À l'écoute!

> **Petits Tuyaux!** Remember that a silent **-e** at the end of **-er** verbs in the present tense is not pronounced and must remain silent; for example je mang**e**, il parl**e**, tu écout**es**, ils jou**ent** have silent endings (indicated here in bold letters) and are not pronounced. However, these verbs in the imperfect tense are pronounced as [ɛ] or close to the sound **-er**, as is in parl**er**, mang**er**, jou**er**.
>
> Distinguishing these tenses orally will help you understand why the correct pronunciation of these verb forms is so important: it is often the only distinction between present tense and imperfect tense (past tense).
>
> In addition, distinguishing between **-ons** (present tense) and **-ions** (imperfect) and **-ez / -iez** is also important, as each ending indicates a different tense. In the next activity you will be asked to indicate if the verbs that you hear are in imperfect or in present.

Présent ou imparfait? Écoutez les phrases suivantes, et dites si le verbe est au présent ou à l'imparfait.

1. _____ présent _____ imparfait 5. _____ présent _____ imparfait
2. _____ présent _____ imparfait 6. _____ présent _____ imparfait
3. _____ présent _____ imparfait 7. _____ présent _____ imparfait
4. _____ présent _____ imparfait 8. _____ présent _____ imparfait

Pratiquons!

A. Ma vie au lycée. Complétez le paragraphe suivant avec le verbe logique à l'imparfait.

passer	avoir	manger
appeler	être (×2)	aller

Quand j(e) (1) _____ lycéen, j(e) (2) _____ trois «meilleurs» amis. Nous (3) _____ toujours le week-end ensemble; nous (4) _____ souvent au club ou (5) _____ au café. Nous (6) _____ vraiment inséparables! On (7) _____ notre groupe les «Quatre Mousquetaires»!

ne pas faire	ne pas aimer	préférer	finir
penser	ne pas étudier	être	réussir

Malheureusement, ma mère (8) _____ beaucoup mon ami Olivier. Elle (9) _____ qu'il (10) _____ assez au lycée. Et c'est vrai—Olivier (11) _____ souvent ses devoirs! Il (12) _____ aller en boîte de nuit qu'aller à la bibliothèque. Mes autres amis, par contre, (13) _____ toujours leurs devoirs et (14) _____ bien en cours. En général, c(e) (15) _____ un bon groupe, et nous sommes toujours de bons amis.

B. Quand j'étais petit(e)... Posez les questions suivantes à un(e) camarade de classe. Dites ce que vous faisiez quand vous étiez jeune.

1. Quand tu étais petit(e) (8 ou 9 ans) où est-ce que tu habitais?
2. Quand tu étais petit(e), quels programmes regardais-tu à la télévision? *(Bob l'éponge? Star Wars?)*
3. Quand tu étais petit(e), où est-ce que tu jouais? Est-ce que tu faisais du sport? Quel sport?
4. Quand tu avais 13 ou 14 ans, que faisais-tu le week-end pour t'amuser?
5. Quand tu étais adolescent(e), jusqu'à quelle heure sortais-tu le soir? Et où sortais-tu?
6. Quand tu étais ado, quel était ton jeu vidéo préféré? Quelle musique est-ce que tu écoutais?
7. Quand tu étais ado, quelle voiture conduisais-tu? (Si tu ne conduisais pas, qui te conduisait?)
8. Quand prenais-tu la voiture? Pour aller au lycée? Au cinéma?
9. Qui était ton/ta premier(-ère) petit(e) ami(e)?
10. Que faisais-tu avec ton/ta petit(e) ami(e)? Vous sortiez en boîte? Vous vous embrassiez en cachette *(secret)*?

Portrait personnel

Maintenant, écrivez un paragraphe à l'imparfait, où vous décrivez l'enfance de votre partenaire. (Où habitait-il/elle? Où jouait-il/elle? Quels sports faisait-il/elle?, etc.) Ensuite comparez son enfance avec la vôtre. Étiez-vous très différentes?

> **MODÈLE:** *Julie habitait à San Francisco quand elle avait 8 ans. Elle jouait dans la rue avec ses voisins. Julie ne faisait pas de sport, mais moi...*

C. J'étais comme ça! Conjuguez les verbes donnés et puis terminez les phrases pour expliquer comment vous étiez au lycée. Ajoutez des adjectifs, des noms, des verbes, etc., pour compléter les phrases.

> **MODÈLE:** Je / être...
> *Au lycée, j'étais timide mais très studieux (studieuse).*

1. Au lycée, je / aimer... *j'aimais faire de la natacion*
2. Je / ne pas du tout aimer...
3. Pendant le week-end, mes amis et moi, nous / aller... *nous nous telephonions.*
4. Nous / faire... *Nous faisions des devoir toute le nuits.*
5. Je / avoir un(e) petit(e) ami(e). Il/Elle s'appelait... Il/Elle était...
6. Mes parents / détester...
7. Je / avoir / un chien (un chat, un oiseau, un poisson rouge)...
8. Mon animal domestique / s'appeler /...

D. Voleur! Voleur! Regardez le dessin suivant pendant quelques minutes. Ensuite, imaginez que vous répondez aux questions d'un agent de police concernant le braquage *(bank robbery)* de la banque par la femme au sac marron. Vous êtes une des personnes qui font la queue *(waiting in line)*—choisissez votre personnage, et répondez aux questions selon le point de vue de cette personne.

M. Frèrebeau   Mme Paul   Mlle Bouchard   M. Carros

1. Comment vous appelez-vous?

2. Combien de personnes faisaient la queue devant vous?

3. Qu'est-ce que vous regardiez pendant que vous attendiez?

4. La femme en tête de queue: est-ce qu'elle était grande ou petite?

5. Elle avait les cheveux blonds ou bruns?

6. Qu'est-ce qu'elle portait?

7. Est-ce qu'elle avait l'air nerveuse?

8. Est-ce qu'elle avait quelque chose dans les mains?

9. Saviez-vous qu'elle commettait un crime?

10. Aviez-vous peur?

À vous de parler!

A. Un événement important. À l'aide d'une photo, racontez à la classe un événement important de votre vie, en répondant aux questions suivantes.

1. C'était en quelle saison?
2. Quel âge aviez-vous?
3. Qui était présent?
4. Que portiez-vous?
5. Comment vous sentiez-vous?
6. Où est-ce que vous étiez et que faisiez-vous?

[handwritten notes: C'était le semestre dernière en automne le semestre / j'avais vingt ans / je portais un shirt, le legging, et chaussures. / 20 / la troupe étaient présent / Je sentais en rage / je faisais du théâtre]

Une occasion spéciale. Cette jeune fille célèbre son anniversaire. Quel âge a-t-elle, d'après vous? Qu'est-ce que vous aimez faire pour fêter votre anniversaire? Quand vous étiez adolescent(e) quelle était votre fête préférée?

B. Le semestre passé. Avec deux autres partenaires, comparez le semestre dernier avec ce semestre. Répondez aux questions suivantes, et puis faites un résumé de vos vies pendant le semestre passé (à *l'imparfait*) et ce semestre (au *présent*).

Le semestre passé

1. À quelle heure est-ce que vous vous leviez, normalement?
2. Vous alliez encore au lycée, ou vous étiez déjà à l'université?
3. Où preniez-vous le déjeuner?
4. Vos cours étaient plus difficiles ou plus faciles, en général? Pourquoi?
5. Qu'est-ce que vous faisiez pour vous amuser?
6. Vous alliez souvent à des soirées? Et dans des clubs? Quels clubs?
7. Vous aviez un(e) petit(e) ami(e)?
8. Vous dormiez beaucoup? Pourquoi ou pourquoi pas?

Ce semestre

1. À quelle heure est-ce que vous vous levez, en général?
2. Où est-ce que vous habitez?
3. Vous mangez normalement chez vous, au restaurant ou au resto-U?
4. Quel est votre cours le plus difficile?
5. Le week-end, qu'est-ce que vous aimez faire? Et le soir?
6. Vous allez souvent à des clubs? Quels clubs?
7. Vous avez un(e) petit(e) ami(e)?
8. À quelle heure est-ce que vous vous couchez?

 Portrait personnel

Maintenant, écrivez un paragraphe pour votre site web ou journal de classe, où vous comparez vos semestres avec ceux de vos partenaires.

> **MODÈLE:** *Le semestre passé, nous étions tous les trois fatigués. Nous avions beaucoup de devoirs, et nous nous couchions tard. Mais ce semestre c'est différent. Lucie a seulement trois cours, et Noah et moi, quatre. En plus, nos cours sont plus faciles...*

 C. Jeu de rôles. Imaginez que vous êtes journaliste et que votre partenaire est une célébrité que vous interviewez. Posez des questions concernant l'enfance de cette personne, par exemple: Où habitiez-vous? Quel était votre cours préféré au lycée? Comment s'appelait votre premier(-ère) petit(e) ami(e)?, etc. Votre partenaire va imaginer les réponses. Ensuite, jouez ce jeu de rôles pour la classe.

Les ados français sont comme ça

L'adolescence est une période difficile pour les parents et pour les enfants. C'est une période de transition et de grands changements avant l'arrivée de l'âge adulte. Élever un ado est donc compliqué. Selon les parents, les ados français de 12 à 18 ans sont difficiles à élever parce qu'ils ne respectent pas l'autorité parentale. (20% des ados refusent d'écouter et d'obéir aux ordres qu'ils reçoivent à la maison et à l'école.) Selon les experts (les thérapeutes, les pédopsychologues et pédopsychiatres), l'autorité parentale est de plus en plus invisible et inexistante, parce que la tendance des parents modernes c'est de vouloir être d'abord le copain des enfants et non une figure autoritaire. Depuis 1970, l'autorité et la discipline parentale ont beaucoup diminué. Les parents disent oui à tous les caprices et aux désirs de leurs enfants adolescents. Cependant, les experts disent que la discipline doit commencer dès[1] la petite enfance (de 12 mois à 4 ans). Si cette discipline n'a jamais existé, c'est impossible de l'imposer à l'adolescence. «L'enfant-roi»[2] devient alors «despote».

L'ado français veut posséder ce que les copains possèdent: des MP3, des vêtements de marque, des jeux vidéo, des téléphones portables ou des scooters. Les ados veulent être «branchés»[3] et font comme leurs copains pour être mieux acceptés par eux.[4] D'ailleurs, les jeunes qui fument des cigarettes «tirent leur première taffe»[5] vers 12 ou 13 ans. Quarante-sept pour cent d'adolescents (filles et garçons) de 18 à 19 ans sont des fumeurs. Depuis 2009 en France, il est interdit de vendre des cigarettes et de l'alcool aux moins de 18 ans, mais il ne leur est pas interdit d'en consommer.

Les ados français ont leurs premières expériences sexuelles vers 17 ans. Dès 11 ans ils sont déjà bien informés sur les rapports sexuels grâce à[6] l'école, les parents et les magazines et les radios pour jeunes.

La majorité des ados entre 16 et 19 ans aiment faire du shopping, regarder la télé, surfer sur Internet et aller sur les forums de discussion[7] ou sur Facebook, aller au cinéma, «papoter» ou «tchatcher»,[8] boire un pot,[9] aller en boîte, «draguer»,[10] faire un tour en scooter ou faire du sport.

Quelques chiffres intéressants sur les ados

- En 2001, 84% des adolescents disaient s'entendre «plutôt bien» avec leurs parents.
- 35% des jeunes entre 18 et 19 et 14% des jeunes entre 12–15 ans fument des cigarettes.
- 98% des adolescents qui fument des joints fument aussi du tabac et boivent de l'alcool.
- 70% des jeunes entre 13–14 ans consomment de l'alcool en famille.
- 59% des jeunes de 18 ans fument régulièrement des joints.
- 80% des jeunes entre 13 et 19 ans ont des téléphones portables.
- Les ados de 14–15 ans reçoivent de leurs parents 47 euros par mois d'argent de poche.
- 58% des jeunes entre 13 et 19 ans possèdent un poste de télévision dans leur chambre.

[1] as early as   [2]"child-king"   [3]**Être branché** means literally *to be plugged in.* It is slang for *to be in.*
[4]by them   [5]take their first drag   [6]thanks to   [7]chat rooms   [8]slang words for *yack*   [9]have a drink   [10]flirt

Réfléchissons!

1. Est-ce que les ados aux États-Unis passent aussi par une période difficile avec leurs parents et avec eux-mêmes *(themselves)*? Pourquoi? Que font les ados? Et les parents?

2. Comment sont les parents d'adolescents dans votre pays? Sont-ils plus stricts que les parents en France, selon vous? Justifiez votre réponse.

3. Est-ce que les adolescents français sont très différents des ados américains? Aiment-ils faire les mêmes choses? Peuvent-ils les faire légalement? Achètent-ils les mêmes choses aussi? Donnez des exemples.

4. Beaucoup d'ados pensent qu'«on est ce qu'on a»?[1] Êtes-vous d'accord?

 5. Regardez à nouveau les pourcentages à la fin du texte. En groupes de trois ou quatre, trouvez des données *(data)* similaires pour les adolescents dans votre pays. En classe, discutez de vos données et comparez vos pourcentages avec ceux du texte. Sont-ils très différents? Sur quels points?

Courtesy of Véronique Anover and Theresa A. Antes

La fête de la musique. Quel type de musique jouent-ils? Quelle musique préférez-vous? Qui est votre chanteur ou chanteuse préféré(e)? Quel est votre groupe de musique préféré?

---

[1]Quote taken from *Les Adolescents*, a study published by Michel Fize, a French sociologist.

Passage 2

Un forum de discussion

Un forum de discussion — @ chat pièce

Arrière ▶ Avant ✕ Arrêt

adresse: @ http://www.monadolescence.com ▶ aller

Mon adolescence

Tous les forums de discussion | 3 Messages : la dèmo. 1–3

Sujet

Message recherché:
Que faisiez-vous pendant votre adolescence? Étiez-vous un démon ou étiez-vous un ange?
Si vous avez des anecdotes amusantes ou effrayantes, on vous attend sur le forum de discussion! Soumettre

Message d'origine de la discussion:
Quand j'avais 16 ans, j'étais la terreur de mon lycée! J'adorais embêter[1] les filles et je me disputais toujours avec les garçons. Comme j'étais assez grand et fort, je gagnais souvent aux bagarres[2]. Je fumais toujours des cigarettes en cachette à la récréation. J'en fumais deux ou trois à toute vitesse! J'allais aux toilettes, j'ouvrais les fenêtres et je bloquais la porte d'entrée avec une chaise. Personne ne pouvait entrer dans les toilettes pendant que j'y fumais!

De: **David (Bruxelles)**
Date: 13/9/06 — Réponse ✉

Salut David,
Elle n'est pas mal ton histoire! Mon histoire est terrible. C'est la première fois que je la raconte… Quand j'habitais à Lyon et que j'étais ado, mes amis et moi nous conduisions en sens inverse[3] quand nous sortions de boîte le samedi soir. Le danger nous faisait monter l'adrénaline! Heureusement, qu'à 4 heures du matin il n'y avait personne sur la route et nous n'avons jamais eu d'accidents. Maintenant, j'ai 30 ans et je ne me sens pas fier du tout quand je repense à cet épisode de ma jeunesse.

De: **Luc (Strasbourg)**
Date: 13/9/06 — Réponse ✉

Luc,
Le petit jeu que toi et tes amis faisiez pour vous amuser était vraiment atroce. Quand j'étais adolescente, je n'obéissais pas à toutes les règles, mais je ne mettais pas la vie d'autres personnes en danger. Par exemple, quand j'avais 15 ans, je passais tous les étés à la plage chez mon grand-père. J'aimais beaucoup danser, mais quand je sortais, je devais être chez moi à 9 heures du soir au plus tard. Et les boîtes ouvraient à 10 heures. Alors, je me couchais vers 11 heures et je faisais le mur[4] une heure après quand toute ma famille dormait. Je rentrais chez moi à 5 heures du matin exténuée mais contente. Mes parents ne pouvaient pas savoir ce que je faisais, donc je me levais à une heure raisonnable. Mais j'avais 15 ans…! Je pouvais faire des excès!

De: **Armelle (Monaco)**
Date: 13/9/06 — Réponse ✉

zone d'internet

Vous avez bien compris?

Après avoir lu le forum de discussion, dites si les affirmations sont vraies ou fausses. Rectifiez oralement les affirmations qui sont fausses.

1. David aimait jouer avec les filles. _____ vrai ✕ faux

2. Armelle condamne ce que faisait Luc adolescent. ✕ vrai _____ faux

3. Luc est gêné de dire son histoire. _____ vrai ✕ faux

4. Luc mettait seulement sa vie en danger. _____ vrai ✕ faux

5. Armelle partait en boîte à 11 heures. ✕ vrai _____ faux

6. Personne ne pouvait utiliser les toilettes pendant la récréation quand David y était. ✕ vrai _____ faux

7. Armelle faisait la grasse matinée. _____ vrai ✕ faux

[1]annoy   [2]fights   [3]wrong way
[4]**faire le mur**: to sneak out

→ Mon vocabulaire ←

Les ados

Vous êtes dans un lycée. À l'entrée il y a une brochure sur les problèmes de l'adolescence. Lisez la brochure.

L'adolescence:

une période de changements difficiles.

• Les ados...

veulent **affirmer leur individualité,**
veulent **affirmer leur personnalité,**
sont **à la recherche de leur identité,**
sont **complexés par leur look,**
ont **des difficultés** (*f.*) à **s'accepter,**
veulent **être à la mode,**
ont **des troubles** (*m.*) **alimentaires,**
(**l'anorexie** par exemple)
ont **des problèmes** (*m.*) **familiaux.**

• Souvent les ados pour se rebeller vont...

avoir des relations sexuelles précoces,
faire le mur, *sneak out*
faire une fugue, *run away*
sécher les cours, *skip school*
fumer des cigarettes,
se droguer,
se soûler. *get drunk*

• **Les problèmes les plus fréquents sont:**

l'alcoolisme,
la délinquance,
l'échec scolaire, *failure in school*
la toxicomanie, *(drug dependence)*
le tabagisme.

Pour plus de renseignements sur les problèmes des adolescents, contactez le ministère de la jeunesse de votre localité.

À vous!

A. Définitions. Relisez la brochure précédente et trouvez la définition correcte pour chaque mot et expression.

1. Quand une personne boit trop de vin ou de bière.
2. Quand un jeune s'enfuit de sa maison et ne revient plus.
3. Quand une personne ne s'aime pas.
4. Quand un adolescent n'a pas de bons résultats à l'école.
5. Quand un adolescent ne mange pas normalement.
6. Quand un jeune vole dans un magasin.
7. Quand un jeune s'achète les dernières nouveautés.
8. Quand un jeune ne va pas à l'école régulièrement.

a. l'échec scolaire
b. être à la mode
c. la délinquance juvénile
d. faire une fugue
e. sécher les cours
f. avoir des difficultés à s'accepter
g. avoir des troubles alimentaires
h. se soûler

B. Des problèmes d'ados. Identifiez les problèmes de ces adolescents d'après les dessins.

1.

_____

2.

_____

3.

_____

4.

_____

5.

_____

C. Votre adolescence. Posez les questions suivantes à huit camarades de classe: quatre femmes et quatre hommes. Ensuite, dites à la classe qui a eu une adolescence plus difficile: les femmes ou les hommes. Comparez vos réponses et tirez-en une conclusion.

Quand tu étais adolescent(e)...

1. est-ce que tu étais complexé(e) par ton look? Pourquoi? Qu'est-ce que tu aimais ou n'aimais pas en toi?

2. est-ce que tu avais des problèmes familiaux? Qu'est-ce qui se passait? T'entendais-tu mal avec tes parents? Avec tes frères et sœurs?

3. est-ce que tu voulais affirmer ta personnalité? Comment? Étais-tu rebelle?

4. que faisais-tu pour te rebeller?

5. voulais-tu être à la mode? Comment est-ce que tu t'habillais?

6. séchais-tu souvent les cours?

STRUCTURE 2

Les pronoms *y* et *en* avec l'imparfait

In Chapter 5 you learned that the pronoun **y** often translates as *there* and replaces a preposition (except for **de**) followed by a place or thing. You also learned that the pronoun **en** often means *some of it / them* and replaces the preposition **de** followed by a person or thing.

- As in the present tense, **y** and **en** are placed before the conjugated verb in the **imparfait.** To ask a question or make a sentence negative, the same rules you used for the present tense also apply to the **imparfait.** Can you remember the rules based on their use in the conversations below?

    —Quand j'avais 10 ans, j'allais souvent *à la plage.*

    —C'est vrai?

    —Oui, j'**y** allais très souvent.

    —**Est-ce que** tu **y** allais tous les jours?

    —Non, malheureusement, je **n'y** allais **pas** tous les jours.

    —Quand j'étais adolescent, je fumais *des cigarettes.*

    —Non!

    —Si *(Yes),* j'**en** fumais.

    —Tu **en** fumais beaucoup?

    —Non, heureusement, je **n'en** fumais **pas** beaucoup.

- Remember, if the noun being replaced is the object of an infinitive in the sentence, the pronoun precedes the infinitive instead of the conjugated verb.

    Jean voulait manger à la cantine. Sonia voulait **y** manger aussi. Mais moi, je **ne** voulais **pas y** manger. Et toi? Est-ce que tu voulait **y** manger?

    Mes sœurs aimaient boire *du jus d'orange* tous les matins. Ma mère aimait **en** boire aussi, mais mon père, il **n'**aimait **pas en** boire tous les jours. Et vous? Vous aimiez **en** boire aussi?

🚩 VÉRIFIEZ votre compréhension

1. Read David's chat room message once again (p. 280). Find the pronouns **y** and **en** in his message. What words are they replacing?
2. Rewrite the sentences that you have found, putting them in the negative.

Pratiquons!

A. Y ou en? Lisez la conversation entre deux adolescents et choisissez le pronom correct ainsi que *(as well as)* la place la plus appropriée pour chaque pronom.

SIMON: L'année dernière, je te voyais toujours au café le Grain Noir.

(1) Tu _____ allais _____ toujours avec Léa. Comment va-t-elle?

FRANÇOIS: Elle va bien, je crois.

SIMON: Qu'est-ce que vous preniez? Du café?

FRANÇOIS: (2) Non, nous n(e) _____ prenions _____ pas. Léa prenait du thé et moi du Coca.

SIMON: (3) Léa _____ prenait _____ toujours?

FRANÇOIS: Oui. Mais pourquoi toutes ces questions?

SIMON: Parce que je voudrais inviter Léa au Grain Noir et je voudrais savoir ce qu'elle aime.

FRANÇOIS: (4) Tu _____ voudrais _____ inviter Léa? Bonne chance! Elle sort avec Paul maintenant!

SIMON: Ce n'est pas possible! Elle va au Grain Noir avec Paul?

FRANÇOIS: (5) Pas au Grain Noir, non. Paul est trop snob pour _____ aller. Ils vont à la *Tasse en crystal* tous les jours. (6) Ils _____ aiment _____ prendre un express et regarder les passants.

SIMON: C'est vraiment incroyable! (7) Avant, Léa n'aimait pas le café et elle n(e) _____ buvait _____ jamais.

B. Quand tu étais plus jeune. Posez les questions suivantes à votre camarade de classe sur son adolescence. Ensuite, changez de rôle. Utilisez les pronoms **y** et **en** dans vos réponses.

1. Quand tu étais adolescent(e), est-ce que tu allais au lycée tous les jours de la semaine? *j'y allais tous les jours de la semaine*

2. Est-ce que tu restais à la maison le samedi soir? Qu'est-ce que tu faisais? *j'y restais le samedi soir. je regarde télévision*

3. Est-ce que tu aimais regarder des comédies à la télé? Qu'est-ce que tu regardais?

4. Est-ce que tu avais beaucoup d'amis? *Oui, j'en avais beaucoup*

5. Est-ce que vous faisiez des bêtises *(were you naughty)*, tes amis et toi? Comme quoi? *Non, je n'en faisais pas.*

6. Est-ce que vous sortiez souvent au bowling? Où est-ce que vous sortiez d'habitude? *Non, vous n'en*

7. Quand tu rentrais du lycée, est-ce que tes parents étaient à la maison? Qu'est-ce que vous faisiez ensemble? *Non, mes parents n'y étaient pas à la maison.*

8. Est-ce que tu pratiquais un sport? Lequel?

CD 2
Track 12

Passage 3

Un petit garçon sage (A good little boy)

Alexandre, un petit garçon de huit ans, pose des questions à sa mère.

pleurer

ALEXANDRE: Maman, quand j'avais deux ans, est-ce que je pleurais souvent?
MAMAN: Oh oui! Tu pleurais beaucoup et après tu avais les yeux tout rouges!

ALEXANDRE: Pourquoi est-ce que je pleurais, Maman?
MAMAN: Parce que tu faisais beaucoup de caprices!
Tu ouvrais la bouche bien grand et tu criais: «Je veux ça, je veux ça!»

faire des caprices

faire des bêtises

ALEXANDRE: Est-ce que je faisais des bêtises?

MAMAN: Mmm... oui, de temps en temps!
ALEXANDRE: Qu'est-ce que je faisais comme bêtises?
MAMAN: Tu adorais mettre les mains dans l'eau du chien et tu y mettais les pieds aussi!
ALEXANDRE: Est-ce que tu me donnais une fessée quand j'étais vilain?

donner la fessée

mettre au coin

MAMAN: Jamais! Je te punissais,[1] mais la fessée jamais!
ALEXANDRE: Comment est-ce que tu me punissais?
MAMAN: Je te mettais au coin pendant quelques minutes.

[1]**punir**, *to punish*, is conjugated like **finir**. **Une punition** is a *punishment*.

ALEXANDRE:	Et qu'est-ce que je faisais au coin?
MAMAN:	Tu pleurais et quelquefois tu criais,[1] aussi!
ALEXANDRE:	Beaucoup?
MAMAN:	Oh, là là oui! Beaucoup! Mais après quelques minutes, je ne pouvais plus résister et je te faisais un gros bisou sur la joue ou sur la tête. Comme ça!

faire un bisou

Vous avez bien compris?

Choisissez la réponse correcte pour compléter chaque phrase basée sur le dialogue entre Alexandre et sa mère.

1. Alexandre allait au coin parce qu'il _____.
   a. pleurait
   b. jouait avec le train
   c. faisait des bêtises

2. _____ Alexandre faisait des bêtises.
   a. Au restaurant
   b. À la maison
   c. Au coin

3. Alexandre recevait _____.
   a. un bisou
   b. une fessée
   c. un chien

4. Alexandre pleurait _____.
   a. très peu
   b. jamais
   c. beaucoup

5. La maman d'Alexandre _____.
   a. faisait des caprices
   b. faisait des bêtises
   c. ne lui donnait jamais de fessée

[1]screamed

→ Mon vocabulaire ←

L'enfance

L'enfance (de la naissance à l'adolescence)

Avant l'arrivée d'un enfant, une mère va...

attendre un enfant / être enceinte /
avoir une bonne grossesse[1] / avoir
une grossesse difficile.

accoucher
(un accouchement)

Après la naissance du bébé les parents vont...

élever un(e) enfant bien élevé(e)	*to raise a well-behaved child*
élever un(e) enfant mal élevé(e)	*to raise a badly behaved child*
gâter un(e) enfant	*to spoil a child*
avoir un(e) enfant gâté(e)	*to have a spoiled child*

Le corps humain:

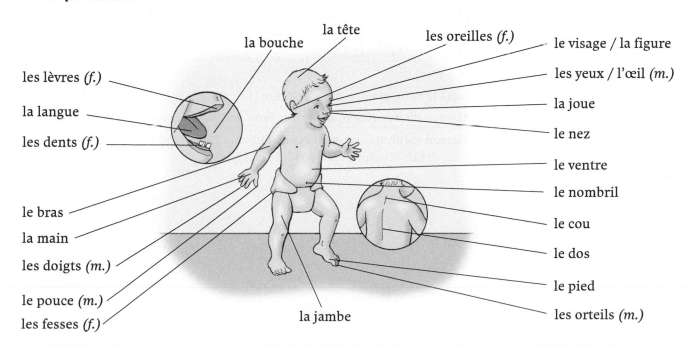

la tête
la bouche
les oreilles *(f.)*
le visage / la figure
les lèvres *(f.)*
les yeux / l'œil *(m.)*
la langue
la joue
les dents *(f.)*
le nez
le ventre
le nombril
le bras
le cou
la main
le dos
les doigts *(m.)*
le pied
le pouce *(m.)*
les orteils *(m.)*
les fesses *(f.)*
la jambe

[1]pregnancy

À vous!

A. Une journée typique du petit Louis. Quand le petit Louis avait 3 ans, ses journées étaient assez similaires et typiques. Regardez les dessins et décrivez une de ses journées. **Attention!** Mettez les verbes à l'imparfait. Commencez par «Quand le petit Louis avait trois ans...»

1.   2.   3.

4.   5.   6.

B. Une maman et son enfant. Aurélien et sa maman passent toutes leurs journées ensemble et s'amusent beaucoup! Pour chaque situation, trouvez la partie du corps la plus logique.

> **MODÈLE:** Après le bain, Maman dit: «Je vais te manger les petits...»
> *pieds / orteils*

1. Maman donne à manger à Aurélien. «Ouvre bien grand la...»
2. Maman joue à la balle avec Aurélien: «Prends la balle avec les...»
3. Maman fait des chatouilles *(tickles)* à Aurélien: «Je te fais des chatouilles sur le... et la...»
4. Dans le bain, maman dit: «Je vais te laver le/la... et les...»
5. Maman dit à Aurélien: «Je vais te faire un bisou sur le/la...»
6. Maman met Aurélien au lit et elle dit: «Aurélien, mon petit chéri, ferme les... et fais un gros dodo *(go night-night)*!»

C. Votre journée typique. Interviewez un(e) camarade de classe pour savoir comment était une journée typique quand il/elle avait quatre ou cinq ans. Ensuite changez de rôles. Comparez vos réponses et dites à la classe qui de vous deux était le plus sage.

1. Qui t'élevait: ta mère, ton père ou les deux? Qui était le plus strict et te disciplinait le plus: ta mère ou ton père?
2. Comment est-ce qu'on te disciplinait?
3. Est-ce que tu pleurais beaucoup? Pourquoi?
4. Est-ce que tu faisais des caprices? Pourquoi?
5. Où est-ce que tu faisais des caprices? Dans des lieux publics devant tout le monde comme au supermarché, par exemple?
6. Quelles bêtises est-ce que tu faisais?
7. Étais-tu un(e) enfant gâté(e)? Qui te gâtait le plus dans ta famille? Comment est-ce qu'on te gâtait?
8. En général, étais-tu sage ou étais-tu un petit démon? Pourquoi?

Portrait personnel

Écrivez un paragraphe où vous décrivez l'enfance de votre partenaire. Comment était-il/elle comme enfant? Est-ce qu'il/elle était un enfant typique ou non? Expliquez votre réponse.

MODÈLE: *Karine était une enfant très sage. Elle ne faisait presque jamais de bêtises, sauf quand elle était très fatiguée…*

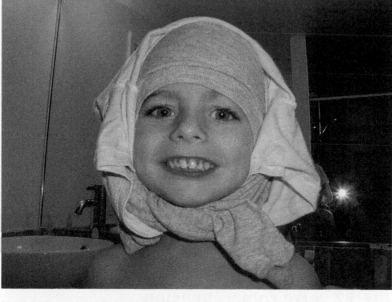

Courtesy of Véronique Anover and Theresa A. Antes

Voici Alex quand il était petit. Il aimait beaucoup faire le pitre *(to be silly)*. Quand vous étiez petit, vous aimiez faire le pitre? Qu'est-ce que vous faisiez? Quelles bêtises est-ce que vous faisiez?

STRUCTURE ③

Les pronoms interrogatifs

In previous chapters, you have learned to form yes / no questions using intonation, **est-ce que**, and the tags **n'est-ce pas?** and **non?** In this chapter, you will learn how to ask information questions using *interrogative pronouns* (*who? what? when?*, etc.)

Although inversion is used in more formal situations, the most common structure used to ask for information is:

interrogative pronoun + **est-ce que** + subject and verb + (rest of the sentence)

Here are the interrogative pronouns and examples of how they are used with **est-ce que.**

- **que** *(what)*

  Qu'est-ce que tu aimais faire? Jouer au football?
  What did you (used to) like to do? Play soccer?

- **où** *(where)*

  Où est-ce que tu aimais jouer? Au parc?
  Where did you (used to) like to play? At the park?

- **quand** *(when)*

  Quand est-ce que tu allais au parc? Tous les jours?
  When did you (used to) go to the park? Everyday?

- **comment** *(how)*

  Comment est-ce que tu jouais? Bien?
  How did you (used to) play? Well?

- **pourquoi** *(why)* / **parce que**

  Pourquoi est-ce que tu jouais bien?
  Why did you (used to) play well?
  Parce que je jouais tous les jours!
  Because I used to play everyday!

- **combien de** + noun *(how many)*

  Combien de personnes est-ce qu'il y avait avec toi? 4?
  How many people were there with you? 4?

The interrogative pronoun **qui** *(who)* is a bit different; it may be the subject or the object of the verb. When it is the object, it is used like the pronouns above. When it is the subject, however, the verb immediately follows **qui** and **est-ce que** and inversion is not used.

Function	Structure	Example
qui (as object)	**qui + est-ce que +** subject/verb	Qui est-ce que tu aimais beaucoup? *Who did you used to like a lot?*
qui (as subject)	**qui +** verb	Qui faisait des caprices? *Who used to throw tamtrums?*

 VÉRIFIEZ votre compréhension

Go back to the dialogue between Alexandre and his mother (pp. 285–286). Find the questions that have interrogative pronouns in them and explain why each one is used. What does the question mean?

CD 2
Track 13

À l'écoute!

Une chose ou une personne? Écoutez les phrases, et dites si on pose une question à propos d'une personne ou d'une chose.

1. _____ une personne   _____ une chose
2. _____ une personne   _____ une chose
3. _____ une personne   _____ une chose
4. _____ une personne   _____ une chose
5. _____ une personne   _____ une chose
6. _____ une personne   _____ une chose

Pratiquons!

A. Questions pour un champion. Vos amis et vous regardez le jeu télévisé *Questions pour un champion.* D'abord, complétez les questions avec les pronoms interrogatifs appropriés. Ensuite, essayez de répondre aux questions.

1. _____ est l'homme le plus riche du monde?
   C'est _____.

2. _____ ça veut dire[1] *hasta la vista* en espagnol?
   _____.

3. _____ habite le pape Benoît XVI?
   _____.

4. _____ est-ce que la Première Guerre mondiale a commencé?
   _____.

5. _____ d'habitants est-ce qu'il y a en France?
   _____.

6. _____ est-ce qu'on va pour visiter le Machu Picchu?
   _____.

B. Un(e) journaliste. Vous êtes journaliste et vous préparez des questions pour l'écrivaine belge Amélie Nothomb.[2] Formulez vos questions en vous basant sur les réponses suivantes.

1. _Où est-ce que vous habitiez_ ?
   Amélie: Quand j'étais petite, j'habitais au Japon.

2. _Comment est-ce que vous parliez japonais_ ?
   Amélie: Je parlais japonais parfaitement. Maintenant, je ne le parle plus aussi bien.

3. _Où est-ce que vous alliez à l'école_ ?
   Amélie: J'allais à l'école à Tokyo. J'étudiais au lycée français de Tokyo.

4. _Pourquoi vous famille étiez au Japon_ ?
   Amélie: Ma famille était au Japon parce que mon père travaillait à l'ambassade de Belgique à Tokyo.

5. _Combien des livres_ ?
   Amélie: J'écris un livre par an.

6. _____ ?
   Amélie: Mon dernier livre s'appelle *Le Voyage d'hiver.*

[1]vouloir dire = *to mean*   [2]The writer Amélie Nothomb is very popular in France and in Francophone Europe. She is originally from Belgium, although she lives in Paris. Nothomb's novels are very witty and original.

STRUCTURE 4

Les parties du corps et les articles définis et indéfinis

[1] Definite articles, indefinite articles, demonstrative adjectives, possessive adjectives are all determiners.

- In English, a possessive adjective or a definite or indefinite article may be used to refer body parts. Sometimes no determiner[1] at all is used. In French, however, a definite or indefinte article is generally used with body parts.

  My hair is blond. (possessive adjective)   J'ai **les** cheveux blonds.
  I have blond hair. (no determiner)

  My nose is small. (possessive adjective)   J'ai **un** petit nez.
  I have a small nose. (indefinite article)

- As you learned in Chapter 5, the definite article is used with body parts when following a reflexive verb, whereas the possessive is used in English.

  Je me suis lavé **le visage.**   *I washed **my** face.*
  Je me brosse **les** dents   *I brush **my** teeth after meals.*
  après les repas.

- There are two occasions in French when possessive adjectives are used with body parts:

1. in some proverbial expressions, such as **risquer** *sa* **tête** (*to put oneself in a dangerous position*) and **mon oeil!** (*yeah, right!*)

2. when replacing the possessive structure: *object owned* + **de** + *owner*

   les mains de Chopin   **ses** mains
   le corps des Avatars   **leur** corps

- Remember, use the definite article with reflexive verbs or when referring to a specific noun or category and the indefinite article when referring to something being introduced into a conversation.

  Comment sont **les** corps   *What are athletes' bodies like?*
  des athlètes?

  Ils ont **des** bras et **des** jambes   *They have muscular arms and legs.*
  très musclés.

🚩 VÉRIFIEZ votre compréhension

Go back to *Passage 3* (the dialogue between Alexandre and his mother) and list all the body parts that you find. For each one, tell if it is accompanied by a possessive adjective, an indefinite article, or a definite article. Can you explain why?

Pratiquons!

A. Trait caractéristique? Dites quel est le trait caractéristique de chaque personne ou de chaque animal. S'il y a plus d'une réponse possible, choisissez une réponse logique.

> **MODÈLE:** Dumbo?
>
> *Dumbo a les oreilles très grandes.*

1. Une girafe? Elle a...
2. Cyrano de Bergerac? Il a...
3. Shaquille O'Neal? Il a...
4. Les Cyclopes? Ils ont...
5. Arnold Schwarzenegger? Il a...
6. Un serpent? Il a...
7. Sasquatch? Il a...
8. Maria Shriver? Elle a...
9. Les pianistes? Ils ont...
10. Gérard Depardieu? Il a...

B. Comment est...? Choisissez cinq personnes célèbres et décrivez-les physiquement: le nez (petit, grand); la bouche (petite, grande); les jambes (longues, courtes, musclées, fines); le visage (ovale, carré, rond); les yeux (grands, petits, bleus, verts, noirs); les pieds (petits, grands).

> **MODÈLE:** *Le nez de Marilyn Manson est très grand. Il a une grande bouche aussi et ses yeux font peur! Il a le visage ovale et il se maquille les yeux.*

C. Des proverbes. Pouvez-vous deviner le sens des proverbes et des expressions idiomatiques français suivants? Trouvez l'équivalent en anglais dans la colonne à droite.

1. Je l'ai payé les yeux de la tête.
2. J'ai les yeux plus grands que l'estomac.
3. Je lui ai cassé les oreilles.
4. Je l'ai dévoré des yeux.
5. J'ai la gorge serrée par l'émotion.
6. Nous nous sommes serré la main.
7. Je lui ai mis la puce à l'oreille.
8. J'ai tourné ma langue sept fois dans ma bouche.

a. I'm all choked up.
b. I talked his ear off.
c. We shook hands.
d. I kept quiet.
e. My eyes are bigger than my stomach.
f. I put a bug in his ear (gave him an idea).
g. I eyed him hungrily.
h. I spent a fortune on it.

(iLrn Complete the diagnostic tests to check your knowledge of the vocabulary and grammar structures presented in this chapter.

À vous de parler!

 A. Chez le psy.[1] Vous êtes un(e) psychologue spécialisé(e) dans les problèmes familiaux chez les adolescents. Vous recevez dans votre cabinet *(office)* deux parents qui ont des problèmes avec leurs enfants adolescents. En groupe de trois, jouez le rôle des parents et le rôle du/de la psychologue. Les parents racontent les difficultés avec leur fille/fils et le/la psychologue donne des solutions ou des conseils *(advice)* aux parents. Ensuite, les psychologues se réunissent (devant la classe) pour parler des cas les plus compliqués et des solutions proposées.

B. Enquêtes. (*Surveys.*) Individuellement d'abord, trouvez trois parents de jeunes enfants (de 2 à 6 ans) et faites une enquête pour savoir quels enfants sont les plus difficiles à élever: les petites filles ou les petits garçons. Faites votre enquête et tirez-en vos conclusions. En groupe de trois, comparez vos conclusions et discutez-les avec la classe. Qui sont les plus dociles et les plus sages, les filles ou les garçons? Pourquoi? Y a-t-il de grandes différences entre petites filles et petits garçons? Pourquoi?

C. Qui est-ce? Donnez la description d'une personne célèbre. Vos camarades de classe vont essayer de deviner qui c'est. Décrivez tous les traits possibles pour identifier cette personne.

> MODÈLE:
> ÉTUDIANT 1: *Cette personne est actrice. Elle a les cheveux roux et bouclés et les yeux verts. Elle est grande et mince, et elle a de longues jambes. Elle danse et chante bien. Elle a approximativement 40 ans. Elle a un accent australien.*
> ÉTUDIANT 2: *C'est Nicole Kidman?*
> ÉTUDIANT 1: *Oui, c'est ça!*

Regardez la photo prise pour une campagne contre le sida.
Qui dit «Je suis en sécurité»? Pourquoi? Que symbolise la main de la mère sur le ventre?

[1]Slang term for **psychologue**, equivalent to *shrink* in English

Les problèmes des adolescents sont comme ça...

Au Canada: la grossesse et les adolescentes

Grâce à une éducation sexuelle plus ouverte (à la maison et à l'école) et à un meilleur accès aux différentes méthodes contraceptives, le taux de grossesse chez les ados diminue (surtout au Québec), mais il continue à être un problème important. De nos jours, sur 1000 adolescentes de 15 à 19 ans, 42,7 tombent enceinte et 21,5 ont recours à l'interruption volontaire de grossesse (l'avortement) ou IVG. Les adolescentes les plus affectées viennent de milieux défavorisés, ou de familles abusives ou décomposées (par exemple, lorsqu'il y a un divorce ou des violences familiales).

En France: la délinquance juvénile

En France, la délinquance juvénile atteint surtout les jeunes qui vivent dans les cités. Ces logements collectifs ont été construits après la guerre (1950 à fin 1970) pour loger les familles d'ouvriers des banlieues.[1] Après la crise des années 80 et la montée du chômage, les cités ont une population défavorisée: familles d'immigrés et familles pauvres. Les cités sont situées dans les banlieues de grandes villes. Les jeunes de ces cités se sentent mal intégrés ou même rejetés par la société. Une intégration difficile qui pousse à la marginalisation est un des facteurs de délinquance juvénile. L'échec scolaire, une éducation trop stricte ou pas assez stricte font que certains jeunes commettent des délits.[2] En France, 5% des jeunes commettent 50% des délits.

En Afrique: le sida[3]

En Afrique, le problème du sida est très grave: il affecte un million et demi d'enfants et d'adolescents, et ce chiffre est en progression. Même les adolescents qui ne sont pas infectés par le virus du sida souffrent fortement des répercussions directes. Par exemple, dans l'enseignement, les professeurs touchés par le virus ne sont pas remplacés. Dans les familles, les filles sont obligées d'abandonner l'école pour s'occuper des membres qui restent après la mort d'un parent. En plus, le nombre d'adolescents et d'enfants orphelins qui ont vu leurs parents mourir du sida augmente chaque année. En 2020 on estime qu'un quart[4] des enfants et des adolescents vont avoir un de leurs parents atteint du sida.

Dans les familles affectées par le sida, la pauvreté augmente (beaucoup de malades du sida ne peuvent pas travailler). Ces familles sont isolées et rejetées par la société qui en a peur. Les jeunes de ces familles qui ont leurs propres problèmes liés à l'adolescence (construction d'une identité, se faire accepter par les autres, etc.) en souffrent doublement.

Les adolescents qui sont touchés par la maladie reçoivent peu de soins et peu de traitements et ne peuvent pas espérer un bon avenir.

Réfléchissons!

1. Est-ce que le problème des grossesses chez les adolescentes est aussi un problème dans votre pays? Pourquoi? Par manque d'information? Par manque de communication entre parents et enfants?

2. Pensez-vous que la grossesse chez les ados peut être évitée (avoided) ou diminuée? Comment? Quelles solutions proposez-vous?

3. Vous avez vu les facteurs qui contribuent à la délinquance juvénile en France. Est-ce que dans votre pays la délinquance juvénile est causée par les mêmes facteurs?

4. Comment est la situation du sida dans votre pays? Est-ce que le nombre de victimes augmente ou est à la baisse (declining)? Qui est le plus affecté par le virus dans votre pays?

[1]suburbs [2]misdemeanors [3]AIDS [4]one quarter

A. Stratégies. Guessing meaning from context. The following is an excerpt from a literary text, *La Gloire de mon père*, by Marcel Pagnol. Since this is an authentic document, it probably contains words that you have never seen before. Rather than turning immediately to a dictionary for help, consider the context in which the word appears.

- Look at the structure of the sentence. What part of speech is the word? (Is it a noun? An adjective? A verb?) When trying to figure out what a word means, we must not neglect its grammatical role; for example, knowing that **heureux** means *happy* and that **-ment** is a typical adverb ending in French can help us to deduce that **heureusement** means *happily* or *fortunately*. Paying attention only to the meaning of **heureux** may not have led us to the same conclusion. Always work on the text from two angles: meaning and context.

- Try to confirm the meaning that you have attributed to unknown words. Can you verify your hypothesis somehow? In other words, does the word make sense with the meaning that you have attributed to it? Does it fit in the grammatical context as well?

- Continue reading without interruption whenever possible. Consult a dictionary only when you cannot make an educated guess at the meaning of the unknown word.

B. Avant de lire. Lisez le paragraphe suivant, et répondez aux questions.

- **Un peu de contexte.** Le narrateur de ce texte, Marcel, est un homme qui raconte son enfance. Il était le fils aîné *(oldest)* de Joseph (un professeur) et d'Augustine (une couturière [*seamstress*]). Dans ce texte, il avait presque six ans. C'était un garçon très intelligent, qui savait lire avant même d'aller à l'école. Il nous parle de ses journées à l'école et au parc.

- **Imaginons la scène**

  1. Si le texte est écrit du point de vue d'un petit garçon, de quoi va-t-on probablement parler? Qu'est-ce que les garçons aiment faire? Imaginez ses activités typiques à l'école et au parc.

  2. Selon la description donnée, est-ce que vous pensez que Marcel va être un petit garçon sage ou un petit démon? Expliquez votre réponse.

  3. Est-ce que les enfants très intelligents sont différents des autres enfants? Est-ce qu'ils posent quelquefois des problèmes à leurs maîtres (maîtresses)? Expliquez votre réponse.

  4. Est-ce que vous aviez un(e) ami(e) très intelligent(e) quand vous étiez à l'école? Comment était-il/elle? Décrivez ses activités à l'école.

- **Un peu de vocabulaire.** Lisez vite le texte une première fois. Essayez de déterminer le sens de chaque mot ou expression signalé, sans consulter un dictionnaire.

Le portrait de Mlle Guimard

1. Paragraphe 2: «... pendant qu'elle parlait, son nez **remuait**»

2. Paragraphe 2: «... elle avait de gros yeux **bombés**»

3. Paragraphe 3: «... elle disait que je chantais **faux**»

Au parc

4. Paragraphe 5: «... <elle> me conduisait ensuite, au moyen d'un tramway, jusqu'en ces **lieux** enchantés.» (Tuyau: Regardez aussi le paragraphe 4.)

5. Paragraphe 6: «On y trouvait... des **étangs** où naviguaient des **flottilles de canards.**»

6. Paragraphe 7: «... un certain nombre de gens qui apprenaient à gouverner des bicyclettes: le regard fixe, les mâchoires serrées, ils **échappaient** soudain au professeur, traversaient l'allée, disparaissaient dans un fourré, et reparaissaient, leur machine **autour du cou.**»

7. Paragraphes 8–9: «... j'allais **vaquer** aux travaux de mon âge... Ma principale occupation était de lancer du pain aux canards.»

8. Paragraphe 10: «Lorsque ma tante ne me regardait pas, tout en leur disant, d'une voix suave, des paroles de tendresse, je leur lançais aussi des **pierres**, avec la ferme intention d'en **tuer** un.»

C. Lisons! Lisez le texte une deuxième fois, en vous concentrant sur les paragraphes suivants. Répondez aux questions, et suivez les indications indiquées.

Paragraphe 1: Quel âge avaient approximativement les élèves dans la classe de Mlle Guimard?

——— 6 ans   ——— 11 ans   ——— 16 ans

Paragraphe 2: Selon Marcel, Mlle Guimard était:

——— grande.   ——— petite.   ——— belle.   ——— laide.

Imitez-la!

Paragraphe 3: Dans la classe, Marcel:

——— apprenait ses lettres.   ——— était ignoré.

Imitez ses actions en classe!

Paragraphe 4: Pendant les leçons de chant, Marcel:

——— chantait bien.   ——— ne chantait pas du tout.

Les autres:

——— chantaient fort.   ——— restaient muets.

Imitez-le!

Paragraphe 7: Au parc, Marcel aimait regarder les gens à bicyclette parce qu(e):

——— ils roulaient bien.

——— ils ne savaient pas rouler et ils avaient souvent des accidents.

Dessinez la scène!

Paragraphe 10: Marcel jetait ——— aux canards.

——— du pain   ——— des pierres   ——— les deux

Imitez-le!

Souvenirs d'enfance

1) J'approchais de mes six ans, et j'allais à l'école dans la classe enfantine que dirigeait Mlle Guimard.

2) Mlle Guimard était très grande, avec une jolie petite moustache brune, et quand elle parlait, son nez remuait: pourtant je la trouvais laide, parce qu'elle était jaune comme un Chinois, et qu'elle avait de gros yeux bombés.

3) Elle apprenait patiemment leurs lettres à mes petits camarades, mais elle ne s'occupait pas de moi, parce que je lisais couramment, ce qu'elle considérait comme une inconvenance préméditée de la part de mon père. En revanche, pendant les leçons de chant, elle disait, devant toute la classe, que je chantais faux, et qu'il valait mieux me taire, ce que je faisais volontiers.

4) Pendant que la marmaille¹ s'époumonait² à suivre sa baguette, je restais muet, paisible, souriant; les yeux fermés, je me racontais des histoires, et je me promenais au bord de l'étang du parc Borély, qui est une sorte de parc de Saint-Cloud, au bout du Prado de Marseille.

5) Le jeudi et le dimanche, ma tante Rose, qui était la sœur aînée de ma mère, et qui était aussi jolie qu'elle, venait déjeuner à la maison, et me conduisait ensuite, au moyen d'un tramway, jusqu'en ces lieux enchantés.

6) On y trouvait des allées ombragées par d'antiques platanes, des bosquets sauvages, des pelouses qui vous invitaient à vous rouler dans l'herbe, des gardiens pour vous le défendre, et des étangs où naviguaient des flottilles de canards.

7) On y trouvait aussi, à cette époque, un certain nombre de gens qui apprenaient à gouverner des bicyclettes: le regard fixe, les mâchoires serrées, ils échappaient soudain au professeur, traversaient l'allée, disparaissaient dans un fourré, et reparaissaient, leur machine autour du cou. Ce spectacle ne manquait pas d'intérêt, et j'en riais aux larmes. Mais ma tante ne me laissait pas longtemps dans cette zone dangereuse: elle m'entraînait—la tête tournée en arrière—vers un coin tranquille, au bord de l'étang.

8) Nous nous installions sur un banc, toujours le même, devant un massif de lauriers, entre deux platanes; elle sortait un tricot de son sac, et j'allais vaquer aux travaux de mon âge.

9) Ma principale occupation était de lancer du pain aux canards. Ces stupides animaux me connaissaient bien. Dès que je montrais un croûton, leur flottille venait vers moi, à force de palmes, et je commençais ma distribution.

10) Lorsque ma tante ne me regardait pas, tout en leur disant, d'une voix suave, des paroles de tendresse, je leur lançais aussi des pierres, avec la ferme intention d'en tuer un. Cet espoir, toujours déçu, faisait le charme de ces sorties, et dans le grinçant tramway du Prado, j'avais des frémissements d'impatience.

D. Après la lecture. Relisez le texte une dernière fois, plus lentement, et répondez aux questions suivantes.

1. Est-ce que Marcel aime Mlle Guimard? Est-ce qu'il la respecte? Expliquez votre réponse, en donnant des exemples du texte.

2. Qu'est-ce qu'il fait en classe la majorité du temps? Pourquoi?

3. Avez-vous l'impression que Mlle Guimard est une bonne maîtresse? Expliquez votre réponse.

4. Pourquoi aime-t-il aller au parc avec sa tante? Qu'est-ce qu'il fait au parc?

5. Est-ce que sa tante est consciente de tout ce qu'il fait? Expliquez votre réponse.

6. Selon vous, est-ce que le narrateur est un enfant typique? Pourquoi ou pourquoi pas?

¹gang of brats ²shouted themselves hoarse

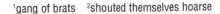

Lexique 🔊

À l'école

la cantine	*cafeteria*	le lycée	*high school*
le collège	*middle school / junior high school*	un(e) lycéen(-ne)	*high school student*
le dortoir	*dormitory*	être en pension	*to be in boarding school*
l'école primaire	*elementary school*	un(e) pensionnaire	*boarding school student*
un(e) élève	*student (elementary and middle school)*		

Pour s'amuser

une boîte de nuit / un club	*nightclub*	la patinoire	*skating rink*
une soirée / une fête	*party*	la récréation / la récré	*recess*
le gymnase	*gymnasium*	le stade	*stadium*

Les ados *Adolescents*

l'adolescence (*f.*)	*adolescence*	être à la recherche de son identité (*f.*)	*to seek one's own identity*
affirmer sa personnalité	*to assert one's own personality*	être complexé(e) par son look	*to have a complex about one's appearance*
affirmer son individualité (*f.*)	*to assert one's own individuality*	sécher les cours	*to skip school*
l'anorexie (*f.*)	*anorexia*	faire une fugue	*to run away*
avoir des difficultés à s'accepter (*f.*)	*to have difficulty accepting oneself*	faire le mur	*to sneak out*
avoir des relations sexuelles précoces	*to have early sexual relations*	fumer (des cigarettes)	*to smoke (cigarettes)*
avoir des troubles (*m.*) alimentaires	*to have eating disorders*	se droguer	*to use drugs*
avoir des problèmes familiaux	*to have family problems*	se soûler	*to get drunk*
être à la mode	*to be hip, fashionable*	se rebeller	*to rebel*

Les problèmes les plus fréquents

l'alcoolisme (*m.*)	*alcoholism*	le tabagisme	*smoking addiction*
la délinquance juvénile	*juvenile crime*	la toxicomanie	*drug addiction*
l'échec (*m.*) scolaire	*failure in school*		

L'enfance, de la naissance à l'adolescence
Childhood years, from birth to adolescence

accoucher (un accouchement)	to give birth (the labor)	élever un(e) enfant bien élevé(e)	to raise a well-behaved child
attendre un(e) enfant / être enceinte	to be pregnant	élever un(e) enfant mal élevé(e)	to raise a badly behaved child
avoir une bonne grossesse / avoir une grossesse difficile	to have an easy / difficult pregnancy	gâter un(e) enfant	to spoil a child
		mettre au coin	to place a child in time out
avoir un(e) enfant gâté(e)	to have a spoiled child	punir	to punish
donner la fessée (à)	to spank	faire un (gros) bisou	to give a (big) kiss

Un bébé ou un enfant va...

crier	to scream	être sage	to be well behaved
faire des caprices (m.)	to throw a tantrum	être vilain	to behave badly; to be naughty
faire des bêtises (f.)	to be naughty	pleurer	to cry

Le corps humain

la tête	head	le bras	arm
le visage / la figure	face	la main	hand
les yeux / l'œil (m.)	eyes / an eye	le pouce	thumb
les oreilles (f.)	ears	les doigts (m.)	fingers
le nez	nose	le ventre	stomach
la joue	cheek	le nombril	navel
la bouche	mouth	la jambe	leg
les dents (f.)	teeth	le pied	foot
les lèvres (f.)	lips	les orteils (m.)	toes
la langue	tongue	le dos	back
le cou	neck	les fesses (f.)	buns / the rear

Mon boulot

De dimension internationale, notre société en forte croissance, commercialisant en France des services et équipements de télécommunication, souhaite renforcer son équipe marketing et pour cela recherche un(e)

Responsable
Communication Marketing Direct

s campagnes de
le :
e marketing de la
es,
les résultats.
) ans d'expérience)
il, bon rédacteur et

VOUS AVEZ LA BOSSE DU COMMERCE

Rejoignez une société de prestation de services en informatique spécialisée dans le détachement de personnel (Analystes, Analystes-Programmeurs, Chefs de Projets, etc.), intervenant dans les environnements mini et grands systèmes IBM, VAX, UNIX. Afin de conforter notre développement, nous recherchons

1 INGENIEUR COMMERCIAL (H/F)   (réf. INC)

Pour ce poste
• Avoir entr
expérience r
relationnel, v
et autonome v
L'apport d'un
prévue sur la
assurée
Des déplacem

Ecrire avec ph

YAMAHA MUSIQUE FRANCE recrute

attaché commercial H/F

Expérience commerciale et connaissances des produits instruments à vent souhaitées.

Envoyez-nous votre dossier - BP 70 77312 MARNE LA VALLEE Cedex 2.

Pour région Sud-Ouest

Venez rejoindre notre équipe...

SOCIETE LEADER
RENFORCE
SON EQUIPE
DE VENTE

8 COMMERCIAUX H/F

* Salaire fixe + Primes +%   * Formation assurée
* Clientèle fournie   * Excellente présentation
* Mobilité géographique (FRANCE)   * Charisme et crédibilité

Se présenter Hôtel PRIMAVERA 147 Ter rue d'Alésia 75014 Paris M° Pernety ou Alésia, vendredi 23 Septembre à 9h30 à ou 11h30.

If you would like to work in France or in a Francophone country one day, you will find the content of this chapter useful. You will learn work-related vocabulary words and expressions; you will learn how to read a help-wanted advertisement and how to go on a job interview; and finally, you will learn about the working conditions in France and how Francophone speakers in Europe prepare for the job market.

VOCABULARY
- Telephone answering machine messages
- Help-wanted ads
- Job interview expressions
- Directions

STRUCTURES
- **Imparfait** vs. **passé composé**
- **Passé composé** and **imparfait** to express point of view
- Meaning of the **passé composé** and **imparfait** with certain verbs
- Imperative mood
- Imperative with pronominal verbs

CULTURE
- Working conditions in France and the Francophone world
- Applying for a job in Francophone Europe: using a **blog-emploi**

iLrn
◄)) Audio
🌐 www.cengagebrain.com

RESSOURCES

Passage 1

CD 2
Track 14

Une petite annonce

Vous rappelez-vous Alain? Vous l'avez rencontré au Chapitre 2. Alain habite à Fort-de-France en Martinique. Alain a un cabinet[1] d'architecte et il cherche un stagiaire[2] pour l'été. Voici l'annonce qu'il a mise dans le journal et sur le web:

> Cabinet d'architecte cherche stagiaire moins de 28 ans, bonnes connaissances d'anglais et d'informatique[3] pour collaboration dans un bureau d'une dizaine de personnes à Fort-de-France. Projets publics et privés. Envoyer CV à M. Alain Cinson 120 Rue des Alizés, Fort-de-France 97233 ou appeler le 05-98-04-32-55 pour plus d'information.

Abdourahma San est étudiant en architecture à *University of California*. Il est africain, du Sénégal. Il cherche un stage[4] pour l'été à l'étranger et hier il a trouvé la petite annonce d'Alain sur le web. Quand il a lu l'annonce, Abdourahma était très content parce qu'il possédait toutes les qualifications que l'annonce demandait. Il a décidé d'appeler, et il a laissé un message sur le répondeur.[5]

> «Bonjour! Vous êtes bien au cabinet d'architecte Cinson au 05-98-04-32-55. Nous ne pouvons pas prendre votre appel. Veuillez laisser[6] un message après le bip sonore. Merci!»

> Après avoir écouté le répondeur, Abdourahma a laissé le message suivant: «Bonjour! Je m'appelle Abdourahma San. Je vous appelle de San Diego aux États-Unis. Je me permets de vous contacter à la suite de votre annonce parue sur le site web Outremer.com le 3 février. Je suis très intéressé par le poste. Vous pouvez me contacter au 1-619-555-3132. Je vous ai aussi envoyé par courriel mon CV et mes références. Merci!»

....

Vous avez bien compris?

Reliez les définitions suivantes aux mots appropriés.

1. _____ un(e) stagiaire
2. _____ un répondeur
3. _____ un CV

a. un bureau
b. un job, un emploi
c. une personne qui perfectionne ses études de façon pratique

[1]office [2]intern [3]computing [4]internship [5]answering maching [6]Please leave

Courtesy of Véronique Anover and Theresa A. Antes

4. _____ un cabinet   d. une liste des qualifications

5. _____ une annonce   e. la machine qui remplace l'homme au téléphone

6. _____ un poste   f. la description d'un poste

→ Mon vocabulaire ←

Le travail (1)

avoir un emploi / un poste / un job / un travail / un boulot[1]	*to have a job*
avoir une formation...	*to have an education / training*
littéraire	
scientifique	
faire un stage	*to have an internship*
à plein temps / à temps complet	*full-time*
à temps partiel / à mi-temps	*part-time*
un(e) candidat(e) / un(e) postulant(e)...	
cherche du travail	*is looking for work*
passe / a un entretien	*has a job interview*
est embauché(e)	*is hired*
embaucher / engager	*to hire*
un(e) employé(e)...	
est licencié(e) / est mis(e) à la porte	*is fired / is laid off*
licencier	*to lay off*
fait (la) grève	*is on strike*
un(e) salarié(e) a / touche...	*a salaried employee gets*
un bon salaire / un mauvais salaire / le salaire minimum	
travailler / bosser[2] dans...	*to work in*
une boîte[3]	*a company*
une compagnie privée / publique / internationale	
une société	
une entreprise privée / publique	
un(e) candidat(e) / un(e) postulant(e)...	
est demandeur(-euse) d'emploi	*is a job applicant*
postule pour un poste	*applies for a position*
un patron(une patronne) engage	*an employer / a boss hires*
un(e) employé(e) qui ne travaille plus...	
est chômeur(-euse)	*is unemployed*
est retraité(e)	*is retired*
touche le chômage / la retraite	*receives unemployment compensation / a pension*

[1]**Un boulot** is slang.   [2]**Bosser** is slang.   [3]**Une boîte** is a slang word. It means *a box*; it is used in French to mean any workplace.

À vous!

A. Recommandations. Votre ami(e) veut obtenir un entretien dans une entreprise très prestigieuse. Avec un(e) partenaire, faites une liste où vous indiquez les démarches *(steps)* à suivre. Pour le faire, combinez les mots et expressions dans la colonne de gauche avec les phrases dans la colonne de droite.

1. D'abord…
2. Ensuite…
3. Quelques jours avant l'entretien…
4. Le jour de l'entretien…
5. Quand tu passes l'entretien…
6. Pendant l'entretien…
7. Pendant l'entretien…
8. Quelques jours après l'entretien…

a. tu es embauché(e)!
b. tu envoies ton CV et tu postules pour le poste.
c. tu réponds aux questions calmement et brièvement.
d. tu cherches une annonce intéressante.
e. tu vas t'acheter un tailleur / costume élégant et discret.
f. tu poses des questions sur l'entreprise.
g. tu n'arrives pas en retard.
h. tu regardes ton interlocuteur (interlocutrice) dans les yeux.

B. À Pôle Emploi *(unemployment agency)*. Vous êtes demandeur (demandeuse) d'emploi et vous allez à Pôle Emploi pour compléter un formulaire. Soyez logique!

Nom: _____ Prénom: _____
Date: _____
Formation: _____
Connaissances de *(knowledge of)* _____ *(languages; a particular skill)*
Vous cherchez un poste _____ à plein temps _____ à mi-temps dans une entreprise _____. *(what type)*
Vous êtes au chômage depuis _____. *(date)*
Vous pouvez passer des entretiens du _____ au _____. *(date)*
Désirez-vous recevoir des annonces électroniques? Oui _____ Non _____
Courriel: _____

C. Au travail! Posez les questions suivantes à un(e) camarade de classe sur ses expériences dans le monde du travail.

1. Où travailles-tu? (Si tu n'as pas de travail, est-ce que tu veux obtenir un job? Où?)
2. As-tu un travail à mi-temps ou à temps complet? Combien d'heures par semaine est-ce que tu travailles? (Si tu ne travailles pas, dis-moi ce que tu préfères: un travail à plein temps ou à mi-temps? Pourquoi?)
3. Est-ce que tu touches un bon salaire ou un mauvais salaire?
4. Quand tu passes un entretien, comment es-tu? Détendu(e) *(relaxed)* et calme, ou nerveux (nerveuse) et stressé(e)?
5. Comment t'habilles-tu quand tu passes un entretien?
6. As-tu jamais été licencié(e)? Pourquoi?

STRUCTURE 1

Le passé composé et l'imparfait

When narrating in or speaking about the past, the **passé composé** and the **imparfait** each has different uses. So, how do you choose? If what you want to say answers the question *What happened?*, then you would probably use the **passé composé**. If what you want to say answers the question *What was going on?*, then you would probably use the **imparfait**.

Here is a summary of the uses for both past tenses.

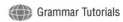 Grammar Tutorials

[1]The **passé composé** is also used to indicate an abrupt change in a state of being.

Tense	When to use	
passé composé[1]	a completed action in the past with a distinct beginning and end (an event that happened once)	Hier, j'ai **passé** un entretien. *Yesterday, I had an interview.*
	(a series of completed events)	J'ai **dit** «Bonjour», j'ai **répondu** aux questions et j'ai **posé** des questions. *I said "Good morning," I answered questions, and I asked questions.*
	(an action that interrupts another)	Le téléphone a **sonné** pendant que je (**répondais** aux questions). *The telephone rang while I (was answering questions).*
imparfait	state of being	J'**étais** content. *I was happy.* Il **faisait** beau. *The weather was nice.*
	habitual or repeated action	Le mois dernier, je **passais** des entretiens toutes les semaines. *Last month, I had (was having) interviews every week.*
	ongoing actions (often interrupted by another action)	Pendant que je **passais** mon entretien, ... (je suis tombé de la chaise). *While I was having my interview, . . . (I fell off my chair.)*

¶ VÉRIFIEZ votre compréhension

1. Relisez le texte où on présente Abdourahma San. Trouvez toutes les phrases au passé composé. Expliquez pourquoi les verbes sont au passé composé.

2. Dans ce même paragraphe trouvez les verbes à l'imparfait et expliquez pourquoi ces verbes sont à l'imparfait.

🔊 À l'écoute!

CD 2
Track 15

Qu'entendez-vous? Écoutez les phrases suivantes et indiquez si elles sont au passé composé ou à l'imparfait.

1. _____ passé composé _____ imparfait   5. _____ passé composé _____ imparfait
2. _____ passé composé _____ imparfait   6. _____ passé composé _____ imparfait
3. _____ passé composé _____ imparfait   7. _____ passé composé _____ imparfait
4. _____ passé composé _____ imparfait   8. _____ passé composé _____ imparfait

Pratiquons!

A. Un patron un peu bizarre. Lisez l'histoire du patron de Lisa et expliquez pourquoi les verbes sont au passé composé ou à l'imparfait (action habituelle, action isolée et inhabituelle, action terminée, action en progression, période indéterminée, description physique, description mentale ou description des émotions).

1. À son dernier poste, Lisa **avait** un patron qui **était** un peu bizarre.
   avait _____
   était _____

2. Le patron **arrivait** toujours en retard et il **entrait** dans le bureau sans jamais dire «Bonjour!»
   arrivait _____
   entrait _____

3. Un jour il **est arrivé** à l'heure, mais il **portait** un jean et des sandales.
   est arrivé _____
   portait _____

4. En plus, il **a apporté** des croissants pour tout le monde et il **souriait** joyeusement.
   a apporté _____
   souriait _____

5. Tous les employés le regardaient hallucinés! Mais, que **s'est-il passé?** Pourquoi le patron **a-t-il acheté** des croissants pour tout le monde ce matin?
   s'est-il passé _____
   a-t-il acheté _____

6. Le patron **a dit** à ses employés: «J'**ai gagné** au loto et aujourd'hui c'est mon dernier jour au travail! Au revoir!»
   a dit _____
   ai gagné _____

B. Un entretien embarrassant. Coralie a passé un entretien chez Peugeot hier matin. Complétez le texte suivant en mettant les verbes entre parenthèses au passé composé ou à l'imparfait selon le cas.

Hier matin, Coralie est sortie de chez elle à 7 heures pour arriver à son entretien chez Peugeot à 9 heures. Elle (1) _portait_ (porter) un tailleur noir avec un chemisier blanc. Comme elle (2) _était_ (être) très nerveuse et qu'elle ne (3) _voulait_ (vouloir) pas être en retard, elle (4) _a décidé_ (décider) de prendre un taxi au lieu de prendre l'autobus. Coralie (5) _est arrivée_ (arriver) à 7 h 30 devant chez Peugeot. Très tôt! Comme elle (6) _devait_ (devoir) trouver quelque chose à faire pour passer le temps—il restait plus d'une heure avant son entretien!—elle (7) _est allée_ (aller) dans un café. Elle (8) _s'est mise_ (se mettre) au bar à côté d'un monsieur qui (9) _lisait_ (lire) le journal tranquillement. Comme Coralie (10) _se sentait_ (se sentir) assez nerveuse, elle (11) _a commandé_ (commander) une bière pensant *(thinking)* se calmer un peu avec les effets de l'alcool. Quand le monsieur (12) _a entendu_ (entendre) Coralie, il (13) _a regardé_ (regarder) la jeune femme et il (14) _a commencé_ (commencer) à parler avec elle. Il lui (15) _a demandé_ (demander) si elle (16) _travaillait_ (travailler) dans le coin et si son travail (17) _était_ (être) très stressant. Coralie (18) _a répondu_ (répondre) que non, qu'elle (19) _cherchait_ (chercher) du travail et qu'elle (20) _avait_ (avoir) un entretien chez Peugeot dans une demi-heure. Le monsieur n'a rien dit et Coralie (21) _sentait_ (sentir) qu'il (22) _examinait_ (examiner) sa bière de façon peu discrète. Le monsieur (23) _a dit_ (dire) au revoir et il (24) _a parti_ (partir).

Coralie (25) _a bu_ (boire) sa bière et à 8h45 elle (26) _est arrivée_ (arriver) à son entretien. Devinez qui elle (27) _a vu_ (voir) assis *(seated)* au bureau en face d'elle? Le monsieur du café! Coralie (28) _était_ (être) très embarrassée. Qui boit de la bière à 7h30 du matin? C'est sûr, le monsieur (29) _pensait_ (penser) qu'elle (30) _était_ (être) alcoolique!

C. Interruptions. Hier, au travail, Nicole a été interrompue constamment. Elle n'a pas pu terminer son travail. La pauvre! Complétez les phrases avec les verbes au passé composé ou à l'imparfait selon le cas.

1. Nicole écrivait sur l'ordinateur quand une collègue _est venue_ (venir) lui poser une question.
2. La photocopieuse ne marchait pas, alors Nicole _est retournée_ (retourner) à son bureau.
3. Le téléphone a sonné pendant que Nicole _a parlé_ (parler) à son patron.
4. La chaise de Nicole _est tombée_ (tomber) en même temps que Nicole se levait.
5. Juste au moment où Nicole _partait_ (partir), le facteur *(mailman)* est arrivé.

D. Le monde du travail. Posez les questions suivantes à un(e) camarade de classe sur ses expériences professionnelles.

1. À quel âge est-ce que tu as travaillé pour la première fois?
2. Qu'est-ce que tu faisais à ton premier poste? Quelles étaient tes responsabilités?
3. Est-ce que tu as eu un patron (une patronne) bizarre? Pourquoi est-ce qu'il (ou elle) était bizarre?
4. Quel travail est-ce que tu as vraiment détesté? Pourquoi?
5. Quel poste est-ce que tu as préféré? Pourquoi?

Portrait personnel

En fonction des renseignements que vous avez reçus dans l'activité D, *Le monde du travail,* écrivez un petit paragraphe sur le travail de votre camarade.

À vous de parler!

A. Le jour de l'entretien. En groupes de quatre ou cinq, jouez le rôle du patron (de la patronne) et des employé(e)s qui écrivent une petite annonce pour recruter et le rôle du demandeur (de la demandeuse) d'emploi et son époux (épouse). Pendant que le patron (la patronne) et les employé(e)s écrivent la petite annonce, le/la candidat(e) discute avec sa femme (son mari) de ce qu'il/elle doit faire pour préparer un entretien (s'acheter un costume, préparer son CV, etc.). Ensuite, le/la candidat(e) va répondre à l'annonce par téléphone et va obtenir un rendez-vous pour un entretien. Terminez l'activité par l'entretien. Jouez le rôle du patron (de la patronne), des employé(e)s et du/de la candidat(e) qui passe l'entretien et de l'époux (de l'épouse). L'entretien peut très bien ou très mal se passer!

B. Parlons boulot. Vous êtes à une soirée chez des amis et vous parlez de choses et d'autres. En groupes de deux ou de trois, composez un dialogue où vous racontez votre dernière expérience quand vous travailliez dans une super boîte (ou dans une boîte horrible). Vos camarades de classe dans votre groupe vous posent des questions pour en savoir plus.

On travaille comme ça dans le monde francophone

Est-ce que vous avez un travail? Si oui, quelles sont vos conditions de travail? (Sinon, pensez au travail d'un de vos parents.) Est-ce que vous êtes bien payé(e)? Combien d'heures par semaine est-ce que vous travaillez? Avez-vous droit à des congés (*holidays*) payés? La réponse à ces questions dépend probablement de l'entreprise pour laquelle vous travaillez et de l'État où vous vivez, parce qu'aux États-Unis, il n'y a pas beaucoup de réglementations fédérales concernant le travail. Le gouvernement américain fixe le salaire minimum à 7,25 dollars de l'heure depuis 2009 (mais c'est plus élevé dans quelques États), avec des exceptions pour les étudiants, les travailleurs handicapés et les travailleurs recevant des pourboires. Le gouvernement laisse le choix à chaque entreprise de déterminer le nombre d'heures de travail par semaine et de décider si l'entreprise paie les congés et offre d'autres avantages. La question de la couverture médicale est encore plus compliquée: les grandes compagnies sont obligées d'en fournir à leurs employés à plein temps, mais pas les petites, et aucune compagnie n'est obligée d'en fournir pour les employés à mi-temps.

Dans le monde francophone, c'est tout à fait différent. Pour avoir un aperçu plus large, nous avons choisi trois pays francophones assez différents: la France, la Tunisie et la Belgique. Nous allons maintenant revoir ces questions des conditions de travail. Comparez les informations du tableau ci-dessous sur la durée du travail hebdomadaire, le salaire minimum, les congés payés, etc., et puis répondez aux questions qui suivent. Les réponses vont quelquefois vous surprendre!

	La France	La Tunisie	La Belgique
Durée de travail hebdomadaire	35 heures	Il y en a deux: 40 heures 48 heures	38 heures
Salaire minimum	Salaire Minimum Interprofessionnel de Croissance (SMIC) 1.425,67 euros par mois – Différent pour les jeunes sans expérience ou en stage de formation ou d'apprentissage et certains travailleurs handicapés. – Même pour les serveurs et serveuses, parce qu'ils/elles ne reçoivent pas beaucoup de pourboires.	Il y en a deux: **Salaire Minimum Interprofessionnel Garanti (SMIG)** 286 dinars par mois pour une semaine de 48 heures; 246 dinars pour une semaine de 40 heures. **Salaire Minimum Agricole (SMAG)** 8 dinars par jour	Fixé par le gouvernement à 1.415,24 euros par mois, mais varie suivant l'âge, l'ancienneté au poste et le poste lui-même.
Bonification¹ pour	Toute heure supplémentaire		Le travail de nuit et de dimanche, Prime² de fin d'année pour tous les employés
Congés	Cinq semaines payées garanties à tout salarié (sur la base d'un temps plein) – autres congés possibles: mariage, décès, déménagement, etc.	Un jour de congé payé par mois (donc 12 jours par an) Différent pour les travailleurs jeunes: – moins de 18 ans = 2 jours par mois – de 18 à 20 ans = 1,5 jour par mois	Quatre semaines payées garanties à tout salarié – autres congés possibles: pour le mariage, pour l'ancienneté au travail, etc.
Couverture médicale	Sécurité sociale³	Assurée par le gouvernement	Assurée par le gouvernement

Réfléchissons!

1. Comparez les salaires minimums dans ces pays francophones avec le salaire minimum des États-Unis. Est-ce qu'ils sont comparables? Est-ce que les Américains sont en général mieux payés que les salariés dans d'autres pays? (Justifiez votre réponse en pensant au nombre d'heures travaillées, au coût de la vie, etc.)

2. Comparez la situation des salariés américains à celles des salariés francophones: Quels sont les points forts du système américain? Et les désavantages? Qui a les meilleurs avantages? Expliquez votre réponse.

3. Est-ce que vous voudriez travailler dans un de ces pays? Si oui, lequel et pourquoi? Sinon, pourquoi pas?

¹extra pay ²bonus ³The French "sécurité sociale" is offered to everyone living in France: legal and illegal immigrants, salaried, unemployed, retirees, students, and children. Only 0.1% are not covered by the "sécu." Everyone working in France must contribute to the "Sécurité Sociale."

Passage 2

Un petit commerce

Emmanuelle Binoche est propriétaire d'une chocolaterie. Elle nous parle de son commerce et de son travail.

«Je suis chef d'entreprise. C'est une petite entreprise, mais le travail est quand même énorme. En général, je travaille 45 heures par semaine à la chocolaterie, et encore 10 heures par semaine chez moi, devant l'ordinateur. Au début, j'avais une associée, mais elle a dû déménager dans une autre ville, donc, maintenant je suis la seule à m'occuper de la chocolaterie: l'achat des produits, la préparation des chocolats, le service aux clients, la vente, la supervision des employés et la comptabilité. Je vais à la banque chaque soir, et je gère[1] les comptes bancaires à la fin de chaque semaine.

Frank Fell/The Travel Library/Photolibrary.com

«J'emploie six à dix employés selon la saison. (À Noël, à la Saint-Valentin et à Pâques nous avons besoin de plus d'employés.) Trois de mes employés sont des chocolatiers-confiseurs:[2] ils assurent la fabrication des chocolats faits à la main. Ce sont de vrais artistes! Évidemment, ils travaillent à plein temps, et ils touchent de très bons salaires. L'année dernière, je voulais embaucher un quatrième chocolatier-confiseur, mais je n'ai pas pu—c'est un travail très spécifique, et il y a peu de personnes dans cette région avec les compétences.

«Mes employés travaillent 35 heures par semaine, et ils ont cinq semaines de congés payés par an—c'est la loi en France! Je travaille beaucoup mais je prends au moins deux semaines de vacances par an. Je ferme la boutique, et je pars me reposer! Même la patronne a besoin de congé de temps en temps! Vous ne croyez pas?»

Vous avez bien compris?

Répondez aux phrases suivantes, selon le texte.

1. Quel est le poste d'Emmanuelle? Décrivez son travail.

2. Combien de personnes travaillent pour elle? Pourquoi y a-t-il quelquefois plus ou moins d'employés?

3. Est-ce que les chocolatiers-confiseurs gagnent le SMIC? Expliquez votre réponse.

4. Quels avantages est-ce que ces personnes ont?

5. Et Emmanuelle, reçoit-elle des avantages? De quelle sorte?

---

[1]manage   [2]des artisans spécialisés dans la fabrication des chocolats

Le travail (2)

le PDG (président-directeur général)	*CEO*
le/la chef d'entreprise	*company head*
le gérant / la gérante	*manager*
la gestion	*management*
toucher le SMIC / être smicard(e)	*earn the minimum wage / be a minimum wage earner*
un commerce	*a business*
les horaires (de travail)	*schedule*
la supervision	
la fabrication / la préparation	*production*
la vente	*sales*
l'achat *(m.)*	*purchase*
la clientèle / un(e) client(e)	*clientele / client*
la comptabilité	*accounting*
les avantages *(m.)* (sociaux)	*(social) benefits*
les congés *(m.)* payés	*paid holidays*
l'assurance *(f.)* maladie	*medical insurance*
le service aux clients / le service client / le service après-vente	*customer service*

VOTRE RÉUSSITE NOUS INTÉRESSE

Profil :
BTS Force de Vente
et Action Co.
souhaité

20-30 ans

"Le talent ne s'invente pas, il se construit"

Vous souhaitez débuter une carrière commerciale au sein d'un groupe performant. L'esprit d'équipe vous anime et l'ambition vous caractérise.

NOUS VOUS PROPOSONS

- d'intégrer une École de Vente reconnue,
- un plan de carrière commerciale,
- un salaire de 110 KF évolutif,
- un fixe + commissions + primes.

Merci d'adresser CV + photo + LM à Mr P. NAVARRO
Le Marnois - 12, rue Jean Mermoz
93160 NOISY LE GRAND.

Expliquez la phrase: "Le travail ne s'invente pas, il se construit".

À vous!

A. Définitions. Pour chaque mot donné à gauche, trouvez la bonne définition à droite.

1.	les congés	a.	une personne qui gagne le salaire minimum
2.	un smicard	b.	une personne qui travaille à plein temps, et pendant une période stable
3.	une assurance	c.	le processus d'acheter le matériel nécessaires pour la fabrication d'un produit
4.	le chef d'entreprise		
5.	un salarié	d.	une période pendant laquelle on ne travaille pas, mais pendant laquelle on est payé
6.	la clientèle		
7.	l'achat	e.	les personnes qui achètent un produit ou un service
8.	les horaires		
		f.	un emploi du temps qui spécifie les jours et les heures travaillées
		g.	la personne qui dirige une entreprise
		h.	un contrat qui paie les charges médicales, par exemple

B. Donald Trump. Décrivez le travail de Donald Trump à un copain français qui ne le connaît pas *(does not know him)*. Répondez aux questions suivantes pour faire la description de son travail.

1. Où est-ce qu'il travaille?
2. Décrivez son poste.
3. Quelles sont ses responsabilités?
4. Combien d'heures par semaine croyez-vous *(do you think)* qu'il travaille? Trente-cinq heures, comme les Français?
5. Quels avantages est-ce qu'il a selon vous?
6. Est-ce que Donald Trump est strict avec ses employés?
7. Voudriez-vous travailler pour Donald Trump? Pourquoi?

 C. Comparaisons. En groupes de trois ou quatre, comparez vos jobs: qui travaille beaucoup? Qui travaille peu? Qui est bien payé? Qui est très mal payé? Qui aime son travail? Qui déteste son travail? Combien d'heures est-ce que vous travaillez? Quels avantages avez-vous? Combien de jours de congés payés avez-vous par an? Ensuite, commencez une discussion avec toute la classe sur vos emplois et sur vos conditions de travail. Est-ce que les étudiants dans la classe sont satisfaits de leurs emplois ou non? Qu'est-ce qui détermine si on est satisfait de son travail?

STRUCTURE 2

Le passé composé et l'imparfait pour exprimer la subjectivité

As you have seen, the **passé composé** and the **imparfait** have different uses. However, sometimes either tense may be correct depending on what you want to say. Compare the following:

Hier, il **a plu.**
Yesterday, it rained.

Hier, il **pleuvait,** donc j'ai pris un taxi pour aller au travail.

Yesterday, it was raining, so I took a taxi to work.

Il **a eu** ses 18 ans le jour même de l'accident.

He turned 18 the same day as the accident.

Il **avait** 18 ans le jour de l'accident.

He was 18 the day of the accident.

Jeudi dernier, j'**ai eu** très mal à la tête.

Last Thursday I had a terrible headache.

Jeudi dernier, j'**avais** très mal à la tête, et j'ai manqué tous mes cours.

Last Thursday, I had a terrible headache and missed all my classes.

What differences in meaning do you notice in the sentence pairs above? When the verbs are in the **passé composé** (as in the left column), the action is over and done. When the verbs are in the **imparfait,** the action is ongoing (sometimes interrupted) or expressing a state of being.

 ## À l'écoute!

CD 2
Track 17

Passé composé ou imparfait? Écoutez les phrases suivantes, et dites si le verbe est au passé composé ou à l'imparfait.

1. _____ passé composé   _____ imparfait
2. _____ passé composé   _____ imparfait
3. _____ passé composé   _____ imparfait
4. _____ passé composé   _____ imparfait
5. _____ passé composé   _____ imparfait
6. _____ passé composé   _____ imparfait

STRUCTURE ③

Les verbes *vouloir*, *pouvoir* et *devoir* au passé

The verbs **vouloir**, **pouvoir**, and **devoir** have slightly different meanings in the **passé composé** and the **imparfait.** Compare the sets of examples below.

- **vouloir**

passé composé *wanted to (and did), decided to*	imparfait *wanted to (but didn't)*
Hier, j'**ai voulu** aller au cinéma. J'ai téléphoné à une amie et nous avons vu un très bon film. *Yesterday, I decided (wanted) to go to the movies. I called a friend and we saw a very good movie.*	Hier, je **voulais** aller au cinéma, mais j'avais trop de travail à faire. *Yesterday, I wanted to go to the movies, but I had too much work to do.*

- **pouvoir**

passé composé *succeeded in (was able to and did)*	imparfait *was capable of, could (but didn't)*
Elle **a pu** trouver un très bon poste. *She succeeded in finding a very good job.*	Elle **pouvait** faire ses devoirs, mais elle n'avait pas envie. *She was capable of doing her homework, but she didn't feel like it.*

- **devoir**

passé composé *had to (and did)*	imparfait *was supposed to (but didn't)*
Il **a dû** aller à la bibliothèque. *He had to go to the library (and he went).*	Il **devait** aller à la bibliothèque, mais il a décidé d'aller au cinéma. *He was supposed to go to the library, but he decided to go to the movies.*

⚑ VÉRIFIEZ votre compréhension

1. Retournez à la description de la chocolaterie d'Emmanuelle Binoche (p. 311). Notez tous les verbes au passé composé et à l'imparfait. Pouvez-vous justifier le temps qu'elle emploie dans chaque phrase?

2. Indiquez quel verbe et quel temps vous utiliseriez *(would use)* pour communiquer les idées ci-dessous (ne traduisez pas la phrase).

   Yesterday, *it snowed.*

   I didn't go to class yesterday because *I had* a sore throat.

   Marie was 19 when she got married.

   They were supposed to travel together this summer.

   My parents wanted four children, but *they had* just three.

   I was able to answer all the questions on the last exam and got a good grade!

Pratiquons!

A. Un week-end en famille. Olivier parle de son week-end chez ses grands-parents. Complétez ses phrases en insérant la forme correcte (au passé composé ou à l'imparfait) du verbe entre parenthèses. Faites bien attention au contexte.

Le week-end dernier, j(e) (1) _ai dû_ (PC) (devoir) rendre visite *(to visit people)* à mes grands-parents. Ils n'habitent pas trop loin de chez moi, donc j(e) (2) _ai pu vous_ (PC) (pouvoir) conduire jusqu'à chez eux. J(e) (3) _suis partie_ (PC) (partir) tôt le matin, et j(e) (4) _suis arrivée_ (PC) (arriver) vers midi. Ma grand-mère (5) _était_ (être) très contente de me voir!

Il (6) _pleuvait_ (I) (pleuvoir) pendant tout le week-end, donc nous sommes restés à l'intérieur la plupart du temps. Nous (7) _regardions_ (I) (regarder) de vieilles photos de famille quand un de mes oncles (8) _a téléphoné me_ (PC) (téléphoner). Il (9) _était_ (I) (être) bien surpris de m'entendre au téléphone. Je (10) _me suis amusé_ (PC) (s'amuser bien) avec mes grands-parents. C'est bizarre—je pense toujours que je vais m'ennuyer, mais finalement je m'amuse beaucoup quand je suis avec eux!

B. Obligations, désirs et possibilités. Maintenant, parlez du week-end dernier, en répondant aux questions suivantes. Faites bien attention à la distinction de sens entre le passé composé et l'imparfait dans vos réponses.

1. Qu'est-ce que vous deviez faire le week-end dernier? Qu'est-ce que vous vouliez faire?
2. Mentionnez une chose que vous avez absolument dû faire.
3. Avez-vous pu vous amuser un peu le week-end dernier? Comment?
4. Est-ce que vous pouviez aller au cinéma? Est-ce que vous y êtes allé(e)?
5. Est-ce que vous avez pu faire les devoirs de français ou avez-vous eu des difficultés? Expliquez votre réponse.

C. La Belle au Bois Dormant. (Sleeping Beauty.) Complétez le conte *(tale)* suivant avec la forme correcte du verbe entre parenthèses. Choisissez entre le passé composé et l'imparfait pour chaque verbe.

Il était une fois un roi et une reine. Ils (1) _____ (être) très heureux, mais ils (2) _____ (ne... pas avoir) d'enfants. Chaque nuit, avant de se coucher, la reine (3) _____ (prier *[to pray]*) pour avoir un enfant. Un jour, une grenouille est arrivée et (4) _____ (dire) à la reine: «Vos prières ont été entendues. Vous allez tomber enceinte.» Peu de temps après, la reine (5) _____ (tomber) enceinte, et elle (6) _____ (accoucher) d'une petite fille. La fille (7) _____ (être) extrêmement belle, et ses parents l'adoraient.

Un mois après sa naissance, ils (8) _____ (décider) de donner une fête, et ils (9) _____ (inviter) tous les habitants et toutes les fées *(fairies)* du royaume. Mais malheureusement, ils (10) _____ (oublier) une vieille fée méchante qui (11) _____ (ne... pas habiter) avec les autres.

Le jour de la fête, tout allait bien. Il (12) _____ (faire) beau, le soleil (13) _____ (briller), et tout le monde (14) _____ (s'amuser). Puis, les invités (15) _____ (présenter) leurs cadeaux au bébé. Les fées lui ont offert des cadeaux magnifiques: la beauté, la sagesse, l'innocence, etc. À ce moment-là, la vieille fée méchante (16) _____ (déclarer) que la jeune fille tomberait raide morte *(would drop dead)* à l'âge de 15 ans, à cause d'une piqûre de fuseau *(needle prick)*. Une gentille fée qui n'avait pas encore offert son cadeau à la princesse (17) _____ (essayer) de l'aider: elle (18) _____ (changer) le sort *(spell)* que lui avait jeté la méchante fée, en disant que la princesse n'allait pas mourir, mais qu'elle tomberait dans un sommeil profond.

Évidemment, le roi et la reine (19) _____ (avoir) très peur. Le roi (20) _____ (demander) que tous les fuseaux du royaume soient détruits. Ils ont tous été détruits et pendant 15 ans, la princesse (21) _____ (grandir) entourée d'amour. C(e) (22) _____ (être) une jolie jeune fille sage, qui (23) _____ (rendre) ses parents très heureux.

Mais un jour quand elle (24) _____ (avoir) 15 ans, elle (25) _____ (rencontrer) une vieille dame qui filait *(was weaving)*. La princesse (26) _____ (être) une jeune fille curieuse; elle (27) _____ (demander) à essayer, et elle (28) _____ (se piquer) avec le fuseau. Tout de suite, elle (29) _____ (tomber) dans un sommeil profond. Le roi (30) _____ (demander) à toutes les fées du royaume de venir à son aide, mais personne n(e) (31) _____ (pouvoir) la réveiller. Finalement, ils (32) _____ (mettre) la princesse sur un lit au milieu de la forêt, dans l'espoir *(hope)* que quelqu'un la réveille.

Dans le royaume d'à côté, il y (33) _____ (avoir) un prince qui (34) _____ (aimer) chasser *(to hunt)*. Un jour, il (35) _____ (passer) par la forêt quand il (36) _____ (tomber) sur la belle princesse. Il (37) _____ (ne... pas pouvoir) résister; la princesse (38) _____ (être) la plus belle femme qu'il avait jamais vue! Captivé par sa beauté, il (39) _____ (décider) de l'embrasser. La princesse (40) _____ (se réveiller) tout de suite après!

Vous connaissez certainement la fin de l'histoire: ils (41) _____ (tomber) amoureux et (42) _____ (se marier). Peu de temps après, ils (43) _____ (avoir) un enfant. Il va sans dire que le roi et la reine (44) _____ (être) très heureux!

À vous de parler!

 A. Conversation. Posez les questions suivantes à un(e) camarade de classe. Ensuite, comparez vos réponses, et dites si vous avez eu des expériences plutôt semblables ou différentes.

1. Quand tu étais petit(e), est-ce que tu pouvais faire de la bicyclette? À quel âge as-tu appris à en faire?
2. Comment est-ce que tu allais à l'école? (À pied? À vélo? En bus?)
3. Où est-ce que tu es allé(e) pendant les vacances les plus mémorables de ta jeunesse?
4. Quand tu étais au lycée, est-ce que tu travaillais après l'école? Où? Combien d'heures par semaine?
   - Si oui, est-ce que c'est parce que tu *devais* travailler, ou parce que tu *voulais* travailler?
   - Sinon, qu'est-ce que tu faisais pour avoir de l'argent?
5. Pendant ta première semaine à l'université, qui as-tu rencontré? Comment? (Est-ce que vous aviez des amis en commun? Est-ce que vous étiez dans le même cours?)
6. Qu'est-ce que tu as dû faire hier soir? Est-ce que tu étais content(e) de le faire? Pourquoi ou pourquoi pas? Est-ce que tu dois faire la même chose ce soir?

 B. Jeu de rôles: Entretien. Imaginez que vous postulez pour un des postes à la page 319. Avec un(e) partenaire, choisissez un poste qui vous intéresse pour en parler à la classe, tout en considérant les questions suivantes. Ensuite jouez les rôles du/de la patron(ne) et du/de la candidat(e).

- Si vous êtes le/la candidat(e), décidez comment vous allez vous présenter. Pensez aux questions suivantes avant de vous présenter.
  Quelle est votre expérience? (Quel poste est-ce que vous avez déjà eu?)
  Qu'est-ce que vous avez dû faire à ce poste?
  Qu'est-ce que vous avez appris dans un autre poste qui vous serait utile *(that would be useful to you)* pour ce poste?
  Quelles autres qualifications avez-vous?
  Pourquoi voulez-vous travailler pour cette société?

- Si vous êtes le/la patron(ne), pensez à la description de ce poste et à ce que vous voulez savoir avant d'interviewer le/la candidat(e).
  Quelles sont les responsabilités de ce poste? Est-ce que cette personne a la formation / l'expérience nécessaire?
  Quels avantages allez-vous donner au/à la candidat(e)?
  Pourquoi est-ce que cette personne veut travailler chez vous?

Maintenant, jouez les rôles de ces deux personnes. À la fin, présentez votre dialogue à la classe.

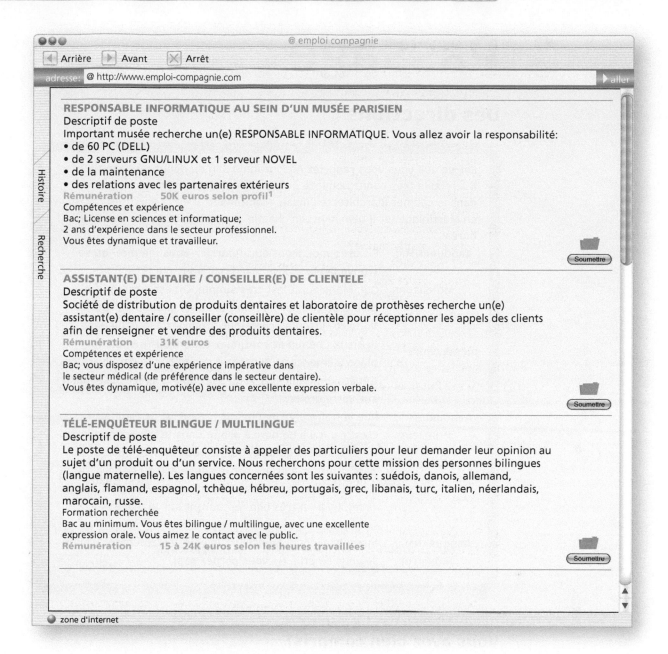

RESPONSABLE INFORMATIQUE AU SEIN D'UN MUSÉE PARISIEN
Descriptif de poste
Important musée recherche un(e) RESPONSABLE INFORMATIQUE. Vous allez avoir la responsabilité:
• de 60 PC (DELL)
• de 2 serveurs GNU/LINUX et 1 serveur NOVEL
• de la maintenance
• des relations avec les partenaires extérieurs
Rémunération   50K euros selon profil[1]
Compétences et expérience
Bac; License en sciences et informatique;
2 ans d'expérience dans le secteur professionnel.
Vous êtes dynamique et travailleur.

Soumettre

ASSISTANT(E) DENTAIRE / CONSEILLER(E) DE CLIENTELE
Descriptif de poste
Société de distribution de produits dentaires et laboratoire de prothèses recherche un(e) assistant(e) dentaire / conseiller (conseillère) de clientèle pour réceptionner les appels des clients afin de renseigner et vendre des produits dentaires.
Rémunération   31K euros
Compétences et expérience
Bac; vous disposez d'une expérience impérative dans le secteur médical (de préférence dans le secteur dentaire).
Vous êtes dynamique, motivé(e) avec une excellente expression verbale.

Soumettre

TÉLÉ-ENQUÊTEUR BILINGUE / MULTILINGUE
Descriptif de poste
Le poste de télé-enquêteur consiste à appeler des particuliers pour leur demander leur opinion au sujet d'un produit ou d'un service. Nous recherchons pour cette mission des personnes bilingues (langue maternelle). Les langues concernées sont les suivantes : suédois, danois, allemand, anglais, flamand, espagnol, tchèque, hébreu, portugais, grec, libanais, turc, italien, néerlandais, marocain, russe.
Formation recherchée
Bac au minimum. Vous êtes bilingue / multilingue, avec une excellente expression orale. Vous aimez le contact avec le public.
Rémunération   15 à 24K euros selon les heures travaillées

Soumettre

C. Après l'entretien... Avec un(e) nouveau (nouvelle) partenaire, parlez de votre entretien de l'activité B.

• Si vous avez été le/la candidat(e), trouvez un(e) autre candidat(e), et partagez vos expériences. Est-ce que vous allez être embauché(e)? Pourquoi ou pourquoi pas? Qu'est-ce que vous pensez de votre entretien?

• Si vous avez été le/la patron(ne), trouvez un(e) autre patron(ne), et parlez des candidats. Est-ce que vous allez embaucher cette personne? Pourquoi ou pourquoi pas? Quelles impressions avez-vous des candidats, en général? (Ils ont une bonne formation? Ils ont l'expérience nécessaire?)

Passage 3

Des directions

Est-ce que vous vous rappelez Abdourahma San du début du chapitre?
Il a reçu la très bonne nouvelle qu'il a été embauché comme stagiaire
dans le cabinet d'architecte Cinson. Maintenant, il est à Fort-de-France,
en Martinique, et il demande son chemin[1] à un passant pour trouver le
bureau.

ABDOURAHMA: Excusez-moi, Monsieur. Pourriez-vous me dire[2] où se
trouve la place José Marti, s'il vous plaît?

MONSIEUR: Oui, Monsieur. C'est très simple. On est sur la place
de l'Abbé Grégoire. Prenez la rue à gauche–la rue
Voltaire–jusqu'au carrefour.[3] Tournez à gauche dans
le Vieux Chemin et continuez tout droit[4] jusqu'à la
place Clémenceau. Tournez à droite sur le boulevard du
Général de Gaulle, et vous allez voir la place José Marti
sur votre droite.

ABDOURAHMA: Rue Voltaire... Vieux Chemin... Général de Gaulle...

MONSIEUR: C'est ça. Il y a un parc à droite dans le Vieux Chemin et
un cimetière à gauche. Quand vous arrivez au bout du
parc, tournez à droite sur le boulevard du Général de
Gaulle – vous ne pouvez pas le manquer.[5] Si vous avez
faim, il y a un très bon restaurant sur la place Marti:
le Lotus.

ABDOURAHMA: Merci beaucoup, Monsieur. Je vais certainement y aller.

MONSIEUR: Je vous en prie. Ne vous perdez pas!

Vous avez bien compris?

Dites si les phrases suivantes sont vraies ou fausses. Si elles sont fausses,
corrigez-les.

1. Abdourahma San est en vacances en _____ vrai _____ faux
   Martinique.

2. Abdourahma demande son chemin _____ vrai _____ faux
   à un passant.

3. Abdourahma cherche la place Clémenceau. _____ vrai _____ faux

4. Il y a un parc près de la place. _____ vrai _____ faux

5. Le passant recommande un restaurant _____ vrai _____ faux
   sur la place.

6. Abdourahma ne va probablement pas _____ vrai _____ faux
   manger au restaurant.

[1]his way, directions   [2]Could you tell me...?   [3]corner   [4]straight   [5]you can't miss it

→ Mon vocabulaire ←

Pour demander son chemin et donner des renseignements / des indications

Excusez-moi, Monsieur / Madame / Mademoiselle

Pardonnez-moi...

Pourriez-vous me dire... ?	*Could you tell me . . . ?*
Est-ce que vous savez... ?	*Do you know . . . ?*
Où se trouve (la gare / l'hôtel)?	*Where is (the train station / the hotel)?*
Je vous en prie. / De rien.	*You're welcome.*

Pour donner des directions / des indications

Prenez la rue...	*Take . . . Street.*
Tournez à gauche.	*Turn left.*
Tournez à droite.	*Turn right.*
Continuez tout droit.	*Keep going straight.*
...jusqu'à...	*. . . as far as . . .*
Traversez...	*Cross . . .*
C'est à gauche (de)...	*It's to the left (of) . . .*
C'est à droite (de)...	*It's to the right (of) . . .*
C'est au carrefour.	*It's on the corner / at the intersection.*
C'est au centre ville.	*It's downtown.*
C'est à côté de...	*It's next to . . .*
C'est en face de...	*It's across from . . .*

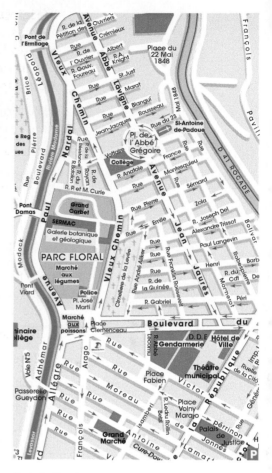

Fort-de-France

À vous!

A. Quel chemin prendre? Imaginez que vous habitez à Fort-de-France. Renseignez Abdourahma sur le chemin à prendre pour aller aux endroits suivants.

1. de l'Hôtel de Ville, Boulevard du Général de Gaule au Collège, (entre la rue Voltaire et la rue Anatole)
2. du Collège (entre la rue Voltaire et la rue Anatole) au Parc Floral (entre la rue du Vieux Chemin et l'Avenue Paul Nardal)
3. du Parc Floral (entre la rue du Vieux Chemin et l'Avenue Paul Nardal) à la Cathédrale St-Antoine de Padoue
4. de la cathédrale St-Antoine de Padoue au Pont de l'Ermitage

 B. Je suis perdu(e)! (I'm lost!) Avec un(e) partenaire, créez un dialogue semblable à celui de la page 320. Choisissez un point de départ et une destination sur la carte de Fort-de-France, et écrivez un dialogue où une personne demande son chemin et l'autre la renseigne.

> **Expressions utiles**
> Quand vous demandez votre chemin, n'oubliez pas d'être poli(e). Utilisez les mots suivants: **s'il vous plaît, merci,** and **de rien.**

STRUCTURE ④

L'impératif

The imperative is used to give commands or orders. There are only three forms: **tu, vous,** and **nous.** This is because when you are giving a command or order, you are always speaking *to* someone. The third person singular or plural **(il / elle, ils / elles)** wouldn't make sense because when you use these verb forms, you are speaking *about* someone, not *to* someone.

- To form **nous** and **vous** commands, simply drop the subject pronoun. To make them negative, place **ne** and **pas** around the verb form.

Allez à la banque.	*Go to the bank!*
Ne parlez pas anglais en classe!	*Don't speak English in class!*
Allons au cinéma ce week-end.	*Let's go to the movies this weekend.*
Ne prenons pas cette route.	*Let's not take that street.*

  Note that the **nous** command is more of a suggestion than an order.

- To form **tu** commands, drop the subject and for **-er** verbs (including irregular **-er** verbs like **aller**), drop the **s.** For all other verbs, keep the **s.** To make the command negative, place **ne** and **pas** around the verb.

Tourne à gauche.	*Turn left.*
Va jusqu'au carrefour.	*Go to the intersection.*
Prends la rue Saint-Jacques.	*Take Saint-Jacques Street.*
Ne descends pas la rue Zola.	*Don't go down Zola Street.*

- The verbs **être** and **avoir** are irregular in the imperative. Here are their forms.

être		
sois	Ne **sois** pas pénible!	*Don't be a pain!*
soyez	**Soyez** patient!	*Be patient!*
soyons	**Soyons** amis.	*Let's be friends.*

avoir		
aie	**Aie** de la patience.	*Have patience.*
ayez	N'**ayez** pas peur.	*Don't be scared.*
ayons	**Ayons** du courage.	*Let's be brave.*

- Commands can sound abrupt. One way to soften them is to add **s'il te plaît** or **s'il vous plaît.**

Écoute, s'il te plaît.	*Listen, please.*
Parlez doucement, s'il vous plaît.	*Speak softly, please.*

⚑ VÉRIFIEZ votre compréhension

1. Go back to the dialogue between Abdourahma and the resident of Fort-de-France on page 320. What uses of the imperative can you find in the dialogue? List all the commands.
2. Are these commands formed with the **vous** form or the **tu** form of the verb? Why is that form used?
3. Are there any verbs in this passage that aren't in the imperative? Why does that happen?
4. What commands have you heard your instructor use in class? List as many as you can think of.

Pratiquons!

A. Toujours des solutions. Votre famille et vos amis vous demandent toujours des conseils concernant le travail. Utilisez les suggestions entre parenthèses (à la forme affirmative ou négative) et l'impératif pour donner des suggestions. Choisissez la forme appropriée du verbe (**tu, vous** ou **nous**) selon la situation.

> **MODÈLE:** Votre frère postule pour un poste très important. (faire très attention à l'orthographe dans ta lettre de candidature / porter un costume à l'interview / être antipathique)
>
> *C'est simple. Fais très attention à l'orthographe dans ta lettre de candidature.* **ou** *Porte un costume à l'interview.* **ou** *Ne sois pas antipathique!*

1. Vos amis vont bientôt être diplômés. (commencer à postuler maintenant / être prêts à voyager / écrire des lettres de candidature trop longues)
2. Votre sœur a peur d'être licenciée. (travailler plus / prendre des congés tous les vendredis / avoir du respect pour ton patron)
3. Vous et vos amis cherchez un poste plus intéressant. (regarder les annonces sur Internet / quitter nos postes tout de suite / prendre des initiatives dans notre boîte)

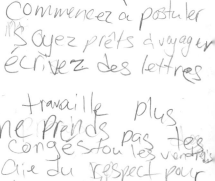

Commencez à postuler
Soyez prêts à voyager
écrivez des lettres

travaille plus
ne prends pas tes
congés tous les vendredis
aie du respect pour
ton patron

B. Qu'est-ce qu'il faut faire pour...? Donnez des suggestions à un camarade de classe dans les situations suivantes. Utilisez l'impératif.

1. pour réussir tes cours à l'université
2. pour s'amuser le week-end, sans quitter le campus
3. pour trouver le poste de ses rêves
4. pour trouver l'homme / la femme de ses rêves
5. pour avoir plus d'argent

STRUCTURE 5

L'impératif et les verbes pronominaux

The imperative of pronominal verbs (reflexive and reciprocal) is formed in the same way as other commands: drop the subject pronoun for all forms and the s on the **tu** form for **-er** verbs. The placement of the reflexive or reciprocal pronoun, however, varies depending on whether the verb is affirmative or negative.

- For negative commands, use the following structure. Note that the pronoun is placed before the verb, just as it is in the present and past tenses.

ne + *pronoun* + *verb* + **pas**

Ne *te* couches **pas** tard.	*Don't go to bed late!*
Ne *vous* habillez **pas** en short pour aller au travail.	*Don't wear shorts to work.*
Ne *nous* embrassons **pas** au bureau!	*Let's not kiss each other at the office.*

- For affirmative commands, the reflexive or reciprocal pronoun is placed after the verb and attached to it with a hyphen. For the **tu** form, the **te** changes to **toi.**

Couche-toi!	*Go to bed!*
Habillez-vous bien.	*Dress well.*
Embrassons-nous dans la rue.	*Let's kiss in the street.*

À l'écoute!

CD 2
Track 19

> **Petits Tuyaux!** Remember that when trying to distinguish between pronominal and non-pronominal verbs, you need to listen for the presence of a reflexive pronoun. In the imperative, this can seem a bit more complicated, because the subject pronoun disappears altogether and the reflexive pronoun may move to the end of the verb phrase, depending on whether the command is in the affirmative or the negative. Listen for the entire verb phrase, writing down, if you can't retain it in memory, what you hear. Did you hear **"Va à la banque"** (no pronoun whatsoever), or **"Levez-vous!"** (with a reflexive but not a subject pronoun)? This will help you decide whether the command uses a pronominal or a non-pronominal verb.

Verbe pronominal ou non-pronominal? Dites si les phrases impératives suivantes contiennent un verbe pronominal ou non.

1. _____ pronominal   _____ non-pronominal
2. _____ pronominal   _____ non-pronominal
3. _____ pronominal   _____ non-pronominal
4. _____ pronominal   _____ non-pronominal
5. _____ pronominal   _____ non-pronominal
6. _____ pronominal   _____ non-pronominal
7. _____ pronominal   _____ non-pronominal
8. _____ pronominal   _____ non-pronominal

Pratiquons!

A. Encore des conseils! Vos amis et votre famille vous demandent encore des conseils concernant leurs entretiens et leurs postes. Utilisez les verbes pronominaux ci-dessous pour créer des suggestions affirmatives ou négatives; faites attention à bien choisir le pronom approprié pour **tu, vous** ou **nous.**

1. Maman et Papa: s'inquiéter à cause du travail / se disputer souvent avec le patron / se promener le soir pour vous détendre
2. Marie: s'habiller élégamment avant un entretien / se maquiller trop / se calmer avant de parler
3. Nous, mes amis et moi: s'amuser le week-end pour oublier le stress / s'énerver contre nos collègues / se rencontrer de temps en temps au café

B. Une situation délicate. Complétez le dialogue suivant avec la forme impérative du verbe logique. Attention—les verbes ne sont pas tous pronominaux!

se dépêcher / être / se coucher / essayer / aller / ne... pas se fâcher / arrêter

> LE CHEF: Matthieu, vous êtes encore en retard! On commence à 8h15 et il est maintenant 9h30!
>
> L'EMPLOYÉ: Oui, excusez-moi Monsieur. (1) _Ne vous fâchez pas_, s'il vous plaît. Je n'ai pas pu me lever ce matin.
>
> LE CHEF: Alors, (2) _Couchez-vous_ plus tôt le soir!
>
> L'EMPLOYÉ: Ce n'est pas si simple. (3) _Essayez-vous_ de comprendre. J'ai une petite amie qui aime beaucoup danser. Nous allons en boîte toutes les nuits.
>
> LE CHEF: Alors, (4) _dépêchez-vous_ le matin.
>
> L'EMPLOYÉ: Je ne peux pas non plus. J'ai quatre chiens. Je dois les promener avant de venir au travail.
>
> LE CHEF: Mais (5) _arrêtez-vous_ avec vos excuses! (6) _soyez_ plus sérieux, ou (7) _allez-vous_ vous amuser avec vos chiens et votre petite amie!

Complete the diagnostic tests to check your knowledge of the vocabulary and grammar structures presented in this chapter.

À vous de parler!

A. Chère Mathilde. Imaginez que vous écrivez à «Chère Mathilde» pour demander des conseils à propos de votre vie professionnelle et personnelle. Avec un(e) camarade de classe, composez une lettre et ensuite la réponse de Mathilde. Utilisez l'impératif pour donner des conseils.

B. Amusons-nous ce week-end! Vos amis et vous voulez vous amuser ce week-end. En groupes de trois ou quatre, créez un dialogue où vous discutez les activités que vous pouvez faire et les endroits où vous pouvez aller. Utilisez des impératifs pour suggérer des activités, avec des verbes pronominaux et non-pronominaux.

En Europe francophone, on postule comme ça

Est-ce que vous cherchez un poste ou allez-vous en cherchez un bientôt? Si oui, qu'est-ce que vous allez faire pour postuler? Est-ce que vous allez préparer un CV? Allez-vous envoyer des lettres demandant un entretien à des entreprises? En Europe francophone les postulants font aussi cela, mais beaucoup d'entre eux créent aussi un *blog-emploi* pour avoir une présence sur Internet. Sur ce blog-emploi, ils peuvent inclure leur CV, leur relevé de notes universitaire, une description de leur poste idéal et de leurs qualifications, même une photo—ce qui est toujours très commun en Europe! Ci-dessous, vous allez lire quelques suggestions concernant la création d'un blog-emploi.

Courtesy of Véronique Anover and Theresa A. Antes

Conseils pour créer un blog-emploi efficace

Vous êtes actuellement postulant(e) ou vous pensez bientôt l'être? Vous voulez vous différencier parmi les autres personnes qui cherchent aussi à être embauchées pour le même poste? C'est assez facile à faire avec un bon blog-emploi—un outil[1] moderne, gratuit et disponible à tous vos employeurs potentiels. Mais gare[2] aux pièges[3] en créant vos blogs-emploi. Voici nos recommandations:

La première impression est la plus importante.

Choisissez donc soigneusement les photos que vous présentez sur votre blog, la maquette[4] que vous utilisez, et la présentation de vos informations. Utilisez un style sophistiqué et un graphisme simple pour montrer/suggérer que vous êtes un(e) candidat(e) sophistiqué(e) et professionnel(le) aussi!

N'oubliez pas les informations essentielles.

Si les employeurs potentiels visitent votre blog-emploi, c'est qu'ils cherchent des informations précises qu'ils n'ont pas trouvées sur votre lettre de candidature ou votre CV. C'est donc le moment d'expliquer avec plus de details votre personnalité, votre formation, vos expériences et vos ambitions professionnelles. Il est important d'inclure aussi dans quel(s) secteur(s) vous voudriez travailler et pourquoi, si vous avez fait du volontariat, etc.

Faites attention aux détails—c'est souvent la différence entre être ou ne pas être embauché!

Écrivez soigneusement votre blog et demandez à un(e) ami(e) de le lire avant de le publier. Des erreurs d'orthographe ou d'expression suggèrent un manque d'attention et de sérieux qui peuvent vous coûter une offre d'emploi. Veillez[5] aussi à mettre à jour continuellement votre blog, et veillez au contenu—les patrons ne veulent ni quelqu'un de trop modeste ni[6] quelqu'un de trop vaniteux. L'employé(e) idéal(e), c'est quelqu'un qui n'a pas peur de s'exprimer, mais qui ne se croit pas parfait non plus!

Réfléchissons!

1. Pourquoi est-ce que les postulants choisissent de créer un blog-emploi au lieu d'envoyer un CV tout simplement? Quels sont les avantages d'un blog-emploi?

2. Quelles suggestions est-ce que l'auteur de ce site web donne concernant la création d'un blog-emploi? À quoi est-ce qu'on doit surtout faire attention et pourquoi?

3. Que pensez-vous de l'idée d'inclure des photos sur le blog-emploi? Est-ce une bonne ou une mauvaise idée? Pourquoi?

[1]tool [2]be aware [3]pitfalls [4]layout / format [5]Pay attention [6]ne...ni...ni: *neither...nor*

À vous d'écrire!

Dans cette activité, vous allez créer votre propre blog-emploi pour pouvoir postuler un jour à un poste dans une région francophone. Vous allez écrire trois paragraphes: *Ma formation*, *Mes expériences professionnelles* et *Le poste recherché*. Suivez les instructions ci-dessous.

A. Stratégies. Pensez aux suggestions que vous avez lues concernant un blog-emploi dans la lecture culturelle à la page 326. Quelles sortes de phrases est-ce que vous allez écrire pour bien présenter votre candidature? Quel style allez-vous adopter?

B. Organisons-nous! Pour chaque paragraphe, dressez une liste de vocabulaire essentiel. Pensez aussi à la grammaire que vous allez utiliser. Quel(s) paragraphe(s) est-ce que vous allez écrire au passé? au présent ou au futur proche? Pourquoi?

C. Pensons-y! Maintenant, écrivez vos trois paragraphes en faisant bien attention à inclure les informations indispensables pour bien vous présenter comme postulant(e) au poste recherché. Faites aussi attention aux suggestions données sur la lecture à la page 326!

 D. Révisons! Avec un(e) camarade de classe, relisez ce que chacun(e) de vous *(each of you)* a écrit. Est-ce que votre partenaire a bien décrit sa formation et ses expériences professionnelles? Est-ce qu'il/elle décrit son poste idéal de façon intéressante, en vous donnant l'impression qu'il/elle serait un(e) employé(e) dynamique? Est-ce que son style est sophistiqué, sans être trop compliqué? Avez-vous noté des fautes de grammaire ou d'orthographe qu'il faut corriger? Donnez des suggestions à votre partenaire pour l'aider à améliorer *(to improve)* son blog-emploi.

E. Écrivons! Maintenant, terminez votre blog-emploi. Si vous faites cela électroniquement, ajoutez des photos aussi!

Voici le petit commerce du Bouali Sambou au Sénégal, en Afrique. C'est le propriétaire. A-t-il des employés? Comment est son commerce (petit, grand)? Quels produits vend-il? Est-ce qu'il a des avantages (un salaire, une commission)? Y a-t-il des instruments technologiques dans son stand?

Lexique ◀))

Le travail (1)

avoir un emploi / un job / un travail / un boulot *(slang)* / un poste	*to have a job / position*
avoir une formation littéraire / scientifique	*to specialize in the humanities / in the sciences*
faire un stage	*to have an internship*
faire la grève	*to be on strike*
à mi-temps / à temps partiel	*part-time*
à plein temps / à temps complet	*full-time*
un(e) candidat(e) / un(e) postulant(e)	*a job candidate*
passer / avoir un entretien	*to have an interview*
un(e) employé(e)	*an employee*
un(e) salarié(e)	*a salaried employee*
être chômeur(-euse)	*to be unemployed*
être retraité(e)	*to be retired*
chercher du travail	*to look for a job*
être demandeur(-euse) d'emploi	*to be a job applicant*
être embauché(e)	*to be hired*
engager / embaucher	*to hire*
être licencié(e) / mis(e) à la porte	*to be fired / kicked out*
licencier	*to lay off*
postuler pour un poste	*to apply for a position*
un patron (une patronne) engage	*an employer / a boss hires*
toucher le chômage / la retraite	*to receive unemployment / a pension*
avoir / toucher un bon / mauvais salaire / le salaire minimum	*to receive a good / bad salary / minimum wage*
travailler / bosser *(slang)* dans...	*to work in . . .*
une boîte	*a company (slang)*
un(e) patron(-ne)	*an employer / a boss*
une compagnie privée / publique / internationale	*a private / public / international company*
une entreprise privée / publique	*a private / public company*
une société	*a corporation*

Le travail (2)

l'achat *(m.)*	*purchase*
l'assurance *(f.)* maladie	*medical insurance*
les avantages *(m.)* (sociaux)	*(social) benefits*
le chef d'entreprise	*head of a company*
la clientèle / un(e) client(e)	*clientele / client*
un commerce	*a business*
la comptabilité	*accounting*
les congés *(m.)* payés	*paid holidays*
la fabrication / la préparation	*production*
le/la gérant(e)	*manager*
la gestion	*management*
les horaires *(m.)* (de travail)	*(work) schedule*
le PDG (président-directeur général)	*CEO*

toucher le SMIC / être smicard(e)	*to earn the minimum wage / to be a minimum-wage earner*
le service aux clients / le service client / le service après-vente	*customer service*
la supervision	*supervision*
la vente	*sales*

Pour demander son chemin *To ask directions*

Est-ce que vous savez... ?	*Do you know . . . ?*
Excusez-moi...	*Excuse me . . .*
Je vous en prie. / De rien.	*You're welcome.*
Merci.	*Thank you.*
Où se trouve (la gare / l'hôtel)?	*Where is (the train station / the hotel)?*
Pardonnez-moi...	*Pardon me . . .*
Pourriez-vous me dire... ?	*Could you tell me . . . ?*
s'il vous plaît / s'il te plaît	*please*

Pour donner des directions *To give directions*

Continuez tout droit.	*Keep going straight.*
... jusqu'à	*. . . as far as*
Prenez la rue...	*Take . . . Street.*
Tournez à droite.	*Turn right.*
Tournez à gauche.	*Turn left.*
Traversez...	*Cross . . .*
C'est...	*It's . . .*
à côté de	*next to*
à droite (de)...	*to the right (of)*
à gauche (de)...	*to the left (of)*
au carrefour	*on the corner*
au centre ville	*downtown*
en face de	*across from*

La Tunisie

Visit La Tunisie
on Google Earth!

À vous de découvrir!

Une plage en Tunisie

Un peu d'histoire. Nous vous proposons maintenant de lire un bref aperçu[1] de l'histoire du pays. La Tunisie a connu beaucoup de prospérité avec la création de Carthage, une des villes les plus importantes de l'Antiquité, car c'était une ville très commerçante et puissante jusqu'à l'arrivée des Romains en 146. D'abord chrétienne (sous l'empire byzantin), la Tunisie devient (*becomes*) arabo-musulmane en 698 avec l'arrivée des Vandales. Longtemps après, en 1881, la Tunisie est sous protectorat français (elle est colonisée par les Français) jusqu'en 1956 date à laquelle elle devient indépendante. En 1957 la République tunisienne est proclamée. La capitale est Tunis une **médina** (une ville) à la fois ancienne et moderne où l'on trouve des **souks** (des marchés artisanaux), des **dars** (de belles maisons anciennes) et la grande mosquée de Tunis (La **Zitouna**).

[1]overview

Avez-vous compris?

1. Pourquoi est-ce que Carthage est une ville importante?
2. Quand est-ce que la Tunisie devient chrétienne?
3. Avec qui est-ce que la Tunisie devient arabo-musulmane?
4. Pourquoi est-ce qu'on parle français en Tunisie?
5. Que veulent dire les mots *médina*, *souk* et *dar*?

À vous d'apprécier!

Explorations gastronomiques

Le tajine (ou ragoûts) le plus traditionnel est le tajine d'agneau. Les tajines mijotent pendant des heures et des heures avant d'être servis avec du couscous le plus souvent. Nous vous proposons de préparer un tajine d'agneau (vous pouvez remplacer l'agneau par du poulet si vous voulez) pour quatre personnes. La recette est très facile à préparer et encore plus facile à manger!

Tajine d'agneau

- 1½ kg. de viande d'agneau pour ragoût coupée en morceaux[1]
- 1 gros oignon coupé menu[2]
- 1 c[3]. à soupe de gingembre[4] râpé ou en poudre[5]
- 2 c. à café de safran[6]
- 1 litre de bouillon d'agneau (ou de poulet)
- 200 grammes de pruneaux[7]
- 100 grammes de raisins secs
- une poignée[8] d'amandes sans peau
- du miel
- un citron

Mettre[9] les cinq premiers ingrédients dans une casserole sur feu vif[10] jusqu'à ébullition. Baisser le feu et laisser mijoter de 30 à 40 minutes. Après 30 minutes, ajouter[11] les pruneaux, les raisins secs et les amandes. Ajouter également 1 c. à soupe de miel délayé dans le jus d'un citron. Laisser mijoter 15 minutes. Et voilà, votre tajine est prêt! Servez-le avec du couscous ou du riz.

Explorations culturelles

Connaissez-vous *(Do you know)* le mythe de l'île de Djerba? Djerba l'irrésistible! Pourquoi? Ulysse (d'Homère) n'a pas pu résister aux fruits de Djerba (les *lotos*) et il s'est arrêté sur l'île pour les goûter. On dit que si vous goûtez ces fruits, il vous sera *(will be)* difficile de partir de l'île. Regardez la photo et dites pourquoi d'après vous il est difficile de partir de ce «paradis.» Pensez aussi aux activités qui peuvent se faire sur l'île. Faites une liste et comparez-la avec celle de vos camarades.

Image copyright Evgeny Murtola, 2010. Used under license from Shutterstock.com

[1]*pieces* [2]*en petits morceaux* [3]*cuillère* [4]*ginger* [5]*powder* [6]*saffron* [7]*prunes* [8]*handful*
[9]In recipes and other official instances (on signs, for example), the infinitive is often used to give commands. Read these the way you would an imperative ('mettre' = 'mettez'). [10]*high heat* [11]*add*

À vous de réagir!

 L'olivier (ou la *Zitouna*)

Tous les ans en décembre, le Festival de l'Olivier a lieu à Kalaâ Kébira. C'est un festival où les Tunisiens se retrouvent en famille et entre amis pour cueillir des olives et pour déguster les différentes huiles d'olive. En groupes, pensez aux questions suivantes.

© William Shaw/Axiom Photographic Agency/agefoto

1. L'olivier est un arbre symbolique (et mythique). Pourquoi? Qu'est-ce qu'il représente?
2. Pourquoi est-ce que les Tunisiens célèbrent cet arbre tous les ans?
3. Quels sont les bienfaits *(health benefits)* de l'huile d'olive? Comment peut-on utiliser l'huile d'olive?
4. Quel est l'arbre (ou la plante) symbolique de votre État ou pays? Pourquoi?

Mon blog

Bienvenue sur mon blog! Je m'appelle Rahma et je suis tunisienne. Je suis mariée et j'ai deux enfants. Pour me détendre *(to relax)*, je vais souvent au hammam. Si vous ne savez pas ce qu'est un hammam, je vais vous expliquer: c'est un endroit public où les Tunisiens vont prendre des bains de chaleur ou de vapeur (comme un sauna--on les appelle aussi des bains turcs) et où ils peuvent aussi se faire masser. En général, les hommes y vont le matin et les femmes l'après-midi. C'est un lieu de purification, de socialisation et de détente (où l'on peut se relaxer).

Courtesy of Véronique Anover and Theresa A. Antes

Ma famille a un hammam sur la rue El Ariane à Tunis. J'y vais souvent pour me faire masser (leurs massages sont fantastiques!) et pour y rencontrer ma famille et des amis. Un massage d'une heure coûte 5 dinars! Pas mal, non? Et vous, est-ce que vous allez souvent au hammam? Combien coûte un massage d'une heure? Si vous n'y allez pas, est-ce que vous allez dans un endroit similaire pour vous relaxer? Où?

À vous de décider: Le français pour quoi faire? 🌐

Visit the *À vous* online resources to meet Jonathan Fernández, an engineer for an international software company. He is going to tell you how knowing French has made his job easier. ✈

Courtesy of Véronique Anover and Theresa A. Antes

Mes finances

© Chris Hellier / Alamy

Do you spend your money liberally or do you carefully draw up a budget each month and stick to it? In this chapter, you'll learn how to describe your spending and banking habits, and will have a chance to compare them to those of your class-mates and to people in Francophone countries.

VOCABULARY
- Some businesses and their products and services
- Banking
- Your budget and your personal finances

STRUCTURES
- Direct object pronouns
- Direct object pronouns in commands
- Past participle agreement
- The comparative and the superlative
- The verbs **venir, revenir,** and **devenir**

CULTURE
- Expenses that the French have
- Consumers in Tunisia

 Audio
 www.cengagebrain.com

RESSOURCES

CD 2
Track 20

Passage 1

Les dépenses au salon de coiffure

Au Chapitre 2, vous avez rencontré Ana, la femme d'affaires suisse (de Genève). Elle a un rendez-vous très important avec le PDG de la Banque Cantonale de Genève. Avant son rendez-vous, elle passe au salon de coiffure.

LA COIFFEUSE: Bonjour Mme Bachima, vous êtes venue pour votre coupe et votre couleur habituelles?

ANA: Bonjour Claire, non, aujourd'hui, je voudrais une coupe un peu plus courte. Une coupe au carré[1] et pour la couleur, un balayage.[2] C'est plus discret.

une coupe au carré et un balayage

CLAIRE: Très bien! Je vais vous laver les cheveux d'abord. Vous voulez un shampooing traitant pour cheveux secs?

ANA: Oui, s'il vous plaît, lavez-les avec le shampooing *Miracle* pour cheveux secs!

CLAIRE: Je ne sais pas si c'est un «Miracle» mais toutes les clientes qui l'ont essayé l'adorent! Pour la coupe, vous voulez une frange? Ou la raie[3] sur le côté? La frange c'est à la mode en ce moment. Toutes les actrices de Hollywood se coiffent comme ça!

[1]a bob / a square-cut   [2]highlights   [3]part

© Cengage Learaning

la frange

> ANA: Alors…, si toutes les actrices se coiffent comme ça, moi aussi! Mais je ne veux pas une frange trop longue.
>
> CLAIRE: OK! C'est comme vous voulez. Pour la coiffure, vous voulez les cheveux lisses aujourd'hui ou ondulés?
>
> ANA: Je les voudrais lisses, s'il vous plaît, Claire. C'est mieux avec un carré, je pense. J'ai un rendez-vous important et je veux être la plus élégante possible.
>
> CLAIRE: Et pour la couleur, vous la voulez plus foncée ou plus claire que d'habitude?
>
> ANA: Je la voudrais plus foncée, moins claire que la dernière fois. Le mois dernier vous l'avez faite un peu trop claire et j'ai eu du mal à m'habituer.
>
> CLAIRE: Voilà! Vous avez l'air d'une vraie star maintenant!
>
> ANA: Ma coupe est très réussie, Claire. Je l'aime beaucoup. Maintenant que j'ai un nouveau look, j'ai besoin d'aller acheter de nouveaux vêtements!

Vous avez bien compris?

Répondez aux questions suivantes, selon le texte.

1. Que demande Ana à la coiffeuse?
2. Pourquoi est-ce qu'Ana veut un shampooing traitant?
3. Est-ce qu'Ana veut une couleur de cheveux plus claire ou plus foncée?
4. Comment va être la frange d'Ana?
5. Qui porte une frange?
6. De quoi est-ce qu'Ana a besoin après sa nouvelle coupe?

→ Mon vocabulaire ←

Au salon de coiffure / Chez le coiffeur

une coupe	*a hair cut*	un chignon	*hair up /*
une coiffure	*a hair style*		*hair in a bun*
une couleur	*a hair color*	une queue de cheval	*a ponytail*
claire	*light-colored*	une frange	*bangs*
foncée	*dark-colored*	des tresses (*f.*)	*braided hair*
un balayage	*highlights*	un shampooing	*shampoo*
des cheveux	*hair*	pour cheveux secs	*for dry hair*
longs	*long*	pour cheveux gras	*for oily hair*
mi-longs	*mid-length*	pour cheveux colorés	*for colored hair*
courts	*short*	l'après-shampooing	*conditioner*
lisses	*straight*	le démêlant	*anti-tangle cream*
ondulés	*wavy*	la raie	*part*
frisés	*curly*	sur le côté	*on the side*
au carré	*bob or square-cut*	au milieu	*in the middle*
en brosse	*spike / crew-cut*	chauve	*bald*

À vous!

A. Vite, cherchez-les! Trouvez des étudiants qui correspondent aux descriptions suivantes.

1. un étudiant avec une frange sur le côté
2. une étudiante avec un chignon
3. une étudiante avec une coupe au carré
4. un étudiant avec les cheveux mi-longs
5. une étudiante avec un balayage
6. un(e) étudiant(e) avec des tresses

B. On veut ce qu'on n'a pas! Vous aimez votre look? Ou vous voulez ce que vous n'avez pas? Écrivez le contraire de ce que vous avez. Commencez vos phrases par «Je veux....»

> MODÈLE: J'ai les cheveux longs.
>
> *Je veux les cheveux courts.*

1. J'ai les cheveux foncés.
2. J'ai les cheveux ondulés.
3. Je suis chauve.
4. J'ai les cheveux gras.
5. J'ai une coupe mi-longue.
6. J'ai la raie au milieu.

C. Des cheveux pour toutes les occasions! Pour chaque sortie, dites comment est votre coiffure. (Si vous êtes un homme, pensez aux femmes.) Répondez de façon logique.

1. Pour faire du sport (comment est-ce que les femmes portent les cheveux)?
2. Pour aller à un mariage?
3. Pour vous déguiser en Petit Chaperon Rouge *(Little Red Riding Hood)*?
4. Pour aller à l'université?
5. Pour un premier rendez-vous amoureux?
6. Pour vous déguiser en Cléopâtre?

Portrait personnel

Décrivez la coupe et le look d'un(e) des étudiant(e)s de la classe.

> MODÈLE: *Matthieu a les cheveux en brosse. Il n'a pas de raie. Il n'a pas les cheveux secs.—Il doit utiliser le shampooing* **Miracle!**

STRUCTURE 1

Les pronoms compléments d'objet direct

A *direct object* is a noun that directly follows a verb (no preposition precedes it) and receives the action of the verb.

Je regarde **la télévision.**   *I watch **television**.*

Direct object pronouns are used to replace direct objects. Following are the direct object pronouns in French.

direct object pronouns			
me	*me*	Il **me** regarde.	*He is looking at **me**.*
te	*you*	Je **te** vois.	*I see **you**.*
le	*him, it (m.)*	–Tu fais le gâteau? –Oui, je **le** fais.	*–Are you making the cake? –Yes, I'm making **it**.*
la	*her, it (f.)*	–Tu conduis la voiture bleue? –Oui, je **la** conduis.	*–Are you driving the blue car? –Yes, I'm driving **it**.*
nous	*we*	Elle **nous** aime.	*She loves **us**.*
vous	*you*	On **vous** regarde.	*Someone's looking at **you**.*
les	*them (m., f.)*	Les escargots? Je **les** adore.	*Snails? I adore **them**.*

- Note that the pronouns **le, la,** and **les** are the only ones that agree in number and gender with the direct object noun they replace. **Le, la,** and **les** can refer to people, places, or things. The other pronouns refer only to people.

  —Est-ce que tu aimes **ma sœur**?   —*Do you love **my sister**?*
  —Oui, je **l'**aime.   —*Yes, I love **her**.*

  —Vous aimez **la glace**?   —*Do you like **ice-cream**?*
  —Oui, nous **l'**aimons.   —*Yes, we like **it**.*

- Direct object pronouns follow the same placement rules as **y** and **en:**

1. before the conjugated verb in the present tense and **imparfait**

   Ce shampooing? Je **l'**aime bien.   *That shampoo? I like it.*
   La frange? Je **la** voulais sur le côté.   *The bangs? I wanted them on the side.*

2. before the auxiliary verb in the **passé composé**

   Les devoirs? Elle ne **les** a pas compris.   *The homework? She didn't understand it.*

3. before the infinitive when it is the object of that verb

   Mes parents? Je vais **les** voir ce week-end.   *My parents? I'll see them this weekend.*

- To make a sentence with a direct object pronoun negative, place **ne** before the pronoun and **pas** or other negative expression after the conjugated or auxiliary verb.

  Mon prof **ne** me comprends **jamais.**   *My professor never understands me.*
  Cette coupe? Je **ne l'**aimais **pas.**   *That haircut? I didn't like it.*
  Elle **ne l'a pas** fait.   *She didn't do it.*

- If the sentence has a conjugated verb and an infinitive, place the **ne** and **pas** around the conjugated verb and the pronoun directly before the infinitive.

Il **ne** va **pas** *les* regarder.   *He isn't going to look at them.*

Je **ne** veux **pas** *vous* aider.

 VÉRIFIEZ votre compréhension

There are several direct object pronouns in *Passage 1* (pp. 334–335). Can you find them? What nouns do they replace?

À l'écoute!

CD 2
Track 21

> **Petits Tuyaux!** In order to use a direct object in a sentence, the noun that it is replacing must have been specified before. For example, **I like my hair →** **I like it very much.** In French, you just saw that the direct object pronouns agree in gender and number with the noun they replace and their placement in the sentence depends on the tense, (present versus past, infinitive versus conjugated verb). In order to identify a direct object in a sentence and know what noun it replaces, you must pay attention to the gender and the number of the pronoun and the tense of the sentence.

Remplacement. Écoutez les phrases suivantes, et indiquez le nom que le pronom objet direct remplace.

> MODÈLE: Vous entendez: Je les lis souvent.
>
>   Vous indiquez: _____ le journal _____✓_____ **les** magazines

1. _____ la coupe   _____ les coupes
2. _____ le coiffeur   _____ la coiffeuse
3. _____ le riz   _____ la soupe
4. _____ les actualités   _____ le téléfilm
5. _____ le fruit   _____ les fruits
6. _____ la queue de cheval   _____ les tresses

¹whole / the entire

Pratiquons!

A. Une femme difficile. Marc a décidé d'acheter des vêtements à sa petite amie Sophie pour son anniversaire. En regardant les dessins, dites ce que Sophie pense de chaque vêtement. Utilisez les verbes **aimer, adorer, détester, préférer,** et un complément d'objet direct dans votre réponse.

> **MODÈLE:** Les sandales Hermès? ☺
>
> *Elle les aime.*

1. Les bottes Yves Saint Laurent? ☺ ☺
2. Le jean Calvin Klein? ☺
3. Les chaussures Jimmy Choo? ☹ (préférer / Manolo Blahniks)
4. La robe blanche Chanel? ☺
5. Le sac Louis Vuitton? ☺ ☺
6. La jupe Guess? ☹ ☹ ☹ (aimer / Michael Kors)
7. Les sandales Birkenstock ☺
8. L'écharpe Hermès ☺ ☺

B. Dépenses *(spending)* superflues. Comme Sophie n'a pas reçu les cadeaux qu'elle voulait, elle se les achète elle-même *(herself)*. Récrivez les phrases suivantes en remplaçant le nom en italique par **le, la, les** ou **en,** selon le cas. Sophie a des goûts de luxe!

> **MODÈLE:** Elle prend *la robe DKNY.*
>
> *Elle la prend.*

1. Sophie admire *les sacs Lancel.*
2. Elle décide d'acheter *deux sacs.*
3. Sophie achète *son parfum préféré* (Prada) à la parfumerie.
4. Sophie regarde maintenant *les vestes Chanel.*
5. Finalement, elle décide de prendre *la veste noire.*
6. Ensuite, elle va chez Dior pour voir *la nouvelle collection.*

 C. Réponses courtes. Avec un(e) partenaire, répondez aux questions suivantes. Utilisez un pronom complément d'objet direct dans votre réponse.

1. En général, est-ce que tu achètes les produits de luxe de Chanel, Coach, etc? Pourquoi?
2. Est-ce que tu aimes ta coupe de cheveux actuelle *(current)*?
3. Sur toi, est-ce que tu préfères les cheveux longs ou courts? Pourquoi?
4. Est-ce que tu as déjà chan gé radicalement la couleur de tes cheveux? De quelle couleur as-tu eu les cheveux?
5. Comment est la coupe de cheveux de ton prof?
6. Combien de fois par mois est-ce qu'on te coupe les cheveux?

STRUCTURE 2

Les pronoms compléments d'objet direct avec l'impératif

The placement of object pronouns when used with the imperatif depends on whether you are giving an affirmative or a negative command or order.

- With negative commands, place the pronoun directly in front of the conjugated verb.

Cette coupe de cheveux est horrible. Ne **la** regarde pas!	*This haircut is horrible. Don't look at it!*
Quelle horreur! Ne **me** regarde pas!	*How awful! Don't look at me!*

- With affirmative commands, place the pronoun after the verb and attach it with a hyphen. The pronouns **me** and **te** change to **moi** and **toi** when used in an affirmative command.

Cet après-shampooing est super. Utilisez-**le**!	*This conditioner is great. Use it!*
Regarde-**moi**!	*Look at me!*
Fais-**toi** belle!	*Make youself beautiful.*

Pratiquons!

A. À la maison. Madame Aubry donne des ordres à ses enfants. Remplacez le nom en italique par un pronom complément d'objet direct.

> MODÈLE: Lucas et Lucie, mettez *la table,* s'il vous plaît.
> *Mettez-la, s'il vous plaît.*

1. Lucas, nettoie *ta chambre,* s'il te plaît.
2. Baptiste, range *tes livres.*
3. Lucas, ne jette pas *ces papiers,* ils sont importants!
4. Lucie, aide *ton frère,* s'il te plaît.
5. Baptiste, ne provoque pas *le chien.*
6. Voilà, mes enfants, vous avez bien écouté! Prenez *ces bonbons* et allez jouer!

B. Situations hypothétiques. Imaginez les situations suivantes. Formez un impératif logique avec les verbes suggérés. Utilisez des pronoms compléments d'objet direct.

> MODÈLE: Vous parlez avec vos camarades de classe d'un examen.
> (se préparer / étudier les leçons / ne... pas se reposer)
>
> *Préparons-nous bien!*
> *Étudions-les!*
> *Ne nous reposons pas maintenant!*

1. Votre voisin a perdu son chien. Vous parlez avec votre voisin. (se calmer / ne... pas s'énerver/ ne... pas s'inquiéter)
2. Votre meilleur ami vient de rompre avec sa petite amie. (ne... pas jeter ses lettres d'amour / se rassurer, elle va revenir!)
3. Votre prof n'est pas très organisé(e) aujourd'hui! (ne... pas oublier ses livres / ne... pas perdre ses clés / se reposer ce week-end!)
4. Vos amis et vous voulez faire quelque chose ce week-end, mais vous ne savez pas quoi. (se retrouver au café / regarder le nouveau film au cinéma)

STRUCTURE 3

L'accord du participe passé

In Chapter 7, you learned to conjugate the **passé composé,** and that the past participle of verbs conjugated with **être** agree in number and gender with the subject of the verb, but those conjugated with **avoir** do not.

Elles ont pris rendez-vous chez le coiffeur.

They made an appointment at the hairdresser's.

Elles sont all**ées** chez le coiffeur.

They went to the hairdresser's.

There is an exception, however. When a direct object or direct object pronoun *precedes* a verb conjugated with **avoir,** the past participle agrees in number and gender with the direct object.

Direct object *follows* the verb, no agreement	Direct object *precedes* the verb, agreement
J'ai vu les films.	Je **les** ai vu**s.**
Elle a compris la question.	Elle **l'**a compri**se.**
Le coiffeur n'a pas coupé ses cheveux.	Le coiffeur ne **les** a pas coup**és.**
J'ai acheté les chaussures de Manolo Blahniks.	Je **les** ai achet**ées.**

Pratiquons!

A. Tu as dépensé tout ça! Marc est furieux parce que Sophie a dépensé trop d'argent. Il demande à Sophie si elle a vraiment dépensé leur argent pour acheter des choses superflues. Répondez aux questions de Marc en employant un pronom complément d'objet direct. Commencez chaque phrase par «Oui, chéri... / Non, chéri...»

> **MODÈLE:** Tu as acheté le parfum et la crème Prada?
>
> *Oui, chéri, je les ai achetés!*

1. Tu as acheté les sacs Louis Vuitton?
2. Tu as mis les chaussures neuves Manolo Blahniks? (Non)
3. Tu as pris la chemise qui coûtait 250 euros?
4. Tu as acheté la veste noire Chanel?
5. Tu as acheté les sandales Jimmy Choo? (Non)
6. Tu as dépensé nos économies *(f.) (savings)*?

 B. Je l'ai déjà fait! Votre partenaire va vous poser des questions. Répondez honnêtement, selon votre situation personnelle.

> **MODÈLE:** As-tu lu le journal aujourd'hui?
>
> *Oui, je l'ai (déjà) lu. / Non, je ne l'ai pas (encore) lu.*

1. As-tu regardé les actualités *(f.)* à la télévision hier soir?
2. Tu as vu le dernier film de James Cameron?

[1]Similar agreement will also occur when the structure of the sentence places the direct object of the sentence before the verb: *Quels films* est-ce que vous avez *vus* ce week-end?

3. As-tu écouté la musique de Black Eyed Peas?
4. Est-ce que tu as étudié la leçon pour demain?
5. Tu as regardé les vidéos *(f.)* pour ce chapitre?
6. Est-ce que tu as compris la section concernant les pronoms?

Portrait personnel

En vous basant sur les réponses de votre camarade de classe à l'Activité B, écrivez un petit paragraphe où vous décrirez ce qu'il/elle a déjà fait ou n'a pas encore fait. Utilisez autant de pronoms compléments d'objet direct que possible. Qui a tout fait?

À vous de parler!

A. Au salon de coiffure. Préparez un dialogue entre des clients et leur coiffeur(-euse). Chaque client(e) a des situations particulières: un(e) client(e) a un chewing-gum collé sur la frange (c'est son petit garçon de 2 ans qui lui a collé le chewing-gum!); une autre personne a beaucoup de cheveux blancs; une autre personne a essayé de se faire une couleur à la maison, mais elle a les cheveux orange; etc. Présentez vos dialogues à la classe.

© Margaret S / Alamy

Quelle horreur! J'ai l'air d'un monstre! Et vous, avez-vous déjà eu une mauvaise expérience chez le coiffeur? Racontez.

B. Tu dépenses trop! Vous faites du shopping avec vos amis. Vous voulez acheter des choses complètement superflues. Vos amis vous aident à ne pas dépenser et à résister à la tentation. Composez un dialogue pour illustrer la situation.

MODÈLE: Vous: *Oh! Regardez ces belles chaussures. Elles coûtent 300 euros seulement. Je les achète!*

Votre ami(e) 1: *Tu es (fou) folle (crazy)! Trois cents euros pour une paire de chaussures! Non, ne les achète pas!*

Votre ami(e) 2: *Je trouve que c'est beaucoup 300 euros. Achète-les quand elles vont être soldées. Etc.*

Les Français dépensent comme ça

Un Français dépense en moyenne et par an 16 926 euros pour s'habiller, se loger (maison ou appartement en location ou achat du logement), se déplacer (transport public ou privé) et se nourrir (restaurant ou courses au supermarché). Mais les priorités ont changé: le budget pour l'alimentation en 2007 représentait 13,4% contre 15,8% en 1989. Au contraire, les frais de communication (téléphone mobile, SMS, Internet, etc.) représentent aujourd'hui 2,73% du budget contre 1,74% en 1989.

Voici les dépenses annuelles pour quelques produits de consommation.

Pain   116,64 euros par an en 2007

Bien que la consommation de pain ne cesse de diminuer (53,9 kg par habitant en 2005 contre 61 kg en 1990), le budget moyen qui lui est consacré augmente. Il était de 116,64 euros par an en 2007 (soit 32 centimes par jour), contre 85,46 euros il y a 20 ans. Budget moyen en 1998: 97,13 €.

Téléphone et Internet   402 euros par an et par habitant en 2007

La facture annuelle des Français en téléphonie et services Internet s'élève en moyenne à 402 euros, soit 33,5 euros par mois. +200% en 18 ans! Le téléphone mobile représente à lui seul 60% de la facture.

Livres   58,62 euros par an et par habitant en 2007

En 2007, chaque Français a dépensé 58,62 euros pour l'achat de livres, soit 16 centimes par jour. En réalité, seuls 69% des Français déclarent avoir lu au moins un livre pendant les 12 derniers mois, et seuls 9% des lecteurs affirment avoir lu plus de vingt livres pendant les 12 derniers mois. Budget moyen en 1998: 45,67 €.

Meubles   235,14 euros par an et par habitant en 2007

Les meubles "meublant" (type commodes, armoires, bureaux...) représentent 35,8% du marché, suivis par les meubles de cuisine (22,3%). Le budget moyen en 1998 était de 180,2 €.

Restaurants et/ou cafés   625,50 euros par an et par habitant en 2007

Les couples français prennent 23,2% de leurs repas à l'extérieur. (L'addition varie fortement d'une région à l'autre, la région parisienne étant la plus chère). En 1998, les couples dépensaient 444,26 € par an.

Vêtements et chaussures   782,74 euros par an et par habitant en 2007

533,44 euros pour les vêtements, 139 euros pour les chaussures, le reste pour les accessoires et les services de réparation ou de nettoyage. En 1998, les Français dépensaient en moyenne 669,25 € par an.

Image copyright Elena Elisseeva, 2010. Used under license from Shutterstock.com

Image copyright Marin, 2010. Used under license from Shutterstock.com

Coiffeurs et instituts de beauté   143,22 euros par an et par habitant en 2007

Selon la Fédération nationale de la coiffure française, il existerait 62 717 salons de coiffure et instituts de beauté dans toute la France. Toujours selon la Fédération, le prix moyen pour une femme est de 40,19 euros et de 16,06 euros pour un homme. Budget moyen en 1998: 113,66 €.

Médicaments   254,90 euros par an et par habitant en 2007

La France est la championne d'Europe des dépenses de médicaments. Chaque Français a dépensé 254,40 euros dans les pharmacies en 2007. Ainsi, 90% des consultations chez le médecin se concluent par une ordonnance[1] de médicaments, selon l'Assurance maladie. C'est presque deux fois plus qu'aux Pays-Bas! De plus, les médicaments génériques peinent[2] à s'imposer, ce qui augmente le coût moyen. Budget moyen en 1998: 177,2 €.

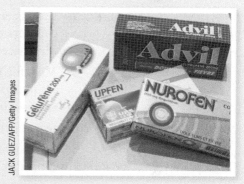

JACK GUEZ/AFP/Getty Images

Réfléchissons!

1. Mettez les dépenses des Français dans l'ordre croissant (du plus petit au plus grand). Dans quelle catégorie est-ce que les Français dépensent le plus? Et le moins?

2. Pensez-vous que les dépenses des Américains sont comparables à celles des Français? Pour quelles catégories?

3. Pourquoi pensez-vous que les Français sont les «champions d'Europe» des dépenses de médicaments?

4. D'après les dépenses décrites ci-dessus, quel portrait peut-on tracer des Français? Est-ce le même pour les Américains?

[1]prescription   [2]have a hard time

Passage 2

À la Banque Centrale

Vous allez entrer à la Banque Centrale. Regardez les transactions que font les clients et les commentaires que fait le directeur de la banque.

1. le guichet de caisse / à la caisse

2. le caissier / la caissière (La caissière blonde est aussi gentille que la caissière qui porte un chignon! Toutes les deux veulent devenir un jour directrices de banque.)

3. Madame Richot dépose de l'argent à la banque. (C'est une des femmes les plus riches de la ville! Elle vient à la banque toutes les semaines pour déposer beaucoup d'argent.)

4. le guichet automatique (C'est plus rapide que le guichet de caisse.)

5. Monsieur Povre retire de l'argent avec sa Carte Bleue. (Monsieur Povre est moins riche que Madame Richot! Il a moins d'argent qu'elle!)

6. le banquier / la banquière (Elle travaille le moins parce qu'elle est à mi-temps.)

7. Monsieur et Madame Jeuneau ouvrent un compte en banque. (C'est la première fois qu'ils viennent à la banque! Super! De nouveaux clients!)

8. La banquière donne une Carte Bleue à Monsieur Jeuneau et un carnet de chèques à Mme Jeuneau.

9. La banquière dit aux jeunes mariés que les nouveaux clients ont accès à un coffre-fort. (Le coffre-fort de la banque est mieux surveillé que le coffre-fort chez un particulier.)

Au bureau de change

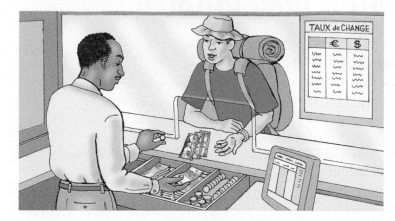

Monsieur Voyageur veut **changer** des dollars en euros. Il demande à l'employé quel est **le taux de change**. Monsieur Voyageur a besoin de **monnaie** pour le taxi. L'employé lui donne **des pièces de monnaie et des billets** qu'il prend de la caisse.

Vous avez bien compris?

Vrai ou faux? Indiquez si les affirmations suivantes sont vraies ou fausses. Rectifiez les fausses affirmations.

1. Monsieur et Madame Jeuneau sont à la banque pour déposer de l'argent seulement. _____ vrai _____ faux

2. Monsieur Povre retire de l'argent au guichet automatique. _____ vrai _____ faux

3. Madame Richot ouvre un compte en banque. _____ vrai _____ faux

4. La Carte Bleue s'utilise pour retirer de l'argent. _____ vrai _____ faux

5. La banquière s'occupe de Monsieur et Madame Jeuneau. _____ vrai _____ faux

6. L'employé donne à Monsieur Voyageur un carnet de chèques. _____ vrai _____ faux

7. Monsieur Voyageur veut des pièces de monnaie et des billets. _____ vrai _____ faux

8. Monsieur Voyageur voudrait aussi un coffre-fort. _____ vrai _____ faux

Quelles monnaies peut-on changer?

Les services bancaires

un compte en banque	*bank account*
un compte courant	*checking account*
un compte épargne	*savings account*
un chéquier / un carnet de chèques	*checkbook*
déposer un chèque / de l'argent	*to deposit a check / money*
remplir un chèque	*to write a check*
toucher un chèque	*to cash a check*
une carte de crédit / une Carte Bleue	*credit card*
le mot de passe	*password*
un coffre-fort	*a safe-deposit box*

Les finances personnelles

rembourser	*to pay back*
une dette	*a debt*
avoir des dettes	*to have debts*
faire des investissements *(m.)* / investir / placer son argent	*to make investments*
être endetté(e)	*to be in debt*
être riche	*to be rich*
être pauvre[1]	*to be poor*
économiser / épargner	*to save*
dépenser	*to spend*
gaspiller	*to waste*
être économe	*to be thrifty*
être dépensier (dépensière)	*to be a spendthrift / to be wasteful*
emprunter de l'argent à quelqu'un	*to borrow money from someone*
prêter de l'argent à quelqu'un	*to lend money to someone*
faire un emprunt / emprunter de l'argent à la banque	*to take a loan / to ask for a loan*
avoir une bourse	*to have a scholarship*

Courtesy of BNP Paribas

Avez-vous des cartes de crédit?
Est-ce que vous les utilisez tous les jours, ou seulement pour les choses importantes?

[1]In an informal setting, the following slang words are used: **Je suis fauché(e) et je n'ai pas un rond** (literally, *I am broke and I do not have a penny*)—This phrase reflects the fact that coins are round. By opposition, **avoir des ronds** means *to be loaded!*

À vous!

A. Premier jour au travail. Vous venez d'embaucher *(just hired)* un nouvel employé à la banque où vous travaillez. C'est son premier jour et vous lui montrez les lieux de travail. Identifiez les objets et les gens que vous voyez sur le dessin.

1. _____	6. _____
2. _____	7. _____
3. _____	8. _____
4. _____	9. _____
5. _____	10. _____

B. À la banque. Vous êtes à Bordeaux depuis un mois. Votre meilleur(e) ami(e) arrive des États-Unis pour passer six mois avec vous. Il/Elle vous demande de l'aider pour ouvrir un compte à la Banque d'Aquitaine. Répondez à ses questions avec précision.

1. Est-ce que les employés de la Banque d'Aquitaine parlent anglais? (Non,...)
2. Bon, alors je dois parler français! Où est-ce que je vais quand j'arrive à la banque avec mes dollars?
3. Où est-ce que je vais pour ouvrir un compte?
4. Quel compte me recommandes-tu d'ouvrir pour les dépenses de tous les jours?
5. Où est-ce que je vais pour toucher un chèque?
6. Avec quoi est-ce que je retire mon argent?

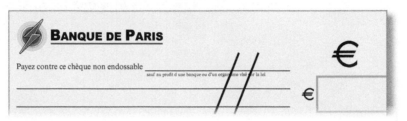

Pouvez-vous remplir ce chèque pour un ami à qui vous devez 150 €?

 C. Et tes finances? Comment sont les finances de vos camarades de classe? À deux, posez-vous les questions suivantes à tour de rôle pour en savoir plus! Êtes-vous surpris(e) des résultats? Pourquoi?

1. En général, est-ce que tu paies tes achats en espèces ou par carte de crédit?
2. Combien de cartes de crédit as-tu? Est-ce que tu les utilises toutes?
3. As-tu beaucoup de dettes? Quand tu reçois le relevé des cartes de crédit *(credit card statement)*, est-ce que tu paies le montant *(balance)* dans sa totalité?
4. Tu prêtes souvent de l'argent à tes amis? Est-ce qu'ils te rendent ton argent?
5. Tu empruntes de l'argent à tes amis? À tes parents? Quand? Pourquoi?
6. Est-ce que tu as fait des emprunts à la banque? Pourquoi?
7. Comment fais-tu des économies? Dans quoi est-ce que tu dépenses le plus?
8. Es-tu dépensier (dépensière) ou économe?

STRUCTURE 4

Le comparatif

Le comparatif des adjectifs

- To compare people, places, ideas, or things, use the following structures. Note that the adjective agrees with the first noun in the sentence.

more . . . than (*-er*)	**plus** + adjective + **que**	Ma banque est **plus** petite **que** la banque de Chloé. *My bank is smaller than Chloe's bank.*
less . . . than	**moins** + adjective + **que**	La Grèce et l'Italie sont **moins** riches **que** la France. *Greece and Italy are less wealthy than France.*
as . . . as (*the same*)	**aussi** + adjective + **que**	La caissière de la BNP est **aussi** gentille **que** la caissière du Crédit Agricole. *The teller at BNP is as nice as the teller at Crédit Agricole.*

bon and *mauvais*

- When **plus** and **bon** are combined, you must use a different word: **meilleur** (*better*). When **plus** and **mauvais** are combined, you can use **plus mauvais** or **pire** (*worse*). Note that these adjectives must agree in number and gender.

Ma banque est **meilleure que** la banque de Chloé.	*My bank is better / worse than Chloe's bank.*
La banque de Chloé est **plus mauvaise / pire que** ma banque.	*Chloé's bank is worse than my bank.*

BUT nothing changes when **moins** or **aussi** precedes **bon** or **mauvais**.

Les fromages américains sont **moins / aussi** bons **que** les fromages français.	*American cheeses are less / as good as French cheeses.*
La pollution à Paris est **moins / aussi mauvaise qu**'à Rome.	*Pollution in Rome is less / as bad as in Rome.*

Le comparatif des adverbes

- To compare how something happens or is done, use the following structures.

more . . . than (*-er*)	**plus** + adverb + **que**	Les trains TER roulent **plus** lentement **que** les trains TGV. *TER trains go more slowly than TGV trains.*
less . . . than	**moins** + adverb + **que**	On communique par courrier **moins** rapidement **que** par e-mail. *One communicates by regular mail less quickly than by e-mail.*
as . . . as (*the same*)	**aussi** + adverb + **que**	En France on voyage **aussi** facilement en train **qu**'en avion. *In France, one travels as easily by train as by plane.*

bien and *mal*

- When **plus** and **bien** are combined, however, you must use a different word: **mieux** (*better*). When **plus** and **mal** are combined, you can use either **plus mal** or **pire** (*worse*).

  Les joueurs de basket américains jouent **mieux que** les joueurs français.
  American basketball players play better than French players.

  Les joueurs de basket français jouent **plus mal / pire que** les joueurs américains.
  American basketball players play worse than French players.

BUT nothing changes when **moins** or **aussi** precedes **bien** or **mal.**

Nous jouons **moins / aussi** bien **que** vous.	*We play less / as well as you.*
Mes frères jouent **moins / aussi** mal **que** les voisins.	*My brothers play less / as badly as the neighbors do.*

Le compartif des noms

- To compare the quantity of something, use the following structures.

more . . . than	**plus de +** noun + **que**	Les Américains dépensent **plus d'argent que** les Français. *Americans spend more money than the French.*
less (fewer) . . . than	**moins de +** noun + **que**	Il y a **moins de** voitures aux États-Unis **qu'**en France. *There are fewer cars in the U.S. than in France.*
as many . . . as / as (count nouns) much . . . as (non-count nouns)	**autant de +** noun + **que**	Les enfants français regardent **autant de dessins** animés **que** les enfants américains. *French children watch as many cartoons as American children.* Je mange **autant de** chocolat **que** ma sœur. *I eat as much chocolate as my sister.*

⚑ VÉRIFIEZ votre compréhension

1. Go back to *Passage 2* (pp. 346–347), and look at the comparative expressions in context. What is being compared? What words are used in the comparisons: adverbs, adjectives or nouns?

2. How would you say the opposite of each comparative expression?

À l'écoute!

CD 2
Track 23

Les comparaisons. Écoutez les comparaisons suivantes, et indiquez s'il s'agit d'un adverbe, d'un nom ou d'un adjectif.

MODÈLE:	Vous entendez: Je suis aussi pauvre que toi.
	Vous indiquez: ✓ adjectif (pauvre) _____ adverbe _____ nom

1. _____ adjectif _____ adverbe _____ nom
2. _____ adjectif _____ adverbe _____ nom
3. _____ adjectif _____ adverbe _____ nom
4. _____ adjectif _____ adverbe _____ nom
5. _____ adjectif _____ adverbe _____ nom
6. _____ adjectif _____ adverbe _____ nom

Pratiquons!

A. Ah bon? (Oh, really?) Dites si les affirmations suivantes sur les stars sont vraies ou fausses. Corrigez les affirmations qui sont fausses.

1. Tom Cruise est plus grand que Katie Holmes.
2. Nicole Kidman a les cheveux moins frisés que Jennifer Aniston.
3. Le président des États-Unis gagne autant d'argent que le président de Microsoft.
4. Steven Spielberg fait moins de films que Quentin Tarantino.
5. Barbara Walters est plus jeune que Katie Couric.
6. Oprah Winfrey est moins riche que Rosie O'Donnell.

B. Des comparaisons exagérées! D'abord, identifiez les mots en caractères gras. Est-ce qu'il s'agit d'adjectifs ou d'adverbes? Ensuite, faites des comparaisons d'après les indications entre parenthèses.

> MODÈLE: **grande** → Ma chambre (*more . . . than*) ta chambre.
> *Ma chambre est plus grande que ta chambre.*

1. **beau** → Mon chat est (*more . . . than*) ton chat.
2. **bon** → Ma banque est (*better than*) ta banque.
3. **mauvais** → Tes dépenses sont (*worse than*) mes dépenses.
4. **sale** (*dirty*) → Ma maison est (*less . . . than*) ta maison.
5. **bon** → Mon dîner est (*better than*) ton dîner.
6. **cher** → Mon loyer est (*as . . . as*) ton loyer.
7. **mauvais** → Sa coupe de cheveux est (*worse than*) ma coupe!
8. **joli** → Mes vêtements sont (*more . . . than*) tes vêtements.

 C. Comparons nos opinions! Avec un(e) camarade de classe, faites des comparaisons avec les mots indiqués entre parenthèses. Donnez votre opinion, mais soyez logique!

> MODÈLE: Pour bien dormir, du café ou du lait chaud le soir? (meilleur / pire)
> *Le lait chaud est meilleur que le café pour bien dormir le soir.*

1. Comme cadeau, une bouteille de champagne ou une bouteille de vin? (moins cher / plus cher / aussi cher)
2. Pour célébrer un anniversaire, une fête ou un dîner au restaurant? (plus amusant / moins amusant / aussi amusant)
3. Pour déposer de l'argent à la banque, le guichet automatique ou la caisse? (plus rapide / moins rapide / aussi rapide)
4. Comme banque, Bank of America ou CitiBank? (mieux / pire / aussi mauvais / aussi bien)
5. Comme viande, du bœuf ou du poulet? (meilleur / pire / aussi mauvais / aussi bon)
6. Pour un rendez-vous amoureux, un dîner à la maison ou un film au cinéma? (plus romantique / moins romantique / aussi romantique)

paul Prescott/Shutterstock.com

STRUCTURE 5

Le superlatif

The superlative is used to express *the best, the worst, the most,* or *the least* of something.

Le superlatif des adjectifs

Use the following formula to express the superlative with adjectives.

le la les	plus moins	+ *adjective*

- Adjectives that precede the noun will do so in the superlative.

  Le français est **la plus belle** langue.   *French is the most beautiful language.*

- Adjectives that follow the noun will also do so in the superlative.

  Arpège est le restaurant **le plus cher.**   *Arpège is the most expensive restaurant.*

- Often the superlative structure is followed by **de / du / de la / de l' / des** + *noun* to indicate the group of which something is the best / worst / most / least.

  Le français est **la plus belle** langue **du monde.**   *French is the most beautiful language in the world.*

  Arpège est le restaurant **le plus cher de Paris.**   *Arpège is the most expensive restaurant in Paris.*

- To express the superlative of **bon** and **mauvais**, use **le / la / les meilleur(e)(s)** and **le / la / les plus mauvais(e)(s)** or **le / la / les pire(s).**

  Marion Cotillard et Audrey Tautou sont **les meilleures** actrices de France.
  Marion Cotillard and Audrey Tautou are the best actresses in France.

  Le Régent est **le plus mauvais / le pire** restaurant de tous.
  Le Régent is the worst restaurant of all.

Le superlatif des adverbes

Use the following formula to express the superlative with adverbs.

le	plus moins	+ *adverb*

  Le prof parle **le plus vite** (**de** la classe).   *The professor speaks the most quickly in class.*

  Paul parle **le moins souvent** en classe.   *Paul speaks the least often in class.*

- To express the superlative of **bien** and **mal**, use **le mieux** and **le plus mal / le pire.**

  Chloé cuisine **le mieux.**   *Chloé cooks the best.*
  Lucien joue **le plus mal / le pire.**   *Lucien plays the worst.*

Le superlatif des noms

Use the following formula to express the superlative with nouns.

le plus de				
le moins de	+	noun	+	de / du / de la / de l' / des + noun

Ma sœur a **le plus de** chaussures
(de toute ma famille).

*My sister has the most shoes in my
family.*

En général, les étudiants ont **le
moins d'argent** (**de la** population).

*In general, students have the least
money (of the general population).*

 VÉRIFIEZ votre compréhension

Go back to *Passage 2* (pp. 346–347) and look at the superlative expressions in context. Translate them into English. If you found a superlative expression with an adjective, does the superlative come before or after the noun? Why? Does this make sense, given what you know about adjectives in French?

Pratiquons!

A. C'est vrai ou ce n'est pas vrai? Donnez votre opinion à propos des affirmations suivantes. Commencez vos phrases par **C'est vrai** si vous êtes d'accord, ou **Ce n'est pas vrai** si vous n'êtes pas d'accord.

> **MODÈLE:** Le champagne français est le moins cher.
>
> *Ce n'est pas vrai, le champagne français est le plus cher.*

1. Anne Rice est la meilleure écrivaine de livres de vampires.
2. *Avatar* est le plus mauvais film de Hollywood.
3. San Diego est la plus grande ville des États-Unis.
4. La Floride est l'État le moins humide des États-Unis.
5. Sting chante le mieux de tous les chanteurs.
6. Renee Zellweger est l'actrice la plus grosse de Hollywood.

B. Ma vie est superlative! Et la tienne? Lisez les affirmations suivantes et dites si les mots en caractères gras sont des adjectifs, des adverbes ou des noms. Ensuite, faites des phrases en utilisant les superlatifs entre parenthèses. Pour finir, répondez aux questions en utilisant toujours des superlatifs.

1. Je cuisine **mal.** → De toute ma famille, je cuisine *(the worst)*. Et toi?
2. J'ai **des amis.** → J'ai *(the most)* amis. Et toi?
3. Ma voiture est **chère.** → De toutes les voitures ici, ma voiture est *(the most)* chère. Et ta voiture?
4. J'ai **de l'argent.** → De tous mes amis, je suis celui / celle qui *(the one who)* a *(the least)* d'argent. Et toi?
5. Je chante très **bien.** → De tous mes amis, je chante *(the best)*. Et toi?
6. J'achète **des vêtements.** → J'achète *(the fewest)* vêtements de toute ma famille. Et toi?

C. Vos finances personnelles. Posez les questions suivantes à un(e) camarade de classe sur ses finances personnelles. Une fois terminé, comparez les réponses que vous avez obtenues avec la classe.

1. Est-ce que tu dépenses plus d'argent que tu ne gagnes?
2. À qui empruntes-tu le plus d'argent? À tes parents? À la banque?
3. Quand économises-tu le moins? Pendant l'année scolaire? En vacances? Pourquoi?
4. Où dépenses-tu le plus d'argent? (Dans quel magasin? Qu'est-ce que tu achètes le plus? Et le moins?)
5. Est-ce que tu gagnes autant d'argent que tes amis? Qui gagne le plus, toi ou ton/ta meilleur(e) ami(e)?
6. Comment est ton budget pour le week-end? As-tu le meilleur budget de tes amis? Pourquoi?

Portrait personnel

En fonction des réponses que vous avez obtenues de votre camarade de classe, tracez son «portrait financier». Est-il/elle dépensier(-ère) ou économe? Emprunte-t-il/elle trop d'argent à ses parents / à ses amis? Est-il/elle riche ou pauvre? Etc.

 D. Habitudes personnelles. Prenez quelques minutes pour penser à votre mode de vie *(lifestyle)* et vos habitudes personnelles. Ensuite, posez des questions à plusieurs camarades de classe sur leurs modes de vie et leurs habitudes personnelles, et faites des comparaisons entre leurs vies et la vôtre. Finalement, utilisez des expressions superlatives pour décrire vos camarades. (Faites attention à bien distinguer entre adjectifs, adverbes et noms dans vos expressions comparatives et superlatives!)

MODÈLE: se lever tôt / tard
Je me lève tôt en général. Je me lève vers 8h30.

*Et toi David, tu te lèves à quelle heure? Vraiment? Tu te lèves à 7h15? Alors tu te lèves **plus tôt** que moi. Mais Marie se lève **le plus tard** de toute la classe; elle se lève à 10h45!*

1. manger bien / mal
2. se coucher tôt / tard
3. étudier beaucoup d'heures / peu d'heures par semaine être passif(-ive) / bavard(e) en classe de français
4. avoir de bonnes notes / de mauvaises notes en général
5. boire beaucoup de Coca / peu de Coca pendant la journée
6. être intéressé(e) / désintéressé(e) par les événements sur le campus
7. préparer bien / mal ton avenir *(future)*

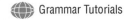
STRUCTURE 6

Les verbes *venir, revenir et devenir*

The verbs **venir** *(to come)*, **revenir** *(to return)*, and **devenir** *(to become)* are irregular verbs; however, they all follow the same pattern since they share the same root, **venir**.

venir *(present tense)*	
je **viens**	nous **venons**
tu **viens**	vous **venez**
il / elle / on **vient**	ils / elles **viennent**

imparfait *(regular)*	passé composé *(with être)*
je **venais**	je **suis venu(e)**
nous **venions**	nous **sommes venu(e)s**

- **Venir** and **revenir** may be used with different prepositions, such as **de, avec, à, sans,** etc.

Juliette **viens de** Paris.	*Juliette comes from Paris.*
Vous **êtes revenu de** la soirée tard.	*You came back from the party late.*
Mon amie **vient avec** les enfants.	*My friends is coming with her children.*

- **Venir** is used in several idiomatic expressions.

1. **venir de** + infinitive *(to have just done something)*

Mes amis **viennent d'ouvrir** un compte en banque.	*My friends have just opened a bank account.*

2. **venir chercher** *(to come get someone or something)*

Tu **viens** me **chercher** à quelle heure?	*What time are you coming to get me?*

- **Devenir** can be used to ask how someone is doing or what's up with someone.

Que **devient** Amélie?	*What's up with Amelie? How is she?*

VÉRIFIEZ votre compréhension

Go back to *Passage 2* (pp. 346–347) to see these verbs in context. Find the sentences where these verbs are used and translate them.

---

*The imperfect is formed from the regular stem **ven-**.

Pratiquons!

A. La caissière de banque se pose des questions. Amandine est caissière à la banque. Tous les jours elle voit la même cliente faire les mêmes transactions. Elle se pose des questions au sujet de sa cliente. Conjuguez les verbes au présent.

Mme Louche est bizarre! Elle (1) _____ (venir) à la banque tous les jours à la même heure, à 10 heures du matin. Je (2) _____ (venir) lui dire bonjour et lui demander si elle a besoin d'aide. Elle me dit «Non, merci». Elle retire de l'argent au guichet automatique et elle (3) _____ (revenir) vers moi. Elle me dit qu'elle veut aller à son coffre-fort. Elle (4) _____ (devenir) nerveuse et agitée. Tous les jours elle va voir son coffre-fort! Pourquoi? D'habitude, les gens ne (5) _____ (venir) pas à la banque tous les jours, non? Ils ne (6) _____ (venir) pas voir leur coffre tous les jours, non? Ils ne (7) _____ (devenir) pas agités à chaque fois, non? Mme Louche est vraiment bizarre, vous ne pensez pas?

 B. Questions personnelles. Avec un(e) camarade, posez-vous les questions suivantes avec les verbes **venir, revenir** et **devenir.** Si la question est au passé, répondez de la même façon.

1. À quelle heure est-ce que tu es venu(e) en cours aujourd'hui?
2. Comment est-ce que tu es venu(e) à l'université? (Avec un[e] ami[e], en voiture, etc.)
3. Comment te sens-tu quand tu reviens de vacances?
4. Dans quels cours es-tu devenu(e) meilleur(e)? (En mathématiques, en français, etc.) Pourquoi?
5. Qu'est-ce que tu viens de faire avant le cours de français?
6. Tu viens de quel État ou pays?

 C. Et votre prof? Avec un(e) camarade essayez de deviner les réponses aux questions suivantes à propos de votre prof de français. Les étudiants qui ont deviné le plus de réponses connaissent bien le prof!

1. D'où vient votre prof? (De quel pays ou État)
2. Comment est-ce que votre prof vient à l'université? (En voiture, à vélo, à pied.)
3. Est-ce que votre prof revient souvent de voyage en France ou dans un pays francophone avec des souvenirs?
4. Quand est-ce que votre prof est devenu(e) prof de français?
5. Quand est-ce que votre prof est venu(e) vivre dans la région?
6. À quelle heure est-ce que votre prof est venu(e) à l'université aujourd'hui?

À vous de parler!

A. L'argent, les femmes et les hommes. Vous êtes journaliste pour la chaîne de télévision France 2. Vous préparez un reportage sur le comportement des hommes et des femmes par rapport à l'argent afin de savoir comment les hommes et les femmes dépensent leur argent et s'ils économisent. En groupes de trois, préparez des questions sur le sujet. Ensuite, posez vos questions à vos camarades de classe. Quand vous aurez assez de réponses, tirez-en des conclusions. Pour finir, chaque groupe va présenter ses conclusions à la classe comme si vous étiez à la télé dans une émission d'actualités. Est-ce que tous les groupes sont arrivés aux mêmes conclusions? Et vous, pensez-vous que les femmes sont plus dépensières que les hommes ou l'inverse? Pourquoi? Discutez.

Questions possibles

Demandez si la personne à un compte épargne.

Demandez si la personne a une ou plusieurs cartes de crédit.

Demandez comment la personne règle (paie) ses achats. (En espèces, par chèque, etc.)

Demandez combien de fois par semaine la personne va faire ses courses au supermarché.

Demandez combien d'argent la personne dépense en moyenne toutes les semaines.

Demandez quels sont les achats qui coûtent le plus et le moins. (Suggérez des produits et des services: des produits de beauté, le coiffeur, des vêtements, etc.)

B. À la banque. Vous venez de gagner un million d'euros au Loto. Vous avez pris rendez-vous avec deux banquiers pour leur demander de vous aider à ouvrir un compte en banque et à placer votre argent. Les banquiers sont extrêmement aimables avec vous et ils vous traitent très bien: ils vous proposent tous les services possibles parce que vous êtes un(e) client(e) très spécial(e)! En groupes de trois, jouez le rôle du (de la) client(e) et des deux banquiers: un banquier aide le/la client(e) à ouvrir des comptes et l'autre à placer l'argent dans de bons investissements.

C. Jalousie! Formez des groupes de trois. Vous êtes au bistro avec des amis et vous parlez d'un(e) ami(e) commun(e) qui semble avoir une vie parfaite: une superbe maison, un travail de rêve, un(e) très beau (belle) petit(e) ami(e), une voiture de luxe, des vêtements de marque, etc. Vous êtes tous jaloux de votre ami(e) (donnez un nom à cet[-te] ami[e]). Dans votre conversation, comparez les choses qu'a votre ami(e) et les choses que vous avez. Par exemple: sa voiture est vraiment plus chère que ma voiture; il/elle est beaucoup plus beau (belle) que moi; il/elle cuisine mieux que moi, etc. Terminez votre conversation en trouvant des failles dans la vie de votre ami(e), qui, a première vue semble si parfaite. Par exemple, «Oui, mais je suis sûr(e) que son (sa) petit(e) ami(e) qui est si beau (belle) ne l'aime pas et il/elle est avec elle/lui pour son argent!»

Complete the diagnostic tests to check your knowledge of the vocabulary and grammar structures presented in this chapter.

La société de consommation est comme ça en Tunisie

Dans le premier texte culturel, *Les Français dépensent comme ça*, vous avez vu comment les Français dépensent leur argent. Dans ce texte vous allez voir comment les Tunisiens consomment de plus en plus alors que leur société évolue et se transforme.

Le consommateur tunisien est un cas à part au Maghreb. Comme le rappelle Ali Gharbi, directeur de l'Institut national de la consommation, «les modes de consommation en Tunisie connaissent une évolution très rapide et empruntent à la fois aux traditions propres au Maghreb et aux nouvelles habitudes de la société de consommation de type occidental.»

Courtesy of Véronique Anover and Theresa A. Antes

Pourtant, jusqu'à la fin des années quatre-vingts, les Tunisiens vivaient dans une économie relativement fermée et n'étaient exposés qu'à des produits locaux. [...] Aujourd'hui encore, malgré l'ouverture aux importations, les consommateurs continuent d'utiliser principalement des produits nationaux. Ainsi, 80% des articles vendus par l'enseigne[1] Carrefour sont d'origine tunisienne. «Les Tunisiens sont cependant appelés à être de plus en plus souvent confrontés à des marques[2] étrangères, grâce au développement à venir des franchises, qu'une loi vient d'autoriser, et du fait du matraquage[3] publicitaire», explique un diplomate.

Qu'est-ce que ces deux femmes peuvent acheter dans le souk?

[...] Le consommateur consacre 20 à 25% de son revenu à l'immobilier (près de 80% des Tunisiens sont propriétaires de leur logement), 10 à 15% au textile et à l'habillement et, nouveauté, depuis cinq ans, la part dédiée à la consommation des services de téléphonie n'a cessé d'augmenter, pour atteindre près de 5%... Aujourd'hui, 90% des Tunisiens ont un téléphone portable et 95% possèdent une télévision. Enfin, la plupart des couples ont au moins une voiture.

Signe que les traditions ont encore la vie dure, plus de 80% des achats sont encore effectués dans des épiceries, le reste dans la grande distribution. Cependant, tous les analystes s'accordent à reconnaître que le mode de consommation des Tunisiens va s'occidentaliser de plus en plus: à l'horizon 2016, 40% des achats s'effectueront dans une grande enseigne. [...]

Un endettement des ménages contrôlé

Avec un revenu mensuel moyen de 600 dinars (près de 320 euros) par foyer, les ménages[4] sont souvent tentés de recourir au crédit pour pouvoir satisfaire leur appétit de consommation.

L'endettement par habitant et par an est de 100 euros, contre 200 euros au Maroc et 2 000 euros en France.

Réfléchissons!

1. Pourquoi est-ce que le consommateur tunisien est un cas à part au Maghreb?

2. Est-ce que le consommateur tunisien achète des produits locaux ou étrangers? Est-ce qu'on prédit un changement? Pourquoi?

3. Comment sont distribués les pourcentages des dépenses des Tunisiens? Dans quoi est-ce qu'ils dépensent le plus? Quelles sont leurs plus grosses dépenses? Êtes-vous étonné? Pourquoi? Est-ce la même chose dans votre pays?

4. Quel est le salaire mensuel d'un couple en Tunisie? Comparez ce salaire à un salaire mensuel moyen dans votre pays.

5. Est-ce que les Tunisiens sont les plus endettés par rapport aux Marocains et aux Français? Pourquoi?

[1]label, brand　[2]brands　[3]bombarder (au sens figure)　[4]couples

À vous de lire!

A. Stratégies. Le sujet du texte que vous allez lire porte sur les gagnants[1] du Loto et comment ils gèrent[2] leurs nouvelles vie. Les mots et expressions suivants sont tirés du texte. Trouvez la définition qui correspond à chaque mot ou expression. Ceci vous permettra de vous familiariser avec certains mots et d'en réviser d'autres avant de commencer la lecture.

1. placer son argent
2. être endetté
3. le montant
4. faire des dons
5. avoir la tête sur les épaules
6. avoir les pieds sur terre

a. être raisonnable
b. investir
c. avoir des dettes
d. faire cadeau de son argent
e. être réaliste
f. la quantité

B. Avant de lire. Avant de lire, parlez de vos finances personnelles. Posez-vous les questions suivantes.

1. Avez-vous un budget? Le respectez-vous?
2. Dépensez-vous tout votre argent tous les mois?
3. Est-ce que votre salaire est plus élevé que vos dépenses, ou est-ce le contraire?
4. Payez-vous vos dettes ou est-ce qu'elles s'accumulent?
5. Est-ce que vos finances vous préoccupent? Pourquoi?
6. Savez-vous placer votre argent (l'investir)? Où?
7. Vous préférez dépenser ou économiser?

Si vous croyez que vous ne gérez pas bien vos finances, que vous êtes toujours endettés et que votre salaire ne suffit pas à payer vos factures, alors, ne jouez pas au Loto! Si vous gagnez, vous risquez de perdre tout votre argent en le gérant mal! Ou alors, faites comme Antoine Richard, le millionnaire du texte que vous allez lire maintenant.

C. Lisons! Lisez le texte et répondez aux questions suivantes basées sur la lecture.

[1]winners [2]manage

J'ai gagné au Loto!!!

Je vous présente Antoine Richard, un gagnant du Loto, devenu millionnaire d'un jour sur l'autre. Il est dans le jardin magnifique de sa nouvelle maison!

Courtesy of Véronique Anover and Theresa A. Antes

JOURNALISTE: Bonjour, M. Richard. Vous venez de gagner au Loto, qu'allez-vous faire de votre fortune?

M. RICHARD: Je vais m'acheter une voiture de luxe, une nouvelle maison, je vais payer mes dettes, faire des dons pour les causes qui me sont chères et je vais placer mon argent.

JOURNALISTE: Quand vous êtes allé à la banque déposer votre chèque, quelle a été la tête du banquier?

M. RICHARD: Il était stupéfait! Comme il avait l'habitude de me voir endetté, il n'en croyait pas ses yeux! Il m'a traité comme un prince!

JOURNALISTE: Quel était le montant de votre chèque?

M. RICHARD: 35 millions d'euros!

JOURNALISTE: Une somme considérable! Allez-vous changer votre mode de vie?

M. RICHARD: Bien sûr que je vais faire des changements dans ma vie, mais je tiens à garder mon cercle d'amis et mes habitudes. Quant à ma famille, je vais m'assurer que mes enfants aient un bon futur et que ma femme ne manque de rien.

JOURNALISTE: Êtes-vous plus heureux maintenant que vous êtes millionnaire?

M. RICHARD: Plus heureux, non. Je suis moins stressé, moins préoccupé par l'avenir. "L'argent ne fait pas le bonheur," mais il donne de la sécurité. Je ne suis pas Dieu et je ne vais pas pouvoir éviter les maladies ou les problèmes familiaux. Mais si l'un de mes enfants ou ma femme est malade, il aura accès aux meilleures cliniques privées.

JOURNALISTE: Maintenant que vous êtes riche, est-ce que vous allez abandonner votre travail?

M. RICHARD: Non, pas du tout. J'aime beaucoup mon travail et je ne vois pas pourquoi je devrais arrêter de travailler. Pour dire la vérité, je ne sais pas ce que c'est qu'être riche! Que fait-on quand on est riche? Je vais devoir apprendre à être riche!

JOURNALISTE: Il y a des séminaires et des réunions proposés par la Française des Jeux. (Une organisation qui s'occupe d'aider les gagnants de jeux à gérer leur fortune.)

M. RICHARD: Oui, c'est vrai. Comme je ne viens pas d'un milieu social très élevé (mes parents étaient instituteurs tous les deux) et que je ne suis pas un héritier qui a été préparé à recevoir une grande fortune, je vais être obligé d'apprendre à être millionnaire! Je refuse de gaspiller mon argent même si je l'ai obtenu facilement. Je suis une personne responsable et je veux le rester. J'ai la tête sur les épaules et les pieds sur terre!

JOURNALISTE: Toutes mes félicitations encore une fois et je vous souhaite bonne chance dans votre nouvelle vie!

Après la lecture

1. Pourquoi est-ce que le banquier traite M. Richard comme un prince?
2. Que va faire M. Richard avec son argent?
3. Est-ce qu'il va changer son mode de vie? Expliquez votre réponse.
4. Pourquoi est-ce qu'il doit apprendre à être riche? Et comment va-t-il faire?
5. Est-ce que M. Richard est plus heureux maintenant qu'il a gagné au Loto?
   Justifiez votre réponse.

 D. Discutez. Après avoir lu le texte, réfléchissez aux questions suivantes afin de commencer un débat avec vos camarades. Pour chaque question, formez des groupes de trois ou quatre pour répondre aux questions.

1. À votre avis, doit-on rester anonyme quand on gagne au Loto ou doit-on se faire connaître? Expliquez votre réponse.
2. En général, croyez-vous que les gagnants du Loto pensent comme M. Richard? Pourquoi ou pourquoi pas?
3. Généralement, que font les gagnants du Loto dans votre pays? (Cherchez sur Internet des exemples si nécessaire).
4. Est-ce que vous pensez que «l'argent fait le bonheur»? Pourquoi ou pourquoi pas?

Lexique 🔊

Mon vocabulaire

Au salon de coiffure / Chez le coiffeur

une coupe	*a hair cut*	un chignon	*hair up / hair in a bun*
une coiffure	*a hair style*	une queue de cheval	*a ponytail*
une couleur	*a hair color*	une frange	*bangs*
claire	*clear*	des tresses *(f.)*	*braided hair*
foncée	*dark*	un shampooing	
un balayage	*highlights*	pour cheveux secs	*for dry hair*
des cheveux	*hair*	pour cheveux gras	*for oily hair*
longs	*long*	pour cheveux colorés	*for colored hair*
mi-longs	*half-length*		
courts	*short*	l'après-shampooing	*conditioner*
lisses	*straight*	le démêlant	*anti-tangle cream*
ondulés	*wavy*	la raie	*part*
frisés	*curly*	sur le côté	*on the side*
au carré	*bob / square-cut*	au milieu	*in the middle*
en brosse	*spiky / crew-cut*	chauve	*bald*

Les services bancaires

un compte en banque	*bank account*
un compte courant	*checking account*
un compte épargne	*savings account*
un chéquier / un carnet de chèques	*checkbook*
remplir un chèque	*to write a check*
toucher un chèque	*to cash a check*
déposer un chèque / de l'argent	*to deposit a check / money (in the bank)*
une carte de crédit / une Carte Bleue	*credit card*
le mot de passe	*password*
un coffre-fort	*a safe-deposit box*

Les finances personnelles

une dette	*a debt*
avoir des dettes	*to have debts*
faire des investissements *(m.)* / investir / placer son argent	*to have investments*
être endetté(e)	*to be in debt*
être riche	*to be rich*
être pauvre	*to be poor*
économiser / épargner	*to save*
dépenser	*to spend*
gaspiller	*to waste*
être économe	*to be thrifty*
être dépensier (dépensière)	*to be a spendthrift (to be wasteful)*
emprunter de l'argent à quelqu'un	*to borrow money from someone*
prêter de l'argent à quelqu'un	*to lend money to someone*
faire un emprunt / emprunter de l'argent à la banque	*to take a loan / to ask for a loan*
avoir une bourse	*to have a scholarship*

Mes rêves

Courtesy of Véronique Anover and Theresa A. Antes

CHAPITRE

12

If you could have your ideal life, what would it be? Where would you be? Soon you will be able to answer these questions in French! In this chapter, you will learn how to talk about your wishes and your dreams.

VOCABULARY
- Expressions of emotion
- Ideal situations and your ideal self
- Traveling (by train and plane)
- Making hotel reservations

STRUCTURES
- The present conditional tense
- Prepositions used with continents, countries and cities
- Relative pronouns **qui** and **que**
- Relative pronouns **dont** and **où**

CULTURE
- French advertisements
- The French and wine

iLrn

◀)) Audio

🌐 www.cengagebrain.com

RESSOURCES

Passage 1

You are about to learn a new tense: the conditional tense (**le conditionnel**). Before you read further about the uses and the formation of the conditional in **Structure 1,** you need to know that it is used to convey hypothetical situations that may or may not occur.

🔊 Des vacances de rêve

CD 2
Tracks
25–26

Voici une publicité parue dans le magazine *Partir loin*.[1] Regardez-la et laissez-vous guider par vos rêves!

Vous êtes en ce moment dans votre bureau à Montréal (au Canada) face à votre ordinateur et vous rêvez de vacances entre palmiers et coco-tiers. Alors, imaginez que vos rêves vous portent à Papeete (la capitale administrative en Polynésie française)!

Tahiti

Sur l'île de Tahiti, vous **pourriez**[2] vous détendre et vous amuser comme jamais. Vous **feriez** de la plongée sous-marine; vous **dormiriez** sur un hamac au bord de la mer; vous **boiriez** des boissons exotiques en contem-plant le coucher de soleil; vous **marcheriez** sur les plages et tant d'autres choses de rêves!

Vous **passeriez** les meil-leures vacances de votre vie, c'est garanti! Vous **seriez aux anges,**[3] c'est promis! Profitez de notre offre spéciale du 4 au 15 octobre: Montréal-Papeete une semaine, transport et hôtel inclus, 3000 euros.

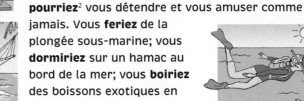

---

[1]going far away   [2]The verbs in this section are conjugated in present conditional, a new tense that you are about to learn. The English equivalent is "could," "would," "should."   [3]you would be in heaven

L'agence de publicité qui travaille pour le magazine *Partir loin* a fait un sondage pour savoir si les gens[1] partiraient en vacances sans l'avoir prévu longtemps à l'avance.[2] Voici les questions que l'agence de publicité a posées à six personnes au Canada et les réponses de celles-ci. Après avoir lu cette publicité, rêvez-vous de sable chaud et de soleil? Si vous pouviez partir à Papeete maintenant, **partiriez**-vous en vacances en laissant[3] vos obligations derrière vous? Vous **sentiriez**-vous **coupables**[4] ou au contraire **soulagés**[5] de tout quitter?

SYLVIE (À CHICOUTIMI):

Oui, bien sûr, je **partirais**! Je serais très **heureuse** de quitter mon travail et la grisaille[6] de ma ville en hiver. Je déteste Chicoutimi en hiver! La boîte où je travaille est super cool. Mon responsable me **donnerait** mes congés sans problème.

FRÉDÉRIC (À QUÉBEC):

Non, je ne **partirais** pas tout de suite. Je **serais**[7] **angoissé** de partir sans avoir terminé mes cours à l'université.

ZOÉ ET ARNAUD (À TROIS-RIVIÈRES):

Oh, oui! Nous **partirions** sans hésiter! Nous serions **ravis** de pouvoir passer des vacances tous les deux, en amoureux à Bora Bora. Nous adorons la Polynésie française! De toute façon, on peut toujours demander à nos parents de garder nos trois enfants.

STÉPHANE ET SANDRINE (À MONTRÉAL):

Euh... Est-ce que nous **partirions** tout de suite? Non, pas tout de suite. Nous avons deux enfants à la maison qui sont encore petits. Nous **serions** très **inquiets** et **nerveux** de les avoir loin de nous. Et puis, nous **serions gênés**[8] de demander des congés à nos chefs à la dernière minute.

Et vous, partiriez-vous à Papeete tout de suite?

Vous avez bien compris?

Complétez les phrases avec les mots qui manquent.

1. À Papeete, vous pourriez vous _____ et vous

   _____.

2. Vous vous promèneriez _____.

3. Sylvie serait _____ de quitter son travail.

4. Frédéric serait _____.

5. Zoé et Arnaud seraient _____.

6. Stéphane et Sandrine seraient très _____ et très

   _____ d'avoir les enfants loin.

[1]people [2]without planning [3]leaving [4]guilty [5]relieved [6]grey weather [7]would be [8]embarrassed

→ Mon vocabulaire ←

Les émotions

Les sentiments positifs

être aux anges	*to be in seventh heaven*
être calme	*to be calm*
être euphorique	*to be very elated*
être enchanté(e)	*to be happy / pleased*
être fier(-ère)	*to be proud*
être heureux (heureuse)	*to be happy*
être fou (folle) de joie	*to be extremely happy / excited*
être soulagé(e)	*to be relieved*

Les sentiments négatifs

être choqué(e)	*to be shocked*
être déçu(e)	*to be disappointed*
être démoralisé(e)	*to be demoralized*
être désespéré(e)	*to be desperate*
être désolé(e)	*to be sorry*
être effondré(e)	*to be devastated*
être effrayé(e)	*to be scared*
être énervé(e)	*to be nervous*
être fâché(e)	*to be mad*
être horrifié(e)	*to be horrified*
être jaloux (jalouse)	*to be jealous*
être malheureux (malheureuse)	*to be unhappy*
être indigné(e), outré(e)	*to be outraged*
être surpris(e)	*to be surprised*
être inquiet(-ète)	*to be worried*

À vous!

A. Vos sentiments. Dites comment vous vous sentez dans les situations suivantes.

> **MODÈLE:** Quand vous êtes chez le dentiste.
>
> *Je suis effrayé(e)!*

1. Quand vous ne réussissez pas à faire un problème de mathématiques.
2. Quand vous n'êtes pas embauché(e) pour le poste que vous désirez.
3. Quand votre petit(e) ami(e) vous demande en mariage.
4. Quand vous attendez un(e) ami(e) qui est en retard.
5. Quand vous êtes dans un avion et qu'il y a des turbulences.
6. Quand vos amis ne vous invitent pas à leur fête.

Maintenant, expliquez à un(e) camarade de classe ce que vous éprouvez dans les situations précédentes et pourquoi.

> **MODÈLE:** *Je suis effrayé(e) quand je suis chez le dentiste parce que je n'aime pas souffrir!*

B. Ravi(e) ou désolé(e)? Un(e) camarade de classe vous annonce des nouvelles. Pour chaque nouvelle, exprimez vos sentiments.

> **MODÈLE:** J'ai gagné 10 000 dollars au casino.
> *Je suis fou(folle) de joie!* **or**
> *Je suis jaloux (jalouse)!*

1. Je vais divorcer / Je vais rompre avec mon/ma petit(e) ami(e).
2. Je vais bientôt déménager dans un autre État.
3. Je vais m'acheter une superbe voiture.
4. Je suis allé(e) à un concert de Madonna.
5. Je vais voyager en Europe.
6. J'ai eu un accident de voiture assez grave.

 Maintenant, demandez à votre camarade si tout ce qu'il/elle vous a annoncé est vrai. Votre camarade va vous répondre s'il / si elle voudrait que ça soit vrai *(if he/she wishes for it to be true)* ou non.

> **MODÈLE:** VOTRE CAMARADE: *J'ai gagné 10 000 dollars au casino.*
> VOUS: *C'est vrai?*
> VOTRE CAMARADE: *Non, mais je voudrais bien!* **or**
> *Non, et je ne voudrais pas!* **or**
> *Oui, c'est vrai!*

 C. Sujets d'actualité! (Hot topics!). Demandez à plusieurs camarades (au moins quatre) quels sont leurs sentiments sur les sujets suivants. Commencez vos questions par «qu'est-ce que tu penses de...?»

> **MODÈLE:** l'avortement
> *J'en suis outré(e) c'est horrible!/J'en suis content, c'est une bonne chose!*

1. la peine de mort *(death penalty)*
2. la censure à la télévision
3. le nudisme sur les plages
4. la limitation de vitesse sur les autoroutes
5. la possession d'armes à feu *(fire arms)*
6. l'interdiction de fumer dans les lieux publics

Ensuite, faites un sondage avec toute la classe et dites quel sujet a provoqué le plus de sentiments positifs et négatifs.

STRUCTURE 1

 Grammar Tutorials

Le conditionnel

The **conditionnel** is considered a *mood*, rather than a tense like the present, the **passé composé** or the **imparfait**. In other words, it expresses a speaker's attitude or intentions about what he or she is saying. It expresses what the speaker *would*, *could* (with **pouvoir**) or *should* (with **devoir**) do. You saw the conditional used in *Passage 1*, pp. 366–367.

La formation du conditionnel

- To form the **conditionnel** of regular -**er** and -**ir** verbs, use the infinitive as the stem and add the same endings as the **imparfait**. For -**re** verbs, drop the e from the infinitive and add the **imparfait** endings.

aimer	finir	vendre
j'aimerais	je finirais	je vendrais
tu aimerais	tu finirais	tu vendrais
il / elle / on aimerait	il / elle / on finirait	il / elle / on vendrait
nous aimerions	nous finirions	nous vendrions
vous aimeriez	vous finiriez	vous vendriez
ils / elles aimeraient	ils / elles finiraient	ils / elles vendraient

- Some verbs with a stem-change in the present tense, also have a stem-change in the conditional for all conjugations.

infinitive	conditional stem	example
acheter	achèter-	j'achèterais
appeler	appeller-	j'appellerais

Others verbs with a stem-change in the present tense, such as **préférer,** keep their original spelling. You will have to memorize which verbs have a stem-change and which do not.

- Some verbs have an irregular stem in the conditional. These are:

aller	ir-	j'irais / nous irions
avoir	aur-	j'aurais / nous aurions
devoir	devr-	je devrais / nous devrions
être	ser-	je serais / nous serions
faire	fer-	je ferais / nous ferions
pouvoir	pourr-	je pourrais / nous pourrions
venir	viendr-	je viendrais / nous viendrions
voir	verr-	je verrais / nous verrions
vouloir	voudr-	je voudrais / nous voudrions

L'emploi du conditionnel

The **conditionnel** is generally used in three situations:

- to express the future in the past (although the events may never happen)

À Papeete, je ne **travaillerais** pas
et je **m'amuserais.**

*In Papeete, I would not work
and I would have fun.*

Dans ma vie idéale, je **serais**
toujours célibataire!

In my ideal life, I would always be single!

- to be polite

Tu **devrais** arrêter de fumer.

You should stop smoking.

Je **voudrais** un kilo de crevettes,
s'il vous plaît.

I would like a kilo of shrimp, please.

Pourriez-vous me donner
une baguette?

Could you give me a baguette.

- to state that what is being said is based on certain conditions being met.
When the conditional is used this way, a hypothetical situation is being
expressed and a special type of sentence structure is needed:

si + imparfait..., *conditional.*

Si j'avais des enfants, je les
élèverais de façon très stricte.

*If I had children (but I don't),
I would bring them up in a strict way.*

Si vous gagniez beaucoup d'argent,
est-ce que **vous achèteriez** une
nouvelle voiture tous les ans?

*If you earned lots of money,
would you buy a new car every year?*

◀ VÉRIFIEZ votre compréhension

1. Go back to the advertisement in *Passage 1* (p. 366) and locate the verbs in
   the conditional. Which use of the conditional applies to each verb?
2. When the conditional is used with a **si**-clause that expresses a hypothetical
   situation, which part of the sentence expresses the condition that must be
   met in order for the other action to occur?

Pratiquons!

A. Le moi idéal. Si vous pouviez changer quelque chose en vous, que changeriez-vous? Complétez les phrases selon les changements que vous désireriez obtenir. Conjuguez les verbes au conditionnel.

1. Je _____ (être) plus optimiste / moins optimiste.
2. J' _____ (avoir) plus d'humour / moins d'humour.
3. Je _____ (dire) / Je ne _____ (dire) pas toujours ce que je pense.
4. Je _____ (faire) attention à ne pas offenser mes amis. / Je _____ (faire) attention à ce que mes amis ne m'offensent pas.
5. Je _____ (comprendre) mieux mes amis. / Mes amis me _____ (comprendre) mieux.
6. Je m' _____ (accepter) comme je suis. / Les autres m'_____ (accepter) comme je suis.
7. J' _____ (écouter) plus / moins mes parents.
8. Je _____ (perdre) du poids *(to lose weight)*. / Je ne _____ (perdre) pas de poids.
9. Pour être plus zen, je _____ (pratiquer) la méditation / le yoga.
10. Je me _____ (regarder) plus / moins dans le miroir.

B. Et si... À tour de rôle, demandez à un(e) camarade de classe d'indiquer ce qu'il/elle ferait ou comment il/elle se sentirait dans les situations suivantes.

> MODÈLE: Si ton chien *mourait...* (être malheureux / acheter un autre chien / ne jamais acheter un autre animal domestique)
>
> E1: *Si ton chien mourait, est-ce que tu serais malheureux(-euse)? Est-ce que tu achèterais un autre chien?*
>
> E2: *Je serais malheureux(-euse) si mon chien mourait. J'achèterais tout de suite un autre chien.* **ou** *Je n'achèterais jamais un autre animal domestique de ma vie.*

1. Si ta voiture tombait en panne en plein milieu du désert... (rester calme et attendre que quelqu'un passe / être désespéré(e) parce que... penser que personne ne viendra *[will come]*)
2. Si un voleur entrait chez toi pendant que tu y étais... (être effrayé(e) et sortir par la porte ou par la fenêtre la plus proche / confronter le voleur et téléphoner à la police)
3. Si tu surprenais ton/ta petit(e) ami(e) dans les bras d'un(e) autre... (être fou (folle) de joie parce que ça être une bonne excuse pour le/la quitter / être outré(e) et... faire la même chose!)
4. Si tu n'avais pas assez d'argent pour payer l'addition au restaurant... (être gêné(e) et payer en lavant les assiettes! / partir sans payer!)
5. Si les producteurs de *Survivor* te choisissaient comme protagoniste... (être euphorique et aller au centre commercial m'acheter des vêtements / être très heureux(-euse) et visiter des endroits exotiques)
6. Si tes rêves se réalisaient... (être surpris(e) mais pouvoir enfin vivre aux Caraïbes / être aux anges parce que... ne travailler plus de ma vie)

C. Le ferais-tu? Demandez à plusieurs camarades de classe s'ils feraient les choses suivantes. Ensuite, commentez les réponses de vos camarades à la classe.

1. Le premier Starbucks en France a ouvert ses portes à Paris en 2003. Boirais-tu un café ou un thé à Starbucks à Paris? Pourquoi?
2. Les Français ont des chaînes de fast-food comme Quick ou Buffalo Grill, mais ils ont aussi des chaînes américaines comme McDo et Pizza Hut. Iriez-vous manger dans un fast-food si vous étiez en vacances en France? Auquel *(To which one)* iriez-vous, au fast-food français ou américain? Pourquoi?
3. Saviez-vous *(Did you know)* qu'au McDo dans toute l'Europe francophone on peut boire de la bière ou du vin? Prendriez-vous un pot *(have a drink)* au McDo si vous étiez en visite en France, en Suisse ou en Belgique? Pourquoi?
4. En France, vous pouvez loger dans les motels Formule 1 qui sont bon marché et qui sont «self-service». C'est-à-dire que quand vous arrivez, vous accédez à la chambre avec votre carte de crédit. Votre carte de crédit est à la fois votre clé et votre moyen de paiement. Passeriez-vous une nuit dans un hôtel de ce genre, sans surveillance et sans réception? Pourquoi?
5. En France, les toilettes publiques dans les magasins sont parfois payantes. Utiliseriez-vous quand même les toilettes? Pourquoi?
6. Comme vous le savez déjà, en Europe francophone, sur la plupart des plages il est courant de faire du topless. Le feriez-vous? Pourquoi? (Si vous êtes un homme, feriez-vous du nudisme? Pourquoi?)

> ### *Portrait personnel*

Demandez à votre camarade de classe de vous décrire son «moi idéal». (Vous pouvez vous inspirer de l'Activité A, *Le moi idéal.*) Comment est-ce que votre camarade voudrait être? Écrivez un paragraphe sur le «moi idéal» de votre camarade de classe.

Courtesy of Véronique Anover and Theresa A. Antes

Regardez la photo d'un McDo en France. Que veut dire "Guichet Vente à emporter"? Est-ce que ce McDo est différent de ceux qu'on trouve aux États-Unis? Pourquoi?

STRUCTURE 2

Les prépositions des lieux géographiques

Avec les villes

- **à**

Use the preposition **à** when talking about going toward, living in, or being in a city.

Je vais **à** Bordeaux.	*I'm going to Bordeaux.*
J'habite **à** Bordeaux.	*I live in Bordeaux.*
Je suis **à** Bordeaux.	*I'm in Bordeaux.*

- **de**

Use the proposition **de** when talking about coming from or leaving a city.

Béatrice vient **de** Paris.	*Béatrice comes from Paris.*
Mes parents sont **de** Lyon.	*My parents are from Lyon.*
Le train part **de** Rome.	*The train is leaving from Rome.*

- No preposition is used when talking a bout a city you are visiting or that you (dis)like.

Je visite Montréal.	*I'm visiting Montreal.*
J'adore Berlin!	*I love Berlin!*

Avec les pays et les continents

Countries and continents in French are either feminine or masculine. Feminine countries end in **e**, with a few exceptions, like for instance **le Mexique,** which is masculine. Study the following maps. The feminine countries are in red, the masculine countries in green.

- When talking about going toward, living in or being in a country or continent, use the following prepositions.

Feminine countries	en	J'habite **en** France. *I live in France.*
Masculine countries (singular)	au	Je vais **au** Maroc. *I'm going to Morocco.*
Masculine countries (singular beginning with a vowel sound)	en	Je suis **en** Iran. *I'm in Iran.*
Plural countries	aux	Mes parents habitent **aux** États Unis. *My parents live in the United States.*

- When talking about coming from or leaving a country or continent, use the following prepositions.

Feminine countries	de	Je suis **de** Belquique. *I'm from Belgium.*
	d'	Elle est **d'**Afrique. *She's from Africa.*
Masculine countries (singular)	du	Pierre part **du** Portugal. *Pierre's leaving Portugal.*
Masculine countries (singular beginning with a vowel sound)	d'	Anne rentre **d'**Iran. *Anne is coming home from Iran.*
Masculine countries (plural)	des	Je rentre bientôt **des** Pays-Bas. *I am leaving the Netherlands soon.*

- No preposition is used when talking a bout a country or continent you are visiting or that you (dis)like. Instead, the definite article (**le, la, les**) is used.

Marc visite **le** Japon. *Marc is visiting Japan.*

J'aime **la** France. *I love France.*

Nous adorons **les** États Unis. *We adore the United States.*

Avec les îles

- When talking about going toward, living on or being on an island, use **à** or **aux**.

J'habite **à** Tahiti. *I live in Tahiti.*

Nous allons **aux** Caraïbes. *We're going to the Caribbean.*

- When talking about coming from or leaving an island, use **de, d'**, or **des**.

Arrivez-vous **de** Bora Bora? *Are you arriving from Bora Bora?*

Il vient **d'**Islande. *He's from Island.*

Pratiquons!

A. Un long voyage! Sylvie a fait un long voyage pendant les vacances d'été. Elle va vous le raconter. Écrivez les prépositions ou les articles corrects.

Bonjour de Paris, mes amis! Je suis rentrée hier (1) _____ Maroc où j'ai passé un super séjour (2) _____ Afrique du Nord. D'abord, j'ai visité (3) _____ Algérie. Je suis restée (4) _____ Alger, la capitale, pendant trois jours. Après, je suis allée (5) _____ Tunisie. J'ai passé une semaine (6) _____ Tunis, la capitale. J'adore (7) _____ Tunisie! Pour finir, je suis partie (8) _____ Tunisie en avion pour aller visiter (9) _____ Maroc. Bien sûr, je suis restée (10) _____ Casablanca. J'étais très triste de quitter les dunes au sable chaud et de retrouver la circulation et la grisaille parisiennes.

 B. Vous connaissez votre géographie? En groupes de trois ou quatre, dites dans quels pays se trouvent les villes suivantes. L'équipe qui a trouvé le plus grand nombre de pays a gagné!

> MODÈLE: New York
> *New York se trouve aux États-Unis.*

1. Tijuana
2. Malaga
3. Édimbourg
4. Lisbonne
5. Turin
6. Larissa
7. Berne
8. Tanger
9. Oran
10. Laval
11. Helsinki
12. Oslo
13. Shanghai
14. Lima
15. Kyoto

 C. Tes voyages. Posez les questions suivantes à un(e) camarade de classe à propos de ses voyages.

1. Quels pays as-tu visités? (Ou quelles villes américaines as-tu visitées?)
2. Quels pays et quelles villes voudrais-tu visiter? Pourquoi?
3. Quelle est la ville américaine que tu aimes le plus? Et le moins? Pourquoi?
4. Dans quelle ville, quel pays ou État ne veux-tu jamais aller? Pourquoi?
5. Dans quelle ville ou quel pays as-tu passé tes dernières vacances?
6. Où irais-tu si tu avais beaucoup d'argent et beaucoup de temps libre? Pourquoi?

À vous de parler!

A. Si j'étais à ta place... *(If I were in your shoes . . .).* Vous êtes au bistrot avec des amis. Vous parlez de vos problèmes personnels. Vous demandez à vos amis de vous donner des conseils afin de résoudre vos problèmes. En groupe de quatre, composez un dialogue en tenant compte des problèmes suivants. Commencez en exprimant vos sentiments: «Je suis désolé(e)...»; «Je suis préoccupé(e)...». Ensuite, continuez avec la phrase «Si j'étais à ta place...».

1. Étudiant(e) 1: Je suis kleptomane. Chaque fois que je vais dans un magasin, je vole quelque chose.
2. Étudiant(e) 2: Moi, je suis dépensier (dépensière): je ne peux pas arriver à la fin du mois avec assez d'argent pour payer mon loyer.
3. Étudiant(e) 3: Eh bien moi, je transpire beaucoup, même quand je reste assis(e) et malgré *(despite)* les douches. J'ai peur d'incommoder mon entourage.[1]
4. Étudiant(e) 4: Alors moi, je perds tout: mes clés, mon sac, mes lunettes, etc. En plus, je ne sais jamais où sont mes affaires. Je suis très désordonné(e)!

B. Les époux modèles. Vous travaillez dans une clinique spécialisée en thérapie de couple. Vous êtes chargé(e) d'élaborer une brochure où vous indiquez les conditions idéales pour assurer une bonne entente dans un couple. Ensuite, présentez votre brochure à la classe. Décidez quel groupe a élaboré la meilleure brochure.

> **MODÈLE:** *Le compagnon idéal devrait écouter sa femme*
> *et ne jamais dire des mensonges (lies) à sa femme...*

C. L'office de tourisme. Vous travaillez pour l'office de tourisme. En groupe de quatre, choisissez un pays francophone et préparez une présentation orale dans le but de faire découvrir à vos touristes potentiels (vos camarades) les beautés et les spécialités des villes et des pays que vous avez choisis. Une fois que tous les groupes ont présenté leur pays, dites quel(s) pays vous voudriez découvrir et pourquoi.

Gilles Paire/Fotolia.com

[1] I am afraid I will make people uncomfortable [with my body odor].

La publicité, c'est comme ça en France

En France, les publicités (ou spots, ou pubs) à la télé durent de 15 à 30 secondes maximum. Les films ne sont pratiquement pas interrompus (une fois ou deux fois tout au plus, selon les chaînes) et il n'y a pas de publicité pendant la diffusion des journaux télévisés. De plus, il est interdit de passer de la pub entre les programmes pour enfants. D'ailleurs, du fait de l'augmentation de l'obésité infantile, les publicités pour la jeunesse ne peuvent plus montrer[1] d'enfants sédentaires qui mangent des sucreries ou qui grignotent. On a même suggéré que les spots alimentaires soient[2] éliminés pendant les émissions pour les enfants, mais cette proposition a été refusée.

À la télé, on annonce l'arrivée de la pub avant sa diffusion. Ainsi on peut voir sur les écrans «Publicité» avant la transmission du premier spot publicitaire. Comme ça, on sait toujours que ce qu'on[3] regarde est bien de la pub et non la continuation du film!

Dans les magazines féminins, à la télévision et sur les panneaux publicitaires, les publicités pour l'alimentation sont nombreuses et savoureuses. Elles reflètent l'art culinaire français ainsi que l'importance de la présentation des aliments sur la table et dans les plats. Elles font appel à tous les sens: la vue, mais aussi l'odorat et le goût.

LES TRÉS OR DU TEMPS

FESTINA

En France, quand vous ouvrez un magazine, vous regardez la télé ou vous vous promenez dans les rues des villes, vous allez peut-être être surpris par la nudité souvent présente dans les publicités. En effet, dans les publicités françaises, le corps (féminin et masculin) est exposé sans tabous. En général, il est plus fréquent de voir une femme nue, qu'un homme nu. Ceci bien sûr est cause de mécontentement et de protestations de la part des groupes politiques ou sociaux pour la défense de la femme qui sont contre les images sexistes parce qu'elles ne respectent pas la dignité des femmes. Ces mêmes groupes affirment que ce n'est pas la nudité qui pose un problème, mais la vulgarité et la violence que l'on voit dans les spots publicitaires. En résumé, la publicité en France s'inspire de la culture française: elle se veut intelligente et perspicace, sensuelle et sexuelle, humoristique et provocante, attrayante et parfois choquante. En effet, en général, les Français apprécient énormément l'intelligence, la finesse et la subtilité, sans oublier leur passion pour les jeux de mots (une rhétorique qui suggère au lieu de dévoiler à la fois qu'elle fait sourire), la gastronomie, le corps et l'esprit.[4] En somme, les publicités font rêver et réveillent tous les sens!

Réfléchissons!

1. Dans votre pays y a-t-il de la nudité dans la publicité comme en France? Expliquez votre réponse.
2. Donnez votre opinion sur la nudité dans la publicité. D'après vous, est-ce une bonne ou une mauvaise chose? Pourquoi?
3. En quoi est-ce que la publicité télévisée française est différente de la publicité télévisée américaine? Donnez des exemples.
4. Y a-t-il des publicités pour l'alimentation aux États-Unis? Comment sont-elles? À qui s'adressent-elles?
5. Est-ce que la publicité américaine est aussi un reflet de la culture comme en France? Donnez des exemples.

[1]show [2]be [3]what one [4]body and mind

Passage

🔊 Un voyage en avion

CD 2
Tracks
27–31

Luc et Léa viennent de se marier. Ils sont à l'aéroport de Paris-Orly. Ils partent en voyage en Guadeloupe, à Pointe-à-Pitre, pour leur lune de miel[1]. Nous allons les accompagner!

À l'enregistrement au comptoir d'Air France

Luc et Léa ont deux valises et deux bagages à main. Luc place les deux grosses valises qu'il porte péniblement sur le tapis roulant pour les enregistrer. L'hôtesse au sol a quelques questions.

L'HÔTESSE:	Vous voulez enregistrer deux valises?
LUC:	Oui, c'est bien ça.
L'HÔTESSE:	Combien de bagages à main avez-vous?
LÉA:	Nous en avons deux.
L'HÔTESSE:	Très bien. Veuillez me montrer vos billets d'avion et une pièce d'identité, s'il vous plaît. Avez-vous une carte Flying Blue[2]?
LÉA:	Voici nos passeports et nos billets. Et voici notre carte Flying Blue d'Air France.
L'HÔTESSE:	Voyons... Voici les sièges que vous avez réservés: 15B et 15C.
LÉA:	Parfait! Ce sont les sièges où je me sens le mieux. Juste au centre de l'avion, à côté des ailes[3].
L'HÔTESSE:	Votre vol à destination de Pointe-à-Pitre est direct—sans escale. L'embarquement[4] s'effectuera à 15 heures 30 au terminal T, porte 10.

---

[1]honeymoon   [2]frequent flyer   [3]wings   [4]boarding

À la douane

LE DOUANIER:	Bonjour. Vos pièces d'identité et vos billets d'avion, s'il vous plaît.
LUC ET LÉA:	Bonjour, Monsieur. Les voilà.
LE DOUANIER:	Vous partez en Guadeloupe?
LUC:	Oui, nous allons passer notre lune de miel en Guadeloupe. Nous allons visiter la Guadeloupe et après, nous irons à Fort-de-France en Martinique.
LE DOUANIER:	Vous avez de la chance! Ce sont deux îles dont on m'a beaucoup parlé mais je ne les ai pas encore visitées. Bon, je vois que tout est en règle! Bon voyage!

Au terminal

LE HAUT-PARLEUR:	*Embarquement immédiat porte 10 pour les passagers à destination de Pointe-à-Pitre sur le vol AF 1777.*
LÉA:	Vite, Luc, dépêche-toi. Nous allons rater[1] notre vol!
LUC:	J'arrive, Léa. Je porte des bagages à main qui sont très lourds, tu sais!

À bord du vol AF 1777

L'HÔTESSE DE L'AIR:	Mesdames et Messieurs, bonjour! Le capitaine Yvan Cendrard et tout l'équipage du vol Air France 1777 à destination de Pointe-à-Pitre vous souhaitent la bienvenue à bord. Le décollage aura lieu dans quelques instants. Veuillez attacher vos ceintures de sécurité, merci.
LÉA:	Super! On est assis à côté de la sortie de secours! Comme ça, on a plus d'espace!
LUC:	Ou comme ça, on peut sortir les premiers si l'avion s'écrase[2]!

[1]miss   [2]crashes

Conversation sur les réservations

LUC: Dis donc, Léa, tu as bien réservé une chambre d'hôtel avec vue sur la mer, non?

LÉA: Non, tu vois, j'ai réservé une chambre sans balcon, sans salle de bains, avec deux lits et qui donne sur un parking!

LUC: Ne te moque pas de moi, Léa! Je voudrais que tout soit parfait. C'est notre lune de miel, ma chérie.

LÉA: Oui, mon amour, je sais, moi aussi. Ce soir, on pourrait aller sur la place de la Victoire, dîner et regarder les gens passer. Demain, on pourrait visiter les maisons coloniales ou le musée Saint-John Perse. Qu'est-ce que tu en penses?

LUC: Doucement, Léa! Je préfère me reposer sur la plage près de l'hôtel, boire un ti-punch[1] et prendre des photos de nous, en amoureux!

....

Vous avez bien compris?

Identifiez les dessins avec les mots suivants.

1. le décollage
2. l'enregistrement
3. l'hôtesse de l'air
4. la valise
5. la ceinture de sécurité
6. l'embarquement

a. _____

b. _____

c. _____

d. _____

e. _____

f. _____

[1] **un ti-punch:** c'est une boisson à base de rhum, de sucre et de citrons verts. ("Ti" vient du mot "petit").

→ Mon vocabulaire ←

Les trains

1. le wagon-lits / le train-couchettes
2. la voiture-restaurant
3. la voie
4. le quai
5. l'horaire *(m.)* des trains
6. un billet première classe (seconde classe)
7. le guichet
8. composter un billet

À l'aéroport et dans l'avion

le steward *(m.)* / l'hôtesse *(f.)* de l'air	*flight attendant*
l'agent *(m.)* / l'hôtesse au sol	*airline agent*
l'enregistrement *(m.)* des bagages	*to check-in luggage*
un baggage à main	*carry-on luggage*
une valise	*a suitcase*
le contrôle sûreté	*security*
l'embarquement *(m.)*	*boarding*
la porte	*the gate*
le pilote	*the pilot*
les turbulences *(f.)*	*turbulence*
rater le vol	*to miss a flight*
un billet aller-retour	*a round-trip ticket*
un aller simple	*a one-way ticket*
un siège / une place près de la fenêtre	*a seat near the window*
un siège / une place près du couloir	*a seat near the aisle*
la première classe	*first class*
la classe économique	*coach class*
la salle de livraison des bagages	*baggage claim*

la carte d'embarquement / la carte d'accès à bord   la remise des bagages   l'avion (m.) atterrit / l'atterrissage (m.)   l'avion décolle / le décollage (m.)

Les touristes

Les touristes doivent:

réserver une chambre d'hôtel

avec un lit double

avec deux lits

qui donne sur *(that overlooks)* (la mer / la rue / le parking / le jardin / etc.)

avec balcon

réserver une table au restaurant

pour deux / pour quatre

à l'intérieur / à l'extérieur

Les touristes peuvent:

aller aux musées *(m.)*

admirer / regarder les tableaux *(m.)* / les peintures *(f.)*

admirer / regarder les sculptures *(f.)*

apprendre l'histoire *(f.)* régionale

visiter les monuments *(m.)*

voir / découvrir les statues *(f.)*

les maisons traditionnelles

les places publiques et regarder les gens passer

les parcs nationaux

se reposer

sur un banc / sur le sable

couché sous un arbre

près d'un lac

goûter les spécialités régionales

les vins *(m.)* de la région

les plats *(m.)* typiques

acheter des souvenirs *(m.)* et faire du shopping

prendre des photos *(f.)*

en couleur

en noir et blanc

numériques

À vous!

A. L'interprète. Vous êtes interprète pour l'aéroport de Paris-Orly. Vous aidez les passagers qui désirent recevoir un service ou obtenir un renseignement en traduisant pour eux. Pour chacune des situations suivantes, choisissez la réponse correcte.

1. Un voyageur voudrait savoir l'heure de départ de son TGV (train à grande vitesse). Il part pour Nantes. Quelle question doit-il poser?

   a. «À quelle heure arrive le TGV en provenance de *(from)* Nantes?»

   b. «À quelle heure arrive le TGV qui vient de Nantes?»

   c. «À quelle heure part le TGV à destination de Nantes?»

2. Des voyageurs à Lyon souhaitent aller à Bruxelles. Ils ne veulent pas revenir à Lyon après. Que disent-ils pour faire leur réservation?

   a. «Nous voudrions un aller simple pour Bruxelles.»

   b. «Nous voudrions un billet aller-retour.»

   c. «Nous voudrions réserver une place en première classe.»

3. Un passager voudrait voyager de nuit et dormir dans le train à destination de Strasbourg. Comment va-t-il faire sa réservation?

   a. «Je voudrais réserver une couchette pour le train en provenance de Strasbourg.»

   b. «Je voudrais acheter un billet dans un wagon-lits pour le train à destination de Strasbourg.»

   c. «Je voudrais acheter un billet dans la voiture-restaurant en provenance de Strasbourg.»

4. Un passager a quatre valises. Il veut monter dans l'avion sans ses quatre valises. Que dit-il à l'hôtesse au sol?

   a. «Je voudrais mettre mes quatre valises dans le compartiment.»

   b. «Je voudrais enregistrer mes quatre valises.»

   c. «Je voudrais chercher mes quatre valises à la salle de livraison des bagages.»

5. Un voyageur voudrait savoir à quelle heure il faut monter dans l'avion. Comment pose-t-il cette question à l'agent au sol?

   a. «À quelle heure est l'atterrissage?»

   b. «À quelle heure est le décollage?»

   c. «À quelle heure est l'embarquement?»

6. Une dame veut être assise à côté de la fenêtre dans l'avion parce qu'elle est malade si elle ne peut pas regarder à l'extérieur. Que dit-elle à l'hôtesse au sol?

   a. «Je voudrais un siège près de la sortie de secours.»

   b. «Je voudrais un siège près du couloir.»

   c. «Je voudrais un siège près de la fenêtre.»

B. La bonne réponse. En petits groupes, trouvez la bonne réponse aux questions suivantes. Essayez de faire cette activité sans regarder **Mon vocabulaire!**

1. Quel type de billet achète-t-on quand on a un petit budget?
2. Qui sont les personnes qui s'occupent des *(deal with)* passagers dans l'avion?
3. Où va-t-on chercher les bagages?
4. Que fait-on pour valider un billet à la gare?
5. Que fait un avion qui arrive à sa destination finale?
6. Où est-ce que les passagers attendent leurs trains?

 C. Quel genre de voyageur (voyageuse) êtes-vous? Est-ce que vous êtes un(e) bon(ne) ou un(e) mauvais(e) voyageur (voyageuse)? Posez les questions suivantes à votre camarade de classe pour le découvrir.

1. Quand tu rentres aux États-Unis après un voyage à l'étranger, est-ce que tu rapportes des produits qui sont interdits dans ton pays (par exemple, du fromage frais, de la viande, des cigares, des fruits)?
2. Tu es dans l'avion et tu as un siège près des toilettes. Une femme enceinte entre dans l'avion et son siège est loin des toilettes. Est-ce que tu lui proposes ta place?
3. Derrière toi dans l'avion, il y a un enfant qui pleure constamment. Est-ce que tu te retournes et dis à sa mère de le faire taire *(make him/her quiet)*?
4. Est-ce que tu as peur des turbulences? Que fais-tu quand il y a des turbulences dans l'avion?
5. Quel genre de touriste es-tu? Est-ce que tu aimes visiter les musées? Les maisons typiques? Ou préfères-tu te reposer, regarder les gens passer et goûter les spécialités locales?
6. Est-ce que tu as déjà raté un vol? En général arrives-tu en retard ou à l'heure à l'aéroport?
7. Est-ce que tu restes assis(e) sur ton siège avec la ceinture de sécurité attachée ou est-ce que tu circules dans la cabine pendant le vol?
8. Est-ce que tu réserves une chambre d'hôtel avant le départ ou à l'arrivée?

Maintenant, vous pouvez répondre à la question initiale. D'après vous, est-ce que vos camarades sont de bons ou de mauvais voyageurs? Pourquoi?

Portrait personnel

Avec les renseignements que vous avez obtenus à l'Activité C, décrivez quel genre de voyageur (voyageuse) est votre camarade de classe.

STRUCTURE 3

 Grammar Tutorials

Les pronoms relatifs *qui* et *que*

Clauses and relative clauses

- A *clause* is a group of words containing a subject and a corresponding conjugated verb. Some clauses can stand alone as complete sentences (*independent* clauses), others cannot (*dependent* clauses).

- A *relative clause* is a dependent clause that often provides more information about a noun. In French, it always begins with a relative pronoun. (In English, the pronoun is sometimes omitted.) The clauses in boldface below are relative clauses.

L'agent **qui m'a aidé** était gentil.	*The agent **that helped me** was nice.*
Le billet **que j'ai acheté** n'était pas cher.	*The ticket **(that) I bought** wasn't expensive.*

- Relative pronouns are used to avoid repetition of a noun when linking two clauses together. The relative pronoun replaces a noun in one of the clauses.

  J'ai acheté **une carte postale. La carte postale** montre une vue de la tour Eiffel.

  J'ai acheté une carte postale **qui** montre une vue de la tour Eiffel.

  J'ai acheté **une carte postale.** Je vais envoyer **cette carte postale** à ma mère.

  J'ai acheté une carte postale **que** je vais envoyer à ma mère.

Qui and *que*

The two most common relative pronouns in French are **qui** and **que,** which correspond to *that, who,* or *which,* depending on the context.

- The pronoun **qui** is used as the subject of a relative clause. It can refer to people, ideas, places, and things. It is always followed by a conjugated verb.

C'est l'agent **qui parle anglais.**	*That's the agent who speaks English.*
Voilà une carte postale **qui montre une belle vue.**	*There's a postcard that shows a beautiful view.*

- The pronoun **que** is used as the direct object of a relative clause. It can refer to people, ideas, places, and things. It is always followed by a subject and conjugated verb.

Je n'ai pas trouvé une carte postale **que j'aime.**	*I didn't find a postcard (that) I liked.*
Rachid est l'homme d'affaires **que nous avons rencontré.**	*Rachid is the businessman (that) we met.*

Attention! The pronoun **que** becomes **qu'** before a vowel sound, and since it is a direct object, if it precedes a verb in the **passé composé,** the past participle must agree in number and gender.

Les tee-shirts **qu'elle a achetés**   *The t-shirts she bought were expensive.*
   étaient chers.

⚑ VÉRIFIEZ votre compréhension

Les phrases suivantes sont tirées du dialogue du **Passage 2**. Trouvez le(s) pronom(s) relatif(s) dans chaque phrase, et expliquez ce que chaque pronom remplace et la fonction grammaticale dans la proposition relative. Pour la phrase 2, expliquez l'accord du participe passé «réservés».

1. Luc place les deux grosses valises qu'il porte péniblement sur le tapis roulant pour les enregistrer.
2. Voici les sièges que vous avez réservés.

Courtesy of Véronique Anover and Theresa A. Antes

Voici un garçon qui regarde par la fenêtre d'un avion. Complétez la phrase: Le garçon est assis sur un _____ près de la _____ et il a la _____ de _____ attachée. Et vous, où aimez-vous être placé(e) dans un avion?

Petits Tuyaux! Rappelez-vous que pour savoir où se trouve le sujet dans une phrase on pose la question "who/what VERB": **Juliette voyage en première classe.** (Who travels first class? Juliette). «Juliette» c'est le sujet. **La banque se trouve au coin de la rue.** (What is at the corner? The bank) "La banque" c'est le sujet.

Par contre pour savoir quel est l'objet direct on pose la question "VERB what/ who": **Juliette prépare ses bagages.** (Juliette is preparing what? Her luggage). "Ses bagages" c'est l'objet direct. **J'ai vu Juliette.** (You have seen who? Juliette). "Juliette" c'est l'objet direct.

Sujet ou objet direct? Dites si le pronom relatif dans les phrases suivantes a la fonction grammaticale sujet ou objet **direct.**

	sujet	**objet**
1.	_____	_____
2.	_____	_____
3.	_____	_____
4.	_____	_____
5.	_____	_____

Regardez la carte de France avec les produits régionaux pour chaque région. Quels produits avez-vous goûtés? Dites si vous avez aimé ou pas.

Pratiquons!

A. Une visite à Paris. Reliez les deux phrases par un pronom relatif pour créer une seule phrase. Faites l'accord du participe passé, si nécessaire.

> **MODÈLE:** La dernière fois que j'ai visité Paris, je suis resté dans un hôtel. L'hôtel se trouvait près de la Sainte-Chapelle.
>
> *La dernière fois que j'ai visité Paris, je suis resté dans un hôtel **qui** se trouvait près de la Sainte-Chapelle.*

1. C'était un vieil[1] hôtel. Il avait beaucoup de charme.
2. J'ai loué une chambre. La chambre donnait sur la terrasse.
3. Le soir, j'ai écrit des cartes postales. J'ai envoyé ces cartes postales à tous mes amis.
4. Pendant la journée, j'ai visité des musées. Ces musées étaient très différents les uns des autres.
5. Un jour, je suis allé au musée d'Orsay. Ce musée est consacré à l'art impressionniste.
6. Là, j'ai vu de très belles peintures. J'ai beaucoup aimé ces peintures.
7. J'étais très triste de quitter cette ville. J'adore cette ville!

B. Le billet composté. Complétez le texte par **qui** ou **que (qu')**, selon le cas.

Hier, j'ai pris le premier train (1) _____ partait pour Bruxelles comme tous les lundis. J'étais en première classe avec des hommes d'affaires (2) _____ travaillaient sur leur ordinateur. Quand le contrôleur est passé dans notre voiture, je ne pouvais pas trouver le billet (3) _____ j'avais composté. Le contrôleur (4) _____ était très gentil, m'a dit que je pouvais lui montrer mon billet la semaine prochaine. J'ai finalement retrouvé mon billet, un billet (5) _____ je ne perdrais plus! Heureusement que le train (6) _____ je prends a toujours le même contrôleur!

C. Révélations. Faites les révélations suivantes à un(e) camarade de classe. Complétez les phrases suivantes de façon logique. Qui a fait les révélations les plus surprenantes? Pourquoi?

1. L'homme / La femme que j'aime, c'est...
2. Le plus grand mensonge que j'ai dit, c'est...
3. La personne qui me connaît le mieux, c'est...
4. La chose la plus folle que j'ai faite, c'est...
5. La chose qui me rend triste, c'est...
6. La chose qui m'amuse, c'est...

---

[1] When the adjective "vieux" (masculine) is placed before a noun that starts with a vowel (or an "h"), it must be changed to "vieil". Example: un vieil ami. The same occurs with "beau" and "nouveau". Examples: Un bel appartement. Un nouvel hôpital.

STRUCTURE 4

 Grammar Tutorials

Les pronoms relatifs *dont* et *où*

- The relative pronoun **dont** replaces nouns that are objects of the preposition **de.** It can refer to people or things and often translates as *whose, of whom, of which,* or *about which.*

  J'ai deux frères **dont** je suis très fière.   *I have two brothers of whom I am proud.*

  (J'ai **deux frères.** Je suis très fière **de mes frères.**)

  Cette femme, **dont je connais la fille,** habite à Paris.   *That woman, whose daughter I know lives, in Paris.*

  (**Cette femme** habite à Paris. Je connais la fille **de cette femme.**)

- The relative pronoun **où** is used to replace a specific place, date, or time. It translates into English as either *where* or *when.*

  Voici le café **où** j'ai rencontré mon mari.   *Here's the café where I met my husband.*

  (Voici **le café.** J'ai rencontré mon mari **dans ce café.**)

  C'était le jour **où** j'ai rencontré mon mari.   *It was the day (when) I met my husband.*

  (C'était un **jour** mémorable. J'ai rencontré mon mari **ce jour-là.**)

 VÉRIFIEZ votre compréhension

Ces phrases sont extraites du *Passage 2*. Trouvez les pronoms relatifs et expliquez leur fonction grammaticale.

1. Ce sont les sièges où je me sens le mieux.
2. Ce sont deux îles dont on m'a beaucoup parlé

Pratiquons!

A. Près de la Sorbonne. Reliez les deux phrases par le pronom relatif **dont** ou **où**, pour créer une seule phrase.

1. Près de la Sorbonne, il y a beaucoup de petits restaurants. Les étudiants peuvent bien manger dans ces restaurants et pour pas trop cher.
2. Dans le Quartier latin il y a le fameux café de Flore. Les gens parlent souvent de ce café parce que beaucoup d'écrivains célèbres y allaient.
3. Dans le Quartier latin, il y a pas mal de bars. On peut sortir avec ses amis dans ces bars.
4. Sur le campus, il y a une grande bibliothèque. Je travaille souvent dans cette bibliothèque.
5. Près de la Sorbonne, il y a un fleuriste. Je me souviens *(remember)* bien de ce fleuriste—j'y ai acheté beaucoup de fleurs.

B. Tous ensemble! Terminez les phrases suivantes par le pronom relatif approprié **(qui, que, où** ou **dont)** et une deuxième proposition logique. Pour vous aider, les phrases 1 et 2 sont à choix multiples. Après, c'est à vous de créer une proposition relative logique.

1. Paris est une ville...

    où _____   a. on parle souvent.

    qui _____   b. j'aime beaucoup.

    qu(e) _____   c. les touristes dépensent beaucoup d'argent.

    dont _____   d. ne dort jamais.

2. Le Canada est un pays...

    qui _____   a. on parle joual.[1]

    qu(e) _____   b. est officiellement bilingue.

    où _____   c. il ne connaît pas très bien.

    dont _____   d. j'ai quelques photos.

3. Bruxelles est une ville...

    qui _____

    que _____

    où _____

4. (votre ville) est un endroit...

    où _____

    dont _____

    qui _____

 C. Interactions. Posez les questions suivantes à un(e) camarade de classe. Ensuite, rapportez ses réponses à la classe en utilisant une phrase avec une proposition relative.

1. Est-ce qu'il y a un professeur de lycée dont tu te souviens *(remember)* bien? Pourquoi?
2. Est-ce qu'il y a une chose que tu regrettes de ta vie universitaire?
3. Y a-t-il un voyage que tu aimerais faire? Lequel *(Which one)*? Pourquoi?
4. Est-ce qu'il y a une carrière qui t'intéresse beaucoup? Quelle carrière et pourquoi?
5. Y a-t-il un restaurant où tu manges beaucoup? C'est quel type de cuisine?
6. Y a-t-il un pays dont la langue et la culture t'intéressent? Quel pays? Pourquoi?

[1] **Joual** is a dialect spoken in the province of Quebec.

En vous basant sur les réponses de votre camarade de classe obtenues à l'Activité C, écrivez un paragraphe pour décrire les goûts de votre camarade de classe.

- Quels regrets a-t-il/elle?
- Quel(s) voyage(s) voudrait-il/elle faire? Pourquoi?
- Quelle carrière professionnelle l'intéresse et pourquoi?
- Quelle est la cuisine qu'il/elle préfère?

À vous de parler!

A. Une pub! En groupe de trois ou quatre, créez une publicité télévisée pour votre ville. Dites ce qu'il faut voir et faire pendant la visite de votre ville. Soyez très imaginatifs et créatifs—vous voulez attirer des touristes chez vous! Quand vous aurez fini, présentez votre pub au reste de la classe. (Utilisez autant de pronoms relatifs que possible!)

B. Un voyage difficile! Votre ami(e) et vous êtes à l'aéroport dans un pays francophone. Vous voulez partir en voyage (choisissez votre destination), mais vous avez beaucoup de problèmes. Par exemple, vous êtes au comptoir de la compagnie aérienne et vous voulez enregistrer vos bagages. L'hôtesse (ou l'agent) au sol n'est pas très sympathique et il y a des problèmes: votre siège n'est pas réservé, votre valise pèse trop lourd, etc. Ensuite, au contrôle sûreté et à la douane les problèmes continuent. À la porte d'embarquement vous avez aussi des problèmes. Même dans l'avion! En groupe de quatre, inventez un voyage difficile et présentez-le à la classe. Jouez les rôles de l'agent ou l'hôtesse au sol, du douanier, du contrôleur, de l'hôtesse de l'air ou du steward, d'autres passagers, etc.

iLrn Complete the diagnostic tests to check your knowledge of the vocabulary and grammar structures presented in this chapter.

SNCF **BILLET** BORDEAUX ST JEAN → PARIS MONT 1 ET 2
A composter avant l'accès au train

02ADULTE

Dép 14/07 à 18H32 de BORDEAUX ST JEAN | classe 2 VOIT 08: PLACE NO 17, 18
Arr à 21H30 à PARIS MONT 1 ET 2 | 02ASSIS NON FUM
PERIODE DE POINTE TGV 8124 | CARRE 01FENETRE,01COULOIR
PLEIN TARIF

Dép à de ✳✳✳ | Classe ✳
Arr à à

Prix par voyageur : 64.00 | Prix EUR ✳✳128.00
KM0581 : | :DV 732848664
64.00 : | :CB999999999 BORDEAUX ST JEAN 140702 17H34
BP PP 877328486643 | :526B1A Dossier RZSOHL Page 1/1
0870714778720

Courtesy of Véronique Anover and Theresa A. Antes

Voici un billet de train. Quel est le train dans lequel le passager va voyager? Est-ce que le passager a une place en première ou en seconde classe? Quelle est la ville de départ? Et de destination?

Les Français achètent et consomment leur vin comme ça

L'importance du vin. Le vin fait partie de la culture française. D'ailleurs, nombreuses sont les personnes qui font la visite de châteaux viticoles pour déguster les vins[1] de différentes régions. Pour les Français, boire du vin lors d'un repas est une tradition, une habitude alimentaire. Le vin accompagne un repas convivial entre amis, une célébration, une fête ou tout simplement un repas en famille. La gastronomie française est très liée au vin. Un bon vin aide à apprécier encore mieux la bonne cuisine. Le vin fait tellement partie de la culture et de l'identité française qu'à la question posée lors d'un sondage[2] «Être français, c'est selon vous d'abord[3]...», la troisième réponse a été «Aimer le bon vin», juste après «Parler français» et «Être né en France».

Comment choisir le vin. Pour accompagner un bon repas, il faut trouver un bon vin. Trouver un bon vin c'est facile si on sait comment le chercher. Les critères les plus importants pour choisir un bon vin se trouvent sur l'étiquette de la bouteille de vin.

- **La région de production**
- **Le millésime** (l'année de production)
- **Les appellations d'origine contrôlée (AOC, ou appellations contrôlées)** (Bordeaux, Margaux, Médoc, Pauillac)
- **L'endroit de mise en bouteille** (au château ou à la coopérative)
- **Les cépages** (la variété de vigne: Sauvignon, Cabernet, Riesling, Merlot, Pinot Gris, etc.)
- **Nom de l'exploitation viticole** (Château Margaux, Domaine du Cigalou, ou marque commerciale)
- **Les médailles ou les prix**
- **L'indication de la teneur en alcool** (12% vol.)
- **Volume du vin contenu dans la bouteille** (75 cl)
- **Pays d'origine pour l'exportation** («Product of France»)

Où est-ce que les Français achètent le vin? La majorité des Français achètent généralement leur vin dans les grandes surfaces: supermarchés ou hypermarchés. En effet, les grandes surfaces offrent un choix important de vins. Il y a souvent plusieurs rayons destinés au vin. On peut y trouver des vins excellents, comme un Château Margaux de l'année 2000 à 513,90 euros la bouteille pour une célébration spéciale, ou des vins de table beaucoup moins chers à consommer tous les jours, comme un Mâcon-Village ou un Beaujolais entre 5 et 10 euros la bouteille.

Comment consommer le vin. 21% des Français consomment du vin tous les jours (surtout ceux qui sont âgés de plus de 30 ans). Plus de 80% des Français en consomment pour fêter une occasion spéciale. En France, une nouvelle loi (la loi Bachelot de mars 2009) interdit[4] la vente d'alcool aux moins de 18 ans. Cependant, il est fréquent pour les parents d'adolescents de 14 ans ou plus de leur permettre de boire du vin à table.

[1]wine tasting   [2]poll   [3]according to you it is first...   [4]prohibits

Expressions utiles

Quand on boit trop de vin:

être ivre *(formal)*; l'ivresse[3]

être saoul(e)

être beurré(e) / bourré(e) *(slang)*

être un(e) ivrogne[4]

Quand on boit du vin avec modération:

être sobre

Quand on fête une occasion spéciale:

On lève son verre et on trinque à quelque chose[5].

Quelques proverbes:

La jeunesse est une ivresse sans vin et la vieillesse est un vin sans ivresse.

L'eau fait pleurer, le vin chanter.

Les parents boivent, les enfants trinquent.

Le vin rouge se sert avec les viandes rouges et le vin blanc sec[1] avec les poissons et les fruits de mer. Le vin blanc doux[2], comme le Sauternes (une AOC de Bordeaux) se sert avec le foie gras et les desserts. Le vin se boit dans des coupes ou dans des verres à vin. Les verres pour le vin rouge sont plus grands que ceux pour le vin blanc. Le champagne se boit dans une flûte ou une coupe à champagne.

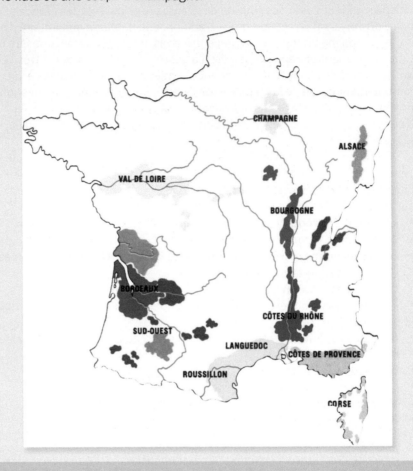

Réfléchissons!

1. Pourquoi est-ce que le vin occupe une place si importante en France? Occupe-t-il une place aussi importante dans votre pays?

2. Est-ce que les gens dans votre pays accordent autant d'importance à la sélection du vin? Comment est-ce que les personnes dans votre pays choisissent leur vin?

3. La majorité des Français achètent leur vin au supermarché. Où est-ce que les personnes dans votre pays / ville achètent leur vin? Y a-t-il des magasins spécialisés?

4. Quelles boissons (alcoolisées ou non) consomme-t-on dans votre pays pour accompagner les repas de tous les jours? Et les repas spéciaux?

5. En anglais, y a-t-il des proverbes ou des chansons sur le vin?

[1]dry [2]sweet [3]intoxication [4]to be a lush [5]make a toast

À vous d'écrire!

Vos rêves deviennent réalité! Imaginez qu'un génie pourrait réaliser tous vos rêves (il est capable de tout faire!), mais que vous ne pouvez demander que *(only)* trois choses. Qu'est-ce que vous demanderiez? Comment est-ce que votre vie changerait? Qu'est-ce que vous feriez de votre vie? Comment seriez-vous physiquement? Que changeriez-vous de votre corps? Faites les activités suivantes pour répondre à cette question.

Je voudrais gagner au loto et devenir millionnaire!

A. Stratégies. You have probably noticed that it is difficult, at your current level of proficiency, to make your writing in French sound as sophisticated as your writing in English. In this chapter, you have learned two different sentence types that you can use to add some sophistication to your writing. The first type contains an *if* clause with a verb in the imperfect followed by a clause with the verb in the conditional **(Si j'avais beaucoup d'argent, j'achèterais une voiture de sport)**; the second type contains a conditional statement of emotion, followed by an infinitive **(Je serais heureux de travailler en France).** Using these two sentence types as models, write at least three sentences that you can incorporate into your composition.

B. Organisons-nous! Décidez quels seraient les trois souhaits que vous demanderiez au génie, et écrivez-les ici.

1. _____

2. _____

3. _____

Maintenant, imaginez comment votre vie changerait si ces trois souhaits se réalisaient. Décrivez votre vie idéale et/ou votre corps idéal, avec des verbes au **conditionnel.**

C. Pensons-y! Maintenant, commencez à organiser votre rédaction. Expliquez bien ce que vous demanderiez au génie, en détail, et les changements que cela provoquerait dans votre vie. Écrivez un paragraphe pour chaque chose / chaque changement, et un paragraphe comme conclusion.

 D. Relisons! Demandez à un(e) camarade de classe de lire votre rédaction. Il/Elle utilisera les critères suivants pour commenter votre travail.

- Est-ce qu'il y a des parties de la composition que vous ne comprenez pas? Lesquelles? Soulignez-les, et expliquez à votre camarade de classe ce que vous ne comprenez pas.

- Quelle est la meilleure partie de la composition? Et la partie la moins bien? Pourquoi? Qu'est-ce que votre camarade pourrait faire pour améliorer *(to improve)* sa composition?

- Est-ce que vous avez trouvé des erreurs d'orthographe ou de grammaire dans la composition? Signalez-les.

E. Écrivons! Récrivez votre composition, suivant les suggestions de votre camarade de classe. Une fois terminée, rendez-la à votre professeur.

→ Lexique ◀))

Mon vocabulaire

Les sentiments positifs

être aux anges	*to be in seventh heaven*
être calme	*to be calm*
être euphorique	*to be very elated*
être enchanté(e)	*to be happy / pleased*
être fier(-ère)	*to be proud*
être heureux (heureuse)	*to be happy*
être fou (folle) de joie	*to be extremely happy / excited*
être soulagé(e)	*to be relieved*

Les sentiments négatifs

être choqué(e)	*to be shocked*	être horrifié(e)	*to be horrified*
être déçu(e)	*to be disappointed*	être jaloux (jalouse)	*to be jealous*
être démoralisé(e)	*to be demoralized*	être malheureux (malheureuse)	*to be unhappy*
être désespéré(e)	*to be desperate*		
être désolé(e)	*to be sorry*	être indigné(e), outré(e)	*to be outraged*
être effondré(e)	*to be devastated*		
être effrayé(e)	*to be scared*	être surpris(e)	*to be surprised*
être énervé(e)	*to be nervous*	être inquiet(-ète)	*to be worried*
être fâché(e)	*to be mad*		

À l'aéroport *At the airport*

l'agent *(m.)* au sol / l'hôtesse *(f.)* au sol	*ground personnel*
l'embarquement *(m.)*	*boarding*
la porte	*gate*
l'enregistrement *(m.)*	*to check in / the check-in*
la salle de livraison des bagages *(m.)*	*baggage claim*
un bagage à main	*carry-on luggage*
un billet d'avion	*plane ticket*
la carte d'embarquement / la carte d'accès à bord	*boarding pass*
rater le vol	*to miss a flight*
une valise	*suitcase*
le contrôle sûreté	*security gate*

Dans l'avion *On the plane*

l'atterrissage *(m.)*	*landing*
l'avion *(m.)* atterrit	*the plane is landing*
le décollage	*take-off*
le siège	*seat*
l'avion décolle	*the plane is taking off*
les turbulences *(f.)*	*turbulence*
l'hôtesse *(f.)* de l'air / le steward	*flight attendant*
un billet aller-retour	*a round trip ticket*
le pilote	*pilot*
un siège / une place près de la fenêtre	*a seat near the window*
un aller simple	*a one-way ticket*

un siège / une place près du couloir	a seat near the aisle
première classe	first class
classe économique	coach class

À la gare *At the train station*

le billet première classe / seconde classe	first class / second class ticket
le guichet	ticket counter
la voie	railroad track
l'horaire *(m.)* des trains	train schedule
le wagon-lits / le train-couchettes	sleeper train
composter un billet	to validate a ticket
la voiture-restaurant	restaurant car
le quai	platform

Les touristes

Les touristes doivent:	*Tourists must:*
réserver une chambre d'hôtel	*book a hotel room*
avec un lit double	*with a queen bed*
avec deux lits	*with two twin beds*
qui donne sur (la mer / la rue / le jardin / le parking)	*that overlooks (the sea / the street / the garden / the parking lot)*
avec balcon	*with a balcony*
réserver une table au restaurant	*to reserve a table at a restaurant*
pour deux / pour quatre	*for two / for four*
à l'intérieur / à l'extérieur	*inside / outside*

Les touristes peuvent:	*Tourists can:*
aller aux musées *(m.)*	*go to the museums*
admirer / regarder les tableaux *(m.)* / les peintures *(f.)*	*to admire / look at paintings*
admirer / regarder les sculptures *(f.)*	*to admire / look at sculptures*
apprendre l'histoire *(f.)* régionale	*to learn regional history*
regarder les gens passer	*to watch people go by*
visiter les monuments *(m.)*	*to visit monuments*
voir / découvrir les statues *(f.)*	*to see / discover statues*
les maisons traditionnelles	*typical houses*
les places publiques	*public squares*
les parcs nationaux	*national parcs*
se reposer	*to rest*
sur un banc / sur le sable	*on a bench / on the sand*
couché sous un arbre	*lying down under a tree*
près d'un lac	*beside a lake*
goûter les spécialités régionales *(f.)*	*to taste regional specialties*
les vins *(m.)* de la région	*regional wines*
les plats *(m.)* typiques	*typical (main / side) dishes*
acheter des souvenirs *(m.)* et faire du shopping	*to buy souvenirs and go shopping*
prendre des photos *(f.)*	*to take pictures*
en couleur	*in color*
en noir et blanc	*in black and white*
numériques	*digital*

À L'AVENTURE!

La Normandie  Visit La Normandie on Google Earth!

À vous de découvrir!

Un jardin privé spectaculaire en Normandie.

Comme la Provence, la Normandie n'est pas un seul département en France, mais toute une région. Elle est divisée en Haute-Normandie, qui est plutôt industrielle, et Basse-Normandie, qui est beaucoup plus agricole. Les Américains connaissent la Normandie surtout à cause de la Seconde Guerre mondiale, mais elle représente beaucoup plus que les plages du débarquement. Cette région, qui doit son nom aux Vikings (les *Nords-Mans* ou hommes du nord) qui l'ont habitée aux IXe et Xe siècles[1], dévoile les plus beaux champs et les plus belles fermes[2] en France, et compte actuellement 5% de la population française. La Basse-Normandie est une grande productrice de produits laitiers, de fruits de mer, de poissons et de produits dérivés des pommes (cidre, Calvados[3]) qui sont consommés dans toute la France et exportés partout dans le monde.

Parmi les prisonniers les plus célèbres qui ont séjourné dans les prisons de Normandie, il y a Jeanne d'Arc. Cette jeune femme avait seulement 18 ans quand elle a mené l'armée française contre l'armée anglaise pendant la Guerre de Cent Ans. C'est elle qui a donné la force nécessaire aux troupes françaises pour persévérer et gagner la bataille. Malheureusement, Jeanne d'Arc a été capturée, emprisonnée, torturée et finalement brûlée[4] vive à Rouen en 1431, mais pas avant d'avoir changé le cours de l'histoire.

[1]centuries [2]farms
[3]apple brandy [4]burned

Cette région bucolique a aussi de nombreuses cathédrales et des musées très intéressants. Bien qu'elle ait beaucoup souffert pendant la Seconde Guerre mondiale (Caen, par exemple, a été complètement détruite), c'est une région très importante, économiquement et culturellement, pour la France.

Avez-vous compris?

1. Pourquoi est-ce que les Américains connaissent la Normandie?
2. Est-ce que la Normandie est une région agricole et rurale ou urbaine? Expliquez votre réponse
3. Qui est Jeanne d'Arc? Pourquoi est-ce qu'elle est un personnage historique important?
4. Comment est-ce que Jeanne d'Arc a terminé sa vie?
5. Pourquoi est-ce que la Normadie a "beaucoup souffert"?

À vous d'apprécier!
Explorations gastronomiques

La charlotte aux pommes

- 1 kilo de pommes
- 2 cuillères à soupe d'eau
- 200 gr. de cassonade[1]
- ½ cuillère à café de cannelle[2]
- ¼ cuillère à café de noix de muscade[3]
- 7 tranches de pain de mie, beurrées d'un côté

Peler et enlever le trognon[4] des pommes. Couper les pommes en morceaux et faire cuire à feu doux avec l'eau , la cassonade, la cannelle et la noix de muscade jusqu'à ce qu'elles soient[5] tendres. Mettre les tranches de pain de mie dans une casserole, le côté beurré contre la casserole. Couvrir entièrement le fond[6] et les côtés. Mettre la purée de pommes au milieu, et couvrir avec les tranches de pain, le côté beurré vers l'extérieur. Faire cuire la charlotte dans un four à 400° pendant 20 minutes, puis à 350° pendant 25 minutes. Laisser reposer pendant 15 minutes. Servir la charlotte avec de la crème anglaise ou de la glace.

Explorations historiques

Jeanne d'Arc avait 19 ans quand elle a été emprisonnée dans cette tour à Rouen. Imaginez ses jours dans cette tour. Quels sentiments est-ce qu'elle a éprouvés? Comment est-ce qu'elle a passé ses journées? Et vous, est-ce que vous avez eu très peur à un moment dans votre vie? Pourquoi? Quelle était la cause de votre effroi[7]? Quand est-ce que vous avez dû être très courageux(-euse)?

[1]brown sugar   [2]cinnamon   [3]nutmeg   [4]Peel and core   [5]**jusqu'à ce qu'elles soient:** until they're   [6]bottom   [7]terror, dread

La Tour Jeanne d'Arc à Rouen

À vous de réagir!

Un des produits les plus connus de la Normandie est le Calvados, une boisson alcoolisée à base de pommes. Regardez la carte ci-dessous, et dites quel terme est utilisé pour parler des produits à base de pommes en général. Dans quelles villes en Normandie le Calvados est-il produit? Est-ce qu'il y a des produits sur la carte que vous trouvez un peu surprenants? Lesquels, et pourquoi? Pouvez-vous penser à des produits régionaux typiques aux États-Unis?

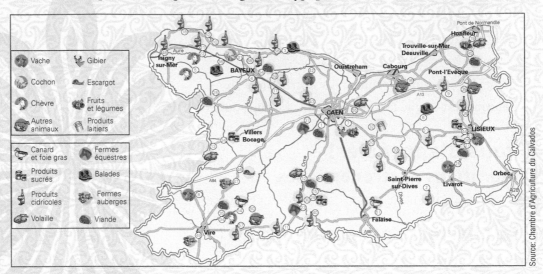

Source: Chambre d'Agriculture du Calvados

Mon blog

Courtesy of Véronique Anover and Theresa A. Antes

Bienvenue (virtuellement) à Bayeux! Je m'appelle Gabriel et je serai votre guide pendant votre visite virtuelle sur les plages du débarquement. J'ai grandi en Normandie et je suis passionné par l'histoire de la région. Mon grand-père et mon oncle ont été soldats pendant la Seconde Guerre mondiale—une période très difficile en France et en Europe en général. Si vous visitez la Normandie, vous pouvez toujours voir les blockhaus allemands et les chars de combats (allemands et alliés) laissés sur le territoire après la guerre. Vous pouvez aussi visiter les musées et les cimetières.

Et surtout ne manquez pas l'église de Sainte-Mère-Église, sur laquelle est tombé un parachutiste américain au milieu d'une bataille. Il a été aidé par les habitants de la ville, et l'incident est maintenant commémoré sur un des vitraux de l'église.

Est-ce qu'il y a des choses intéressantes, du point de vue historique, chez vous? Si je venais dans votre ville, qu'est-ce que je pourrais visiter? Venez me voir à Bayeux un jour, et je vous offrirai une visite réelle!

Courtesy of Véronique Anover and Theresa A. Antes

À vous de décider: Le français pour quoi faire? 🌐

Are you interested in making the world a better place? Go to the *À vous* online resources to find out how learning French opens doors in a wide variety of humanitarian aid organizations. ✈

© Nick Higham / Alamy

Ma vie branchée!

Image copyright Konstantin Sutyagin, 2010. Used under license from Shutterstock.com

In this chapter, you will learn ways to describe *une vie branchée*—a "connected" life. In French, this phrase is used to speak of someone or something trendy. You will learn how to talk about activities you are familiar with or know how to do, activities you plan to do in the future, and how to use two new types of pronouns. You will also see how various Francophone cultures are "branchées."

VOCABULARY

- Computers, the Internet, and other technology
- Extreme sports and other hobbies
- Fitness vocabulary

STRUCTURES

- The verbs **connaître** and **savoir**
- The future tense
- Stress pronouns
- Indirect object pronouns
- Multiple object pronouns in a sentence

CULTURE

- How the Internet is being used in villages in Africa
- The French and soccer

iLrn

◀)) Audio

🌐 www.cengagebrain.com

RESSOURCES

Passage 1

La technologie de tous les jours

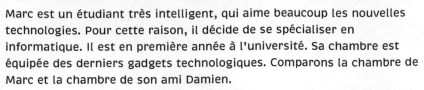

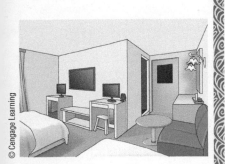

Marc est un étudiant très intelligent, qui aime beaucoup les nouvelles technologies. Pour cette raison, il décide de se spécialiser en informatique. Il est en première année à l'université. Sa chambre est équipée des derniers gadgets technologiques. Comparons la chambre de Marc et la chambre de son ami Damien.

Dans les chambres de Marc et de Damien, il y a un lit, une chaise et un bureau, bien sûr. Mais les similarités s'arrêtent là! Damien a un ordinateur sur son bureau, avec un lecteur/graveur de CD/DVD. Marc a aussi un ordinateur, mais c'est un portable, qui pèse moins de deux kilos. Il a un lecteur/graveur de CD/DVD, bien sûr, mais lui, il a aussi une webcam avec un microphone et une clé Bluetooth. Comme ça, il peut parler avec ses amis et les voir partout dans le monde gratuitement! Le week-end, il aime surfer sur Internet; il utilise son ordinateur pour télécharger de la musique et des films. Son portable a beaucoup de mémoire et un processeur très rapide, il peut donc les sauvegarder pour les écouter ou les regarder plus tard.

Damien aime surfer sur Internet aussi. Il utilise une connexion haut débit pour le faire. Marc a une connexion haut débit, mais il a aussi une carte Wi-Fi et un routeur. Il a aussi un scanner et une imprimante couleur, donc il peut imprimer ses photos ou numériser ses documents.

Sur son bureau, Damien a un agenda où il note ses cours et ses rendez-vous importants. De temps en temps, pourtant, il manque un rendez-vous parce qu'il oublie de regarder son agenda. Damien vient d'acheter un mobile. Il croit qu'il est très branché maintenant! Mais quand il le montre à Marc, Marc n'a pas l'air très impressionné. Damien veut savoir pourquoi. Alors Marc lui montre son téléphone: c'est un smartphone. Il l'utilise pour téléphoner, pour envoyer des SMS, et pour prendre des photos, bien sûr, mais aussi pour lire et envoyer des courriels, surfer sur Internet, écouter de la musique. il l'utilise même comme GPS ou assistant personnel. Marc ne rate jamais de rendez-vous!

Damien aime beaucoup Marc. Ils se connaissent depuis dix ans, et ce sont de bons amis. Mais quand même, Damien trouve que Marc commence à être un peu snob avec toute sa technologie! Vous ne pensez pas?

Pouvez-vous comprendre les SMS? Essayez de trouver le français correct pour les messages suivants.
1. a2ml
2. koi29
3. b1
4. a12c4[1]

Vous avez bien compris?

Répondez aux questions suivantes, selon le texte.

1. Quelles sont les différences entre l'ordinateur de Damien et celui de Marc?
2. Qu'est-ce que Marc peut faire avec son imprimante?
3. Pour quelles fonctions est-ce que Damien peut utiliser son téléphone portable?
4. Et Marc?
5. Pourquoi est-ce que Marc ne rate jamais de rendez-vous?
6. Pensez-vous que Marc est snob, ou que Damien est jaloux? Expliquez votre réponse.

[1]Réponses: 1. à demain 2. quoi de neuf? 3. bien 4. à un de ces quatre (= à un de ces jours; c'est une abréviation de «à un de ces quatre matins».)

Mon vocabulaire

Les technologies

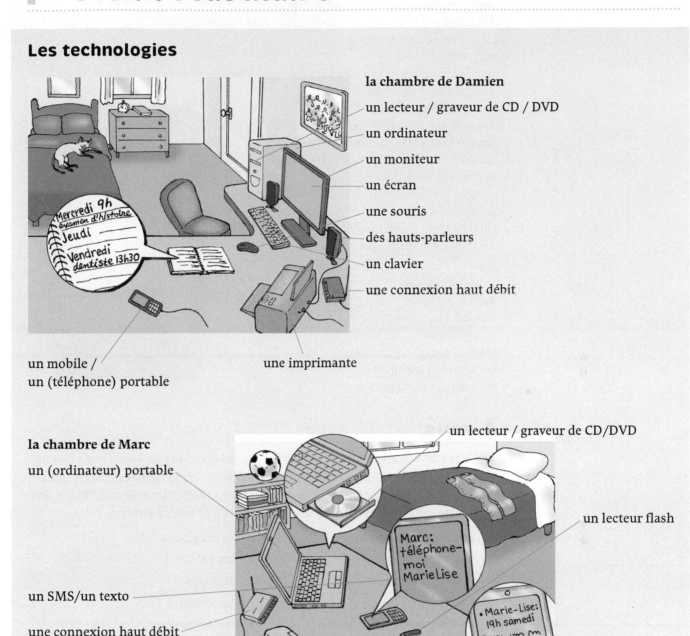

la chambre de Damien

un lecteur / graveur de CD / DVD

un ordinateur

un moniteur

un écran

une souris

des hauts-parleurs

un clavier

une connexion haut débit

un mobile / un (téléphone) portable

une imprimante

la chambre de Marc

un (ordinateur) portable

un lecteur / graveur de CD/DVD

un lecteur flash

un SMS/un texto

une connexion haut débit

une imprimante couleur   un smartphone

le Web = la Toile / le Net
surfer sur Internet / être sur Internet
naviguer sur le Web / naviguer sur la Toile / naviguer sur le Net
une adresse électronique
cliquer
utiliser un moteur de recherche (Google, Wanadoo, etc.)
avoir un mot de passe
envoyer un courriel / un e-mail
envoyer quelque chose en pièce jointe
envoyer un SMS / un texto
recevoir un courriel / un e-mail
sauvegarder un document
utiliser un traitement de texte *(word processor)*
un appareil photo numérique *(digital camera)*
un baladeur numérique *(digital audio player)*
un logiciel *(software program)*
un scanner
le home cinéma
un microphone
une clé Bluetooth
une webcam
un routeur
un agenda *(calendar)*
un assistant personnel

© Ganko / Shutterstock.com

À vous!

A. La technologie envahit nos vies! Dans la colonne de gauche se trouvent les outils de communication que nos parents et nos grands-parents utilisaient. Dans celle de droite se trouvent les outils actuels. Reliez les nouvelles technologies de droite aux anciennes technologies de la colonne de gauche.

1. une machine à écrire
2. une encyclopédie
3. le code Morse
4. une lettre
5. un disque (45 rpm)
6. un agenda / un calendrier

a. le téléphone
b. un CD
c. Internet
d. un courriel
e. un ordinateur
f. un assistant personnel

B. Chez vous. Posez les questions suivantes à un(e) partenaire.

1. Est-ce que vous avez un ordinateur? Si oui, est-ce que vous avez un lecteur de CD / DVD? Un graveur de CD / DVD? Sinon, où allez-vous quand vous avez besoin d'un ordinateur?
2. Pour quelles fonctions est-ce que vous utilisez votre ordinateur? (comme traitement de texte, pour surfer sur Internet, etc.)
3. À qui est-ce que vous envoyez des courriels le plus souvent? Pourquoi?
4. Vous avez un téléphone portable? Est-ce seulement un téléphone, ou est-ce un smartphone? Quand est-ce que vous l'utilisez (dans la voiture, en classe, etc.) et pour quelles fonctions?
5. Si vous n'avez pas de portable, que faites-vous quand vous avez besoin de téléphoner à quelqu'un?
6. Que pensez-vous des personnes qui parlent toujours au téléphone dans des endroits publics (le bus, le restaurant, etc.)?
7. Est-ce que vous pensez que c'est un crime de télécharger de la musique ou des films d'Internet? Pourquoi ou pourquoi pas? Est-ce que vous le faites?
8. Est-ce que vous connaissez un «snob» de la technologie? Qui?

Portrait personnel

Quand vous avez fini l'Activité B, faites un résumé des outils technologiques que votre partenaire utilise. Ensuite, comparez-le avec le reste de la classe. Est-ce que votre partenaire est plutôt technophile ou plutôt technophobe?

C. La technologie idéale. Dites à un(e) partenaire quel(s) outil(s) technologique(s) vous avez chez vous, et quel(s) outil(s) vous voudriez avoir / vous ne voudriez pas avoir. Quand vous avez fini, comparez vos réponses, et commentez vos similarités et vos différences à la classe.

1. J'ai déjà un / une / des... Je l'utilise (les utilise) pour...
2. Je voudrais bien avoir un / une / des... parce que...
3. Je ne voudrais pas avoir de... parce que...
4. Tout le monde devrait avoir un / une / des... parce que...
5. Personne n'a besoin d'un(e)... parce que...
6. Je vais bientôt acheter un / une / des... parce que...

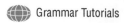

STRUCTURE 1

Connaître vs. savoir

In French, the verbs **connaître** and **savoir** are generally translated into English as *to know*. However, these two verbs are used in different situations. Both verbs are irregular.

connaître (present)	savoir (present)
je **connais**	je **sais**
tu **connais**	tu **sais**
il / elle / on **connaît**	il / elle / on **sait**
nous **connaissons**	nous **savons**
vous **connaissez**	vous **savez**
ils / elles **connaissent**	ils / elles **savent**
Passé composé: (avoir) **connu**	**Passé composé:** (avoir) **su**
Imparfait (stem): connaiss-	**Imparfait (stem): sav-**
Conditionnel (stem): connaît-	**Conditionnel (stem): saur-**

Connaître

- **Connaître** means *to know* in the sense of being familiar or acquainted with. It is often used with people and places.

Ils **connaissent** Paris.	*They're familiar with Paris.*
Je **connaissais** ta sœur.	*I knew your sister.*
Si j'étais riche, je **connaîtrais** beaucoup de personnes célèbres.	*If I were rich, I would know a lot of famous people.*

- In the **passé composé, connaître** means *to have met* (someone).

Elle **a connu** sa meilleure amie à l'âge de 5 ans.	*She met her best friend at the age of five.*
Tes parents? Je les **ai connus** hier.	*Your parents? I met them yesterday.*

[Note that the past participle agrees with the preceding direct object **les.**]

Savoir

- **Savoir** means *to know a fact* or *how to do something*. It can be followed by a noun, an infinitive, or a clause.

Tu **sais** la date de mon anniversaire?	*Do you know when my birthday is?*
Je **savais** déjà faire la cuisine à l'âge de 10 ans.	*I already knew how to cook when I was 10.*
On **sait** que tu aimes cuisiner.	*We know you like to cook.*
Elle **saurait** utiliser les applications si elle avait un smartphone.	*She would know how to use the applications if she had a smartphone.*

- In the **passé composé**, **savoir** means *found out.*

J'**ai su** hier que tu étais malade.   *I found out yesterday you were sick.*

Summary: *connaître* vs. *savoir*

	connaître	savoir
meaning	*to be familiar or acquainted with*	*to know facts or how to do something*
use with	nouns (people or places)	nouns, verbs, clauses
	Je connais Dakar, la capitale du Sénégal. *I am familiar with Dakar . . . (because I've been there)* Je connais ta famille. *I know your family.*	Je sais la réponse. *I know the answer.* Je sais parler français. *I know how to speak French.* Je sais que la capitale du Sénégal est Dakar. *I know that the capital . . .*
meaning in the passé composé	*met* Nous avons connu Robert hier. *We met Robert yesterday.*	*found out* J'ai su qu'il habitait à Paris. *We found out he lived in Paris.*

⚑ VÉRIFIEZ votre compréhension

1. Consider the conjugations of **connaître** and **savoir.** In what ways are these verbs irregular? Despite being classified as irregular verbs, what regularities do they have?

2. Go back to the ***Passage 1*** text at the beginning of the chapter (p. 402). Underline all uses of **savoir** and **connaître** that you find. Explain the choice of each verb in the context in which it is used.

3. Explain, in your own words, the differences between **connaître** and **savoir** in the **passé composé** and the imperfect.

À l'écoute!

Petits Tuyaux! You have now reached a point in your proficiency where you're likely to hear sentences that contain verbs in many different tenses. While there may also be an adverb in the sentence (such as **hier** or **demain**) to help you identify the tense of the sentence, that is not always the case.

As you have conversations with speakers of French, it will be very important to quickly and correctly identify the tense of the verb—there's a *huge* difference in meaning between **as-tu mangé** and **vas-tu manger**, for example. One may simply be a polite informational question; the other may be an invitation to lunch or dinner!

Before you complete the following activity, think about how you will determine the tense of the verb in each of the following sentences. What would distinguish **savoir** in the present from **savoir** in the imperfect? Is it the stem or the ending? What about the imperfect from the conditional? To pick out the conditional, should you listen for a stem or an ending? What would you listen for to find verbs in the **passé composé?**

C'est à quel moment? Écoutez les phrases suivantes et identifiez le temps des verbes **savoir** et **connaître.**

1. ⎯⎯ présent ⎯⎯ passé composé ⎯⎯ imparfait ⎯⎯ conditionnel
2. ⎯⎯ présent ⎯⎯ passé composé ⎯⎯ imparfait ⎯⎯ conditionnel
3. ⎯⎯ présent ⎯⎯ passé composé ⎯⎯ imparfait ⎯⎯ conditionnel
4. ⎯⎯ présent ⎯⎯ passé composé ⎯⎯ imparfait ⎯⎯ conditionnel
5. ⎯⎯ présent ⎯⎯ passé composé ⎯⎯ imparfait ⎯⎯ conditionnel
6. ⎯⎯ présent ⎯⎯ passé composé ⎯⎯ imparfait ⎯⎯ conditionnel
7. ⎯⎯ présent ⎯⎯ passé composé ⎯⎯ imparfait ⎯⎯ conditionnel
8. ⎯⎯ présent ⎯⎯ passé composé ⎯⎯ imparfait ⎯⎯ conditionnel

Est-ce que vous avez un téléphone portable? Savez-vous l'utiliser pour prendre des photos? Est-ce que vos photos sont toujours de nature sérieuse, ou est-ce que vous aimez vous amuser avec vos photos, comme ces filles? Est-ce que vous connaissez quelqu'un qui ne sait toujours pas prendre de photos avec son portable, ou qui n'en a pas? Qui?

Pratiquons!

A. Connaissances. Répondez aux questions suivantes par une phrase complète. Quand vous avez fini, comparez vos réponses avec celles d'un(e) camarade de classe.

1. Nommez une ville que vous connaissez bien. (Je connais bien...)
2. Nommez un État aux États-Unis que vous ne connaissez pas du tout. Voulez-vous le connaître? Pourquoi ou pourquoi pas?
3. Nommez une célébrité que vous voudriez connaître. Pourquoi?
4. Nommez une célébrité que vous ne voudriez pas connaître. Pourquoi?
5. Nommez quelque chose de surprenant que vous savez bien faire.
6. Nommez une chose que vous ne savez pas du tout faire.
7. Nommez une chose que votre professeur sait probablement faire, et une chose qu'il/elle ne sait probablement pas faire.
8. Nommez une chose que vos parents ne savent pas de vous.

B. Colocataires. Christine et Sophie sont colocataires. Dites ce que chacune sait / connaît. Attention au choix des verbes!

1. Sophie achète beaucoup de CD. Elle ne _____ pas télécharger de la musique d'Internet.
2. Christine n'écoute pas souvent le hit-parade. Elle _____ mieux la musique classique.
3. Christine et Sophie _____ chacune les amis de l'autre, mais elles ne sortent pas souvent ensemble.
4. Christine _____ le copain de Sophie, mais elle ne _____ pas sa famille. Elle _____ quel est son numéro de téléphone, parce qu'elle lui téléphone assez souvent pour parler à Sophie!
5. Sophie _____ quelle est l'adresse électronique et le mot de passe de Christine. Quand Christine rentre chez ses parents, Sophie lit ses messages, parce que les parents de Christine n'ont pas d'ordinateur! Christine _____ que Sophie va téléphoner s'il y a quelque chose d'important.
6. Et vous: est-ce que vous _____ quel est le mot de passe de quelqu'un? Quand est-ce que vous l'utilisez?

 C. Questions et réponses. Utilisez les éléments suivants et le verbe **savoir** ou **connaître** pour créer des questions que vous pourrez poser à vos camarades de classe.

> **MODÈLE:** envoyer un courriel
> *Tu sais envoyer un courriel?*

1. une célébrité
2. les heures de bureau du prof
3. créer des pages Web
4. quelqu'un qui n'a pas d'ordinateur
5. qui a inventé le téléphone
6. un pays francophone (Si oui, lequel?)

Maintenant, circulez dans la classe, posez les questions et rapportez les réponses à toute la classe.

D. Dialogue. Posez les questions suivantes à un(e) camarade de classe. Ensuite, comparez ses réponses avec des autres camarades de classe.

1. À quel âge est-ce que tu as connu ton/ta meilleur(e) ami(e)? Où et comment l'as-tu connu(e)? Tu connais aussi sa famille?
2. Tu connais quelqu'un qui ne sait pas envoyer un texto de son portable? Qui?
3. Tu as un assistant personnel? Tu sais l'utiliser?
4. Tu sais envoyer un courriel avec une pièce jointe? À qui est-ce que tu en envoies? Quand as-tu su le faire?
5. Tu connais le président/la présidente de ton université? Quand et où l'as-tu connu(e)?
6. Tu sais quelle est l'adresse électronique du président de l'université? Vas-tu lui envoyer un courriel un jour? Pourquoi ou pourquoi pas?

À vous de parler!

A. La technologie et moi. Avec un(e) partenaire, comparez l'usage que vous faites des ordinateurs. Ensuite, expliquez vos similarités et vos différences au reste de la classe. Suggestion: Utilisez le vocabulaire qui a été présenté dans **Passage 1.** Par exemple, webcam, courriel, clé Bluetooth, routeur, etc.

> MODÈLE: Partenaire A: *J'utilise Internet tous les jours pour chercher des informations. Et toi?*
>
> Partenaire B: *Moi non. Je préfère lire les journaux. Mais j'envoie au moins dix courriels par jour. Et toi? Est-ce que tu as un routeur? Tu peux sortir de ta chambre pour lire tes courriels?*

B. Jeu de vitesse. Par équipe de deux ou trois, dressez une liste de ce qu'il faut connaître ou savoir dans chacune des situations suivantes. Essayez d'avoir une liste plus longue et plus originale que celle des autres groupes de la classe.

> MODÈLE: pour réussir à l'université
>
> *Il faut: savoir où se trouve la bibliothèque; connaître tous vos profs; savoir faire les devoirs; savoir choisir de bons cours; connaître les meilleurs profs...*

1. pour utiliser Internet intelligemment
2. pour avoir un bon travail
3. pour être un bon mari ou une bonne épouse
4. pour devenir président(e) des États-Unis

http://www.creatif-public.net

Accès public et appropriation citoyenne des technologies de l'information

Les villages africains sont branchés comme ça

Comment êtes-vous branché(e)? Est-ce que vous surfez sur Internet à la maison, ou dans un cybercafé? Pour quelles raisons est-ce que vous utilisez Internet et les technologies en général? Dans l'article qui suit, qui parle du village de Kita, au Mali, vous allez voir comment les habitants sont «branchés.»

Capitale de l'arachide[1], Kita est également grande productrice de coton et de cultures vivrières[2] et maraîchères[3]. Des unités industrielles récemment implantées dans la ville permettent de produire et d'exporter huile[4], tourteaux[5] et fibres de coton de qualité.

Conscient de la fenêtre sur le monde que les nouvelles technologies de l'information et de la communication peuvent apporter à sa région, Monsieur Amadou Cisse, maire[6] de Kita, soutient le projet d'implantation d'Internet dans sa ville par le biais[7] de télé-centres.

Sirandou.net, [...] est le premier cybercafé de Kita avec ces trois ordinateurs et son espace bureautique.

Les Kitois et le net... Les Kitois ne connaissent pas encore très bien Internet et la plupart des personnes qui fréquentent le cybercafé viennent pour les services proposés par la partie secrétariat: scannage, saisie de textes, photocopies, envoi et réception de fax... La messagerie électronique commence cependant à faire des adeptes. A Sirandou.net, l'heure de connexion coûte 2000 Fcfa[8].

Fréquentation du cybercafé... Une moyenne de six à huit clients par jour, Sirandou.net est ouvert jusqu'à 22 heures tous les jours parce que «... le soir la navigation est plus rapide,» assurent Coumba et Sankou, les employées du cybercafé.

Les conseils de Sankou... Sankou invite les habitants de Kita à utiliser plus souvent la messagerie électronique afin de communiquer avec la partie de leur famille expatriée pour économiser de l'argent sur le coût du téléphone. «Vous pourrez envoyer un long message à un prix infime par rapport à la somme qu'il vous faudrait dépenser au téléphone. Les messages peuvent être envoyés dans tous les coins du globe: Afrique, Europe, Amérique, Asie.»

Réfléchissons!

1. Qu'est-ce que ce cybercafé représente pour les habitants de Kita?
2. Quels sont les usages les plus populaires de la technologie au cybercafé? Est-ce que c'est surprenant ou non? Pensez-vous que cela va changer dans l'avenir? Si oui, comment? Sinon, pourquoi pas?
3. À votre avis, est-ce que cela coûte cher d'utiliser Internet, faire une photocopie, etc., au Mali? Qu'est-ce que cela représente pour les gens, du point de vue des avantages et des désavantages dans leur vie?
4. À quel âge avez-vous appris à utiliser un ordinateur? L'avez-vous appris à l'école? Chez vous?

[1] peanut   [2] food production   [3] produce   [4] (cooking) oil   [5] oil cakes (used for cattle feed)   [6] mayor
[7] through the installation of   [8] Le franc CFA, aussi appelé «franc» tout court, est utilisé dans 14 pays africains. 100 francs CFA valent toujours un euro.

CD 2
Track 36

Passage 2

Les sports extrêmes

Arielle Carnus est journaliste pour l'émission *Vie publique, Vie privée*. Le sujet du magazine cette semaine c'est «Sports et hobbies extrêmes: Quand les pratiquerez-vous et où?» Arielle a interviewé des personnes dans les rues de quelques grandes villes françaises. Écoutez les réponses des personnes qui pratiquent des sports ou des hobbies pas comme les autres.

UN PASSANT: Moi, je ferai du saut à l'élastique l'été prochain. Je sauterai du viaduc de L'Isle-Jourdain qui se trouve au nord de Bordeaux. Je veux sentir la sensation de vide[1] sous moi.

UN AUTRE PASSANT: Le week-end prochain j'irai faire du parapente avec ma copine sur la montagne du Salève près de Genève. C'est elle qui a suggéré cette activité; j'ai un peu peur, mais elle me rassure. Nous descendrons chacun avec un moniteur[2] en parachute et nous volerons! Super, non?

UN GROUPE D'AMIS: Pendant nos vacances à Toulouse, nous ferons du deltaplane. Le vol libre nous aidera à nous sentir vraiment libres! Nous adorons ces sports libérateurs, nous!

[1]emptiness   [2]instructor

UNE FAMILLE: Bientôt–dans dix jours exactement–toute la famille prendra l'avion pour aller à Montréal où nous ferons du rafting dans les rapides de Lachine sur le fleuve Saint-Laurent. Les rivières du Québec sont les meilleures pour pratiquer ce sport. Dans la famille, nous aimons tous les émotions fortes!

DEUX COPAINS: Demain nous volerons sur l'eau à l'aide d'un bateau en parachute ascensionnel. Nous volerons sur la Méditerranée depuis la baie de Cannes à Mandelieu-La Napoule. Nous aurons chacun notre parachute et nous pourrons admirer les plages depuis une position privilégiée.

UNE PASSANTE: Comme tous les week-ends, samedi prochain je ferai du VTT–vélo tout terrain–avec mes amis. C'est un sport stimulant[1] mais qui me permet de décompresser après une semaine chargée au travail.

Vous avez bien compris?

Définitions. Devinez de quel sport il s'agit d'après les indications données.

1. le rafting
2. le VTT
3. le saut à l'élastique
4. le parachute ascensionnel
5. le deltaplane
6. le parapente

a. On a besoin d'une force qui fait monter haut pour pratiquer ce sport.

b. Ce sport est parfait pour faire des randonnées à bicyclette.

c. On a besoin d'un bon bateau à moteur.

d. Dans ce sport on a besoin de bateaux pneumatiques.

e. C'est un sport où le parachute a la forme d'un triangle.

f. Dans ce sport on rebondit quand on se jette dans le vide.

[1]challenging

Les sports et l'équipement

Les sports d'hiver

la luge

le ski alpin

le ski de fond

le snowboard

l'escalade glaciaire

l'héliski

les patins à glaces /
la patinoire

les skis / une piste
de ski

Les sports nautiques

le jet ski

le ski nautique

la pêche au gros

la planche à voile

D'autres sports

la varappe

l'alpinisme

la raquette / les
courts de tennis

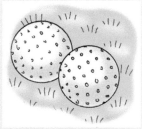

les balles de golf

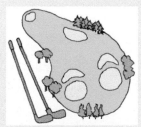

les clubs de golf /
le terrain de golf

le ballon de foot / le
terrain de foot

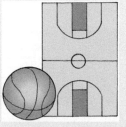

le ballon de basket /
le terrain de basket

le parachutisme

À vous!

A. Identifications. Regardez les dessins et identifiez les sports[1].

1.   2.   3.   4.

5.   6.   7.   8.

Maintenant, dites à la classe quel sport de ceux qui sont mentionnés dans l'activité vous pratiquez en ce moment. Quel est le sport le plus pratiqué dans la classe?

B. Que manque-t-il? *(What is missing?)* Regardez les dessins et indiquez ce que les personnes ont oublié à la maison pour pratiquer les sports.

> MODÈLE: *Elle a oublié son ballon de basket!*

1.    2.    3.    4.

[1]To put these in a complete sentence, use 'faire de' (and don't forget the contractions with 'de' and the definite articles when necessary!): *Elle fait **du** ski.*

C. Quel est leur sport? Décidez quels sports correspondent le mieux aux personnes suivantes.

1. Charlotte adore faire du bateau.
2. Michel aime les randonnées en montagne. Il veut sortir en hiver.
3. Ali a le vertige. Il a peur des hauteurs.
4. Dorothée aime la vitesse.
5. Leila aime les sports d'hiver.
6. Adrien déteste les avions. Il aime beaucoup les sports d'hiver.
7. Margot adore être en contact avec la nature.
8. Aurélien a beaucoup d'équilibre et beaucoup de force dans les bras et les jambes.

 D. Quel est ton sport? Posez les questions suivantes à un(e) camarade de classe pour savoir quel genre de sport il/elle préfère.

1. Préfères-tu les sports d'hiver ou les sports nautiques? Pourquoi?
2. As-tu déjà fait du parachute ascensionnel? Voudrais-tu essayer d'en faire? Pourquoi?
3. As-tu fait du ski? Si oui, préfères-tu le ski de fond ou le ski alpin? Pourquoi?
4. Si c'était permis, ferais-tu du saut à l'élastique du Golden Gate Bridge à San Francisco? Pourquoi?
5. Quelle activité sportive est-ce que tu ne voudrais jamais faire? Pourquoi?
6. Quel sport extrême as-tu envie d'essayer? Pourquoi?
7. De quoi as-tu peur? Quel sport t'aiderait à réduire cette peur?

En fonction des réponses que votre camarade vous a données, déterminez quel genre de personne il/elle est. Choisissez la réponse qui convient le mieux.

a. Il/Elle est une personne audacieuse et courageuse.
b. Il/Elle est une personne qui n'aime ni (neither) le danger ni (nor) le risque.
c. Il/Elle est personne qui n'aime pas les défis (challenges).
d. Il/Elle est personne qui cherche toujours des sensations fortes.

Qui est l'étudiant(e) le/la plus aventureux(-euse) de la classe?

STRUCTURE 2

Le futur

L'emploi du futur

- The future tense (**le futur**) can be used to express an action that will occur in the future. It usually refers to an action that will occur in the relatively near future (such as tomorrow) or in the distant future.

Demain, je **paierai** les factures.　　*Tomorrow, I will pay the bills.*
L'année prochaine, nous **irons**　　*Next year, we will go to Morocco.*
　au Maroc.

- The future tense can also be used in **si**-clauses. It is used in the following situation:

if *x* occurs, then *y* will happen. In such a case, the pattern in French is:

si + present tense + main clause in the future tense

S'il **pleut** demain, nous n'**irons** pas　　*If it rains tomorrow, we won't*
　faire de ski nautique.　　*go waterskiing.*
Si vous **arrivez** en retard, l'avion　　*If you arrive late, the airplane*
　partira sans vous.　　*will leave without you.*

La formation du futur

The conjugations for regular, stem-changing and irregular verbs use the same stem as the conditional. Only the endings are different: **-ai, -as, -a, -ons, -ez, -ont.**

- **Regular verbs**

parler	finir	vendre
je parlerai	je finirai	je vendrai
tu parleras	tu finiras	tu vendras
il / elle / on parlera	il / elle / on finira	il / elle / on vendra
nous parlerons	nous finirons	nous vendrons
vous parlerez	vous finirez	vous vendrez
ils / elles parleront	ils / elles finiront	ils / elles vendront

- **Stem-changing verb stems**

infinitive	future stem
acheter	achèter-
appeler	appeller-
payer	paier-

- **Irregular verbs stems**

aller	ir-	être	ser-	savoir	saur-
avoir	aur-	faire	fer-	venir	viendr-
devoir	devr-	pouvoir	pourr-	voir	verr-
envoyer	enverr-	recevoir	recevr-	vouloir	voudr-

Je t'**enverrai** un e-mail demain.　　*I'll send you an e-mail tomorrow.*
Tu **auras** bientôt le travail dont　　*You will soon have the job you*
　tu rêves.　　*dream about.*

🚩 VÉRIFIEZ votre compréhension

1. Go back to *Passage 2* (pp. 412–413) and identify the verbs in the future tense. Look at the form and think about the subject. For example, in the sentence **Le vol libre nous aidera à nous sentir vraiment libres,** is the subject of the verb in the future tense **nous** or **le vol libre?**

2. Once you have identified all the verbs in the future tense, give the infinitive for each one. Is each one an irregular or a regular verb?

🔊 À l'écoute!

CD 2
Track 37

Conditionnel ou futur? Écoutez les phrases suivantes au conditionnel et au futur. Indiquez le temps que vous entendez.

1. _____ conditionnel   _____ futur
2. _____ conditionnel   _____ futur
3. _____ conditionnel   _____ futur
4. _____ conditionnel   _____ futur
5. _____ conditionnel   _____ futur
6. _____ conditionnel   _____ futur
7. _____ conditionnel   _____ futur
8. _____ conditionnel   _____ futur

Pratiquons!

A. Que feront-ils demain? Regardez les dessins suivants et dites ce que les personnes feront demain. (Pensez au verbe à l'infinitif d'abord et ensuite, mettez-le au futur.)

1. Clothilde

2. Je

3. Vous

4. Tu

5. Nous

6. Brigitte et Clémentine

B. Une brochure du Club Vacances. Vous travaillez au Club Vacances et votre chef vous a chargé(e) de terminer une brochure qui présente les activités du Club Vacances dans différents pays. Complétez la brochure en mettant les verbes entre parenthèses au futur.

Club Vacances

Si vous venez au Club Vacances, vous (1)_____ (être) toujours les bienvenus et vous (2)_____ (s'amuser) comme des fous! Garanti!

Au Club Vacances de Fort-de-France en Martinique, les GO (les Gentils Organisateurs) vous (3)_____ (prendre) en charge et ils vous (4)_____ (proposer) de faire de la plongée sous-marine[1]. Après quoi, vous (5)_____ (pouvoir) prendre un bain de soleil sur le sable chaud de la magnifique plage des Salines.

Au Club Vacances d'Agadir au Maroc, vous (6)_____ (pratiquer) tous les sports nautiques de votre choix. Depuis Agadir, on vous (7)_____ (conduire) à Marrakech pour assister à des fêtes locales, comme la Fantasia[2]. Vous (8)_____ (se promener) dans la palmeraie, vous (9)_____ (voir) des objets d'artisanat dans le souk[3] ou vous (10)_____ (faire) des promenades dans les petites rues étroites de la ville.

Au Club Vacances de Chamonix dans les Alpes françaises, les GO vous (11)_____ (guider) sur les pistes[4] de ski où vous (12)_____ (descendre) en ski entre les sapins[5] jusqu'au village.

Pour les moins jeunes, on vous (13)_____ (recommander) le ski de fond.

Chaque soir après le dîner, vous (14)_____ (avoir) toutes sortes de divertissements: danse, bingo et cinéma.

Courtesy of Véronique Anover and Theresa A. Antes

C. Décidez! D'après la brochure du Club Vacances de l'Activité B, choisissez un pays et décidez quelles activités vous pratiquerez pendant vos vacances. D'abord, parlez de vos projets au futur à un(e) camarade de classe.

> MODÈLE: *Pendant les vacances, j'irai au Maroc. Comme sport nautique je ferai du parachutisme ascensionnel et du ski nautique. J'irai à Marrakech et je me promènerai dans les rues de la ville.*

Ensuite, racontez à la classe les projets de vacances de votre camarade.

> MODÈLE: *Melissa ira au Maroc pendant les vacances. Comme sport nautique elle fera du parachutisme ascensionnel, etc.*

D. Le week-end prochain. Trouvez cinq camarades de classe qui vont faire les activités suivantes et pratiquer les sports suivants pendant le week-end. Notez leurs noms à côté de chaque réponse affirmative. Ensuite, dites à la classe ce que trois étudiants vont faire le week-end prochain. Qui va avoir le week-end le plus intéressant? Pourquoi?

> **MODÈLE:** faire du rafting (où?)
> —*Est-ce que tu feras du rafting le week-end prochain?*
> —*Oui, j'en ferai. (Oui, je ferai du rafting.)*
> —*Où est-ce que tu en feras? (Où feras-tu du rafting?)*
> —*J'en ferai au Colorado.*

1. envoyer des courriels (à qui?)
2. faire de l'héliski (où?)
3. voir un film au cinéma (quel film?)
4. faire du saut à l'élastique (où?)
5. se lever très tard (à quelle heure?)
6. recevoir des amis à la maison (pourquoi?)

Portrait personnel

Écrivez un paragraphe où vous comparez trois de vos camarades de classe. Quelles activités aiment-ils? Quel sport est-ce qu'ils ne font jamais? Qui est le/la plus aventureux(-euse)?

Courtesy of Véronique Anover and Theresa A. Antes

Qu'est-ce que vous aimez faire quand vous avez du temps libre le week-end? Est-ce que vous préférez des sports qui ne sont pas trop exigeants, comme le bateau ou le canoë, ou préférez-vous les sports extrêmes?

STRUCTURE 3

Les pronoms disjoints

In Chapters 1 and 2, you learned about subject pronouns. These accompany verbs. You probably noticed, however, that sometimes the pronouns have a different form as in the question **Et toi?** This type of pronoun is called a *disjunctive* or *stress pronoun*. These pronouns occur in a number of situations, some of which *stress* the subject.

The disjunctive or stress pronouns in French are:

moi	nous
toi	vous
lui	eux
elle	elles

Situations in which disjunctive pronouns occur:

- by themselves

  —Qui va au cinéma?   —Who's going to the movies?
  —**Moi.**   —Me.

- before or following **et** and **ou**

  Je m'appelle Julie. Et **toi?**   My name is Julie. And you?
  Marc et **moi,** nous partons   Marc and I are leaving on vacation.
    en vacances.

  Qui a fait ça? **Toi** ou **lui?**   Who did that? You or him?

- to emphasize a subject pronoun

  Toi, tu sais la réponse?   Do you know the answer?

- following a preposition

  Je ne sors plus avec **lui.**   I'm not going out with him anymore.
  C'est sympa chez **eux.**   It's nice at their house.

- after **il y a, c'est,** or **ce sont**

  Dans ma famille, il y a **moi,** mon   In my family, there's me, my father
    père et ma mère.   and my mother.
  C'est **lui,** mon frère.   That's him, my brother.
  Ce sont **eux** qui nous a prêté   It's them who lent us the money.
    de l'argent.

◀ VÉRIFIEZ votre compréhension

Go back to *Passage 2* pp. 412–413 and underline all the disjunctive pronouns that you find. (Be careful not to confuse them with the direct object pronouns, or with subject pronouns, which sometimes look the same!) For each disjunctive pronoun that you find, explain why the stressed form has been used, referring to the categories above.

Pratiquons!

A. C'est qui? Spécifiez la personne dont il s'agit en utilisant des pronoms disjoints dans les phrases suivantes.

> MODÈLE: Tu aimes ça?
>
> *Tu aimes ça, toi? / Toi, tu aimes ça?*

1. Il va en France cette année.
2. Nous pensons que la technologie moderne est incroyable.
3. Ils ont besoin de vacances.
4. Elle n'écoute jamais les conseils des autres.
5. Qu'est-ce que vous en pensez?
6. J'adore les appareils photo numériques!

 B. C'est qui ça? Vous regardez des photos avec un(e) ami(e). Répondez à ses questions en utilisant un pronom disjoint.

> MODÈLE: Sur cette photo, c'est qui ça? C'est ton frère?
>
> *Oui, c'est lui.*

1. C'est ta sœur?
2. Ce sont tes parents?
3. Ce sont tes amis et toi?
4. C'est moi?
5. Ce sont tes actrices préférées?
6. Ce sont mes sœurs et moi quand nous étions petits?

 C. Réponses non-répétitives. Avec un(e) partenaire, posez les questions suivantes et répondez-y. Utilisez un pronom disjoint dans la réponse, pour ne pas être répétitif.

> MODÈLE: dîner / avec tes parents
>
> Question: *Est-ce que tu dînes souvent avec tes parents?*
> Réponse: *Oui, je dîne souvent avec eux. / Non, je ne dîne pas souvent avec eux.*

1. habiter toujours / chez tes parents
2. travailler bien / pour ton patron (ta patronne)
3. s'entendre bien / avec moi
4. dîner / chez ton/ta prof
5. se disputer souvent / avec ton/ta petit(e) ami(e)
6. se souvenir / de ton instituteur (institutrice) quand tu avais cinq ans
7. penser souvent / à tes amis du lycée
8. vouloir sortir / avec mes amis et moi

À vous de parler!

 A. À l'agence des sports et des loisirs (leisure activities). Votre meilleur(e) ami(e) et vous voulez expérimenter des vacances différentes. Pour cela, vous vous rendez dans une agence spécialisée en sports et loisirs extrêmes. Décrivez à l'agent votre personnalité et vos goûts afin qu'il/elle vous trouve des vacances sur mesure *(custom-made)*.

Voici quelques options proposées par l'agence à ses clients.

Sports d'hiver dans des snowparks à Avoriaz dans les Alpes

snowboard   ski alpin
ski de fond   héliski

Sports nautiques dans l'océan Pacifique à Tahiti

canoë   aquagym *(water aerobics)*   parachutisme ascensionnel
kayak   sandboard

> **MODÈLE:** CLIENT(E): *Bonjour, Monsieur / Madame. Je voudrais partir en vacances dans un endroit où je pourrai expérimenter des émotions fortes. J'adore être face au danger et au risque! Que me proposez-vous?*
>
> AGENT: *Aimez-vous les sports nautiques ou préférez-vous les sports d'hiver?...*

 B. Des vacances sur mesure! Votre meilleur(e) ami(e) et vous sortez de l'agence des sports et des loisirs très content(e)s car l'agent vous a proposé des vacances parfaites. Vous retrouvez vos amis et vous leur racontez tout ce que vous ferez pendant vos vacances. Vos amis vont être très jaloux! Ils vous posent beaucoup de questions pour en savoir plus! Vont-ils vous imiter?

> **MODÈLE:** ÉTUDIANT(E) 1: *Alors, raconte, qu'est-ce que l'agent de voyages a suggéré?*
>
> ÉTUDIANT(E) 2: *Il nous a dit que nous pourrons aller sur une plage au Maroc et faire de la planche à voile ou du parachute ascensionnel.*
>
> ÉTUDIANT(E) 3: *Oui, et il nous a aussi dit que nous pourrons faire du kayak dans la mer Méditerranée! Tu imagines?!...*

Image copyright T-Design, 2010. Used under license from Shutterstock.com

Comment est cet homme, et qu'est-ce qu'il fait ici?
Est-ce qu'il vient de faire de la varappe et écrit maintenant un blog pour en parler? Ou est-ce qu'il est photographe, et vient dans ces montagnes pour la sérénité et les vues? Imaginez sa personnalité, sa profession, son rôle dans cette image, etc., puis comparez votre réponse avec celles du reste de la classe.

Passage 3

Au club de fitness

ESPACE FORME

ENTRAÎNEUSE: Bonjour. Est-ce que c'est la première fois que vous venez à notre club de fitness?[1]

CAROLE: Oui, en effet, c'est la première fois. Mes amis m'ont dit de venir vous demander de l'aide pour me remettre en forme. Je leur ai dit que c'était impossible!

ENTRAÎNEUSE: Mais non, ce n'est pas impossible! Mais vous allez devoir travailler dur. Bon, alors, par où voulez-vous commencer?

CAROLE: Par mon ventre, mes jambes, mes bras et surtout mon derrière!

ENTRAÎNEUSE: Alors, commençons par faire des abdominaux pour bien muscler le ventre. Et pour les jambes on va faire des exercices au sol.

CAROLE: Oh zut alors! Je déteste faire des abdos. Est-ce que c'est vraiment nécessaire?

ENTRAÎNEUSE: Mais oui. Vous ne pouvez absolument pas faire de progrès sans faire des abdos. Je vous le garantis.

CAROLE: Alors, quand est-ce qu'on commence?

ENTRAÎNEUSE: Eh bien, tout de suite! Je vais vous expliquer ce qu'il faut faire, et vous montrer aussi quelques exercices pour raffermir[2] les bras et les jambes. Et si vous avez des questions, vous pouvez me les poser. Au travail![3]

Vous avez bien compris?

Quels sont les conseils que l'entraîneuse donne à Carole pour muscler son corps?

1. Pour le ventre il est nécessaire de...
2. Pour les jambes il faut...
3. Il est nécessaire de commencer...
4. Si Carole a des questions, il faut...
5. Il faut faire des abdos pour...
6. Pour être en forme il faut...

a. les poser.
b. faire des abdominaux.
c. faire des exercices au sol.
d. travailler dur.
e. tout de suite.
f. progresser.

[1]Un club de fitness can also be called un club de gym, une salle de sports, or un centre de remise en forme. [2]to tone [3]Let's get to work!

Mon vocabulaire

Au club de fitness

1. la salle de musculation (la salle de muscu) / faire de la musculation (faire de la muscu)
2. la piscine / nager (faire de la natation)
3. le jacuzzi
4. le sauna
5. le vélo-rameur / ramer
6. les steps (m.) / faire des fessiers (m.)
7. les cabines (f.) de bronzage
8. le vélo statique / pédaler
9. le tapis de course / courir / marcher / faire du jogging
10. les tapis (m.) / faire des exercices (m.) au sol / faire des abdominaux (faire des abdos)
11. des poids (m.) / faire des haltères (m.) / faire de la muscu
12. le vestiaire

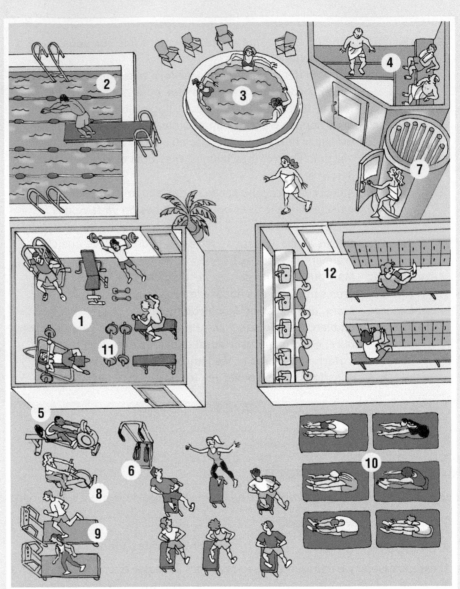

D'autres activités au club de fitness:

faire des exercices d'échauffement (s'échauffer) *(to warm-up)*

faire des exercices d'étirement (s'étirer) / faire du stretching *(to stretch)*

faire des pompes *(f.)* *(to do push-ups)*

se raffermir (les jambes, les bras, etc.) *(to tone up)*

s'entraîner *(to train)*

sauter à la corde *(to jump rope)*

se faire masser (par un masseur / une masseuse) *(to get a massage)*

À vous!

A. Au club de fitness. Regardez les dessins et décrivez les activités que font les personnes suivantes.

1.

2.

3.

4.

5.

6.

7.

8.

B. Que fait-on? Indiquez les activités que vous pouvez faire dans chaque cas.

> **MODÈLE:** avant de faire du sport
>
> *On s'étire ou on s'échauffe.*

1. pour être musclé
2. sur une bicyclette
3. sur un bateau
4. avant un marathon
5. dans un gymnase
6. pour ne pas être sédentaire
7. à la piscine
8. avec une corde

 C. Es-tu sportif (sportive)? Avec un(e) partenaire, comparez vos routines sportives. Posez-vous les questions suivantes à tour de rôle. Choisissez l'expression qui vous convient ou inventez votre réponse.

1. Je vais au club de fitness (une fois par semaine / tous les jours / le week-end / quand j'ai le temps / avec mes amis / quand je mange trop / …).
2. Je ne vais (jamais / pas / plus) au club de fitness parce que (c'est trop cher / je déteste faire de l'exercice / mon corps est parfait / il n'y a pas de club de fitness où j'habite / …).
3. J'aime faire du sport pour (être bien dans ma peau [*to feel good about myself*] / impressionner mon/ma petit(e) ami(e) / avoir une vie équilibrée / avoir un corps bien musclé / …).
4. Pour être en forme je (fais de la muscu tous les jours / nage trois fois par semaine / …).
5. Avant de faire du sport, je dois (m'échauffer / m'étirer / me détendre [*to relax*] dans le jacuzzi…).
6. Quand je vais au club de fitness je fais mes séries d'exercices (avec un[e] entraîneur [entraîneuse] / avec un[e] ami[e] / tout[e] seul[e] / …).

> ### Portrait personnel

Après avoir complété l'Activité C, décrivez la routine sportive de votre camarade en donnant le plus de détails possible.

STRUCTURE 4

Les pronoms compléments d'objet direct

In Chapter 11, you learned to use direct object pronouns. In this **Structure,** you will learn to use *indirect object pronouns.*

- An *indirect object noun* is always a person or animal and preceded by the preposition **à** in French. (In English, there may be no preposition,.) Many verbs in French take indirect objects, either with or without a direct object. An *indirect object pronoun* replaces the **à** + indirect object noun.

  J'envoie souvent des SMS **à mon frère.** → Je **lui** envoie souvent des SMS.
  I often send SMS to my brother.   *I often send him SMS.*
  Je réponds **au professeur.**   → Je **lui** réponds.
  I answer the professor.   *I answer him.*

- Here are the indirect object pronouns. They replace both masculine or feminine nouns. Notice that the first and second person singular and plural pronouns **(me, te, nous, vous)** are the same as direct object pronouns.

me	(to) me	nous	(to) us
te	(to) you	vous	(to) you
lui	(to) him / her	leur	(to) them

Note: The pronouns **me** and **te** become **m'** and **t'** before a vowel sound.

Placement of indirect object pronouns

- Just like direct object pronouns, indirect object pronouns are placed before the conjugated verb. If the conjugated verb is followed by an infinitive, however, the indirect object pronoun is place before the infinitive.

  —Tu écris un e-mail **à tes parents?**   —*Are you writing an e-mail to your parents?*

  —Oui, je **leur** écris un e-mail.   —*Yes, I'm writing them an e-mail.*

  —Tu **m'**appelles ce soir?   —*Will you call me tonight?*
  —Désolé, je ne peux pas **t'**appeler.   —*I'm sorry, I can't call you.*

- In the **passé composé,** the indirect object pronoun is placed before the auxiliary verb. There is never agreement of the past participle with a preceding indirect object.

  —Tu as posé des questions **aux professeurs?**   —*Did you ask the professors questions?*
  —Oui, je **leur** ai posé des questions.   —*Yes, I asked them questions.*

  —Ta mère **vous** avez écrit?   —*Did your mother write you?*
  —Non, elle ne **nous** a pas écrit.   —*No, she didn't write us.*

- In negative commands, the indirect object pronoun is placed before the verb. In affirmative commands, it is placed after the verb and attached to it with a hyphen. Note that **me** and **te** change to **moi** and **toi** in affirmative commands.

Ne **leur** donne pas ton mot de passe!	*Don't give them your password.*
Ne **me** téléphone pas.	*Don't call me.*

Donne-**leur** ton mot de passe!	*Give them your password.*
Téléphone-**moi**!	*Call me!*
Brosse-**toi** les dents.	*Brush your teeth!*

- **Attention!** Remember that the preposition **à** followed by a location or thing is replaced by the pronoun **y.** These are not indirect objects; they are not people or animals.

—Tu vas **à la banque?** (location)	—*Are you going to the bank?*
—Oui, j'**y** vais.	—*Yes, I'm going there.*

—Tu vas parler **au banquier**? (person)	—*Are you going to talk to the banker?*
—Oui, je vais **lui** parler.	—*Yes, I'm going to talk to him.*

—Tu retireras de l'argent **au guichet automatique**? (thing)	—*Will you take out some money from the ATM?*
—Oui, j'**y** retirerai de l'argent.	—*Yes, I'll take out some money from it.*

—Vous poserez des questions **aux caissiers**? (people)	—*Will you ask the tellers some questions?*
—Non, nous ne **leur** poserons pas de questions.	—*No, we won't ask them any questions.*

⚑ VÉRIFIEZ votre compréhension

1. Look at the dialog between Carole and the trainer in *Passage 3* (p. 425), and underline the indirect object pronouns. (Be careful to distinguish direct and indirect object pronouns, by thinking about which verbs are normally followed by the preposition **à**.) What do these pronouns mean and to whom do they refer?

2. What tenses are these pronouns used with? Why do they occur where they do in the sentence?

Pratiquons!

A. Le banquier blond! Voici une conversation entre deux amies, Julie et Caroline. Complétez les phrases par le pronom complément d'objet indirect correct.

JULIE: Dis donc, Caroline, tu dis bonjour au banquier blond quand tu vas à la banque? Il est mignon, non?

CAROLINE: Non, je ne (1) _____ dis pas bonjour. Il n'est pas sympa avec moi et il n'est pas mignon du tout. Et en plus, il ne (2) _____ dit pas bonjour, non plus.

JULIE: Ah bon? Eh bien moi, je (3) _____ demande toujours de m'aider. Je le trouve très mignon!

CAROLINE: Eh bien, moi non! Je fais mes opérations bancaires toute seule. Au fait *(By the way)*, Julie, puisqu'on parle d'argent, tu as finalement emprunté de l'argent à tes parents pour partir en voyage cet été avec les copains?

JULIE: Non. Franchement, je n'ai pas voulu (4) _____ emprunter de l'argent. Mon père vient de donner toutes ses économies à mon oncle qui a divorcé récemment. Il (5) _____ a dit, à mes parents et moi, qu'il avait besoin d'aide parce que son ex-femme est partie avec tout leur argent.

CAROLINE: Quoi? Son ex (6) _____ a pris tout son argent? Le pauvre... Et toi, alors? Comment vas-tu faire ce voyage? Tu l'as dit aux copains?

JULIE: Non, je vais (7) _____ dire plus tard.

CAROLINE: J'ai une idée! Tu peux demander de l'argent à ton banquier blond qui est si mignon!

JULIE: Tu es folle! Je (8) _____ demande de m'aider avec mes finances, pas avec ma vie privée! Merci pour ton idée!

Does the pronoun **lui** in the ad mean her or him? Why is there a hyphen before the pronoun?

B. Obéissez-moi! Vous faites du baby-sitting pour deux enfants de quatre et six ans, Lulu et Juju. Vous leur donnez des ordres pour qu'ils arrêtent *(stop)* de se disputer. Écrivez les ordres selon les indications données. Utilisez un **pronom d'objet indirect** dans vos ordres et soyez logique!

> **MODÈLE:** Juju prend le ballon de foot de Lulu. (donner)
> Donne-lui son ballon de foot!

1. Lulu donne un coup de pied à Juju. (ne... pas donner)

2. Lulu veut sa voiture bleue, mais c'est Juju qui a la voiture. (rendre)

3. Lulu et Juju vous mentent *(are lying)*. (dire la vérité)

4. Juju jette la soupe au visage de Lulu. (ne... pas jeter)

5. Juju ne veut pas demander pardon à Lulu. (demander)

6. Juju demande enfin pardon à Lulu mais maintenant, Lulu ne veut pas faire la bise à Juju. (faire la bise)

À l'écoute!

CD 2
Track 39

Écoutez les phrases suivantes, et indiquez si le pronom remplace un objet direct ou un objet indirect.

> **MODÈLE:** Vous entendez: Je l'ai envoyé à ma sœur.
> Vous indiquez: *objet direct*

1. _____ objet direct   _____ objet indirect

2. _____ objet direct   _____ objet indirect

3. _____ objet direct   _____ objet indirect

4. _____ objet direct   _____ objet indirect

5. _____ objet direct   _____ objet indirect

6. _____ objet direct   _____ objet indirect

7. _____ objet direct   _____ objet indirect

8. _____ objet direct   _____ objet indirect

STRUCTURE 5

 Grammar Tutorials

L'ordre des pronoms dans la phrase

- Sometimes a direct object pronoun and an indirect object pronoun will be used in the same sentence. Take for example these two sentences in English.

  Did you give Brian the money?
  Yes, I gave **it to him.**

- When more than one object pronoun is used in a sentence in French, the pronouns must follow a specific order. The following is the order of pronuns in the present tense, the **passé composé,** the **imparfait,** the future, the conditional and in *negative* commands.

subject (ne)	me te nous vous	le la les	lui leur	y	en	verb	(pas)

—Je **lui** dis **les nouvelles**?   —*Should I tell him the news?*
—Ne **les lui** dis pas.   —*No, don't tell them to him.*

—Il **t**'a donné **la lettre**?   —*Did he give you the letter?*
—Non, il ne **me l**'a pas donnée.   —*No, he didn't give it to me.*

—Elle envoie **un e-mail** tous les jours à son ami.   —*She sends an e-mail to him every day.*

—Elle **lui en** envoie un tous les jours?   —*She sends one to him every day?*

- In the affirmative imperative (commands and orders), the order of pronouns is different.

verb	le la les	me (moi) te (toi) lui nous vous leur	y	en

Donne-**le-moi**!   *Give it to me!*
Parlez-**m'en.**   *Talk to me about it.*
Passez-**les-nous.**   *Pass them to us.*
Mangez-**les-y.**   *Eat them there.*

Pratiquons!

A. C'est barbant! (That's so boring!) Odile n'arrête pas de parler et quand elle parle elle est barbante car elle répète toujours la même histoire avec les mêmes personnes et les mêmes choses. Pour rendre son histoire moins barbante, récrivez-la en utilisant les **pronoms directs** et **indirects** qui conviennent en remplaçant les mots en italique. Odile parle à son ami Frédéric.

«Frédéric, je vais te raconter ma journée d'hier. Je vais te raconter (1) *ma journée* parce que ça a été une journée incroyable! D'abord, j'ai téléphoné à ma sœur. J'aime téléphoner (2) *à ma sœur* parce qu'on rigole toujours ensemble. Elle me raconte les bêtises de son chat Minoulefou. Pendant qu'elle me raconte (3) *les bêtises de Minoulefou*, j'écoute (4) *ma sœur* attentivement. À la fin, nous éclatons de rire toutes les deux, tellement Minoulefou est marrant. Nous nous entendons très bien, ma sœur et moi. Nous avons décidé de faire un sport extrême ce week-end. Nous allons faire (5) *ce sport* avec nos amis Marc et Manuel. Nous allons probablement faire du VTT. Nous n'avons pas de vélos, mais nos frères en ont et nous pouvons emprunter (6) *les vélos à nos frères*. Marc et Manuel sont impatients. Ma sœur doit téléphoner (7) *à Marc et Manuel* pour fixer l'heure et le jour de notre sortie. J'ai donné (8) *leur numéro de téléphone à ma sœur*, donc il n'y aura pas de problème.»

 B. Tes amis et toi. En groupe de deux, posez-vous les questions suivantes à tour de rôle pour en savoir plus sur vos activités. Utilisez des pronoms directs et indirects dans vos réponses. (Attention! Parfois, vous pouvez avoir plusieurs pronoms dans une même réponse.)

1. Est-ce que tu prêtes ton portable à tes copains de temps en temps?
2. Tu invites souvent tes amis chez toi? Que faites-vous?
3. Est-ce que tu dis toujours la vérité à tes amis? Pourquoi?
4. Est-ce que tu vois tes amis souvent? Combien de fois par semaine?
5. Est-ce que tu parles au téléphone avec tes amis tous les jours? Pendant longtemps?
6. Est-ce que tu fais la bise à tes amis pour dire bonjour? Comment est-ce que tu dis bonjour à tes amis?
7. Est-ce que tu racontes tes problèmes à tes amis? Est-ce que vous vous aidez, tes amis et toi? Comment est-ce que vous vous aidez?
8. Est-ce que tu comprends tes amis? Y a t-il un(e) ami(e) que tu ne comprends pas? Pourquoi?

 **Portrait personnel**

Après avoir fait Activité B, écrivez un paragraphe pour décrire votre camarade de classe. Est-ce que c'est quelqu'un de généreux (*generous*)? de compréhensif (*understanding*)? d'honnête? un peu radin (*stingy*)? Expliquez votre opinion en faisant référence aux réponses données par votre partenaire.

À vous de parler!

 A. Es-tu sportif (sportive)? Discutez avec votre partenaire de vos habitudes sportives. Ensuite, regardez l'enquête faite en France sur les préférences sportives des Français. Comparez vos habitudes avec celles des Français.

1. Quel est ton club de fitness préféré?
2. Combien est-ce que tu paies par mois?
3. À quelle heure est-ce que tu aimes aller au club de fitness / faire de l'exercice? Pourquoi?
4. Combien d'heures est-ce que tu restes au club de fitness / fais du sport?
5. Quels sont tes exercices préférés?
6. Qu'est-ce que tu fais avant de faire du sport? Et après?
7. Est-ce que tu pratiques un sport à l'air libre? Quel sport? Où?
8. Est-ce que tu préfères les sports individuels ou en équipe? Pourquoi?
9. Pourquoi est-ce que tu fais du sport / ne fais pas de sport?

Maintenant, regardez le sondage *(survey)* sur les pratiques sportives des Français pour comparer vos habitudes sportives avec celles des Français.

Les pratiques sportives en France

32% des Français pratiquent un sport au moins une fois par semaine.

63% des Français font du sport pour se détendre et arriver à un bien-être personnel.

20% des Français vont faire du sport dans un club de fitness.

Le sport en France est associé à des périodes de vacances ou de loisir *(leisure time)*.

L'été est la saison préférée des Français pour faire du sport.

Les femmes françaises pratiquent le sport de façon plus régulière que les hommes.

Les femmes françaises pratiquent des sports moins brutaux que les hommes.

50% des Français préfèrent pratiquer des sports individuels.

Plus de **50%** des Français qui pratiquent un sport le font de façon non compétitive.

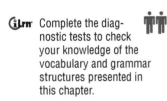 Complete the diagnostic tests to check your knowledge of the vocabulary and grammar structures presented in this chapter.

B. Les sports aux États-Unis. Après avoir comparé vos habitudes sportives avec celles des Français, écrivez en groupe un rapport sur les pratiques sportives des Américains. Répondez aux questions suivantes.

1. Est-ce que les Américains pratiquent un sport pour améliorer leur bien-être personnel ou est-ce qu'ils le font d'une façon compétitive? Est-ce que les Américains préfèrent faire du sport dans un club de fitness ou à l'extérieur? Préfèrent-ils pratiquer des sports individuels ou en équipe?
2. Est-ce que les femmes américaines font du sport plus régulièrement que les hommes? Est-ce que les sports qu'elles pratiquent sont moins brutaux?

Les Français et le foot sont comme ça

Le football c'est le sport national français! En effet, c'est le sport que les Français préfèrent, avant le basket et le rugby. La télévision diffuse les matchs de foot les plus importants—la Coupe du Monde, la Coupe d'Europe, la Coupe de France et la CAN (la Coupe d'Afrique des Nations)—et une grande majorité des Français sont collés à leur écran de télévision! Il y a même une chaîne de télé dédiée exclusivement aux sports où le foot est le sport le plus diffusé et le plus regardé. Les Français qui le peuvent vont au stade—par exemple, au Parc des Princes ou au Stade de

France à Paris—pour assister aux matchs. Les supporters sont nombreux et beaucoup suivent leur équipe préférée de ville en ville et de pays en pays. On appelle «les Bleus» les joueurs qui sont dans l'équipe française de foot parce qu'ils portent des tee-shirts—les maillots—de couleur bleue. Leur tenue de sport est tricolore—bleu, blanc, rouge—comme le drapeau français. Parfois, il y a des bagarres sur le terrain de foot entre les supporters de différentes équipes et la police doit intervenir. À la différence des matchs américains, en France il n'y a pas de *cheerleaders* pour animer le public. Quand «les Bleus» gagnent un match, les fans vont dans les rues des villes en chantant, en buvant et en célébrant la victoire jusqu'à très tard le soir. La vie intime des joueurs de foot est révélée dans la presse people et elle intéresse beaucoup les supporters. Le rêve de beaucoup de jeunes Français est d'entrer dans l'équipe de France de foot car c'est un sport très bien payé et qui a beaucoup de succès. C'est facile de devenir une star et d'apparaître dans les journaux et la télévision quand on est dans l'équipe de France!

Réfléchissons!

1. Vous venez de lire que le foot c'est le sport préféré des Français. Quel est le sport préféré aux États-Unis?

2. Y a-t-il des bagarres pendant les matchs de football américain où la police doit intervenir? Est-ce que le public réagit de la même façon quand son équipe gagne?

3. Comme il n'y a pas de *cheerleaders* dans les matchs français, comment croyez-vous que le public s'amuse pendant les pauses?

4. Comment sont les joueurs de football américains en comparaison avec les joueurs français? Deviennent-ils aussi des stars?

A. Stratégies. *Skimming and Scanning.* Earlier, you learned that skimming a text to get a general impression of what it is about is an important strategy when reading, as it helps us to make predictions about the text and thus aids the reading process. An equally important strategy, with a different focus, is that of scanning. When you scan a text, you are trying to determine if the text contains certain information that is of interest to you. If you find the information you are looking for, you may decide to read the text more carefully. If not, you may choose to pass on to another text. We often use scanning (as well as skimming) while reading newspapers and other expository prose: we look for key words and phrases to signal the presence of the information we seek.

Scan the text of **Innovations technologiques: Le tunnel sous la Manche** and determine if it would be a good source of the following information.

1. the history of the Channel Tunnel between France and England
2. prices for taking the tunnel train
3. the speed of the tunnel train, and the amount of time it takes to go from Paris to London
4. alternative means of traveling between Paris and London
5. the types of cabins offered on the tunnel train

B. Avant de lire

Considérons le sujet. Le passage suivant concerne le tunnel qui relie la Grande-Bretagne à l'Europe continentale. Avant de lire le passage, faites une liste des informations que vous vous attendez à voir dans un texte de cette sorte. Quelles informations techniques, historiques ou culturelles est-ce que vous pensez que les auteurs vous donneront?

Considérons le vocabulaire. Étant donné le sujet de ce passage, essayez de deviner ce que les mots et expressions suivants veulent dire, et écrivez une définition ou traduction.

1. une traversée en mer _____
2. avoir le pied marin _____
3. faire preuve d'imagination _____
4. bateau sous-marin _____
5. pont ferroviaire _____
6. à vive allure _____
7. foré sous la mer _____
8. un havre de sécurité _____

C. Lisons! Lisez maintenant le texte et puis répondez aux questions qui le suivent.

Innovations technologiques: Le tunnel sous la Manche

Il y a quelques 10 000 ans, une parcelle de terre reliait l'Angleterre à la France. Peu à peu, la mer a pris ses droits et la Manche a fait de la Grande-Bretagne une île.

Depuis plus de deux siècles, une grande question technique et politique se posait: comment relier à nouveau les deux pays sans les inconvénients d'une traversée en mer. Même la Reine Victoria qui n'avait pas le pied marin encourageait les projets: «en mon nom et celui de toutes les ladies d'Angleterre».

Les idées ne manquaient pas et des ingénieurs ont fait preuve d'imagination, à la manière parfois des écrivains de science-fiction. Parmi les propositions, on trouve la construction d':

- un bateau sous-marin sur rail (1869)
- un pont ferroviaire posé sur des piliers à 90 mètres au-dessus de la mer pour laisser passer les navires (1882)

Autant de projets tombés à l'eau en attendant le tunnel sous la Manche que nous connaissons. Commencé en 1988, il a été inauguré le 6 mai 1994 par la reine d'Angleterre et François Mitterrand, le président de la République française d'alors.

Grâce à cette fantastique œuvre humaine, l'Europe se tient... par la Manche. La Grande-Bretagne est devenue une presqu'île: il faut compter 20 minutes de traversée à 40 mètres sous le fond de la mer. Londres (Waterloo Station) se trouve à trois heures de Paris (Gare du Nord) par Eurostar: le train qui peut accueillir 774 voyageurs. Ce TGV «transmanche» atteint une vitesse de pointe de 300 kilomètres/heure. Le «shuttle,» drôle de train-navette, permet aux voitures, bus, camions de se ranger sur de gros wagons pour traverser la Manche à vive allure aussi.

Le tunnel sous la Manche a une longueur de 50 kilomètres; les 39 kilomètres forés sous la Manche en font le plus long tunnel sous-marin au monde. Le système de transport Eurotunnel est formé de trois tunnels: deux tunnels, réservés à la circulation ferroviaire (navettes et trains), reliés à un troisième tunnel de service central. Le tunnel de service, unique au monde, joue le rôle d'un havre de sécurité; il est en effet maintenu en état de surpression d'air, restant ainsi à l'abri des fumées en cas d'incendie.

Cinquante-sept millions de personnes, ce qui équivaut à la population totale de la Grande-Bretagne, ont emprunté le tunnel sous la Manche par des navettes Eurotunnel, entre 1994 et 2000.

1. Quand est-ce qu'on a commencé à penser à relier l'Europe continentale et la Grande-Bretagne?
2. Est-ce qu'on a pensé tout de suite à faire un tunnel? Sinon, quelles ont été les autres suggestions données?

3. Ces suggestions sont comparées à quoi?
4. Quand est-ce qu'on a commencé à creuser le tunnel? Quand est-ce qu'on l'a terminé? Est-ce que cela vous paraît long? Expliquez votre réponse en citant quelques données technologiques concernant le tunnel.
5. Qu'est-ce qu'il y a d'unique concernant ce tunnel? Pourquoi est-ce que c'est important?
6. Est-ce que le tunnel sous la Manche est beaucoup ou peu utilisé, selon vous? Expliquez votre réponse.

JTB Photo/agefotostock

D. Après la lecture. Imaginez que vous allez voyager de Paris à Londres (ou vice versa) par le train. Que ferez-vous? Que verrez-vous? Avec qui est-ce que vous voyagerez? Écrivez un paragraphe où vous décrivez votre journée, en employant le futur.

MODÈLE: *Je me lèverai tôt le matin, et j'irai à la gare avec mon amie Séverine.*
Nous prendrons le tunnel sous la Manche pour aller à Londres.
Le voyage sera court! À Londres, nous visiterons...

Lexique 🔊

Mon vocabulaire

Les technologies

Les ordinateurs *Computers*

une carte Wi-FI	*Wi-Fi card*	le mémoire	*memory*
un clavier	*keyboard*	un microphone	*microphone*
une clé Bluetooth	*Bluetooth connection*	un modem	*modem*
une connexion haut débit	*high-speed connection*	un moniteur	*monitor*
un écran	*screen*	un (ordinateur) portable	*laptop computer*
un graveur / lecteur de CD / DVD	*CD / DVD player / burner*	le processeur	*processor*
un haut-parleur	*speaker*	un routeur	*router*
		un scanner	*scanner*
une imprimante	*printer*	une souris	*mouse*
un logiciel	*software program*	une webcam	*webcam*

D'autres gadgets technologiques

une adresse électronique	*e-mail address*	le home cinéma	*home theater*
un agenda	*daily planner*	un mobile / un téléphone portable	*cell phone*
un appareil photo numérique	*digital camera*	un smartphone	*smartphone*
un assistant personnel	*PDA*	un SMS / un texto	*text message*
un baladeur numérique	*digital portable audio player*	le Net / le Web / la Toile	*World Wide Web*

Des activités technologiques

avoir un mot de passe	*to have a password*	recevoir un courriel / un e-mail	*to receive an e-mail*
cliquer	*to click*	sauvegarder (un document)	*to save (a document)*
envoyer		surfer sur Internet / être sur Internet	*to surf the Internet*
un courriel / un e-mail	*to send an e-mail*		
quelque chose en pièce jointe	*an attachment*	télécharger (de la musique / des films)	*to download (music / films)*
un SMS / un texto	*a text*		
graver un CD / un DVD	*to burn a CD / a DVD*	utiliser un moteur de recherche	*to use a search engine*
naviguer sur le Web / sur la Toile	*to navigate the Web*	utiliser un traitement de texte	*to use a word processor*
numériser	*to digitize*		

Les sports en vol libre ou en chute libre *Free-fly or free-fall sports*

le deltaplane	*hang-gliding*	le parapente	*paragliding*
le parachute ascensionnel	*parasailing*	le saut à l'élastique	*bungee jumping*

Les sports d'hiver *Winter sports*

l'escalade (f.) glaciaire	*ice-covered mountain climbing*	le ski alpin	*downhill skiing*
		le ski de fond	*cross-country skiing*
l'héliski (m.)	*heli-skiing*	le snowboard	*snowboarding*
la luge	*sledding*		

Les sports nautiques *Water sports*

le jet ski	*Jet Ski™*	la planche à voile	*windsurfing*
la pêche	*fishing*	le rafting	*rafting*
la pêche au gros (requin, thon, etc.)	*deep-sea fishing (shark, tuna, etc.)*	le ski nautique	*waterskiing*

D'autres sports

l'alpinisme (m.)	mountain climbing	le VTT	cross-country biking
la varappe	rock-climbing		

Au club de fitness / Activités sportives

les cabines (f.) de bronzage	tanning booths	le jacuzzi	Jacuzzi
courir	to run	un masseur / une masseuse	masseur / masseuse
un court de tennis	tennis court	marcher	to walk
s'échauffer	to warm up	les tapis (m.)	mats
s'entraîner / une entraîneuse	to train / trainer	nager	to swim
s'étirer	to stretch	pédaler	to pedal
faire des abdominaux (m.) (faire des abdos)	to do sit-ups	la piscine	swimming pool
		des poids (m.)	weights
faire des exercices (m.) au sol	to do floor exercises	pratiquer un sport	to do a sport
faire des exercices d'échauffement	to warm up	se raffermir	to tone
faire des exercices d'étirement	to stretch	ramer	to row
faire des fessiers (m.)	to do buttock exercises	la salle de musculation (la salle de muscu)	weight room
faire du jogging	to jog	le sauna	sauna
se faire masser	to get a massage	sauter à la corde	to jump rope
faire de la musculation (faire de la muscu)	to do muscle-building exercises	le step	step machine
		le tapis de course	treadmill
faire de la natation	to swim	le vélo-rameur	pedaling and rowing machine
faire des haltères (f.)	to lift weights		
faire des pompes (f.)	to do push-ups	le vélo statique	stationary bike
faire du stretching	to stretch	le vestiaire	locker room

L'équipement sportif

les balles (f.) de golf	golf balls	une piste de ski	ski slope
le ballon de basket	basketball	la raquette	racket
le ballon de foot	soccer ball	les rollers (m.)	roller blades
les clubs (m.) de golf (le terrain / le parcours de golf)	golf clubs / golf course	les skis (m.)	skis
		le terrain de basket	basketball
la patinoire	ice skating rink	le terrain de foot	soccer field
les patins (m.) à glace	ice skates		

Mon bien être et ma santé

Courtesy of Véronique Anover and Theresa A. Antes

Are you generally healthy or unhealthy? Do you take good care of yourself? What are some of the most common illnesses that you suffer from? In this chapter, you will learn how to talk about your health and about what you do to stay healthy (mentally and physically). You will be able to give advice to a friend or to your family so that they can be as healthy as ever! Finally, you will learn how to express your own opinions regarding health issues using the subjunctive mood.

VOCABULARY

- Health, including common illnesses and remedies
- Impersonal expressions to express your opinion
- Expressing emotions
- Expressing volition, doubt, and certainty

STRUCTURES

- The present subjunctive of regular verbs with impersonal expressions
- The present subjunctive of irregular verbs
- Usage of the subjunctive vs. an infinitive
- The subjunctive with expressions of emotion and volition
- The subjunctive with expressions of doubt

CULTURE

- How the French pamper themselves to attain well-being
- What traditional medicine is like in Africa

(iLrn

◀)) Audio
🌐 www.cengagebrain.com

RESSOURCES

Passage 1

Chez le docteur

Bernard va chez le docteur.

BERNARD: Docteur, je suis malade depuis plusieurs jours. J'ai très, très mal à la tête, j'ai extrêmement mal au ventre et j'ai la nausée.

DOCTEUR: Est-ce que vous avez de la fièvre?

BERNARD: Non, je ne crois pas, mais je n'ai pas de thermomètre.

DOCTEUR: Il vaut mieux avoir un thermomètre à la maison. C'est plus pratique. Quand vous avez mal à la tête, est-ce que la douleur est localisée sur le crâne ou sur le front?

BERNARD: Plutôt sur le crâne. J'ai envie de vomir aussi.

DOCTEUR: Qu'est-ce que vous avez mangé dernièrement?

BERNARD: Rien, justement. Mais il faut que je vous dise que j'ai beaucoup bu parce que je fais la fête tous les soirs depuis que ma femme m'a quitté.

DOCTEUR: Ah! Eh bien il ne faut pas être surpris de vous sentir mal! Si vous continuez à boire comme ça, vous allez avoir une cirrhose.

BERNARD: Qu'est-ce qu'une cirrhose? C'est grave?

DOCTEUR: C'est une maladie du foie[1] et c'est très sérieux. Il est indispensable que vous ne buviez plus d'alcool. Vous verrez, vous n'aurez plus mal à la tête, ni envie de vomir.

BERNARD: Alors, voilà, je ne peux plus m'amuser! Il est indispensable d'écouter le docteur, n'est-ce pas?

DOCTEUR: Oui, si vous voulez être en bonne santé!

....

Vous avez bien compris?

Dites si les phrases suivantes sont vraies ou fausses.

1. Bernard a une migraine.
2. Bernard ne sait pas s'il a de la fièvre.
3. Bernard n'a pas envie de vomir.
4. Le docteur conseille à Bernard de boire du vin.
5. Bernard est en bonne santé.
6. Le docteur lui dit qu'il va avoir une maladie du foie.

[1]liver

→ Mon vocabulaire ←

Les parties internes du corps

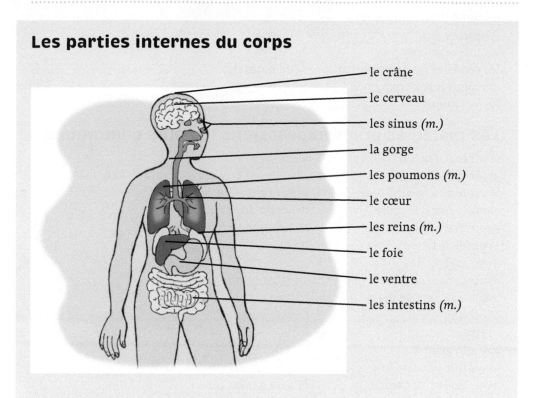

- le crâne
- le cerveau
- les sinus *(m.)*
- la gorge
- les poumons *(m.)*
- le cœur
- les reins *(m.)*
- le foie
- le ventre
- les intestins *(m.)*

Les médicaments et les remèdes

le sirop   les pastilles *(f.)*   les comprimés *(m.)* / les cachets *(m.)*

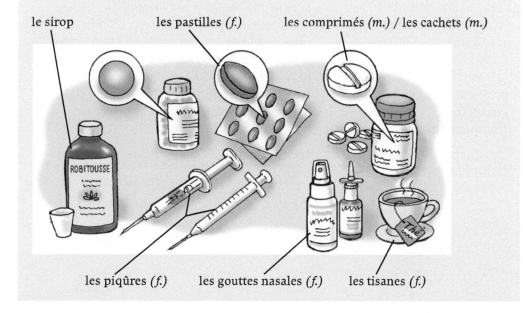

les piqûres *(f.)*   les gouttes nasales *(f.)*   les tisanes *(f.)*

D'autres médicaments

les antibiotiques *(m.)*
les antihistaminiques *(m.)*
l'aspirine *(f.)*
les médicaments *(m.)*
les remèdes *(m.)* homéopathiques (ou naturels)
un somnifère *sleeping pill*
les vitamines *(f.)*

Les maladies et les expressions les plus communes

avoir mal à la tête	
avoir une migraine	
avoir le nez bouché	*to have a stuffy nose*
avoir le nez qui coule	*to have a dripping nose*
avoir mal à la gorge	*to have a sore throat*
avoir de la fièvre	
avoir mal au dos	
avoir la nausée = avoir mal au cœur = avoir envie de vomir	
avoir une rage de dents	*to have a toothache*
avoir un rhume / être enrhumé(e)	*to have a cold*
avoir la grippe	*to have the flu*
avoir une crise de foie	*to have digestive problems*
avoir une crise cardiaque	*to have a heart attack*
avoir une infection	
tousser	*to cough*
se sentir mal / bien	*to feel bad / well*
être en bonne santé / en mauvaise santé	*to be in good health / bad health*
avoir une santé de fer	*(literally to have an iron health) to be extremely healthy, to have an iron constitution*
être malade / tomber malade	*to be sick / to fall sick*
être guéri(e) / guérir de	*to be healed (from)*
se soigner	*to take care (of oneself)*
un thermomètre	

Au Chapitre 9, vous avez vu **les parties externes du corps.** Révisez ce vocabulaire avant de faire les activités suivantes.

À vous!

A. Les remèdes. Quand est-ce qu'on prend les remèdes suivants?

1. le sirop
2. les gouttes nasales
3. l'aspirine
4. les antibiotiques
5. les tisanes
6. un somnifère

B. Cause et effet. Reliez les maladies de la colonne de gauche aux questions logiques de la colonne de droite à poser dans chaque cas.

> **MODÈLE:** J'ai une crise de foie.
>
> *Vous avez mangé beaucoup de chocolat?*

1. J'ai mal au ventre.
2. Je tousse.
3. J'ai la nausée.
4. J'ai mal au dos.
5. J'ai mal à la tête.
6. J'ai de la fièvre.

a. Vous attendez un enfant?
b. Vous avez transporté des objets lourds?
c. Vous avez trop mangé?
d. Vous fumez beaucoup de cigarettes?
e. Vous avez une infection?
f. Vous avez bu trop de vin?

 C. Mes petits remèdes. Avec un(e) partenaire, dites quels symptômes vous avez quand vous êtes malades, quels remèdes vous prenez et ce que vous faites pour vous sentir mieux.

> **MODÈLE:** avoir mal au dos
>
> *Qu'est-ce que tu fais quand tu as mal au dos?*
> *Je me couche. / Je prends de l'aspirine. / Je m'étire.*

1. être enrhumé(e)
2. avoir une rage de dents
3. avoir mal à la tête
4. avoir mal à la gorge
5. avoir une crise de foie
6. avoir la nausée

PHARMACIE

STRUCTURE 1

You have learned three *moods* so far: the indicative, the imperative, and the conditional. The indicative, which is made up of most verb tenses (the present, **passé composé, imparfait,** and **futur**), is objective and expresses the facts. The imperative is used to give orders and commands, and the conditional expresses what would, could, or should happen.

The *subjunctive* mood is subjective. It is used to express the speaker's opinion, emotion, desire, need, or doubt. There is a present and past tense subjunctive; however, you will only be learning the present tense in *À vous.*

La formation du subjonctif des verbes réguliers

To form the present subjunctive of regular **-er, -ir,** and **-re** verbs, take the third person plural **(ils)** form of the present tense and drop the **-ent** to find the stem.

ils mangent → **mang-**	ils finissent → **finiss-**	ils vendent → **vend-**

Then add the appropriate endings: **-e, -es, -e, -ions, -iez,** and **-ent.**

manger	finir	vendre
Il faut que...		
je mange	je finisse	je vende
tu manges	tu finisses	tu vendes
il / elle / on mange	il / elle / on finisse	il / elle vende
nous mang**ions**	nous finiss**ions**	nous vend**ions**
vous mang**iez**	vous finiss**iez**	vous vend**iez**
ils / elles mang**ent**	ils / elles finiss**ent**	ils / elles vend**ent**

Notice that the **nous** and **vous** forms are the same as those in the **imparfait,** and the **ils/elles** form is the same as the third person plural form in the present indicative.

L'emploi du subjonctif

- There are three rules for using the subjunctive.

1. The subjunctive is always found in the second part of the sentence and follows the word **que.**

   Il faut **que** je **parte.**   *It is necessary that I leave.*

2. The subjects in the two parts of the sentence must be different.

   Il faut que **je** parte.   *It is necessary that I leave.*

3. An expression in the first part of the sentence *triggers* the subjunctive and is always followed by the word **que.** In the example above, **il faut que** is an expression of necessity, and thus triggers the subjunctive.

- A common trigger of the subjunctive are impersonal expressions of necessity. These expressions are called *impersonal* because they only exist in the third person singular.

Les expressions de nécessité:

Expressions	Translations	Examples Pour être en bonne santé...
il faut que...	*it is necessary that . . .*	il **faut que** tu manges beaucoup de fruits et légumes.
il est nécessaire que...	*it is necessary that . . .*	il est **nécessaire que** tu dormes huit heures par nuit.
il est essentiel que...	*it is essential that . . .*	il est **essentiel que** tu aimes ton travail.
il est indispensable que...	*it is indispensable that . . .*	il est **indispensable que** tu ne stresses pas trop.
il vaut mieux que...	*it is better that . . .*	il **vaut mieux que** tu choisisses un style de vie équilibré.

 VÉRIFIEZ votre compréhension

1. Go back to *Passage 1.* What subjunctive verbs can you find? Underline them and give their infinitive.
2. Why is the subjunctive used instead of the indicative in these sentences?

 À l'écoute!

CD 2
Track 41

Petits Tuyaux! In order to determine if the speaker is using present subjunctive or indicative, pay attention to the appearance of an expression of necessity in the sentence as in **il faut que** or **il est indispensable que** and the additional "i" in the **nous** and **vous** forms.

Subjonctif ou indicatif? Listen to the following sentences and determine if they are in present subjunctive or indicative.

	Subjunctive	Indicative
1.	_____	_____
2.	_____	_____
3.	_____	_____
4.	_____	_____
5.	_____	_____
6.	_____	_____

Pratiquons!

A. Pour bien faire. Refaites chaque phrase en conjuguant les verbes au subjonctif avec les différents pronoms.

1. Pour ne plus avoir de fièvre, il faut que *tu guérisses*. (nous / on / je / vous)
2. Pour être en bonne santé, il faut que *j'écoute* mon docteur. (tu / mes parents / nous / on / vous)
3. Pour ne pas avoir une crise de foie, il est essentiel que *nous mangions* sain, que nous ne *consommions* pas d'alcool et que nous *choisissions* des aliments bio *(organic)* si possible (je / vous / mon frère / tu)
4. Pour bien guérir, il est important que *je finisse* tous les antibiotiques. (mes amis / tu / il / vous)

B. Avec ou sans effort? Choisissez les affirmations qui vous décrivent le mieux. Complétez les phrases qui s'appliquent à votre cas. Discutez de vos choix avec vos camarades. Est-ce que vous réussissez à faire les choses dans la vie sans effort ou, au contraire, avec beaucoup d'effort?

1. a. Il faut que j'_____ (étudier) beaucoup pour réussir en cours.

   b. Il ne faut pas que j'_____ (étudier) beaucoup pour réussir en cours.

2. a. Il est nécessaire que je _____ (travailler) à plein temps pour me payer mes études.

   b. Il n'est pas nécessaire que je _____ (travailler) à plein temps pour me payer mes études.

3. a. Il faut que je _____ (rendre) à mes parents l'argent qu'ils me prêtent.

   b. Il ne faut pas que je _____ (rendre) à mes parents l'argent qu'ils me prêtent.

4. a. Il est indispensable que je _____ (choisir) bien les aliments que je mange pour être en bonne santé.

   b. Il n'est pas indispensable que je _____ (choisir) bien les aliments que je mange pour être en bonne santé.

5. a. Il est nécessaire que je _____ (maigrir *[to lose weight]*) pour être en bonne santé.

   b. Il n'est pas nécessaire que je _____ (maigrir) pour être en bonne santé.

STRUCTURE 2

La formation du subjonctif des verbes irréguliers

Grammar Tutorials

- Many verbs that are irregular in the present indicative are regular in the subjunctive. That is, you drop the **-ent** of the third person plural form of the present and add the subjunctive endings.

connaître
Il est nécessaire que...
je connaisse
tu connaisses
il / elle / on connaisse
nous connaissions
vous connaissiez
ils / elles connaissent

- There are two verbs that are completely irregular: **être** and **avoir.**

être		avoir	
Il faut que...			
je **sois**	nous **soyons**	j'**aie**	nous **ayons**
tu **sois**	vous **soyez**	tu **aies**	vous **ayez**
il /elle / on **soit**	ils / elles **soient**	il / elle **ait**	ils / elles **aient**

- Three verbs have an irregular stem for all their conjugations: **faire, pouvoir, savoir.**

faire	pouvoir	savoir
Il faut que...		
je **fasse**	je **puisse**	je **sache**
tu **fasses**	tu **puisses**	tu **saches**
il / elle / on **fasse**	il / elle **puisse**	il / elle **sache**
nous **fassions**	nous **puissions**	nous **sachions**
vous **fassiez**	vous **puissiez**	vous **sachiez**
ils / elles **fassent**	ils / elles **puissent**	ils / elles **sachent**

- Some verbs have regular **nous** and **vous** forms, but have a different stem for all the other forms. Take a look at the conjugation of **boire,** for example

Il faut que...	
je **boive** du lait.	nous **buvions** du lait.
tu **boives** du lait.	vous **buviez** du lait.
il / elle / on **boive** du lait.	ils / elles **boivent** du lait.

Here are some other stem-changing verbs in the subjunctive.

aller	que j'**aille**	que nous **allions**
croire	que je **croie**	que nous **croyions**
devoir	que je **doive**	que nous **devions**
prendre	que je **prenne**	que nous **prenions**
venir	que je **vienne**	que nous **venions**
vouloir	que je **veuille**	que nous **voulions**

VÉRIFIEZ votre compréhension

1. Go back to *Passage 1* (p. 442), and find all the irregular the verbs in the subjunctive.
2. Do these verbs have regular or irregular stems in the subjunctive? Are the endings regular or irregular?

🔊 À l'écoute!

CD 2
Track 42

Quel est le mode verbal? Écoutez les phrases suivantes attentivement. Ensuite, indiquez le mode verbal que vous entendez.

1. _____ subjonctif   _____ indicatif
2. _____ subjonctif   _____ indicatif
3. _____ subjonctif   _____ indicatif
4. _____ subjonctif   _____ indicatif
5. _____ subjonctif   _____ indicatif
6. _____ subjonctif   _____ indicatif
7. _____ subjonctif   _____ indicatif
8. _____ subjonctif   _____ indicatif

Pratiquons!

A. Une bonne discipline. Récrivez chaque phrase avec les sujets indiqués. Faites bien attention aux formes des verbes (subjonctif et indicatif) dans chaque phrase.

1. Avant un examen, il est nécessaire que *l'¹on fasse* toutes les activités du cahier d'exercices. (je / vous / ils / mes sœurs)
2. Si *je veux* être de bonne humeur le matin, il est indispensable que *je dorme* huit heures. (mon prof / nous / mes frères / tu)
3. Si *tu veux* apprendre le français, il faut que *tu sois* bien discipliné(e) et que *tu viennes* en cours tous les jours! (on / vous / ils)
4. Le week-end, il est absolument nécessaire que *nous allions* au cinéma. Il faut aussi que *nous nous amusions* de temps en temps! (je / tu / vous / mes amis)

B. Un docteur exigeant. Complétez les phrases suivantes avec la forme nécessaire des verbes entre parenthèses pour exprimer ce que le médecin demande à ses patients.

1. Le docteur dit: «Il est nécessaire que mes patients _____ (arriver) toujours à l'heure à ma consultation *(doctor's office)*.»
2. «Il faut que l'on _____ (vouloir) vraiment changer ses mauvaises habitudes.»
3. «Il vaut mieux que vous _____ (ne... plus manger) au fast-food.»
4. «Il est indispensable que mes patients _____ (faire) des changements dans leur mode de vie avant de tomber malade.»
5. «Il vaut mieux que vous _____ (boire) assez d'eau, et que vous _____ (prendre) des vitamines tous les jours.»
6. «Il est important que mes patients _____ (venir) faire leur check-up tous les ans.»

 C. Vous êtes docteur aussi: que faut-il faire d'autre? Continuez l'Activité B, en ajoutant au moins trois phrases. Ensuite, comparez vos idées à celles d'un(e) partenaire.

1. _____
2. _____
3. _____

D. Que faut-il faire pour avoir une santé de fer? Choisissez la réponse la plus logique pour terminer les phrases suivantes. Comparez vos réponses avec celles d'un(e) partenaire. Êtes-vous d'accord?

1. Pour ne pas faire une crise cardiaque, il faut que l'on...
2. Pour ne jamais avoir une rage de dents, il faut que tu...
3. Pour éviter d'avoir un rhume, il est indispensable que tu...
4. Pour avoir plus d'énergie, il est nécessaire que nous...
5. Pour prévenir le mal de dos, il vaut mieux que l'on...
6. Pour guérir plus rapidement, il est important que nous...

¹This "l" is only for phonetic purposes; it is neither a direct object pronoun nor an article. It sounds better to add an "l" after "que" and before "on."

À vous de parler!

A. Chez le docteur. Vous êtes hypocondriaque et vous allez chez le médecin très fréquemment. Imaginez: a.) vos conversations dans la salle d'attente avec d'autres patients aussi hypocondriaques que vous ou b.) votre conversation avec votre docteur dans la salle de consultation.

B. La prévention est la solution. Vous savez tous que la prévention peut être la solution pour éviter de nombreuses maladies. Vous travaillez au ministère de la Santé publique au Québec. Faites une brochure sur la prévention de certaines maladies comme la crise cardiaque, certains cancers (le cancer du poumon, par exemple), l'obésité chez les enfants, le cholestérol, etc. Utilisez le subjonctif autant que possible. Adressez-vous au public à la deuxième personne du pluriel **(vous).** Une fois que vous avez terminé, présentez votre brochure à la classe.

> **MODÈLE:** *Pour prévenir le diabète, il faut absolument que vous fassiez attention à votre consommation de sucre. Il est indispensable que vous fassiez de l'exercice régulièrement et que vous buviez moins de boissons alcoolisées (elles contiennent beaucoup de sucre)...*

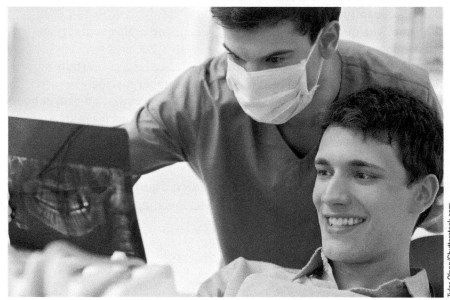

Tyler Olson/Shutterstock.com

Le bien-être s'obtient comme ça en France

Les Français consacrent beaucoup de temps et d'argent à leur bien-être—pas seulement le bien-être physique mais le mental aussi pour arriver à une harmonie entre corps et esprit. Déjà au dix-huitième siècle, Voltaire parlait de l'importance de cultiver son «jardin intérieur», sans oublier le «jardin extérieur», bien sûr. Les Français ont plusieurs choix pour arriver à un bien-être parfait entre le corps et l'esprit.

- **Le thermalisme ou les cures thermales.** Comme son nom l'indique, la méthode utilisée dans les cures thermales se base sur la chaleur et le froid pour obtenir différents résultats. Les curistes font des bains d'eau chaude, de vase tiède[1] ou d'algues marines froides pour se détendre (l'esprit) et se sentir mieux physiquement (le corps). Les personnes qui se rendent dans les cures thermales ont souvent des problèmes de rhumatisme, de digestion, de peau[2], de respiration ou de circulation. Les cures thermales se trouvent dans des endroits privilégiés (la mer, la montagne) en contact avec la nature. La durée d'une cure thermale est de deux à trois semaines. Pour garantir la prise en charge par la sécurité sociale, il faut que le médecin traitant prescrive la cure et choisisse la station thermale où le patient va séjourner.

- **La thalassothérapie (ou la thalasso).** Le principe de la thalasso, c'est d'appliquer des soins et des traitements à base d'eau de mer. Les établissements se situent tous sur les côtes. Les soins[3] ou les cures en thalasso sont multiples. La cure la plus populaire est la remise en forme. Mais il y a également la cure antistress, la cure postnatale ou prénatale, les cures antitabac, minceur / diététique (soins anticellulite, aquagym, drainage lymphatique, régime alimentaire, musculation en salle de gym), ménopause, jambes lourdes, la spéciale dos (avec des hydromassages ou des bains de boue) ou la spéciale homme. Le but[4] de la thalasso est de procurer un bon équilibre biologique. On va en thalassothérapie pour améliorer sa forme plutôt que pour se soigner.

[1]warm mud   [2]skin   [3]treatments   [4]goal

- **Les instituts de beauté ou les centres de bien-être.** Ce sont des centres esthétiques. Généralement dans ces centres il y a un salon de coiffure, un espace sauna, un espace manucure et pédicure et des esthéticiennes spécialistes du maquillage permanent, du drainage lymphatique ou de l'épilation laser ou à la cire.[1]

- **L'homéopathie (ou la médecine douce).** L'homéopathie soigne par le pouvoir des plantes. Bon nombre de Français préfèrent traiter les symptômes d'une maladie comme le rhume, les migraines ou le stress à l'aide de l'homéopathie plutôt[2] qu'avec les remèdes de la médecine traditionnelle. L'homéopathie est différente de la médecine tradition-nelle car elle s'occupe aussi bien de la psychologie du patient que des symptômes physiques (migraines, insomnies, mal au dos). La plupart des traitements homéopathiques sont couverts par la sécurité sociale.

Réfléchissons!

1. Est-ce que les Américains sont aussi préoccupés que les Français par leur bien-être? Pourquoi? Expliquez votre réponse.

2. Est-ce que dans votre pays il y a autant de centres dédiés au bien-être? Y a-t-il des centres similaires aux centres français? Donnez des exemples.

3. Où vont les Américains pour atteindre une harmonie entre corps et esprit? Que font les Américains pour réduire le stress, par exemple? Pour combattre les migraines?

4. Avez-vous été étonné(e) de la prise en charge par la sécurité sociale des soins homéopathiques, des cures thermales et des thalassothérapies? Pourquoi? Pensez-vous qu'il est nécessaire que ces soins soient remboursés par la sécurité sociale? Justifiez votre réponse.

[1]wax   [2]rather than

Passage 2

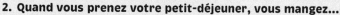

Quel est votre mode de vie?

Faites le test suivant sur vos habitudes alimentaires et votre style de vie. Quand vous aurez terminé, comptez vos points et déterminez si le régime alimentaire que vous suivez est optimal ou non.

1. **Prenez-vous le petit-déjeuner tous les matins?**
   a. Oui, toujours. (1 point)
   b. Non, jamais. (3 points)
   c. De temps en temps. (2 points)

2. **Quand vous prenez votre petit-déjeuner, vous mangez...**
   a. des céréales avec du lait écrémé.[1] (1 point)
   b. des tartines avec du beurre et de la confiture. (2 points)
   c. des œufs avec du bacon. (3 points)

3. **Que buvez-vous le matin?**
   a. Du chocolat chaud avec du lait entier.[2] (3 points)
   b. Un à deux cafés crème. (2 points)
   c. Un jus de fruit. (1 point)

4. **Pour le déjeuner, vous mangez...**
   a. au fast-food. (3 points)
   b. un repas léger—une salade, un yaourt, des fruits, etc. (1 point)
   c. rien du tout. (3 points)

5. **Pour vous déplacer...**
   a. vous allez à pied. (1 point)
   b. vous prenez votre bicyclette. (1 point)
   c. vous prenez votre voiture ou un moyen de transport public. (3 points)

6. **En général, vous pratiquez un sport ou vous faites de l'exercice...**
   a. jamais. (3 points)
   b. tous les jours. (1 point)
   c. deux à trois fois par semaine. (2 points)

7. **Pour le dîner, vous préparez votre repas avec...**
   a. des aliments biologiques et maigres (des légumes et des fruits). (1 point)
   b. des aliments surgelés (des plats préparés, comme des pizzas). (2 points)
   c. des aliments gras—des frites, du bœuf, du poulet frit. (3 points)

8. **Est-ce que vous mangez beaucoup de fruits et de légumes chaque jour?**
   a. Non, je suis carnivore, je ne mange que de la viande et des féculents.[3] (3 points)
   b. Oui, je suis végétarien(-ne); la base de mon alimentation, ce sont les fruits et les légumes. (2 points)
   c. Oui, j'essaie de manger équilibré, c'est-à-dire, un peu de tout. (1 point)

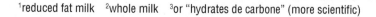

[1] reduced fat milk   [2] whole milk   [3] or "hydrates de carbone" (more scientific)

9. **Consommez-vous des boissons alcoolisées?**
   a. Rarement ou jamais. (1 point)
   b. En abondance. (3 points)
   c. Avec modération. (2 points)

10. **Après le dîner, le soir...**
    a. vous restez vautré(e)[1] sur le fauteuil, la télécommande à la main. (3 points)
    b. vous faites du sport ou une activité physique. (1 point)
    c. vous allez chercher le courrier ou vous sortez le chien. (2 points)

Résultats

De 10 à 15 points: Vous menez une vie bien équilibrée. Nous recommandons que vous ne changiez rien. Vous savez qu'il est important d'être attentif(-ve) à votre poids et à votre santé. Il faut continuer ce mode de vie. Il est peu probable que vous tombiez souvent malade.

De 16 à 22 points: Il faut absolument que vous amélioriez votre style de vie. Il est préférable de faire quelques changements dans votre régime alimentaire et dans vos activités de tous les jours. Nous sommes navrés que vous deviez changer votre mode de vie. Il est regrettable que vous ne preniez pas assez soin de vous.

De 23 à 30 points: Il est dangereux de vivre comme vous le faites. Il faut que vous fassiez des changements immédiats, sinon vous allez le regretter. Nous sommes vraiment désolés que vous soyez obligé(e) de changer vos habitudes. Il est clair que vous allez avoir des maladies graves à l'avenir si vous restez comme vous êtes.

Vous avez bien compris?

Répondez aux questions suivantes, selon le texte.

1. Si vous avez un score de 28, est-ce qu'il faut changer quelque chose dans votre style de vie? Pourquoi ou pourquoi pas? Comment pourriez-vous avoir un score moins élevé?
2. Selon le test, est-ce que c'est bien de ne pas déjeuner? Est-ce que c'est mieux de manger dans les fast-foods? Pourquoi?
3. Selon le test, combien de fois par semaine faut-il prendre le petit-déjeuner? Que faut-il prendre pour avoir une vie plus saine?
4. Est-ce que c'est mieux d'être végétarien(ne) que de manger équilibré, selon le test? Pourquoi pensez-vous que les auteurs disent cela?
5. Si vous avez un score de 12, qu'est-ce que les auteurs du test recommandent?

[1]spread out

→ Mon vocabulaire ←

Les émotions

être déprimé(e),
être malheureux(-euse),
être insatisfait(e)

être comblé(e), être satisfait(e),
être aux anges

être navré(e), être gêné(e)

être épaté(e), être
choqué(e); être surpris(e)

être fâché(e), être en
colère, être en rage

Le régime alimentaire

Des aliments (*m.*) riches en matières grasses

Des aliments maigres
(sans matières grasses),
des produits (*m.*) allégés,
des produits de régime

Des produits bio
(biologiques)

Des produits surgelés

Quelques expressions verbales utiles

être costaud( ) = être musclé(e) = être fort(e) = être gros (grosse)

être mince = être maigre

être au régime = vouloir perdre du poids

grossir = prendre du poids

maigrir = perdre du poids

garder la ligne = ne pas prendre de poids

manger sain = manger équilibré

À vous!

A. Rappelons-nous. Au Chapitre 12 (p. 368) et maintenant dans ce chapitre vous avez vu les expressions d'émotion suivantes. Indiquez sous chaque photo l'expression qui correspond le mieux. Ensuite, trouvez un synonyme pour autant d'expressions que possible.

_____ _____ _____ _____ _____

_____ _____ _____ _____ _____

_____ _____ _____ _____ _____

1. être heureux (heureuse)
2. être étonné(e)
3. être furieux (furieuse)
4. être soulagé(e)
5. être triste
6. avoir honte
7. être content(e)
8. être ravi(e)
9. être navré(e)

B. Le contraire. Trouvez une expression qui exprime le contraire des expressions suivantes.

1. Je suis au régime.
2. Je suis déprimé(e).
3. Elle prend du poids.
4. Elle est aux anges.
5. Je garde ma ligne.
6. Nous mangeons des aliments maigres.

 C. Comment se sentent-ils? Avec un(e) partenaire, nommez des personnages de romans ou de films qui éprouvent les émotions suivantes. Ensuite comparez votre liste avec celles de vos camarades.

1. malheureux
2. déprimé
3. épaté
4. fâché
5. comblé
6. déçu

STRUCTURE 3

Le subjonctif vs. l'infinitif

You may have noticed in the test results in *Passage 2* that an expression of necessity wasn't always followed by the subjunctive.

- Remember, in order for the subjunctive to occur, there must be a *different* subject in the second part of the sentence. This change in subject personalizes the need, desire, emotion, opinion, or doubt expressed in the first part of the sentence.

  Il faut que **je** parte.   *It is necessary that I leave.*

- If the speaker is using an expression of necessity to make a general statement (and there is no change in subject), then an infinitive is used.

  Il faut **partir.**   *It is necessary to leave.*

- The preposition **de** is inserted before the infinitive when the expression of necessity in the first part of the sentence ends in *an adjective*.

  Il est **nécessaire de** choisir des produits allégés pour maigrir.   *It's necessary to choose light foods to lose weight.*

  Il est **important de** manger des produits bio pour être en bonne santé.   *It's important to eat organic products to be in good health.*

Note that the infinitive directly follows **il faut** and **il vaut mieux;** the preposition **de** is not used.

  Il **vaut mieux être** satisfait dans la vie.   *It's best to be satisfied in life.*

 VÉRIFIEZ votre compréhension

1. Go back to the test results in Passage 2 on pages 455–456, and find all the expressions of necessity that are followed by an infinitive. Why is an infinitive used and not a clause with a subjunctive?
2. Find the sentences that have the preposition **de** before an infinitive and the ones that do not, and explain why.

Pratiquons!

A. Différences irréconciliables! Charlotte va vous parler des différences entre Isabelle, sa colocataire, et elle. Complétez le paragraphe avec le subjonctif ou l'infinitif, selon le cas.

Isabelle et moi, nous sommes des personnes très différentes! Elle pense qu'il faut (étudier) (1) _____ pendant des heures chaque soir; moi, je trouve qu'il est nécessaire de (se préparer) (2) _____ seulement un peu avant les examens. D'après *(according to)* Isabelle, il est essentiel que j(e) (aller) (3) _____ plus fréquemment à la bibliothèque.

Elle répète souvent qu'il faut (être) (4) _____ sérieux, si l'on veut réussir. Mais moi, je trouve qu'il est important de (connaître) (5) _____ les autres étudiants des cours aussi et qu'il est nécessaire de (sortir) (6) _____ avec eux pour s'amuser. Je pense qu'il est indispensable que les étudiants (être) (7) _____ sociables pour avoir beaucoup d'amis et pour mieux comprendre les cours! Isabelle est plutôt solitaire. Il faut qu'elle (sortir) (8) _____ un peu plus et qu'elle (travaille) (9) _____ un peu moins. Isabelle dit que nous ne pouvons pas vraiment travailler dans un café. Il faut qu'elle (avoir) (10) _____ du silence pour bien travailler. Et vous, êtes-vous d'accord avec elle ou avec moi?

Maintenant, répondez à la question de Charlotte!

B. Que faut-il? Dites ce qu'il faut faire pour ressentir (ou non) les émotions suivantes.

> MODÈLE: pour être heureux
> *Pour être heureux, il faut penser de façon positive.*

1. pour ne pas être déprimé
2. pour être comblé dans son couple
3. pour ne pas être malheureux dans son travail
4. pour être satisfait de sa vie
5. pour ne pas être déçu par ses amis
6. pour ne jamais regretter ses choix

 C. Jeu de rôles. Avec un(e) partenaire, jouez les jeux de rôles suivants. (La personne qui est le professeur dans le premier jeu de rôles sera le/la client[e] dans le deuxième.)

> MODÈLE: LE PROF: *Il faut compléter les activités dans le cahier d'exercices.*
> L'ÉTUDIANT(E): *Est-ce qu'il faut que je fasse les activités orales dans le cahier aussi?*
> LE PROF: *Oui, bien sûr! Il faut que tu les fasses aussi.*

1. Vous êtes professeur et étudiant(e). Le professeur va expliquer à l'étudiant(e) ce qu'il faut faire (de façon générale) pour préparer l'examen. Ensuite, l'étudiant(e) va poser des questions précises.
2. Vous êtes docteur et patient(e). Le docteur va dire au patient (à la patiente) ce qu'il faut faire (de façon générale) pour rester en bonne santé. Ensuite, le/la patient(e) va poser des questions spécifiques à son cas.

Portrait personnel

D'après la réponse de votre camarade de classe, dites s'il/si elle est un(e) étudiant(e) comme Charlotte ou comme Isabelle. Élaborez votre réponse.

> MODÈLE: *Robert est comme Isabelle parce qu'il pense qu'il faut... et qu'il est important de...*

Quelles émotions exprime le jeune homme sur la photo devant sa tasse de chocolat chaud? Et vous, quelle est la boisson qui vous procure le plus de plaisir le matin? L'après-midi? Et le soir?

Courtesy of Véronique Anover and Theresa A. Antes

STRUCTURE ④

Le subjonctif avec les expressions d'émotion et de volonté

As mentioned in *Structure 1* of this chapter, the subjunctive is used when the speaker wishes to express an emotion regarding an action or a desire for something to happen. The verb or expression of emotion or desire occurs in the first part of the sentence and is followed by **que.** It *triggers* the use of the subjunctive in the second part of the sentence when there is a change in subject.

| Je suis contente **que** Marc **vienne** ce soir. | *I'm happy Marc is coming tonight.* |
| Je veux **que** Marc **vienne** ce soir. | *I want Marc to come tonight.* |

- Following are common expressions of emotion and volition (desire) in addition to those you learned in **Mon vocabulaire** on pp. 457–458.

Les expressions d'émotion	
avoir honte	*to be ashamed*
avoir peur	*to be afraid*
cela (ça) m'agace	*it bothers me*
être déçu(e)(s)	*to be disappointed*
être désolé(e)(s)	*to be sorry*
être étonné(e)(s)	*to be surprised*
être furieux(-euse)	*to be furious*
être heureux(-euse)	*to be happy*
être ravi(e)(s)	*to be delighted*
être triste	*to be sad*
être soulagé(e)(s)	*to be relieved*
être surpris(e)(s)	*to be surprised*
regretter	*to regret, be sorry*

Les expressions de volonté	
demander	*to ask*
exiger	*to demand*
insister	*to insist*
recommander	*to recommend*
vouloir	*to want*

- If the subject is the same in the first and second parts of the sentence, use an infinitive instead of the subjunctive. Insert the preposition **de** before the infinitive if the expression ends in an adjective.

Je **veux aller** au cinéma.	BUT	Je veux que **nous** allions au cinéma.
I want to go to the movies.		*I want us to go to the movies.*
Elle **est ravie de partir** en vacances.	BUT	**Elle** est ravie que **tu** partes en vacances.
She's delighted to leave on vacation.		*She's delighted you are leaving on vacation.*

Now look back at the test results in *Passage 2* (pp. 455–456). Underline all the uses of the subjunctive and all the infinitives that you find. With which types of expressions do these verb forms occur?

Pratiquons!

A. Réactions et recommandations. Imaginez que vous êtes le prof et que vos étudiants vous disent les choses suivantes. Trouvez des réactions possibles, en utilisant les expressions d'émotion ou de volonté suggérées, et le subjonctif.

> **MODÈLE:** Je n'ai pas passé l'examen hier, parce que j'étais malade.
> *Je suis content que vous ne soyez plus malade.* **ou**
> *J'insiste pour que vous passiez l'examen demain.*

1. Je ne peux pas parler en cours, parce que j'ai très mal à la gorge.
   Je suis désolé(e) / Je ne veux pas
2. Je ne suis pas préparé(e); j'avais d'autres choses à faire hier!
   J'insiste pour que / Je voudrais
3. Je ne veux pas lire le texte—j'ai une migraine.
   Je regrette / Je recommande
4. Si je m'endors en cours, c'est parce que je suis enrhumé(e)!
   Je suis furieux (furieuse) / Je suis désolé(e)
5. J'aime bien les voyelles nasales aujourd'hui—j'ai le nez bouché!
   Je suis ravi(e) / Je recommande

B. Une réaction compréhensible. Vous êtes à l'université depuis deux semaines. Votre mère vous téléphone pour vous donner des nouvelles de la famille. Réagissez à ce qu'elle vous dit.

> **MODÈLE:** «Papa va en Chine, pour travailler.»
> *Je suis étonné(e) que Papa aille en Chine.*

1. «Mamie est à l'hôpital.»
2. «Ta sœur dort maintenant dans ta chambre.»
3. «Papi commence à boire.»
4. «J'arrête de fumer.»
5. «Tonton Michel veut être président des États-Unis.»
6. «Ta sœur et moi, nous venons te voir la semaine prochaine!»

C. Votre réaction personnelle. Refaites l'Activité B avec un(e) partenaire? mais cette fois-ci, parlez des événements qui ont lieu *(occur)* en ce moment. Pour commencer, écrivez cinq phrases.

> MODÈLE: *Il y a des guerres dans le monde.*

Ensuite, dites ce que vous avez écrit à votre partenaire. Il/Elle va exprimer ses réactions pour chaque situation.

> MODÈLE: *Je suis déçu(e) qu'il y ait des guerres.*

Portrait personnel

Après avoir fait l'Activité C, écrivez un paragraphe où vous décrivez ce dont vous avez parlé avec votre partenaire, et les réactions de celui-ci (celle-ci).

> MODÈLE: *Sarah est étonnée qu'il y ait beaucoup de pauvres aux États-Unis. Elle est triste que le gouvernement américain ne fasse rien pour résoudre le problème....*

D. Des conversations entre amis. Vous parlez de la vie universitaire avec des amis, qui donnent leurs opinions sur les phrases et les questions suivantes. Indiquez votre point de vue, en utilisant des expressions telles que: **je veux / voudrais, je ne veux pas / je ne voudrais pas, j'insiste pour, je recommande, j'aimerais, j'exige,** etc.

> MODÈLE: On devrait aller en cours le samedi.
> *Oui, je recommande qu'on aille en cours le samedi.* **ou**
> *Mais non, je ne veux pas aller en cours le samedi!*

1. Le professeur devrait nous donner plus de devoirs écrits.
2. Les étudiants devraient passer moins de temps à s'amuser.
3. On devrait payer moins pour nos cours à l'université.
4. On devrait avoir des vacances d'hiver plus longues.
5. Qu'est-ce que tu recommandes pour le problème du parking sur le campus?
6. Qu'est-ce qu'il faut faire pour résoudre le problème des étudiants qui trichent *(cheat)*?
7. Comment peut-on améliorer les restaurants universitaires?

STRUCTURE 5

Le subjonctif pour exprimer le jugement et le doute

The subjunctive is also used when the speaker wishes to express a judgment (opinion) regarding an action or a doubt that something will happen. Like with expressions of need, emotion, and desire, the verb or expression of judgement or doubt occurs in the first part of the sentence, is followed by **que,** and it *triggers* the subjunctive in the second part of the sentence when a change in subject occurs.

C'est dommage **qu'elle** ne maigrisse pas.	*It's a shame she hasn't lost weight.*
Il est possible **qu'elle** ne soit jamais heureuse.	*It's possible she will never be happy.*

- Following are some expressions that state opinions. **C'est** is commonly used in conversation; **Il est** is a bit more formal.

Les expressions de jugement

c'est / il est agaçant	*it's bothersome*	c'est / il est injuste	*it's unfair*
c'est / il est agréable	*it's pleasant*	c'est / il est juste	*it's fair*
c'est / il est bizarre	*it's strange*	c'est / il est préférable	*it's preferable*
c'est / il est bon	*it's good*	c'est / il est regrettable	*it's regrettable, a shame*
c'est / il est dommage	*it's a shame*	c'est / il est ridicule	*it's ridiculous*
c'est / il est étonnant	*it's surprising*	c'est / il est stupide	*it's stupid*
c'est / il est inacceptable	*it's unacceptable*	c'est / il est surprenant	*it's surprising*

- Using the subjunctive to express the speaker's doubt can be tricky. If an expression implies a great deal of doubt or some incertainty, the subjuctive is used. If however, the expression implies certainty, then the indicative is used.

Il est possible qu'il pleuve ce soir. (It might not.)	*It's possible it will rain tonight.*

BUT

Il est probable qu'il pleut ce soir.	*It's likely it will rain tonight.*

- Following are some expressions that state doubt and require the subjunctive.

Les expressions de doute

c'est / il est douteux	*it's doubtful*	c'est / il n'est pas certain	*it's not certain*
c'est / il est faux	*it's false*	c'est / il n'est pas clair	*it's clear*
c'est / il est impossible	*it's impossible*	c'est / il n'est pas possible	*it's not possible*
c'est / il est improbable	*it's improbable*	c'est / il n'est pas probable	*it's not likely*
c'est / il est peu possible	*there's little possibility*	c'est / il n'est pas vrai	*it's not true*
c'est / il est peu probable	*it's not very likely*	douter	*to doubt*
c'est / il est possible	*it's possible*	il se peut	*it's possible*

- Following are expressions that express certainty and require the indicative.

Les expressions de certitude			
c'est / il est certain	*it's certain*	c'est / il est sûr	*it's sure*
c'est / il est clair	*it's clear*	c'est / il est vrai	*it's true*
c'est / il est évident	*it's obvious*	c'est / il n'est pas douteux	*it's not doubtful*
c'est / il est probable	*it's likely*	ne... pas douter	*to not doubt*

- The verbs **penser** and **croire** used in the affirmative express certainty, and therefore take the indicative. When used in the negative or in a question, they imply doubt and require the subjunctive.

  Je **pense** que le président **est** peu rémunéré. Je **crois** que nous **devons** lui donner un plus gros salaire. (affirmative = certainty → indicative)
  I think the president is poorly paid. I believe we need to give him a bigger salary.

  BUT

  Est-ce que vous pensez que le président **soit** peu rémunéré?
  Do you think the president is poorly paid?
  (question = doubt → subjunctive)

  Je **ne pense pas** que le président **soit** peu rémunéré. Je **ne crois pas** que nous **devions** lui donner un plus gros salaire.
  I don't think the president is poorly paid. I don't believe we should give him a bigger salary.
  (negative = doubt → subjunctive)

 VÉRIFIEZ votre compréhension

Reread the test results in *Passage 2,* and underline all the expressions of judgment, doubt, and certainty that you find in it. Explain which moods are used with these forms, and why.

 À l'écoute!

CD 2
Track 44

Doute ou non? Écoutez les phrases suivantes, et dites si le deuxième verbe est au subjonctif ou à l'indicatif.

1. _____ subjonctif   _____ indicatif
2. _____ subjonctif   _____ indicatif
3. _____ subjonctif   _____ indicatif
4. _____ subjonctif   _____ indicatif
5. _____ subjonctif   _____ indicatif
6. _____ subjonctif   _____ indicatif
7. _____ subjonctif   _____ indicatif
8. _____ subjonctif   _____ indicatif

¹These expressions may also use "c'est" instead of "il est."

Pratiquons!

A. Vos opinions. Quel est votre jugement concernant les situations suivantes?

> **MODÈLE:** Les étudiants américains doivent payer leurs études.
>
> *Il est injuste (**ou** normal) que les étudiants doivent payer leurs études.*

1. On doit étudier une langue étrangère à l'université.
2. On peut obtenir un diplôme en quatre ans.
3. Il y a des étudiants qui trichent.
4. Les étudiants connaissent bien leurs professeurs.
5. Les manuels de classe coûtent cher.
6. Il y a beaucoup d'étudiants par cours.

Maintenant, exprimez trois opinions personnelles concernant la vie universitaire.

B. Jugements et doutes. Récrivez les phrases suivantes, avec les expressions données, en faisant attention à l'usage du subjonctif ou de l'indicatif.

1. *Il est clair que* nous avons un super prof de français! (il est peu probable / il est vrai / il est évident / elle doute)
2. *Je doute que* les étudiants fassent les devoirs de mathématiques en cours de français! (il est certain / il se peut / il est probable / pensez-vous...?)
3. *Il est impossible que* tu maigrisses avec ce régime. (il est bien probable / je crois / il est douteux / il est possible)

 C. Transformations. Posez les questions suivantes à un(e) camarade de classe pour savoir comment il/elle envisage *(contemplates)* son futur. Votre camarade va répondre avec des expressions de doute ou de certitude.

> **MODÈLE:** Dans dix ans, est-ce que tu habiteras toujours ici?
>
> *Il est peu probable que j'habite ici dans dix ans.*

1. Dans dix ans, est-ce que tu seras marié(e)?
2. Auras-tu des enfants? Si oui, est-ce que tu garderas la ligne?
3. Est-ce que tu mangeras mieux? Est-ce que tu achèteras exclusivement des produits allégés ou biologiques?
4. Est-ce que tu habiteras aux États-Unis? Où?
5. Seras-tu satisfait(e) de ta vie? Pourquoi ou pourquoi pas?
6. Quand tu obtiendras ton premier poste, est-ce que tu seras stressé(e)? Pourquoi ou pourquoi pas?

> **Portrait personnel**

Écrivez un paragraphe dans lequel vous comparerez les opinions de votre partenaire avec vos propres opinions. Est-ce que vous aurez une vie semblable ou différente dans dix ans?

À vous de parler!

 A. Régime alimentaire. Donnez des exemples pour les catégories suivantes. Ensuite, dites à votre partenaire quels sont les produits que vous consommez le plus souvent. Finalement, faites une enquête dans la classe pour savoir quels sont les produits que vos camarades consomment le plus ou le moins.

> MODÈLE: des produits surgelés
> *des pizzas, des plats préparés*

1. des aliments riches en matières grasses
2. des produits bio
3. des aliments maigres
4. des produits allégés
5. des produits diététiques

Dans l'ensemble, quelles sont les habitudes alimentaires des étudiants de la classe? Qui mange mieux et plus équilibré? Pourquoi?

B. Le stress et moi. Avec un(e) partenaire, discutez de ce qu'il faut faire pour éviter le stress et rester en bonne santé.

1. Quand vous avez trop de travail (devoirs, examens, responsabilités familiales, etc.), qu'est-ce qu'il est important de faire pour réduire le stress?
2. Est-il prioritaire que vous mangiez de façon équilibrée? Que vous mangiez des produits biologiques? Est-ce que vous le faites?
3. À votre avis, est-il important que vous vous vacciniez régulièrement? Pourquoi ou pourquoi pas?
4. Est-il essentiel de faire une activité physique tous les jours? Quelle activité est-ce que vous faites de façon régulière?
5. Combien d'heures faut-il que vous dormiez chaque nuit? Est-ce que vous le faites?
6. Est-il important que vous limitiez votre consommation d'alcool et de tabac? Pourquoi?

 Complete the diagnostic tests to check your knowledge of the vocabulary and grammar structures presented in this chapter.

C. Conseils. Votre meilleur(e) ami(e) est très stressé(e) par la vie qu'il/elle mène: il/elle est déprimé(e), travaille trop, boit trop, fume trop, tousse toujours, ne dort pas assez, mange comme quatre, etc. Vos amis et vous allez vous occuper un peu de lui/elle. Vous organisez pour lui/elle un plan beauté et santé en lui donnant des conseils de nutrition et de mode de vie.

La médecine traditionnelle est comme ça en Afrique

En Afrique de l'Ouest, la majorité de la population (85%) utilise la médecine traditionnelle africaine, c'est-à-dire, les guérisseurs et les herboristes. Ceci est dû en partie au coût très élevé de la médecine moderne et de son accès difficile surtout dans les milieux ruraux, mais aussi au fait que la médecine moderne n'a pas une approche holistique, si importante pour les Africains. En effet, la médecine traditionnelle africaine est centrée autour des bienfaits des plantes, mais aussi de tout un système de symboles et de rites. D'ailleurs, les guérisseurs sont réputés pour deviner[1] la cause des maladies avant de les traiter. Cependant il n'y a pas de législation qui contrôle ces guérisseurs ce qui fait que parfois il y a des abus (erreurs de diagnostics et de traitements). Le texte suivant répond à la question: Quand est-ce qu'un guérisseur est perçu comme un charlatan ou au contraire comme un bon praticien?

Jim Holmes/Panos Pictures

Guérisseurs ou charlatans?

Les guérisseurs ne prétendent pas soigner, mais soulager les symptômes de certaines maladies. Ceux qui prétendent soigner des maladies graves et complexes comme le SIDA[2] ont tendance à être vus comme des charlatans par le milieu médical, étant donné que même la médecine moderne a du mal à traiter les malades du SIDA.

Il y a un autre groupe de guérisseurs appelés les marabouts (ou médiums-voyants) qui se disent doter de pouvoirs spéciaux—basés sur la culture religieuse—qu'ils ont hérités de leur famille. Les guérisseurs soignent avec des plantes et des décoctions et les marabouts (ou médiums) avec des potions, des prières et des talismans (ou amulettes, des petits objets qui portent bonheur). Les marabouts sont souvent considérés comme des magiciens qui ont un don[3] surnaturel. Les charlatans existent, bien sûr, parce que les pratiques des marabouts ne sont pas réglementées et parfois n'importe qui[4] peut se déclarer marabout ou guérisseur. L'OMS (Organisme Mondial de la Santé) s'efforce depuis quelques années de réglementer la médecine traditionnelle en Afrique pour qu'il y ait moins d'abus.

Réfléchissons!

1. Que pensez-vous des guérisseurs? Sont-ils des médecins légitimes? Pourquoi?

2. Est-ce que vous vous feriez soigner par un guérisseur? Expliquez votre réponse.

3. Et les marabouts? Qu'en pensez-vous? Sont-ils des charlatans? Pourquoi?

4. Dans votre pays, y a-t-il des pratiques similaires? Est-ce que les patients se font soigner par des guérisseurs semblables aux guérisseurs africains? Élaborez votre réponse.

[1]guess [2]AIDS [3]gift [4]whoever

A. Stratégies. Vous êtes journaliste et chargé(e) d'écrire un article sur les excès ou les addictions de la société actuelle. Voici un exemple d'article— «Droguées au sport»—qui parle d'une addiction aux sports.

- Lisez l'article une première fois pour en comprendre le sens général.

Droguées au sport

Si vous êtes du genre à nager, courir, ramer, suer[1] quelle que soit[2] l'heure ou l'humeur, vous êtes peut-être devenue [...] un(e) «sport addict». Comme souvent en matière d'excès, c'est aux États-Unis que le phénomène «dépendance du sportif» a été pour la première fois observé. En 1976, dans le cadre d'une étude de coureurs de fond, le docteur William Glasser a constaté que certains joggeurs ne peuvent plus se passer de[3] leur sport quotidien, malgré la fatigue et parfois les blessures. La faute aux endorphines (neuromédiateurs du système nerveux central) capables, grâce à leurs propriétés calmantes et euphorisantes, de provoquer, au bout d'une demi-heure d'effort cardio-vasculaire intense (course à pied, natation, vélo, cardio-training), une sensation de bien-être et d'apaisement proche de la béatitude. Une décharge d'endorphines qui se traduit, dans le cerveau, par une activité biochimique similaire à celle provoquée par la morphine ou l'héroïne.

Pratiquer une activité physique de manière intense et répétitive est donc un moyen pour un sportif accro[4] de recréer ces sensations fortes. En sachant que douze minutes de crawl ou vingt de stretching suffisent rarement à atteindre le nirvana... Cependant, les sportifs en herbe[5] sont aussi concernés, puisque, selon une étude réalisée dans les

[1]transpirer   [2]regardless   [3]abandonner, arrêter   [4]accroché (dependant)   [5]les non-professionnels

grandes salles de sport parisiennes, plus de 10% des personnes inscrites s'entraînent quotidiennement. À commencer par certaines femmes qui n'hésitent pas à venir transpirer quatre heures par jour, obnubilées[1] par le sacro-saint culte du corps.

Chez les femmes, le surentraînement (quatre-vingt-dix minutes par jour) fait chuter la production d'hormones, provoquant du même coup une fragilisation des os et un risque accru[2] d'ostéoporose. Sans oublier la fameuse «mort subite[3]», responsable chaque année en France du décès de 1 500 personnes. On l'aura compris: dans le sport il n'y a pas que[4] le dopage qui ruine la santé.

- Maintenant, répondez aux questions suivantes pour vous concentrer sur les points du texte les plus importants.

    1. Comment est-ce qu'on devient un(e) «sport addict»?

    2. Pourquoi est-ce que certains joggeurs ne peuvent plus s'arrêter de courir?

    3. Quels sont les effets biochimiques que provoque une pratique cardio-vasculaire intense régulière?

    4. Est-ce que les professionnels sportifs sont les seuls à être affectés? Qui d'autre est affecté?

    5. Quelles sont les conséquences d'une pratique sportive poussée à l'extrême?

B. Organisons-nous! Lisez l'article une seconde fois et regardez comment sont donnés les exemples (avec chiffres à l'appui), les explications (ou le développement du sujet) et la conclusion. Par exemple, la conclusion est annoncée par une phrase courte mais qui synthétise bien le problème: «On l'aura compris: dans le sport il n'y a pas que le dopage qui ruine la santé.»

 C. Pensons-y!

- Avec un(e) partenaire, pensez aux activités que la société fait en excès, au point d'être dépendante de ces activités. Faites une liste des «addictions» les plus courantes.

- Comparez votre liste avec la classe. Quelles activités avez-vous trouvées en commun?

 D. Écrivons! Choisissez une activité qui est pratiquée en excès par la société et composez un paragraphe en vous inspirant de l'article **«Droguées aux sports».** Justifiez vos affirmations et vos arguments avec des exemples précis et/ou des chiffres. N'oubliez pas d'écrire votre conclusion!

E. Révisons! Lisez l'article de votre partenaire et posez-vous les questions suivantes.

1. Est-ce que le sujet choisi traite un excès? Lequel?
2. Est-ce que les arguments sont clairs et bien présentés? Sont-ils justifiés? Comment?
3. Pouvez-vous ajouter (add) d'autres arguments?
4. Comment est la conclusion? Est-ce une bonne conclusion? Pourrait-elle être mieux? Comment?

[1]obsédées [2]plus grand [3]sudden [4]not only

→ Lexique ◀))

Les parties internes du corps *Internal organs*

le cœur	*heart*	les intestins *(m.)*	*intestines*
le crâne	*skull*	les poumons *(m.)*	*lungs*
le foie	*liver*	les sinus *(m.)*	*sinuses*
la gorge	*throat*	le ventre	*stomach*

Les médicaments et les remèdes *Medications and remedies*

les cachets *(m.)*	*tablets*	les piqûres *(f.)*	*shots*
les comprimés *(m.)*	*tablets*	le sirop	*cough syrup*
les gouttes *(f.)* nasales	*nasal spray*	les tisanes *(f.)*	*herbal teas*
les pastilles *(f.)*	*lozenges*		

D'autres médicaments *More medications*

les antibiotiques *(m.)*	*antibiotics*	les remèdes *(m.)* homéopathiques (ou naturels)	*homeopathic remedies*
les antihistaminiques *(m.)*	*antihistamines*		
l'aspirine *(f.)*	*aspirin*		
les médicaments *(m.)*	*medication*	un somnifère	*sleeping pill*
le paracétamol	*acetaminophen (like Tylenol- to reduce fever and aches)*	les vitamines *(f.)*	*vitamins*

Les maladies et les expressions les plus communes *Common illnesses*

avoir mal à la tête	*to have a headache*	avoir une crise cardiaque	*to have a heart attack*
avoir une migraine	*to have a migraine*	avoir une infection	*to have an infection*
avoir le nez bouché	*to have a stuffy nose*	avoir une santé de fer	*(literally an iron health) to be extremely healthy, to have an iron constitution*
avoir le nez qui coule	*to have a dripping nose*		
avoir mal à la gorge	*to have a sore throat*		
avoir de la fièvre	*to have a fever*	être en bonne santé / en mauvaise santé	*to be in good health / bad health*
avoir mal au dos	*to have a backache*		
avoir la nausée = avoir mal au cœur	*to be nauseous*	être guéri(e) / guérir de	*to be healed (from) / to feel better*
avoir envie de vomir	*to want to throw up*	être malade / tomber malade	*to be sick / to fall sick*
avoir une rage de dents	*to have a toothache*	se sentir mal / bien	*to feel bad / well*
avoir un rhume / être enrhumé(e)	*to have a cold*	se soigner	*to take care (of oneself)*
		un thermomètre	*a thermometer*
avoir la grippe	*to have the flu*	tousser	*to cough*
avoir une crise de foie	*to have digestive problems*		

Le régime alimentaire *Daily diet*

des aliments *(m.)* riches en matières grasses	*rich foods*	des produits *(m.)* bio (biologiques)	*organic foods*
des aliments maigres (sans matières grasses)	*fat-free foods*	des produits allégés	*diet foods*
		des produits de régime	*diet aids*
		des produits surgelés	*frozen foods*

Les émotions

être choqué(e)	*to be shocked*	être fâché(e)	*to be angry*
être comblé(e)	*to be very happy*	être gêné(e)	*to be embarrassed*
être déprimé(e)	*to be depressed*	être insatisfait(e)	*to be dissatisfied*
être en colère	*to be angry*	être navré(e)	*to be sorry*
être en rage	*to be enraged*	être satisfait(e)	*to be satisfied*
être épaté(e)	*to be dumbfounded*		

Quelques expressions verbales utiles

être costaud(e)	*to be stocky*	grossir	*to gain weight*
être fort(e)	*to be strong / to be chubby*	maigrir	*to lose weight*
être gros (grosse)	*to be fat*	manger équilibré	*to eat a balanced diet*
être maigre	*to be skinny*	manger sain	*to eat healthy*
être mince	*to be thin*	perdre du poids	*to lose weight*
être musclé(e)	*to be muscular*	prendre du poids	*to gain weight*
être au régime	*to be on a diet*	vouloir perdre du poids	*to want to lose weight*
garder la ligne	*to maintain one's weight*		
ne pas prendre de poids	*not to gain weight*		

Les expressions de nécessité *Expressions of necessity*

il est essentiel que	*it is essential that*	il faut que	*one must; it is necessary that*
il est indispensable que	*it is indispensable that*	il vaut mieux que	*it is better that*
il est nécessaire que	*it is necessary that*		

Les expressions d'émotion *Expressions of emotion*

avoir honte	*to be ashamed*	être heureux (heureuse),	*to be happy / glad*
avoir peur	*to be afraid*	être content(e)	
cela (ça) m'agace	*it bothers me*	être ravi(e)	*to be delighted*
être déçu(e)	*to be disappointed*	être soulagé(e)	*to be relieved*
être désolé(e)	*to be sorry*	être surpris(e)	*to be surprised*
être étonné(e)	*to be surprised / shocked*	être triste	*to be sad*
être furieux (furieuse)	*to be furious*	regretter	*to regret, to be sorry*

Les expressions de volonté *Expressions of volition*

demander	*to ask / to require*	recommander	*to recommend*
exiger (= insister)	*to demand*	vouloir / ne... pas vouloir	*to want / not to want*
insister pour	*to insist (on)*		

Les expressions de jugement *Expressions of judgment*

il est agaçant	*it's bothersome*	il est juste	*it's fair*
il est agréable	*it's enjoyable / it's agreeable*	il est normal	*it's normal*
il est bizarre	*it's bizarre*	il est préférable	*it's preferable*
il est bon	*it's good*	il est regrettable	*it's regrettable / it's unfortunate*
il est dommage	*it's a pity*		
il est étonnant	*it's stunning / shocking*	il est ridicule	*it's ridiculous*
il est inacceptable	*it's unacceptable*	il est stupide	*it's stupid / it's dumb*
il est injuste	*it's unfair*	il est surprenant	*it's surprising*

Les expressions de doute *Expressions of doubt*

douter	*to doubt*	il est possible	*it's possible*
il est douteux	*it's doubtful*	il n'est pas certain	*it's not certain*
il est faux	*it's false*	il n'est pas clair	*it's not clear / obvious*
il est impossible	*it's impossible*	il n'est pas possible	*it's not possible*
il est improbable	*it's improbable*	il n'est pas probable	*it's not probable*
il est peu possible	*it's not very likely*	il n'est pas vrai	*it's not true*
il est peu probable	*it's not very probable*	il se peut que	*it's possible*

Les expressions de certitude *Expressions of certainty*

il est certain	*it's certain*	il est sûr	*it's certain / sure*
il est clair	*it's obvious / clear*	il est vrai	*it's true*
il est évident	*it's evident*	il n'est pas douteux	*it is not doubtful*
il est probable	*it's probable*	ne... pas douter	*not to doubt*

La province de Québec

Visit La province de Québec on Google Earth!

À vous de découvrir!

La fresque des Québecois—une murale historique à Québec

Un peu d'histoire. En 1534, Jacques Cartier explore le golfe du fleuve Saint-Laurent (au nord-est de ce qui est aujourd'hui[1] la ville de Québec) dans l'espoir de trouver un passage vers la Chine et l'Inde. En 1535, Cartier revient au golfe du fleuve Saint-Laurent et arrive à Hochelaga (Montréal de nos jours). Mais comme il y trouve beaucoup de résistance (et contrairement à ce qu'il pensait il n'y a ni métaux précieux, ni grandes richesses) la colonie qu'il espérait y établir échoue[2]. Au XVIe siècle, les pêcheurs normands, basques et bretons reviennent dans cette région et commencent alors un commerce entre les autochtones[3] et les Français et se lancent dans de nouvelles explorations. En 1608, Samuel de Champlain fonde la ville de Québec, première ville française en Nouvelle-France (aujourd'hui le Canada). La ville de Montréal est fondée sous le régime du cardinal de Richelieu en 1642. Après de nombreuses batailles, la Nouvelle-France devient une colonie de la Grande-Bretagne en 1769 (jusqu'en 1867). En 1774 avec l'Acte de Québec, les Canadiens-Français revendiquent[4] leur religion (catholique), leur code civil (français), leur région et leur langue (le français). Le Québec est de nos jours une province du Canada.

[1]of what is today　　[2]fails　　[3]the indigenous people　　[4]claimed

Depuis 1976, il y a deux partis politiques qui se partagent le pouvoir: Le Parti québécois (indépendantiste) et le Parti libéral du Québec (qui n'est pas pour l'indépendance du Québec). Il y a eu des référendums pour l'indépendance du Québec, mais la majorité des Québécois ont voté contre. Le grand défi[1] du Québec est de protéger la langue et la culture françaises de l'influence de l'anglais et de sa culture. Les deux plus grandes villes de la province de Québec sont Montréal (une ville plutôt moderne) et Québec (une ville plutôt traditionnelle).

Avez-vous compris?

1. Est-ce que Jacques Cartier réussit à coloniser la Nouvelle-France? Pourquoi?
2. Quand commencent de nouvelles explorations dans cette région et pourquoi?
3. Quel est le but *(goal)* de l'Acte de Québec?
4. Quelle est la différence entre les deux partis politiques?
5. Quelle est la différence entre Montréal et Québec?

À vous d'apprécier!
Explorations gastronomiques

La cuisine québécoise a gardé les influences des cuisines française et irlandaise. Le Canada est un grand producteur de sirop d'érable[2] et de bleuets[3]. Voici une recette avec des bleuets. Très facile à faire!

Milk-shake aux bleuets

Courtesy of Véronique Anover and Theresa A. Antes

- 1 banane
- ¾ de tasse de bleuets
- ¼ de tasse de yaourt à la vanille
- ¾ de tasse de lait écrémé
- ½ de tasse de glace pilée

Mettez tous les ingrédients dans un mixeur. Couvrez et mélangez bien. À déguster tout de suite!

Explorations architecturales

Le château Frontenac est devenu le symbole de la ville de Québec de par[4] son passé, chargé d'histoire. La construction du château Frontenac commence en 1892 par l'architecte new-yorkais Bruce Price. La tour centrale de dix-sept étages a été construite en 1924 et la dernière aile[5] en 1993. Le château n'a jamais été habité par des rois (des princes ou des princesses!) mais par de nombreux hôtes[6] puisque c'est un hôtel. L'hôtel a plus de 600 chambres et parmi les hôtes qui y ont séjourné il y a de nombreux personnages célèbres: Charles de Gaulle, Alfred Hitchcock, la princesse Grâce de Monaco, Bing Crosby et quelques membres de la famille royale britannique pour n'en citer que quelques-uns[7]. Les Alliés pendant la Seconde Guerre mondiale (en 1943 et en 1944) s'y sont réunis pour discuter la stratégie à adopter pour lutter contre l'Occupation

Courtesy of Véronique Anover and Theresa A. Antes

[1]challenge [2]maple syrup [3]blueberries (**myrtilles** in France) [4]due to / because of [5]wing
[6]guests [7]to name only a few

allemande. Le château Frontenac doit son nom à Louis de Buade de Frontenac, ancien gouverneur de la Nouvelle-France (en 1672).

Et aux États-Unis, est-ce qu'il y a des châteaux-hôtels comme le château Frontenac? Quel est le château le plus célèbre aux États-Unis? Pourquoi? Est-ce qu'il y a un château qui symbolise une ville? Si oui, laquelle?

À vous de réagir!

La féerie des glaces[1] à Mont-Tremblant (mi-février à début mars tous les ans)

La féerie des glaces est un festival qui célèbre l'hiver. C'est un évènement familial où petits et grands s'amusent en participant à des activités sur la neige (ou à base de neige et glace). Par exemple, il y a des ateliers de sculpture sur glace pour les enfants et pour les adultes où on apprend à façonner la glace pour faire des sculptures. Il y a aussi des concours de bonhommes de neige[2]. Il y a également des aires de jeux avec des glissades, des labyrinthes en glace et du patinage. Et puis à ne pas manquer, les traîneaux à chiens[3]!

Est-ce que vous pensez que c'est une bonne idée de célébrer l'hiver? Pourquoi? Est-ce que votre ville (ou pays) célèbre l'arrivée d'une nouvelle saison? Laquelle? Comment?

Mon blog

Salut tout le monde! Je m'appelle Jean et je suis canadien. Le mois dernier j'ai voyagé en France (je suis allé un peu partout, en Normandie, à Paris, à Strasbourg et sur la Côte d'Azur). C'était un super voyage et comme je parle français, je n'ai eu aucun problème de communication. Bon, ce n'est pas tout à fait vrai. Les Français et les Québécois ont un lexique différent pour certains termes ainsi qu'un accent différent. Il y avait des Français qui avaient du mal à[4] me comprendre! Par exemple, quand j'ai dit à mes amis français que la blonde de mon fils était très jolie, ils n'ont pas très bien compris. Comment dit-on «la blonde / une blonde» en France? Ensuite, j'ai voulu faire du magasinage et personne n'a compris ce que je voulais dire. Est-ce que quelqu'un sait comment on dit en France «faire du magasinage»? J'ai encore un mot à vous demander: lorsqu'on m'a servi du vin, j'ai dit que ce breuvage était délicieux. On m'a regardé comme si j'étais un extraterrestre! Comment dit-on «breuvage» en France?

À vous de décider: Le français pour quoi faire? 🌐

Meet Melanie, a fellow French student. We interviewed her to find out how she intends to use her French in the entertainment industry. Go to the *À vous* online resources to find out what she said! ✈

---

[1]The ice festival   [2]snowman contests   [3]dog sledge   [4]**avoir du mal à:** to have a hard time

Reference
Section

Appendice A

En cours de français

À vous de parler au/à la prof:

Que veut dire «plage»?	*What does* plage *mean?*
Comment écrit-on «plage»?	*How does one write* plage?
Comment épelle-t-on «plage»?	*How does one spell* plage?
Comment dit-on «*beach*» en français?	*How does one say* beach *in French?*
C'est à quelle page?	*What page is it on?*
C'est quelle activité?	*Which activity is it?*
Pouvez-vous répéter?	*Could you repeat?*
Quels sont les devoirs?	*What is the homework assignment?*
C'est pour quel jour les devoirs?	*What day is the homework due?*
Je ne comprends pas.	*I don't understand.*
Je ne sais pas.	*I don't know.*
Désolé(e).	*Sorry.*
S'il vous plaît.	*Please.*
Merci.	*Thank you.*
D'accord!	*All right!*

Le/La prof vous parle:

Ouvrez le livre à la page 4.	*Open the book to page 4.*
Fermez le livre.	*Close the book.*
Écoutez.	*Listen.*
Ne répétez pas.	*Do not repeat.*
Répétez.	*Repeat.*
Silence, taisez-vous!	*Quiet, don't speak!*
Prenez une feuille de papier.	*Take out a sheet of paper.*
Regardez le tableau / l'écran.	*Look at the board / screen.*
Ne regardez pas le livre.	*Don't look at the book.*
Levez-vous!	*Stand up!*
Asseyez-vous!	*Sit down!*
Circulez dans la classe.	*Walk around the classroom.*
Faites l'Activité B à la page 4.	*Do Activity B on page 4.*
Faites l'Activité B avec un(e) partenaire.	*Do Activity B with a partner.*
Faites l'Activité B par écrit.	*Write Activity B.*
Faites l'Activité B oralement.	*Do Activity B orally.*
Ne faites pas l'Activité B par écrit.	*Don't write Activity B.*
Cherchez un(e) partenaire.	*Look for a partner.*
Travaillez avec un(e) partenaire.	*Work with a partner.*
Formez des groupes de trois.	*Form groups of three.*
Je cherche un(e) volontaire pour corriger l'Activité B.	*I'm looking for a volunteer to go over Activity B.*
Lisez le texte.	*Read the text.*
Répondez aux questions.	*Answer the questions.*
Répondez par des phrases complètes.	*Answer in complete sentences.*

Très bien!	Very good!
Excellent!	Excellent!
Parfait!	Perfect!
Non... qui peut l'aider?	No . . . who can help him/her?
Les devoirs sont à faire pour mardi.	The homework is to be done for Tuesday.
Les devoirs sont à rendre mardi.	The homework is to be turned in on Tuesday.

À vous de parler aux autres étudiants:

Your turn to speak to your fellow students:

Tu veux travailler avec moi?	Do you want to work with me?
Tu veux être dans mon groupe?	Do you want to be in my group?
Tu sais faire l'Activité B?	Do you know how to do Activity B?
Je peux travailler avec toi?	Can I work with you?
C'est moi qui donne la réponse?	Is it up to me to give the answer?
C'est à moi?	Is it my turn?
C'est à toi.	It's your turn.
Qu'est-ce qu'il a dit, le/la prof?	What did the instructor say?
Qu'est-ce que le/la prof a dit?	What did the instructor say? (more formal)
Tu comprends le/la prof?	Do you understand the instructor?
À demain!	See you tomorrow!
À plus!	See you (later)!

Appendice B

Les États-Unis et le Canada

Les États-Unis

ÉTAT	in or to	ÉTAT	in or to
l'Alabama (m.)	dans l'Alabama / en Alabama	le Maine	dans le Maine
l'Alaska (m.)	dans l'Alaska / en Alaska	le Maryland	dans le Maryland
l'Arizona (m.)	dans l'Arizona / en Arizona	le Massachusetts	dans le Massachusetts
l'Arkansas (m.)	dans l'Arkansas / en Arkansas	le Michigan	dans le Michigan
		le Minnesota	dans le Minnesota
la Californie	en Californie	le Mississippi	dans le Mississippi
la Caroline du Nord	en Caroline du Nord	le Missouri	dans le Missouri
la Caroline du Sud	en Caroline du Sud	le Montana	dans le Montana
le Colorado	dans le Colorado / au Colorado	le Nebraska	dans le Nebraska
		le Nevada	dans le Nevada
le Connecticut	dans le Connecticut	le New Hampshire	dans le New Hampshire
le Dakota du Nord	dans le Dakota du Nord	le New Jersey	dans le New Jersey
le Dakota du Sud	dans le Dakota du Sud	l'état de New York	dans l'état de New York
le Delaware	dans le Delaware	le Nouveau-Mexique	au Nouveau-Mexique
la Floride	en Floride	l'Ohio (m.)	dans l'Ohio
la Géorgie	en Géorgie	l'Oklahoma (m.)	dans l'Oklahoma
Hawaii (m.)	à Hawaii / aux îles Hawaii	l'Oregon (m.)	dans l'Oregon
		la Pennsylvanie	en Pennsylvanie
l'Idaho (m.)	dans l'Idaho	le Rhode Island	dans le Rhode Island
l'Illinois (m.)	dans l'Illinois / en Illinois	le Tennessee	dans le Tennessee
		le Texas	au Texas
l'Indiana (m.)	dans l'Indiana	l'Utah (m.)	dans l'Utah
l'Iowa (m.)	dans l'Iowa	le Vermont	dans le Vermont
le Kansas	dans le Kansas	la Virginie	en Virginie
le Kentucky	dans le Kentucky	la Virginie-Occidentale	en Virginie-Occidentale
la Louisiane	en Louisiane	l'État de Washington	dans l'État de Washington
		le Wisconsin	dans le Wisconsin
		le Wyoming	dans le Wyoming

Le Canada

PROVINCE	in or to	TERRITOIRE	in or to
l'Alberta	dans l'Alberta	le Nunavut	au Nunavut
la Colombie-Britannique	en Colombie-Britannique	les Territoires du Nord-Ouest	dans les Territoires du Nord-Ouest
l'île du Prince-Édouard	dans l'île du Prince-Édouard	le Yukon	au Yukon
le Manitoba	au Manitoba		
le Nouveau-Brunswick	au Nouveau-Brunswick		
la Nouvelle-Écosse	en Nouvelle-Écosse		
l'Ontario	dans l'Ontario		
le Québec	au Québec		
le Saskatchewan	au Saskatchewan		
Terre-Neuve	à Terre-Neuve		

Appendice C

L'alphabet phonétique international (API)

Consonants

/ p /	Pierre		/ v /	vous
/ t /	tu		/ z /	bise
/ k /	comme		/ ʒ /	bonjour
/ b /	bonjour		/ l /	la
/ d /	de		/ ʀ /	garçon
/ g /	garçon		/ m /	main
/ f /	fille		/ n /	Anne
/ s /	merci, professeur		/ ɲ /	poignée
/ ʃ /	chez		/ ŋ /	parking

Vowels

/ i /	bise		/ y /	une
/ e /	café		/ ø /	de, peu
/ ɛ /	appelle		/ œ /	heure
/ a /	va		/ ɛ̃ /	bien, un, main
/ ɔ /	comme		/ ã /	connaissance
/ o /	au		/ õ /	faisons
/ u /	vous			

Semivowels

/ j /	Pierre
/ w /	oui
/ ɥ /	nuit

Mute e

/ ə /	je, ferai

Appendice D

Conjugaison des verbes

Les verbes réguliers

A. Conjugaison régulière

	INDICATIF		
Infinitif	**Présent**	**Passé composé**	**Imparfait**
*Verbes en **-er***	je parl**e**	j'**ai** parl**é**	je parl**ais**
	tu parl**es**	tu **as** parl**é**	tu parl**ais**
parler	il/elle/on parl**e**	il **a** parl**é**	il parl**ait**
	nous parl**ons**	nous **avons** parl**é**	nous parl**ions**
	vous parl**ez**	vous **avez** parl**é**	vous parl**iez**
	ils/elles parl**ent**	ils **ont** parl**é**	ils parl**aient**
*Verbes en **-ir***	je fin**is**	j'**ai** fini	je finiss**ais**
	tu fin**is**	tu **as** fini	tu finiss**ais**
finir	il/elle/on fin**it**	il **a** fini	il finiss**ait**
	nous fin**issons**	nous **avons** fini	nous finiss**ions**
	vous fin**issez**	vous **avez** fini	vous finiss**iez**
	ils/elles fin**issent**	ils **ont** fini	ils finiss**aient**
*Verbes en **-re***	je répond**s**	j'**ai** répond**u**	je répond**ais**
	tu répond**s**	tu **as** répond**u**	tu répond**ais**
répondre	il/elle/on répond	il **a** répond**u**	il répond**ait**
	nous répond**ons**	nous **avons** répond**u**	nous répond**ions**
	vous répond**ez**	vous **avez** répond**u**	vous répond**iez**
	ils/elles répond**ent**	ils **ont** répond**u**	ils répond**aient**
Verbes pronominaux	je me lave	je me **suis** lavé(e)	je me lavais
	tu te laves	tu t'**es** lavé(e)	tu te lavais
se laver	il/on se lave	il s'**est** lavé	il se lavait
	elle se lave	elle s'**est** lavée	elle se lavait
	nous nous lavons	nous nous **sommes** lavé(e)s	nous nous lavions
	vous vous lavez	vous vous **êtes** lavé(e)(s)	vous vous laviez
	ils se lavent	ils se **sont** lavés	ils se lavaient
	elles se lavent	elles se **sont** lavées	elles se lavaient

Indicatif	Conditionnel	Subjonctif	Impératif
Futur	Présent	Présent	
je parler**ai**	je parler**ais**	que je parl**e**	
tu parler**as**	tu parler**ais**	que tu parl**es**	parl**e**
Il/elle/on parler**a**	il parler**ait**	qu'il/elle/on parl**e**	
nous parler**ons**	nous parler**ions**	que nous parl**ions**	parl**ons**
vous parler**ez**	vous parler**iez**	que vous parl**iez**	parl**ez**
Ils/elles parler**ont**	ils parler**aient**	qu'ils/elles parl**ent**	
je finir**ai**	je finir**ais**	que je finiss**e**	
tu finir**as**	tu finir**ais**	que tu finiss**es**	fini**s**
Il/elle/on finir**a**	il finir**ait**	qu'il/elle/on finiss**e**	
nous finir**ons**	nous finir**ions**	que nous finiss**ions**	fin**issons**
vous finir**ez**	vous finir**iez**	que vous finiss**iez**	fin**issez**
Ils/elles finir**ont**	ils finir**aient**	qu'ils/elles finiss**ent**	
je répondr**ai**	je répondr**ais**	que je répond**e**	
tu répondr**as**	tu répondr**ais**	que tu répond**es**	répond**s**
Il/elle/on répondr**a**	il répondr**ait**	qu'il/elle/on répond**e**	
nous répondr**ons**	nous répondr**ions**	que nous répond**ions**	répond**ons**
vous répondr**ez**	vous répondr**iez**	que vous répond**iez**	répond**ez**
Ils/elles répondr**ont**	ils répondr**aient**	qu'ils/elles répond**ent**	
je me laverai	je me laverais	que je me lave	
tu te laveras	tu te laverais	que tu te laves	lave-toi
il/elle/on se lavera	il se laverait	qu'il/on se lave	
elle se lavera	elle se laverait	qu'elle se lave	
nous nous laverons	nous nous laverions	que nous nous lavions	lavons-nous
vous vous laverez	vous vous laveriez	que vous vous laviez	lavez-vous
ils se laveront	ils se laveraient	qu'ils se lavent	
elles se laveront	elles se laveraient	qu'elles se lavent	

B. Verbes à modification orthographique

Infinitif	INDICATIF Présent	Passé composé	Imparfait
acheter	j'ach**è**te tu ach**è**tes il/elle/on ach**è**te nous ach**e**tons vous ach**e**tez ils/elles ach**è**tent	j'ai ach**e**té	j'ach**e**tais
préférer	je préf**è**re tu préf**è**res il/elle/on préf**è**re nous préf**é**rons vous préf**é**rez ils/elles préf**è**rent	j'ai préf**é**ré	je préf**é**rais
payer	je pa**i**e/je pa**y**e tu pa**i**es / tu payes il/elle/on pa**i**e/paye nous pa**y**ons vous pa**y**ez ils/elles pa**i**ent/payent	j'ai pa**y**é	je pa**y**ais
appeler	j'appe**ll**e tu appe**ll**es il/elle/on appe**ll**e nous appe**l**ons vous appe**l**ez ils/elles appe**ll**ent	j'ai appe**l**é	j'appe**l**ais
commencer	je commen**c**e tu commen**c**es il/elle/on commen**c**e nous commen**ç**ons vous commen**c**ez ils/elles commen**c**ent	j'ai commen**c**é	je commen**ç**ais tu commen**ç**ais il/elle/on commen**ç**ait nous commen**c**ions vous commen**c**iez ils/elles commen**ç**aient
manger	je mange tu manges il/elle/on mange nous mang**e**ons vous mangez ils/elles mangent	j'ai mangé	je mang**e**ais tu mang**e**ais il/elle/on mang**e**ait nous mangions vous mangiez ils/elles mang**e**aient

	Conditionnel	Subjonctif	Impératif
Futur	Présent	Présent	
j'ach**è**terai	j'ach**è**terais	que j'ach**è**te que tu ach**è**tes qu'il/elle/on ach**è**te que nous ach**e**tions que vous ach**e**tiez qu'ils/elles ach**è**tent	ach**è**te ach**e**tons ach**e**tez
je préf**é**rerai	je préf**é**rerais	que je préf**è**re que tu préf**è**res qu'il/elle/on préf**è**re que nous préf**é**rions que vous préf**é**riez qu'ils/elles préf**è**rent	préf**è**re préf**é**rons préf**é**rez
je pa**i**erai	je pa**i**erais	que je pa**i**e que tu pa**i**es qu'il/elle/on pa**i**e que nous pa**y**ions que vous pa**y**iez qu'ils/elles pa**i**ent	pa**i**e pa**y**ons pa**y**ez
j'appe**ll**erai	j'appe**ll**erais	que j'appe**ll**e que tu appe**ll**es qu'il/elle/on appe**ll**e que nous appe**l**ions que vous appe**l**iez qu'ils/elles appe**ll**ent	appe**ll**e appe**l**ons appe**l**ez
je commen**c**erai	je commen**c**erais	que je commen**c**e que tu commen**c**es qu'il/elle/on commen**c**e que nous commen**c**ions que vous commen**c**iez qu'ils/elles commen**c**ent	commen**c**e commen**ç**ons commen**c**ez
je mangerai	je mangerais	que je mange que tu manges qu'il/elle/on mange que nous mangions que vous mangiez qu'ils/elles mangent	mange mang**e**ons mangez

Les verbes auxiliaires

	INDICATIF		
Infinitif	**Présent**	**Passé composé**	**Imparfait**
avoir	j'ai tu as il/elle/on a nous avons vous avez ils/elles ont	j'ai eu	j'avais
être	je suis tu es il/elle/on est nous sommes vous êtes ils/elles sont	j'ai été	j'étais

Les verbes irréguliers

	INDICATIF			
Infinitif	**Présent**		**Passé composé**	**Imparfait**
aller	je vais tu vas il/elle/on va	nous allons vous allez ils/elles vont	je suis allé(e)	j'allais
s'asseoir	je m'assieds tu t'assieds il/elle/on s'assied	nous nous asseyons vous vous asseyez ils/elles s'asseyent	je me suis assis(e)	je m'asseyais
boire	je bois tu bois il/elle/on boit	nous buvons vous buvez ils/elles boivent	j'ai bu	je buvais
conduire	je conduis tu conduis il/elle/on conduit	nous conduisons vous conduisez ils/elles conduisent	j'ai conduit	je conduisais

Futur	Conditionnel Présent	Subjonctif Présent	Impératif
j'aurai	j'aurais	que j'aie que tu aies qu'il/elle/on ait que nous ayons que vous ayez qu'ils/elles aient	aie ayons ayez
je serai	je serais	que je sois que tu sois qu'il/elle/on soit que nous soyons que vous soyez qu'ils/elles soient	sois soyons soyez

Futur	Conditionnel Présent	Subjonctif Présent	Autres verbes ayant une conjugaison semblable
j'irai	j'irais	que j'aille que nous allions	
je m'assiérai	je m'assiérais	que je m'asseye que nous nous asseyions	
je boirai	je boirais	que je boive que nous buvions	
je conduirai	je conduirais	que je conduise que nous conduisions	

Infinitif	**INDICATIF**		Passé composé	Imparfait
	Présent			
connaître	je connais	nous connaissons	j'ai connu	je connaissais
	tu connais	vous connaissez		
	il/elle/on connaît	ils/elles connaissent		
courir	je cours	nous courons	j'ai couru	je courais
	tu cours	vous courez		
	il/elle/on court	ils/elles courent		
croire	je crois	nous croyons	j'ai cru	je croyais
	tu crois	vous croyez		
	il/elle/on croit	ils/elles croient		
devoir	je dois	nous devons	j'ai dû	je devais
	tu dois	vous devez		
	il/elle/on doit	ils/elles doivent		
dire	je dis	nous disons	j'ai dit	je disais
	tu dis	vous dites		
	il/elle/on dit	ils/elles disent		
écrire	j' écris	nous écrivons	j'ai écrit	j'écrivais
	tu écris	vous écrivez		
	il/elle/on écrit	ils/elles écrivent		
envoyer	j' envoie	nous envoyons	j'ai envoyé	j'envoyais
	tu envoies	vous envoyez		
	il/elle/on envoie	ils/elles envoient		
faire	je fais	nous faisons	j'ai fait	je faisais
	tu fais	vous faites		
	il/elle/on fait	ils/elles font		
falloir	il faut		il a fallu	il fallait
lire	je lis	nous lisons	j'ai lu	je lisais
	tu lis	vous lisez		
	il/elle/on lit	ils/elles lisent		

Futur	Conditionnel Présent	Subjonctif Présent	Autres verbes ayant une conjugaison semblable
je connaîtrai	je connaîtrais	que je connaisse que nous connaissions	
je courrai	je courrais	que je coure que nous courions	
je croirai	je croirais	que je croie que nous croyions	
je devrai	je devrais	que je doive que nous devions	
je dirai	je dirais	que je dise que nous disions	prédire (vous prédisez)
j'écrirai	j'écrirais	que j'écrive que nous écrivions	décrire récrire
j'enverrai	j'enverrais	que j'envoie que nous envoyions	renvoyer
je ferai	je ferais	que je fasse que nous fassions	
il faudra	il faudrait	qu'il faille	relire
je lirai	je lirais	que je lise que nous lisions	

Infinitif	Présent		Passé composé	Imparfait
mettre	je mets tu mets il/elle/on met	nous mettons vous mettez ils/elles mettent	j'ai mis	je mettais
ouvrir	j'ouvre tu ouvres il/elle/on ouvre	nous ouvrons vous ouvrez ils/elles ouvrent	j'ai ouvert	j'ouvrais
partir	je pars tu pars il/elle/on part	nous partons vous partez ils/elles partent	je suis parti(e)	je partais
pleuvoir	il pleut		il a plu	il pleuvait
pouvoir	je peux tu peux il/elle/on peut	nous pouvons vous pouvez ils/elles peuvent	j'ai pu	je pouvais
prendre	je prends tu prends il/elle/on prend	nous prenons vous prenez ils/elles prennent	j'ai pris	je prenais
recevoir	je reçois tu reçois il/elle/on reçoit	nous recevons vous recevez ils/elles reçoivent	j'ai reçu	je recevais
savoir	je sais tu sais il/elle/on sait	nous savons vous savez ils/elles savent	j'ai su	je savais

Futur	Conditionnel Présent	Subjonctif Présent	Autres verbes ayant une conjugaison semblable
je mettrai	je mettrais	que je mette que nous mettions	admettre permettre promettre
j'ouvrirai	j'ouvrirais	que j'ouvre que nous ouvrions	rouvrir
je partirai	je partirais	que je parte que nous partions	dormir (j'ai dormi) s'endormir (je me suis endormi) sentir (j'ai senti) servir (j'ai servi) sortir (je suis sorti)
il pleuvra	il pleuvrait	qu'il pleuve	
je pourrai	je pourrais	que je puisse que nous puissions	
je prendrai	je prendrais	que je prenne que nous prenions	apprendre comprendre
je recevrai	je recevrais	que je reçoive que nous recevions	
je saurai	je saurais	que je sache que nous sachions	

Appendices

Infinitif	Présent	INDICATIF	Passé composé	Imparfait
venir	je viens tu viens il/elle/on vient	nous venons vous venez ils/elles viennent	je suis venu(e)	je venais
vivre	je vis tu vis il/elle/on vit	nous vivons vous vivez ils/elles vivent	j'ai vécu	je vivais
voir	je vois tu vois il/elle/on voit	nous voyons vous voyez ils/elles voient	j'ai vu	je voyais
vouloir	je veux tu veux il/elle/on veut	nous voulons vous voulez ils/elles veulent	j'ai voulu	je voulais

| | Conditionnel | Subjonctif | Autres verbes ayant une |
Futur	Présent	Présent	conjugaison semblable
je viendrai	je viendrais	que je vienne que nous venions	devenir (je suis devenu) revenir (je suis revenu) se souvenir (je me suis souvenu)
je vivrai	je vivrais	que je vive que nous vivions	
je verrai	je verrais	que je voie que nous voyions	prévoir (je prévoirai)
je voudrai	je voudrais	que je veuille que nous voulions	

French-English Vocabulary

The French-English vocabulary list contains all productive and receptive vocabulary that appears in the student text. Productive vocabulary includes words and expressions that appear in the *Mon vocabulaire*, **Passages**, *Expressions utiles,* and *Vocabulaire utile* sections, and in charts and word lists that are part of the **Structure** explanations. Receptive vocabulary consists of words and phrases that are given an English gloss in textual material throughout the book: readings, photo captions, exercises, activities, and authentic documents. Productive vocabulary entries are followed by the number of the chapter in which they are first introduced.

The following abbreviations are used:

adj.	adjective	*fam.*	familiar	*n.*	noun
adv.	adverb	*form.*	formal	*pl.*	plural
conj.	conjunction	*inv.*	invariable	*pron.*	pronoun
f.	feminine	*m.*	masculine	*sing.*	singular
f. pl.	feminine plural	*m. pl.*	masculine plural	*v.*	verb

A

à to, 4; in, 11; at, 12
  ~ bientôt see you soon, 1
  ~ bord on board, 12
  ~ côté (de) next to, 4; beside, 12
  ~ demain see you tomorrow, 1
  ~ droite (de) to the right (of), 4
  ~ gauche (de) to the left (of), 4
  ~ la mode hip, fashionable, 9
  ~ la radio *f.* on the radio, 7
  ~ la télé *f.* on TV, 7
  ~ la une on the front page (of the newspaper), 7
  ~ l'extérieur *m.* outside, 12
  ~ l'intérieur *m.* inside, 12
  ~ mi-temps part-time, 10
  ~ mon aise *f.* as I please
  ~ plein temps full-time, 10
  ~ plus (tard) see you later, 1
  ~ qui le tour? whose turn is it?, 5
  ~ table! Dinner / Lunch is ready!, 6
  ~ temps complet full-time, 10
  ~ temps partiel part-time, 10
  ~ tout ~ l'heure see you in a while, 1
abdominal *m.* (*pl.* **abdominaux**) sit-up, 13
abdos *m. pl.* sit-ups, 13
abonné(e) *n.* subscriber, 7
abonnement *m.* magazine / newspaper subscription, 7

abricot *m.* apricot, 6
absolument absolutely, 6
s'accepter to accept oneself, 9
accident *m.* accident, 7
accouchement *m.* labor,9
accoucher to give birth,9
accro (accroché[e]) addict
accueillant(e) cozy, 4
achat *m.* purchase, 5
acheter to buy, 2
activité *f.* activity, 13
actualités *f. pl.* news, 7
actuel (actuelle) current
adjectif *m.* adjective, 2
admirer to admire, 12
adolescence *f.* adolescence, 9
adolescent(e) (ado *fam.***)** adolescent, 9
adopté(e) adopted, 3
adorer to adore, 2
adresse *f.* **électronique** e-mail address, 13
adverbe *m.* adverb, 6
aéroport *m.* airport, 12
affirmer to assert, 9
  ~ sa personnalité to assert one's own personality, 9
  ~ son individualité to assert one's own individuality, 9
agaçant(e) bothersome, 14
agacer to bother, 14
âge *m.* age
agenda *m.* desk calendar / planner, 13
  ~ électronique electronic planner

agent *m.* agent
  ~ au sol ground personnel, 12
  ~ de police police officer
  ~ de voyage travel agent, 3
agréable enjoyable, agreeable, 14
aider to help, 5
aile *f.* wing, 12
aimer to like, to love, 2
  ~ à la folie to love madly, 8
  s'~ to love each other, 8
aîné(e) oldest (child)
ainsi que as well as
ajouter to add
alcoolisme *m.* alcoholism, 9
aliment *m.* food, 14
  ~s bios organic foods
  ~s maigres fat-free foods, 14
  ~s riches en matières grasses rich foods, 14
  ~ sans matières grasses fat-free foods, 14
aller to go, 4
  allons-y let's go, 4
  billet *m.*
  ~-retour round-trip ticket, 12
  (billet *m.***) ~ simple** one-way ticket, 5
  Je vais bien, et toi? I'm doing well, and you?; I'm good, and you?, 1
  Je vais bien, merci I'm doing well, thank you, 1
  s'en ~ to leave, 6
alliance *f.* union, alliance
  par ~ by marriage
alors so; then, 5

alpinisme *m.* mountain climbing, 13
améliorer to improve
amer (amère) bitter
ami(e) friend, 3
amicale amicable, friendly, 8
amitiés *f. pl.* best wishes (closing for letter)
amour *m.* love, 8
    grand ~ true love, 8
    mon ~ my love, 8
amoureux (amoureuse) in love, 3
amoureux *n. m. pl.* lovebirds, lovers, 8
amusant(e) amusing, funny, 2
s'amuser to have fun, 8
analphabétisation *f.* illiteracy
ange *m.* angel
    être aux ~s to be in seventh heaven, 12
anglais *m.* English (language)
animal *m.* (*pl.* **animaux**) animal
    ~ domestique pet, 2
animateur (animatrice) DJ, host (hostess), 7
animer to announce, to host (a show), 7
anneau *m.* ring
année *f.* year, 3
    l'~ dernière last year, 7
anniversaire *m.* birthday, 3
    ~ de mariage wedding anniversary, 3
annonce *f.* announcement
    une petite ~ classified ad
annoncer to announce
anorexie *f.* anorexia, 9
antibiotique *m.* antibiotic, 14
antihistaminique *m.* antihistamine, 14
antipathique unfriendly, 2
août *m.* August, 3
appareil photo *m.* **numérique** digital camera, 13
appartement *m.* apartment, 4
appeler to call, 2
    s'~ to be named, 1
apporter to bring
apprendre to learn, 5
approfondi(e) expanded
après after
après-midi *f.* afternoon, 4
    de l'~ in the afternoon, 4
après-shampooing *m.* conditioner, 11
aquagym *f.* water aerobics
arachide *f.* peanut
arbre *m.* tree, 12
architecte *m./f.* architect, 2

arête *f.* **de poisson** fish bone
argent *m.* money, 11; silver
arithméthique *f.* math
arme *f.* **à feu** firearm
armoirie *f.* coat of arms
arrêter to stop
    s'~ to stop
arriver to arrive, 7
article *m.* article, 7
ascenseur *m.* elevator, 4
asperge *f.* asparagus, 6
aspirateur *m.* vacuum cleaner, 4
aspirine *f.* aspirin, 14
s'asseoir to sit (down), 6
assez enough, 6
    ~ de enough of, 5
assiette *f.* plate, 6
    ~ à dessert dessert plate
    ~ à soupe soup bowl, 6
    ~ creuse soup bowl, 6
assis(e) seated
assistant(e) *m./f.* assistant, 2
assistant *m.* **personnel** PDA, 13
assister à to attend
assurance *f.* **maladie** medical insurance, 10
athlétisme *m.* track and field, 3
attelage *m.* **de chiens** dogsled
attendre to wait, 5
    ~ son tour to wait one's turn, 5
    ~ un enfant to be pregnant, 9
atterrir to land, 12
atterrissage *m.* landing, 12
au (= à + le)
    ~ carré bob, square-cut (hair), 11
    ~ centre-ville downtown, 10
    ~ coin in / on the corner, 5; in time-out, 9
    ~ cours de laquelle during which
    ~ début *m.* at first, 8
    ~ four baked
    ~ moins at least
    ~ régime on a diet, 14
    ~ revoir good-bye, 1
    ~ travail *m.* let's get to work, 13
    au-dessus (de) above, over, 4
augmenter to rise
aujourd'hui today, 1
auquel (= à + lequel) to which
aussi also
    ~ ... que as . . . as, 11
autant de... (que) as many (as), as much (as), 11
automne *m.* autumn, 4
autour (de) around
autre other

avance *f.* advance, 12
avant (de) before
avantages *m. pl.* **(sociaux)** (social) benefits, 10
avec with, 6
    Et ~ ceci? Anything else?, 5
avenir *m.* future
avion *m.* airplane, 12
avocat(e) lawyer, 2
avoir to have, 2
    ~ besoin (de) to need, 6
    ~ chaud to be hot, 6
    ~ de la chance to be lucky, 6
    ~ des ronds to be loaded (financially)
    ~ envie (de) to want / to feel like, 6
    ~ faim to be hungry, 6
    ~ froid to be cold, 6
    ~ honte to be ashamed, 14
    ~ l'air to seem, 6
    ~ le vertige to be dizzy
    ~ lieu to occur, to take place
    ~ mal to have pain, to be in pain, 14
    ~ peur to be afraid, 6
    ~ raison to be right, 6
    ~ soif to be thirsty, 6
    ~ sommeil to be sleepy, 6
    ~ tort to be wrong, 6
    ~ une bonne grossesse to have an easy pregnancy, 9
    ~ une déception amoureuse to have one's heart broken, 8
    ~ une grossesse difficile to have a difficult pregnancy, 9
avortement *m.* abortion
avril *m.* April, 3

B

bac *m.* college entrance exam
bagage *m.* **à main** carry-on luggage, 12
bagarre *f.* fight, 9
baguette *f.* loaf of French bread, 5
    ~ bien cuite well-baked loaf, 5
    ~ pas trop cuite not too dark loaf, 5
baigner to bathe
    se ~ to take a bath; to go for a swim, 8
baignoire *f.* bathtub, 4
baiser *m.* kiss on the cheek or mouth
baiser to have intercourse *(slang)*
baisse *f.* decline
    à la ~ declining

baladeur *m.* **numérique** digital portable audio player, 13
balayage *m.* highlights, 11
balcon *m.* balcony, 4
balle *f.* **de golf** golf ball, 13
ballon *m.* ball,
    ~ de basket basketball, 13
    ~ de foot soccer ball, 13
banane *f.* banana, 6
banc *m.* bench, 12
banlieue *f.* suburb, 4
banque *f.* bank, 11
base-ball *m.* baseball, 2
basket *m.* basketball, 2
    ballon *m.* **de ~** basketball, 13
    terrain *m.* **de ~** basketball court, 13
bâtir to build, 4
bavard(e) talkative, 2
beau (belle) beautiful, handsome, 2
beaucoup (de) a lot (of), 5
beau-frère *m.* brother-in-law, 3
beau-père *m.* stepfather, father-in-law, 3
bébé *m./f.* baby, 2
beige beige, 2
belle *f.* beautiful, 2
Belle au Bois Dormant Sleeping Beauty
belle-mère *f.* stepmother; mother-in-law, 3
belle-sœur *f.* sister-in-law, 3
besoin *m.* need
bête silly
    Ne sois pas ~! Don't be silly!, 5
beurre *m.* butter, 6
beurré(e) drunk *(slang)*, 12
bibliothèque *f.* library
bicyclette *f.* bicycle
bidet *m.* bidet, 4
bien well, 6
    ~ cordialement cordially (closing of a letter), 4
bien-être *m.* well-being, 14
bienvenue welcome
    Bienvenue chez moi! Welcome to my place!
bière *f.* beer, 5
bijou *m.* *(pl.* **bijoux)** jewel
bijouterie *f.* jewelry store
billet *m.* ticket, 12; bill (banknote), 11
    ~ aller-retour round-trip ticket, 12
    ~ d'avion plane ticket, 12
    ~ doux love letter
    ~ première classe *f.* first class ticket, 12

    ~ seconde classe *f.* second class ticket, 12
bio(logique) organic, 14
biscuit *m.* cookie, 6
    ~ salé cracker
bise *f.* kiss (on the cheek)
bisou *m.* kiss on the cheek or mouth
bistro *m.* café, pub
bizarre bizarre, 14
blanc (blanche) white, 2
bleu(e) blue, 2
blond(e) blond, 2
bœuf *m.* beef, 5
boire to drink, 6
    ~ un pot to have a drink
boisson *f.* beverage, 6
boîte *f.* *(slang)* workplace; box, 5
    ~ aux lettres mailbox, 4
    ~ de nuit nightclub, 9
bol *m.* bowl, 6
bon(ne) good, 14
    bon well, 3
    bon *m.* **d'abonnement** subscription form, 7
    bon marché *inv.* cheap, affordable, 5
bonbon *m.* candy
bonhomme *m.* **de neige** snowman
bonjour hello, 1
bosser (dans) *(slang)* to work (in), 10
botte *f.* boot, 5
bouche *f.* mouth, 9
boucher (bouchère) butcher
boucherie *f.* butcher shop, 5
bouclé curly, 2
boulangerie *f.* bakery, 5
boule *f.* **campagnarde** round loaf of bread
boulette *f.* **de viande** meatball, 6
boulot *m.* *(slang)* job, 10
bouquet *m.* bouquet, 6
bourré(e) drunk *(slang)*, 12
bourse *f.* scholarship, 11
bouteille *f.* bottle, 5
boutique *f.* shop, store, 5
branché(e) *(slang)* hip, tech-savvy, 13
braquage *m.* bank robbery
bras *m.* arm, 9
brasserie *f.* brewery, 5
bricolage *m.* repair work, 4
briquet *m.* cigarette lighter, 7
brocoli *m.* broccoli, 6
brosser to brush
    se ~ les dents to brush one's teeth, 8

brouillon *m.* draft
brun(e) brown, 2
buffet *m.* sideboard, 4
bulletin *m.* **d'abonnement** subscription form, 7
bureau *m.* desk; office, 4
    ~ de change currency exchange office
    ~ de tabac tobacco store, 5
but *m.* goal

C

ça it; that, 1
    ~ m'agace it bothers me, 14
    ~ peut aller it could be better, 1
    ~ te dit? What do you say about it?, 5
    ~ va. It's going okay / well., 1
    ~ va? How's it going?, 1
    ~ va bien. It's going well., 1
    ~ va pas mal. It's going all right., 1
cabine *f.* **de bronzage** tanning booth, 13
    ~ d'essayage fitting room, 5
cabinet *m.* office, 10
cachet *m.* tablet, 14
café *m.* coffee
    ~ au lait coffee with milk, 6
    ~ crème coffee with cream, 6
    ~ noir black coffee, 6
caisse *f.* teller window, cash drawer, 11
caissier (caissière) cashier, 5; bank teller, 11
caleçon *m.* man's underwear, 5
calme calm, 12
calmer to calm
    se ~ to calm oneself down, 8
cambriolage *m.* burglary, break-in, 7
cambriolé(e) burglarized, 7
campagne *f.* country
canapé *m.* couch, 4
canard *m.* duck
candidat(e) candidate, 10
canoë *m.* canoeing, 3
cantine *f.* cafeteria, 9
car *conj.* because
carnet *m.* **de chèques** checkbook, 11
carotte *f.* carrot, 6
carrefour *m.* corner, crossroads, 10
carte *f.* menu, 6
    ~ d'accès à bord / d'embarquement boarding pass, 12
    ~ de crédit credit card, 11

Carte Bleue debit / credit card, 11

   ~ **Flying Blue** frequent flyer card, 12

   ~ **Wi-Fi** Wi-Fi card, 13

carton *m.* box

casquette *f.* cap, 5

causer to cause, 7

CD *m. inv.* CD

ce *pron.* this; it, 1 (see also **c'est**)

   ~ **que** what

   ~ **qui** that which

ce *adj.* this, that, 1

cela m'agace it bothers me, 14

céleri *m.* celery, 6

célibataire single, 3

centre *m.* center

   ~ **de remise en forme** fitness center, 13

   ~ **ville** downtown, 4

ce qu'on what one

céréales *f. pl.* cereal, 6

cerise *f.* cherry, 6

certain(e) certain, 14

certitude *f.* certainty

cerveau *m.* brain, 14

ces these, those

c'est it's; this is, 1

   ~ **tout** that is all, 5

cette *f. adj.* this

chacun(e) each one

chaîne *f.* channel, 7

   ~ **hi-fi** stereo, 4

chaise *f.* chair, 4

chambre *f.* room; bedroom, 4

   ~ **d'hôtel** hotel room, 12

champignon *m.* mushroom, 6

chance *f.* luck

changer to change, 7

   ~ **de fréquence** to change the radio station, 7

chanson *f.* song

chanter to sing, 2

chapeau *m.* hat

chargé(e) busy

chariot *m.* shopping cart, 5

chasser to hunt

chat(te) cat, 2

châtain *inv. (agrees in number)* light brown (hair), 2

chatouiller to tickle

chaud(e) hot, 6

chaussette *f.* sock, 5

chaussure *f.* shoe, 5

   ~ **de sport** sneaker, 5

chauve bald, 11

chef *m.* **d'entreprise** head of a company, 10

chef *m.* **de syndicat** *m.* union leader

chemise *f.* man's shirt, 5

chemisier *m.* woman's shirt, 5

chèque *m.* check, 11

chéquier *m.* checkbook, 11

cher (chère) expensive, 5

chercher to look for, 3

chéri(e) darling

   mon / ma ~ my darling, 8

cheveu *m. (pl.* **cheveux***)* hair, 2

chez elle/lui/vous at her/his/ your place

   ~ **le traiteur** at the caterer's, 6

chien(ne) dog, 2

chiffre *m.* number, 3

   ~**s à l'appui** supporting numbers

chignon *m.* hair up (in a bun), 11

chinois *m.* Chinese language

chocolat *m.* chocolate, 5

chocolaterie *f.* chocolate shop, 5

chocolatier *m.* chocolate shop, 5

   chez le ~ at the chocolate store, 5

   ~**-confiseur** artist who specializes in making chocolate, 10

choisir to choose, 4

chômage *m.* unemployment, 10

chômeur (chômeuse) unemployed person, 10

   être ~ to be unemployed, 10

choqué(e) shocked, 12

chorale *f.* choir, 7

chou *m.* cabbage

   mon ~ my dear (*lit:* my cabbage), 8

chouette cool, nice, 4

chou-fleur *m.* cauliflower, 6

Chut! Shh!, Hush!, 5

chute *f.* **libre** free fall, 13

ciao see you, 1

cigarette *f.* cigarette, 5

cinéma *m.* movies, 3

cire *f.* wax

cité *f.* housing project

   ~ **universitaire** dormitory

citron *m.* lemon, 6

clair(e) clear (color), 11; clear, obvious, 14

classe *f.* **économique** coach class, 12

classique classic, 2

clavier *m.* keyboard, 13

clé *f.* key

   ~ **Bluetooth** Bluetooth connection, 13

client(e) customer; client, 10

clientèle *f.* clientele, 10

cliquer to click, 13

club *m.* nightclub, 9

   ~ **de fitness** fitness center, 13

   ~ **de golf** golf club, 13

   ~ **de gym** fitness center,13

Coca *m.* Coke™, 6

cochon *m.* **d'Inde** guinea pig, 2

cœur *m.* heart, 14

   mon ~ my sweetheart, 8

coffre-fort *m.* safe(-deposit box), 11

coiffeur (coiffeuse) hair stylist, 11

coiffure *f.* hair style, 11

coin *m.* corner, 9

colère *f.* anger

   en ~ angry, 14

collaborateur (-trice) contributor

collège *m.* middle school, junior high school, 9

colocataire *m./f.* roommate, 4

coloré(e) colored (hair), 11

combien (de) how many, how much, 5

   C'est ~? How much is it?, 5

   ~ **de temps?** how long?

comblé(e) very happy, 14

comédie *f.* comedy, 3

   ~ **musicale** musical comedy, 3

   ~ **romantique** romantic comedy, 3

comédien actor

comédienne actress

comique comic, 3

commande *f.* order

commander to order

comme like; as, 2

   ~ **ci,** ~ **ça** so-so, 1

commencer to begin, 2

comment how, 9

   ~ **allez-vous / vas-tu?** How are you?, 1

   ~ **ça va?** How is it going?, 1

   ~ **dit-on... ?** How do you say . . . ?

   ~ **t'appelles-tu?** What's your name (fam.)?, 1

   ~ **tu t'appelles?** What's your name *(fam.)*?, 1

   ~ **vous appelez-vous?** What is your name *(form.)*?, 1

commerce *m.* business, 10

commère *f.* person who gossips

commettre un crime to commit a crime, 7

commode *f.* chest of drawers, 4

commun(e) common, 14

communisme *m.* communism

compagne *f.* partner (female), 8

compagnie *f.* company, 10

compagnon *m.* partner (male), 8
complexé(e): être ~ to have a complex, 9
composter to validate, 12
compréhensif(-ive) understanding
comprendre to understand, 5
comprimé *m.* tablet, 14
comptabilité *f.* accounting, 10
compte *m.* account
   ~ courant checking account, 11
   ~ en banque bank account, 11
   ~ épargne savings account, 11
concert *m.* concert, 3
condiment *m.* seasoning, 6
confiture *f.* jam, 6
congés payés *m. pl.* paid holidays, 10
conjuguer to conjugate
connaissance *f.* **de** knowledge of
connaître to know (to be familiar with), 13
connexion *f.* **haut-débit** high-speed connection, 13
conseil *m.* advice
console *f.* **de jeux vidéo** video game system, 4
constamment constantly, 6
consultation *f.* doctor's office
conte *m.* tale
content(e) happy, 2
continent *m.* continent
continuer to continue, 10
conversation *f.* conversation
contrôle *m.* **sûreté** security gate, 12
convaincant(e) convincing
copain (copine) boyfriend (girlfriend), 8
coquille *f.* **Saint-Jacques** scallop, 6
corde *f.* rope, 13
corps *m.* body, 9
correctement correctly, 4
costaud(e) stocky, 14
costume *m.* man's suit, 5
côté *m.* side
Côte d'Ivoire *f.* Ivory Coast
cou *m.* neck, 9
se coucher to go to bed, 8; to lie down, 12
couleur *f.* color, 2
   de quelle ~ est... ? what color is . . . ?
couloir *m.* aisle, 12
country *f.* country music, 3
coup *m.* blow
   ~ de foudre love at first sight, 8
coupable guilty, 12

coupe *f.* (hair) cut, 11
couper to cut
couple *m.* couple
courage *m.* courage
courageux (courageuse) courageous, brave, 2
couramment fluently
courir to run, 13
couronne *f.* crown; loaf of bread with hole in the middle
courriel *m.* e-mail, 13
courrier *m.* snail mail
   ~ des lecteurs letter to the editor, 7
cours *m.* class
course *f.* race
   ~ d'attelage de chiens dog-sled race
   ~ en canoë *m.* ice-canoe race
courses *f. pl.* shopping, 4
   faire les ~ to run errands, 4; to do the shopping
court(e) short, 2
court *m.* **de tennis** tennis court, 13
cousin(e) cousin, 3
couteau *m.* knife, 6
coûter to cost
couturière *f.* seamstress
couverts *m. pl.* cutlery
crâne *m.* skull, 14
cravate *f.* tie, 5
crème *f.* cream, 2
   ~ brûlée crème brûlée, 6
crémerie *f.* cheese store, 5
crêpe *f.* crepe, 6
crevette *f.* shrimp, 5
crier to scream, shout, 9
crime *m.* crime, 7
crise *f.* **cardiaque** heart attack, 14
crise *f.* **de foie** stomach / digestive problem, 14
croire to believe, to think
croissance *f.* growth
croissant *m.* croissant, 5
cuillère *f.* spoon
   ~ à café teaspoon, 6
   ~ à soupe tablespoon, 6
cuisine *f.* cooking; kitchen, 4
cuisinière *f.* stove, 4
culotte *f.* woman's underwear (briefs), 5
cultures maraîchères *f. pl.* market gardening
cultures vivrières *f. pl.* food production
culturel(le) cultural, 7

D

d'abord first, 5
dans in, 4
   ~ les premiers temps at the beginning, 8
   ~ quelques années in a few years
danser to dance, 2
d'après according to
   ~ vous in your opinion
datte *f.* date (*fruit*)
d'autres choses *f. pl.* other things, 6
de *art.* any, some, 5; *prep.* from, 11; of
   ~ quelle couleur what color
   ~ rien you're welcome, 10
   ~ tout everything, 5
début *m.* beginning
décéder to die, 7
décembre *m.* December, 3
déception *f.* **amoureuse** heartbreak, 8
décollage *m.* take-off, 12
décoller to take off, 12
décompresser to relax, to decompress
décorateur (-trice) d'intérieur interior decorator, 4
décorer to decorate, 4
découvrir to discover, 12
déçu(e) disappointed, 12
défi *m.* challenge
défilé *m.* parade, 7
déguster les vins to taste wines
déjà already
déjeuner *m.* lunch, 6
déjeuner to have lunch
de l' (see **du/de la/de'l/des**)
de la (see **du/de la/de'l/des**)
délinquance juvénile *f.* juvenile crime, 9
délit *m.* misdemeanor
deltaplane *m.* hang-gliding, 1
demander to ask, to require, 14
   ~ son chemin to ask directions, 10
demandeur (demandeuse) d'emploi job applicant, 10
se démaquiller to remove one's makeup, 8
démarches *f. pl.* steps
démêlant *m.* anti-tangle cream, 11
demi *m.* glass of draft beer
demi(e) half
   et ~ half past, 4
demi-frère *m.* half-brother, stepbrother, 3

demi-sœur *f.* half-sister, stepsister, 3
démoralisé(e) demoralized, 12
dent *f.* tooth, 9
dentiste *m./f.* dentist, 2
département *m.* department
se dépêcher to hurry (up), 8
dépenser to spend, 11
dépenses *f. pl.* spending
dépensier (dépensière) spendthrift, 11
déposer to deposit
   ~ de l'argent to deposit money (in the bank), 11
   ~ un chèque to deposit a check (in the bank), 11
déprimé(e) depressed, 14
depuis since; for, 14
   ~ deux ans for two years
dernier (dernière) last, 8
dernièrement lately
derrière behind, in back of, 4
des (see **du/de la/de l'/des**)
dès as early as
dès que as soon as
descendre to get down, to go down, 5
descriptif (descriptive) descriptive, 2
désespéré(e) desperate, 12
se déshabiller to remove one's clothes, 8
désirer to like, 5
désolé(e) sorry, 12
dessert *m.* dessert, 6
dessin *m.* drawing
   ~ animé cartoon, 7
se détendre to relax
détester to hate, 2
   se ~ to hate each other, 8
dette *f.* debt, 11
devant in front of, 4
devenir to become, 11
deviner to guess
devoir to have to, must
devoirs *m. pl.* homework, 4
d'habitude usually, 4
diarrhée *f.* diarrhea
difficulté *f.* difficulty, 9
diffuser to broadcast, 7
dimanche *m.* Sunday, 3
dîner *m.* dinner, 6
dire to say, 7
direction *f.* direction, 10
discothèque *f.* disco (theque)
diseur (diseuse) de bonne aventure fortune-teller
disponible available

se disputer to argue (with each other), 8
divertissements *m. pl.* TV games, 7
divorcé(e) divorced, 3
divorcer to get a divorce, 8
document *m.* document, 13
documentaire *m.* documentary, 7
doigt *m.* finger, 9
don *m.* gift
donc therefore, so
données *f. pl.* data
donner to give, 7
   ~ des coups de pied to kick
   ~ la fessée to spank, 9
   ~ sur to overlook, 12
   ~ un baiser to kiss (on the lips), 8
   ~ un concert to perform a concert, 7
   ~ une conférence to present a paper, 7
dont whose, 12
dortoir *m.* dormitory, 9
dos *m.* back, 9
dot *f.* dowry
douane *f.* customs, 12
double queen-size bed, 12
douche *f.* shower, 4
doute *m.* doubt
douter to doubt, 14
douteux (douteuse) doubtful, 14
doux (douce) sweet, soft
douzaine *f.* dozen, 5
draguer to flirt
drapeau *m.* flag
se droguer to use drugs, 9
droite *f.* right
   à ~ on the right
du/de la/de l'/des *art.* some, 5
dur(e) hard

E

eau *f.* water
   ~ gazeuse carbonated water, 6
   ~ plate mineral water, 6
s'échauffer to warm up, 14
échec *m.* **scolaire** failure in school, 9
école *f.* school, 9
   ~ primaire elementary school, 9
économe thrifty, 11
économies *f. pl.* savings
économiser to save, 11

écouter to listen to, 2
   ~ une conférence to listen to a lecture, 7
écran *m.* screen, 7
s'écraser to crash, 12
écrire to write, 7
écrivain(e) writer
effondré(e) devastated, 12
effrayé(e) scared, 12
électro *f.* electronic music, 3
élégant(e) elegant, 2
élève *m./f.* student (elementary / middle school), 9
élever to raise, 9
elle she, it, 1; her, 13
elle-même herself
elles they, 1; them, 13
e-mail *m.* e-mail, 13
embarquement *m.* boarding, 12
embauché(e) hired, 10
embaucher to hire, 10
embêter to annoy, 9
embrasser to kiss
   s'~ to kiss (each other), 8
émission *f.* program, 7
émotion *f.* emotion
émouvant(e) moving
emplette *f.* purchase
emploi *m.* job, 10
employé(e) employee, 10
emprunter (à) to borrow (from), 11
   ~ de l'argent à la banque to ask for a loan, 11
en in, 5; of it / of them, 5
   ~ bonne santé healthy, 14
   ~ brosse spiky (hair), crew-cut, 11
   ~ colère angry, 14
   ~ direct live, 7
   ~ face (de) across from, facing, 4; across, 5
   ~ herbe budding
   ~ mauvaise santé in bad health, 14
   ~ provenance de from
   ~ rage enraged, 14
   ~ sens *m.* **inverse** the wrong way, 9
   ~ solde on sale, 5
enceinte pregnant, 9
enchanté(e) happy, pleased, 12
   Enchanté(e). It's nice to meet you, 1
endetté(e) in debt, 11
s'endormir to fall asleep, 8
énervé(e) nervous, 12
s'énerver to get upset, 8
enfance *f.* childhood, 9

enfant *m./f.* child, 3
    ~ **gâté(e)** spoiled child, 9
    ~ **bien élevé(e)** well-behaved child, 9
    ~ **mal élevé(e)** badly behaved child, 9
enfant-roi *m./f.* child-king
engager to hire, 10
s'ennuyer to be bored, 8
ennuyeux (ennuyeuse) boring, 2
énorme enormous
enquête *f.* survey
enregistrement *m.* **des bagages** check-in, 12
enrhumé(e): être ~ to have a cold, 14
enseigne *f.* label, brand
ensemble together, 8
ensemble *m.* set, group
entendre to hear, 5
    s'~ bien to get along well, 8
    s'~ mal not to get along, 8
entier (entière) whole
entourer to surround, 7
s'entraîner to train, 13
entraîneur (entraîneuse) trainer, 13
entre between, 4
entrée *f.* appetizer, 6
entrepreneur (entrepreneuse) businessman / business-woman, 2
entreprise *f.* company, 10
entrer (dans) to come (into); to enter, 7
entretien *m.* interview
    avoir un ~ to have an interview, 10
    passer un ~ to have an interview, 10
envisager to contemplate
envoyer to send, 13
épanoui(e) fulfilled
épargner to save, 11
épaté(e) dumbfounded, 14
épeler to spell
    Comment ça s'épelle? How do you spell it?
épicé(e) spicy
épicerie *f.* grocery store, 5
s'épiler to remove hair (women), 8
épinards *m. pl.* spinach, 6
s'époumoner to shout oncsclf hoarse
époux (épouse) spouse, 8
équipe *f.* team
équipement *m.* equipment, 13
érable *m.* maple

escalade *f.* **glaciaire** ice-covered mountain climbing, 13
escalier *m.* stairs, 4
espagnol *m.* Spanish language
espoir *m.* hope
essayer to try on, 5
essence *f.* gas
essentiel(le) essential, 14
essuyer to wipe
est (See **être**) (he, she, it) is, 1
et and
    ~ **avec ceci?** Anything else?, 5
    ~ **toi?** and you?, 1
    ~ **voilà...** and here is . . . , 1
étage *m.* floor, 4
    au premier ~ *m.* on the second floor, 4
    au deuxième ~ *m.* on the third floor, 4
États-Unis *m. pl.* United States
été *m.* summer, 4
s'étirer to stretch, 13
étonnant(e) stunning, 14
étonné(e) surprised / shocked, 14
étranger (étrangère) foreign
être to be, 1
    ~ **à la mode** to be hip, fashionable, 9
    ~ **à la recherche de** to seek, 9
    ~ **à la retraite** to be retired, 10
    ~ **amoureux (amoureuse) de quelqu'un** to be in love with someone, 8
    ~ **au chômage** to be unemployed, 10
    ~ **aux anges** to be in seventh heaven, 12
    ~ **bien dans sa peau** to feel good
    ~ **cambriolé(e)** to be burglarized, 7
    ~ **complexé(e) par son look** to have a complex about one's appearance, 9
    ~ **de** to be from (a place), 1
    ~ **enrhumé(e)** to have a cold, 14
    ~ **fou (folle) de joie** to be extremely happy / excited, 12
    ~ **gourmand(e)** to have a sweet tooth
    ~ **pénible** to be a pain, 5
    ~ **sur le point de** (+ *inf.*) to be about to
    ~ **volé(e)** to be robbed, 7
étudiant(e) student, 2
étudier to study, 2
euro *m.* unit of currency in European Union

euphorique euphoric, 12
eux them, 13
eux-mêmes themselves
événement *m.* event, 7
évident(e) evident, 14
évier *m.* kitchen sink, 4
éviter to avoid
examen *m.* test
Excusez-moi. Excuse me, 1
exercices *m. pl.* **au sol** floor exercises, 13
exiger to insist, 14
exprès *m.* espresso, 6
extérieur outside, 12
    à l'~ outside, 12
extrême extreme

F

fabrication *f.* production, 10
fac(ulté) *f.* university
fâché(e) angry, 12
se fâcher to get mad, 8
faciliter to make easy
fascisme *m.* fascism
facteur (factrice) postal worker
faire to do, to make
    ~ **de la natation** to swim, 13
    ~ **des bêtises** *f.* to be naughty, 9
    ~ **des caprices** *m.* to throw a tantrum, 9
    ~ **des chatouilles** to tickle
    ~ **des exercices d'échauffement** to warm up, 13
    ~ **des exercices d'étirement** to stretch, 13
    ~ **des haltères** *f.* to lift weights, 13
    ~ **des investissements** *m.* to have investments, 11
    ~ **(un gros) do-do** to go night-night
    ~ **du lèche-vitrine** to go window-shopping, 5
    ~ **du shopping** to go shopping, 12
    ~ **du stretching** to stretch, 13
    ~ **du zapping** to channel surf, 7
    ~ **l'appel** *m.* to call the roll, 1
    ~ **la bise** to kiss (on the cheek), 8
    ~ **la cuisine** to cook, 4
    ~ **la grasse matinée** to sleep in
    ~ **la grève** to be on strike, 10
    ~ **la queue** to wait in line
    ~ **le mur** to sneak out, 9
    ~ **le pitre** to be silly

~ les courses to run errands, 4; to do the shopping
~ les magasins to go shopping, 5
~ les valises to pack suitcases, 4
~ taire to keep someone else quiet
~ un emprunt to take a loan, 11
~ une fête to have a party, 1
~ une fugue to run away, 9
~ un gâteau to make a cake, 4
~ un gros bisou to give a big kiss, 9
~ un stage to have an internship, 10
~ un voyage to take a trip, 4
se ~ la bise to kiss each other (on the cheeks), 8
se ~ masser to get a massage, 13
falloir to be necessary
famille *f.* family, 3
fauché(e) *(slang)* broke
faussement falsely, 6
fauteuil *m.* armchair, 4
faux (fausse) false, 14
Fcfa (franc CFA) unit of currency
féculent *m.* starchy food, 6
fée *f.* fairy
femme *f.* wife, 3
~ au foyer housewife
~ de sa vie one's soulmate (female), 8
~ médecin *f.* doctor, 2
fenêtre *f.* window, 4
fermier (fermière) farm-raised, 5
fesses *f. pl.* buns, the rear, 9
fessiers *m. pl.* buttock exercises, 14
fête *m.* party, 9
fêter to celebrate
feuilleton *m.* soap opera, 7
février *m.* February, 3
fiançailles *f. pl.* engagement, 3
fiancé(e) engaged, 3; *m./f.* fiancé(e), 8
se fiancer to get engaged, 8
ficelle *f.* long thin loaf of bread; string
fidèle faithful, 8
fier (fière) proud, 12
fièvre *f.* fever, 14
figure *f.* face, 9
filer to weave
fille *f.* girl; daughter, 3
~ unique only child (female), 3

film *m.* movie, 3
~ d'aventure adventure movie, 3
~ d'horreur horror movie, 3
~ de guerre war movie, 3
~ de science-fiction science fiction movie, 3
~ dramatique drama, 3
~ historique historical movie, 3
~ policier detective film, 3
fils *m.* son, 3
~ unique only child (male)
fin *f.* end
fin(e) fine, thin
finances *f. pl.* finances, 11
finir to finish, 4
flûte *f.* long thin loaf of bread; flute
foie *m.* liver, 14
fois *f.* time
combien de ~ ? how many times?
folie *f.* crazy thing
foncé(e) dark (color), 11
foot *m.* soccer, 3
ballon de ~ soccer ball, 13
terrain de ~ soccer field, 13
football *m.* soccer, 3
~ américain football, 3
formation *f.* training
~ littéraire specialization in the humanities, 10
~ scientifique specialization in the sciences, 10
forme *f.* shape
être en ~ to be in shape
fort(e) strong, 2; chubby, 14
forum *m.* **de discussion** chat room
fou (folle) crazy, 12
foulard *m.* scarf, 5
foule *f.* crowd
four *m.* oven, 4
~ à micro-ondes microwave, 4
fourchette *f.* fork, 6
fourré(e) stuffed
foyer *m.* household
fraise *f.* strawberry, 6
français *m.* French language
frange *f.* bangs, 11
fréquence *f.* (radio) station
fréquent(e) frequent, 9
frère *m.* brother, 3
~ jumeau twin brother
frisé(e) very curly, 2
frites *f. pl.* French fries, 6
froid(e) cold (temperature), 6
fromage *m.* cheese, 5
fromagerie *f.* cheese store, 5

fruit *m.* fruit, 5
~s de mer seafood, 5
fruité(e) flavored with fruit
fumer to smoke, 2
furieux (furieuse) furious, 14
fuseau *m.* needle; spindle
futon *m.* futon, 4
futur *m.* future

G

gadget *m.* gadget, 13
gagnant(e) winner
gagner to earn; to win
garçon *m.* boy
garder la ligne to maintain one's weight, 14
gare *f.* train station, 10
gare à be aware of
gas essence *f.*
gaspiller to waste, 11
gastronomique gastronomic, 6
gâté(e) spoiled, 9
gâteau *m.* cake, 4
~ au chocolat chocolate cake, 6
gâter to spoil, 9
gauche *f.* left
à ~ on the left, 4
gêné(e) embarrassed, 14
généreux (généreuse) generous
gens *m. pl.* people, 12
gentil(le) nice, 2
gentillesse *f.* kindness
gérant(e) manager, 10
gérer to manage, 10
gestion *f.* management, 10
gilet *m.* cardigan sweater
glace *f.* ice cream, 6
~ à la fraise strawberry ice cream, 6
~ à la vanille vanilla ice cream, 6
~ au chocolat chocolate ice cream, 6
golf *m.* golf, 3
club de ~ golf club, 14
terrain / parcours de ~ golf course, 14
gorge *f.* throat, 14
gourmand(e) person who likes to eat
être ~ to have a sweet tooth
gourmet *m.* person who likes good food
goût *m.* taste, 6
goûter *m.* afternoon snack, 6; *v.* to taste, 12; to snack
goutte *f.* **nasale** nasal spray, 14

grâce à thanks to
gramme *m.* gram, 5
grand(e) big, tall, 2
    ~e surface *f.* supermarket, 5
    le (la) plus ~ the tallest
grand-mère *f.* grandmother, 3
grand-père *m.* grandfather, 3
gras (grasse) oily, 11
graver un CD / DVD to burn a CD / DVD, 13
graveur *m.* **de CD / DVD** CD / DVD burner, 13
grenier *m.* attic
grève *f.* strike, 10
grippe *f.* flu, 14
gris(e) gray, 2
grisaille *f.* gray weather, 12
gros(se) big, fat, 2
grossesse *f.* pregnancy, 9
    une bonne ~ an easy pregnancy, 9
    une ~ difficile a difficult pregnancy, 9
grossir to gain weight, 14
groupe *m.* group; band, 7
guéri(e) healed, feel better, 14
guérir de to be healed (from), to feel better, 14
guichet *m.* ticket counter, 12
    ~ automatique ATM, 11
    ~ de caisse teller window, 11
    ~ vente à emporter take out window
guide *m.* guide
    ~ des programmes télévisés television guide, 7
    ~ télé TV guide, 7
gymnase *m.* gymnasium, 9

H

habiller to dress
    s'~ to get dressed, 8
habiter to live, 2
habitude(s) *f.* **alimentaire(s)** dietary habit(s)
haltère *f.* weight, dumbbell, 14
hamster *m.* hamster, 2
haricot *m.* bean, 6
    ~s verts green beans, 6
haut-parleur *m.* speaker, 13
hebdomadaire *m.* weekly magazine, 7
héliski *m.* heli-skiing, 13
henné *m.* henna
heure *f.* time; hour, 4
    à...(s) ~ at . . . o'clock, 4
    ~ de pointe rush hour
    une ~ one o'clock, 4

heureux (heureuse) happy, 12
hier yesterday, 7
    avant-~ the day before yesterday, 7
    ~ après-midi yesterday afternoon, 7
    ~ matin yesterday morning, 7
    ~ soir last night, 7
hip-hop *m.* hip-hop, 3
histoire *f.* history, 12
historique historical, 2
hit-parade *m.* top music hits, 7
hiver *m.* winter, 4
HLM (habitation à loyer modéré) *f.* subsidized housing
home cinéma *m.* home theater, 13
homéopathique homeopathic, 14
homme *m.* **de sa vie** one's soulmate (male), 8
hôpital *m.* hospital
horaire *m* schedule
    ~ de travail work schedule, 10
    ~ des trains train schedule, 12
horrifié(e) horrified, 12
hors-d'œuvre *m. inv.* appetizers, 6
hôtel *m.* hotel, 10
hôtesse *f.* **au sol** ground personnel, 12
hôtesse *f.* **de l'air** flight attendant, 12
huile *f.* oil
huître *f.* oyster, 6
humain(e) human, 9

I

ici here
    d'~ from here
identité *f.* identity, 9
il he; it, 1
    ~ est... it is . . . (time), 4
    ~ est (elle est) de... he is (she is) from . . . , 1
    ~ est dommage it's a pity, 14
    ~ fait beau it's nice out, 4
    ~ fait chaud it's warm out, 4
    ~ fait du soleil it's sunny, 4
    ~ fait du vent it's windy, 4
    ~ fait frais it's cool out, 4
    ~ fait froid it's cold out, 4
    ~ faut (que) one must / it is necessary (that), 14
    ~ se peut (que) it's possible (that), 14
    ~ vaut mieux que it is better that, 14
    ~ y a there is, there are, 3; ago, 8

ils they, 1
immeuble *m.* building, 4
impossible impossible, 14
imprimante *f.* **(couleur)** (color) printer, 13
improbable improbable, 14
inacceptable unacceptable, 14
indication *f.* information
indigné(e) outraged, 12
indispensable essential, 14
individualité *f.* individuality, 9
infection *f.* infection, 14
infirmière *f.* nurse
informations (les infos) *f. pl.* news, newscast, 7
    ~ routières traffic report, 7
informatique *f.* computing, 10
informer to inform
    s'~ to get information
ingénieur (ingénieure) engineer, 2
injuste unfair, 14
inquiet (inquiète) worried, 12
insatisfait(e) dissatisfied, 14
insister to demand, 14
    ~ (pour) to insist (on), 14
instituteur (institutrice) elementary school teacher
intelligemment intelligently, 6
intelligence *f.* intelligence
intelligent(e) intelligent, 2
interdire to prohibit
intérêt *m.* interest, attention
intérieur inside
    à l'~ inside, 12
international(e) (*m. pl.* **internationaux**) international, 10
internaute *m./f.* Internet user
Internet *m.* Internet, 13
intestin *m.* intestine, 14
investir to invest, 11
investissements *m. pl.* investments, 11
inviter to invite
ivre drunk, 12
ivresse *f.* intoxication, 12
ivrogne *m./f.* drunkard, lush

J

jacuzzi *m.* Jacuzzi, 13
jaloux (jalouse) jealous, 12
jamais never
    ne... ~ never, 6
jambe *f.* leg, 9
jambon *m.* ham, 6
janvier *m.* January, 3
jardin *m.* garden, 12
jardinage *m.* gardening, 4
jaune yellow, 2

jazz *m.* jazz, 3
je I, 1
    ~ m'appelle... My name is . . . , 1
    ~ me permets de vous contacter parce que je... I'm contacting you because . . . , 4
    ~ n'ai pas un rond I don't have a penny
    ~ peux vous aider? Can I help you?, 5
    ~ suis de... I'm from . . . , 1
    ~ vais bien. I'm doing well / I'm good, 1
    ~ voudrais... I would like . . . , 5
    ~ vous en prie. You're welcome, 10
jean(s) *m.* jeans, 5
jet ski *m.* Jet Ski, 13
jeu *m. (pl.* **jeux)** TV games, 7
jeudi *m.* Thursday, 3
jeune young, 2
job *m.* job, 10
jogging *m.* sweat suit, 5
joli(e) pretty, 2
joue *f.* cheek, 9
jouer à to play (a game or sport), 2
jour *m.* day, 3
journal *m. (pl.* **journaux)** newspaper, 7
    ~ télévisé (le JT) television news, 7
journaliste *m./f.* journalist, 7
journée *f.* day
judo *m.* judo, 3
juge *m./f.* judge, 2
jugement *m.* judgement
juillet *m.* July, 3
juin *m.* June, 3
jumeau *m. (pl.* **jumeaux)** twin (brother)
jumelle *f.* twin (sister), 3
jupe *f.* skirt, 5
jusqu'à as far as; until, 10
juste right, fair, 14

K

karaté *m.* karate, 3
kilo *m.* kilo, 5
kitchenette *f.* kitchenette, 4

L

la (see **le/la/l'/les) lac** *m.* lake, 12
laid(e) ugly, 2
laisser to leave, 10
    en laissant leaving, 12

lait *m.* milk, 6
    ~ écrémé skim milk, 14
    ~ entier whole milk, 14
lampe *f.* lamp, 4
lancer to launch
langue *f.* tongue, 9
lapin *m.* rabbit, 2
lasagnes *f. pl.* lasagna, 6
lavabo *m.* bathroom sink, 4
laver to wash
    se ~ to wash, 8
lave-linge *m.* washing machine, 4
lave-vaisselle *m.* dishwasher, 4
le/la/l'/les *art.* the, 2; *pron.* him, her, it, them, 11
lèche-vitrine *m.* window shopping, 5
lecteur (lectrice) reader, 7
    lecteur de CD CD player, 13
    lecteur de DVD DVD player, 4
légume *m.* vegetable, 5
lentement slowly, 6
lentille *f.* lentil, 6
les (see **le/la/l'/les)**
lessive *f.* laundry
lettre *f.* letter
leur their, 3, to them, 13
lever son verre *m.* to raise his/her glass, 12
se lever to get up, 8
lèvre *f.* lip, 9
libre free, 1
licencié(e) fired, 10
licencier to lay off, 10
lieu *m.* place
limonade *f.* carbonated lemon-lime soda, 6
linge *m.* laundry
lire to read, 7
lisse straight, 2
liste *f.* list, 5
    ~ des courses shopping list, 5
lit *m.* bed, 4
    ~ double queen bed, 12
litre *m.* liter, 5
livre *m.* book, 7
livrer to deliver
livreur (livreuse) delivery person
locataire *m./f.* tenant, 4
logement *m.* housing, 4
logiciel *m.* software, 13
loin (de) far (from), 4
loisir *m.* leisure activity
long(ue) long, 2
louer to rent, 4
loyer *m.* rent, 4
luge *f.* sledding, 13
lui he; him, 13; (to) him, her, 13
lumineux (lumineuse) sunny, 4

lundi *m.* Monday, 3
lune *f.* moon
    ~ de miel honeymoon, 12
lycée *m.* high school, 9
lycéen (lycéene) high school student, 9

M

Madame *f.* ma'am, 1
Mademoiselle *f.* miss, young lady, 1
magasin *m.* store, 5
magazine *m.* magazine, 7; exposé, 7
    ~ d'actualité news magazine, 7
    ~ de santé health magazine, 7
    ~ people entertainment magazine, 7
mai *m.* May, 3
maigre slim; skinny, 14
maigrir to lose weight, 14
maillot *m.* **de bain** one-piece bathing suit, 5
main *f.* hand, 9
maintenant now, 5
maire *m.* mayor
mais but
maison *f.* house, 4
mal poorly, badly, 6
    avoir ~ à la gorge to have a sore throat, 14
    avoir ~ à la tête to have a headache, 14
    avoir ~ *m.* **au dos** to have a backache, 14
    avoir ~ au cœur to be nauseous, 14
malade sick, 14
maladie *f.* illness, 14
malgré cela in spite of this
malheureux (malheureuse) unhappy, 12
maman *f.* mother
manger to eat, 2
    ~ équilibré to eat a balanced diet, 14
    ~ sain to eat healthy foods, 14
manifestation *f.* demonstration, 7
manquer to miss, 10
manteau *m.* coat, 5
maquette *f.* layout, format
se maquiller to put on makeup, 8
marchand(e) vendor
    ~ de journaux newsstand, 7

marcher to walk, 13; to work
mardi *m.* Tuesday, 3
mari *m.* husband, 3
marié(e) married, 3
marier to marry
 se ~ (avec) to get married (to), 8
marmaille *f.* gang of brats
Maroc *m.* Morocco
marque *f.* brand
marquer to mark
marron *inv.* chestnut brown, 2
mars *m.* March, 3
masser to massage
 se faire ~ to get a massage, 14
masseur (masseuse) masseur (masseuse), 13
match *m.* game, 3
matin *m.* morning, 1
 du ~ in the morning
matraquage *m.* hype
mauvais(e) bad, 6
me to me, 13
méchant(e) mean, 2
médecin *m.* doctor, 2
médias *m. pl.* media
médicament *m.* medicine, 5; medication, 14
meilleur(e) que *adj.* better than, 11
 le (la/les) meilleur(e)(s) *adj.* the best, 11
 ~ ami(e) best friend
mèl *m.* email
melon *m.* cantaloupe, 6
membre *m.* member
même(s) same
mémoire *m.* (computer) memory, 13
mémorable memorable, 7
ménage *m.* housecleaning, 4; couple; household
mensonge *m.* lie
mensuel *m.* monthly magazine, 7
mentir to lie
mer *f.* sea, 12
merci thank you, 5
mercredi *m.* Wednesday, 3
mère *f.* mother, 3
météo *f.* weather report, 7
métro *m.* subway
mettre to put; to put on, 5; to place, 9
 ~ à la porte to kick out, to fire, 10
 ~ au coin to place a child in time out, 9
 ~ la table to set the table, 6
meubler to furnish, 4

meubles *m. pl.* furniture
micro-ondes *m.* microwave, 4
microphone *m.* microphone, 13
midi *m.* noon, 4
miel *m.* honey
mieux que *adv.* better than, 11
 le mieux (de) *adv.* the best (of), 11
mignon(ne) cute, 2
migraine *f.* migraine, 14
milieu *m.* middle
mi-long shoulder-length (hair), 2
mince thin, 2
minuit *m.* midnight, 4
miroir *m.* mirror, 4
mis(e) à la porte fired, kicked out, 10
mi-temps: à ~ part-time, 10
mobile *m.* cell phone, 13
mode *m.* **de vie** life style
modem *m.* modem, 13
moderne modern, 2
moi me, 13
 ~ aussi! me too!
 ~ c'est... my name is . . ., me, I'm . . ., 1
moins (de) less (of), 5
 ~ le quart quarter to, 4
 ~ (de)... que less . . . than, 11
mois *m.* month, 3
 le ~ dernier last month, 7
monde *m.* world
 le ~ entier all over the world
moniteur *m.* (computer) monitor, 13
moniteur (monitrice) instructor, 13
Monsieur *m.* sir, 1
montant *m.* amount; balance
monter to go up, to climb, 7
montrer to show
monument *m.* monument, 12
morceau *m.* piece, 5
mordre to bite, 5
mort *f.* death
mot *m.* word
 ~ de passe password, 11
 ~s tendres tender words, pet names, 8
moteur *m.* **de recherche** search engine, 13
moule *f.* mussel, 5
mourir to die, 7
moyenne *f.* average
mur *m.* wall, 4
musclé(e) muscular, 14
muscu(lation) *f.* weightlifting, 3; muscle-building
musée *m.* museum, 12

musical(e) musical, 7
musique *f.* music, 3
 ~ classique classical music, 3
 ~ électronique electronic music, 3
 ~ techno techno music, 3

N

nager to swim, 13
naissance *f.* birth, 9
naître to be born, 7
nappe *f.* tablecloth, 6
natation *f.* swimming, 3
 faire de la ~ to swim, 13
national(e) national, 12
nausée *f.* nausea, 14
naviguer sur to navigate, 13
navré(e) sorry, 14
ne (n') not, 2
 ~ ... jamais never, 6
 ~ ... ni... ni neither . . . nor
 ~ ... pas not, 2
 ~ ... pas encore not yet, 6
 ~ ... personne nobody, not anyone, 6
 ~ ... plus no longer, 6
 ~ ... que only
 ~ ... rien nothing, not anything, 6
n'importe qui whoever
né(e) born
nécessaire necessary, 14
nécessité *f.* necessity, 14
négatif (négative) negative, 7
neiger to snow, 4
Net *m.* World Wide Web, 13
nettoyer to clean
neveu *m.* nephew, 3
nez *m.* nose, 9
 ~ bouché stuffy nose, 14
 ~ qui coule runny nose, 14
nièce *f.* niece, 3
night-clubs *m. pl.* nightclubs
noir(e) dark, 2; black, 2
nombril *m.* navel, 9
non plus neither
normal(e) normal, 14
nous we, 1; (to) us, 13; us, 13
 ~ voudrions... we would like . . ., 5
novembre *m.* November, 3
numérique digital, 12
numériser to digitize, 13
numéro *m.* number, 1
 ~ de téléphone/de mobile phone number / cell number, 1

O

obéir (à) to obey, 4
obnubilé(e) obsessed
s'occuper de to take care of
octobre *m.* October, 3
odorat *m.* smell, 12
œil *m.* (*pl.* **yeux**) eye, 2
    Mon ~! Yeah, right!
œuf *m.* egg, 5
oignon *m.* onion, 6
oiseau *m.* bird, 3
omelette *f.* omelet, 6
on people; one; we, 1
    ~ **y va?** shall we go?, 4
    ~ **y va toujours!** We always
    go there!, 5
oncle *m.* uncle, 3
ondes *f. pl.* airwaves, 7
ondulé(e) wavy, 11
opéra *m.* opera, 3
optimiste optimistic, 2
orange *f.* orange, 6
orange *adj. inv.* orange, 2
orchestre *m.* orchestra, 7
ordinateur *m.* computer, 4
    ~ **portable** laptop
    computer, 13
ordonnance *f.* prescription
oreille *f.* ear, 9
orteil *m.* toe, 9
ou or
    ~ **plus** or more
où where, 9; when, 12
    ~ **se trouve... ?** where is . . .
    located?, 5
ouais yeah, 5
outil *m.* tool
outré(e) outraged, 12

P

pain *m.* bread, 5
pantalon *m.* pants, 5
paparazzi *m./f.* paparazzi, 7
papier *m.* paper
paquet *m.* pack, 5
par by; via
    ~ **contre** however
    ~**le biais** through the
    installation of
paracétamol *m.* acetamino-
    phen, 14
parachute *m.* **ascensionnel**
    parasailing, 13
parapente *m.* paragliding, 13
parc *m.* park, 12
parce que because, 4
parcours *m.* **de golf** golf course, 13

pardon excuse me, 1
pardonnez-moi pardon me, 1
parfois occasionally, sometimes, 6
parking *m.* parking lot, 12
parler to speak, 2
participer to participate
    ~ **à un défilé** to march /
    participate in a parade, 7
    ~ **à un match sportif** to play
    in a match / game, 7
    ~ **à une manifestation** to take
    part in a demonstration, 7
partie *f.* part, 12
    ~**s (internes) du corps**
    internal organs, 14
partir to leave (for an undeter-
    mined period of time), 8
    ~ **loin** to go far away, 10
pas not
    ne ~ not, 2
    ne... ~ **encore** not yet, 6
    ~ **mal** not bad, 1
    ~ **mal de** quite a lot of, 5
passer to run (the vacuum), 4; to
    broadcast, 7; to go by, 12
    ~ **l'aspirateur** *m.* to vacuum, 4
    ~ **un entretien** to have an
    interview, 10
    se ~ **de** (*+ chose*) to do with-
    out (a thing)
passe-temps *m.* hobby
pastèque *f.* watermelon, 6
pastille *f.* lozenge, 14
pâté *m.* **de campagne** pâté, 6
pâtes *f. pl.* pasta, 6
patin *m.* **à glace** ice skate, 13
patinoire *f.* (ice-)skating rink, 9
pâtisserie *f.* pastry shop, bakery, 5;
    pastry, 5
patron(ne) boss, employer, 10
pauvre poor, 2
pays *m.* country
paysage *m.* landscape
PDG (président directeur
    général) *m.* CEO, 10
peau *f.* skin
pêche *f.* peach, 6; fishing, 13
    ~ **au gros** deep-sea fishing, 13
pédaler to pedal, 13
peigner to comb
    se ~ **les cheveux** to comb
    one's hair, 8
peindre to paint, 4
peine *f.* have a hard time; penalty
    ~ **de mort** death penalty
peinture *f.* painting, 12
pendant during, for
    ~ **que** while, 6
pénible: être ~ to be a pain, 5

penser (à) to think (about)
pension *f.* boarding school, 9
pensionnaire *m./f.* boarding
    school student, 9
perdre to lose, 5
    ~ **du poids** to lose weight, 14
    ne... pas ~ **de poids** not to
    lose weight, 14
    se ~ to get lost
    ~ **un match** to lose a match /
    game, 7
père *m.* father, 3
personnalité *f.* personality, 9
personne *f.* person
    ne... ~ no one, nobody, not
    anyone, 6
    ~ **ne** no one, nobody, 6
personnel(le) personal
pessimiste pessimistic, 2
petit(e) small, 2
petit ami *m.* boyfriend, 3
Petit Chaperon Rouge Little Red
    Riding Hood
petit déjeuner *m.* breakfast, 6
petite amie *f.* girlfriend, 3
petits pois *m. pl.* peas, 6
peu not very, 14
    ~ **de** little, few, 5
    ~ **possible** not very likely, 14
    ~ **probable** not very
    probable, 14
    un ~ a little bit, 2
peut-être maybe, 6
pharmacie *f.* pharmacy, 5
philosophie *f.* philosophy
photo *f.* photo, 12
    ~ **en couleur** color photo, 12
    ~ **en noir et blanc** black-and-
    white photo, 12
    ~ **numérique** digital photo, 12
photographe *m./f.* photo-
    grapher, 7
pichet *m.* pitcher, 6
pièce *f.* play, 3; room, 4
    ~ **ci-jointe** attachment, 11
    ~ **comique** comic play, 3
    ~ **de monnaie** coin, 11
    ~ **d'identité** proof of
    identity, 12
    ~ **dramatique** drama, 3
    ~ **musicale** musical play, 3
pied *m.* foot, 9
piège *m.* pitfall, trap
pilote *m./f.* pilot, 2
piqûre *f.* shot, injection, 14; prick
    (of needle)
pire que worse than, 11
    le/la/les pire(s) (de) the
    worst of, 11

piscine *f.* swimming pool, 14
piste *f.* slope
   ~ **de ski** ski slope, 13
pizza *f.* pizza, 6
placard *m.* closet, 4
placards kitchen cupboards, 4
place *f.* place; square, 12
placer son argent to invest one's money, 11
plan *m.* map
   ~ **(de maison** *f.***)** blueprint (of a house), 4
planche *f.* **à voile** windsurfing, 14
plante *f.* plant
plat *m.* dish, 12
   ~ **principal** entrée, main dish, 6
plateau *m.* tray
plein(e) de full (of), 5
pleurer to cry, 9
pleuvoir to rain, 4
plongée *f.* **sous-marine** diving
plus (de) more (of), 5; plus
   ne... ~ not anymore, no longer, 6
   ~ **(de)... que** more (-er) . . . than, 11
   ~ **tard** later, 4
plusieurs several
plutôt que rather than
poème *m.* poem, 7
poids *m. pl.* weights, 13
poignet *m.* wrist
poilu(e) hairy, 2
poire *f.* pear, 6
poisson *m.* fish, 5
   ~ **rouge** goldfish, 2
poissonnerie *f.* fish market, 5
poivre *m.* pepper, 6
poivron *m.* **rouge** red pepper, 6
policier (policière) police officer, 2
pomme *f.* apple, 6
   ~ **de terre** potato, 6
pompes *f. pl.* push-ups, 13
porc *m.* pork, 6
portable *m.* laptop (computer), 13
porte *f.* door; (airport) gate, 12
porter to wear; to carry, 5
   ~ **à** to bring (to someone), 5
positif (positive) positive, 12
posséder to possess
possible possible, 14
poste *f.* post office, 5
poste *m.* position, 10
postulant(e) candidate, 10
postuler to apply, 10
potins *m. pl.* pieces of gossip
pouce *m.* thumb, 12

poulet *m.* chicken, 5
   ~ **fermier** farm-raised chicken, 5
poumon *m.* lung, 14
pour for, 12; in order to
pourboire *m.* tip
pouce *m.* thumb, 9
pourquoi why, 9
Pourriez-vous me dire... ? Could you tell me . . . ?, 10
pouvoir to be able to, can, 6
pratiquer to practice, to participate in, 3
   ~ **un sport** to do (a sport), 13
précoce early, 9
prédire to predict
préférable preferable, 14
préférence *f.* preference
préférer to prefer, 2
première classe *f.* first class, 12
prendre to take, 5
   ~ **des photos** *f.* to take photos, 12
   ~ **du poids** to gain weight, 14
   ~ **soin** to take care
   ~ **un pot** to have a drink
prénom *m.* first name
préparation *f.* production, 10
préparer to prepare, 2
près (de) close (to), near, 4
présentateur (présentatrice) de télévision television anchor, 7
présenter to introduce, 1; to present, 7
   Je te / vous présente... This is . . . , 1
présentation *f.* introduction
presse *f.* **people** entertainment magazines, 7
se presser to hurry (up), 8
pression *f.* draft beer, 6
prétendant(e) future spouse
prétendre to claim, 7
prêter to lend, 11
prier to pray
prime *f.* bonus
printemps *m.* spring, 4
privé(e) private, 10
prix *m.* prize, 7
   ~ **Nobel** Nobel Prize
probable probable, 14
problème *m.* problem, 9
processeur *m.* processor, 13
proche near
proches *m. pl.* loved ones
produit *m.* product
   ~**s alimentaires** food items, 5
   ~ **allégé** diet food, 14

   ~ **bio(logique)** organic food, 14
   ~ **de régime** diet aid, 14
   ~ **laitier** dairy product, 5
   ~ **surgelé** frozen food, 14
professeur *(professeure)* professor, 2; high school or college teacher
profession *f.* profession, 2
professionnel (professionelle) professional, 7
programme *m.* program, 7
   ~ **télé** television guide, 7
se promener to go for a walk, 8
promouvoir to promote
provisions *f. pl.* food supplies, 5; funds, 11
provocateur (provoca- trice) provocative, 2
prudemment carefully, prudently, 6
psy *m. (slang)* "shrink" (psychiatrist)
public (publique) public, 4
publicité *f.* advertisement, 7
publier to publish, 7
puce *f.* flea
puis then, 4
pull(-over) *m.* pullover, sweater, 5
punir to punish, 4
punition *f.* punishment, 9
pyjama *m.* pajamas

Q

quai *m.* platform, 12
quand when, 9
quart *m.* quarter
   et ~ quarter past, 4
   moins le ~ quarter to, 4
que what, 9; that, 12
   ~ **désirez-vous?** What would you like?, 5
quel(le) what, which, 6
   à quelle heure *f.***?** At what time?
   Quel est ton / votre numéro de téléphone / de mobile? What's your phone number / cell number?, 1
   quelle que soit regardless of
   Quel temps fait-il? What's the weather like?, 4
quelques a few, some
quelque chose something
   ~ **en pièce jointe** an attachment, 13
quelque part somewhere, 7
quelquefois sometimes, 3

quelqu'un someone, 7
qu'est-ce que what, 1
queue *f.* **de cheval** ponytail, 11
qui who, 1
    ~ est-ce? who is it?
    ~ es-tu? / ~ êtes-vous? who are you?, 1
quiche *f.* quiche, 6
quitter to leave (someone or something), 8
    se ~ to leave each other, 8
quoi what (*object of verb*)
quotidien *m.* daily newspaper, 7

R

radin(e) stingy
radio *f.* radio, 7
raffermir to tone, 13
rafting *m.* rafting, 13
rage *f.* **de dent** toothache, 14
raie *f.* part (hair), 11
    ~ au milieu in the middle, 11
    ~ sur le côté on the side, 11
raisin *m.* grapes, 6
ramasser to pick up (person or object)
ramer to row, 14
ranger to arrange, 7
rap *m.* rap, 3
râpé(e) grated, 6
rapidement quickly, 4
rappeler to remind, 1
raquette *f.* racket, 13
rarement rarely, 3
se raser to shave, 8
rater le vol to miss the flight, 12
ravi(e) delighted, 14
rayon *m.* department, 5
    ~ boucherie meat department, 5
    ~ crémerie dairy department, 5
    ~ poissonnerie seafood department, 5
réagir to react
réalisateur (réalisatrice) movie director
se rebeller to rebel, 9
recevoir to receive, 13
recherché(e) sought after
récipient *m.* serving dish
réciproque reciprocal
recommander to recommend, 14
se réconcilier (avec) to reconcile, 8
reconnaissant(e) grateful
récré(ation) *f.* recess, 9
réfléchi(e) reflexive

réfrigérateur *m.* refrigerator, 4
regarder to watch, 2; to look at, 12
    se ~ to look at each other, 8
reggae *m.* reggae, 3
régime *m.* **alimentaire** daily diet, 14
régional(e) regional, 12
regrettable regrettable, unfortunate, 14
regretter to regret, to be sorry, 14
rein *m.* kidney, 14
relations *f. pl.* **sexuelles précoces** early sexual relations, 9
relevé *m.* statement
remèdes *m. pl.* remedies, 14
    ~ homéopathiques homeopathic remedies, 14
    ~ naturels natural remedies, 14
remplir un chèque to write a check, 11
rencontrer to meet (each other),
    se ~ to meet (each other), 8
rendre to pay; to return, to give back, 5
    ~ visite à to visit (someone)
renseignement *m.* information
rentrer to come home, 7; to go back
repas *m.* meal, 6
repassage *m.* ironing, 4
répondeur *m.* answering machine, 4
répondre (à) to respond, to answer, 5
réponse *f.* answer, response
reportage *m.* report, 7
se reposer to rest, to relax, 8
répugnant(e) repulsive, 12
requin *m.* shark, 13
RER *m.* regional train system in Paris, 7
réserver to reserve, 12
restaurant *m.* restaurant, 12
    ~ universitaire cafeteria
restes *m. pl.* leftovers
retourner to return, 7
retraite *f.* retirement, 10
    toucher la ~ to receive a pension, 10
retraité(e) retiree, 10
    être ~ to be retired, 10
réussir (à) to succeed (in); to pass (a test), 4
rêve *m.* dream, 12
se réveiller to wake up, 8
revenir to come back, 7
revue *f.* magazine
    ~ de cuisine cooking magazine, 7

    ~ de mode fashion magazine, 7
    ~ de sport sports magazine, 7
rez-de-chaussée *m.* ground floor
rhume *m.* cold (illness), 14
riche rich, 2
    ~ en matières grasses rich, fatty, 14
rideau *m.* curtain, 4
ridicule ridiculous, 14
rien nothing
    de ~ you're welcome, 10
    ne... ~ nothing, not anything, 6
rigoler to laugh, 7
risquer sa tête to put oneself in danger
riz *m.* rice, 6
robe *f.* dress, 5
rock *m.* rock, 3
    ~ indé(pendant) indie music, 3
rollers *m. pl.* rollerblades, 14
rompre to break up
se ronger les ongles to bite one's nails, 8
rose pink, 2
rôti(e) roasted, 6
rouge red, 2
rouler un patin / une pelle to give someone a French kiss
routeur *m.* router, 13
routine *f.* routine, 8
roux (rousse) red (hair), 2
rude harsh
rue *f.* street, 10
    ~ piétonne pedestrian street, 5
rugby *m.* rugby, 3
rupture *f.* breakup, 3

S

sable *m.* sand, 12
sac *m.* bag, 5
sage well-behaved, 9
saison *f.* season, 4
salade *f.* salad, 6
salaire *m.* salary, 10
    ~ minimum minimum wage, 10
salarié(e) a salaried employee, 10
salé(e) salty, 6
salir to dirty, 4
salle *f.* room
    ~ à manger dining room, 4
    ~ de bains bathroom, 4
    ~ de muscu(lation) weight room, 13
    ~ de séjour family room, 4

~ de sports fitness center, 13
~ de livraison des baga-ges baggage claim, 12
salon *m.* living room, 4
   ~ de coiffure hairdresser's, 11
salut *(inf.)* hi, bye, 1
salutation *f.* greeting
samedi *m.* Saturday, 3
sandales *f. pl.* sandals, 5
sandwich *m.* sandwich, 6
   ~ au jambon-fromage ham and cheese sandwich, 6
santé *f.* health
   ~ de fer iron constitution, healthy, literally "an iron health," 14
saoul(e) drunk, 12
sapin *m.* fir tree
satisfait(e) satisfied, 14
saumon fumé *m.* smoked salmon, 6
sauna *m.* sauna, 14
saut *m.* **à l'élastique** bungee jumping, 13
sauter to jump
   ~ à la corde to jump rope, 13
sauvegarder un document to save a document, 13
sauver to save
   ~ la vie à quelqu'un to save someone's life, 7
savoir to know (how), to know a fact, 13
savonneux (savonneuse) soapy
savoureux (savoureuse) tasty
scanner *m.* scanner, 13
science-fiction *f.* science fiction, 2
scolarité *f.* schooling
sculpture *f.* sculpture, 12
se himself, herself, itself, themselves, 8
sec (sèche) dry, 11
sécher to dry
   ~ les cours to skip school, 9
   se ~ les cheveux to dry one's hair, 8
secrétaire *m./f.* secretary, 2
seins *m. pl.* chest
sel *m.* salt, 6
selon according to, depending on
semaine *f.* week, 3
   la ~ dernière last week, 8
semestre *m.* semester
sens *m.* sense
sentir to smell
   ~ bon to smell good, 6
   ~ mauvais to smell bad, 6
   se ~ bien / mal to feel well / bad, 8

séparé(e) separated, 3
se séparer to be apart, to separate, 8
septembre *m.* September, 3
série *f.* **(télévisée)** TV series, 7
série *f.* **d'exercices** exercise repetition
se serrer la main to shake hands
serveur (serveuse) waiter (waitress)
service *m.*
   ~ après-vente customer service, 10
   ~ aux clients customer service, 10
   ~ client customer service, 10
serviette *f.* napkin, 6
servir to serve
seulement only
shampooing *m.* shampoo, 5
short *m.* shorts, 5
si as, so; if, 13; yes
sida *m.* AIDS
siècle *m.* century
siège *m.* seat, 12
silencieusement silently, 6
s'il te plaît please, 10
s'il vous plaît please, 10
sinus *m.* sinus, 14
sirop *m.* syrup, 14
ski *m.* skiing; ski, 13
   ~ alpin downhill skiing, 13
   ~ de fond cross-country skiing, 13
   ~ nautique waterskiing, 13
smartphone *m.* smartphone, 13
SMIC *m.* minimum wage, 10
smicard(e) minimum wage earner, 10
SMS *m.* text message, 13
snowboard *m.* snowboarding, 13
sobre sober, 14
sociable out-going, 2
société *f.* corporation, 10
sœur *f.* sister, 3
   ~ jumelle twin sister, 3
sofa *m.* sofa, 4
soigner to heal
   se ~ to take care (of oneself), 14
soin *m.* treatment
   avec ~ carefully, 4
soir *m.* night; evening, 1
   du ~ in the evening, at night
soirée *f.* party, 9
soldé(e) on sale, 5
soldes *f. pl.* sales, 5
sommeil *m.* sleep, 6
somnifère *m.* sleep aid, 14

son *m.* sound
sondage *m.* poll, survey
sont (see **être**) (they) are, 1
sort *m.* spell
sortir (de) to go out; to get out of, to leave (for a short time), 8
   ~ avec to go out with
souk (Tunisia) *m.* market
soulagé(e) relieved, 12
se soûler to get drunk, 9
souligner to underline
soupe *f.* soup, 6
souris *f.* mouse, 13
sous under, 4
soutien-gorge *m.* (*pl.* **soutiens-gorge**) bra, 5
souvenir *m.* memory; souvenir, 12
   se ~ de to remember
souvent often, 6
spécialité *f.* specialty, 12
sport *m.* sport, 3
   ~ d'hiver winter sport / snow sport, 13
   ~ nautique water sport, 13
sportif (sportive) athletic, 2
stade *m.* stadium, 9
stage *m.* internship, 10
stagiaire *m./f.* trainee, 10
statue *f.* statue, 12
step *m.* step machine, 13
steward *m.* flight attendant, 12
stimulant(e) challenging, 13
stupide stupid, 2
subit(e) sudden
succès *m.* success
sucre *m.* sugar, 6
sucré(e) sweet
suer to sweat
suis (see **être**) (I) am, 1
Suisse *f.* Switzerland
suivant following
sujet *m.* topic
super super, 1
supervision *f.* supervision, 10
sur on top of, 4; on, 12
   ~ les ondes on the airwaves, 7
   ~ mesure custom-made
sûr(e) certain, sure, 14
surf *m.* surfing, 3
   ~ des neiges snowboarding, 13
surfer sur Internet to surf the Internet, 13
surprenant(e) surprising, 14
surpris(e) surprised, 12
surtout especially
survêtement *m.* jogging suit, sweatsuit, 5
sweat *m.* sweatshirt, 5
sympathique friendly, 2

T

tabac *m.* tobacco; tobacco shop, 5
tabagisme *m.* smoking addiction, 9
table *f.* table, 4
  ~ de nuit nightstand, 4
tableau *m.* painting, 4
taffe *f.* drag (on a cigarette)
tailleur *m.* woman's suit, 5
talk-show *m.* talk show, 7
tante *f.* aunt, 3
tapis *m.* rug, 4; mat, 13
  ~ de course treadmill, 13
tarte *f.* pie, 5
  ~ salée quiche, 6
tartelette *f.* mini tart, 6
tartine *f.* toast, 6
tasse *f.* **à café** coffee cup, 6
taux *m.* rate, 11
tchatcher to chat, to yack
te to you, 13
technicien (technicienne) technician, 2
techno *f.* techno music, 3
technologie *f.* technology, 12
tee-shirt *m.* T-shirt, 5
tel (telle) such
télécharger to download, 13
télécommande *f.* remote control, 7
téléfilm *m.* TV movie, 7
téléphone *m.* phone, 4
  ~ portable cell phone, 13
  ~ sans fil cordless phone, 4
téléphoner (à) to telephone, 2
télé-réalité *f.* reality show, 7
téléviseur *m.* television set, 4
télévision *f.* television, 6
temps *m.* time; weather, 4
  à plein ~ full-time, 10
  à ~ complet full-time, 10
  à ~ partiel part-time, 10
  Quel ~ fait-il? What's the weather like?, 4
tendre moitié *f.* better half
tennis *m.* tennis, 3; *f. pl.* tennis shoes, 5
tenue *f.* **de sport** sporting gear
terminal *m.* terminal, 12
terminer to finish, 2
terrain *m.* field, course, court
  ~ de basket basketball court, 13
  ~ de foot soccer field, 13
  ~ de golf golf course, 13
tête *f.* head, 9
teuf *f.* *(slang)* party
texto *m.* text message, 13
thé *m.* tea

  ~ au citron tea with lemon, 6
  ~ nature plain tea, 6
théâtre *m.* theater, 3
  ~ classique classic theater, 3
  ~ moderne modern theater, 3
thermomètre *m.* thermometer, 14
thon *m.* **(grillé)** (grilled) tuna, 6
thriller *m.* thriller, 3
timbre *m.* stamp, 5
timide timid, shy, 2
ti-punch *m.* drink made with rum, 12
tire-bouchon *m.* bottle opener, corkscrew, 6
tirer leur première taffe to take their first drag
tisane *f.* herbal tea, 14
titre *m.* title
toi you, 13
Toile *f.* World Wide Web, 13
toilettes *f. pl.* toilet, restroom, 4
toit *m.* roof
tomate *f.* tomato
  ~s provençales stuffed baked tomatoes, 6
tomber to fall, 7
  ~ amoureux (amoureuse) (de quelqu'un) to fall in love (with someone), 8
  ~ dans les pommes *(slang)* to faint, 14
  ~ malade to get sick, 14
  ~ raide mort(e) to fall over dead
toucher to receive, 10
  ~ la retraite to receive a pension, 10
  ~ le chômage to receive unemployment, 10
  ~ le SMIC to earn minimum wage, 10
  ~ un bon / mauvais salaire to receive a good / bad salary, 10
  ~ un chèque to cash a check, 11
toujours always, 6
tour *m.* turn, 5
touriste *m./f.* tourist, 12
tourner to turn, 10
tourteau *m.* oil cake (for cattle feed)
tousser to cough, 14
tout *adv.* very
  du~ at all
  ~ de suite right away
  ~ droit straight (through), 10
  ~ entier whole, the entire
  ~ le temps all the time
tout *pron.* everything
tout/toute/tous/toutes all,

every, each
  tout chaud sorti du four hot out of the oven, 7
  ~ le monde everyone, 1
  tous les deux both
  tous les jours every day
  ~ petit(e) very little, 2
toxicomanie *f.* drug addiction, 9
traditionnel(le) traditional, 12
train *m.* train, 12
  ~-couchettes sleeper train, 12
traîneau *m.* **à chiens** dogsled
traitement *m.* **de texte** word processor, 13
traiter de to deal with
traiteur *m.* caterer, 6
trajet *m.* commute; voyage, trip
tranche *f.* **(de)** slice (of), 5
transport *m.* transportation, 5
travail *m.* job, work 10
travailler (dans) to work (in), 2
travaux *m. pl.* **ménagers** household chores, 4
traverser to cross, 10
trentaine *f.* about thirty
très very, 6
  ~ bien very good / well, 1
tresses *f. pl.* braids (braided hair), 11
tressé(e) braided
tribunal *m.* courthouse
tricher to cheat
trinquer to make a toast, 12
triste sad, 2
tromper (quelqu'un) to cheat (on someone), 8
trop too, too much, 5
troubles *m. pl.* problems
  ~ alimentaires eating disorders, 9
  ~ familiaux family problems, 9
trouver to find, 2
  se ~ to be located, 10
tu *(fam.)* you, 1
  ~ es... ? Are you . . ?, 1
  ~ es comment? what are you like?
  ~ es libre? Are you free (to do something)?, 1
tubes *m. pl.* hit songs, 7
turbulences *f. pl.* turbulence, 12
tuyau *m.* hint
typique typical, 12

U

un(e) one, a, 2
université *m.* university
utile useful
utiliser to use, 13

V

vaisselle *f.* dishes, 6
valise *f.* suitcase, 12
vanille *f.* vanilla, 6
varappe *f.* rock-climbing, 13
vase tiède *f.* warm mud
vautré(e) spread out, 14
vélo *m.* bicycle
    ~-rameur *m.* pedaling and rowing machine, 13
    ~ statique stationary bike, 13
vendeur (vendeuse) salesperson, 2
vendre to sell, 5
vendredi *m.* Friday, 3
venir to come, 7
    ~ chercher to come get someone or something, 11
    ~ de to come from, 11
    ~ de *(+ verb)* to have just done something, 11
vente *f.* sale, 10
ventre *m.* stomach, 9
verbe *m.* verb
vers around (time), 4
verre *m.* glass
    ~ à eau water glass, 6
    ~ à vin wine glass, 6
vert(e) green, 2
veste *f.* jacket, 5
vestiaire *m.* locker room, 14
vestibule *m.* foyer, 4
vêtement *m.* garment, article of clothing, 5
veuillez *(subj. of* **vouloir***)* please, 10; pay attention

viande *f.* meat, 5
victime *f.* victim, 7
vide *m.* emptiness, 13
vie *f.* life, 7
vieux (vieille) old, 2
vilain(e) bad, naughty, 9
ville *f.* town, 5
vin *m.* wine, 5
    ~ rouge / blanc red / white wine, 5
    ~ rosé blush wine, 6
violet(te) purple, 2
virgule *f.* comma
visage *m.* face, 9
visiter to visit, 12
vitamine *f.* vitamin, 14
vite rapidly, quickly, 6
vitesse *f.* speed
vitre *f.* window, 4
voici here is
voie *f.* railroad track, 12
voilà there is
voir to see, 7
voiture *f.* car, 7
    en ~ by car, 7
    ~-restaurant restaurant car, 12
voix *f.* voice
vol *m.* flight, 12; robbery, theft, 7
    ~ libre free fall, 13
    ~ en provenance de flight from, 12
volaille *f.* poultry, 6
volé(e) robbed, 7
volet *m.* shutter, 4
voleur (voleuse) thief
volley *m.* volleyball, 3
volonté *f.* volition, wish, will

vomir to vomit, 14
vouloir to want, 6
    ~ dire to mean
vous you, 1; (to) you, 13; you, 13
    ~ êtes... ? Are you ... ?, 1
    ~ êtes libre(s)? Are you free (to do something)?, 1
voyage *m.* trip, 3
voyager to travel, 2
voyant(e) fortune-teller
vrai(e) real; true, 14
vraiment really, 6
VTT *m.* cross-country biking, 13

W

wagon-lit *m.* sleeper train, 12
W.-C *m. pl.* toilet, restroom, 4
Web *m.* World Wide Web, 13
webcam *f.* webcam, 13
week-end *m.* weekend, 1
western *m.* western, 3

Y

y it; there, to there, 5
    il ~ a there is, there are, 3
yaourt *m.* yogurt, 6
yeux *m.* *(sing.* **œil***)* eyes, 2
yoga *m.* yoga, 3

Z

zapper to channel surf, 7
zéro zero, 1

English-French Vocabulary

The English-French vocabulary list contains all productive and receptive vocabulary that appears in the student text. Productive vocabulary includes words and expressions that appear in the *Mon vocabulaire*, **Passages**, *Mots utiles* and *Expressions utiles,* and in charts and word lists that are part of the **Structure** explanations. Receptive vocabulary consists of words and phrases that are given an English gloss in textual material throughout the book: readings, photo captions, exercises, activities, and authentic documents.

The following abbreviations are used:

adj.	adjective	*inf.*	informal	*n.*	noun
adv.	adverb	*interj.*	interjection	*pl.*	plural
conj.	conjunction	*inv.*	invariable	*pron.*	pronoun
f.	feminine	*m.*	masculine	*sing.*	singular
f. pl.	feminine plural	*m. pl.*	masculine plural	*v.*	verb

A

a un(e)
   ~ lot (of) beaucoup (de)
abortion avortement *m.*
about thirty trentaine *f.*
above au-dessus (de), ci-dessus
absolute absolu(e)
absolutely absolument
accept agréer
   ~ oneself s'accepter
accident accident *m.*
according to d'après, selon
account compte *m.*
accounting comptabilité *f.*
acetaminophen paracétamol *m.*
across (from) en face (de)
activity activité *f.*
actor comédien *m.*
actress comédienne *f.*
add ajouter
addict accroché(e), (accro)
address adresse *f.*
adjective adjectif *m.*
admire admirer
admit avouer
adolescence adolescence *f.*
adolescent ado, adolescent(e)
adopted adopté(e)
adore adorer
advance avance *f.*
advantages (social) avantages *m. pl.* (sociaux)
adventure aventure *f.*
adverb adverbe *m.*
advertisement publicité *f.*

advice conseil *m.*
affordable bon marché
after après
afternoon après-midi *f.*
   ~ snack goûter *m.*
age âge *m.*
ago il y a
   a month ~ il y a un mois
agree être d'accord
agreeable agréable
AIDS sida *m.*
airplane avion *m.*
airport aéroport *m.*
air waves ondes *f. pl.*
aisle couloir *m.*
alcoholism alcoolisme *m.*
all tout(e)(s), tous
   ~ over the world le monde entier
   ~ right d'accord
   ~ the time tout le temps
already déjà
also aussi
although bien que
always toujours
am suis (see **être**)
   I ~ doing well, and you? Je vais bien, et toi?
amount montant *m.*
amuse amuser
amusing amusant(e)
and et
   ~ here is . . . et voilà...
   ~ you? et toi?
angel ange *m.*
anger colère *f.*

angry en colère, fâché(e)
animal animal *m.*
anniversary anniversaire *m.* de mariage
announce animer; annoncer
annoy embêter
anorexia anorexie *f.*
answer réponse *n.*; répondre *v.*
answering machine répondeur *m.*
antibiotic antiobiotique *m.*
antihistamine antihistaminique *m.*
anti-tangle cream démêlant *m.*
any de
anything else? et avec ceci?
apartment appartement *m.*
appetizer entrée *f.*, hors-d'œuvre *m.*
apple pomme *f.*
apply postuler
apricot abricot *m.*
April avril *m.*
architect architecte *m./f.*
Are you . . . ? Tu es... ? / Vous êtes...?
Are you free (to do something)? Tu es libre? / Vous êtes libre(s)?
argue (with each other) se disputer
arm bras *m.*
armchair fauteuil *m.*
armoire armoire *f.*
around autour (de); (time) vers
arrange ranger
arrive arriver
article article *m.*

as si; comme
   ~...as aussi... que
   ~ before comme avant
   ~ early as dès
   ~ far ~ as jusqu'à
   ~ I please à mon aise *m.*
   ~ many... as autant de... que
   ~ much... as autant... de
   ~ soon ~ dès que
   ~ well ~ ainsi que
ask demander
   ~ directions demander son chemin
   ~ for a loan emprunter de l'argent à la banque
asparagus asperge *f.*
aspirin aspirine *f.*
assert affirmer
assistant assistant(e) *m./f.*
at à
   ~ all du tout
   ~ first au début
   ~ her/his/your place chez elle/lui/toi/vous
   ~ least au moins
   ~ night du soir
   ~ the beginning dans les premiers temps
   ~ the caterer's chez le traiteur
   ~ the end au fond
   ~ the latest au plus tard
   ~ what time à quelle heure
   ~ will à son gré
athletic sportif (sportive)
ATM guichet *m.* automatique
attachment (quelque chose en) pièce *f.* ci-jointe
attend assister à
attention *intérêt m.*
attic grenier *m.*
attract attirer
August août *m.*
aunt tante *f.*
autumn automne *m.*
available disponible
average moyenne *f.*; en moyenne
avoid éviter

B

baby bébé *m./f.*
back dos *m.*
backache: to have a backache avoir mal *m.* au dos
bad mauvais(e); vilain(e)
badly mal
   ~ behaved child enfant *m./f.* mal élevé(e)

bag sac *m.*
baggage claim salle *f.* de livraison des bagages
baked au four
bakery boulangerie *f.*
   ~ and pastry shop boulangerie-pâtisserie *f.*
balance montant *m.*
balcony balcon *m.*
bald chauve
banana banane *f.*
band groupe *m.*
bangs frange *f.*
bank banque *f.*
   ~ account compte *m.* en banque
   ~ robbery braquage *m.*
   ~ teller caissier (caissière) *m./f.*
baseball base-ball *m.*
basketball basket *m.*; ballon *m.* de basket
   ~ court terrain de basket *m.*
bathe baigner
bathing suit maillot *m.* de bain
bathroom salle *f.* de bains
   ~ sink lavabo *m.*
bathtub baignoire *f.*
be être
   ~ able to pouvoir
   ~ about to être sur le point de (+ *inf.*)
   ~ afraid avoir peur
   ~ apart se séparer
   ~ ashamed avoir honte
   ~ aware of gare à
   ~ bored s'ennuyer
   ~ born naître
   ~ burglarized être cambriolé(e)
   ~ cold avoir froid
   ~ dizzy avoir le vertige
   ~ enraged être en rage
   ~ extremely happy / excited être fou (folle) de joie
   ~ from *(a place)* être de
   ~ healed from guérir de
   ~ hot avoir chaud
   ~ hungry avoir faim
   ~ in love with someone être amoureux(-euse) de quelqu'un
   ~ in pain avoir mal
   ~ in seventh heaven être aux anges
   ~ in shape être en forme
   ~ loaded *(financially)* avoir des ronds

   ~ located se trouver
   ~ lucky avoir de la chance
   ~ named s'appeler
   ~ naughty faire des bêtises
   ~ nauseous avoir mal au cœur
   ~ necessary être nécessaire, falloir
   ~ on strike faire la grêve
   ~ pregnant attendre un enfant
   ~ retired être à la retraite, être retraité(e)
   ~ right avoir raison
   ~ robbed être volé(e)
   ~ silly faire le pitre
   ~ sleepy avoir sommeil
   ~ sore avoir des crampes
   ~ sorry regretter
   ~ thirsty avoir soif
   ~ unemployed être chômeur (chômeuse)
   ~ wrong avoir tort
bean haricot *m.*
beautiful beau (belle)
because parce que, car
become devenir
bed lit *m.*
bedroom chambre *f.*
bedspread couvre-lit *m.*
beef bœuf *m.*
beer bière *f.*
before avant (de)
begin commencer
beginning début *m.*
behave se comporter
behind derrière
beige beige
believe croire
bench banc *m.*
benefits avantages *m. pl.*
beside à côté (de)
best *adj.* le/la/les meilleur(e)(s); *adv.* le mieux (de)
   ~ friend meilleur(e) ami(e)
   ~ wishes amitiés *f. pl.*
better (than) *adj.* meilleur(e)(s) (que); *adv.* mieux (que)
   ~ half tendre moitié *f.*
between entre
beverage boisson *f.*
bicycle bicyclette *f.*, vélo *m.*
bidet bidet *m.*
big grand(e); *(overweight)* gros(se)
bill *(banknote)* billet *m.*
bird oiseau *m.*
birth naissance *f.*
birthday anniversaire *m.*

bite mordre; ronger

  ~ one's nails se ronger les ongles

bitter amer (amère)

bizarre bizarre

black noir(e)

  ~ and white photo photo *f.* en noir et blanc

blond blond(e)

blow coup *m.*

blue bleu(e)

blueprint (of house) plan *m.* de maison

Bluetooth connection clé *f.* Bluetooth

boarding embarquement *m.*

boarding: ~ pass carte *f.* d'accès à bord, carte d'embarquement

  ~ school pension *f.*

  ~ school student pensionnaire *m./f.*

bob (haircut) au carré

body corps *m.*

bonus prime *f.*

book livre *m.*

boot botte *f.*

boring ennuyeux (ennuyeuse), barbant(e)

born né(e)

borrow (from) emprunter (à)

boss patron(-ne)

both tous les deux

bother agacer

bothersome agaçant(e)

bottle bouteille *f.*, flacon *m.*

bouquet bouquet *m.*

bowl bol *m.*

box boîte *f.*, carton *m.*

boy garçon *m.*

boyfriend copain *m.*, petit ami *m.*

bra soutien-gorge *m.* (*pl.* soutiens-gorge)

braided tressé(e)

braids tresses *f. pl.*

brain cerveau *m.*

brand enseigne *f.*, marque *f.*

brave courageux (courageuse)

bread pain *m.*; boule *f.* de campagnarde (*round loaf*)

break-in cambriolage *m.*

break-up rupture *f.*; *v.* rompre

breakfast petit déjeuner *m.*

brewery brasserie *f.*

bring amener, apporter

  ~ to someone porter à

broadcast diffuser, passer

broccoli brocoli *m.*

broke fauché(e) (*slang*)

brother frère *m.*

brother-in-law beau-frère *m.*

brown brun(e) (*hair color*); (*light brown*) châtain *inv.* (*hair color*); marron *inv.*

brush brosser

  ~ one's teeth se brosser les dents

budding en herbe

build bâtir

building bâtiment *m.*, immeuble *m.*

bungee jumping saut *m.* à l'élastique

buns (buttocks) fesses *f. pl.*

burglary cambriolage *m.*

burn brûler

  ~ a CD / DVD graver un CD / DVD

business commerce *m.*

businessman entrepreneur *m.*

businesswoman entrepreneuse *f.*

busy chargé(e)

but mais

butcher boucher (bouchère) *m./f.*

butcher shop boucherie *f.*

  ~ and deli boucherie-charcuterie *f.*

butter beurre *m.*

buttock exercises fessiers *m. pl.*

buy acheter

by par, en

  ~ car en voiture

  ~ marriage par alliance *f.*

  ~ the way au fait

bye salut

C

cabbage chou *m.*

cabin (*of plane*) cabine *f.*

café café *m.*, bistro *m.*

cafeteria cantine *f.*; restaurant *m.*, universitaire

cake gâteau *m.*

call appeler

  ~ each other se téléphoner

  ~ roll faire l'appel

calm calme

  ~ (oneself) down se calmer

camel chameau *m.*

camera appareil photo *m.*

  digital ~ appareil photo *m.* numérique

can (*to be able to*) pouvoir

  ~ I help you? Je peux vous aider?

can (of food) boîte *f.* de conserve

candidate candidat(e) *m./f.*, postulant(e) *m./f.*

candy bonbon *m.*

canoe canoë *m.*

canoeing canoë *m.*

cantaloupe melon *m.*

cap casquette *f.*

car voiture *f.*

cardigan gilet *m.*

carefully prudemment, avec soin

carrot carotte *f.*

carry porter

carry-on luggage bagage *m.* à main

cartoon dessin *m.* animé

cash: ~ a check toucher un chèque

  ~ drawer caisse *f.*

cashier caissier (caissière) *m./f.*

cat chat(te) *m./f.*

caterer traiteur *m.*

cauliflower chou-fleur *m.*

cause *v.* causer

CD CD *m. inv.*

  ~ burner graveur *m.* de CD

  ~ player lecteur *m.* de CD

celebrate fêter

celery céleri *m.*

cell phone téléphone *m.* portable, mobile *m.*

  ~ number numéro *m.* de mobile

center centre *m.*

century siècle *m.*

CEO PDG (président directeur général) *m.*

cereal céréales *f. pl.*

certain certain(e), sûr(e)

certainty certitude *f.*

chair chaise *f.*

challenge défi *m.*

challenging stimulant(e)

change changer

  ~ the radio station changer de fréquence

changing room cabine *f.* vestiaire *m.*

channel chaîne *f.*

  ~ surf faire du zapping, zapper

chat chatter

chat room forum de discussion *m.*

cheap bon marché

cheat tricher

  ~ (on someone) tromper (quelqu'un)

check chèque *m.*

  ~ book chéquier *m.*, carnet *m.* de chèques **check-in** enregistrement *m.* (des bagages)

checking account compte *m.* courant

cheek joue *f.*

cheese fromage *m.*
> **~ store** fromagerie *f.*, crémerie *f.*

cherry cerise *f.*

chest seins *m. pl.*
> **~ of drawers** commode *f.*

chestnut brown marron *inv.*

chicken poulet *m.*

child enfant *m./f.*

child-king enfant-roi *m./f.*

childhood enfance *f.*

Chinese *(language)* chinois *m.*

chocolate chocolat *m.*
> **~ cake** gâteau au chocolat *m.*
> **~ shop** chocolaterie *f.*

choir chorale *f.*

choose choisir

chubby fort(e)

cigarette cigarette *f.*
> **~ lighter** briquet *m.*

claim *v.* prétendre

class classe *f.*

classic *adj.* classique
> **~ theater** théâtre *m.* classique

classical classique
> **~ music** musique classique *f.*

classified ad petite annonce *f.*

clean nettoyer

clear clair(e)

clerk vendeur (vendeuse) *m./f.*

click cliquer

client client(e) *m./f.*

clientele clientèle *f.*

climb monter

close (to) *adj.* près (de)

closet placard *m.*

clothing (article of) vêtement *m.*
> **~ store** boutique *f.* de vêtements

coach (class) classe *f.* économique

coat manteau *m.*

coffee café *m.*
> **black ~** café noir
> **~ cup** tasse *f.* à café
> **~ with milk** café au lait
> **~ with cream** café crème

coin pièce *f.* de monnaie

Coke™ Coca *m.*

cold *adj.* froid(e)
> **it's ~ (out)** il fait froid
> **to be ~** avoir froid

cold *n.* rhume *m.*
> **to have a ~** être enrhumé(e)

college entrance exam bac *m.*

color couleur *f.*
> **~ photo** photo *f.* en couleur

colored (hair) coloré(e)

comb peigner
> **~ one's hair** se peigner les cheveux

come venir
> **~ back** revenir
> **~ back from** rentrer de
> **~ from** venir de
> **~ get someone or something** venir chercher
> **~ home** rentrer
> **~ in** entrer

comedy comédie *f.*

comic comique
> **~ play** pièce *f.* comique

comma virgule *f.*

commit a crime commettre un crime

common commun(e)

communism communisme *m.*

commute trajet *m.*

company société *f.*; compagnie *f.*; entreprise *f.*

computer ordinateur *m.*
> **laptop ~** ordinateur *m.* portable

computing informatique *f.*

concert concert *m.*

conditioner après-shampooing *m.*

conjugate conjuguer

constant constant(e)

constantly constamment

constipated constipé(e)

contemplate envisager

continent continent *m.*

continue continuer

contributor collaborateur (collaboratrice) *m./f.*

conversation conversation *f.*

conveyor belt tapis *m.* roulant

convincing convaincant(e)

cook *v.* faire la cuisine

cookie biscuit *m.*

cooking cuisine *f.*
> **~ magazine** revue *f.* de cuisine

cool frais (fraîche); chouette *(slang)*
> **it's ~ (out)** il fait frais

cordially bien cordialement

corkscrew tire-bouchon *m.*

corner coin *m.*

corporation société *f.*

correctly correctement

cost coûter

couch canapé *m.*

cough *v.* tousser

could you tell me . . . ? pourriez-vous me dire... ?

country pays *m.*; campagne *f.*
> **~ music** country *f.*

couple couple *m.*, ménage *m.*

courage courage *m.*

courageous courageux (courageuse)

course *(golf)* terrain *m.*

court *(basketball)* terrain *m.*

courthouse tribunal *m.*

cousin cousin(e)

cozy accueillant(e)

cracker biscuit salé *m.*

crash *v.* s'écraser

crazy fou (folle)
> **~ thing** folie *f.*

cream crème *f.*

credit card carte *f.* de crédit; Carte Bleue *f.*

crew équipage *m.*

crew-cut (cheveux) en brosse

crime crime *m.*

cross traverser

cross-country biking VTT *m.*

cross-country skiing ski *m.* de fond

crossroads carrefour *m.*

crowd foule *f.*

cry pleurer

cultural culturel (culturelle)

curly frisé(e); bouclé(e)

currency exchange office bureau *m.* de change

current actuel (actuelle)

curtain rideau *m.*

custom made sur mesure

customer client(e)

customer service service *m.* après-vente, service aux clients, service client

customs douane *f.*

cut *n.* coupe *f.*; *v.* couper

cute mignon(ne)

cutlery couverts *m. pl.*

D

daily: ~ diet régime *m.* alimentaire
> **~ newspaper** quotidien *m.*

dairy: ~ product produit *m.* laitier
> **~ department** rayon *m.* crémerie

dance danser

dark noir(e); foncé(e) *(dark color)*

darling chéri(e)

data données *f. pl.*

date *(fruit)* datte *f.*

daughter fille *f.*

day jour *m.*, journée *f.*
  ~ before yesterday avant-hier
deal with traiter de
death mort *f.*
  ~ penalty peine *f.* de mort
debit card Carte Bleue *f.*
debt dette *f.*
December décembre *m.*
decline baisse *f.*
declining à la baisse
decompress décompresser
decorate décorer
deep profond(e)
deep-sea fishing pêche *f.* au gros
delicious délicieux (délicieuse)
delighted ravi(e)
deliver livrer
delivery person livreur (livreuse) *m./f.*
demand insister
demonstration manifestation *f.*
demoralized démoralisé(e)
dentist dentiste *m./f.*
department rayon *m.*, département *m.*
depending on selon
deposit déposer
  ~ a check (in the bank) déposer un chèque
  ~ money (in the bank) déposer de l'argent
depressed déprimé(e)
descriptive descriptif (descriptive)
designer couturier *m.*
desk bureau *m.*
  ~ calendar agenda *m.*
desperate désespéré(e)
dessert dessert *m.*
detective film film *m.* policier
devastated effondré(e)
devil démon *m.*
diarrhea diarrhée *f.*
die décéder / mourir
diet: ~ aid produit *m.* de régime
  ~ food produit *m.* allégé / light
dietary habit habitude *f.* alimentaire
difficulty difficulté *f.*
digestive problem crise *f.* de foie
digital numérique
  ~ camera appareil photo *m.* numérique
  ~ photo photo numérique *f.*
  ~ portable audio player baladeur *m.* numérique

digitize numériser
dining room salle *f.* à manger
dinner dîner *m.*
  ~ is ready! à table!
direction direction *f.*
dirty *adj.* sale
dirty *v.* salir
disappointed déçu(e)
discotheque discothèque *f.*
discover découvrir
dish plat *m.*
  main ~ plat *m.* principal
dishes vaisselle *f.*
dishwasher lave-vaisselle *m.*
dissatisfied insatisfait(e)
diving plongée *f.* sous-marine
divorced divorcé(e)
DJ animateur (animatrice) *m./f.*
do faire
  ~ a sport pratiquer un sport
  ~ homework faire les devoirs
  ~ the dishes faire la vaisselle
  ~ the (food) shopping faire les courses
  ~ the housecleaning faire le ménage
  ~ the laundry faire la lessive, faire le linge
  ~ sit-ups faire des abdominaux *m. pl.* (abdos)
  ~ without *(a thing)* se passer de *(+ chose)*
doctor médecin *m.*; femme médecin *f.*
doctor's office consultation *f.*
document document *m.*
documentary documentaire *m.*
dog chien(ne)
dogsled attelage *m.* de chiens, traîneau *m.* à chiens
  ~ race course *f.* d'attelage de chiens
door porte *f.*
dormitory cité *f.* universitaire, dortoir *m.*
doubt *v.* douter; *n.* doute *m.*
doubtful douteux (douteuse)
down hill skiing ski *m.* alpin
download télécharger
downtown au centre-ville
dowry dot *f.*
dozen douzaine *f.*
draft brouillon *m.*
  ~ beer pression *f.*
drag (on a cigarette) taffe *f.*
drama film *m.* dramatique; pièce *f.* dramatique

drawing dessin *m.*
dream rêve *m.*
dress *n.* robe *f.*; *v.* habiller
dressing room cabine *f.* d'essayage
drink boire
drug addiction toxicomanie *f.*
drunk beurré(e) *(slang)*, ivre, saoul(e)
drunkard ivrogne *m./f.*
dry sec (sèche)
dry sécher
  ~ one's hair se sécher les cheveux
duck canard *m.*
dumbbell haltère *f.*
dumbfounded épaté(e)
during pendant
  ~ which au cours duquel / de laquelle
DVD burner graveur *m.* de DVD
  ~ player lecteur *m.* de DVD

E

each tout(e)(s), tous
  ~ one chacun(e)
ear oreille *f.*
early précoce
  ~ sexual relations relations *f. pl.* sexuelles précoces
earn toucher, recevoir, gagner
  ~ minimum wage toucher le SMIC
eat manger
  ~ a balanced diet manger équilibré
  ~ healthy foods manger sain
eating disorders troubles *m. pl.* alimentaires
egg œuf *m.*
eight huit
eighteen dix-huit
eighty quatre-vingts
electronic électronique
  ~ music électro *f.*, musique électronique *f.*
  ~ planner agenda *m.* électronique
elegant élégant(e)
elementary school école *f.* primaire
  ~ teacher instituteur (institutrice)
elevator ascenseur *m.*
eleven onze
elsewhere ailleurs
e-mail e-mail *m.*, courriel *m.*, mèl *m.*
  ~ address adresse *f.* électronique

embarrassed gêné(e)
emotion émotion m.
employee employé(e)
employer patron (patronne)
emptiness vide m.
end fin f.
engaged fiancé(e)
engagement fiançailles f. pl.
engineer ingénieur m.
English (language) anglais m.
enjoyable agréable
enormous énorme
enough (of) assez (de)
enraged en rage
enter entrer (dans)
entertainment magazine(s)
   presse f. people
entire tout entier
entrée plat m. principal
equipment équipement m.
especially surtout
essential essentiel(le);
   indispensable
espresso exprès m.
euphoric euphorique
evening soir m.
event événement m.
every tout(e)(s), tous
   ~ day tous les jours
everyone tout le monde
everything (de) tout
evident évident(e)
exam examen m.
excuse me excusez-moi,
   pardon
exercise exercice m.
   ~ rep(etition)s série f.
   d'exercices
expanded approfondi(e)
expect s'attendre à
expensive cher (chère)
exposé magazine m.
eye œil m. (pl. yeux)

F

face figure f., visage m.
facing en face (de)
failure échec m.
   ~ in school échec scolaire
faint v. tomber dans les
   pommes (slang)
fair adj. juste
fairy fée f.
faithful (to someone) fidèle
   (à quelqu'un)
fall tomber
   ~ asleep s'endormir

~ in love (with) tomber
amoureux (amoureuse) (de)
~ over dead tomber raide
mort(e)
false faux (fausse)
falsely faussement
family famille f.
   ~ problems troubles m. pl.
   familiaux
   ~ room salle f. de séjour
far (from) loin (de)
farm-raised fermier (fermière)
fascism fascisme m.
fashion magazine revue f.
   de mode
fashionable à la mode
fat gros(se)
father père m.
father-in-law beau-père m.
fatty riche en matières grasses
February février m.
feel se sentir
   ~ better guéri(e); v. guérir
   ~ good (in one's skin) être
   bien dans sa peau
   ~ like (doing something)
   avoir envie de
   ~ well / bad se sentir bien /
   mal
fever fièvre f.
few peu (de); quelques
fiancé(e) fiancé(e)
field terrain m.
fifteen quinze
fifty cinquante
fight bagarre f.
finances finances f. pl.
find trouver
fine fin(e)
finger doigt m.
finish finir, terminer
fir (tree) sapin m.
fire v. mettre à la porte
firearm arme f. à feu
fired licencié(e), mis(e) à la porte
first premier (première)
   ~ class première classe
   ~ class ticket billet m.
   première classe
   ~ name prénom m.
fish n. poisson m.
   ~ bone arête f.
   ~ market poissonnerie f.
fishing pêche f.
fitness center club m. de gym /
   fitness, salle f. de sports,
   centre m. de remise en
   forme

fitting room cabine f.
   d'essayage
five cinq
flag drapeau m.
flea puce f.
flight vol m.
   ~ attendant steward m.,
   hôtesse f. de l'air
   ~ from vol en provenance de
flirt draguer
floor étage m.
   ~ exercises exercices m. pl.
   au sol
   ground ~ rez-de-chaussée
   (m.)
   second ~ premier étage
   third ~ deuxième étage
flu grippe f.
fluently couramment
following adj. suivant(e)
food aliment m.
   fat-free ~ aliment maigre,
   aliment sans matières grasses
   ~ items produits m. pl.
   alimentaires
   ~ supplies provisions f. pl.
   frozen ~ produit m. surgelé
   organic ~ produit m. bio
   ~ production cultures
   vivrières f. pl.
   starchy ~ féculent m.
foot pied m.
football football m. américain
for pour, depuis, pendant
   ~ sure à coup sûr
   ~ two years depuis deux
   ans
foreign étranger (étrangère)
fork fourchette f.
format maquette f.
fortune-teller diseur
   (diseuse) de bonne
   aventure, voyant(e)
forty quarante
four quatre
fourteen quatorze
foyer vestibule m.
free libre
   ~ fall chute f. libre
   ~ fly vol m. libre
French fries frites f. pl.
French (language) français m.
frequent fréquent(e)
frequent flyer card
   Carte Flying Bleue f.
Friday vendredi m.
friend ami(e)
friendly amicale, sympathique

from de; en provenance de *(flight)*
  ~ **here** d'ici
frozen food produit surgelé *m.*
fruit fruit *m.*
fruit-flavored fruité(e)
fulfilled épanoui(e)
full bondé(e)
  ~ **(of)** plein(e) (de)
full-time *adv.* à plein temps, à temps complet
funds provisions *f. pl.*
funny amusant(e)
furious furieux (furieuse)
furnish meubler
furniture meubles *m. pl.*
futon futon *m.*
future avenir *m.;* futur *m.*
  ~ **spouse** prétendant(e)

G

gadget gadget *m.*
gain weight grossir, prendre du poids
game match *m.*
gang *(of brats)* marmaille *f.*
garden jardin *m.*
gardening jardinage *m.*
garlic ail *m.*
garment vêtement *m.*
gastronomic gastronomique
gate porte *f.*
generous généreux (généreuse)
get: ~ a divorce divorcer
  ~ **along well** s'entendre bien
  ~ **a massage** se faire masser
  ~ **down** descendre
  ~ **dressed** s'habiller
  ~ **drunk** se soûler
  ~ **engaged** se fiancer
  ~ **information** s'informer
  ~ **lost** se perdre
  ~ **mad** se fâcher
  ~ **married (to)** se marier (avec)
  ~ **nervous** s'énerver
  ~ **out of** sortir de
  ~ **sick** tomber malade
  ~ **up** se lever
  not to ~ along s'entendre mal
gift don *m.*
girl fille *f.*
girlfriend copine *f.,* petite amie *f.*
give donner
  ~ **a big kiss** faire un gros bisou
  ~ **a French kiss** rouler un patin / une pelle

  ~ **back** rendre
  ~ **birth** accoucher
glass verre *m.*
  ~ **of draft beer** demi *m.*
go aller
  ~ **by** passer
  ~ **down** descendre
  ~ **far away** partir loin
  ~ **for a swim** se baigner
  ~ **for a walk** se promener
  ~ **night-night** faire (un gros) do-do
  ~ **out (with)** sortir (avec)
  ~ **shopping** faire les magasins, faire du shopping
  ~ **to bed** se coucher
  ~ **up** monter
  ~ **window-shopping** faire du lèche-vitrine
goal but *m.*
goldfish poisson *m.* rouge
golf golf *m.*
  ~ **ball** balle *f.* de golf
  ~ **club** club *m.* de golf
  ~ **course** terrain *m./*parcours *m.* de golf
good bon(ne)
  it's ~ c'est bon
good-bye au revoir
gossip *n.* commère
gossip items potins *m. pl.*
gram gramme *m.*
grandfather grand-père *m.*
grandmother grand-mère *f.*
grapes raisins *m. pl.*
grated râpé(e)
grateful reconnaissant(e)
gray gris(e)
  ~ **weather** grisaille *f.*
green vert(e)
  ~ **beans** haricots *m. pl.* verts
greeting salutation *f.*
grilled tuna thon *m.* grillé
grocery store épicerie *f.*
ground: ground floor rez-de-chaussée *m.*
  ~ **personnel** agent *m./* hôtesse *f.* au sol
group groupe *m.,* ensemble *f.*
  ~ **of tickets** carnet *m.*
growth croissance *f.*
guess deviner
guide guide *m.*
guilty coupable
guinea pig cochon *m.* d'Inde
gym(nasium) gymnase *m.*

H

hair cheveux *m. pl.*
  ~ **in a bun** chignon *m.*
  ~ **up** chignon *m.*
hairdresser's salon *m.* de coiffure
hair style coiffure *f.*
hair stylist coiffeur (coiffeuse) *m./f.*
hairy poilu(e)
half demi(e)
  ~ **past** et demi(e)
half-brother demi-frère *m.*
half-sister demi-sœur *f.*
ham jambon *m.*
  ~ **and cheese sandwich** sandwich *m.* au jambon-fromage
hamster hamster *m.*
hand main *f.*
handsome beau (belle)
hang-gliding deltaplane *m.*
happiness bonheur *m.*
happy content(e), enchanté(e), heureux (heureuse)
hard dur(e)
harsh rude
hat chapeau *m.*
hate détester
  ~ **each other** se détester
have avoir
  ~ **a cold** être enrhumé(e)
  ~ **a complex (about one's appearance)** être complexé(e) (par son look)
  ~ **a difficult pregnancy** avoir une grossesse difficile
  ~ **a drink** boire un pot, prendre un pot
  ~ **an easy pregnancy** avoir une bonne grossesse
  ~ **a hard time** avoir du mal, avoir de la peine à
  ~ **an internship** faire un stage
  ~ **an interview** passer un entretien
  ~ **a party** faire une fête
  ~ **a sweet tooth** être gourmand(e)
  ~ **fun** s'amuser
  ~ **investments** faire des investissements
  ~ **just** venir de *(+verb)*
  ~ **one's heart broken** avoir une déception
  ~ **pain** avoir mal
  ~ **to** devoir
he il; lui

head tête *f.*
> ~ of a company chef *m.* d'entreprise

headache: to have a ~ avoir mal à la tête

heal soigner

healed guéri(e)

health santé *f.*
> ~ magazine magazine de santé

healthy en bonne santé

hear entendre

heart cœur *m.*
> ~ attack crise *f.* cardiaque

heartbreak déception *f.* amoureuse

heli-skiing héliski *m.*

hello bonjour

help aider

help! au secours!

henna henné *m.*

her elle; la, l'

herbal tea tisane *f.*

here ici
> ~ is voici

herself elle-même; se

hi salut

high school lycée *m.*
> ~ student lycéen(ne)
> ~ teacher professeur (professeure) *m./f.*

highlights balayage *m.*

high-speed (Internet) connection connexion *f.* haut-débit

him il; le, l'; lui

himself lui-même, se

hint tuyau *m.*

hip *adj.* branché(e) *(slang);* à la mode

hip-hop hip-hop *m.*

hire embaucher, engager

hired embauché(e)

historical historique

history histoire *f.*

hit songs tubes *m. pl.*

hobby passe-temps *m.*

home theater home cinéma *m.*

homeopathic homéopathique
> ~ remedies remèdes *m. pl.* homéopathiques

homework devoirs *m. pl.*

honey miel *m.*

honeymoon lune *f.* de miel

hope espoir *m.*

horrified horrifié(e)

hospital hôpital *m.*

host *v.* animer; *n.* animateur (animatrice) *m./f.*

hot chaud(e)
> it's ~ (out) il fait chaud
> ~ out of the oven tout chaud sorti du four
> to be ~ avoir chaud

hotel hôtel *m.*
> ~ room chambre *f.* d'hôtel

hour heure *f.*

house maison *f.*
> ~ cleaning ménage *m.*

household foyer *m.*, ménage *m.*
> ~ chores travaux *m. pl.* ménagers

housewife femme *f.* au foyer

housing logement *m.*
> ~ project cité *f.*

how comment
> ~ are you? / ~'s it going? Comment vas-tu / allez-vous?, Ça va?
> ~ do you say . . . ? Comment dit-on... ?
> ~ do you spell it? Comment ça s'épelle?
> ~ long . . . ? combien de temps... ?
> ~ many *(+ noun)?* combien de... ?
> ~ much combien de... ?
> ~ much is it? c'est combien?

however par contre

human humain(e)

hundred cent

hunt chasser

hurry (up) se dépêcher, se presser

husband mari *m.*

hush! chut!

hype matraquage *m.*

I

I je
> ~ am contacting you because . . . je me permets de vous contacter parce que je...
> ~ am doing (very) well, thank you. Je vais (très) bien, merci.
> ~ don't have a penny. Je n'ai pas un rond.
> ~ would like . . . je voudrais...

ice: ~ cream glace *f.*
> chocolate ~ cream glace au chocolat

~-covered mountain climbing escalade *f.* glaciaire
> ~ skate patin *m.* à glace; *v.* faire du patin à glace
> strawberry ~ cream glace à la fraise
> vanilla ~ cream glace à la vanille

ice canoe race course *f.* en canoë

identity identité *f.*

if si

illiteracy analphabétisation *f.*

illness maladie *f.*

imagine se figurer

impossible impossible

improbable improbable

improve améliorer

in à; dans; en
> ~ a few years dans quelques années
> ~ back of derrière
> ~ bad health en mauvaise santé
> ~ debt endetté(e)
> ~ front of devant
> ~ love amoureux (amoureuse)
> ~ order to pour
> ~ spite of this malgré cela
> ~ the corner au coin
> ~ the evening du soir
> ~ time-out au coin
> ~ your opinion d'après vous

increased accru(e)

indie music rock *m.* indé(pendant)

individuality individualité *f.*

infection infection *f.*

inform informer

information indication *f.*, renseignement *m.*

injection piqûre *f.*

inside (à l')intérieur

insist exiger

insist (on) insister (pour)

inspire oneself s'inspirer

instead of au lieu de

instructor moniteur (monitrice) *m./f.*

intelligence intelligence *f.*

intelligent intelligent(e)

intelligently intelligemment

interest intérêt *m.*

interior decorator décorateur (decoratrice) *m./f.*

internal organs parties *f. pl.* internes du corps
international international(e) (*m. pl.* internationaux)
Internet Internet *m.*
  ~ user internaute *m./f.*
internship stage *m.*
interview entretien *m.*
  to have an ~ avoir / passer un entretien
intestines intestin *m.*
intoxication ivresse *f.*
introduce présenter
introduction présentation *f.*
invest investir
  ~ money placer de l'argent
investment investissement *m.*
invite inviter
iron constitution (excellent health) santé *f.* de fer
ironing repassage *m.*
it il, elle; ça, cela, ce; le, la, l'; y
  ~ bothers me ça m'agace
  ~ could be better ça peut aller
  ~ does not matter ça n'a pas d'importance
  ~ is . . . (time) il est...
  ~ is better that il vaut mieux que
  ~ is going alright ça va pas mal
  ~ is going ok / well ça va (bien)
  ~ is necessary (that) il faut (que)
  ~'s c'est
  ~'s a pity il est dommage
  ~'s going okay / well / all right ça va / ça va bien / ça va pas mal
  ~'s nice out il fait beau
  ~'s nice to meet you. Enchanté(e).
  ~'s possible (that) il se peut (que)
  ~'s raining il pleut
  ~'s snowing il neige
  ~'s sunny il fait du soleil
  ~'s warm out il fait chaud
  ~'s windy il fait du vent
itself se
Ivory Coast Côte d'Ivoire *f.*

J

jacket veste *f.*
Jacuzzi jacuzzi *m.*
jam confiture *f.*
January janvier *m.*

jazz jazz *m.*
jealous jaloux (jalouse)
jeans jean(s) *m.*
Jet Ski jet ski *m.*
jewelry bijoux *m. pl.*
  ~ store bijouterie *f.*
job emploi *m.*, job *m.*, travail *m.*, boulot *m. (slang)*
  ~ applicant demandeur (demandeuse) d'emploi
jogging suit survêtement *m.*
journalist journaliste *m./f.*
judge juge *m./f.*
judo judo *m.*
July juillet *m.*
jump sauter
  ~ rope sauter à la corde
June juin *m.*
junior high school collège *m.*
juvenile crime délinquance juvénile *f.*

K

karate karaté *m.*
keep:
  ~ (someone else) quiet faire taire
key clé *f.*
keyboard clavier *m.*
kick donner des coups de pied
kick out mettre à la porte
kicked out mis(e) à la porte
kidney rein *m.*
kilo kilo *m.*
kindness gentillesse *f.*
kiss bise *f. (on the cheek)*, bisou *m. (on the cheek or mouth)*; embrasser
  ~ each other s'embrasser
  ~ each other on the cheek *v.* se faire la bise
  ~ on the cheek *v.* faire la bise
  ~ on the lips donner un baiser
kitchen cuisine *f.*
  ~ cupboards placards *m. pl.*
  ~ sink évier *m.*
kitchenette kitchenette *f.*
knife couteau *m.*
know connaître, savoir
  ~ how savoir
knowledge of connaissance *f.* de

L

label enseigne *f.*
labor *(pregnancy)* accouchement *m.*
lady dame *f.*

lake lac *m.*
lamp lampe *f.*
land atterrir
landing atterrissage *m.*
landscape paysage *m.*
laptop (computer) (ordinateur) portable m.
lasagna lasagnes *f. pl.*
last dernier (dernière)
  ~ night hier soir *m.*
  ~ week la semaine *f.* dernière
lately dernièrement
later plus tard
laugh rigoler
launch lancer
lawyer avocat(e) *m./f.*
lay off licencier
layout maquette *f.*
lead amener
learn apprendre
leave laisser; *(someone or something)* quitter; *(for an undetermined period of time)* partir, s'en aller; *(for a short time)* sortir
  ~ each other se quitter
  leaving en laissant
left gauche *f.*
leftovers restes *m. pl.*
leg jambe *f.*
leisure activity loisir *m.*
lemon citron *m.*
lemon-lime soda limonade *f.*
lend prêter (à)
lentil lentille *f.*
less (of) moins (de)
  ~ of . . . than moins de... que
let's get to work! au travail!
letter lettre *f.*
  ~ to the editor courrier *m.* des lecteurs
lie *n.* mensonge *m.*
lie *v.* mentir
lie down se coucher
library bibliothèque *f.*
life vie *f.*
  ~ style mode *m.* de vie
lift weights faire des haltères
like *prep.* comme
like *v.* aimer; désirer
lip lèvre *f.*
list liste *f.*
listen (to) écouter
  ~ to a lecture écouter une conférence
liter litre *m.*
little petit(e), peu de
  a ~ un peu (de)

Little Red Riding Hood Petit
 Chaperon Rouge
live *adj.* en direct *(broadcasting)*
live *v.* habiter; loger
liver foie *m.*
living room salon *m.*
loaf of French bread baguette *f.*
 not too dark ~ baguette *f.*
 pas trop cuite
 well-baked ~ baguette *f.*
 bien cuite
locker room vestiaire *m.*
long long(ue)
look (at) regarder
 ~ at each other se regarder
 ~ for chercher
lose perdre
 ~ weight maigrir, perdre du
 poids
loudspeaker haut-parleur *m.*
love *n.* amour *m.*
 ~ affair aventure *f.*
 ~ at first sight coup *m.*
 de foudre
love *v.* aimer
 ~ each other s'aimer
 ~ madly aimer à la folie
lovebirds amoureux *m. pl.*
love letter billet doux
loved ones proches *m. pl.*
lovers amoureux *m. pl.*
lozenge pastille *f.*
luck chance *f.*
lunch déjeuner *m.;* **lunch** *v.*
 déjeuner
lung poumon *m.*
lush ivrogne *m./f.*

M

ma'am Madame (Mme)
magazine revue *f.*, magazine *m.*
 monthly ~ mensuel *m.*
 weekly ~ hebdomadaire *m.*
mail courrier *m.*
mailbox boîte *f.* aux lettres
maintain one's weight garder
 sa ligne
make faire
 ~ a toast trinquer
 ~ easy faciliter
man homme *m.*
manage gérer
management gestion *f.*
manager gérant(e) *m./f.*
map plan *m.*
maple érable *m.*
March mars *m.*

march in a parade participer à
 un défilé
mark marquer
market marché *m.*, souk *m.*
 (Tunisia)
 ~ gardening cultures
 maraîchères *f. pl.*
married marié(e)
marry marier
massage masser
masseur (masseuse) masseur
 (masseuse) *m./f.*
mat tapis *m.*
match match *m.*
math maths *f. pl.*
math test examen *m.*
 d'arithméthique
May mai *m.*
maybe peut-être
mayor maire *m.*
me moi; me, to me
 ~, my name is . . . Moi,
 c'est...
 ~ too! moi aussi!
meal repas *m.*
mean *adj.* méchant(e); *v.*
 vouloir dire
meat viande *f.*
 ~ department rayon *m.*
 boucherie
meatball boulette *f.* de viande
media médias *m. pl.*
medical insurance assurance *f.*
 maladie
medication médicament *m.*
medicine médicament *m.*
meet (each other) (se)
 rencontrer
member membre *m.*
memorable mémorable
memory souvenir *m.;*
 (computer) mémoire *m.*
menu carte *f.*
microphone microphone *m.*
microwave (four *m.* à)
 micro-ondes *m.*
middle milieu *m.*
 ~ school collège *m.*
midnight minuit *m.*
migraine migraine *f.*
milk lait *m.*
 skim ~ lait écrémé
 whole ~ lait entier
minimum wage SMIC *m.*,
 salaire m. minimum
 ~ earner smicard(e)
mini tart tartelette *f.*
mirror miroir *m.*

misdemeanor délit *m.*
miss Mademoiselle (Mlle)
miss *v.* manquer
 ~ a flight rater un vol
modem modem *m.*
modern moderne
 ~ theater théâtre *m.* moderne
Monday lundi *m.*
money argent *m.*
monitor *(computer)* moniteur *m.*
month mois *m.*
 last ~ le mois dernier
monument monument *m.*
moon lune *f.*
more (of). . . than plus
 (de)... que
moreover d'ailleurs
morning matin *m.*
 in the ~ du matin
Morocco Maroc *m.*
most (the most) le/la/les plus...
mother mère *f.*, maman *f.*
mother-in law belle-mère *f.*
motto devise *f.*
mountain climbing alpinisme *m.*
 ice ~ escalade *f.* glaciaire
mouse souris *f.*
mouth bouche *f.*
movie film *m.*
 adventure ~ film
 d'aventure
 historical ~ film historique
 horror ~ film d'horreur
 ~ director réalisateur
 (réalisatrice)
 romantic comedy comédie
 f. romantique
 science-fiction ~ film de
 science-fiction
 the ~s cinéma *m.*
 TV ~ téléfilm *m.*
 war ~ film de guerre
moving émouvant(e)
muscle-building muscu
 (lation) *f.*
muscular musclé(e)
museum musée *m.*
mushroom champignon *m.*
music musique *f.*
 ~ hits hit-parade *m.*
musical musical(e)
 ~ comedy comédie *f.*
 musicale
 ~ play pièce *f.* musicale
 ~ program émission *f.*
 musicale
mussel moule *f.*
must devoir; il faut

my mon/ma/mes
> **~ dear** mon chou *m.* (*lit.* my cabbage)
> **~ name is . . .** je m'appelle...

N

napkin serviette *f.*
nasal spray gouttes *f. pl.* nasales
national national(e)
natural: natural remedies remèdes *m. pl.* naturels
naughty vilain
nausea mal *m.* au cœur, nausée *f.*
navel nombril *m.*
navigate naviguer sur
near près (de), proche
> **~ by** à proximité
> **~ future** futur *m.* proche

necessary nécessaire
necessity necessité *f.*
neck cou *m.*
need *n.* besoin *m.*; *v.* avoir besoin
needle aiguille *f.* fuseau *m.*
negative négatif (négative)
neighborhood quartier *m.*
neither non plus
neither . . . nor ne... ni... ni
nephew neveu *m.*
nervous nerveux, -euse
never jamais, ne... jamais
news actualités *f. pl.*, informa-tions (infos) *f. pl.*
> **~ magazine** magazine *m.* d'actualité

newscast informations (infos) *f. pl.*
newspaper journal *m.* (*pl.* journaux)
> **~ vendor** marchand(e) de journaux

newsstand marchand(e) de journaux
next prochain(e)
next to à côté de
nice gentil(le)
niece nièce *f.*
night nuit *f.*; soir *m.*
nightclub boîte *f.* de nuit, club *m.*, night-clubs *m. pl.*
nightstand table *f.* de nuit
nightmare cauchemar *m.*
nine neuf
nineteen dix-neuf
ninety quatre-vingt-dix
no longer ne... plus
Nobel Prize prix *m.* Nobel

nobody personne, personne ne, ne... personne
noon midi *m.*
normal normal(e)
nose nez *m.*
not pas, ne... pas
> **~ anyone** ne... personne
> **~ anymore** ne... plus
> **~ anything** ne... rien
> **~ bad** pas mal
> **~ very** peu
> **~ very likely** peu possible
> **~ very probable** peu probable
> **~ yet** ne... pas encore

nothing (ne...) rien
November novembre *m.*
now maintenant
number chiffre *m.*, numéro *m.*
nurse infirmière *f.*

O

obey obéir (à)
obsessed obnubilé(e)
obvious clair(e)
occasionally parfois
o'clock: at . . . o'clock à... heure(s) *f.*
October octobre *m.*
of it en
office bureau *m.*; cabinet *m.*
often souvent
of them en
oh, really? ah bon?
oil huile *f.*
> **~ cake (cattle feed)** tourteau *m.*

oily gras (grasse)
old vieux (vieille)
oldest child aîné(e)
omelet omelette *f.*
on sur
> **~ a diet** au régime
> **~ board** à bord
> **~ sale** soldé(e), en solde
> **~ the air waves** sur les ondes
> **~ the corner** au coin
> **~ the front page** à la une
> **~ the left** à gauche
> **~ the radio** à la radio, sur les ondes
> **~ the right** à droite
> **~ top of** sur
> **~ TV** à la télé

one *adj.* (*number*) un(e)
> **~-piece bathing suit** maillot *m.* de bain
> **~-way** aller-simple *m.*

one *pron.* on

onion oignon *m.*
only seulement, ne... que
> **~ child** fils *m.*/fille *f.* unique

opera opéra *m.*
optimistic optimiste
or ou
> **~ more** ou plus

orange *adj.* orange *inv.*
orange *n.* orange *f.*
orchestra orchestre *m.*
order *n.* commande *f.*
order *v.* commander
organic bio(logique)
> **~ food** produit bio(logique)

other autre
> **~ than** ailleurs que
> **~ things** d'autres choses *f. pl.*

outdoors à l'air libre
out-going sociable
outraged outré(e), indigné(e)
outside (à l')extérieur
oven four *m.*
overlook *v.* donner sur
oyster huître *f.*

P

pack *n.* paquet *m.*; *v.*
pack suitcases faire les valises
paid holidays congés payés *m. pl.*
pain: to be a ~ être pénible
paint peindre
painting tableau *m.*, *peinture f.*
pajamas pyjama *m.*
pants pantalon *m.*
paparazzi paparazzi *m./f.*
paper papier *m.*
parade défilé *m.*
paragliding parapente *m.*
parasailing parachute *m.* ascensionnel
pardon me pardonnez-moi
park *n.* parc *m.*
parking lot parking *m.*
part partie *f.*; *raie f.* (*hair*)
> **~ in the middle** raie *f.* au milieu
> **~ on the side** raie *f.* sur le côté

participate (in) participer (à), pratiquer
partner compagnon (compagne) *m./f.*
part-time à mi-temps, à temps partiel
party fête *f.*, soirée *f.*, (*slang*) teuf *f.*
pass (a test) réussir à
password mot *m.* de passe

pasta pâtes *f. pl.*
pastry pâtisserie *f.*
   ~ shop pâtisserie *f.*
pâté pâté de campagne *m.*
pay rendre
   ~ attention faire...
PDA assistant *m.* personnel
peach pêche *f.*
peas petits pois *m.*
peanut cacahouète *f.*, arachide *f.*
pear poire *f.*
pedal pédaler
pedaling and rowing
   machine vélo-rameur *m.*
pedestrian street rue *f.* piétonne
penalty peine *f.*
people gens *m. pl.*
people on *pron.*
pepper poivre *m. (spice)*;
   poivron *m. (vegetable)*
perform a concert donner un
   concert
person personne *f.*
personal personnel(le)
   ~ banker banquier *m.*
personality personnalité *f.*
pessimistic pessimiste
pet animal *m. (pl.* animaux)
   domestique(s)
   ~ names mots tendres *m. pl.*
pharmacy pharmacie *f.*
philosophy philosophie *f.*
photo photo *f.*
photographer photographe *m./f.*
pick up *(person or object)*
   ramasser
pie tarte *f.*
piece morceau *m.*
   ~s of gossip potins *m. pl.*
pilot pilote *m./f.*
pink rose
pitcher pichet *m.*
pitfall piège *m.*
pizza pizza *f.*
place *n.* lieu *m.*, place *f.*; *v.* mettre
   ~ a child in time out mettre
   au coin
plane avion *m.*
   ~ ticket billet *m.* d'avion
planned prévu(e)
plant plante *f.*
plate assiette *f.*; **(plates)**
   vaisselle *f.*
   dessert ~ assiette *f.* à dessert
platform quai *m.*
play *n.* pièce *f.*; *v.* jouer; *(a sport)*
   jouer à... ; *(in a match / game)*
   participer à un match/un jeu

please *interj.* s'il vous plaît, s'il
   te plaît; veuillez...
pleased enchanté(e)
plus plus
poem poème *m.*
police officer agent *m.* de
   police, policier (policière)
   m./f.
poll sondage *m.*
ponytail queue *f.* de cheval
poor pauvre
poorly mal
pork porc *m.*
position poste *m.*
positive positif (positive)
possess posséder
possible possible
possibly peut-être
postal worker facteur
   (factrice) *m./f.*
post office poste *f.*
potato pomme *f.* de terre
poultry volaille *f.*
practice pratiquer
pray prier
predict prédire
prefer préférer
preferable préférable
preference préférence *f.*
pregnancy grossesse *f.*
   a difficult ~ une grossesse
   difficile
   a easy ~ une bonne
   grossesse
pregnant enceinte
prepare préparer
prescription ordonnance *f.*
present présenter
   ~ a paper donner une
   conférence
pretty joli(e)
prick *(of a needle)* piqûre *f.*
primary school école
   primaire *f.*
printer imprimante *f.*
private privé(e)
prize prix *m.*
probable probable
problem problème *m.*
   family ~s troubles *m. pl.*
   familiaux
processor processeur *m.*
product produit *m.*
production fabrication *f.*; préparation *f.*
profession profession *f.*
professional professionnel
   (professionnelle)

professor professeur
   (professeure)
program émission *f.*;
   programme *m.*
prohibit interdire
promote promouvoir
proof of identity pièce *f.*
   d'identité
proud fier (fière)
provocative provocateur
   (provocatrice)
prudently prudemment
pub bistro *m.*
public public (publique)
publish publier
pullover pull-over *(also* pull) *m.*
punish punir
punishment punition *f.*
purchase achat *m.*, emplette *f.*
purple violet(te)
push-ups pompes *f. pl.*
put mettre
   ~ on makeup se maquiller
   ~ on *(clothing)* mettre
   ~ oneself in danger risquer
   sa tête

Q

quarter quart *m.*
   ~ past et quart
   ~ to moins le quart
queen-size bed lit double *m.*
quiche quiche *f.*, tarte *f.* salée
quickly vite, rapidement
quite assez
   ~ a lot of pas mal de

R

rabbit lapin *m.*
race course *f.*
racket raquette *f.*
radio radio *f.*
   ~ station fréquence *f.*
rafting rafting *m.*
railroad track voie *f.*
rain pleuvoir
   it's ~ing il pleut
rainbow arc-en-ciel *m.*
raise élever
   ~ his/her glass lever son
   verre *m.*
rallying cry cri *m.* de ralliement
rap rap *m.*
rapidly vite
rarely rarement
rate taux *m.*

rather assez
~ **than** plutôt que
react réagir
read lire
reader lecteur (lectrice) *m./f.*
real vrai(e)
reality show télé-réalité *f.*
really vraiment
rear *(behind)* derrière
rear *(buttocks)* fesses *f. pl*
rebel *v.* se rebeller
receive recevoir; toucher
~ **a good / bad salary** toucher
un bon / mauvais salaire
~ **a pension** toucher la retraite
~ **unemployment** toucher
le chômage
recess récréation *(also récré) f.*
reciprocal réciproque
recommend recommander
reconcile se réconcilier (avec)
red rouge; *(hair)* roux (rousse)
~ **pepper** poivron *m.* rouge
~ **wine** vin *m.* rouge
reflexive réfléchi(e)
refrigerator réfrigérateur *m.*
reggae reggae *m.*
regardless of quelle que soit
regional régional(e)
~ **train system in Paris** RER *m.*
regret regretter
regrettable regrettable
relax se détendre, se reposer,
décompresser
relieved soulagé(e)
remedies remèdes *m. pl.*
remember se souvenir (de)
remind rappeler
remote control télécommande *f.*
remove: ~ **one's clothes** se
déshabiller
~ **hair** *(women)* s'épiler
~ **one's makeup**
se démaquiller
rent *n.* loyer *m.*
rent *v.* louer
repair work bricolage *m.*
report reportage *m.*
repulsive répugnant(e)
require demander
reserve réserver
respond répondre
response réponse *f.*
rest se reposer
restaurant restaurant *m.*
~ **car** voiture-restaurant *f.*
restroom W.-C *m. pl.*, toilettes *f. pl.*
retiree retraité(e)

retirement retraite *f.*
return *(an item)* rendre;
(go back) revenir
rice riz *m.*
rich riche; *(fatty)* riche en
matières grasses
ridiculous ridicule
right *(direction)* droite *f.*; juste *adj.*
~ **away** tout de suite
on the ~ à droite
ring anneau *m.*
rise augmenter
roasted rôti(e)
robbed volé(e)
robbery vol *m.*
rock rock *m.*
rock-climbing varappe *f.*
roller blades rollers *m. pl.*
romantic comedy comédie *f.*
romantique
roof toit *m.*
room salle *f.*, pièce *f.*, chambre *f.*
roommate colocataire *m./f.*
rope corde *f.*
round-trip ticket billet
aller-retour *m.*
router routeur *m.*
routine routine *f.*
row ramer
rug tapis *m.*
rugby rugby *m.*
run courir; *(broadcast)* passer
~ **away** faire une fugue
~ **errands** faire les courses
~ **into** heurter
~ **(the vacuum)** passer
l'aspirateur *m.*
runny nose nez *m.* qui coule
rush hour heure *f.* de pointe

S

sad triste
safe *n.* coffre-fort *m.*
~-**deposit box** coffre-fort *m.*
salad salade *f.*
salaried employee salarié(e)
salary salaire *m.*
sale soldes *f. pl.*; vente *f.*
salesperson vendeur (vendeuse)
m./f.
salt sel *m.*
salty salé(e)
same même
sand sable *m.*
sandbox bac *m.* à sable
sandals sandales *f. pl.*
sandwich sandwich *m.*

satisfied satisfait(e)
Saturday samedi *m.*
sauna sauna *m.*
save économiser; épargner; sauver
~ **a document** sauvegarder
un document
~ **someone's life** sauver la
vie à quelqu'un
savings économies *f. pl.*
~ **account** compte *m.* épargne
say dire
scallop coquille *f.* Saint-Jacques
scanner scanner *m.*
scared effrayé(e)
scarf foulard *m.*
schedule horaire *m.*
scholarship bourse *f.*
school école *f.*
schooling scolarité *f.*
science fiction science-fiction *f.*
scream *v.* crier
screen écran *m.*
sculpture sculpture *f.*
sea mer *f.*
seafood fruits *m. pl.* de mer
~ **department** rayon *m.*
poissonnerie
seamstress couturière *f.*
search engine moteur *m.*
de recherche
season saison *f.*
seasoning condiment *m.*
seat siège *m.*
seated assis(e)
second deuxième
~ **class ticket** billet deuxième
class
secretary secrétaire *m./f.*
security gate contrôle *m.* sûreté
see voir
~ **you** ciao
~ **you in a while** à tout à
l'heure
~ **you later** à plus (tard)
~ **you soon** à bientôt
~ **you tomorrow** à demain
seek one's own identity être à la
recherche de son identité
seem avoir l'air
sell vendre
seller marchand(e) *m./f.*
semester semestre *m.*
send envoyer
sense sens *m.*
separate se séparer
separated séparé(e)
September septembre *m.*
serve servir

serving dish récipient *m.*
set ensemble *m.*
set the table mettre la table
seven sept
seventeen dix-sept
seventy soixante-dix
several plusieurs
sexual relations relations *f. pl.* sexuelles
shake hands se serrer la main
shall we go? on y va?
shampoo shampooing *m.*
shape forme *f.*
shark requin *m.*
shave se raser
she elle
shh! chut!
shirt *(man's)* chemise *f.*; *(woman's)* chemisier *m.*
shocked surpris(e), étonné(e), choqué(e)
shoe chaussure *f.*
shop boutique *f.*; commerçant *m.*
shopping les courses *f. pl.*
   ~ cart chariot *m.* (à provisions)
   ~ list liste *f.* des courses
short court(e)
shorts short *m.*
shot piqûre *f.*
shoulder-length hair cheveux mi-longs
shout crier
   ~ oneself hoarse s'époumoner
show *n.*: reality ~ télé-réalité *f.*
show *v.* montrer
shower douche *f.*
shrimp crevette *f.*
shrink (psychiatrist) psy *m. (slang)*
shutter volet *m.*
shy timide
sick malade
side côté *m.*
sideboard buffet *m.*
silently silencieusement
silly bête
silver argent *m.*
since depuis
sing chanter
single célibataire
sinus sinus *m.*
sir Monsieur (M.)
sister sœur *f.*
sister-in-law belle-sœur *f.*
sit (down) s'asseoir
sit-up abdominal *m.* (*pl.* abdominaux); abdo *m.* (*pl.* abdos)

six six
sixteen seize
sixty soixante
skating rink patinoire *f.*
ski ski *m.*
   ~ boot botte *f.* de ski
   ~ slope piste *f.* de ski
skiing ski *m.*
   water ~ ski nautique
skim écrémé(e)
skin peau *f.*
skinny maigre
skip school faire l'école buissonnière, sécher les cours
skirt jupe *f.*
skull crâne *m.*
skydiving parapente *m.*
sledding luge *f.*
sleep dormir *v.*; *n.* sommeil *m.*
   ~ aid somnifère *m.*
   ~ in faire la grasse matinée
sleeper train wagon-lit *m.*
Sleeping Beauty Belle *f.* au Bois Dormant
slice (of) tranche *f.* de
slim maigre; mince
slope piste *f.*
slow lent(e)
slowly lentement
small petit(e)
smartphone smartphone *m.*
smell *n.* odorat *m.*; *v.* sentir
   ~ bad sentir mauvais
   ~ good sentir bon
smoke fumer
smoked salmon saumon *m.* fumé
smoking addiction tabagisme *m.*
snack *n.* goûter *m.*; *v.* goûter
sneak out faire le mur *(slang)*
sneaker chaussure *f.* de sport
snow *n.* neige *f.*
snowboarding surf *m.* des neiges / snowboard *m.*
snowman bonhomme *m.* de neige
so alors, donc, si
   ~ what! et alors!
soap opera feuilleton *m.* romantique
soapy savonneux (savonneuse)
sober sobre
soccer football (*also* foot) *m.*
   ~ ball ballon *m.* de foot
   ~ field terrain *m.* de foot
   ~ game match *m.* de foot
sock chaussette *f.*
sofa sofa *m.*
soft doux (douce)

software logiciel *m.*
some de, du, de la, de l', des; quelques
someone quelqu'un
something quelque chose
sometimes quelquefois, parfois
somewhere quelque part
son fils *m.*
sore throat: to have a sore throat avoir mal *m.* à la gorge
song chanson *f.*
sorry désolé(e), navré(e)
so-so comme ci, comme ça
sought after recherché(e)
soul âme *f.*
soulmate homme / femme de sa vie
sound son *m.*
soup soupe *f.*
   ~ bowl assiette *f.* à soupe
souvenir souvenir *m.*
Spanish (*language*) espagnol
spank donner la fessée (à)
speak parler
speaker haut-parleur *m.*
specialization: ~ in the humanities formation *f.* littéraire
   ~ in the sciences formation *f.* scientifique
specialty spécialité *f.*
speed vitesse *f.*
spell *v.* épeler; *n.* sort *m.*
spend dépenser
spending dépenses *f. pl.*
spendthrift dépensier (dépensière) *m./f.*
spinach épinards *m. pl.*
spindle fuseau *m.*
spoil gâter
spoiled gâté(e)
   ~ child enfant *m.* gâté
spoon cuillère *f.*
sport sport *m.*
sports magazine revue *f.* de sport
sporting gear tenue *f.* de sport
spouse époux (épouse) *m./f.*
spread out *adj.* vautré(e)
spring (*season*) printemps *m.*
square place *f.*
   ~ haircut au carré
stadium stade *m.*
stairs escalier *m.*
stamp timbre *m.*
starchy food féculent *m.*
statement relevé *m.*
stationary bike vélo *m.* statique
statue statue *f.*

step: **~ machine** step *m.*
    ~s démarches *f. pl.*
stepfather beau-père *m.*
stepmother belle-mère *f.*
stereo chaîne *f.* stéréo
stingy radin(e)
stocky costaud(e)
stomach ventre *m.*
    ~ problems crise *f.* de foie
stop *v.* (s')arrêter
store magasin *m.*; boutique *f.*
stove cuisinière *f.*
straight lisse
    ~ through tout droit
strawberry fraise *f.*
street rue *f.*
stretch s'étirer, faire des
    exercices d'étirement,
    faire du stretching
strike grève *f.*
strong fort(e)
student *(high school and*
    college) étudiant(e);
    (elementary and middle school)
    élève *m./f.*
study étudier
stuffed fourré(e)
stuffy nose nez *m.* bouché
stunning étonnant(e)
stupid stupide
subscriber abonné(e)
subscription *(to a magazine /*
    newspaper) abonnement *m.*
subscription form bon *m.*/
    bulletin *m.* d'abonnement
subsidized housing
    HLM (Habitation à
    Loyer Modéré) *f.*
suburb banlieue *f.*
subway métro *m.*
succeed (in) réussir (à)
success succès *m.*
such tel (tell)
sudden subit(e)
sugar sucre *m.*
suit *(man's)* costume *m.*;
    (woman's) tailleur *m.*
suitcase valise *f.*
summer été *m.*
Sunday dimanche *m.*
sunny lumineux (lumineuse)
    it's ~ il fait du soleil
super super
supermarket grande surface *f.*
supervision supervision *f.*
supporting numbers chiffres *m.*
    pl. à l'appui
sure sûr(e)

surf *v.* surfer
    ~ the Internet surfer sur
    Internet
surfing surf *m.*
surprised surpris(e), étonné(e)
surprising surprenant(e)
surround entourer
survey enquête *f.*, sondage *m.*
sweat suer
sweater pull(-over) *m.*
sweatshirt sweat *m.*
sweatsuit survêtement *m.*,
    jogging *m.*
sweet doux (douce); sucré(e)
sweetheart cœur *m.*
swim nager, faire de la natation
swimming natation *f.*
    ~ pool piscine *f.*
Switzerland Suisse *f.*
syrup sirop *m.*

T

table table *f.*
tablecloth nappe *f.*
tablespoon cuillère *f.* à soupe
tablet cachet *m.*, comprimé *m.*
take prendre
    ~ a bath se baigner
    ~ a loan faire un emprunt
    ~ a trip faire un voyage
    ~ care of prendre soin,
    s'occuper de, *(oneself)*
    se soigner
    ~-out window guichet vente
    à emporter
    ~ part (in) participer (à)
    ~ photos prendre des photos
    ~ place avoir lieu
    ~ take their first drag tirer
    leur première taffe *f.*
take off *v.* décoller; **take-off** *n.*
    décollage *m.*
tale conte *m.*
talk parler
    ~ show talk-show *m.*
talkative bavard(e)
tall grand(e)
tanning booth cabine *f.* de bron-
    zage
taste *n.* goût *m.*; *v.* goûter
taste wines déguster les vins
tasty savoureux (savoureuse)
tea thé *m.*
    herbal ~ tisane *f.*
    plain ~ thé nature
    ~ with lemon thé au citron
team équipe *f.*

teaspoon cuillère *f.* à café
tech-savvy branché(e)
technician technicien (techni-
    cienne) *m./f.*
techno music (musique) techno *f.*
technology technologie *f.*
telephone téléphoner à *v.*;
    téléphone *m.*
    cordless ~ téléphone sans fil
    ~ number numéro *m.* de
    téléphone
television télévision *f.*
    ~ anchor présentateur
    (présentatrice) de télévision
    ~ guide guide *m.* des
    programmes télévisés,
    programme *m.* télé
    ~ news journal *m.* télévisé
    (le JT)
    ~ set téléviseur *m.*
teller caissier (caissière) *m./f.*
teller window guichet *m.* de
    caisse; caisse *f.*
ten dix
tenant locataire *m./f.*
tender words mots *m. pl.*
    tendres
tennis tennis *m.*
    ~ court court *m.* de tennis
    ~ shoes tennis *m. pl.*
terminal *(airport)* terminal *m.*
text message SMS *m.*, texto *m.*
thank you merci
thankful reconnaissant(e)
thanks to grâce à
that *adj.* ce (cette)
    ~ way ainsi que
that *pron.* ça, ce
    ~ is all, thank you. C'est
    tout, merci.
    ~ is why c'est pour cela / ça
    ~ which ce que
that *relative pron.* que
the le, la, l', les
    ~ one celui / celle
    ~ ones ceux / celles
    ~ tallest le (la) plus grand(e)
theater théâtre *m.*
theft vol *m.*
them les, leur; eux, elles
themselves eux-mêmes, se
then alors, puis
there là; y
    ~ is (~ are) il y a; voilà
therefore donc
thermometer thermomètre *m.*
these *adj.* ces
they ils (elles)

thief voleur (voleuse) *m./f.*
thin mince, fin(e)
think (about) croire, penser (à)
think penser (à), croire
thirteen treize
thirty trente
this *adj.* ce, cet, cette
~ **is** c'est, Je te / vous présente...
this *pron.* ce
those *adj.* ces
thousand mille *inv.*
three trois
thrifty économe
thriller thriller *m.*
throat gorge *f.*
through the installation of par le biais
throw a tantrum faire des caprices
thumb pouce *m.*
Thursday jeudi *m.*
ticket billet *m.*
~ **counter** guichet *m.*
tickle chatouiller
tie cravate *f.*
time temps *m.*; fois *f.*; heure *f.*
how many ~s ... ? combien de fois... ?
timid timide
tip pourboire *m.*
title titre *m.*
to à, en, dans
~ **her** lui
~ **him** lui
~ **the left (of)** à gauche (de)
~ **the right (of)** à droite (de)
~ **them** leur
~ **there** y
~ **us** nous
~ **which** auquel / à laquelle / auxquels / auxquelles
~ **you** te, vous
toast tartine *f.*
tobacco tabac *m.*
~ **shop** tabac *m.*, bureau *m.* de tabac
today aujourd'hui
toe orteil *m.*
together ensemble
toilet toilettes *f. pl.*, W.-C *m. pl.*
tomato tomate *f.*
tone *v.* raffermir
tongue langue *f.*
too trop
~ **much** trop
tool outil *m.*

tooth dent *f.*
toothache rage *f.* de dent
topic sujet *m.*
tourist touriste *m./f.*
town ville *f.*
track and field athlétisme *m.*
traditional traditionnel (traditionnelle)
traffic report informations *f. pl.* routières
train train *m.*
~ **schedule** horaire *m.* des trains
~ **station** gare *f.*
train *v.* s'entraîner
trainee stagiaire *m./f.*
trainer entraîneur (entraîneuse) *m./f.*
training formation *f.*
transportation transport *m.*
trap piège *m.*
travel voyager
~ **agent** agent *m.* de voyage
tray plateau *m.*
treadmill tapis *m.* de course
treatment soin *m.*
tree arbre *m.*
trip voyage *m.*, trajet *m.*
trout truite *f.*
true vrai(e)
~ **love** grand amour *m.*
try on essayer
T-shirt tee-shirt *m.*
Tuesday mardi *m.*
turbulence turbulences *f. pl.*
turn *n.* tour *m.*; *v.* tourner
TV télé *f.*
~ **games** divertissements *m. pl.*, jeux *m. pl.*
~ **guide** guide *m.* télé
~ **movie** téléfilm *m.*
~ **series** série *f.* (télévisée)
twelve douze
twenty vingt
twin jumeau (jumelle) *m./f.*
~ **brother** frère *m.* jumeau
~ **sister** sœur *f.* jumelle
two deux
typical typique

U

ugly laid(e)
unacceptable inacceptable
uncle oncle *m.*
under sous
underline souligner
understand comprendre

understanding compréhensif (compréhensive)
underwear *(man's)* caleçon *m.*; *(woman's)* culotte *f.*
unemployed person chômeur (chômeuse) *m./f.*
unemployment chômage *m.*
unfair injuste
unfortunate regrettable
unfriendly antipathique
unhappy malheureux (malheureuse)
union alliance *f.*
~ **leader** chef de syndicat *m.*
United States États-Unis *m. pl.*
university fac(ulté) *f.*, université *f.*
until jusqu'à
us nous
use utiliser
~ **drugs** se droguer
useful utile
usually d'habitude

V

vacuum *v.* passer l'aspirateur
vacuum cleaner aspirateur *m.*
validate (a ticket) composter (un billet)
vanilla vanille *f.*
vegetable légume *m.*
vendor marchand(e) *m./f.*
verb verbe *m.*
very très, tout
~ **good / well** très bien
~ **happy** comblé(e)
~ **little** tout(e) petit(e)
via par
victim victime *f.*
video game system console *f.* de jeux vidéo
visit visiter
~ **(someone)** rendre visite à
vitamin vitamine *f.*
voice voix *f.*
volition volonté *f.*
volleyball volley *m.*
vomit vomir
voyage trajet *m.*

W

wait attendre
~ **in line** faire la queue
~ **one's turn** attendre son tour
waiter serveur *m.*

waitress serveuse *f.*
wake up se réveiller
walk aller à pied, marcher
wall mur *m.*
want vouloir; avoir envie (de)
warm mud vase tiède *f.*
warm up faire des exercices d'échauffement, s'échauffer
wash laver
    ~ oneself se laver
washing machine lave-linge *m.*
waste gaspiller
watch regarder
water eau *f.*
    carbonated ~ eau gazeuse
    ~ glass verre *m.* à eau
    mineral ~ eau plate
    ~ aerobics aquagym *f.*
    ~ sport sport *m.* nautique
watermelon pastèque *f.*
water-skiing ski *m.* nautique
wavy ondulé(e)
wax cire *f.*
way off éloigné(e)
we nous, on
    ~ always go there! On y va toujours!
    ~ would like . . . nous voudrions...
wear porter
weather temps *m.*
    ~ report météo *f.*
weave filer
webcam webcam *f.*
Wednesday mercredi *m.*
week semaine *f.*
weekend week-end *m.*
weekly hebdomadaire *adj.*
weight poids *m.*; haltère *f.*
    ~ room salle *f.* de muscu(lation)
weightlifting muscu(lation) *f.*
welcome accueil *m.;* accueillir
    ~ to my place! bienvenue chez moi!
well bien
    ~ -behaved sage
    ~ -behaved child enfant bien élevé(e)
    ~! bon!
well-being bien-être *m.*
western western *m.*

what que; quel / quelle / quels / quelles; ce que; qu'est-ce que; quoi *(object of verb)*
    ~ are you like? Comment tu es?
    ~ color is . . .? de quelle couleur est... ?
    ~ do you say (about it)? Ça te dit?
    ~ is it? Qu'est-ce que c'est?
    ~'s the weather like? Quel temps fait-il?
    ~'s your name? Comment vous appelez-vous? / Comment tu t'appelles?
    ~'s your phone / cell number? Quel est ton / votre numéro de téléphone / mobile?
    ~ would you like? Que désirez-vous?
when quand
when *pron.* où
where où
    ~ is . . . located? Où se trouve... ?
which quel(s) (quelle[s])
while alors que, pendant que
white blanc(he)
    ~ wine vin *m.* blanc
who qui
    ~ are you? Qui es-tu? / Qui êtes-vous?
    ~ is it? Qui est-ce?
whole entier (entière), tout entier; tout / toute / tous / toutes
whose dont
    ~ turn is it? À qui le tour?
why pourquoi
wife femme *f.*
Wi-Fi card carte Wi-Fi *f.*
will volonté *f.*
win gagner
window fenêtre *f.*, vitre *f.*
    ~ shopping lèche-vitrine *m.*
windsurfing planche *f.* à voile
windy: it's ~ il fait du vent
wine vin *m.*
    red / white / blush ~ vin rouge / blanc / rosé
    ~ cellar cave *f.*
    ~ glass verre *m.* à vin

wing aile *f.*
winner gagnant(e) *m./f.*
winter hiver *m.*
    ~ sport sport *m.* d'hiver
wipe essuyer
wish volonté *f.*
with avec
without sans
word mot *m.*
word processor traitement de texte *m.*
work *n.* emploi *m.*; job *m.*; travail *m.*; boulot *m. (slang)*
work *v.* travailler, marcher, bosser *(slang)*
workplace boîte *f. (slang)*
work schedule horaire *m.* de travail
world monde *m.*
World Wide Web Web *m.*, Toile *f.*, Net *m.*
worried inquiet (inquiète)
worse than pire que
worst : the worst of le / la / les pires (de)
wrist poignet *m.*
write écrire
    ~ a check remplir un chèque
writer écrivain(e) *m./f.*
wrong way en sens *m.* inverse

Y

yack tchatcher
yeah ouais
    ~, right! mon œil!
year année *f.*
yellow jaune
yesterday hier
    ~ afternoon hier après-midi
    ~ morning hier matin
    ~ night hier soir
yoga yoga *m.*
yogurt yaourt *(also* yahourt) *m.*
you vous; tu; te; toi
    ~'re welcome je vous (t')en prie, de rien
young jeune
youth jeunesse *f.*

Z

zero zéro

Index

Index

children in, 287
currency in, 19
descriptions of people from, 49, 66, 138, 266, 332, 476
education in, 270
food in, 65, 137, 265, 331, 475
greetings in, 12–13
housing in, 102–104, 114, 132–133
job search/**blog-emploi** in, 326
media in, 214–215
street names in, 320
working conditions in, 309–310
frequency, 75
furniture, 103–106, 115
futur proche. *See* near future.
future
    formation of, 418, 483, 485, 487, 489, 491, 493
    uses of, 418

G

gender
    of adjectives, 34, 45–46, 85, 189, 351
    of countries/continents, 374–375
    of definite articles, 72–73
    of direct object pronouns, 338
    endings indicating, 73
    of indefinite articles, 56–57
    past participle agreement, 219, 255, 342, 386–387
    of profession names, 52
geographic locations. *See* locations
gestures, 2
greetings/good-byes, 4–5, 11, 12–13, 23, 30. *See also* introductions
grocery shopping, 140–144, 166, 169, 182
Guadeloupe, 49, 64–66

H

hair
    cutting/hair salon, 334–336, 364, 454
    description of, 39–40, 62
hands
    shaking, 11, 12
    washing, 198
health/healthcare, 345, 442–444, 453–454, 455–456, 469, 470–471, 472–473

help-wanted advertisements, 302, 319
holidays/celebrations, 94–95, 131, 332, 476
homeopathy, 454
housing
    apartments/apartment buildings, 102–104, 114, 132–133
    bathrooms in, 104, 106, 115, 120
    bories as, 95
    furniture/rooms in, 103–106, 115
    household chores, 121–122, 135
    shutters on, 102
    spending on, 344
    vocabulary related to, 105–106, 130, 134
hugs, 12
hygiene, 198, 240, 263
hypothetical situations, conditional expressing, 366–367, 371

I

il y a, 90, 160, 422
il/ils. *See* subject pronouns
illnesses, 442, 444, 472. *See also* health/healthcare
imparfait
    conditional used with, 371
    of **connaître** and **savoir,** 407
    direct object pronouns with, 338
    with **en,** 283
    formation of, 272, 407, 482, 484, 486, 488, 490, 492
    negation of, 272
    passé composé *vs.,* 273, 305, 314–315
    in questions, 290
    usage of, 272, 305, 314–315
    with **y,** 283
impératif
    direct object pronouns with, 341, 432
    formation of, 483, 485, 487
    indirect object pronouns with, 429, 432
    negation of, 324
    pronominal verbs with, 324, 483
    usage of, 322
imperative tense. *See* **impératif**
imperfect tense. *See* **imparfait**
impersonal expressions, 460

indefinite articles
    agreement of, 56–57
    body parts taking, 292
    il y a followed by, 90
    in negative sentences, 57, 75, 90, 157, 196, 212
    with professions, 57
    vouloir followed by, 176
indirect objects
    direct objects *vs.,* 338
    indirect object pronouns replacing, 428–429, 432
    reflexive pronouns as, 255
infinitives
    à before, 111, 164
    direct object pronouns placement with, 338–339
    en placement before, 160
    -er endings of (*See* **-er** verbs)
    indirect object pronouns placement with, 428
    -ir endings of (*See* **-ir** verbs)
    near future using, 108–109, 245, 338
    -re endings of (*See* **-re** verbs)
    of reciprocal verbs, 250, 263
    of reflexive verbs, 240, 263
    subjonctif *vs.,* 460, 462
    venir de with, 357
    verb combinations using, 21, 55, 108–109, 159–160, 176, 191, 245, 338–339, 357, 428
    y placement before, 159
Internet, 167–168, 404, 411, 439
interracial/intercultural marriage, 254
interrogatives. *See* questions
intonation with questions, 77, 212, 219, 256
introductions, 4–5, 12–13, 16–17, 23, 30, 61. *See also* greetings/good-byes
inversion in questions, 77, 212, 242, 290
-ir verbs. *See also specific verbs*
    conditional of, 370, 483
    future tense of, 418, 483
    imparfait of, 272, 357, 482
    impératif of, 483
    irregular forms of, 357
    negation of, 111
    past participles of, 209, 258, 357, 482
    present tense of, 111, 258, 357, 482
    subjonctif of, 447, 483
-ire verbs, 228, 488–489
islands, 375. *See also* locations

Credits

Chapter 1

28: www.ccfs-sorbonne.fr **28:** www.univ-nantes.fr **29:** www.univ-montp1.fr

Chapter 7

234: www.planet.fr, Rita Santourian

Chapter 9

298: Marcel Pagnol, La Gloire de mon père, Editions de Fallois

Chapter 11

344–345: Le Journal du Net - Octobre 2008 **360:** Leïla Slimani, www.jeuneafrique.com

Chapter 13

411: "Kita (Mali), seconde capitale de l'empire Mandingue à l'heure du Net" from www.creatif-public.net

À VOUS!

The Global French Experience

•••

AN INTRODUCTORY COURSE / STUDENT ACTIVITIES MANUAL

Véronique Anover
California State University, San Marcos

Theresa A. Antes
University of Florida

Bernadette César-Lee
University of Florida

Marion Geiger
California State University, San Marcos

HEINLE
CENGAGE Learning™

Australia • Brazil • Japan • Korea • Mexico • Singapore • Spain • United Kingdom • United States

For product information and technology assistance, contact us at
Cengage Learning Customer & Sales Support,
1-800-354-9706

For permission to use material from this text or product, submit all requests online at **www.cengage.com/permissions**
Further permissions questions can be emailed to
permissionrequest@cengage.com

ISBN-13: 978-0-495-91617-8
ISBN-10: 0-495-91617-X

Heinle
20 Channel Center Street
Boston, MA 02210
USA

Cengage Learning products are represented in Canada by Nelson Education, Ltd.

For your course and learning solutions, visit
www.cengage.com

Purchase any of our products at your local college store or at our preferred online store
www.cengagebrain.com

Credits

We have made every effort to trace the ownership of all copyrighted material and to secure permission from copyright holders. In the event of any question arising as to the use of any material, we will be pleased to make the necessary corrections in future printings. Thanks are due to the following authors, publishers, and agents for permission to use the material indicated.

Chapter 8

133–134: "Du temps pour le couple" par Nathalie Drouin, bulletin Vies-à-Vies de L'Université de Montréal, 2004

Chapter 9

155: Alphonse Daudet, Le petit Chose © Le Livre de Poche Jeunesse, 2002. (Une réédition sortira en novembre 2010 au Livre de Poche Jeunesse)

Chapter 10

176–177: © Ralph Boncy, Voir, Canada

Chapter 11

191–192: For ECB: Copyright © for the entire content of this website: European Central Bank, Frankfurt am Main, Germany. http://www.ecb.europa.eu/ecb/orga/escb/html/index.fr.html. The same information is available free of charge from the ECB's website. For EIB: http://www.eib.org/infocentre/copyright.htm?lang=-en.

Chapter 12

201: Jacques Prévert, "Je suis comme je suis" in Paroles © Editions Gallimard

Contents

CHAPITRE 9   Quand j'étais adolescent(e)...   135

CHAPITRE 10   Mon boulot   157

CHAPITRE 13   Ma vie branchée!   215

CHAPITRE 14   Mon bien-être et ma santé   241

To the Student

The **Student Activities Manual** (SAM) to accompany *À vous!* **Second Edition** provides comprehensive supplemental practice of all the vocabulary and grammar points introduced in your textbook, as well as practice in listening comprehension, pronunciation and diction, reading, and writing. Take a moment to look through the first chapter of the SAM and the textbook at the same time. You'll see that the format of the SAM follows that of the book: there are practice activities for each section of **Mon vocabulaire;** for each grammar point introduced, there are activities that will allow you to increase further your working ability with that point. These sections include a combination of written exercises and listening comprehension activities, and, as stated above, all activities follow the book very carefully.

We suggest that you do all of the activities in the SAM as you complete the material in the textbook, even those not assigned by your instructor. This will give you an immediate indication of how well you have understood each topic, and will help you know when to return to the textbook for more explanation or practice. We also suggest that, before an exam, you redo those SAM activities that caused you difficulty—there is no better way to study for an exam than to do as many productive activities as you can. Often, when learning a foreign language, we feel that we have mastered a point (for example a verb conjugation) if we understand it when we see it. Most exams require more than just understanding, however; we must be able to produce the verb forms in question accurately and relatively quickly. The best preparation for this is extensive practice. Likewise, completing the program's listening activities is the best possible way to prepare for listening comprehension passages on an exam, as well as the most important listening test of all—being able to use the language communicatively with native speakers.

We have designed the pronunciation sections in the SAM around those areas that frequently cause American learners of French the most difficulty. These sections have been revised and reorganized in the second edition to provide an even more coherent overview of the French phonological system. Do them seriously and don't be afraid to sound foolish at first, and you'll see excellent improvement in your French accent by the end of the course.

The reading selections that are included in the workbook are generally authentic materials; they have been chosen because of their tight fit with the topic of the chapter (both from a grammar- and a vocabulary-based perspective), and because we feel that they will be of interest to you. Listening and reading are two areas that are widely neglected in language classes, both by instructors and students. We often feel that, because we know how to read and listen in our native languages, we'll be able to do the same in another language. Don't be frustrated if you find that this is not the case! Reading and listening comprehension take time to develop, and require some specific strategies that may not automatically occur to you. Your textbook provides some specific strategies for both; think back to these as you complete your SAM activities as well. Apply these strategies every time you read or listen, and you'll find that the frustration soon subsides. Take it slowly, don't expect to understand every word, and repeat a passage as often as necessary.

Finally, your SAM also includes an extended writing activity for each chapter. Keep in mind the strategies that are introduced in your textbook, apply them here, and you should be happy with the results. The ability to write well develops over time, but most students find that they are most successful if they put away the bilingual dictionaries and concentrate on using the language that they already know. You may not sound as sophisticated as you would like at first (that will come with time), but you will be much more comprehensible and accurate in the long run.

To the Instructor

The **Student Activities Manual** (SAM) to accompany *À vous!* **Second Edition** is an integrated component, closely aligned with the main text, which provides additional practice in listening, speaking, reading, and writing. It integrates workbook activities that students can complete outside of class—to solidify and reinforce what they have learned in the classroom and in the textbook—with listening and speaking laboratory activities. The structure closely mirrors that of the text. The SAM has the same chapter **Passages** as the textbook does, with vocabulary and grammar practice organized just as the topics are in the book. Listening comprehension is practiced throughout each chapter, and reading and writing practice are featured in every chapter as well (**À vous de lire!** and **À vous d'écrire!**). All the skills are linked to chapter themes and encourage students to synthesize what they have learned.

Also contained in the SAM for *À vous!* is a presentation and review of the French pronunciation system. The **À vous de vous perfectionner!** sections review and practice everything from the pronunciation of specific phonemes to syllabification, accentuation, and intonation. These sections have been revised and reorganized in the second edition to provide an even more coherent overview of the French phonological system.

You'll notice that approximately 75% of these activities are controlled; this means that if you use the Heinle eSAM powered by Quia™, these activities will be self-correcting and provide immediate feedback. If you use the print version of the SAM, these activities are easily graded using the answer key.

The SAM for *À vous!* is an important, fully integrated component of the program. We hope that you and your students enjoy the activities as, together, you take the next step in the study of French.

Qui es-tu?

Passage 1

Mon vocabulaire

Basic Conversations

A. Mini-dialogues. Complete the following dialogues with the missing expressions.

1. —Je m'appelle Caroline, et toi, _____ *(what is your name)*?

   —Je m'appelle Mathieu.

2. —Salut, Ahmed. _____ *(How are you?)*

   —Salut François, ça va bien, et toi?

   — _____ *(I'm doing well, thank you.)*

3. —Excusez-moi, Madame, _____ *(what is your name)*?

   —Je m'appelle Delphine Dupont. Et vous, Monsieur?

4. —Je suis en retard. Au revoir Philippe.

   —Au revoir Leila, _____ *(see you soon)*.

B. Questions. Your friend Leo does not know French very well and is answering incorrectly all the questions that Vincent is asking him. Help Leo give the right answers.

VINCENT: Bonjour! Je suis Vincent. Qui es-tu?

LÉO: Je suis à demain, merci.

VOUS: Non, non, Léo: (1) _____

VINCENT: Enchanté!

LÉO: Au revoir!

VOUS: Non, non, Léo: (2) _____

VINCENT: Comment vas-tu?

LÉO: Excuse-moi.

VOUS: Non, non, Léo: (3) _____

VINCENT: Je suis en retard, à bientôt, Léo.

LÉO: Bonjour, Vincent!

VOUS: Non, non, Léo: (4) _____

C. Et vous? Complete the dialogue with information about yourself.

1. Comment vous appelez-vous? _____

2. Comment allez-vous? _____

3. Qui êtes-vous? (étudiant[e]) _____

4. En général, avant *(before)* un examen, comment allez-vous? _____

5. Vous allez bien ou mal pendant *(during)* les vacances? _____

🔊 **D. À l'université.** Listen to the dialogue that takes place between Arnaud and Charlotte, two classmates,
CD 1
Track 2 when they run into each other on campus. Listen once to get the gist of their conversation, without listening for details. You will then hear five statements about their conversation. Circle **vrai** *(true)* if the statement is true and **faux** *(false)* if it is false. After doing so, listen to the dialogue a second time to confirm your responses.

1. vrai   faux   4. vrai   faux

2. vrai   faux   5. vrai   faux

3. vrai   faux

Finally, listen to Arnaud and Charlotte's conversation a third time and complete the sentences below.

6. Pour Charlotte, ça va _____ en cours de français.

7. Ça va _____ pour Arnaud en cours de mathématiques.

8. Dans le cours de physique, ça va _____ pour Charlotte.

9. _____ est parfait et super intelligent.

Structure 1

Les pronoms *tu* et *vous*

E. Bonjour! Complete the dialogue with the pronouns **tu** or **vous** as appropriate.

JEAN-BAPTISTE:	Emmanuelle! Bonjour! (1) Comment vas-_____?
EMMANUELLE:	Oh! Jean-Baptiste, bonjour! Je vais très, très bien.
	(2) Comment vas-_____?
JEAN-BAPTISTE:	Très bien aussi. Emmanuelle, voilà mes petites sœurs *(my little sisters)*.
EMMANUELLE:	Bonjour! (3) Comment vous appelez-_____?
MURIELLE:	Je suis Murielle.
ARMELLE:	Je suis Armelle.
EMMANUELLE:	Enchantée! (4) Comment allez-_____?
ARMELLE ET MURIELLE:	Très bien, merci. (5) Qui es-_____? Une amie
	(A friend) de Jean-Baptiste ou sa petite amie *(his girlfriend)*?
EMMANUELLE:	Euh... je suis une amie... euh, une très bonne amie. Non, Jean-Baptiste?
JEAN-BAPTISTE:	(6) Oui, _____ es une très bonne amie!

F. Mon téléphone! Your new phone doesn't work properly—it keeps cutting off your conversations. As you talk with your friend Sabrina, you must guess which words are being cut off. Fill in the blanks with the pronouns you think are missing.

Vous:	Allô?
Sabrina:	Bonjour!
Vous:	(1) Qui êtes-_____?
Sabrina:	C'est moi, Sabrina! (2) Comment vas-_____?
Vous:	Ah! Bonjour Sabrina. Je vais bien. (3) Et toi, comment vas-_____?
Sabrina:	Bien aussi, merci. Voici Julien et Lucien.
Vous:	Bonjour! (4) Comment allez-_____?
Julien et Lucien:	Super bien!

G. Trop familier ou trop poli? You are in France as an exchange student and you're with a group of foreign students who have just arrived from their native countries. You are listening to them as they talk to the following people on campus. After their conversations are over, tell them if they were too informal (**trop familier**) or too formal (**trop poli**).

CD 1 Track 3

1. le doyen *(dean)*   trop familier   trop poli
2. le prof de français   trop familier   trop poli
3. un étudiant   trop familier   trop poli
4. une étudiante   trop familier   trop poli
5. le président   trop familier   trop poli

Structure 2

L'alphabet

H. Le mot juste. (The right word.) You are on a TV game show and you must figure out the words that the host spells out. You have been playing this game and winning for three weeks. This is your last game. You must win this one, too!

CD 1 Track 4

1. a. salut   b. bonjour   c. au revoir   d. à bientôt   e. à demain
2. a. pardon   b. professeur   c. volume   d. petit   e. voilà
3. a. pas mal   b. très bien   c. assez bien   d. pas bien   e. très mal
4. a. étudiant   b. enchanté   c. enchantée   d. étudiante   e. êtes
5. a. ciao   b. classe   c. cours   d. campus   e. Caroline

Now listen to the answers. How many words did you get? If you got all five of them, you are the winner!

I. Le mot caché. (The hidden word.) Since you were the winner of "**Le mot juste**," you have decided to participate in another TV game show. To win this next game you must listen to the words that are spelled out in order to fill in the blanks in the sentences.

CD 1 Track 5

1. Vous êtes _____.
2. Je m'appelle _____.
3. Comment _____ tu?
4. Je vais _____.
5. Salut! À _____.

À vous de vous perfectionner! (1)

Introduction to pronunciation

Bonjour! Bienvenue! Welcome to our French pronunciation section. First of all, let's talk a little about what *you* think about pronunciation in general. Please answer the following questions briefly in English.

- In your opinion, are there different *English accents?* For example, can you describe the differences in the English of speakers from certain areas within North America, Great Britain, Australia, and India?

- In what way are these variations in accent similar to or different from the variations that occur when people from, for example, Latin America, Germany, Italy, China, or France speak English?

- Have you seen movies like *My Fair Lady*, *The Terminal* with Tom Hanks, *Moscow on the Hudson* with Robin Williams, or movies with Peter Sellers imitating foreign accents? If so, what do you make of the problems that foreign accents can trigger?

- What do you think makes an accent sound "foreign"? Is it the rhythm and intonation? The way certain sounds are pronounced? Everything combined?

- What do you feel when you hear English spoken with a foreign accent? Do you feel differently if it is a Spanish accent, or a German, Italian, Korean, or French accent?

- How important is learning adequate French pronunciation for you? Is it just for cosmetic and social purposes or to show off? Or is it essential to be understood?

- Do you think that it is possible and feasible to acquire a "decent" French pronunciation? If so, why? If not, why not?

- In this first chapter and throughout the book, we will focus on meaningful sounds and features that are *critical for you to use in order to make yourself understood when you speak French.* We will not focus on the kinds of errors in pronunciation that might "sound funny" to a French interlocutor but will not jeopardize your conversation.

French "music": rhythm, stress, and tension/shortness of vowels

◀)) **Perception.** Listen to the following expressions, as pronounced by a speaker with an American accent
CD1 and then as pronounced by a French native speaker.
Track 6

j'ai	Karine
tu t'appelles	restaurant
à bientôt	bonjour
enchantée	merci
au revoir	excusez-moi

- What differences did you hear?
- In French, are most syllables short and brief or is it as in English: some long, some short?
- Where is the stress? Did you hear MERci or merCI, KArine or kaRINE; REStaurant or restauRANT? Indeed, in French, we usually stress the last syllable. Isn't it easy, compared to the "unruly" English stress?
- Did you notice that these *stressed* syllables are *slightly longer?*

🔊 Dialogue. Now let's listen to and practice the dialogue "**Au début du semestre**" from Chapter 1 of your
CD 1 textbook, focusing on the French musical rhythm and beat.
Track 7

CAROLINE:	Bonjour. Je m'appelle Caroline. Et toi? Comment tu t'appelles?
MATHIEU:	Je m'appelle Mathieu. Et voici Clémence.
CAROLINE:	Salut, Clémence. Comment vas-tu?
CLÉMENCE:	Bonjour, Caroline. Je vais bien, merci. Et toi, ça va?
CAROLINE:	Oui, ça va.
MATHIEU:	Voilà le professeur, Monsieur Grandjean.
CLÉMENCE:	Chhhut... le cours commence.

À vous d'écrire!

Le premier jour. It is the first day of classes. Write a dialogue in which you introduce yourself to the
students next to you. One of them is going to introduce you to a friend. Don't forget the basic greetings:
hello, nice to meet you, and *see you later* or *goodbye.* You may use the **Passage 1** dialogue in Chapter 1 of
your textbook as a model.

_____

_____

_____

_____

_____

_____

_____

_____

_____

_____

_____

_____

_____

_____

_____

_____

_____

_____

_____

_____

_____

_____

Passage 2

Mon vocabulaire

Salutations, présentations, et questions personnelles

A. À ce soir. Match the questions on the left with the answers provided on the right.

_____ 1. Vous êtes libre aujourd'hui?

_____ 2. Comment allez-vous?

_____ 3. Comment tu t'appelles?

_____ 4. Quel est ton numéro de téléphone?

_____ 5. Tu es de Bruxelles? *(Are you from Brussels?)*

_____ 6. Tu es libre ce week-end?

a. Moi c'est Léa.

b. C'est le 06-30-12-10-03.

c. Je suis libre samedi *(Saturday)* soir.

d. Oui, je suis libre.

e. Ça peut aller.

f. Non. Je suis de Paris.

B. Un flirt! Your friend Marcus is studying in France and he thinks one of his classmates is very cute. He would like to ask her out, but he doesn't speak much French. Help him formulate the following questions.

1. What is your name? _____

2. How are you? _____

3. Are you from Paris? _____

4. Are you free this evening? _____

5. What is your phone number? _____

6. See you later, then **(alors)**? _____

C. Un bon plan. (*A good plan.*) Marcus is talking with the classmate with whom he'd like to go out. Have her answer the questions you helped Marcus with in Activity B.

1. _____

2. _____

3. _____

4. _____

5. _____

6. _____

🔊 **D. Quand? (When?)** Listen as a friend of yours asks you various questions about your plans. Indicate
CD1 when each invitation is for by writing the number of each sentence next to the appropriate drawing below.
Track 8

a. _____

b. _____

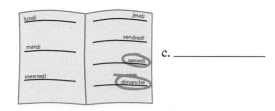

c. _____

d. _____

🔊 **E. Poli ou familier?** You will hear a series of sentences. Indicate below whether each one is formal **(poli)**
CD1 or informal **(familier)**.
Track 9

1. poli   familier
2. poli   familier
3. poli   familier
4. poli   familier
5. poli   familier
6. poli   familier

Structures 3 et 4

Les nombres de 0 à 69

F. Au supermarché. You are shopping at a supermarket in Brussels. Look at your shopping list and put the items you need in your shopping cart. Since you want to compare prices in Brussels with the prices in your hometown, write out the prices—in words!—for each item.

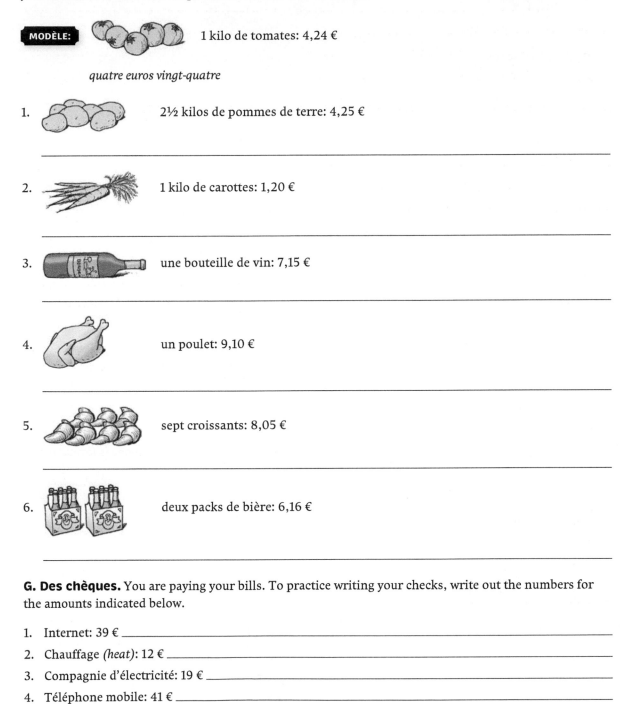

MODÈLE: 1 kilo de tomates: 4,24 €

quatre euros vingt-quatre

1.   2½ kilos de pommes de terre: 4,25 €

_____

2.   1 kilo de carottes: 1,20 €

_____

3.   une bouteille de vin: 7,15 €

_____

4.   un poulet: 9,10 €

_____

5.   sept croissants: 8,05 €

_____

6.   deux packs de bière: 6,16 €

_____

G. Des chèques. You are paying your bills. To practice writing your checks, write out the numbers for the amounts indicated below.

1. Internet: 39 € _____
2. Chauffage *(heat)*: 12 € _____
3. Compagnie d'électricité: 19 € _____
4. Téléphone mobile: 41 € _____
5. Ordures ménagères *(trash)*: 13 € _____
6. Carte Bleue *(check card)*: 54 € _____

H. Nombres importants. Which numbers do you associate with the following? Write your answers (in French!) both in letters and numbers.

1. number of weeks in the year: _____

2. number of days in the month of December: _____

3. number of seconds in a minute: _____

4. legal driving age: _____

5. legal drinking age: _____

6. number of letters in the alphabet: _____

7. number of legs of a spider: _____

I. Séries logiques. Complete the following series of numbers. Invent one series of your own.

1. deux, quatre, six, _____, _____, _____

2. cinq, dix, quinze, _____, _____, _____

3. sept, quatorze, vingt et un, _____, _____, _____

4. soixante-six, soixante-trois, soixante, _____, _____, _____

5. cinquante-quatre, quarante-cinq, trente-six _____, _____, _____

6. _____, _____, _____, _____, _____, _____

J. Bingo! You are at a casino in Monte-Carlo playing **Bingo**. Listen carefully to the numbers as you check your **Bingo** card to see if you are a winner. If you see the number on your card, circle it. You need to get five numbers in a horizontal row to win.

CD 1
Track 10

1.

B	I	N	G	O
12	2	4	14	18
1	25	27	9	11
15	5	25	19	3

2.

B	I	N	G	O
11	2	13	17	29
1	18	3	7	8
12	14	30	27	5

3.

B	I	N	G	O
3	6	5	18	4
13	16	15	8	22
7	10	12	20	21

◄))) K. Numéros de téléphone. You just bought a new PDA while you were in Paris, and you are saving your
CD1 French friends' phone numbers in it. Write down the telephone numbers—in numbers, not in letters!—
Track 11 that you hear.

1. _____

2. _____

3. _____

4. _____

5. _____

Structure 5

Le verbe *être*

L. Le cours de français. Estelle is describing her French class. Complete each sentence with the
appropriate form of the verb **être**.

Dans mon cours de français, les étudiants (1) _____ sympathiques. Le prof (2) _____ intéressant.

Il (3) _____ de Casablanca. Dans la classe, nous (4) _____ 23 étudiants. Je (5) _____ contente

(happy) en cours. Et toi, tu (6) _____ content(e) en cours de français?

M. Conversations. Complete the following mini-dialogues with the appropriate subject pronoun
(**je, tu, il/elle/on, nous, vous, ils/elles**).

—(1) _____ es de Bruxelles?

—Non, (2) _____ suis de Paris.

—(3) _____ êtes Caroline et Cécile?

—Non, (4) _____ sommes Catherine et Claudia.

—Où *(Where)* sont Marie-Claire et Christine?

—(5) _____ sont en retard.

—Mon prof de français est de Casablanca.

—Et ton prof de philosophie, Monsieur Grandjean?

—(6) _____ est de Montréal.

À vous de vous perfectionner! (2)

Now that you are getting the hang of it, let's look at the French side of phonetics.

Introduction to the Speech Apparatus

Thanks to the previous examples, you are now able to *perceive* some differences in the foreign accent,
correct? But, what's in a foreign accent and can we recognize and correct it?

Yes! Almost all babies around the world are born with the same speech organs: teeth, tongue (tip, body, and stem), throat, palate, lips, and jaws (upper and lower). So, at an early age we can all speak any language we want to, but as we develop, by listening to sounds around us, we focus on trying to imitate and reproduce what we hear. So, now is the perfect time to imitate and reproduce new sounds: French sounds.

The Sound Circus: Be a child again and play with your mouth

To help you produce new French sounds, we suggest that you associate them with sounds that you most likely can make already, without even knowing that they were also French sounds. Let's look at some examples.

- purr like a *cat* to make a French **R,** as in **Paris**
- speak *horse* to make a perfect French **i,** as in **merci**
- speak *owl* or *dove* to make a French **ou,** as in **vous**
- give a *kiss* for **tu** and **huit**
- be a *lamb* for **appelle**

The Sounds *ou* and *u*

First, let's listen and work on perception. Then **à vous** to produce the sounds!

1. The French **ou:** Be an owl or a dove
   - Bring your lips forward and round them.
   - Open your jaws as if you had a tennis ball in your mouth while keeping your lips almost closed and rounded.
   - Keep your tongue low down with the tip of the tongue nestled behind your lower teeth.
   - Make several deep **ou** sounds.

🔊 **Perception and production.** Listen to and then practice the following examples:
CD 1   **bonjour, vous, tout, Toussaint, chouette, aujourd'hui**
Track 12

2. The French **u:** Give a kiss to **u**
   - Close your mouth until the fleshy body of your tongue touches your palate and your lips almost touch.
   - Firmly press the tip of your tongue behind your lower teeth.
   - Round up your lips as for a kiss.
   - Let the air out and give us several beautiful French **u** sounds.

Perception and production. Listen to and then practice the following examples:
tu, Lucie, numéro, excusez-moi, salut, à plus, huit.

À vous de lire!

In the reading that follows, three famous personalities tell you about themselves without revealing their identities. Among other questions, you will be asked to guess the hidden identity of these famous people. First, read the three paragraphs to get the gist of them, then read them a second time to start answering the questions.

Qui suis-je? *(Who am I?)*

Tess

Je m'appelle Tess dans le film *Ocean's Eleven.* Mon ex-mari *(ex-husband)* dans le film, c'est l'acteur George Clooney. Je ne suis pas *(I am not)* libre: je suis mariée avec Terry Benedict, le puissant *(powerful)* propriétaire de trois grands casinos. Voilà l'histoire: Danny Ocean et onze amis *(friends)* sont des voleurs *(thieves)* à Las Vegas. Qui suis-je?

Ryan

Bonjour! Je m'appelle Ryan dans le film *Collision*—en France—ou *Crash* aux États-Unis. Je suis détective. Je vous présente les actrices qui sont dans le film *Collision*: Sandra Bullock et Jennifer Esposito. Jennifer Esposito est détective aussi dans le film. Qui suis-je?

Le Président

Je suis président d'une compagnie de microélectronique très importante. Je suis très riche et philanthrope. Voilà ma vie *(life)* personnelle: Melinda, c'est ma femme *(wife)* et j'ai trois enfants *(children)*. Qui suis-je?

Compréhension. Now that you have finished reading, answer the following questions, using complete sentences.

Tess

1. Qui est Tess? _____

2. Tess est libre? _____

3. Qui est Terry Benedict? _____

Ryan

4. Qui est Ryan? _____

5. Comment s'appellent les actrices? _____

6. Qui est détective? _____

Le Président

7. Qui est le président? _____

8. Comment s'appelle sa femme? _____

9. Comment s'appelle sa compagnie de microélectronique? _____

Je suis comme je suis

CHAPITRE

2

Passage **1**

Mon vocabulaire

Les adjectifs descriptifs (1)

A. Il/Elle est comment? Your French friend is not familiar with famous American personalities. Describe them to him by choosing an adjective from the list below that best describes each personality. Do not use the same adjective more than once. Don't forget to use the feminine forms of the adjectives to describe women!

sportif(ive)	beau (belle)	amusant(e)	ennuyeux(euse)	vieux (vieille)
stupide	provocateur(trice)	sympathique	riche	intelligent(e)

1. Ben Stiller, il est _____.

2. Cameron Diaz, elle est _____.

3. Barack Obama, il est _____.

4. Sarah Jessica Parker, elle est _____.

5. Prince il est _____.

6. Howard Stern, il est _____.

7. Roger Federer, il est _____.

B. C'est le contraire! Your classmate is describing some students you both know. You do not agree with her; in fact, you believe the opposite. Write the opposite adjectives in the spaces provided. Do not negate the sentences.

1. —Monique, elle est optimiste.

    —C'est le contraire! Elle est _____.

2. —Bernard, il est grand.

    —C'est le contraire! Il est _____.

3. —Jean-Paul, il est riche.

    —C'est le contraire! Il est _____.

4. —Ondine, elle est sympathique.

    —C'est le contraire! Elle est _____.

5. —Ali, il est beau.

   —C'est le contraire! Il est _____.

6. —Yasmina, elle est contente.

   —C'est le contraire! Elle est _____.

C. Comment est ta famille? Your boyfriend/girlfriend is going to meet your family. Before he/she goes to your house, describe the members in your family so he/she knows what to expect. If you don't have the family member listed, make up a description.

1. *my mother:* Elle est _____.

2. *my father:* Il est _____.

3. *my uncle:* Il est _____.

4. *my aunt:* Elle est _____.

5. *my brother:* Il est _____.

6. *my sister:* Elle est _____.

◀)) CD1
Track 13 **D. Bonne description?** For each drawing you will hear a description. Indicate whether each description is true **(vrai)** or false **(faux)** based on the drawings.

1.   vrai   faux   2.   vrai   faux

3.   vrai   faux   4.   vrai   faux

5.   vrai   faux   6.   vrai   faux

E. La description correcte. You are going to hear the same descriptions you heard in Activity D. For each description that is true, write the adjective you hear in the space provided. For each description that is false, write the correct adjective.

CD 1
Track 14

1.   Elle est _____.

2.   Il est _____.

3.   Il est _____.

4.   Il est _____.

5.   Il est _____.

6.   Il est _____.

🔊 **F. Qui? (Who?)** You are going to hear some descriptions. Write the letter of the drawing that matches each description in the numbered spaces on page 17. Pay attention to the pronouns you hear (**il** ou **elle**, **ils** ou **elles**). **Attention!** Some drawings do not have a match!

a.

b.

c.

d.

e.

f.

g.

h.

i.

j.

1. _____ 2. _____ 3. _____ 4. _____ 5. _____

Structure 1

La négation

G. Non et non! Look at the picture of Estelle's French class, then correct the descriptions that are wrong by negating them. Next to them, write the correct descriptions.

MODÈLE: Le prof est gros.

Le prof n'est pas gros. Il est mince.

1. Le prof est antipathique.

_____

2. Marc est vieux.

_____

3. Valérie et François sont timides.

_____

4. Delphine est laide.

_____

5. Aurélie est contente.

_____

6. Rocky est gentil.

_____

 H. Alors... (Then...) Your classmate is talking to you about your French professor. Based on the
CD 1
Track 16 information provided, make your own conclusions and write them in the spaces below. After you write
your statement, you will hear the correct answer. Listen and repeat it.

> **MODÈLE:** Le prof n'est pas optimiste.
> *Alors, il est pessimiste.*

1. Alors, _____.
2. Alors, _____.
3. Alors, _____.
4. Alors, _____.
5. Alors, _____.
6. Alors, _____.
7. Alors, _____.

À vous de vous perfectionner! (1)

Révision: *u* and *ou*

1. Do you remember how to make French **u** and **ou** from Chapter 1 in "**À vous de vous perfectionner** (2)"?
    Let's review!

2.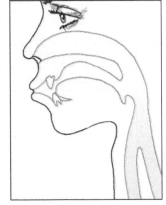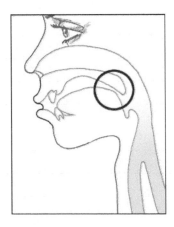

3. In summary:

    - For **u:** lips rounded and tongue up to your palate
    - For **ou:** lips rounded BUT TONGUE DOWN flat at the bottom of your mouth

Allow us to illustrate why making a clear difference between **u** and **ou** is so important.
A lot in French is **beaucoup.** If your **ou** comes out as an **u,** what you are saying is actually very rude: **beau cul** means *nice bottom!*
Now that you are aware of this possible faux pas, let's practice the new words of this chapter.

🔊 **Perception.** Listen to the following words and write next to each number whether you hear **u** or **ou**.

CD 1
Track 17

1. _____
2. _____
3. _____
4. _____
5. _____
6. _____
7. _____
8. _____

🔊 **Production.** Now, à vous.

CD 1
Track 18

- Listen to the following words and give a kiss **(la bise)** to every **u** you hear:
  amusant, ennuyeux, poilu, stupide, super, Bruxelles, Lucien, vocabulaire, étudiant, fumer, juge.

- Be a dove or an owl for every **ou** you find in the following words:
  courageux, tout petit, courts, roux, rouge, écouter, jouer.

À vous d'écrire!

Descriptions. Write a short paragraph describing your closest classmates and your favorite professors. Start your sentences with **il** and **elle** depending on whether you are referring to a man or a woman.

MODÈLE: Stéphanie est très grande et mince. Elle est très belle et très sympathique. Elle n'est pas sportive. Elle est gentille...

_____
_____
_____
_____
_____
_____
_____

Passage 2

Mon vocabulaire

Les adjectifs descriptifs (2)

A. Les yeux et les cheveux. Indicate whether each statement is **vrai** or **faux** based on the pictures you see.

Bébé Alex

1. J'ai les cheveux longs.   vrai   faux
2. J'ai les yeux noirs.   vrai   faux

Rhaimona

3. J'ai les cheveux blonds.   vrai   faux
4. J'ai les cheveux courts.   vrai   faux

Lucien

5. J'ai les yeux bleus.   vrai   faux
6. J'ai les cheveux frisés.   vrai   faux

Anou

7. J'ai les cheveux longs et frisés.   vrai   faux
8. J'ai les yeux blteus.   vrai   faux

B. Rectifications. Rewrite the sentences above, changing them to the third-person singular. Rectify the false statements by writing the correct information. Start your sentences with **C'est faux!** *(That's wrong!)* or **C'est vrai!** *(That's right!)*

> **MODÈLE:** **Bébé Alex:** J'ai les cheveux noirs.
> *C'est faux! Il a les cheveux châtains.*

1. _____

2. _____

3. _____

4. _____

5. _____

6. _____

7. _____

8. _____

C. Portraits. You will hear a series of descriptions. Based on the information provided, write the number of the person who is being described next to the appropriate drawing.

CD 1
Track 19

a. _____

b. _____

c. _____

d. _____

e. _____

f. _____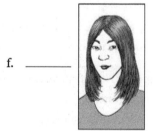

◀))) D. Enquête. (*Investigation.*) You are helping the police investigate a robbery. The person who saw
CD 1 the four thieves is describing them to you so that you may draw portraits of them. Listen carefully to the
Track 20 descriptions and then draw their portraits in the spaces below.

1.

2.

3.

4.

E. Quelles sont les couleurs? Which colors do you associate with the following? (There may be several
possible answers in some cases).

1. le drapeau (*flag*) français
2. votre université
3. la fête de la saint Valentin
4. la fête de Halloween
5. Noël
6. un arc-en-ciel (*rainbow*)
7. un éléphant

◀))) F. De quelle couleur? Your friend lost his sight during an accident when he was a young child. You always
CD 1 help him by telling him the colors that surround him. Tell him the colors of the things he asks you about.
Track 21

1. _____
2. _____
3. _____
4. _____
5. _____

Structure 2

Le verbe *avoir*

G. Les étudiants. The professor is asking students questions about their physical features. Complete the sentences with the correct form of the verb **avoir.**

Le prof:	(1) Julie, tu _____ les cheveux frisés?
Julie:	(2) Oui, j(e) _____ les cheveux frisés.
Le prof:	(3) Marc et Christophe, vous _____ les yeux noirs?
Marc et Christophe:	(4) Oui, nous _____ les yeux noirs.
Le prof:	(5) Et Sylvie et Fatima, elles _____ les cheveux courts?
Marc et Christophe:	(6) Non, Sylvie _____ les cheveux courts, et Fatima _____ les cheveux longs.

H. L'album de famille. Your friend Marie is showing you her family photo album. Complete her sentences with the correct forms of the verbs **avoir** and **être,** and with the appropriate descriptions for each photo. Tell how people look and how they feel.

 1.

J(e) _____ (avoir) les cheveux _____ et les yeux _____.

Je _____ (être) _____.

 2.

Voilà mon frère *(brother)* Mathieu. Il _____ (avoir) les cheveux _____.

Il _____ (être) _____.

 3.

Voilà mes parents! Ils _____ (avoir) les cheveux _____

et les yeux _____. Ils _____ (être) _____.

4.

Voilà mon autre frère *(other brother)*, Victor. Il _____ (avoir) les cheveux

_____ et _____. Victor _____ (avoir)

les yeux _____. Il _____ (être) _____!

5. Et toi, tu _____ (avoir) un album de famille aussi?

🔊 **I. C'est qui? *(Who is it?)*** Listen carefully to the following descriptions to identify the famous people
CD 1
Track 22
or characters that are being described. Choose the person or character who best corresponds with each
description.

1. a. Mickey Mouse   b. Goldilocks   c. Daisy Duck
2. a. Old Yeller   b. Bambi   c. Mickey Mouse
3. a. Benji   b. Nemo   c. Flower
4. a. Pocahontas   b. Curly Sue   c. Miss Piggy
5. a. Billy Joel   b. Frank Sinatra   c. Wynton Marsalis

Structure 3

L'accord et la place des adjectifs

J. Corrections. You are a French professor and you are grading your students' homework. The
adjectives in bold are missing an agreement or have the wrong agreement. Correct the mistakes.

1. Géraldine est **beau.** _____
2. J'ai les cheveux **noir.** _____
3. Le cours de français n'est pas **ennuyeuse.** _____
4. Le prof, Monsieur Ledur, est **vieille.** _____
5. Le prof a les yeux **bleue.** _____
6. Mes parents sont **gentil** et **sympathique.** _____
7. Serena Williams est **sportif.** _____
8. Jim Carrey est **amusante.** _____

K. À l'aéroport. You are going to pick up a group of French students at the airport. Each of them arrives
at a different time and day. They each give you their physical descriptions so that you can identify them
at the arrival gate. Complete their sentences with the correct forms of the adjectives in parentheses. Pay
attention to the agreements!

1. Je m'appelle Anne-Laure et j'ai les cheveux _____ (châtain) et _____ (court). J'ai

les yeux _____ (bleu). Je suis _____ (petit) et _____ (mince).

2. Je m'appelle David. J'ai les cheveux très _____ (long) et _____ (blond).
Je suis très _____ (grand).

3. Je m'appelle Lucie et moi c'est Julie. Nous sommes jumelles *(twin sisters)*. Nous sommes
_____ (gros) et nous sommes _____ (joli)!

4. Je m'appelle Isabelle. Je suis _____ (beau)! Je suis assez _____ (grand)
et je ne suis pas _____ (vieux). J'ai les cheveux _____ (frisé) et les yeux
_____ (vert).

🔊 **L. Mes amis. *(My friends.)*** Dominique and Estelle are talking about classmates they have in common.
CD 1   Listen to the dialogue carefully before you indicate whether each statement below is **vrai** or **faux.** Read the
Track 23 statements before you listen to the dialogue a second time.

1. Dominique pense que *(thinks that)* Camille est très laide.   vrai   faux
2. Estelle pense que Camille est très belle.   vrai   faux
3. Dominique et Estelle pensent que Fatima est mignonne.   vrai   faux
4. Dominique pense qu'Alexis est super.   vrai   faux
5. Estelle pense qu'Alexis est antipathique.   vrai   faux
6. Dominique et Estelle sont jaloux.   vrai   faux

M. L'accord et la place des adjectifs. You are describing to your friend some monuments and
places in France and the United States. Write the appropriate form of each adjective in the correct place,
in front of or after the noun. Remember, in French, most adjectives, including color adjectives, are
placed *after* the noun; exceptions are the adjectives **beau/belle, joli/e, grand/e, petit/e, vieux/vieille,**
and **jeune,** which are generally placed *in front* of the noun. Don't forget to use the feminine or plural
forms of the adjective if necessary.

> **MODÈLE:**   Notre-Dame de Paris? C'est une _____ cathédrale _____ (beau).
>
>   Notre-Dame de Paris? C'est une ***belle*** cathédrale _____.

1. La statue de la liberté à New York? C'est une _____ statue _____. (vieux)
2. Le pont *(bridge)* Golden Gate à San Francisco? C'est un _____ pont _____. (rouge)
3. Le Louvre à Paris? C'est un _____ musée d'art _____. (grand)
4. La tour Eiffel et l'arc de triomphe? Ce sont deux _____ monuments _____. (impressionnant)
5. Le Luxembourg? C'est un _____ parc _____ à Paris. (beau)

N. Célébrités. Describe the following film celebrities to your friend: complete each description with the
given adjectives. Decide which adjective is placed in front of the noun, and which adjective follows the
noun. Don't forget to make the adjectives agree in gender and number with the noun they describe. Fill
both blanks.

1. Dumbo: C'est un _____ éléphant _____. (petit, gris)
2. Fiona: C'est une _____ princesse _____. (courageux, beau)
3. Miss Piggy: C'est un _____ cochon *(pig)* _____. (rose, joli)
4. Jennifer Aniston: Elle a de _____ cheveux _____. (blond, long)
5. Le chien *(dog)* Bolt: Il a de _____ yeux _____. (beau, intelligent)

Passage **3**

Mon vocabulaire

Les activités, les professions, les animaux domestiques

A. Vies différentes. (Different lives.) Complete each sentence in the left-hand column with the most logical option in the right-hand column.

1. J'habite _____.
2. Je suis pilote _____.
3. Je suis médecin _____.
4. J'étudie _____.
5. J'écoute _____.
6. Je parle _____.

a. la radio
b. les mathématiques
c. chez American Airlines
d. japonais
e. dans un appartement
f. dans un hôpital

B. Sa profession? Determine the professions of the people listed below based on the descriptions. Start with **Il est...** or **Elle est...** followed by the appropriate profession. Sometimes more than one answer is logical.

1. Sara invente des prototypes. _____
2. Jean-Marc voyage beaucoup. _____
3. Hélène élabore des plans d'appartements. _____
4. Lisa cherche des criminels. _____
5. Benjamin s'occupe de *(takes care of)* l'hygiène dentaire. _____

🔊 **C. Animaux domestiques.** Below, the characteristics of several different types of pets are described.
CD1 Read through the descriptions first, then listen carefully as the speaker lists a number of pets. Write the
Track 24 letter of each pet you hear next to the appropriate description.

1. Il aime chanter. _____
2. Il aime protéger. _____
3. Il habite dans un aquarium. _____
4. Il adore manger des carottes. _____
5. Il aime manger les oiseaux. _____

🔊 **D. Professions.** You are going to hear some professions. Associate the professions that you hear with
CD1 the famous people listed below. Write the letter corresponding to each profession in the space provided.
Track 25

1. Frankenstein _____
2. Sherlock Holmes _____
3. Steve Jobs ou Bill Gates _____
4. Donald Trump _____
5. Frank Lloyd Wright _____

Structure 4

Les verbes en *-er* (Introduction)

E. Tu aimes qui? A group of French students is gathered at a bistro talking about their favorite actresses (an actress = **une actrice**). Complete the dialogue with the appropriate forms of the verbs in parentheses.

Armelle: Éric, tu (1) _____ (aimer) les films de Jodie Foster?

Éric: Je n(e) (2) _____ (aimer) pas Jodie Foster.

Elle est trop *(too)* intellectuelle pour moi. Je (3) _____ (préférer) les films avec Gwyneth Paltrow.

Catherine et Caroline: Oh, non! Nous (4) _____ (détester) Gwyneth Paltrow.

Elle est trop froide *(cold)* pour nous! Nous (5) _____ (préférer) Jennifer Aniston. Elle est très belle et amusante.

Armelle: Vous (6) _____ (préférer) Jennifer Aniston? Moi aussi! C'est mon actrice préférée!

Éric: Moi aussi, (7) j(e) _____ (adorer) Jennifer Aniston. Regardons un ancien *(old)* épisode de « Friends » ensemble *(together)*!

F. Que font-ils? *(What are they doing?)* Look at the illustration below, then fill in each blank with the correct form of the verb that best describes what each person is doing.

1. Gilles _____.

2. Élise et Jacques _____ au volley.

3. Nous _____.

4. Vous _____.

5. Tu _____ de la _____.

6. J(e) _____ du Coca.

G. Mais non! Your little brother thinks he knows it all when it comes to professions. You correct him by negating his statements below and by giving him the correct information. Write the appropriate forms of the verbs in parentheses.

1. —Un architecte _____ (chanter) des opéras.

   —Mais non! Un architecte _____ (ne... pas/chanter) d'opéras.

   Il _____ (travailler) dans un bureau et il élabore des plans.

2. —Les policiers _____ (chercher) des poissons rouges.

   —Mais non! Les policiers _____ (ne... pas/chercher) de poissons rouges.

   Les policiers _____ (trouver) des criminels.

3. —En général, les dentistes et les médecins _____ (fumer) dans les cliniques.

   —Mais non! Ils _____ (ne... pas/fumer) dans les cliniques. Ils _____ (aimer)

   montrer un bon exemple aux patients.

4. —Vous, les étudiants à l'université, vous _____ (voyager) beaucoup.

   —Mais non! Nous _____ (ne... pas/voyager) beaucoup. Nous _____

   (étudier) et nous _____ (écouter) les profs en classe.

H. Qu'est-ce qu'ils aiment? Based on the illustrations, tell what the following people like to do. Attention! There are two verbs together in each sentence.

> **MODÈLE:** Nous _____ (aimer) _____.
> Nous aimons téléphoner.

1.

2. Mes parents _____ (adorer) _____.

3. Tu _____ (adorer) _____ des chaussures *(shoes)*.

4. Je _____ (préférer) _____ le jazz.

5. Nicolas _____ (aimer) _____.

6. Vous _____ (aimer) _____ la télévision.

🔊 **I. Vrai ou faux?** You will hear six activities described. Choose **vrai** or **faux** based on whether the descriptions match what's going on in the illustration below.

CD 1
Track 26

1. Gilles   vrai   faux

2. Élise et Jacques   vrai   faux

3. nous   vrai   faux

4. vous   vrai   faux

5. tu   vrai   faux

6. je   vrai   faux

🔊 **J. Une bande dessinée. *(A cartoon.)*** You work as a cartoonist for your local newspaper and your boss is telling you what to draw for the next Sunday issue. Listen as she describes what some people do for a living or in their leisure time. For each sentence you hear, write brief notes in English to remind yourself what to draw in each cartoon. (You will hear a new word: **le rock** = rock'n roll.)

CD 1
Track 27

1. _____

2. _____

3. _____

4. _____

5. _____

6. _____

Structure 5

Les articles indéfinis; les professions et les articles indéfinis

K. Quel animal? *(What animal?)* You are playing with your two-year-old sister by showing her animal drawings for her to identify. However, she is not identifying them well. Use the illustrations below to correct her. Write the correct answers with the appropriate indefinite articles in the spaces provided.

MODÈLE:

C'est **un** hamster!
Non, ce n'est pas un hamster. C'est un chien.

1. C'est _____ chien!

Non, _____.

C'est _____.

2. C'est _____ oiseau!

Non, _____.

C'est _____.

3. Ce sont _____ poissons!

Non, _____.

Ce sont _____.

4.   C'est _____ cochon d'Inde!

Non, _____.

C'est _____.

L. Moi j'ai! Your little sister claims that she has all the pets that were mentioned above. Contradict her by negating her statements.

> **MODÈLE:**   J'ai **un** chien!
>
> *Non, tu n'as pas **de** chien.*

1.   —J'ai un hamster!

—Non, _____.

2.   —J'ai un chat!

—Non, _____.

3.   —J'ai des oiseaux!

—Non, _____.

4.   —J'ai des poissons!

—Non, _____.

5.   —J'ai un cochon d'Inde!

—Non, _____.

6.   —J'ai un lapin!

—Non, _____.

M. Quelle est votre profession? (*What is your profession?*) You are a journalist taking a survey on the streets to determine the most common professions held by young people. Use the illustrations to provide answers to the questions.

1.   —Bonjour Madame, quelle est votre profession?

—Je suis _____.

2. —Bonjour Monsieur, quelle est votre profession?

—Je suis _____.

3. —Bonjour Madame, quelle est votre profession?

—Je suis _____.

4. —Bonjour Madame, quelle est votre profession?

—Je suis _____.

5. —Bonjour Monsieur, quelle est votre profession?

—Je suis _____.

N. Comment sont-ils? Each profession faces its own challenges and, as shown in the illustrations below, some days are better than others. Identify the profession of each person shown and tell how each person feels.

MODÈLE:

C'est une secrétaire contente.

1.

_____

2.

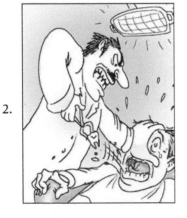

_____

3.

4.

🔊 **O. Caractéristiques.** You are about to hear the names of several famous animals, either real or from
CD 1
Track 28 cartoons. Match their names, below, to the descriptions that you hear.

1. Snoopy _____

2. Garfield _____

3. Tweety _____

4. Nemo _____

5. Lassie _____

À vous de vous perfectionner! (2)

The new sounds for this lesson: *i* and *r*

Remember . . . be a child again! *Play a happy, smiling horse* in our French sound circus and then *purr like a cat.*

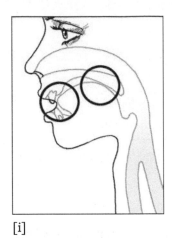

[i]

[ii]

1. The French **i:** Careful, the French **il** is very different from the English "ill."

   - As with **u,** close your mouth until the fleshy body of your tongue touches your palate. Firmly press the tip of your tongue behind your lower teeth.
   - Now, instead of rounding your lips as you did for **u,** stretch them in a *smile,* but without opening your mouth.
   - It is important to keep your teeth close together; otherwise, you end up doing an English *ill* instead of a French **il/ils.**
   - Now, be a smiling horse and produce a series of sharp, short, crystal French **i** sounds.

🔊 **Production.** Next, listen to your SAM Audio and practice the following words with **i:**

_{CD 1
Track 29} antipathique, sympathique, gentil, mignon, optimiste, pessimiste, petit, riche, sportif, stupide, timide, triste, frisés, gris, lisses, mi-longs, policier, classique, qui, Patricia, Marie, Éric, Tahiti, compris, Sandrine, il, ils, physique, personnalité, joli, habiter, piloter, assistant, dentiste, technicien

You have around 50 words that include the **i** sounds in the vocabulary list of your textbook. So have fun and keep smiling!

2. The French **r:** Purr like a cat.

   - Let's take a step back first and be speech experts. What do you do when you produce an English *r?* Close your eyes; now feel where the tip of your tongue is and how your tongue behaves.
   - For the English *r,* was the tip of your tongue up, almost touching the middle of your palate (the roof of your mouth)? And was your tongue all curled up? Well, the French **r** is totally different:

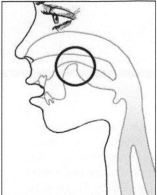
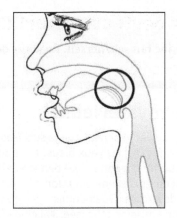

le r anglais: *the English roaring lion*   le r français: *le chat français ronronne*

- Your tongue needs to stay relaxed on the floor of your mouth, like a ray casually hovering in the golden sand of a Caribbean beach.
- The tip of your tongue stays anchored behind your lower teeth.
- Your mouth is open, almost as if it were ready to catch flies.
- Now, try to push air as if something in your throat was bothering you. At first, it will sound harsh, but gradually, you will relax and the harshness will become a purr. This is the hardest sound to learn for English-speaking students learning French. But remember . . . be a child and play with your mouth!

Production. Now let's practice the new **r** words of this chapter:

CD 1
Track 30 bavard, courageux, fort, grand, gros, pauvre, provocateur, riche, sportif, super, triste, court, frisés, gris, noirs, roux, marron, vert, Laura, Alexandra, Montréal (note: we don't pronounce the **t**), France, Gérard, compris, vrai, vocabulaire, être, avoir, portrait, personnel, Sandrine, Rahma, apparence, personnalité, rouge, hamster, policière, secrétaire, ingénieur, vendeur, professeur, orange, journaliste, programme, regarder, préparer, organiser, terminer, chercher, trouver, travailler, parler, pratiquer, adorer

> **NOTE:** the **er** at the end of the infinitive form of the verb sounds like **é**: we don't produce the **r.** So have fun and keep purring!

À vous de lire!

A celebrity is going to describe himself/herself. Read the description below.

Une personne mystérieuse!

Bonjour! Je suis plutôt[1] vieux et je pense[2] que je suis très beau. Je n'ai pas beaucoup de[3] cheveux. J'ai les cheveux châtains-gris. J'ai les yeux bleus. Je ne suis pas mince mais je ne suis pas gros. Je suis très, très riche. Je suis intelligent. J'aime beaucoup New York et j'adore les casinos, les hôtels de luxe et les grands buildings. J'ai une émission à la télévision. Mon émission est une télé-réalité. Mon show a beaucoup de succès. Quelquefois[4], je suis méchant dans mon émission. En général, les étudiants aiment mon émission télévisée. J'ai cinq enfants[5] et mon épouse[6] s'appelle Melania. Melania et moi, nous avons un enfant pour le moment. Avez-vous deviné[7] qui je suis?

Compréhension. Now answer the following questions in complete sentences in French, based on the reading.

1. Cette personne mystérieuse est une femme ou un homme?

   _____

2. Il/Elle est jeune?

   _____

3. Il/Elle a les yeux verts?

   _____

4. Il/Elle est pauvre?

   _____

5. Il/Elle est journaliste à la télévision?

   _____

6. Il/Elle est gentil/gentille dans son émission?

   _____

7. Qui aime son show télévisé?

   _____

8. Il/Elle a un enfant?

   _____

   Qui est la personne mystérieuse?

   _____

---

[1]rather [2]I think [3]a lot of [4]sometimes [5]children [6]wife [7]guessed

Ma famille et mes amis

CHAPITRE

3

Passage **1**

Mon vocabulaire

Les sports et les passe-temps

A. Préférences. Match each celebrity from the left-hand column with the appropriate preference from the right-hand column. (The preferences are based on celebrities' career choices.)

_____ 1. Shaquille O'Neal

_____ 2. Stephen King

_____ 3. Meg Ryan

_____ 4. Harrison Ford

_____ 5. Sting

_____ 6. Rafael Nadal

a. Il adore le tennis.

b. Il aime le rock.

c. Elle préfère les films romantiques.

d. Il aime le basket-ball.

e. Il adore les films d'aventure.

f. Il aime les films d'horreur.

B. Vos préférences. Indicate whether you like each of the following people or pastimes, using complete sentences. When the question refers to a celebrity, explain why you like or dislike that person.

MODÈLE: le théâtre

J'aime le théâtre. / Je n'aime pas le théâtre. / Je déteste le théâtre.

Jodie Foster

J'adore Jodie Foster. Elle est intelligente.

1. Brad Pitt: _____

2. Angelina Jolie: _____

3. Michael Moore: _____

4. les comédies musicales: _____

5. la musculation: _____

6. l'athlétisme: _____

7. les films de guerre: _____

8. les films dramatiques: _____

🔊 **C. Opinions personnelles.** You will hear a series of different types of movies and sports. Indicate how you feel about each of them by checking the appropriate column.

CD1
Track 31

	j'aime	je n'aime pas	je déteste	j'adore	je préfère
1.	☐	☐	☐	☐	☐
2.	☐	☐	☐	☐	☐
3.	☐	☐	☐	☐	☐
4.	☐	☐	☐	☐	☐
5.	☐	☐	☐	☐	☐
6.	☐	☐	☐	☐	☐

🔊 **D. Catégories.** You will hear a list of different types of sports and other pastimes. Choose a person from the list below who participates in each activity and write the letter of his or her name next to the appropriate number.

CD1
Track 32

1. _____   a. Venus Williams

2. _____   b. Alfred Hitchcock

3. _____   c. Michael Jordan

4. _____   d. Arnold Schwarzenegger

5. _____   e. Tom Hanks

6. _____   f. Jean-Claude Van Damme

7. _____   g. Madonna

8. _____   h. Mozart

E. Goûts personnels. (Personal tastes.) Conjugate the verbs in parentheses and complete the sentences in a logical way to indicate each person's taste. Then give a specific example from the category provided.

> **MODÈLE:** Mon frère (aimer) [un film de science-fiction].
> *Mon frère aime Star Wars.*

1. Je _____ (préférer) _____ [un film de science-fiction].

2. Mes parents n(e) _____ (aimer) pas _____ [un chanteur *(singer)* de rap].

3. Mes amis et moi, nous _____ (préférer) _____ [un film de guerre].

4. Mon ami(e) _____ (adorer) _____ [un film d'horreur].

5. Et vous, qui est-ce que vous _____ (préférer): Coldplay, The Black Eyed Peas ou AFI? J(e) _____ (aimer) Coldplay.

Structure 1

Les articles définis

F. Généralités. Below are some generalizations. Complete the sentences with the appropriate definite articles. Then, indicate whether you agree (**je suis d'accord**) or disagree (**je ne suis pas d'accord**) with these general statements.

	Je suis d'accord	Je ne suis pas d'accord
1. En général, les femmes *(women)* préfèrent _____ films romantiques et les hommes *(men)* _____ films de guerre.	_____	_____
2. En général, les parents aiment _____ musique classique et les adolescents _____ hip-hop.	_____	_____
3. En général, les étudiants aiment _____ football américain.	_____	_____
4. En général, les Français préfèrent _____ football et les Américains _____ base-ball.	_____	_____
5. En général, les adolescents adorent _____ natation.	_____	_____

🔊 **G. Questions personnelles.** You will be asked some personal questions regarding your likes and
CD 1 dislikes. Stop the recording and answer each question with a complete sentence.
Track 33

> **MODÈLE:** Vous aimez le base-ball?
>
> *J'aime le base-ball. / Je n'aime pas le base-ball.*

1. _____
2. _____
3. _____
4. _____
5. _____
6. _____

🔊 **H. Le cinéma.** A new movie theater in town is taking a survey to see what kind of movies people prefer.
CD 1 Answer the questions that the survey representative asks you.
Track 34

1. Mes parents _____
2. Ils (=les étudiants) _____
3. Ils _____
4. Nous _____
5. Nous _____

🔊 **I. L'ami des animaux. (*The animal lover.*)** Listen to each sentence that you hear, and put it in

CD 1
Track 35 the negative.

> **MODÈLE:** *You hear:* J'ai un poisson. J'aime les poissons.
>
> *You write: Je n'ai pas de poisson. Je n'aime pas les poissons.*

1. _____

2. _____

3. _____

4. _____

5. _____

Structure 2

Les verbes en *-er*: l'interrogation avec des réponses affirmatives (*oui*) ou négatives (*non*)

J. Questions indiscrètes! Stéphanie's brother, Julien, is asking her some personal questions to try to embarrass her in front of her boyfriend. Formulate Julien's questions based on Stéphanie's answers. Use **est-ce que** to form your questions.

1. Julien: _____ dans la salle de bains *(bathroom)*?

    Stéphanie: Non! Je ne chante pas dans la salle de bains!

2. Julien: _____ devant *(in front of)* le miroir?

    Stéphanie: Non! Je ne danse pas devant le miroir!

3. Julien: _____ avec la bouche ouverte *(with your mouth open)*?

    Stéphanie: Non! Je ne mange pas avec la bouche ouverte!

4. Julien: _____ trente cigarettes par jour?

    Stéphanie: Non! Je ne fume pas, Julien!

5. Julien: _____ les beaux garçons?

    Stéphanie: Non! Je ne regarde pas les beaux garçons!

6. Julien: _____ les conversations privées?

    Stéphanie: Non! Je n'écoute pas les conversations privées!

🔊 **K. Questions personnelles.** The speaker will ask you a series of personal questions. Listen carefully,
CD1 then answer the questions with complete sentences.
Track 36

1. _____

2. _____

3. _____

4. _____

5. _____

6. _____

À vous de vous perfectionner! (1)

Révision: *u, ou, i,* and *r*

Using some of the vocabulary from preceding chapters and from this chapter, let's continue to give a kiss
with **u**, be a dove with **ou**, smile with **i**, and purr with **r** while practicing French words and expressions.

🔊 **Production.** First listen to the selected expressions, then repeat them while focusing on the **u, ou, i,** and
CD1 **r** sounds:
Track 37

1. la grand-mère

2. Ils étudient.

3. Je ne fume pas.

4. Le mardi il joue.

5. Tu écoutes de la musique classique.

6. Le beau-père du marié et la secrétaire divorcée parlent.

7. L'infirmière célibataire trouve les films d'horreur stupides.

À vous d'écrire!

Je suis comme ça. Write a short paragraph about yourself: where you live, where you work, what you
do during the weekend, what you study, where you travel, your pets, your favorite music and movies, etc.
Use the vocabulary that you have seen in the first half of this chapter and in previous chapters. Do not try
to translate English sentences into French with the aid of your dictionary, as literal translations do not
always make sense.

_____

_____

_____

_____

_____

_____

_____

_____

Passage 2

Mon vocabulaire

La famille

A. La famille. Test your knowledge of family-related vocabulary by completing the definitions below with the most logical vocabulary word or expression.

1. Fatima n'a pas de frères et elle n'a pas de sœurs. Elle est _____.

2. Louis n'est pas marié. Il est _____.

3. Marie et Patrick ne sont plus *(no longer)* mariés. Ils sont _____.

4. Juliette sort avec *(goes out with)* André, un très cher ami. André est le _____ de Marie.

5. J'ai un fils et une _____: J'ai deux enfants au total.

6. Deux frères qui sont identiques sont des _____. Et deux sœurs qui sont identiques sont des _____.

7. La fille de ma tante et de mon oncle c'est ma _____.

B. L'Arbre généalogique de Daniel. (*Daniel's family tree.*) Daniel's family tree is below. Help him fill in the nouns for those members that are missing. Remember to include his relationship to his grandparents when you fill in the box under his name.

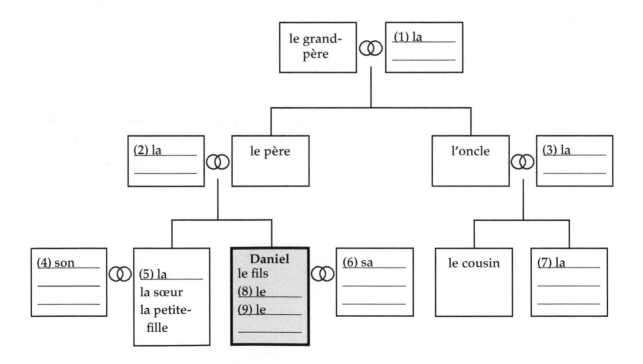

🔊 **C. J'ai une grande famille.** Listen to Camille as she describes her family to you. Then read the state-
CD1 ments below; based on Camille's descriptions, indicate whether each statement is true (**vrai**) or false
Track 38 (**faux**).

1. Le père de Camille habite avec la mère de Camille.   vrai   faux
2. Camille a une sœur. Elle s'appelle Béatrice. Elles sont jumelles.   vrai   faux
3. Béatrice travaille à Gap.   vrai   faux
4. Camille étudie à l'université.   vrai   faux
5. Béatrice et Camille aiment la musique classique.   vrai   faux
6. La mère de Camille est pianiste.   vrai   faux

Structure 3

Les Adjectifs possessifs

D. La Famille d'Isabelle. Read the following statements about Isabelle's family. Complete the sentences by choosing the correct answer.

1. (Mon, Ma, Mes) _____ oncle Cyrille et _____ tante Valérie ont trois enfants.

2. (Leur, Leurs) _____ enfants s'appellent Raphaël, Claudine et Delphine.

3. (son, sa, ses) Ma mère aime bien _____ frère Cyrille.

4. (votre, vos) Papa, maman, je n'aime pas _____ ami Bernard.

5. (ton, ta, tes) Isabelle, comment s'appelle _____ grand-père?

6. (ton, ta, tes) Et comment va _____ grand-mère?

E. Une Famille atypique. Below is a description of an atypical family. Fill in the blanks with the appropriate possessive adjectives.

Bonjour! Je m'appelle Rachida et je suis suisse. (1) _____ famille est une famille non-traditionnelle. (2) _____ parents sont algériens, mais ils habitent en Suisse, à Genève. (3) _____ père travaille pour Movado et le week-end il est guide touristique au lac Léman (le grand lac à Genève). (4) _____ mère travaille dans une banque. Elle est directrice. Le week-end, quand (5) _____ père est au lac Léman avec (6) _____ *(his)* touristes, elle chante du rap dans un groupe. (7) _____ *(her)* groupe s'appelle «Le rap râleur *(grumpy)*». J'ai un frère et une sœur. (8) _____ *(Our)* parents parlent arabe à la maison. (9) _____ *(Our)* famille est trilingue: on parle français, arabe et allemand *(German)*. La majorité de (10) _____ *(our)* amis sont aussi trilingues. (11) _____ *(Their)* parents sont algériens ou marocains. Est-ce que (12) _____ *(your)* parents vous parlent une autre langue à la maison?

◀))) **F. Qui est-ce? (Who is it?)** Based on the clues you hear, guess the famous person, real or fictional,
CD1 that is being described and write his or her name next to the appropriate number. If you don't know the
Track 39 answer, simply write down the clue as you hear it.

1. _____

2. _____

3. _____

4. _____

5. _____

◀))) **G. Ta famille.** The speaker will ask you some questions about your family. Answer them below, using
CD1 complete sentences.
Track 40

1. _____

2. _____

3. _____

4. _____

5. _____

6. _____

Passage 3

Mon vocabulaire

Les jours de la semaine et les mois de l'année

A. Dates importantes en France. Do you know the French holidays? To find out, match the dates on the left with the French holidays or special days in the right column.

_____ 1. le 21 septembre	a. la fête du Travail *(Labor Day)*
_____ 2. le 31 décembre	b. le poisson d'avril *(April Fool's Day)*
_____ 3. le 14 février	c. le Tour de France
_____ 4. le 1ᵉʳ avril	d. le premier jour d'automne
_____ 5. le 1ᵉʳ juillet	e. la Saint-Valentin
_____ 6. le 1ᵉʳ mai	f. le Réveillon *(New Year's Eve, Christmas Eve)*

B. L'emploi du temps. (Schedule.) You are the assistant to the president of the French company Renault. Based on the information given in English below, create a weekly schedule—in French! Leave the verbs in the infinitive form (do not conjugate them).

Weekly planner (8/5 to 8/9)		
Day	**Date**	**Activity**
Monday	**August 5th**	listen to news **(les actualités)** on the radio; play tennis with Alain
Tuesday	**August 6th**	eat with Mr. Roux **(le président de Peugeot)**
Wednesday	**August 7th**	watch the stock market **(la bourse)** on **(à la)** TV
Thursday	**August 8th**	call your mother **(c'est son anniversaire** *[birthday]***!)**
Friday	**August 9th**	talk with Mrs. Volant **(la présidente de Citroën)**

L'emploi du temps (05-08 au 09-08)

🔊 **C. Fêtes américaines.** You are going to hear several dates that correspond to American holidays. Write
CD1 the number of each date that you hear next to the correct holiday below.
Track 41

a. _____ la fête de l'Indépendance américaine

b. _____ Noël

c. _____ la fête de la Saint-Valentin

d. _____ l'anniversaire de Martin Luther King, Jr.

e. _____ le Jour des Vétérans

🔊 **D. Vos dates importantes.** What are the most important dates of the year for you and your family? The
CD1 speaker is going to ask you some questions to find out. Answer the questions with complete sentences.
Track 42

1. _____

2. _____

3. _____

4. _____

5. _____

Structures 4 et 5

Le pronom *on* et l'expression *il y a*; les nombres de 70 à 1 000 000

E. Que fait-on? (*What does one do?*) Tell what one does in the following places. Be logical!

> **MODÈLE:** dans un avion (*airplane*)
> *On regarde un film. / On parle avec les passagers.*

1. dans un restaurant: _____

2. dans l'appartement: _____

3. en discothèque¹: _____

4. à l'aéroport: _____

5. dans le cours de français: _____

6. au supermarché (des fruits/du café/du jus d'orange, etc.): _____

F. Combien? Describe your university quantitatively (guess if you have to!). Write out all numbers.
Answer the questions with complete sentences. Start your sentences with **Il y a...**

1. Combien d'étudiants est-ce qu'il y a à votre université?

_____

2. Combien de voitures (*cars*) est-ce qu'il y a dans un parking typique de votre université?

_____

3. Combien d'ordinateurs (*computers*) est-ce qu'il y a dans la bibliothèque?

_____

¹**Boîte de nuit** is also used for nightclub.

4. Combien de DVD est-ce qu'il y a dans ta maison/ton appartement/ta chambre universitaire?

   _____

5. Combien de bicyclettes est-ce qu'il y a sur le campus de votre université?

   _____

G. C'est combien? (*How much is it?*) Look at the illustrations, then calculate the price of the items and write out the total in words in the spaces provided below. Start your sentences with **C'est...** The symbol for euros is €.

> **MODÈLE:** un billet de cinéma *(movie ticket)*: C'est 8 €.
> deux billets de cinéma: *C'est seize euros.*

1. un chariot pour deux personnes: C'est 50 €.
   un chariot pour quatre personnes: _____

2. une paire de chaussures *(a pair of shoes)*:
   C'est 60 €. trois paires de chaussures: _____

le chariot, 50 €

les chaussures, 60 €

3. une paire de jeans: C'est 39 €.

   dix paires de jeans: _____

les jeans, 39 €

4. trois livres: C'est 58 €. neuf livres: _____

les livres, 58 €

5. deux CD: C'est 45 €. deux cents CD: _____

   _____

les CDs, 45 €

H. Le billet de loto. (*The Lottery ticket.*) Are you the winner of the grand prize **(le grand prix)**? To find out, look at the lottery ticket that you have and try to match it with the winning number. Spell out, in words, the prize amounts for each ticket in the space provided. Here is your lottery ticket:

Le LOTO				
01	02	09	12	19
21	27	30	35	42
43	47	53	54	66
75	81	89	93	98

1. Le grand prix: 1 600 393 euros _____

   pour le billet numéro soixante-quinze/quatre-vingt-dix-neuf/soixante-six/quatre-vingt-huit.

2. Le grand prix: 3 977 euros _____

   pour le billet numéro soixante-quinze/quatre-vingt-dix-neuf/soixante-seize/quatre-vingt-dix-huit.

3. Le grand prix: 90 365 euros _____

   pour le billet numéro soixante-quinze/quatre-vingt-neuf/soixante-six/quatre-vingt-dix-huit.

4. Le grand prix: 23 782 euros _____

   pour le billet numéro soixante-cinq/quatre-vingt-neuf/soixante-six/quatre-vingt-huit.

Did you win? How much? (You can write your response in numerals.) _____

◀))) **I. Le week-end.** You are going to hear what college students generally do on weekends in France. Write
CD 1 down what you hear.
Track 43

1. _____
2. _____
3. _____
4. _____
5. _____

◀))) **J. Numéros de téléphone.** You are exchanging phone numbers with some friends at a party. Write
CD 1 down the phone numbers that you hear. You don't need to spell them out; use numbers.
Track 44

1. _____
2. _____ , _____

À vous de vous perfectionner! (2)

> **The new sounds for this chapter:**
> 1. **The four e options**
> 2. **Final consonants**

1. The four e options

You have already noticed that the letter **e** is very frequent; that it sometimes bears an accent (**grave, aigu, circonflexe, tréma** as introduced in Chapter 1); that—because of that accent—its pronunciation changes; and that sometimes we pretend it's not there.

So, how are you supposed to know what to do when you see the letter **e**? Here are some spelling tricks (**des trucs**), i.e., fast and easy solutions or rules of thumb:

(a) **e** = the vowel sound in the English words _day, bay,_ or _fiancé_ when spelled **é** and **er,** as in **élégant, policier, chanter,** and of course all the **-er** verbs. Your lips are stretched in a smile, but the _French e is much shorter_ than the English. In other words, if you pronounce **chanter** or **danser** with an American accent, it would sound like _chanteyyyy_ and _danseyyyy_ . . . and that's when you would sound a little "funny" to a French listener!

(b) **e** = the sound in the English word _debt_ when spelled **è, ê,** or **e + 2 consonants,** as in **mère, être, cherche, architecte,** and **n'est-ce pas.** Your lips are still stretched but they are more open than for **é.**

(c) **e** = the sound in the English expression _duh,_ but shorter, when it's not one of the two options above, as in **petit, que,** or **je.**

(d) **e** as a phantom; it is simply not pronounced. However, it's not there just for decoration; see the section that follows on final consonants.

NOTE: Plural articles **des, les,** and possessive **mes** are pronounced as in (a) above.

🔊 **Perception.** Using the four options above, enter (a), (b), (c), or (d) for each **e** that you find in the phrases below.

CD 1
Track 45

1. Ma   nièce   est   fiancée.

   ‎   — —   —   — —

2. Sa   mère   est   séparée.

   ‎   — —   —   — — —

3. Le   médecin   pratique   le   mercredi.

   —   — —   —   —   — —

4. j'achète

   ‎   — —

5. Je   préfère   acheter   mes   hamsters   le   samedi.

   —   — — —   — —   —   —   —   —

2. Final consonants

You've probably noticed that most final consonants are not pronounced in French. However, when a word has an **e** at the end, in general, make sure to pronounce the consonant that precedes this **e**.

(a) with adjectives: In Chapter 2, you learned adjectives to provide physical descriptions and to talk about personality. In so doing, you already perceived and practiced the gender difference of adjectives when applied to masculine and feminine nouns, as in **amusant** vs. **amusante.** Isn't it amazing what a simple little **e** can do? It changes the masculine into a feminine form. So, when you speak, this gender clarification also needs to appear *clearly* in your pronunciation.

> Mon petit frère est grand. *vs.* Ma mère est gran**de**.

(b) with nouns:

> le chat *vs.* la chat**te**

(c) with verbs (as in the conjugation of *-er* **verbs):** However, note that the **-ent** in the plural is not pronounced. This is because there is an **e** after the final consonant in the stem, so that is pronounced. However, there is no **e** after the **nt,** so those letters are silent. Hence, **(je) chan**<u>te</u> sounds identical to **(ils) chan**<u>ent</u>.

(d) with the conjunction *et:* There is no **e** after the **t,** so we don't pronounce the **t.**

◀))) **Perception.** Listen to the following words or expressions and mark **Y** (yes) or **N** (no) to indicate whether or not you clearly hear the final consonant.

CD1 Track 46

1. _____
2. _____
3. _____
4. _____
5. _____

◀))) **Production.** Listen carefully to the following phrases, then repeat them, making sure to clearly produce the final consonant when appropriate.

CD1 Track 47

l'agent et le médecin

Ma niè**ce** est courag**eu**se.

Ma petit**e** amie est intelligen**te**.

les cheveux blonds

Nous sommes de tout petits chats.

Ma fille est tou**te** petit**e** et élégan**te**.

Ils chan**tent** un chant amoureux à la fiancée tou**te** migno**nne**.

l'architec**te** et le dentis**te**

Mon neveu est courageux.

Mon petit neveu est intelligent.

la plan**te** ver**te**

À vous de lire!

Read the text below and answer the questions that follow. Florence is going to share with you what she does when she takes some time off.

Des mini-vacances[1]

J'adore le camping. Quand il y a un long week-end je prépare ma tente et je pars[2] à l'aventure. Je suis très intrépide! J'aime être seule face à l'immensité de la nature. J'aime être seule parce que je suis fille unique. J'ai un chien—il s'appelle Lou—mais il reste[3] avec mes parents. Je commence mes mini-vacances avec un café et un croissant le matin. J'aime regarder la nature et j'aime écouter chanter les oiseaux. C'est très relaxant! Ensuite[4], je cherche une rivière pour pêcher[5] des poissons. J'adore manger du poisson! Après, je fais du vélo[6]. Mon vélo est un VTT[7]. Je suis très sportive. Je pratique beaucoup de sports: le golf, le tennis, la natation et le basket. Mes parents sont très sportifs aussi. Ils sont champions de judo. Après le VTT, comme je suis fatiguée, je joue aux cartes (au solitaire) avant de manger mon dîner. Généralement, pour le dîner j'ai du poisson. Il est délicieux: très frais[8] et très naturel. J'adore mes mini-vacances!

Compréhension. Answer the following questions using complete sentences.

1. Est-ce que Florence aime la nature?

   _____

2. Est-ce que Florence a des frères et des sœurs?

   _____

3. Comment est-ce qu'elle commence ses mini-vacances?

   _____

4. Florence aime faire de la natation dans la rivière?

   _____

5. Est-ce que la famille de Florence est sportive?

   _____

[1]On vacation   [2]I leave   [3]stays   [4]next   [5]to fish   [6]I ride my bicycle   [7]mountain bike (VTT = Vélo Tout Terrain)   [8]fresh

Mon appartement

CHAPITRE

4

Passage **1**

Mon vocabulaire

Le logement et la maison

A. Un appartement très agréable. Look at the floor plan below and describe what you see in each room, using the cues below. Start each sentence with **Il y a....**

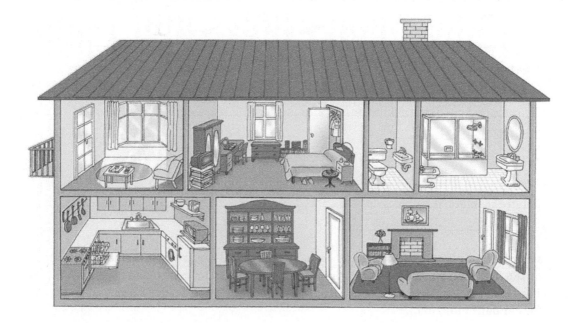

1. dans la cuisine *(choose two appliances)*: _____

2. dans le salon *(pick four items)*: _____

3. dans la salle à manger *(choose two pieces of furniture)*: _____

4. dans la chambre *(choose four pieces of furniture)*: _____

5. dans la salle de bains *(pick three items)*: _____

B. Aux États-Unis. Your French friend Benoît is about to come to the United States for the first time. He would like to know what a typical apartment in the United States is like. Answer his questions with complete sentences.

1. En général, est-ce qu'il y a un concierge dans les immeubles?

_____

2. Est-ce que les immeubles de deux ou trois étages ont un ascenseur?

_____

3. Est-ce que les boîtes aux lettres sont à l'intérieur de l'immeuble ou à l'extérieur?

_____

4. Est-ce que les appartements ont des toilettes séparées?

_____

5. Est-ce que les toilettes sont à l'intérieur ou à l'extérieur des salles de bains?

_____

6. Est-ce que les lave-linge sont dans la cuisine?

_____

◀))) **C. Mon appartement.** You are looking for an apartment in Geneva, Switzerland. Cécile is going to
CD1 describe her apartment to you over the phone. Write down each of the rooms she mentions and the
Track 48 furniture in each room.

1. _____ est petite. Il y a _____, _____ et _____.

   Je n'ai pas de _____.

2. _____ est petit aussi. Je n'ai pas de _____. Je mange dans _____ ou

   dans _____. Dans mon salon, il y a _____, _____ et _____.

   Je n'ai pas de _____.

3. Il y a deux _____ dans mon appartement. _____ est très jolie.

   J'ai _____ et _____.

4. Dans l'autre chambre, il n'y a pas de _____. Il y a _____ et _____.

5. Il y a _____ et _____.

◀))) **D. Où est-ce que je place…? (Where do I put . . . ?)** You have bought some furniture for your new
CD1 apartment and the delivery person is wondering where to place each item. Listen to his questions, then
Track 49 decide where each piece of furniture should go and write your responses below. Be logical! Start with
dans le/la… or **dans mon/ma…**

1. _____

2. _____

3. _____

4. _____

5. _____

Structure 1

Le futur proche

E. Qu'est-ce qu'ils vont faire demain? Look at the following illustrations and write what each person is going to do tomorrow, using the **futur proche** (**aller** + an infinitive). (No need to say where.)

1.  Ils _____.

2.  Nous _____.

3.  Il _____.

4.  Je _____.

5. Vous _____ .

6. Tu _____ .

F. Le week-end prochain. You would like to go out with your friends this coming weekend. However, when you ask them to go out with you they decline and tell you the plans they already have. Based on their likes and dislikes, complete each sentence in a logical way using the **futur proche (aller** + an infinitive).

1. CÉLINE: Je suis désolée! Comme j'adore le sport, je

_____ le week-end prochain.

2. DAVID: Je suis désolé! Comme j'aime beaucoup le rock, je

_____ le week-end prochain.

3. FRED ET FANNY: Nous sommes désolés! Comme nous aimons beaucoup les films d'aventure, nous

_____ le week-end prochain.

4. JÉRÔME ET ADRIEN: Nous sommes désolés! Comme nous adorons voyager, nous

_____ le week-end prochain.

5. ANNE: Je suis désolée! Comme j'adore la cuisine italienne, je

_____ le week-end prochain.

G. Où est-ce qu'ils vont? Indicate to which room of the house the people below go to do the following activities, using the construction **aller dans**. Be logical!

1. Pour préparer le dîner, Anne-Marie _____

2. Pour écouter de la musique, tu _____

3. Pour dormir, nous _____

4. Pour dîner, ils _____

5. Pour regarder la télévision, je _____

H. Je déteste! Listen to Aline as she tells you where she will not be going based on what she hates doing. CD1 Track 50 Then, based on what she says, choose the correct sentence from each group below to indicate her dislikes.

1. _____ a. Je déteste aller à l'université.

   _____ b. Je déteste aller à l'hôpital.

   _____ c. Je déteste aller à la discothèque.

2. _____ a. Je déteste aller au restaurant.

   _____ b. Je déteste aller au bureau.

   _____ c. Je déteste aller à Paris.

3. _____ a. Je déteste aller au cours de mathématiques.

   _____ b. Je déteste aller à un concert de musique classique.

   _____ c. Je déteste aller à un concert de musique rock.

4. _____ a. Je déteste écouter la radio.

   _____ b. Je déteste acheter des films.

   _____ c. Je déteste regarder des films.

5. _____ a. Je déteste aller au cours.

   _____ b. Je déteste manger dans la salle à manger.

   _____ c. Je déteste aller en voyage.

I. Atéo cadeaux! *(Atéo gifts!)* Atéo, the furniture store, is giving away certain items to its customers CD1 Track 51 under a "buy one, get one free" promotional campaign. You call Atéo's Customer Service to find out which items are being given away and their value. Listen to the clerk as he names the specific items and their prices, then write them down below. (No need to spell out the numbers.)

1. _____

2. _____

3. _____

4. _____

5. _____

Structure 2

Les verbes réguliers en *-ir*

J. Une journée typique. A popular singer is describing a typical day off from her show in Las Vegas. Conjugate the verbs in brackets.

1. Mon mari Alain et moi, nous _____ (choisir) notre petit déjeuner au restaurant. Notre fils

   Charles _____ (ne... pas/choisir) son petit déjeuner parce qu'il est trop petit!

2. Quand nous _____ (finir) notre petit déjeuner, nous allons au parc.

3. Le petit Charles est très actif, il s'amuse beaucoup *(has a lot of fun)* au parc mais il _____

   (ne... pas/obéir)! Généralement, après le parc, je _____ (punir) Charles—il ne peut pas

   regarder la télévision. (Il adore regarder Bob l'éponge!)

4. Charles et son papa _____ (bâtir) une petite maison pour Charles. Ils (salir) leurs beaux vêtements, mais ils sont contents de jouer tous les deux!

5. Et moi, je _____ (réussir) à me relaxer un peu dans mon sauna. C'est super quand je ne travaille pas!

K. Bravo! Congratulate your friends for their accomplishments. Choose the right verb from the list below and conjugate it in the present tense to complete each sentence.

      choisir   **obéir**   **réussir**   **salir**   **finir**

1. Bravo Marc, tu _____ tes devoirs avant le cours de français!

2. Bravo Lison et Inès, vous _____ toujours à terminer votre travail!

3. Bravo Cédric, tu _____ (ne... pas) le tapis avec la peinture!

4. Bravo Alex et Gabriel, vous _____ à vos mamans!

5. Bravo Luc, tu _____ un excellent travail!

◀)) **L. Questions pour des stars.** A journalist is interviewing some famous stars. First, listen to the
CD1
Track 52
questions that she asks. Then, answer the questions as if you were the celebrities listed below. Be logical in your answers!

1. Tom Cruise: _____

2. Angelina Jolie: _____

3. Michael Moore: _____

4. Michelle Pfeiffer: _____

5. Julia Roberts: _____

À vous de vous perfectionner! (1)

Vowels in couples

Have you noticed how some vowels tend to get together and create new sounds? English also has coupled vowels, such as *ea* in *weather, learn,* or *tea;* or *ei* in *receive* or *their.*

    You have surely noticed that similar coupled vowels in English may translate into different sounds. Well, in this respect, French is much more regular (i.e., easier!) than English in the sound that is produced by each "couple." Let's organize our French vowel couples as you see them in words.

1.   *a* couples: *a + i, a + il, a + u*

   - *a + i = ai* sounds just like the *è* in **mère.**
     You have seen this **ai** couple in, for example, **semaine, secrétaire, maison, chaise,** and the verbs of this lesson: **je vais, faire, je fais, il fait.**
     EXCEPTION: In the phrase **nous faisons,** the **ai** sounds like the *u* in *duh.*
   - *a + il = ail* sounds like the pronoun *I.*
     You have seen this **ail** couple in *il travaille.*
   - *a + u = au* sounds like the English *o* as in H_2O, but much, much shorter and *not glided,* that is, not sounding like "*owww.*"
     You have seen this **au** couple in **jaune, gauche, chaud, restaurant,** and every time you use **aller + à + le** as in **aller** *au* **restaurant.**

- *e* + *au* = *eau* sounds exactly like the *au* above.

  So, don't let the spelling mislead you. Pretend the **e** is not there and focus on the **au**. You have seen this "triangular" couple in words like **tableau, gâteau, bureau,** and **rideau.**

🔊 **Perception and production.** Listen to each word or phrase, and repeat after the model:

CD1
Track 53

- semaine, secrétaire, chaise, faire, je fais, il fait frais

- Le portail est jaune. Je vais à la maison. La chaise est à gauche du bureau. S'il fait chaud, je vais au restaurant. Il fait frais pour la saison.

  ATTENTION—EXCEPTION! Nous **fai**sons un gâteau.

2. ***i* couples: *i* + *er*, *i* + *è*, *i* + *on*, *i* + *o*, and *i* + *e***

   For the first three couples, the **i** simply changes into a **y** sound, as in *yes* or *you*. Let's look at some examples:

   - *i* + *er:* Remember! The final **er** sounds like **é: évier, escalier, le quartier.**
   - *i* + *è* as in **pièce, cafetière, cuisinière, derrière.**
   - *i* + *on* and *i* + *o* as in **télévision** and **violet.**
   - For *i* + *e*, just hold your "smiling i" a bit longer to make the **i** a little longer as in **comédie.** In this case, the **i** does not change to a **y** sound but is simply held longer.

3. ***o* couples: *o* + *i*, *o* + *y*, and *o* + *u***

   Since you have already been practicing your "dove" sounds with **ou** as in **four, douche,** and **séjour,** let's look into the new couples.

   - *o* + *i* and *o* + *y* = *oi*, which sounds like the *wa* in **voilà** that you already know and use in English. You have seen this **oi** couple in **à droite, noir, devoir, froid, toilette, voiture, baignoire, choisir,** and **loyer.**

There are other interesting couples, such as **e** + **u** and **e** + **u** + **i** + **l**, as in **livreur, décorateur, réfrigérateur, fauteuil, bleu,** and **il pleut,** but we leave these for another chapter.

🔊 **Perception and production.** Listen to each word or phrase, and repeat after the model. You will

CD1
Track 54

notice that we have used words from preceding lessons to review these sounds.

l'évier, l'escalier, le quartier
la pièce, la cafetière, la cuisinière
four, douche, salle de séjour
à droite, noir, devoir, froid, toilette
voiture, baignoire
choisir, loyer
La cafetière est sur la cuisinière.
Non! La douche est trop froide pour faire ma toilette!
La baignoire est à droite de l'escalier, derrière la salle de séjour.

À vous d'écrire!

Le week-end prochain. Write a short paragraph describing what you are going to do next weekend. Talk about the friends with whom you are going to go out (to watch a movie, go to a concert, go dancing, etc).

_____

_____

_____

_____

_____

_____

_____

_____

_____

_____

_____

Passage **2**

Mon vocabulaire

La maison, les prépositions

A. Où est chaque chose? *(Where is each thing?)* Remember Aurélie Marquis? It turns out that you are going to move in with her in her apartment in Geneva. Your parents are curious to know what the apartment looks like. Look at the illustration and answer your parents' questions on the next page, using complete sentences.

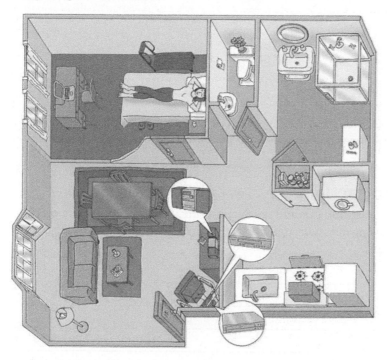

1. Où est la cuisine? À gauche ou *(or)* à droite de la salle à manger?

   _____

2. Où est la cuisinière? Entre le réfrigérateur et l'évier ou entre le micro-ondes et le lave-linge?

   _____

3. Où est le micro-ondes? Sur l'évier ou au-dessus de la cuisinière?

   _____

4. Où est le salon? À gauche de la salle à manger ou à droite?

   _____

5. Où est le téléviseur? À gauche du sofa ou dans le coin?

   _____

6. Où est la chambre? Devant le salon ou derrière le salon?

   _____

7. Où est la salle de bains? À côté des toilettes ou à côté de la chambre?

   _____

B. Va nettoyer... (Go clean. . .) You just moved in with Aurélie Marquis. She is a little bossy and she asks you to clean certain items as part of your weekly chores. Complete the sentences by writing down the items Aurélie asks you to clean. Refer to the illustration in the previous activity to find the items.

1. Va nettoyer le _____ dans la cuisine. Il est à gauche de la cuisinière.

2. Va nettoyer le _____ de la salle de bains. Il est au-dessus du lavabo.

3. Va nettoyer la _____ dans le salon. Elle est sur le tapis.

4. Va nettoyer la _____ dans le salon. Elle est à gauche du sofa.

🔊 **C. Devinez à la couleur. (Guess by color.)** Guess the household items that you hear being described
CD1 for each number and write them below.
Track 55

1. _____

2. _____

3. _____

4. _____

5. _____

Structure 3

Les prépositions et les contractions

D. La classe de français. Do you pay attention to your French classroom? Do you know where everything and everyone is? Answer the following questions to find out! Use prepositions to locate each person or item that is mentioned in the questions.

1. Où est le professeur? _____

2. Où est ton livre de français? _____

3. Où sont les étudiants? _____

4. Où est ton étudiant(e) préféré(e)? _____

5. Où sont les fenêtres? _____

6. Où est-ce que tu es? _____

E. Ce n'est pas possible! You are an interior designer who is visiting a very special client. This client has very unique taste. As he tells you where he sees his furniture, you tell him **Ce n'est pas possible!** and you give him a better place for it. Follow the model.

MODÈLE: —Je voudrais (*I would like*) le sofa dans la salle de bains.
—*Ce n'est pas possible! Le sofa va dans le salon.*

1. —Je voudrais les tables de nuit à côté de la table de la salle à manger.

   —Ce n'est pas possible! _____

2. —Je voudrais le canapé devant le micro-ondes.

   —Ce n'est pas possible! _____

3. —Je voudrais le lit à côté de la table basse.

—Ce n'est pas possible! _____

4. —Je voudrais mes plantes dans le réfrigérateur.

—Ce n'est pas possible! _____

5. —Je voudrais mes tableaux sous mon lit.

—Ce n'est pas possible! _____

F. Mon salon. Your client from Activity E above loved the way you furnished his place. He referred you
CD1 to a friend who is describing her living room over the phone to you. Listen to your new client, and try to
Track 56 visualize her living room. Choose the illustration that best fits her description.

a.  b.  c.

Passage 3

Mon vocabulaire

Travaux ménagers, expressions avec *faire*, expressions de temps, les saisons

A. Les tâches ménagères. Remember how bossy your roommate Aurélie is? Well, now she is asking you to do household chores. You are a little aggravated so when she starts giving you tasks, you tell her that you know (**Je sais!**) and before she has time to tell you, you give her a list of chores that you will be doing. Give one chore for each room. Be logical!

> **MODÈLE:** —Dans le jardin...
> —*Je sais! Je fais du jardinage!*

1. —Dans le salon...

   —Je sais! _____

2. —Dans la cuisine...

   —Je sais! _____

3. —Dans la chambre...

   —Je sais! _____

4. —Dans la cuisine, avec le lave-linge...

   —Je sais! _____

5. —Dans la salle de bains, avec le marteau *(hammer)*...

   —Je sais! _____

B. La météo. *(The weather forecast.)* Do you know what the weather around the globe is generally? Test your knowledge by choosing **vrai** or **faux** depending on the statements.

1.	Il fait très chaud à Laval (Québec) en automne.	vrai	faux
2.	Il fait très froid à Abidjan (Côte d'Ivoire) au printemps.	vrai	faux
3.	Il fait du vent—le Mistral—en Provence (France) en été.	vrai	faux
4.	Il pleut beaucoup en Normandie en hiver.	vrai	faux
5.	Il neige à Pointe-à-Pitre (Guadeloupe) en hiver.	vrai	faux
6.	Il ne neige pas à Montreux (Suisse) en automne.	vrai	faux

🔊 **C. Travaux ménagers.** The speaker is going to give you a list of chores. Write each chore you hear next
CD1 to the corresponding room or place.
Track 57

> **MODÈLE:** *You hear:* 1. Je fais du bricolage.
>
> *You read:* 1. dans la maison
>
> *You write:* 1. *Je fais du bricolage* dans la maison.

1. _____ dans la maison.

2. _____ dans la salle de séjour.

3. _____ dans la salle de bains.

4. _____ dans le jardin *(garden)*.

5. _____ dans la chambre.

Structure 4

Le verbe *faire*

D. La routine de Margot Seurat. The host of a popular cooking show tells you about her daily routine.
Fill in each blank with the appropriate form of the verb **faire**.

1. Le matin, je _____ du café dans ma cuisine. Ensuite, mon amie et moi,

   nous _____ de la peinture sur porcelaine. Après, nous allons dans le jardin et

   nous _____ du jardinage.

2. À midi, les caméramans arrivent pour filmer mon show télévisé. Je _____ des desserts

   ou des plats principaux *(main dishes)* pour mon émission. Les photographes _____

   des photos de mon jardin pour mon magazine. Mon cuisinier _____ la cuisine pour

   tout le monde *(everybody)*.

3. L'après-midi, je _____ un peu d'exercice.

4. Le soir, je ne _____ rien *(nothing)*. Je regarde la télé ou je parle avec mon mari. Et

   vous, qu'est-ce que vous _____ le soir?

E. À l'agence de voyages. (At the travel agency.) You are choosing a vacation destination with your
partner. To make your choice easier, your travel agent is telling you about the weather at popular tourist
destinations. Complete the sentences with the most appropriate weather expression.

1. À Moorea (Tahiti), _____!

2. À Montréal (Canada) en hiver, _____.

3. À Fort-de-France (Martinique) en été, _____.

4. À Saint-Denis (La Réunion) en automne, _____.

F. Qu'est-ce que tu fais? You are trying to plan the rest of your day, so you call your roommate to ask him what chores he is doing around the house. Write down all the things he is doing, those he is going to do, and those he is not going to do.

CD1 Track 58

Il fait:

1. Il fait le ménage.
2. ______
3. ______
4. ______

Il va faire:

5. ______
6. ______
7. ______

Il ne va pas faire:

8. ______
9. ______

Structure 5

L'heure

G. L'horaire de l'autobus et du train. *(Bus and train schedules.)* You are looking at the schedule for buses to the university and to the train station. The schedule is in "military" time. Write out the equivalent "conventional" time in French in the spaces below. Don't forget to mention whether it's morning, afternoon, or evening.

1. Le bus pour l'université de Jussieux est à 22h30.
   ______
2. Le bus de l'après-midi est à 14h15.
   ______
3. Le prochain bus pour la gare Saint-Jean est à 17h25.
   ______
4. Le bus pour la gare Saint-Jean est à 23h30.
   ______
5. Le bus de l'après-midi pour la gare Saint-Jean est à 13h45.
   ______

H. Ton horaire. You just started classes and you want to get organized to study better. Write down your weekly schedule. Follow the model.

> **MODÈLE:** Lundi à quatre heures de l'après-midi, je vais en cours / j'étudie avec des amis / etc..

lundi: _____

mardi: _____

mercredi: _____

jeudi: _____

vendredi: _____

🔊 **I. Quand est-ce que je prends l'avion? (When do I take the plane?)** You are traveling from France to the United States. There are delays at the airport and you need to find out when your next flight is scheduled for. Listen to the airport announcements, then write (in numbers) the times that you hear next to each destination. Write in military time.

CD1
Track 59

1. L'avion pour Londres est à _____.

2. L'avion pour Toulouse est à _____.

3. L'avion pour Toronto est à _____.

4. L'avion pour Marrakech est à _____.

5. L'avion pour Chicago est à _____.

🔊 **J. Quand est-ce que j'arrive?** Now you have found out when you take off, but you want to find out when you arrive. You are still listening to the airport announcements. You will hear the times in official time. Write them down in conventional time, followed by the terms **du matin, de l'après-midi,** or **du soir** as necessary.

CD1
Track 60

1. L'avion pour Abidjan arrive à _____.

2. L'avion pour Fez arrive à _____.

3. L'avion pour Chicago arrive à _____.

4. L'avion pour Marseille arrive à _____.

5. L'avion pour Montréal arrive à _____.

À vous de vous perfectionner! (2)

The French nasal vowels: Speaking through the nose

You are already familiar with nasal vowels because they also exist in English, as in *long, language,* and *lunch.* However, there are a couple of differences between French and English nasal vowels: (1) French nasals are produced differently, and (2) in some instances, a nasal vowel creates a new word or marks gender differences, as in the following examples: **un** *(masculine)* vs. **une** *(feminine)*; **mot** *(word)* vs. **mont** *(mountain).*

In this chapter, we will look into the first item, the production of the nasal vowels, and in the next chapter, we will cover the second item.

Let's work with our mouth and our rounded lips again.

We shall go from:

- rather closed lips for **o + n,** as in **mon oncle;**
- to a little more open for **a + n** and **a + m,** as in **grand, ma tante,** and **la lampe; e + n** as in **appartement;** and in **e + m** as in **temps;**
- to really wide open (we call it the "dentist" mouth) for **a + i + n, a + i + m, u + n,** or **i + n,** as in **le pain américain, j'ai faim, brun,** and **le vin.**

The major difference between the French and the English nasals is that in French, the **n** or **m** *disappears* completely. In other words, by pushing air through both our nose and our mouth, we entirely erase the **n** or the **m.** So, the **m** in **faim** vanishes through your nose.

If you speak Spanish, Italian, or Portuguese, this may be hard at first, because you will have to hold your tongue and your lips and prevent them from producing this **n** or **m** that the French speakers throw away through their nose!

In this lesson, we will practice the three nasal vowels; in the next chapter, we will switch between nasal and non-nasal, also called oral vowels.

Perception and production. Listen to each word or phrase, and repeat after the model. Remember to control your tongue to make sure that you don't release the **n** or the **m.**

CD1
Tracks 61–63

1. **o + n:**

   l'oncle, les ondes, marron, saison, balcon, nous allons

2. **a + n, a + m, e + m,** and **e + n:**

   ma tante, le boulanger, la lampe, la chambre, le temps, trente, soixante, cent

3. **i + n, a + i + n, o + i + n,** and **u + n:**

   du vin, du pain américain, le linge, le magasin, un coin, cinq, vingt

   J'ai fort faim!

   Nous bâtissons un appartement au coin de l'avenue.

   La maison est entre le grand magasin et la boulangerie.

   Les nombres sont: cinq, onze, quinze, vingt, trente, cinquante, cent et cent-cinquante.

   Dans mon logement, il y a cinq chambres et vingt lampes différentes.

   Au printemps, il fait toujours un temps superbe! J'adore!

À vous de lire!

First, read the text below to get the gist of it. Then, look at the questions and read the text a second time. When you are finished reading the text, answer the questions.

L'habitat intérieur des Français

Les Français aiment beaucoup les maisons anciennes et les meubles[1] anciens. Leurs meubles sont souvent[2] des meubles hérités de leurs familles. Parfois aussi, ils héritent les maisons de leurs ancêtres. Ces maisons sont très anciennes: cent ou deux cents ans[3]! Bien sûr, les Français restaurent[4] ces vieilles maisons pour avoir le confort et la commodité de la vie moderne. Par exemple, dans les vieilles maisons de campagne, autrefois, les toilettes étaient[5] à l'extérieur de la maison, dans la cour[6].

D'habitude à l'intérieur des maisons il n'y a pas de moquette[7]. Il y a plutôt du parquet[8]—dans le salon, la salle à manger, les chambres ou la salle de séjour—ou du carrelage[9]—dans les salles de bains, les toilettes et la cuisine. Les Français n'aiment pas beaucoup la moquette! Ils préfèrent les tapis. À l'extérieur des fenêtres il y a des volets[10] et à l'intérieur des rideaux. Il n'y a pas de moustiquaires[11]! Sur les murs, une grande majorité de Français aime avoir du papier peint au lieu d'avoir[12] de la peinture.

Compréhension. Now, answer the following questions with complete sentences.

1. Est-ce que les Français achètent souvent leurs maisons pour cent ou deux cents euros?

    _____

2   Pourquoi *(Why)* est-ce que les Français rénovent leurs maisons?

    Pour *(In order to)* _____

3   Est-ce qu'il y a de la moquette dans les salles de bains et dans la cuisine?

    _____

4   Les Français n'aiment pas beaucoup la moquette. Qu'est-ce qu'ils aiment?

    _____

5   Qu'est-ce qu'il n'y a pas sur les fenêtres?

    _____

[1]furniture [2]often [3]years old [4]renovate [5]were [6]courtyard [7]carpet [8]wood floor [9]tile [10]shutters [11]screens
[12]instead of having

Ma ville

CHAPITRE

5

Passage 1

Mon vocabulaire

Les magasins spécialisés

A. C'est difficile de faire des courses en vitesse! Carole and Thierry have only thirty minutes to shop for groceries. They need to come up with a game plan. Help Carole and Thierry decide who goes where, according to what they need to buy. Include the preposition **à** as necessary.

CAROLE: Thierry, nous avons besoin de lait et d'œufs.

THIERRY: D'accord, je vais (1) _____, mais ce soir, je voudrais manger du poisson.

CAROLE: D'accord, moi je vais (2) _____. Thierry! Attends! Nous avons des invités ce soir, j'ai besoin d'un dessert.

THIERRY: Bon, je vais (3) _____.

CAROLE: Super! Alors, moi j'achète les baguettes, je vais (4) _____.

THIERRY: Carole... ça va si je passe (5) _____ pour acheter mes cigarettes?

CAROLE: Tu fumes beaucoup, Thierry!

B. Les emplettes de Carole. (Carole's purchases.) Today is Carole's only day to do her weekly errands, and this time Thierry is not around. She needs to plan her day ahead so she doesn't miss anything she needs to do. Match each errand with its appropriate location so that her "to-do" list makes sense.

Je dois... *(I have to . . .)*	Alors, je vais...
_____ 1. acheter du fromage.	a. au magasin de chaussures.
_____ 2. acheter des tartes.	b. à la crémerie.
_____ 3. acheter des médicaments.	c. à la poste.
_____ 4. acheter des timbres.	d. à la pâtisserie.
_____ 5. acheter des chaussures.	e. à la pharmacie.

🔊 **C. Les promos. (Special offers.)** You are a bargain shopper on a budget and you like to save money
CD2
Track 2
whenever you can. In order to get great deals at the grocery store you listen to the daily ads for the **Hyper-marché Auchamp.** Listen to the sentences twice: the first time to get a general understanding, the second time to write down your answers. Check your understanding by saying whether the statements below are **vrai** or **faux.**

1. Le poisson de l'Atlantique est en promotion au rayon poissonnerie.   vrai   faux

2. Il y a une offre spéciale à la boulangerie sur deux baguettes pour le prix d'une.   vrai   faux

3. Les pâtisseries au chocolat sont toutes en promotion aujourd'hui.   vrai   faux

4. Tous les fromages sont en promotion à la fromagerie.   vrai   faux

5. Toutes les viandes sont en promotion à la boucherie.   vrai   faux

🔊 **D. Les surprises de François.** Alice's boyfriend, François, wants to surprise her by buying her the
CD2
Track 3
"right thing," so he is asking her what she likes. After you listen to the dialogue twice, write down the store where François can buy each of the things she mentions.

1. _____

2. _____

3. _____

4. _____

Structure 1

Les verbes réguliers en *-re*

E. Qu'est-ce qui se passe? Aubrie is telling a friend about what's going on today with her and those around her. Match each action given below with its corresponding noun in order to form sentences that make sense.

_____ 1. Tu rends   a. une radio.

_____ 2. Il attend   b. dans le sandwich au fromage.

_____ 3. Je mords   c. les résultats de ses examens.

_____ 4. Vous entendez   d. le match de football.

_____ 5. Nous perdons   e. les livres à la bibliothèque.

F. Que fais-tu normalement? Now, Aubrie is telling what she does in a normal day. Fill in the blanks with the appropriate forms of the following verbs:

| attendre | mordre | perdre |
| descendre | rendre | |

Normalement, je vais à la fac en bus. Comme ça, je peux étudier dans le bus, et je n(e)

(1) _____ pas de temps. Ensuite, j(e) (2) _____ de l'autobus à

l'arrêt Faculté de Lettres. Après, j(e) (3) _____ une camarade de classe à l'entrée de

l'amphithéâtre. À l'heure du déjeuner, j(e) (4) _____ rapidement dans un sandwich au

jambon. Le soir, j(e) (5) _____ visite à ma grand-mère.

◀)) G. Qui vend quoi? (Who sells what?) Talia is planning to have a garage sale with friends and family,
CD2 and she is telling everyone what each person is going to sell. Listen a first time for general meaning, then
Track 4 listen again and write down the name of each person who is selling an item, using the correct form of the
verb **vendre**.

1. _____ des CD de musique classique.

2. _____ des livres anciens.

3. _____ des timbres anciens.

4. _____ du parfum.

5. _____ notre collection de DVD.

6. _____ des vêtements de l'année passée.

◀)) H. Qui fait quoi? Your roommate is telling you what your mutual friends are doing today. Read the
CD2 words below first, and then listen to the recording twice and fill in the blanks with the correct subject and
Track 5 verb that you hear for each sentence.

1. _____ notre match de foot.

2. _____ leurs vêtements.

3. _____ Caroline.

4. _____ visite à ses parents.

5. _____ au téléphone.

Structure 2

L'article partitif et les expressions de quantité

I. Combien? Indicate which **article partitif** you would use with each item listed below.

	du	de la	des	de l'
1. poulet	_____	_____	_____	_____
2. eau	_____	_____	_____	_____
3. œufs	_____	_____	_____	_____
4. chocolat	_____	_____	_____	_____
5. viande	_____	_____	_____	_____
6. cigarettes	_____	_____	_____	_____

J. Combien en veux-tu? You're making your grocery list, and are leaving notes for yourself, indicating
not only what you need, but also quantities of each item. Circle all correct answers (sometimes more than
one answer is correct).

1. jambon
   a. un kilo de   b. une douzaine de   c. assez de
2. fromage
   a. un morceau de   b. du   c. un litre de

3. œufs

    a. une tranche d'   b. beaucoup d'   c. une douzaine d'

4. lait

    a. un morceau de   b. assez de   c. un litre de

5. café

    a. une tranche de   b. un kilo de   c. une douzaine de

 K. La commande. You are doing your grocery shopping over the phone for personal delivery. Listen as the operator repeats your order back to you. Then, circle **vrai** for each item below that matches your order and **faux** for each item that does not.

CD2
Track 6

1. trois douzaines d'œufs	vrai	faux
2. beaucoup de gruyère	vrai	faux
3. deux litres de lait	vrai	faux
4. un kilo de viande	vrai	faux
5. une boîte de chocolats	vrai	faux
6. assez de gâteaux au beurre	vrai	faux

À vous de vous perfectionner! (1)

Révision: *r*

Do you remember how to pronounce the French **r?** Let's review this together in a three-step operation. First, if you have forgotten physically how to make a purring sound to produce the French **r,** go back to Chapter 2 to review how to retrain the muscles of your tongue and throat. Then, let's take the **Lexique** from Chapter 4 and, one at a time, review and practice each word in isolation, focusing on the **r,** whether it's at the beginning, in the middle, or at the end of words.

Production. Listen and repeat after the model.

CD2
Track 7

un appartement	un portail	un lecteur de DVD
un ascenseur	la cuisinière	une armoire
une boîte aux lettres	un four à micro-ondes	un bureau
un camarade de chambre	un réfrigérateur = un frigo	
une locataire		

These were the first 15 words with **r** that were selected from the **Lexique** in Chapter 4. As you noticed, sometimes there are up to four **r**'s in one word! Now, go back to Chapter 4 and follow the same procedure for the rest of the **Lexique.** There are about 70–75 more words with purring **r**'s awaiting you.

    Finally, let's look at the **Lexique** in Chapter 5 to practice some more.

Production. First listen and repeat after the model.

CD2
Track 7
(cont.)

faire les courses au supermarché

le chariot

les provisions

une grande surface

le rayon boucherie, crémerie, poissonnerie

les produits alimentaires

des crevettes

un poulet fermier

du vin rouge

Those are the first 10 **r** words and expressions from Chapter 5's **Lexique**. If you faithfully continue and set your mind on conquering all the French **r**'s from this chapter, you will actually produce another set of 70–75 words and expressions containing the **r** sound. Remember to have fun while you do this! Enjoying what we do in life is an essential part of our success . . . it's true for mastering the French **r** as well.

À vous d'écrire!

Une fête surprise. (A surprise party.) You are planning on throwing a surprise birthday party for your boyfriend/girlfriend. Write down all the things you need to buy and where you'll need to go, using the verbs **acheter** and **prendre**. Also mention some things your boyfriend/girlfriend likes and dislikes and come up with some gift ideas.

_____

_____

_____

_____

_____

_____

_____

_____

_____

_____

_____

_____

_____

_____

_____

_____

_____

_____

_____

_____

_____

Passage 2

Mon vocabulaire

Au magasin de vêtements

A. Quelle est la mode? You are looking at clothes in the window display of a shop and you are trying to describe your favorite items from this year's fashions to your friend Jérémy. Write four clothing items for each picture.

1. Le mannequin femme porte:

   _____   _____

   _____   _____

   _____   _____

   _____   _____

2. Le mannequin homme porte:

   _____   _____

   _____   _____

   _____   _____

B. Quel est ton style? Now you want to know what Jérémy's clothing style is. Fill in each blank with the right clothing item so that the questions make sense. Be logical!

1. Jérémy, tu portes _____ pour aller à la plage?

2. Normalement, tu mets _____ pour aller au gymnase?

3. Tu portes _____ pour les fêtes de fin d'année?

4. Quand tu vas au cinéma avec ta copine, tu mets _____ et _____?

5. En hiver, tu mets _____ quand il fait froid?

🔊 C. Que porte Alex? Dominique is at work and she is calling the babysitter to tell her what her son Alex
CD2 should wear to go to different places during the day. Listen to her instructions, then write down what Alex
Track 8 will wear for each occasion.

1. Pour aller au jardin d'enfants, il va porter _____.

2. Pour aller jouer avec son copain Isaac, il va porter _____.

3. Pour aller faire du foot, il va porter _____.

4. Pour aller dîner avec son papa et sa maman, il va porter _____.

Structure 3

Les verbes *mettre, porter et essayer*

D. Les vêtements. You have a new roommate at your French dorm in Marseilles and you want to tell
her how Americans dress for different occasions. Complete the descriptions below, using the correct
forms of the verbs **porter** and **mettre** where indicated.

1. L'homme _____ (porter) des _____ de ski. Aux États-Unis,

   les hommes _____ (mettre) des lunettes pour le ski.

2. Pour aller en classe en France, la femme _____ (porter) souvent une

   _____. Aux États-Unis, les femmes _____ (mettre)

   souvent _____.

3. Les enfants _____ (porter) des _____ et des _____.

   Les enfants aux États-Unis _____ (mettre) souvent des _____ de

   sport pour marcher.

E. Que portes-tu? Now you want to get to know French habits better and you ask your roommate what
she wears in different situations. Fill in each blank with the correct form of **mettre, porter,** or **essayer.**

À la plage:

—Qu'est-ce que tu (1) _____ (porter) quand tu vas à la plage?

—Je (2) _____ (mettre) le bas du bikini *(bikini bottom)* et je (3) _____

   (porter) aussi des sandales de plage.

—Tu ne (4) _____ (mettre) pas le haut de ton bikini?

—Non, en France le «topless» est autorisé!

En boîte de nuit:

—Qu'est-ce que tu (5) _____ (porter) quand tu vas en boîte de nuit?

—En général, je (6) _____ (mettre) un jean et je (7) _____ (porter) un

   joli chemisier.

L'essayage:

—Tu (8) _____ (essayer) beaucoup avant d'acheter des vêtements?

—(9) J'_____ (essayer) seulement si la vendeuse est sympathique. Elles ne sont pas toujours très agréables!

🔊 **F. Que portent les quadruplés?** Thérèse is the mother of quadruplets. As you can imagine, her mornings are hectic! But today the quadruplets insisted on getting dressed by themselves. As she sees them, she cannot help but be surprised! Listen to her comments, then list below what each child is wearing. Are you surprised, too?

CD2 Track 9

1. Élise _____.

2. Étienne _____.

3. Lucas _____.

4. Sandra _____.

🔊 **G. Normalement, que porte Caroline Bouret?** Listen to a *Radio France* interview of an actress named Caroline Bouret to find out what she normally wears. Then respond **vrai** or **faux** to each of the statements below.

CD2 Track 10

1. Caroline porte souvent des jeans et un tee-shirt blanc le week-end.	vrai	faux
2. Caroline ne porte pas de pantalons pour aller danser.	vrai	faux
3. D'habitude, Caroline essaie ses vêtements dans les boutiques.	vrai	faux
4. Pour aller au restaurant, Caroline met toujours un pantalon-tailleur.	vrai	faux
5. Pour les occasions spéciales, Caroline met des vêtements de haute couture.	vrai	faux

Structure 4

Les pronoms *y* et *en*

H. On y va? You and your friends are talking about typical activities. For each item that is mentioned, ask if it is true that the person does that activity. Use the pronoun **y** in your question. Start your sentences with «**c'est vrai?**»

MODÈLE: Ma mère aime manger au restaurant Chez Pierre.
C'est vrai, elle aime y manger?

1. J'ai envie d'aller au cinéma. _____

2. Mon frère doit aller au supermarché. _____

3. Mes parents vont voyager en Europe cet été. _____

4. Nous descendons à l'hôtel de ville. _____

5. Je ne veux pas aller en cours. _____

I. Vraiment? Your friend Jules is telling you what he does in different situations. You are repeating everything he says in question form because you don't believe him. For each of his statements, write the question you would ask him, using the pronoun **y**.

> **MODÈLE:** Je vais souvent chez ma grand-mère.
> *Tu y vas souvent?*

1. Je ne travaille pas à la bibliothèque tous les jours.

   _____?

2. Je préfère voyager en France.

   _____?

3. Je n'aime pas étudier dans ma chambre.

   _____?

4. Je vais au gymnase tous les jours.

   _____?

5. Je mange au McDo quand je n'ai pas le temps.

   _____?

🔊 **J. Le personnage mystérieux.** Listen to this recording of a famous personality talking about where
CD2 she goes and what she does. Then fill in the blanks to rewrite each of her statements, using the pronoun **y**.
Track 11

1. Quand _____, je vais à Las Vegas.
2. Normalement, _____ avec ma limousine.
3. _____ dans un hôtel cinq étoiles.
4. _____ très connue.

K. Dans mon placard. Tell how many clothing items you have in your closet, using the pronoun **en** in your response.

1. Dans votre placard, est-ce que vous avez beaucoup de jeans ou peu de jeans?

   _____

2. Vous avez combien de chemises ou de chemisiers approximativement?

   _____

3. Vous avez un ou plusieurs maillots de bain?

   _____

4. Vous avez combien de pantalons?

   _____

5. Vous avez assez de chaussures ou trop peu de chaussures?

   _____

🔊 **L. C'est pour quelle occasion?** In the following exercise, you'll hear an activity mentioned; select the clothing item that is most likely represented by the pronoun **en** in each sentence.

> **MODÈLE:** *You hear:* J'en mets un pour aller à la plage.
>
> *You see:* a. un maillot de bain b. une veste c. une jupe
>
> *You choose:* a. un maillot de bain

1. a. un tee-shirt   b. un pull   c. un short
2. a. une robe   b. des tennis   c. un sweat
3. a. un costume   b. une veste   c. des tennis
4. a. des costumes   b. des jeans   c. un manteau
5. a. un bikini   b. un survêtement   c. un short
6. a. une casquette   b. une veste   c. un pull-over

Structure 5

Les verbes *prendre, comprendre et apprendre*

M. «L'Auberge espagnole.» As an exchange student at the Sorbonne, Matt is in search of a new apartment. He has found an ad where five foreign students like him are looking for a new roommate. The apartment is very nice, but the roommates want to make sure he is the ideal candidate. Complete their interview by filling in the blanks with the correct forms of the verbs **prendre, comprendre,** and **apprendre**.

—Bonjour Matt, nous voulons te poser quelques questions. D'abord, est-ce que tu (1)

_____ (comprendre) très bien le français?

—Je (2) _____ (comprendre) le français et aussi l'italien.

—D'accord, qu'est-ce que tu (3) _____ (apprendre) à l'université?

—(4) J'_____ (apprendre) le droit, l'histoire et la géographie.

—Matt, nous (5) _____ (apprendre) tous la littérature et l'art. Tu aimes ça?

—Oh! Oui, j'adore ça!

—Aussi, nous (6) _____ (prendre) tous le métro pour aller à l'université. La station de métro est à 10 minutes.

—Super! Moi aussi, je (7) _____ (prendre) le métro tous les jours.

—Matt, tu as des questions?

—Oui. Vous (8) _____ (prendre) des Américains dans cet appartement?

—Des Américains comme toi, oui!

N. Habitudes alimentaires. Now that Matt has found great roommates, they talk about their eating habits before going grocery shopping. Complete their dialogue by filling in the correct forms of **prendre**.

—Matt, nous (1) _____ des croissants et du café au petit déjeuner, et toi?

—Non, moi je (2) _____ des céréales et du jus d'orange.

—Matt, Paul (3) _____ toujours des litres et des litres de thé par jour, et toi?

—Non, moi je (4) _____ toujours des litres et des litres de lait!

—Matt, vous ne (5) _____ pas de thé aux États-Unis? Jamais?

—Si on en (6) _____, mais moi très rarement. Je préfère le Coca!

🔊 **O. Voici mes colocataires.** Matt is now speaking on the phone with his girlfriend and he is giving her
CD2 some information about his roommates. Listen to his description; then, based on what you hear, choose
Track 13 the right answer to complete each sentence below.

1. Nena et Matthias sont allemands et ils _____ le droit français.

   a. comprennent   b. apprennent   c. prennent

2. Angela est italienne et elle _____ l'espagnol.

   a. comprend   b. apprend   c. prend

3. Sean est irlandais et il _____ l'art contemporain.

   a. comprend   b. apprend   c. prend

4. Joachim et moi, nous _____ les bonnes manières des Français.

   a. comprenons   b. apprenons   c. prenons

🔊 **P. Qu'est-ce que tu apprends, comprends, prends?** Complete the following sentences with the
CD2 correct form of **prendre, comprendre** or **apprendre**, as logical. Then listen as Matt's girlfriend asks him
Track 14 questions about his life at the university, and choose an appropriate answer for each question. Number
the answer according to the question asked.

a. _____ J'_____ à cuisiner avec mes colocataires.

b. _____ Je ne _____ pas les taxis, ils sont trop chers!

c. _____ Je _____ le rap français.

d. _____ Je _____ le métro pour aller à la fac et le vélo pour aller au parc.

e. _____ Je ne _____ pas pourquoi les Français ne mettent pas de glaçons (ice cubes)
         dans le Coca.

À vous de vous perfectionner! (2)

The sounds vowel + *n/m* + *e* and *ll*

1. Vowel + *n, nn, m,* or *mm* + *e*

In the preceding chapter, we learned how to recognize, perceive, and produce the French nasals: **on, an, am, en, em, in, ain, aim, oin,** and **un,** as in **oncle, tante, chambre, vent, temps, vin, pain, faim, coin,** or **un.** When you produce these nasals, you push the air through both your mouth and your nose.

In this chapter, we will observe when and why these same letter combinations will *not* produce a NASAL vowel. We call these sounds ORAL vowels, because all the air you exhale is channeled only through your mouth, not through your nose.

Let's look at some pairs of words for comparison. In the left-hand column, we have nasal vowels, and in the right-hand column, we have oral vowels.

🔊 **Perception**

Nasal vowels	**Oral vowels (i.e., not nasal)**
un	u̱ne
cousin	cous̱i̱ne
américain	américa̱i̱ne
je prends	nous pre̱nons
tu prends	vous pre̱nez
il/elle/on prend	ils/elles pre̱nnent
ils sont	nous so̱mmes
grand/grande	gra̱mme

Notice that in the right-hand column, the **n, nn, m,** or **mm** is invariably followed by a vowel, often an **e** (a phantom **e,** actually, since we don't really pronounce it) or an **o,** as in **prenons.**

In the left-hand column, **n, nn, m,** or **mm** is followed by either nothing or by a consonant.

So, the choice is simple. When you see a vowel followed by **n, nn, m,** or **mm,** just look at what is directly afterwards:

- if the next letter is a vowel, you keep the **u, i,** or **e** as they are.
- if the next letter is a consonant or if there is no next letter, then you change the vowel into its corresponding nasal, as we studied in Chapter 4.

Now, why is it essential to nasalize or not to nasalize, as in Shakespeare's "To be or not to be"? It is essential because—as you observed from the examples above—nasal vowels vs. oral vowels mark the difference between:

- masculine vs. feminine, as in **un cousin** vs. **une cousine;**
- the singular vs. plural forms of some **-re** verbs, as in **il comprend** vs. **ils comprennent.**

NOTES:

- Based on our observation, the word **femme** will be oral. However, despite the fact that it is spelled with an **e,** the pronunciation of the first **e** is **a** as in **famine.**
- What about **prennent?** We know it's an oral vowel, but which pronunciation of **e** will it have? Look back in Chapter 3, under the section "The four **e** options," under (b); the first **e** in **prennent** is produced like an **è** because it is followed by two consonants.

And what happens to the **-nt?** Do we produce these two last consonants or not? Look again in Chapter 3. Since they are not followed by a final **e,** we don't pronounce them.

Perception. In the list of words below, indicate whether the vowel + **n/nn** or **m/mm** sounds are nasal or oral by writing **N** or **O** in the blank spaces.

CD2
Track 16

1. _____ grand
2. _____ grande
3. _____ faim
4. _____ famine
5. _____ femme
6. _____ homme
7. _____ poissons
8. _____ poissonnerie
9. _____ magasins
10. _____ expressions
11. _____ quantité
12. _____ je comprends
13. _____ nous comprenons
14. _____ ils comprennent
15. _____ un
16. _____ une
17. _____ parfum
18. _____ parfumerie

2. What to do with the double *l*, as in *ville* and *fille*

Perception. Observe the following words containing double l's.

CD2
Track 17

s'appelle
intelligent
football
aller
vaisselle
belle
jumelles
salle à manger
personnelle

fille
famille
fillette
bouteille
gentille/gentillesse
vieille
travailler
juillet

Based on what you have heard in class and on the *SAM Audio* recording, what have you noticed?

- In the left-hand column, the double l is pronounced like a single l.
- In the right-hand column, the double l is pronounced like the English *y*, as in *you*. Note that all *these double l's are preceded by a smiling i.*

   NOTE: You have already experienced the power of the smiling **i** with the "vowels in couples" **a + il** in Chapter 4, as in **portail** or **travail**.

   EXCEPTION: Although preceded by **i**, the double l in **ville** is pronounced like a single l, as in **il** or **ils**.

Production. Listen and repeat after the model.

CD2
Track 18

La plus gentille fille de notre famille s'appelle Isabelle.

En juillet, elle travaille à son expression personnelle.

À vous de lire!

Les magasins dans une ville française

Quand on veut faire des achats dans une ville française, il faut connaître les horaires des magasins. En général, dans les villes françaises, les magasins ouvrent à 10 heures du matin et ferment à 7 heures du soir. De plus en plus, les magasins restent ouverts entre midi et 2 heures de l'après-midi. Le lundi, beaucoup de magasins sont fermés, surtout dans les villes de province[1]! Les supermarchés et boutiques sont normalement fermés le dimanche. À Paris et en province, les bureaux de tabac sont souvent aussi des bars, ouverts jour et nuit. Ils s'appellent bars-tabacs. On peut y acheter aussi des timbres et des billets de loterie. En fait, les bars-tabacs sont souvent «le cœur»[2] d'un quartier. On y trouve beaucoup de gens du coin, jeunes ou âgés[3].

A. Compréhension. After reading the above passage, answer the following questions in French.

1. Est-ce qu'on peut faire des courses à l'heure du déjeuner?

   _____

2. Quand est-ce que les magasins sont fermés?

   _____

3. Quand est-ce que les magasins ouvrent?

   _____

4. Expliquez un bar-tabac.

   _____

5. Qu'est-ce qu'on peut acheter dans un bar-tabac?

   _____

6. Est-ce qu'il y a des bars similaires aux bars-tabacs dans votre pays *(in your country)*?

   _____

---

[1]small towns   [2]heart   [3]young or old locals

Mes goûts gastronomiques

CHAPITRE

6

Passage 1

Mon vocabulaire

Au bistro et expressions avec *avoir*

A. Trouvons la paire! Match each word or phrase from column A with an appropriate situation from column B.

A	B
_____ 1. une pression	a. je regarde
_____ 2. un Perrier	b. j'ai faim
_____ 3. une omelette	c. je voudrais
_____ 4. un jambon-fromage, s'il vous plaît	d. j'ai sommeil
_____ 5. les passants	e. je prends une bière
_____ 6. bien confortable à la terrasse du bistro	f. j'ai soif (mais pas d'alcool)

B. À la fête. Imagine you are throwing a party and you ask all of the guests what they want to eat and drink. Complete the following dialogue with the appropriate food and beverage items. Don't forget to use the partitive article when appropriate.

YOU: Mes amis, que voulez-vous prendre?

ÉLIANNE: Qu'est-ce que tu as à (1) _____ *(to drink)*?

YOU: (2) _____ *(I have)*

(3) _____ *(bubbly water)*,

(4) _____ *(lemon-lime soda)*,

(5) _____ *(red wine or white wine)* et

(6) _____ *(beer)*, mais pas

(7) _____ *(a beer on tap)*.

GÉRALDINE:	Qu'est-ce que tu as à (8) _____ *(to eat)*?
YOU:	(9) _____ *(I have)*
	(10) _____ *(crêpes)* au fromage, une
	(11) _____ *(salad)* niçoise et des mini
	(12) _____ *(sandwiches)*

🔊 **C. En boîte de nuit.** It is Saturday night and you are at a club with a group of friends. It is crowded and the music is so loud that the bartender has a hard time understanding what you all want. Help him by filling in the blanks in the conversation below.

CD2
Track 19

Listen to the recording once to get the gist, then listen to the recording a second time and start writing the details.

BARTENDER:	(1) Qu'est-ce que vous voulez _____ ce soir?
BENOÎT:	Moi, je vais prendre (2) _____.
AURÉLIE:	Moi, je vais prendre (3) _____.
CHARLES:	Moi, je vais boire (4) _____ avec (5) _____.
BARTENDER:	(6) _____ seulement *(only)*
	(7) _____. C'est d'accord?
AURÉLIE:	Oui, ça me va bien.

Structures 1 et 2

Les verbes *vouloir* et *boire*; les adverbes

D. Qui veut quoi? Paul, the poor waiter, suddenly lost track of what his orders are. Help him recover his memory by writing who wants what and what each person wants to drink according to what you see in the drawings. Use the verbs **vouloir** and **boire** as appropriate.

1. M. et Mme Courtois _____.

2. Chloé et le petit Dorian _____.

3. Lise _____.

4. Xavier _____.

E. Comment je sers? Now, Paul is training a new waiter and he needs to tell him how to serve his customers. Write the corresponding adverb next to each situation. (The masculine forms of the adjectives have been provided).

1. M. Courtois veut sa bière servie _____ (-lent-/*slowly*).

2. Mme Courtois demande _____ (-constant-/*constantly*) du vin.

3. Chloé veut du lait _____ (-rapide-/*quickly*).

4. Lise boit du Coca _____ (*souvent*).

5. Et marche _____ (-prudent-/*with caution*)–tu ne veux pas renverser les boissons!

F. Comment le voulez-vous? You will hear several people talking about what they are going to order at a restaurant. As the waiter, you need to find out how each person wants his or her item. First, read the statements below, then listen to the recording once. Finally, listen again and choose the correct option to complete each statement.

CD2
Track 20

1. Je veux une bière Stella Artois _____.   a. bien fraîche (*fresh*)   b. pression

2. Nous voulons boire de l'eau _____.   a. plate   b. gazeuse

3. Louis et Marie boivent _____.   a. le Coca   b. un Coca

4. Laurent veut un thé _____.   a. nature   b. citron

5. Tu bois un café _____.   a. crème   b. au lait

G. Combien en voulez-vous? You're still having problems understanding your customers. Listen to the following recording and find out if your customers want one or just some of each item. Write the correct answer in the appropriate column in the following table.

CD2
Track 21

	un/une/le/la/les	du/des/de la
1. vin rouge		
2. pizza au jambon		
3. omelette(s) au fromage		
4. limonade(s)		
5. verre de lait		
6. sucre		

À vous de vous perfectionner! (1)

Révision: *u* and *ou; ail* and *aille*

As we did for **r**, let's review **u** together in our three-step operation.

- First, let's brush up on the physiological features of the sound;
- then, we'll use the **Lexique** from Chapter 5;
- and finally, we'll practice using the new **Lexique** from Chapter 6.

1. *u*: give a kiss

First, if you have forgotten how to physically give a kiss (**faire la bise**) to form the French **u,** go back to Chapters 1 and 2 to review how to retrain the muscles of your tongue and your lips.

Now, let's take a look at some words that you have already seen or that you will be seeing soon and, one at a time, practice each word in isolation, focusing on the **u.**

 Perception and production. Listen and repeat after the model.

CD2
Track 22

supermarché	costume	voiture *(car)*
chaussures	pull	excusez-moi
coiffure *(hairstyle)*	autobus *(bus)*	rue

Let's practice some more!

Perception and production. First listen, then repeat after the model.

les féculents	de la confiture	ça brûle *(it burns)*
les légumes	du sucre	du thé nature
une crème brûlée		

2. *ou*: be a dove

First, do you remember how to be a dove? If you don't remember, go back to Chapters 1 and 2. Then, let's look at the **Lexique** from Chapter 5 and, one at a time, review and practice each word or expression in isolation, focusing on **ou.**

 Perception and production. First listen, then repeat after the model.

CD2
Track 23

la b**ou**cherie

une b**ou**teille

une d**ou**zaine

des m**ou**les

une b**ou**tique

beauc**ou**p (Careful with this one! Remember that if you produce **u** instead of **ou,** you actually say "nice bottom"!)

Finally, let's look at the **Lexique** from Chapters 5 and 6 to practice some more.

Perception and production. Listen and repeat after the model.

des **b**oulettes	de la **s**oupe	un **b**ouquet
du **p**oulet	le **g**oûter	une **f**ourchette
du **ch**ou-fleur	les **c**ouverts	un tire-**b**ouchon
des **m**oules		

3. *ail–aille*

In Chapter 4, you already studied the vowel combination **ail** as in **portail**: it simply sounds like the English i as in "I like you." In the following list, simply produce the same English i for all words with **aille**.

🔊 **Perception and production.** Listen and repeat after the model.

CD2
Track 24

Il aime trav**ail**ler.

Il aime son trav**ail**.

Elle achète un t**aill**eur et un m**aill**ot.

Le canard et le poulet sont des vol**aill**es.

À vous d'écrire!

La fête du samedi soir. It's Saturday morning and you're planning on having a party tonight at your house. You know that some of your friends have special tastes when it comes to food and drinks. First write down *three* of your friends' names, then write what you think each of them wants to eat and/or drink. Make sure you use the verbs **vouloir** and **boire** as well as the vocabulary for drinks and food.

_____

_____

_____

_____

_____

_____

_____

_____

_____

_____

_____

_____

_____

_____

_____

_____

_____

_____

_____

Passage 2

Mon vocabulaire

Chez le traiteur

A. Les courses. You are in a host family as an au pair in France. Your hostess is a very snobby woman who thinks you do not know enough French to go buy groceries at the local market. She left you several pictures for you to understand what she wants. Prove her wrong by writing down the names of each food that she wants.

Mme Gonzagues veut: (1) _____,

et (2) _____,

et (3) _____,

et (4) _____,

et (5) _____.

B. Les repas pour Mme Gonzagues. Your hostess is so happy with your knowledge of food and grocery shopping, that now she wants you to plan Monday's meal for her, her husband, and "**les triplées**," their three four-year-old daughters. Plan breakfast, lunch, and dinner for three children and two adults. Start with a list of foods for each category below. Lunch and dinner should be three-course meals. Be logical!

Lundi, je vais préparer...

pour le petit déjeuner	pour le déjeuner	pour le dîner
_____	_____	_____
_____	_____	_____
_____	_____	_____
_____	_____	_____
_____	_____	_____

🔊 **C. Monsieur Claude Lebrun.** Claude Lebrun is a famous author. He is also a fine gourmet. Listen as a
CD2 journalist asks him questions about his tastes in gastronomy. Then indicate whether each of the following
Track 25 statements is **vrai** or **faux**.

1.	M. Lebrun mange du pâté de campagne avec du pain.	vrai	faux
2.	Il ne mange jamais d'asperges à la mayonnaise.	vrai	faux
3.	Il mange rarement de la soupe à l'oignon.	vrai	faux
4.	Il mange souvent des tomates provençales.	vrai	faux
5.	Il ne mange jamais d'œufs.	vrai	faux

Structure 3

L'adjectif interrogatif *quel*

D. Des réservations. You want to make reservations at a restaurant for diner for four. Before making
reservations, you call the restaurant to get some general information. Complete the following questions
with the appropriate form of the interrogative pronoun **quel**.

1. _____ est votre menu du jour?

2. _____ vins avez-vous sur le menu?

3. _____ sont vos spécialités *(f.)*?

4. _____ sont vos prix *(m.)*?

5. _____ tables avez-vous pour quatre personnes?

6. _____ est votre adresse *(f.)*?

🔊 **E. À la librairie de l'université.** As part of your job at the university bookstore, you like to meet new
CD2 students and ask them questions about their tastes. Listen to the recording twice and choose the correct
Track 26 form of the interrogative pronoun **quel** for each item.

1. _____

   a. Quelle   b. Quels   c. Quel

2. _____

   a. Quelle   b. Quels   c. Quelles

3. _____

   a. Quelle   b. Quelles   c. Quel

4. _____

   a. Quels   b. Quelles   c. Quelle

5. _____

   a. Quel   b. Quelle   c. Quels

6. _____

   a. Quel   b. Quelle   c. Quelles

Structure 4

Les verbes *devoir* et *pouvoir*

F. Devoir c'est bien, mais autant faut-il pouvoir! *(What you must do but cannot always do!)*
For your New Year's resolutions, you and your friends promised that you would do the following things. Now you're finding out that it's not so easy to keep your promises. Complete the sentences to explain what you and your friends need to do and why you can't do it. Use the verbs **pouvoir** and **devoir**.

1. Je _____ arrêter de fumer, mais je ne _____ pas parce que je suis trop nerveux.

2. Hélène _____ manger des fruits et des légumes, mais elle ne _____ pas parce qu'elle a toujours faim!

3. Émile et Caroline _____ travailler moins, mais ils ne _____ pas parce qu'ils ont besoin d'argent.

4. Nous _____ sortir plus fréquemment au cinéma, mais nous ne _____ pas parce que nous _____ réviser pour les examens finaux.

5. Tu _____ faire la cuisine, mais tu ne _____ pas parce que tu ne sais pas cuisiner.

G. La cuisine à la télévision. The Food Network is organizing a contest where the most famous chefs compete for the best replica of a French recipe. Help the chefs improve their recipes by using the appropriate forms of the verbs **pouvoir** and **devoir**.

1. Emeril _____ (devoir) faire un poulet au curry, il _____ (pouvoir) mettre du lait de coco.

2. Wolfgang Puck _____ (devoir) faire des escargots, il _____ (pouvoir) mettre du bacon.

3. Bobby et Mario _____ (devoir) faire des sorbets au citron, ils _____ (pouvoir) mettre du Kirsh.

4. Rachel Ray et Giada de Laurentiis _____ (devoir) faire des crèmes brûlées, elles _____ (pouvoir) mettre de l'eau de fleur d'oranger *(orange blossom water)*.

🔊 **H. Les conseils.** You have a friend who has an opinion on everything. After you listen to his advice on various topics, write the advice in the corresponding blanks, using the correct form of the verb **devoir**.

CD2
Track 27

Situation

1. Je veux avoir plus d'énergie.
2. Tu veux beaucoup d'argent.
3. Ils veulent avoir plus de succès avec les filles.
4. Vous voulez apprendre à cuisiner.
5. Il veut avoir de bonnes notes.

Conseil

1. Je _____ boire _____.
2. Tu _____ travailler _____.
3. Ils _____ faire _____.
4. Vous _____ aller _____.
5. Il _____ étudier _____.

Passage 3

Mon vocabulaire

À table!

A. Comment mettre la table? You have decided you are leaving your job as an au pair at Mme Gonzague's house. You know how picky she is about table manners and service and you are making sure that the new **au pair**, Celina, knows how to set the table. Tell Celina where every item is supposed to go by completing the sentences.

Celina, tu dois mettre (1) _____ *(the forks)* à gauche,

(2) _____ *(the knives)* à droite, (3) _____

(the spoons) à droite aussi, (4) _____ *(the teaspoons)* au-dessus des

(5) _____ *(plates)*. (6) _____ *(The water glasses)*

vont à côté des (7) _____ *(wine glasses)*.

B. Les mauvaises manières. Today is Thanksgiving and you have invited your cousin and her 6-year-old son, Benoît, to dinner. Benoît has very bad manners. Everything he does at the table is wrong and you are about to have a heart attack. Complete the sentences below to remind him what not to do.

1. Benoît! On ne mange pas la soupe avec _____ *(the fork)*. On mange la

   soupe avec _____.

2. Benoît! On ne s'essuie pas la bouche avec _____ *(the tablecloth)*.

   On s'essuie la bouche avec _____.

3. Benoît! On ne boit pas l'eau dans _____ *(a cup)*. On boit l'eau dans

   _____.

4. Benoît! On ne boit pas le vin dans _____ *(a glass of water)*. On boit le vin

   dans _____.

C. Devine! (Guess!) You are playing "Twenty Questions" with a friend. Listen to her descriptions and try to guess what foods and dishes she is describing. Next to each item below, write the number of the audio description that matches it.

CD2
Track 28

a. _____ des tomates

b. _____ le café

c. _____ une quiche

d. _____ la glace

e. _____ le thon

Structure 5

D'autres négations

D. Les conseils. Lately everything is going wrong in Albert's life. His best friend, who has noticed Albert's depression over the last few months, is giving him advice to remedy his situation. Fill in the blanks to complete his advice.

1. Tu _____ dois _____ (never) être déprimé (depressed).

2. Tu _____ dois _____ (not anymore) boire de whisky.

3. Tu _____ dois embêter (to worry, to bother) _____ (not anybody).

4. Tu _____ dois _____ (no longer) rester à la maison.

5. Tu _____ dois _____ (not anymore) écouter les mauvaises nouvelles.

E. Mes problèmes. Albert finally decides to talk to a psychologist about his problems. In the paragraph below, Albert is explaining his situation. To complete his sentences, fill in the negation indicated.

1. Je _____ vois _____ (no longer) personne.

2. Je _____ sens _____ (anything) pour ma fiancée.

3. Elle _____ vient _____ (never) me voir.

4. (No one) _____ _____ me parle.

5. (No one) _____ _____ m'invite à sa fête.

🔊 **F. Les résolutions de fin d'année.** You are celebrating with some friends at a New Year's Eve party and they are all sharing their resolutions for the New Year. Listen to their resolutions, then fill in the blanks below according to what you hear. Have you ever made similar New Year's resolutions?

CD2 Track 29

1. Nous _____ allons _____ manger de desserts!

2. Je _____ vais _____ boire plus de deux verres de vin par jour!

3. Nous _____ allons _____ acheter d'inutile!

4. Je _____ vais écouter _____ sur l'éducation des enfants!

5. Nous _____ allons _____ inviter les amis qui ne retournent pas les invitations!

6. Je _____ vais _____ parler mal de ma belle-mère!

À vous de vous perfectionner! (2)

New sound and letter combinations for this chapter:

1. **ui** as in **cuisine**

2. **eu** as in **je peux**

3. **gu** as in **baguette**

4. **qu** as in **quiche**

5. **gn** as in **lasagnes**

1. *ui*: a kiss and a smile

Earlier, you practiced the pronunciation of **u**. Now that you are all warmed up, let's move on to a new French sound: **ui** as in **cuisine** and **produits alimentaires**.

This is how to train your speech apparatus to create a French **ui**.

- With your lips well-rounded and the tip of your tongue firmly nestled behind your lower teeth, let's combine a kiss with a smile!
- you start with a kiss, i.e., a **u**;
- then, once the air has pushed out the **u**, you stretch your lips in a smile, i.e., an **i**;
- and you end up with a perfect French **ui**.

 **Perception and production.** First listen, then repeat after the model.

CD2
Track 30

une cuillère	des fruits de mer
les biscuits	des huîtres

2. *eu* as in *j'ai p<u>eu</u>r* and *eu* as in *je p<u>eu</u>x*

There are two different sounds that can be produced by the **eu** combination.

(a) **eu** in **j'ai peur**: Do you remember, from Chapter 3, how to produce a neutral **e**, as in the English expression "duh," or the French word **petit**? Well, the **eu** in **j'ai peur** is also pronounced like this neutral **e**. You hear and produce this sound in: **ascenseur, immeuble, réfrigérateur, ordinateur, tailleur, traiteur,** and **hors-d'œuvre**.

(b) **eu** as in **je peux**: This special **eu** sound does not exist in the English sound system, but you have all the elements to train the muscles of your mouth to produce a beautiful French **eu**.

- First, start with the French **u**: your tongue touches the roof of your mouth, the tip of your tongue is firmly pressed behind your lower teeth, and your lips are rounded in a kiss.
- Now, *slightly open your jaws,* but don't change the position of your tongue or lips. Simply let a little more air come out. In other words, this position is between the French **u** (very closed) and the neutral **e** (more open).
- So the sequence from closed to open, when you separate your jaws while keeping your lips rounded, is like this:

  (1) **du** (very closed) → (2) **deux** (slightly open) → (3) **de** and **peur** (more open)

When to produce which one?

CD2
Track 31

Since there is no difference in the spelling between the **eu** in **deux** and the **eu** in **peur**, how do you know which one is which? There is an easy solution. Let's look at some examples.

eu as in the English open "duh" (option 3 in the progression shown above)	*eu*: slightly more open than *u* (between options 1 and 3 in the progression above)
ascenseur	amoureux
immeuble	les yeux
ils peuvent	il peut (je peux, tu peux)
ils veulent	il veut (je veux, tu veux)
j'ai peur	il pleut un peu

What pattern do you observe? In the left-hand column, we pronounce the consonant that immediately follows the **eu**. Conversely, in the right-hand column, we don't pronounce the consonant after the **eu**, even when there is one in the spelling. So, here is the rule of thumb: *If we pronounce the consonant(s) immediately after the eu, then eu sounds like the English "duh." Otherwise, eu is pronounced between the French u and the neutral e, i.e., between options 1 (very closed) and 3 (more open), as explained above.*

🔊 **Perception.** Listen to the following list of words. Then in each blank below, write the number that

CD2
Track 32

corresponds to the sound you hear, as follows:

u as in **du** = 1,

eu as in **deux** = 2,

eu as in **de, peur** = 3.

1. _____

2. _____

3. _____

4. _____

5. _____

NOTE: un œuf–deux œufs, un bœuf–deux bœufs. In **un œuf**, we pronounce the **f**. So, will you choose to pronounce the **eu** as in **deux** (i.e., option 2 in the progression shown above) or the open **eu** as in **peur** (i.e., option 3)? If you chose option 3, you are correct. However, in **deux œufs**, we do not pronounce the **f**'s. Will you choose 2 or 3? If you chose **eu** as in **deux** (i.e., option #2), you are correct. Bravo! The reasoning is identical for **bœuf** and **bœufs**.

3. *g* as in *garage* vs. *gu* as in *baguette*

You already know the *hard "g"* as in the English *garage* and *good*. You are also familiar with the *soft "g"* as in *genre* and the second *g* in *garage*.

The French **g** is somehow similar.

(a) French has a soft **g** when it is followed by **e** and **i**, as in **rouge, gentil,** or **asperges.** Notice, though, that contrary to the English soft *g* (as in "General George is a genial giant"), French does not have a hard **d**-like sound in front of the soft **g**. So, in the sentence "**Le général Georges est un géant génial,**" every soft **g** will be pronounced *without the "dg" sound* you are familiar with.

(b) French has a hard **g**, as in the English *good*, in three instances:

- when **g** is followed by the vowel **a**, as in **gâteau, eau gazeuse,** or **gauche**; by **u** as in **légumes**; or by **o** as in **goûter,**
- when **g** is followed by a consonant, as in **glace** or **grand,**
- in the **gu + vowel** combination, as in **baguette.**

From this chapter on, the "Listen and repeat" exercises will all be gathered at the end of the pronunciation section. We believe that, in so doing, we help you keep a broad picture of this beautiful French pronunciation forest, while carefully looking at each tree.

4. c as in *une carte* or *France* vs. *qu* as in *une quiche*

We can follow similar reasoning for **c,** which is pronounced **k** as in *kangaroo* in certain situations and **s** as in *certain* in others, vs. **qu,** which is always pronounced **k.**

The French letter **c** may be pronounced as **k** or as a snaky **s.** As with the letter **g,** the pronunciation of the letter **c** in French is determined by the vowel that follows. So, the spelling gives us all kinds of clues to help us decide how to pronounce the **c.**

- **C** is a snaky **s** when **c** is followed by an **e** or an **i,** as in **France, citron, céleri,** or **cerises;** or when **c** is spelled **ç,** as in **Françoise, ça va, provençale,** or **commerçant.**

- **C** is a hard **k,** as in **kilo,** when followed by **a, o, u,** or a consonant, as in **carte, haricots, coquilles, cuite,** or **crevettes.**

- **Qu** is always pronounced **k** (and *never* **kw**), as in **quartier, quiche, bouquet, coquilles, pastèque,** and **exquis.**

5. gn as in *lasagnes*

This one is really easy and straightforward: when you see **gn** in the spelling, just remember **lasagna.** That is exactly how most French **gn**'s are pronounced, as in **magnétoscope, baignoire, campagne, oignon, mignon,** or **champignon.**

🔊 **Perception and production.** We have now integrated all the new sounds together. To warm up your

CD2
Track 33

perception skills and tune your ears and, potentially your speech apparatus, we recommend that before you do the activity below, you listen diligently to the pronunciation of the Chapter 6 **Lexique** on the Premium Website at **www.cengage.com/login.**

The following sentences may appear rather challenging at first. So, work your way through progressively: (1) listen to each of them several times and simultaneously look at the script; then, (2) break each sentence into smaller chunks; and finally, (3) repeat the whole sentence, trying to match the model's speed. It may take a while at first, but it's like jogging. Once you get the rhythm, you will keep it. So, just take one step at a time.

Listen and repeat after the model.

Excusez-moi, pourriez-vous me dire où se trouve le salon de coiffure?

Il aime beaucoup les fruits de mer et la volaille.

Les huîtres au citron, c'est excellent pour la santé!

En cuisine, j'utilise deux cuillères d'huile d'olive pour préparer ma truite.

Pour descendre, il veut toujours prendre l'ascenseur de son immeuble, pas l'escalier! Il est paresseux, n'est-ce pas?

Comme hors-d'œuvre, ils veulent beaucoup de pastèque, des coquilles Saint-Jacques, du pâté de campagne et des mini-quiches. C'est exquis!

Pour commencer, il peut prendre une soupe à l'oignon et, avec son agneau, des champignons et deux tomates provençales.

100 cent deux À vous!

À vous de lire!

Les produits du marché

Les Français sont habitués[1] à manger frais. Normalement, les Français vont au marché pour acheter les produits les plus frais fournis par les agriculteurs et les producteurs[2] de la région. À Paris, tous les arrondissements[3] possèdent un marché local. Sur les marchés, on peut trouver tous les aliments, depuis les épices jusqu'aux viandes et produits les plus raffinés. On ne trouve pas de poisson le lundi, car les pêcheurs ne pêchent pas le dimanche. Les meilleurs restaurants de France achètent les aliments pour leurs recettes tous les matins très tôt, à cinq heures du matin. Ils cuisinent ces aliments immédiatement. C'est un des secrets de la bonne cuisine française!

G. Compréhension. Answer these questions after reading the above passage.

1. Est-ce que les Français peuvent acheter du poisson le lundi? Pourquoi?

   _____

2. Pourquoi est-ce que les Français aiment acheter sur les marchés locaux?

   _____

3. Qu'est-ce qu'on peut acheter sur les marchés?

   _____

4. Qui vend les produits?

   _____

5. Est-ce qu'on peut trouver du poivre, du curry et de la coriandre sur les marchés?

   _____

6. Comment est-ce que les meilleurs restaurants français peuvent avoir des plats toujours excellents?

   _____

[1]used to [2]farmers and producers [3]**arrondissements** corresponds to *neighborhoods*; Paris is divided into 20 **arrondissements**.

Les infos qui m'entourent

CHAPITRE

7

Passage **1**

Mon vocabulaire

Les médias

A. Le guide TV. You are living in Quebec and you're looking at the TV schedule below to try to find out what kind of programs you would like to watch this week. First, write in the blank spaces, in French, the type of program you think each one is. Then, circle the ones you would like to watch.

Programme/ jour de la semaine	lundi	mardi	mercredi	jeudi	vendredi
9h	1. Weeds _____ _____		2. Les feux de l'amour _____ _____		
20h	3. Le journal télévisé de TV5 _____ _____			4. Marley et moi _____ _____	
21h	5. La Star Academy _____ _____		6. Les éléphants d'Afrique _____ _____		

B. Quels sont tes programmes préférés? You are living in a dorm in Montreal and you and your roommate are sharing a TV. In order to set up a schedule for watching TV, tell your roommate which programs you prefer and what type of programs they are. Follow the model.

MODÈLE: *Ma série télévisée préférée est «Les Tudors». C'est un drame historique.*

1. _____
2. _____
3. _____
4. _____
5. _____
6. _____

◀)) C. Le guide de Radio Québec. You are listening to **Radio Québec**, and the host is talking about
CD2 the best and worst programs on the radio for that day. For each program mentioned, circle **O** if he
Track 34 recommends it, **N** if he doesn't. Write what type of program each one is.

1. L'heure de vérité   _____   O   N

2. Musique, enfin!   _____   O   N

3. Ushuaïa   _____   O   N

4. Comment va ta vie?   _____   O   N

◀)) D. Les programmes préférés de Sylvie Dumont. You are a journalist for the magazine *Châtelaine*
CD2 and you are interviewing a popular singer about her TV habits and her favorite TV/radio programs. Read
Track 35 the statements below before you listen to this interview. Then, circle **vrai** or **faux** for each statement.

1. Sylvie Dumont change de chaîne tout le temps.   vrai   faux

2. Elle regarde rarement les émissions musicales.   vrai   faux

3. Sylvie n'aime pas les reportages d'actualité.   vrai   faux

4. Elle regarde les dessins animés avec son fils.   vrai   faux

5. Les dessins animés sont en anglais.   vrai   faux

6. Elle adore les téléfilms.   vrai   faux

Structures 1 et 2

Le *passé composé* avec le verbe *avoir*; la négation et les questions au *passé composé*

E. L'enquête. Your friend Cyril is undergoing a police interview because, last night, he lost track of what he was doing and ended up sleeping on a park bench. Help him retrace what he did by filling in the blanks with the appropriate verb forms in the **passé composé**.

AGENT DE POLICE: M. D'Abzac, qu'est-ce que (1) _____ (vous/faire) hier soir?

CYRIL: Je crois que (2) _____ (je/manger) au Bistro Romain.

AGENT DE POLICE: Qui est-ce que (3) _____ (vous/voir)?

CYRIL: Je crois que (4) _____ (je/voir) Paul et sa fiancée.

AGENT DE POLICE: À quelle heure est-ce que (5) _____ (vous/perdre)

connaissance *(consciousness)?*

CYRIL: J'ai du mal à me souvenir *(I'm having trouble remembering),* mais je crois *(I believe)* que

(6) _____ (je/perdre) connaissance vers 21h.

AGENT DE POLICE: Pourquoi ne pas revenir à la maison pour dormir?

CYRIL: Euh... Je crois que (7) _____ (je/boire) trop de Beaujolais

au Bistro Romain...

AGENT DE POLICE: Ça passé pour cette fois, au moins (8) _____ (vous/ne pas

être) au volant *(behind the wheel)* saoul *(drunk)!*

F. Les retrouvailles. It's been a while since you saw your friends Matthieu and Isabelle. You are all chit-chatting on the **terrasse** of a bistro. Complete the sentences by using the **passé composé** and the appropriate pronouns. (Watch out, #4 is a question!)

YOU: Salut, Matthieu et Isabelle, quoi de neuf?

MATTHIEU: Depuis la dernière fois, (1) _____ (acheter) une

voiture neuve!

ISABELLE: Moi, (2) _____ (finir) mes études de médecine.

Je suis femme médecin maintenant.

YOU: Génial, moi, (3) _____ (trouver) un travail comme

rédacteur du magazine *Voici.*

MATTHIEU: Alors, (4) _____ (tu/rencontrer) beaucoup de

personnalités du show biz?

YOU: Non, moi, (5) _____ (je/ne pas voir) de

personnalités du spectacle, car je suis nouveau.

ISABELLE: Matthieu et moi, (6) _____ (faire) un voyage aux

îles de Wallis et Futuna.

YOU: Ah, bon! (7) _____ (entendre) dire qu'elles sont

merveilleuses!

MATTHIEU ET ISABELLE: Oui, (8) _____ (faire) de la plongée sous-marine.

🔊 **G. La plongée sous-marine.** Matthieu and Isabelle are in Wallis et Futuna and they are planning their
CD2 scuba-diving adventure. They want to know if everything is ready, so they are checking on each other's
Track 36 duties. After you listen to their plans, choose the correct answer to complete each sentence below.

1. Est-ce que tu _____ les palmes dans ton sac?

   a. as mis   b. as perdu   c. as trouvé

2. J'_____ les indications pour prendre le bateau.

   a. ai fait   b. ai acheté   c. ai oublié *(forgot)*

[1]okay

3. Est-ce que nous _____ de la crème solaire?

    a. avons mis   b. avons pris   c. avons étalé *(applied)*

4. Est-ce que tu _____ mes lunettes de plongée?

    a. as oublié   b. as vu   c. as perdu

🔊 **H. L'enquête du commissaire Maigret.** You are at the police station working as a police clerk and
CD2
Track 37
you need to listen to the deposition of a suspect. Write down each verb form you hear that is in the **passé composé**, along with its accompanying pronoun.

1. _____

2. _____

3. _____

4. _____

5. _____

Passage 2

Mon vocabulaire

Chez le marchand de journaux

A. La presse. You found a job at the Université Laval bookstore in Quebec, and you are responsible for organizing the international newspaper and magazine sections. Sort the following publications into the appropriate categories, based on their titles.

New York Times	*Newsweek*	*TV Hebdo*
Elle	*Femme actuelle*	*The Economist*
US Weekly	*Voici*	*Bon Appétit*

1. revue(s) de cuisine: _____

2. quotidien(s): _____

3. revue(s) de mode: _____

4. guide(s) télé: _____

5. magazine(s) d'actualité: _____

6. la presse people: _____

B. Le journal de l'université. Now, you have been promoted to the rank of journalist at the university's newspaper. It's a big paper and they are asking you to take a quiz to make sure you understand how it operates. Choose the right word from the list below to complete each sentence.

Un(e) abonné(e)	Un(e) photographe	Un bulletin d'abonnement
Un(e) journaliste	Un lecteur/Une lectrice	Un(e) paparazzi
Un abonnement		

1. _____ se charge de faire les dossiers photos.

2. _____ se charge d'écrire les informations les plus récentes.

3. _____ poursuit les stars pour obtenir une photo ou une information sur leur vie privée.

4. _____ lit les articles que nous publions.

5. _____ paie le prix de notre journal tous les mois.

🔊 **C. Les infos à la radio.** You are listening to radio news in French and you want to check that you
CD2 understood it all. Listen to the recording twice and then complete each sentence below with the right
Track 38 word(s).

1. Alan Bates, _____ le plus prestigieux du monde, a annoncé sa prochaine exposition au Palais des Beaux-Arts.

2. _____ Pauline Leclerc a annoncé sa démission *(resignation)*.

3. _____ *Le Monde* cite les horreurs de la faim en Afrique.

4. La Princesse de Monaco a été envahie par _____.

5. Il a mis en danger _____, *l'Express*.

🔊 **D. Quels sont tes magazines et journaux préférés?** You are trying to learn more about your
CD2
Track 39 roommate so you can have more interesting conversations. Your roommate is telling you why she likes to
read certain magazines and newspapers. Based on the reasons she provided, circle the right answer for
each magazine or newspaper.

1.	*Femme Actuelle*	pour les recettes de cuisine	pour les allumettes de cuisine
2.	*Elle*	pour les infos sur le monde	pour les infos sur la mode
3.	*Le Monde diplomatique*	pour les infos d'actualité	pour les diplomates
4.	*Bonjour!*	pour les infos du matin	pour les infos sur les stars
5.	*Shape*	pour le sport	pour s'amuser
6.	*Top Santé*	je le lis tous les jours	je le lis rarement

Structure 3

Le *passé composé* avec le verbe *être*

E. "CSI Montréal" (Part 1). Your favorite TV show "CSI" is now playing in Montreal, where new
episodes are being filmed. Only one problem: these episodes are in French and you want to understand
them. To try to solve the murder, retrace the characters' actions by matching each person in column A
with the right verb form in column B, making sure the subjects and the verbs agree.

	A	B
1.	Je	êtes venus au restaurant avec Aline.
2.	Aline	sont arrivées chez Gérard à 13 heures.
3.	Gabe et Pierre	suis tombé quand j'ai entendu les nouvelles.
4.	Gérard	sont partis de leur maison.
5.	Mélanie et Sophie	sommes sortis à 20 heures.
6.	Matt et moi, nous	est passé me voir.
7.	Vous	est montée dans un taxi.

F. "CSI Montréal" (Part 2). To continue figuring out what each character did, fill in each blank with
the appropriate form of the verb in parentheses, in the **passé composé**.

1. Gabe et Pierre _____ (rester) au restaurant toute la soirée.

2. Aline _____ (partir) du restaurant à 22 heures.

3. Mélanie et Sophie _____ (aller) se promener *(to go for a walk)* dans le parc
   vers 15 heures.

4. Gérard _____ (mourir) à 7 heures du soir.

5. Matt et moi, nous _____ (rentrer) à la maison à 23 heures.

🔊 **G. Allô, Maman!** Your mother is calling you tonight. She wants to know everything about your new life
CD2
Track 40 in Montreal. Listen to her questions twice, then tell her what you did by responding to her questions in
the **passé composé**. You are in a bad mood so you need to write negative answers to her questions.

1. _____ au gymnase.

2. _____ me voir.

3. _____ voir les résultats à l'université.

4. _____ en boîte de nuit *(nightclub)*.

5. _____ aujourd'hui.

🔊 **H. L'incident.** Today, Justin saw an event on the street that caught his attention and he is trying to
CD2
Track 41 describe what happened to his roommate. Listen to the recording and write down each verb form you
hear in the **passé composé**.

1. _____

2. _____

3. _____

4. _____

5. _____

6. _____

7. _____

À vous de vous perfectionner! (1)

Révision: Vowel + *n/m*: Through the nose (nasal) or through the mouth (oral)?

In Chapters 4 and 5, we looked into different pronunciation scenarios when a vowel is followed by **n** or **m**.

Nasal	Oral
un Améric**ain**	une Améric**aine**
il compr**end**	ils compr**ennent**
un magas**in**	un magaz**ine**

Let's practice nasal vs. oral vowels with your **Lexique** from Chapters 6 and 7.

🔊 **1. Perception.** Listen to the following vocabulary words on your SAM Audio. While you listen, write next
CD2
Track 42 to each word and expression below whether you perceive the underlined vowel + **n/m** as nasal (N) or oral
(O), i.e., not nasal.

From Chapter 6

1. __N__ croissants

2. _____ champign<u>on</u>s

3. _____ ép<u>in</u>ards

4. _____ saum<u>on</u>

5. _____ pr<u>in</u>cipal

6. _____ p<u>om</u>mes

From Chapter 7

1. _____ émission
2. _____ magazines
3. _____ informations
4. _____ dessins _____ animés
5. _____ écran
6. _____ bulletin

2. Production. It is now your turn to clearly produce the difference between a "nasal" or an "oral + n/m" vowel.

The following sentences may appear rather challenging at first because of their length. Just work your way through progressively.

(1) Listen to each sentence a couple of times while looking at the script.

(2) Break each sentence into smaller chunks, i.e., "breath" groups.

(3) Repeat the whole sentence, trying to match the model's speed.

🔊 First listen, then repeat after the model.

CD2
Track 43 **From Chapter 6**

Les épinards, les champignons, les pommes de terre, tous les légumes sont bons pour rester en bonne santé.

Comme entrée, François et Anne-Marie ont envie de saumon fumé.

From Chapter 7

Jeanne, Aline et Mélanie ont un super grand écran de télévision.

Ils regardent tout le temps CNN pour les informations américaines et TV5 pour les documentaires et les dessins animés en français.

Marie-France et Denis ont des abonnements à différents quotidiens et magazines mensuels en français.

À vous d'écrire!

Votre journée d'hier (*Your day yesterday*). Write ten things you did yesterday. Use the following verbs in the **passé composé: arriver, prendre, manger, boire, rester, partir, faire, finir, regarder, aller.** Use **être** and **avoir** as appropriate.

_____

_____

_____

_____

_____

_____

_____

_____

_____

_____

Passage ❸

Mon vocabulaire

Des événements mémorables

A. Quels sont les événements négatifs de leur vie? You are at a party, reviewing what has happened to your friends during the past six months. Write a sentence explaining the negative event that led to each of the conditions below.

> **MODÈLE:** Denise n'est pas contente après avoir joué *(after having played)* au tennis.
> *Elle a perdu un match.*

1. Gérard est à l'hôpital. _____
2. Martine ne voit pas son chien au parc. _____
3. La maison de Fred et Laurent est en désordre et il n'y a plus de télé. _____
4. Maude a été attaquée dans la rue. _____
5. Chloé ne voit pas sa voiture sur le parking. _____
6. Le petit chien a fait tomber Aurélien de sa bicyclette. _____

B. Quels sont les événements positifs de ta vie? You are still at the party, and now you're talking about the positive events that have happened in your life. Mention four positive events. Remember to put the verbs in the **passé composé**.

> **MODÈLE:** *Il y a deux ans, j'ai chanté dans un groupe de rock alternatif finlandais.*

1. _____
2. _____
3. _____
4. _____

◀)) **C. Les événements de l'année.** The radio station that you listen to features retrospectives of events
CD2
Track 44 that happened during the year. Listen to the events and write what happened next to the appropriate person or people, then check whether the event was positive or negative.

	Positif	Négatif
1. Des chanteurs anglais et américains _____	☐	☐
2. Cathy Coury _____	☐	☐
3. La Première Dame _____	☐	☐
4. Des Français _____	☐	☐
5. Les Américains _____	☐	☐
6. Le président _____	☐	☐

Structure 4

Le *passé composé* avec les pronoms *y* et *en* et avec les adverbes

D. Je n'y crois pas! You are having a hard time believing what everybody is telling you. Repeat each of the statements below in question form, replacing the nouns with the pronouns y and **en** as appropriate.

MODÈLE: Tu as acheté du pain.

Tu en as acheté?

1. Tu as mangé dans ce bistro. _____?

2. Vous avez fait des gâteaux. _____?

3. Babette et Luc sont allés au cinéma. _____?

4. Maman a dépensé *(spent)* tout l'argent à Macys. _____?

5. Tu as dit des mensonges *(lies)*. _____?

6. Vous avez mangé du chocolat. _____?

E. Comment l'ont-ils fait? Now you are trying to find out *how* everybody did what they did. Write down the previous questions, including the pronouns you added, now adding the adverbs provided in parentheses.

MODÈLE: (volontairement)

Tu en as acheté volontairement?

1. (rapidement) _____

2. (bien) _____

3. (souvent) _____

4. (rapidement) _____

5. (beaucoup) _____

6. (lentement) _____

F. Mais oui! Your friend Pascal does not believe anything you say. Listen to his questions, then answer them in the affirmative. Replace the nouns with the pronouns y or **en**.

CD2 Track 45

MODÈLE: Tu as déjà couru dix marathons?

Oui, j'en ai couru dix!

1. _____

2. _____

3. _____

4. _____

5. _____

6. _____

Structure 5

Les verbes *lire, dire* et *écrire*

G. Qu'est-ce que vous lisez, écrivez, dites? While you are at a dinner party, you and your friends are comparing what you do. Match phrases from columns A and B to form sentences that make sense. More than one answer could apply in some cases.

A	B
1. J'écris	des revues de mode.
2. Nous lisons	qu'ils aiment le journal *Le Monde*.
3. Tu dis	des lettres à vos amis.
4. Vous écrivez	mon courrier électronique *(email)*.
5. Ils disent	des poèmes sur ma vie.
6. Je lis	que je suis grosse.

H. L'éditeur en chef. You are the main editor of the French newspaper *Le Canard enchaîné* and you are being interviewed by two journalists. Fill in each blank with the correct form of **dire, lire,** or **écrire**.

Normalement, le matin je (1) _____ (lire) mon courrier électronique *(email)* vers 9

heures. Ensuite, mon équipe et moi nous (2) _____ (dire) quelles sont les nouvelles

les plus intéressantes. Mon assistant et ma secrétaire (3) _____ (écrire) les détails les

plus importants. Après, je (4) _____ (dire) qu'il faut commencer à écrire les articles.

Mon assistant (5) _____ (lire) les articles les plus importants. Finalement, je

(6) _____ (dire): «D'accord, tout est prêt pour l'édition d'aujourd'hui.»

I. Les habitudes littéraires de Margot Durand. A journalist is interviewing the writer Margot
Durand about her writing routine. Listen to the interview, then mark each of the following statements as
vrai or **faux**.

CD2
Track 46

1. Mme Durand n'écrit pas tous les jours.	vrai	faux
2. Mme Durand lit seulement *Le Monde*.	vrai	faux
3. Mme Durand écrit des histoires personnelles.	vrai	faux
4. Mme Durand dit que l'écriture n'est pas personnelle.	vrai	faux
5. Mme Durand aime l'actualité.	vrai	faux

J. L'enquête. You are about to hear the results of a survey on children's reading and writing habits.
Listen to the results, then complete the following statements with the verbs that you hear in the
appropriate forms.

CD2
Track 47

1. Les enfants ne _____ pas plus d'un livre par an.

2. Ces enfants _____ qu'ils préfèrent passer leur temps devant la télévision.

3. L'INSEE _____ que les parents sont responsables.

4. Les filles _____ plus que les garçons au même âge.

5. Les filles _____ qu'elles sont plus appliquées que les garçons.

À vous de vous perfectionner! (2)

> **Familiar sounds but with new spellings":**
>
> **s** as in **Sport,** but also in **FranCe, émiSSion, informaTIon,**
>
> **z** as in **zapping,** but also in **téléviSIon,**
>
> **ch** as in **CHambre,** but <u>not</u> in **orCHestre,**
>
> **j** as in **Je** and also in **bonJour** or **manGer.**

You use the letters **s, z, ch,** and **j** and **matching sounds** in English in words such as *Snake, paSSage, Zapping, informaTIon, CHamber / orCHestra,* and *paJama.*

The problem is that, in French, these familiar letters are not necessarily pronounced the same way as they are in English. Let's highlight these differences.

1. The "snaky" S sound and its spelling environments
You already know about:

- **s** at the beginning of a word as in **sport, sauver,** and **sardines,** as in English
- **s** between a vowel and another consonant—and vice versa—as in **orcheStre, journaliSte, menSuel.**
- **s**-sound with **"ce" or "ci"** as in **publiCité** and **FranCe**
- **s**-sound with **"ç"** as in **franÇais**

What is different between English and French: "SS" and "TIon?"

In English	In French
"SS" can be "s" at the end of a word as in *press,* or sound like the *"sh"* in *shoe* in *emi<u>ss</u>ion* and *pre<u>ss</u>ure.*	**"SS"** as **émi<u>ss</u>ion, pre<u>ss</u>e** is always a snaky "s" as also in: **deSSert, profeSSionnel, choisiSSez, deSSin,** and **divertiSSement**
"TI" in *informa<u>ti</u>on* also sounds like **"sh"**	**"TI"** in words like **information** is also a snaky "s."

2. The busy bee "ZZZZZ" sound and its spelling environments

You already know about "z" in **eau gazeuse, zapping,** and **zoo,** for example, and the "liaison" in **"ils [zzzzzz] ont"**

What is different between the English and French "Z" sounds?

In French, every single **"S"** between *two vowels makes a Z-sound* as in:

cuiSine   fraiSe   laSagne   choiSir

3. *ch* as in *chambre*, but not in *orchestre*

In English	In French
"ch" sounds like *"tch"* as in *chamber, chain, cheese, China,* or *"k"* as in *orchestra* and *architecture*	The **"ch"** sounds like the English *sh,* as in *shoe,* or in the borrowed word *chef*→ no "t" sound at all.
	But, "ch" in **chorale** and **orchestre** = 'k'

🔊 **Listen and repeat:** une fourchette, les chaussures, du chocolat cher, chanter, architecte, changer de chaîne.

4. *j* as in *jouer*

In English	In French
"j" letter sounds like "dj" as in *journal* or *Jack*	The **"j"** letter sounds like the English "-*si*" as in *fusion* or *immersion*.

🔊 **Listen and repeat:** pyjama, déjeuner, Jacques, jouer, journal, moutarde de Dijon, déjà vu!
CD2
Track 49

🔊 **Perception and production.** Listen to the **s, z, ch,** and **j** sounds while reading, then repeat after the model.
CD2
Track 50

Pour le petit déjeuner, nous **ch**oisi**ss**ons toujours des **j**us de fruits.

Un **j**ournali**s**te profe**ssi**onnel peut écrire dans plu**s**ieurs maga**z**ines men**s**uels et **j**ournaux.

Mes amis ar**ch**itectes **J**acqueline et **J**ean-**J**acques bâti**ss**ent des mai**s**ons à la **ch**aîne à Di**j**on.

On a be**s**oin d'un guide pour **z**apper entre les émi**ssi**ons, les **j**eux, les de**ss**ins animés ou les informa**ti**ons à la télévi**si**on.

À vous de lire!

Les habitudes médiatiques des Français

La télévision occupe la première place en tant que[1] média préféré des Français. Les programmes de télévision sont variés; ils incluent des émissions comme les journaux télévisés, les téléfilms ou les jeux. Les journaux télévisés de certaines chaînes comme Canal+ présentent les informations de façon comique. Les Français aiment se divertir avec des émissions humoristiques. La presse française est divisée en tendances politiques, mais elle inclue aussi des journaux très critiques et originaux comme *Le Canard enchaîné*. Les Français aiment lire leur journal quotidien au bar-tabac ou au café, où ils peuvent partager leurs commentaires avec le patron ou les autres clients. Souvent, cela entraîne[2] des discussions! Les jeunes aiment écouter les radios qui passent le hit-parade des tubes. Les matchs de foot sont diffusés en direct à la radio et à la télévision. Pour beaucoup de gens, c'est une excuse pour passer du temps au bar-tabac ou à la maison avec des amis.

Compréhension. Now, check your comprehension by answering the following questions in French.

1. Est-ce que la télévision française propose des programmes variés? Donnez des exemples.

   _____

2. Est-ce que les Français aiment l'humour à la télévision?

   _____

3. Est-ce que les lecteurs français aiment commenter les informations des journaux et de la télévision? Où? Comment?

   _____

4. Qu'est-ce que les jeunes Français aiment écouter à la radio?

   _____

5. Comment est-ce qu'on peut connaître *(to know)* les résultats des matchs de foot?

   _____

[1]**en tant que** = as   [2]leads to

Mes relations amoureuses et amicales

CHAPITRE

8

Passage 1

Mon vocabulaire

La routine

A. L'ordre des choses. Numérotez les images suivantes pour donner l'ordre logique des activités de la journée de Martin. Ensuite, complétez le texte avec les verbes réfléchis qui correspondent à chacune de ces activités.

Le matin, (1) _____. Après, (2) _____. Ensuite,

(3) _____ et (4) _____. À la fin de la journée,

(5) _____. Et pour finir, (6) _____.

B. La routine de ma femme. Albert et sa femme sont mariés depuis longtemps. Sa femme lui reproche de ne pas faire attention à ce qu'elle dit ou fait. Aidez-le à prouver qu'elle a tort en écrivant ses observations sur la routine de sa femme. Utilisez des verbes pronominaux dans vos phrases, et la forme féminine si nécessaire. Commencez par... **Tous les jours, Tous les matins, Tous les soirs,** etc.

> **MODÈLE:** *Tous les matins, tu te maquilles les yeux avant de prendre le petit déjeuner.*

1. _____
2. _____
3. _____
4. _____
5. _____

🔊 **C. Un jour dans la vie d'un acteur.** *Paris-Match* interroge l'acteur Patrick Bruneault sur sa routine. CD2 Écoutez le passage une première fois pour comprendre le sens général, puis écoutez-le une deuxième fois Track 51 en notant les habitudes de l'acteur.

1. Pour se détendre *(to relax)*, il _____.

2. Avec l'aide de son assistante, il _____, _____

   et _____.

3. Après une représentation, il _____ et_____ tout seul.

Structure 1

Les verbes réfléchis au *présent*

D. Les habitudes de ma famille. Vous parlez à votre colocataire des membres de votre famille et de leurs routines à la maison. Terminez les phrases suivantes en utilisant six verbes pronominaux différents pour décrire leurs habitudes. Soyez logique!

1. À la maison, maman _____.

2. Quand il rentre du travail, papa _____.

3. Sébastien, mon petit frère, _____ devant la télévision.

4. Aude, ma grande sœur, _____ tout le temps devant le miroir.

5. Pascale, ma sœur cadette, _____ tard le samedi!

E. Ma classe. Vous voulez mieux connaître vos camarades de classe, donc vous leur posez des questions sur leurs habitudes. Complétez les phrases avec des verbes pronominaux logiques. Faites attention à l'orthographe.

—Cécile, tu (1) _____ à quelle heure?

—Je (2) _____ à 10 heures du matin le samedi et le dimanche.

—Et vous, Arielle et Murielle?

—Nous (3) _____ vers 7 heures du matin tous les jours.

—Cécile, tu (4) _____ dans le parc?

—Oui, je (5) _____ dans le parc Monceau avec mon petit chien.

—Et vous, Arielle et Murielle?

—Nous, nous (6) _____ dans le Jardin des Tuileries.

F. Les vacances. Mehdi est à une soirée et ses amis racontent leurs dernières vacances. Écoutez le
CD2 passage, et choisissez **vrai** si vous entendez une phrase qui correspond. Si non, choisissez **faux**.
Track 52

1. Isabelle et moi, nous nous levons tous les matins à 6 heures.   vrai   faux
2. Moi, je m'endors avec difficulté en vacances.   vrai   faux
3. Moi, je ne me sens pas bien en vacances.   vrai   faux
4. Isabelle et moi, nous nous sentons bien près de la mer.   vrai   faux
5. Laurent et Philippe s'endorment sans problèmes.   vrai   faux

G. La routine, c'est embêtant! *(Routine is a pain!)* Vous êtes toujours à la soirée. Maintenant, vous
CD2 expliquez à vos amis que vous n'aimez pas du tout la routine! Écoutez le passage deux fois, puis dressez
Track 53 une liste des verbes, à l'infinitif, de toutes les habitudes mentionnées.

1. *se lever tous les matins* _____

2. _____

3. _____

4. _____

5. _____

6. _____

Structure 2

Les verbes réfléchis au *futur proche*

H. Mon horaire. Vous avez besoin de vous organiser, donc vous avez décidé de planifier votre journée
pour demain. Faites une liste d'au moins cinq choses que vous allez faire demain, en utilisant un verbe
pronominal dans chaque phrase.

MODÈLE: Demain, je vais m'épiler les jambes pour aller à la fête de Paul.

1. _____

2. _____

3. _____

4. _____

5. _____

I. Que vont-ils faire? On vous a dit que vous êtes doué pour deviner *(good at guessing)* ce que les autres *ne vont pas faire*. Prouvez-le en terminant les phrases suivantes avec les formes appropriées des verbes entre parenthèses *à la forme négative*.

> **MODÈLE:** Patrick _____ *(comb his hair)* avant de se coucher.
>
> Patrick *ne va pas se peigner les cheveux* avant de se coucher.

1. Coralie et Michelle _____ *(hurry)* pour arriver au cinéma à l'heure.

2. Gilles _____ *(blow dry)* les cheveux pour aller voir sa copine.

3. Nous _____ *(shave)* pour aller au match de foot.

4. Vous _____ *(go to bed)* pour le réveillon.

5. Toi, tu _____ *(get up)* tôt pour aller pêcher.

🔊 **J. Comment?** Charles est au téléphone avec son ami Matt. Ils discutent ce que leurs amis vont faire
CD2 aujourd'hui. La ligne est si mauvaise que Charles a du mal à comprendre Matt. Écoutez la conversation
Track 54 deux fois, et ensuite reliez les personnes à leurs activités.

_____ 1. Delphine et Sandrine   a. va s'endormir sur le sofa.

_____ 2. Charles   b. vont tous se doucher.

_____ 3. Laurent   c. va se dépêcher.

_____ 4. Matt, Delphine, Sandrine et Laurent   d. vont se réveiller bientôt.

🔊 **K. Mes projets.** Élise va faire beaucoup de choses avec ses amis aujourd'hui. Écoutez le passage et notez
CD2 les projets de chaque personne au *futur proche*.
Track 55

1. Je _____ et je
_____.

2. Marc et moi, nous _____ et nous
_____.

3. Jacques et Luc _____.

4. Nadège _____.

À vous de vous perfectionner! (1)

Révision et expansion de certaines règles de prononciation des chapitres précédents

FÉLICITATIONS! Vous avez terminé la moitié du programme *À vous!*

Revoyons ensemble différents aspects critiques de la prononciation française.

> **1. Les organes essentiels de la parole**
>
> **2. La consonne qui ronronne: *r***
>
> **3. Les voyelles orales:**
>
>   **Progression de *i* → *é* → *è/ê* comme dans lit → l'été → lait/laid**
>
>   **Progression de *i* → *u* → *ou* comme dans riz → rue → roue**

1. Les organes essentiels de la parole

Pour vous permettre d'aller plus loin et de visualiser plus en détail les phénomènes articulatoires de la prononciation française, nous allons insérer quelques figures et schémas explicatifs.

Qu'est-ce qui se passe quand nous parlons? L'air voyage et passe par nos poumons *(lungs),* à travers le larynx, puis le pharynx et les cordes vocales. Il arrive ensuite dans notre bouche (c'est-à-dire la **cavité buccale**) et, dans certains cas, traverse la cavité nasale. Il est aussi manipulé par les éléments de la bouche (le palais, les dents) et différents muscles articulatoires: la langue, les lèvres (qui peuvent être arrondies *[rounded]* ou écartées *[opened wide]*). Regardons la figure ci-dessous.

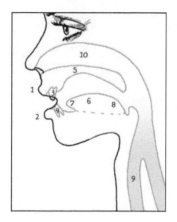

1. la lèvre supérieure *(upper lip)*
2. la lèvre inférieure *(lower lip)*
3. les dents supérieures *(upper teeth)*
4. les dents inférieures *(lower teeth)*
5. le palais *(palate or roof of the mouth)*
6. la langue *(tongue)*
7. la pointe de la langue *(tip of the tongue)*
8. la partie postérieure de la langue *(back of the tongue)*
9. les cordes vocales
10. la cavité nasale

Nous allons maintenant utiliser les éléments de cette figure pour observer les différences entre les prononciations française et anglaise et ensuite appliquer la prononciation au vocabulaire de ce nouveau chapitre.

2. La consonne qui ronronne *(purrs): r*

Le *r* français ronronne comme un petit chat! Observons la différence entre le *r* anglais et le *r* français dans les deux figures ci-dessous.

CD2
Track 56

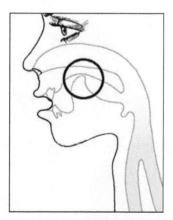
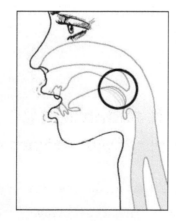

Application immédiate: Écoutez et répétez.

R en fin de mot: **se senti̱r, avoi̱r, hie̱r**
R en début de mot: **se ̱raser, se ̱réveiller, se ̱ronger les ongles**
R à l'intérieur du mot: **se ḇrosser, se p̱romener, s'emḇrasser**
Deux *R* par mot: **s'endo̱rmi̱r, se ̱rega̱rder, de̱rnière**
Dix *R!!!!*: **Mon ma̱ri F̱rédé̱ric, mon g̱rand amou̱r, m'emḇrasse tous les jou̱rs à sept heu̱res pou̱r me ̱réveiller!**

3. Les voyelles orales

- **Le *i* français sou<u>rit</u> de toutes ses dents!**
  Progression de *i* → *é* → *è/ê* comme dans lit → l'été → lait/laid

 RAPPEL: Regardez le schéma: la langue presse sur votre palais ET surtout la pointe de la langue est derrière les dents inférieures. Vos lèvres sont écartées comme dans un beau sourire.

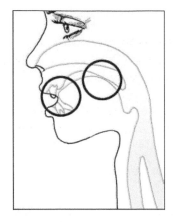 

Pour marquer la progression de **i → é → è/ê**,

(1) tout d'abord, vous souriez comme pour le **i** de **il sourit**;

(2) puis, vous ouvrez la bouche un <u>**tout petit peu**</u> pour **é**, comme dans **l'été** ou **un bébé**;

(3) et enfin, vous ouvrez un peu plus pour le **è/ê**, comme pour **être au collège.**

(4) Regardez les photos ci-dessous, montrant l'ouverture progressive entre les dents.

 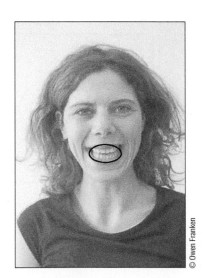 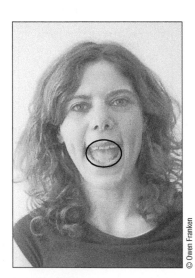

le **i** de **lit**   le **é** de **l'été**   le **è** de **laid**

🔊 **Application immédiate:** Pratiquez et faites bien attention aux **é**. Si vous ouvrez trop les dents,
CD2
Track 57 le **é** devient **ê/è.**

i	é	ê/è
six	ces/ses, Cécile, céleri	sept, serpent
chic	chez	cher
miroir	médecin, mériter	mère, mercredi

NOTES:

- Le son **ê/è** peut aussi s'écrire **ai** comme dans **je sais/il sait, une chaise,** etc.
- Attention si vous êtes hispanophones! Tous les **-er** en fin de mot comme tous les verbes en **-er** se prononcent comme un **é**. Donc **se baigner** n'est <u>pas</u> **—gn*ère*** et **premi<u>er</u>** est différent de **première.**

À vous… de pratiquer avec le *SAM AUDIO PROGRAM* les **é** des mots du Chapitre 8: **Se démaquiller, se dépêcher, se déshabiller, s'énerver, se réveiller, se sécher, déception, détester, réconcilier, début** et **année.** Le plus difficile… c'est **téléphoner à mon éléphant!**

- **Progression de *i → u → ou* comme dans riz → rue → roue**

La progression de *i riz → u* rue: gardez fermement la langue près du palais, puis arrondissez vos lèvres et faites de votre sourire un baiser. Votre langue ne bouge pas entre **i** et **u**!

le **i** de **riz**

le **u** de **rue**

- **Progression de *u* rue → *ou* roue:** Pour le *ou* français, vous devez <u>rou</u>couler *(coo)* comme les am<u>ou</u>reux **ou** les pigeons! Gardez les lèvres arrondies, mais pour **ou**, écartez vos mandibules (mâchoires). Votre bouche ressemble à une caverne!

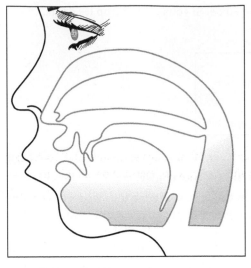

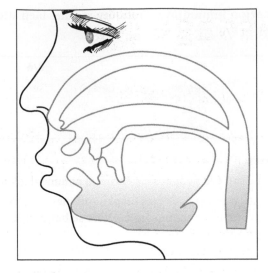

le **u** de **rue**   le **ou** de **roue**

ATTENTION! Les voyelles françaises sont courtes... donc, évitez *(avoid)* l'allongement *(lengthening)*, de vos voyelles. *(Keep your French vowels short and sweet!)*

ET... ATTENTION À BEAUCOUP!!!

🔊 **Application immédiate:** Écoutez et répétez les mots suivants. Marquez bien la progression de **i** à **u** à **ou**.

CD2 Track 58

i	u	ou
riz	rue	roue
miroir	Murielle	l'amour, moules
pipe	public, pull-over	pour, poulet
six	sur, sucre	sous

À vous... de pratiquer avec le *SAM AUDIO PROGRAM* les **u** et **ou** des mots du Chapitre 8.

De *i → u̱*... *vos lèvres sont un baiser!*: s'am**u̱**ser, se disp**u̱**ter, s'ennu̱yer

De *u → ou*... *vous roucoulez!*: l'am**ou**r, se c**ou**cher, être am**ou**reux de, l'ép**ou**x, mon petit ch**ou**

À vous d'écrire!

Pendant mes prochaines vacances... Écrivez un paragraphe (10 phrases) où vous décrivez vos projets pour vos prochaines vacances. Utilisez des verbes réfléchis dans toutes vos phrases.

_____

_____

_____

_____

_____

_____

_____

Passage 2

Mon vocabulaire

Les relations amoureuses et amicales

A. Mes relations. Vous voulez savoir si vos relations amoureuses et amicales sont stables. Répondez au psycho-test suivant. Choisissez les réponses qui décrivent le mieux vos sentiments. Soyez logique.

1. Le mariage, c'est _____.

   a. aimer quelqu'un à la folie   b. être fidèle à quelqu'un   c. s'entendre mal

2. Le divorce, c'est _____.

   a. être amoureux(-euse) de quelqu'un   b. aimer quelqu'un à la folie   c. avoir une déception amoureuse

3. Tromper quelqu'un, c'est _____.

   a. ne pas être fidèle   b. se quitter   c. être amoureux(-euse) de quelqu'un

4. Se réconcilier, c'est _____.

   a. avoir une déception amoureuse   b. tomber amoureux(-euse)   c. s'entendre bien de nouveau

5. Se fiancer, c'est _____.

   a. divorcer   b. se quitter   c. décider de se marier

B. Ton futur. Avec vos amis, vous êtes allé(e) chez un voyant *(fortune teller)*. Maintenant, vous voulez savoir ce qui va arriver dans votre vie amoureuse. Complétez les phrases avec l'expression indiquée.

1. Tu vas avoir beaucoup de _____ *(love at first sight)*.

2. Tu ne vas pas _____ *(to get engaged)*, mais tu vas

   _____ *(to get married)* trois fois!

3. Tu vas _____ *(get a divorce)* à Las Vegas.

4. Tu vas _____ *(to love someone madly)* et tu vas

   _____ *(to get along)* très bien avec cette personne.

🔊 **C. Le personnage mystérieux.** Vous avez manqué le début d'une émission de télévision sur la vie
CD2 d'une star, et maintenant vous voulez deviner l'identité de cette personne. Écoutez la description et
Track 59 dressez une liste des événements dans la vie de cette personne.

1. *se marier une fois* _____

2. _____

3. _____

4. _____

5. _____

6. _____

7. _____

◀)) **D. Un reportage.** Vous regardez une émission qui parle de la vie sentimentale de toutes les personnes
CD2 célèbres de votre ville. Écoutez le passage pour savoir ce qui arrive dans la vie de chaque personne. Dites
Track 60 si les phrases suivantes sont vraies ou fausses.

1. Arielle Simone n'est pas amoureuse. vrai faux
2. Arielle Simone s'entend bien avec son mari. vrai faux
3. Sophie Picon s'est réconciliée avec son mari. vrai faux
4. Gérard Triparti a eu une déception amoureuse. vrai faux
5. Gérard Triparti est amoureux de quelqu'un. vrai faux

Mon vocabulaire

Pour parler de sa vie personnelle

E. Je suis troublé... Stéphane doit présenter sa nouvelle copine, Juliette, à une soirée, mais il est
confus—c'est la première fois qu'il est amoureux, et il ne sait pas exactement ce que Juliette représente
pour lui. Terminez ses phrases avec le mot qui manque.

1. Juliette est _____ *(my girlfriend)*; je sors avec elle.

2. Juliette est _____ *(the love of my life)*; je suis follement
   amoureux d'elle.

3. Je ne suis pas marié, donc Juliette n'est pas _____
   (my wife).

4. Juliette est _____ *(my mate)*; j'habite avec elle.

5. Juliette est _____ *(the woman of my life)*. Voilà!

◀)) **F. L'histoire de Caroline et Sébastien.** Écoutez l'histoire de Caroline et Sébastien. Ensuite, dans la
CD2 colonne de gauche, notez les noms et les verbes que vous entendez et qui expriment une relation person-
Track 61 nelle (ami, copain, se marier, etc.). Dans la colonne de droite, notez les expressions qui indiquent des
sentiments amoureux (tomber amoureux, le coup de foudre, etc.)

Relations personnelles	Expressions d'amour
_____	_____
_____	_____
_____	_____

◀)) **G. Un anniversaire de mariage.** Clarisse et Benjamin fêtent leur premier anniversaire de mariage.
CD2 Ils parlent de l'année qu'ils viennent de passer ensemble. Écoutez leur conversation, en notant les mots
Track 62 tendres et les expressions de temps passé (le mois dernier, etc.) qu'ils utilisent.

Mots tendres	Expressions de temps passé
_____	_____
_____	_____
_____	_____
_____	_____

Structure 3

Les verbes réciproques

H. La rupture. Votre petit(e) ami(e) et vous allez chez le thérapeute pour résoudre vos problèmes de couple. Créez des phrases et/ou des questions complètes avec les pronoms et verbes ci-dessous. (Jouez le rôle du thérapeute, aussi!) N'oubliez pas de conjuguer le verbe à la forme appropriée.

1. nous / se faire du mal _____

2. nous / se disputer _____

3. vous / se tromper _____

4. nous / se quitter _____

5. vous / s'entendre mal _____

6. nous / se regarder sans comprendre _____

I. La réconciliation. Après avoir vu le thérapeute, vous vous entendez mieux avec votre petit(e) ami(e). Écrivez tout ce que vous faites ensemble maintenant, avec les verbes donnés. Utilisez le présent, et commencez vos phrases par **nous.**

1. _____ (se regarder) dans les yeux.

2. _____ (s'embrasser) gentiment.

3. _____ (s'entendre bien) tout le temps.

4. _____ (se parler) souvent.

5. _____ (se donner la main) dans la rue.

🔊 **J. La retraite spirituelle.** Christine et Jean veulent se marier à l'église, mais avant que l'église
CD2 n'accepte de les marier, ils doivent faire une retraite spirituelle pendant un week-end. Maintenant, ils ont
Track 63 une entrevue avec le conseiller spirituel de l'église. Écoutez leur conversation et dites si les phrases suivantes concernant Christine et Jean sont **vraies** ou **fausses.**

1. Ils se regardent tendrement tout le temps.	vrai	faux
2. Ils ne s'embrassent pas.	vrai	faux
3. Ils s'entendent mal.	vrai	faux
4. Ils s'aiment.	vrai	faux
5. Ils se comprennent bien.	vrai	faux
6. Ils veulent se marier.	vrai	faux

🔊 **K. Les problèmes sentimentaux.** Chantal et ses amies parlent de leurs problèmes avec leurs petits
CD2 copains. Écoutez le passage deux fois, et ensuite remplissez les blancs avec les mots qui manquent.
Track 64

1. Charles et moi, nous _____ rarement.

2. Stéphane et moi, nous _____ et nous _____ constamment.

3. Lucien et moi, nous _____ en public.

4. Albert et moi, nous _____ .

Structure 4

Les verbes pronominaux au *passé composé*

L. Que s'est-il passé hier au match de foot? Alain veut raconter à son colocataire ce qui s'est passé hier au match de football. Complétez les phrases avec la forme correcte du verbe entre parenthèses au **passé composé.**

1. Hier, Aïcha et moi, nous _____ (se disputer).

2. Nous _____ (se fâcher) parce que les sièges n'étaient pas réservés.

3. Aïcha _____ (se lever) et elle _____ (se mettre) à crier.

4. Je _____ (se lever) aussi et je _____ (se fâcher) contre elle.

5. Finalement, nous _____ (se réconcilier) et nous _____ (se parler) gentiment.

M. L'accusé. On pense que vous avez cambriolé *(burglarized)* une maison pour voler l'équipement électronique. Vous devez maintenant vous défendre. Donnez votre alibi pour hier, en terminant les phrases suivantes avec des verbes pronominaux au passé composé, à la forme affirmative et négative. Soyez logique!

> **MODÈLE:** M. le Juge, hier je *ne me suis pas levé de mon lit de toute la journée.*

1. M. le Juge, hier je _____.

2. Je _____.

3. Mon chat _____.

4. Mon frère et moi _____.

5. Ma copine _____.

🔊 **N. L'interrogatoire.** Vous êtes toujours avec un agent de police, en train de vous défendre. L'agent CD2 vous pose des questions à propos d'hier soir. Écoutez ses questions, et puis répondez avec une phrase Track 65 complète.

1. _____

2. _____

3. _____

4. _____

5. _____

🔊 **O. Une journée folle.** Hier, votre ami a passé une journée très bizarre. Maintenant, il vous raconte sa
CD2
Track 66 journée. Écoutez son histoire, puis reliez les personnes de la colonne A aux actions de la colonne B pour
former des phrases complètes. Ensuite, notez l'ordre correct des événements.

A	B
	me suis énervé
La fille et moi,	s'est mise à crier
Le policier	nous nous sommes mis à parler
Elle	me suis trompé
Je	nous nous sommes embrassés
	s'est mis à rire
	nous nous sommes regardés
	nous nous sommes mis à rire

_____

_____

_____

_____

_____

_____

_____

_____

Structure 5

Les verbes *quitter, sortir* et *partir*

P. Les questions. Vous étudiez en France, et votre "famille" française veut savoir tout sur vous et votre
famille. Ils vous posent des questions concernant votre vie et votre routine. Répondez à leurs questions
avec **quitter, sortir** ou **partir,** selon le cas.

1. Vous sortez souvent en famille aux États-Unis?

   Nous _____.

2. Normalement, tu quittes la maison à quelle heure pour aller à l'université?

   Je _____.

3. Tes amis partent en vacances tous les ans?

   Ils _____.

4. Ta mère sort avec ses amies de temps en temps?

   Elle _____.

5. Tu pars de quelle ville pour voyager en Europe?

   Je _____.

🔊 **Q. Le jaloux.** Le petit ami de Chloé est très jaloux. Écoutez le passage suivant, où il lui pose toutes sortes
CD2
Track 67 de questions concernant sa journée d'hier. Ensuite, imaginez les réponses de Chloé. Utilisez un verbe
approprié: **quitter, sortir** ou **partir** dans chaque réponse.

1. _____
2. _____
3. _____
4. _____

🔊 **R. Ne change pas ma routine!** Agnès essaie d'expliquer à son petit ami pourquoi elle adore sa routine.
CD2
Track 68 Écoutez son explication, et choisissez la bonne réponse.

1. Je ne _____ pas la maison avant 10 heures.

   a. quitte   b. sors   c. pars

2. Mes copines et moi, nous _____ manger ensemble.

   a. partons   b. nous quittons pour c. sortons

3. Mon chef _____ à 5 heures.

   a. sort   b. part   c. me quitte

4. Moi, je _____ juste après.

   a. sors   b. pars   c. quitte

5. Je _____ presque tous les week-ends avec mes amis.

   a. pars   b. quitte   c. sors

À vous de vous perfectionner! (2)
Revoyons ensemble SEPT autres points essentiels:

1. voyelle + **n/nn/m:** nasale **américain** ou pas nasale **américaine**?
2. *qu* comme dans **sympathique**
3. *gn* comme dans **mignonne**
4. *ti = si* comme dans **information**
5. *s = z* entre deux voyelles, comme dans **oiseau**
6. *ch* = le «sh» anglais comme dans *Chicago* et donc **dimanche**
7. **j** comme dans **déjeuner** ou comme **g + e/i → beige**

🔊 **1. voyelle + n/nn/m: nasale «américain» ou pas nasale «américaine»?**
CD2
Track 69 Comparons à nouveau ces deux colonnes:

Voyelles nasales	Voyelles orales (= pas nasales)
un	une
cousin	cousine
américain	américaine
je prends	nous prenons
tu prends	vous prenez
bon/bons	bonne
ils sont	nous sommes

Rappel de la règle:

- Si la lettre qui suit **n** est une consonne ou est à la fin du mot, cette voyelle devient NASALE et **n** disparaît complètement "dans votre nez": **bons, américain;**
- Si la lettre qui suit **n** est une voyelle, vous prononcez clairement la voyelle **u, i,** ou **e** puis le **n: bonne, américaine;**
- La différence entre nasale et pas nasale marque la différence entre:
  - Masculin/Féminin: **un cousin** vs **une cousine;**
  - Le singulier/Le pluriel des verbes en **-re** verbs: **il comprend** vs. **ils comprennent.**

Rappel! **Femme** se prononce **a** comme dans **famine.**

🔊 **Application immédiate:** À vous de choisir... nasale ou pas nasale. Dans la liste des mots ci-dessous, décidez si la syllabe «voyelle+n/m» est nasale ou pas.

CD2
Track 70

	Nasale = le *n* disparaît totalement	Pas nasale = la voyelle est pure et le *n* clair
bon	X	
bonne		
bons		
le bonheur[1]		
médecine		
le médecin		
lundi		
mes lunettes		
le jardinage		
les jardins		
les Italiennes		
la semaine		

🔊 **2. *qu* comme dans *Atlantique***

CD2
Track 71

Qu = k JAMAIS *kw.*

Atlantique, mannequin et **bouquet** ne sont pas un problème. Mais, **attention** aux mots suivants... tous les **qu** sont des **k:**

Application immédiate: Écoutez et répétez.
quand, quiche, question, quantité, quitter, fréquent, se maquiller

🔊 **3. *gn* comme dans *lasagne* et *l'Auberge espagnole***

CD2
Track 72

Application immédiat: Écoutez et répétez.

- **une soupe à l'oignon, un pâté de campagne, gagner un match**
- **mon compagnon se baigne et se peigne dans une baignoire en marbre... c'est mignon!**

🔊 **4. *-tion = -ssion* comme dans permi*ssion* → informa*tion***

CD2
Track 73

Alors, **attention** aux mots suivants... Tous les **-tion** se prononcent **-sion**

[1]The "h" in *bonheur* acts like a vowel in this case.

Application immédiate: Écoutez et répétez.

Déce<u>ption</u>, manifesta<u>tion</u>, na<u>tion</u>, créa<u>tion</u>, publica<u>tion</u>

5. *s* = *z* entre deux voyelles, comme dans *bai<u>s</u>er* et *eau ga<u>z</u>euse*

CD2
Track 74

Application immédiate: Indiquez si le son est «s» ou «z»

	S	Z
se bro<u>ss</u>er les dents	x	
se repo<u>s</u>er		
se ra<u>s</u>er		
<u>s</u>'habiller		
se dé<u>sh</u>abiller		
embra<u>ss</u>er		
faire la bi<u>s</u>e		
elle est amoureu<u>s</u>e		

6. *ch* est comme le «sh» anglais dans «<u>Ch</u>icago» ou «<u>Ch</u>arlotte» mais jamais «tch»

CD2
Track 75

Application immédiate: Écoutez et répétez.

<u>Ch</u>arles est ar<u>ch</u>itecte. Quand il fait <u>ch</u>aud, il reste dans sa <u>ch</u>ambre et mange du <u>ch</u>ocolat avec son petit co<u>ch</u>on d'Inde. C'est <u>ch</u>armant!

7. *j* comme dans *déjeuner* = *g* + *e* ou *i* comme *froma<u>ge</u>*

CD2
Track 76

- **j** comme dans **déjeuner** correspond en anglais au *si* dans *fu<u>si</u>on, vi<u>si</u>on, etc.*
- **g + i** ou e comme dans **orange** n'est jamais prononcé comme l'anglais *dg.* Donc pour **Georges,** en français nous avons deux **g** mais PAS **dg.**
- Attention: **gu** de **ba<u>gu</u>ette, ga** de **yo<u>ga</u>** et **go** de **<u>go</u>lf** se prononcent comme le *g* dur anglais, par exemple *go get Gertrude* jamais «gw.»

Application immédiate: Lisez les phrases suivantes. Écoutez-les puis produisez clairement vos **j, ge, gi, ga** et **gu.**

<u>G</u>érard est <u>j</u>eune et fait du <u>j</u>ardinage en <u>j</u>uin et juillet. Mais en <u>j</u>anvier, il va partir à la <u>gu</u>erre. Il est bien coura<u>ge</u>ux.

<u>J</u>eanne et <u>J</u>ulie s'habillent souvent en <u>j</u>aune, beige et orange.

Pour dé<u>j</u>euner, nous man<u>ge</u>ons du <u>j</u>ambon avec du froma<u>ge</u>, du <u>g</u>ruyère. Bon appétit!

À vous de lire!

Les relations de couple au Canada. Lisez l'article suivant extrait du bulletin *Vies-à-vies*, de l'**Université de Montréal**, concernant les relations amoureuses. Lisez une première fois pour simplement comprendre l'idée générale, et cherchez le sens des mots que vous ne connaissez pas dans un dictionnaire. Ensuite, lisez l'article plus attentivement une deuxième fois pour pouvoir répondre aux questions qui suivent.

Du temps pour le couple

par Nathalie Drouin, Ph.D., psychologue

Est-ce que votre couple occupe la place que vous souhaitez dans votre vie? Conjuguer études et couple n'est pas une mince tâche[1]. Et s'il faut aussi concilier travail et enfants, le défi[2] prend une envergure paraissant[3], par moment, insurmontable. Plusieurs personnes sont insatisfaites du résultat... La qualité de leur relation en souffre.

Cet article s'interroge sur la viabilité des relations amoureuses à notre ère de «surperformance» [...] Si les couples pensent se marier pour la vie, Statistique Canada prévoit plutôt qu'environ 40% d'entre eux finiront[4] par un divorce. La période la plus critique [est] la troisième et la quatrième année de mariage. [...]

La littérature révèle[5] principalement quatre variables influençant la qualité de la relation de couple: la disponibilité, l'indépendance, la communication (incluant l'expression de l'affection vs de l'hostilité) et la résolution de conflits. L'une d'entre elles, serait[6] davantage prédictive du succès de la relation: laquelle selon vous[7]?

Disponibilité physique et émotive

Le problème vient d'abord de la quantité du temps partagé ensemble. Nous nous voyons peu, trop peu pour nourrir convenablement la relation. C'est le cas de plusieurs personnes qui, souvent par nécessité (conjuguant travail-études-enfants) en arrivent à perdre de vue[8] leur conjoint et à avoir l'impression de mener des vies[9] parallèles. [...] Si la disponibilité physique est importante à la santé[10] du couple, la disponibilité émotive n'en demeure[11] pas moins indispensable. La qualité du temps accordé au couple se retrouve dans le choix d'activités communes, dans les projets de couple et dans l'investissement de chacun[12]. En d'autres mots, la disponibilité émotive c'est offrir une qualité de présence. [...]

Indépendance

Ce concept renvoie à l'équilibre entre donner et recevoir tant sur le plan individuel que sur le plan relationnel. [...] Anticiper les différences et accepter les individualités impliquent que l'on arrive à se laisser influencer tout en se respectant. [...]

Communication (dans les bons et moins bons moments!)

Bien communiquer dans les bons moments, de même qu'en situation de conflits, c'est être capable d'empathie, d'une saine[13] affirmation, d'expression de son amour et de son affection, aussi bien que[14] de sa colère[15] dans le respect de chacun. [...] Bien communiquer ne veut pas dire tout communiquer... il semble qu'un jardin secret soit[16] favorable au respect de soi[17] et de l'autre. [...]

Résolution de conflits

Les conflits sont inévitables dans toute relation de couple et certaines variables telles[18] la personnalité, le stress, les aptitudes de communication, la similarité des partenaires peuvent les influencer. Ce n'est pas le nombre de conflits, ni leur nature qui distinguent les couples insatisfaits (ou séparés) des couples heureux, mais c'est plutôt leur attitude devant les conflits. [...]

---

[1]easy task [2]challenge [3]seeming [4]will arrive [5]reveals [6]is [7]which one, according to you [8]lose sight of [9]**mener...** lead lives [10]health [11]is no less [12]each one [13]healthy [14]as well as [15]anger [16]is [17]oneself [18]such as

Conclusion

[...] Le respect et la considération de l'autre [sont] des éléments essentiels à la viabilité du couple, particulièrement dans la résolution de conflits.

Compréhension. Maintenant, répondez aux questions en français.

1. Selon l'article, combien de couples vont divorcer? Quel est le pourcentage?

   _____

2. Citez les quatre points les plus importants pour le succès d'un couple.

   _____

3. Qu'est-ce qui arrive quand les personnes se voient peu dans un couple?

   _____

4. Le texte parle d'une certaine indépendance. Comment est cette indépendance?

   _____

5. Est-ce qu'il est important de révéler tous les secrets dans un couple? Pourquoi?

   _____

6. Qu'est-ce qui différencie les couples heureux des couples insatisfaits?

   _____

Quand j'étais adolescent(e)...

Passage ❶

Mon vocabulaire

La scolarité, pour s'amuser

A. Où êtes-vous? Vous avez décidé de visiter les écoles de votre ville. Indiquez où vous êtes, selon le dessin.

MODÈLE:

Je suis au lycée.

1.

_____

2.

_____

3.

_____

4.

_____

5.

_____

6.

_____

7.

_____

B. Aidez-les! Une nouvelle famille américaine vient d'arriver en France. Ils ont trois enfants, et ils ne connaissent pas du tout le système scolaire français. Terminez les phrases suivantes pour les aider.

1. Christian a 13 ans. Il va aller _____.

2. Patricia a six ans. Elle va être à _____.

3. Daniel est le plus âgé. Il a 17 ans. Il va étudier dans _____.

4. Mme Julliard va être l'_____ de Patricia. Elle est très bonne—elle enseigne depuis vingt-trois ans, et elle comprend bien les enfants.

5. Daniel veut être médecin; donc, il va suivre des _____ de chimie, de biologie et de maths, pour faire un bac science.

6. S'ils sont sportifs, les enfants peuvent s'amuser avec les autres à _____, et Daniel va être invité à des _____ de temps en temps.

◀)) **C. Le code secret!** Maintenant, la famille américaine est en France depuis dix mois, et Daniel et
CD 3 Christian parlent bien le français. Devant leurs parents, ils parlent quelquefois en français pour se dire
Track 2 des secrets! Écoutez leur conversation, et puis répondez aux questions qui suivent.

1. Quel sujet est-ce que Daniel et Christian veulent dissimuler à *(hide from)* leurs parents? _____
   a. les examens   b. les mauvaises notes de Daniel   c. une fête

2. Daniel a de très mauvaises notes dans quel cours? _____
   a. la chimie   b. la biologie   c. le français

3. Qui est invité à la fête? _____
   a. seulement Daniel   b. seulement Christian   c. tout le monde

4. Pour sortir sans la permission de leurs parents, Daniel et Christian vont d'abord dire

   qu'ils vont _____.
   a. à la bibliothèque   b. au stade   c. chez un ami pour étudier

5. Si leurs parents disent non, ils vont dire qu'ils vont _____.
   a. à la bibliothèque   b. au stade   c. chez un ami pour étudier

◀)) **D. Le nouveau directeur.** Vous venez d'être nommé directeur/directrice d'une école en France. Quand
CD 3 vous arrivez le premier jour, vous trouvez l'école en désordre total—les étudiants de tous niveaux *(levels)*
Track 3 sont ensemble dans les salles de classe, les professeurs sont dans les mauvais bâtiments, les meubles sont
mélangés, etc. Votre secrétaire lit une liste de tout ce qu'il y a dans l'école. Mettez les choses qu'elle lit
dans les bonnes catégories ci-dessous.

L'école primaire
Le collège
Le lycée   1. *des professeurs*
Pour tous les étudiants
Pour les profs

Structure 1

L'imparfait

E. Une soirée incroyable! Après la fête du samedi soir, Daniel et Robert donnent une description de la fête à des amis qui n'étaient pas présents. Regardez le dessin suivant, et dites qui faisait quoi pendant la soirée. Utilisez l'imparfait dans votre description.

C'était une soirée incroyable! Au moment de la photo, Anne-Marie (1) _____, et Caroline, Asha et André (2) _____. Christophe (3) _____ à sa petite amie au Canada (ce sont les parents de Luc qui payaient, bien sûr!), et Lucas et Murielle (4) _____ dans le coin. Arnaud avait bu trop de bière avant de venir; il (5) _____ au milieu de tout cela! Luc (6) _____ des cigarettes et (7) _____ du café. Cyrille et David (8) _____ les bandes dessinées. Et nous? Nous (9) _____ un film. Mais quand les parents de Luc sont rentrés, nous sommes vite partis!

F. L'année passée. Décrivez votre année passée, en utilisant l'imparfait.

1. Quel était le cours le plus difficile? Et le plus facile?

   _____

2. Qui était le professeur pour ce cours?

   _____

3. Comment était-il/elle?

   _____

4. Est-ce que vous alliez en cours tous les jours?

   _____

5. Quel était votre cours préféré? Pourquoi?

   _____

6. Est-ce que vous faisiez toujours tous vos devoirs? Pourquoi ou pourquoi pas?

   _____

7. Est-ce que vous lisiez peu ou beaucoup? Pourquoi?

   _____

8. Où est-ce que vous habitiez? Avec qui?

   _____

9. Passiez-vous le week-end à la bibliothèque, en général? Si non, que faisiez-vous le week-end?

   _____

10. Est-ce que vous aviez beaucoup d'amis? Comment s'appelait votre meilleur(e) ami(e)?

    _____

◀)) **G. N'exagérons pas!** Les personnes âgées ont quelquefois tendance à exagérer quand elles nous parlent
CD 3
Track 4 de leur enfance. Écoutez la grand-mère d'Olivier une première fois, et complétez le texte ci-dessous pour
décrire son enfance.

Selon la grand-mère d'Olivier, quand elle était petite, l'école (1) _____ à 6 heures du matin et

(2) _____ à 5 heures. Elle devait marcher (3) _____ kilomètres pour aller à l'école.

L'après-midi, elle avait beaucoup de (4) _____ à faire. Elle a actuellement *(currently)*

(5) _____ ans. Maintenant, elle peut se doucher tous les jours, mais quand elle était petite,

elle (6) _____ le week-end seulement.

Écoutez une seconde fois la description de la grand-mère d'Olivier, et puis dites si les phrases ci-dessous
sont probablement vraies, ou si vous pensez que sa grand-mère exagère.

	C'est probablement vrai.	**Je crois qu' elle exagère.**
1. Quand Grand-mère était petite, elle allait à l'école à six heures du matin.	☐	☐
2. Il n'y avait pas d'électricité à la maison quand Grand-mère était petite.	☐	☐
3. Grand-mère devait faire ses devoirs à la lumière d'une lampe à gaz.	☐	☐
4. Elle devait marcher trois kilomètres pour aller à l'école.	☐	☐
5. Ils lavaient les vêtements dans la rivière quand elle était petite.	☐	☐
6. Elle se baignait dans la rivière.	☐	☐

◀)) **H. Dictée!** Les Français adorent les dictées—surtout celles qui présentent beaucoup de difficultés.
CD 3
Track 5 Écoutez les mini-dialogues qui suivent une première fois, et puis, la deuxième fois, écrivez les phrases que
vous entendez. Faites bien attention à la forme des verbes dans chaque phrase. (**ATTENTION!** Les verbes ne
sont pas nécessairement à l'imparfait—à vous de distinguer les temps différents!)

1. _____

   _____

2. _____

   _____

3. _____

   _____

Passage **2**

Mon vocabulaire

Les ados

A. Qu'est-ce qu'il/elle fait? Utilisez le vocabulaire donné pour écrire une phrase complète qui décrit chaque dessin.

faire le mur   fumer   faire une fugue   sécher les cours   se soûler

1.

2.

_____   _____

3.

4.

_____   _____

5.

_____

B. Soyons honnêtes! Répondez aux questions suivantes sur votre vie d'adolescent(e).

1. Quand vous étiez au lycée, que faisiez-vous pour affirmer votre identité? Et maintenant?

   _____

2. Est-ce que vous séchiez quelquefois les cours? Quel(s) cours?

   _____

3. Et à l'université, est-ce que vous séchez les cours? Pourquoi ou pourquoi pas?

   _____

4. Adolescent(e), est-ce que vous étiez à la recherche de votre identité? L'avez-vous trouvée?

   _____

5. Selon vous, quel est le plus grand problème pour les adolescents aujourd'hui: le tabagisme, l'alcoolisme ou la toxicomanie? Pourquoi?

   _____

6. Est-ce que vous avez des amis avec ces problèmes? Qu'est-ce qu'on peut faire pour aider ces personnes?

   _____

🔊 **C. Un autre point de vue.** Mohammed et Karine, deux adolescents français, parlent des inquiétudes de
CD 3
Track 6
leurs parents concernant les problèmes de l'adolescence aujourd'hui. Écoutez leur conversation, et puis répondez aux questions.

Vocabulaire utile:
en avoir marre de *(to be sick of)*
renifler *(to sniff)*
entendre dire *(to hear that . . .)*
faire oublier *(to make [someone] forget)*

1. Mohammed fume, mais ne le dit pas à sa mère.   vrai   faux
2. La mère de Mohammed en a marre de ses problèmes.   vrai   faux
3. Karine est végétarienne.   vrai   faux
4. Le père de Karine respecte son choix.   vrai   faux
5. Selon Mohammed et Karine, leurs parents avaient les mêmes problèmes quand ils étaient adolescents.   vrai   faux
6. Mohammed et Karine pensent que leurs parents se font trop de soucis.   vrai   faux
7. Quels problèmes est-ce que Karine mentionne comme spécifiques à la génération de ses parents?

   _____

8. Êtes-vous d'accord avec la conclusion de Mohammed et Karine? Expliquez votre réponse.

   _____

Structure 2

Les pronoms *y* et *en* avec l'imparfait

D. Mais non, ce n'était pas comme ça! Quand vous étiez adolescent(e), vous alliez toujours à la plage pour les vacances. Malheureusement, votre petit frère ne se souvient pas très bien de ces vacances. Corrigez ses phrases en utilisant le pronom **y** ou **en**, selon le cas.

> **MODÈLE:** En été, nous n'allions jamais *à la plage.*
>
> Mais si, nous *y allions* tous les ans.

1. Nous ne mangions pas *de fruits de mer.*

   Mais si, nous ———————————————— beaucoup!

2. Papa attrapait toujours *des coups de soleil.*

   Mais non, c'était Maman qui ————————————————.

3. Toi et moi, nous allions souvent *au cinéma.*

   Mais non, nous n(e) ———————————————— jamais! Nous restions à la plage.

4. Tu n'aimais pas nager *dans l'océan.*

   Mais si, j(e) ————————————————.

5. Quand Papa et Maman n'étaient pas là, tu fumais *des cigarettes.*

   Chut! Ils ne savent toujours pas *(still don't know)* que j(e) ————————————————!

E. Le cours de français. Répondez aux questions suivantes en utilisant **y** ou **en**, selon le cas.

1. Dans votre cours de français le semestre / l'an passé, est-ce que vous écoutiez souvent de la musique française?

   _____

2. Est-ce que vous aviez cours quelquefois dans le parc?

   _____

3. Écriviez-vous beaucoup de compositions?

   _____

4. Est-ce que le prof allait souvent en France?

   _____

5. Vous répondiez aux questions difficiles?

   _____

6. Est-ce que vous mangiez tous ensemble au restaurant français?

   _____

7. Est-ce que vous envoyiez des lettres / des méls en France?

   _____

◀))) F. De quoi parlent-ils? Vous êtes seul(e) dans un restaurant, et pour vous amuser, vous écoutez les
CD3 conversations autour de vous. Malheureusement, il y a beaucoup de bruit *(noise)* dans le restaurant et vous
Track 7 entendez seulement une phrase de chaque conversation. Selon les phrases que vous entendez, indiquez le
thème de chaque conversation.

_____ 1. a. au parc   b. de la mousse au chocolat   c. le rock

_____ 2. a. au cinéma   b. de la musique classique   c. de la pizza

_____ 3. a. des jeux vidéo   b. en vacances   c. le nouveau CD de Sting

_____ 4. a. en voiture   b. au supermarché   c. à pied

_____ 5. a. la voiture   b. du vin   c. en vacances

◀))) G. Résumé. Mylène va vous raconter quelques souvenirs de sa jeunesse. Écoutez ses souvenirs, et puis
CD3 faites un résumé à l'aide des expressions données. Utilisez **y** ou **en** dans chaque phrase.
Track 8

> **MODÈLE:** Le centre commercial / nous:
> *Nous y faisions des courses.* ou *Nous y allions le samedi.*

1. Les vêtements et les chaussures / nous: _____

2. Les meubles / nous: _____

3. Les boutiques / ma sœur: _____

4. Les grands magasins / moi: _____

À vous de vous perfectionner! (1)

> **1. L'intonation: L'accent sur les mots et les groupes de mots dans les phrases affirmatives.**
>
> **2. L'intonation dans des phrases plus longues**

1. L'intonation: L'accent sur les mots et les groupes de mots dans les phrases affirmatives

L'intonation, qu'est-ce que c'est? C'est la **musique** de la langue. Quand vous mettez un **accent (stress)**
sur un mot ou dans une phrase, vous mettez une «note de musique» sur le mot ou dans la phrase.

Vous savez déjà qu'en français, en général, pour **les mots**, l'accent tombe sur la *dernière syllabe.*
Pour marquer cet accent, vous **augmentez un peu la durée, le timbre** *(tone)* **et le volume de cette
dernière syllabe.** Observons les mots apparentés suivants et la différence entre les accents français
et anglais.

Syllabe accentuée = accent en anglais	Syllabe accentuée = accent en français
My comp<u>an</u>ion	Mon compa<u>gnon</u>
My fi<u>an</u>cée[1]	Ma fian<u>cée</u>
<u>Co</u>llege	Le co<u>llè</u>ge
Person<u>a</u>lity	La personnali<u>té</u>
<u>Se</u>xual re<u>la</u>tions	Rela<u>tions</u> sexu<u>elles</u>

[1]Some speakers of English may also stress the last syllable of this word: fian<u>cée</u>.

Application immédiate: À vous de pratiquer! Prononcez les mots et expressions de la colonne de droite (a) une première fois **avec un accent anglais** et puis (b) **avec l'accent _correct_ français**. C'est amusant non!

2. L'intonation dans des phrases plus longues

Pour les **groupes de mots**, la dernière syllabe du dernier mot du groupe est accentuée.
Observons:

les vêtements et les chauss<u>ures</u>

de la mousse au choc<u>olat</u>

de la musique clas<u>sique</u>

Mais en général, vous lisez et produisez **des phrases** beaucoup **plus longues**. Que faire? C'est simple.

CD 3
Track 9

Observons la phrase suivante et comparons les accents français et anglais. Voyez les syllabes **en gras,** donc **les accents** en français et ensuite en anglais.

	Mes	pa<u>rents</u>	ont	dix	télé<u>phones</u>	dans	leur	apparte<u>ment</u>.
Syllabes:	1	2 **3**	4	5	6 7 **8**	9	10	11 12 13 **14**
	My	p<u>a</u>rents	have	ten	<u>te</u>lephones	in	their	ap<u>a</u>rtment.
Syllabes:	1	**2** 3	4	5	**6** 7 8	9	10	11 **12** 13

Et voilà toute la différence du «contour musical» de deux phrases—une française et une anglaise—quasi identiques!

Conclusion: Si vous prononcez la phrase française avec les accents anglais... vous parlez avec la **musique anglaise** sur des mots français... Et tout le monde dit... «c'est un Américain ou une Américaine!» Ah non alors!

Application immédiate:

Pratiquons ensemble l'accent dans des phrases plus longues.

Utilisons la première phrase du texte de votre manuel **_Les ados français sont comme ça._** Mettons-y «la musique», l'intonation française!

- Nous allons diviser la phrase en groupes, les **groupes rythmiques,** séparés par des (//).
- Nous avons aussi souligné les «dernières» syllabes parce qu'elles portent <u>l'accent.</u>
- **À la fin de chaque groupe,** pour marquer que la phrase n'est pas finie, en règle générale, **l'intonation monte.** Après une **virgule,** on marque une petite **pause.**
- **À la fin de la phrase,** pour marquer que l'idée est terminée, **l'intonation descend.** Voici comment visualiser cette opération.

L'adoles<u>cence</u> // est une période dif<u>ficile</u> // pour les pa<u>rents</u> // et pour les en<u>fants</u>.

Voyez à présent la cinquième «longue» phrase de ce texte et procédez de la même manière. Pour vous aider, nous avons séparé les groupes rythmiques et marqué les <u>syllabes accentuées</u>. Mais la musique... c'est vous qui allez la faire!

🔊 **Perception et production.** À vous maintenant de pratiquer!

CD 3
Track 10

Selon les ex<u>perts</u> // (les théra<u>peutes</u>, // les pédopsycho<u>logues</u> // et pédopsy<u>chiatres</u>), // l'autorité paren<u>tale</u> // est de plus en plus invi<u>sible</u> // et inexi<u>stante</u>, // parce que la tendance des parents mo<u>dernes</u> // c'est de vouloir être d'a<u>bord</u> // le copain des en<u>fants</u> // et non une figure autori<u>taire</u>.

(1) Écoutez avec attention le modèle, plusieurs fois si nécessaire.

(2) Faites plus particulièrement attention aux accents et à l'intonation... **la musique de la langue!**

(3) Et enfin, imitez le modèle: prononciation, vitesse de production et intonation.

À vous d'écrire!

Mon/Ma meilleur(e) ami(e) d'enfance. Écrivez un portrait de votre meilleur(e) ami(e) d'enfance. Comment était-il/elle? Qu'est-ce que vous faisiez ensemble? Pourquoi est-ce qu'il/elle était votre meilleur(e) ami(e)? Écrivez au moins douze phrases pour bien décrire votre ami(e) et votre amitié (*friendship*). N'oubliez pas d'utiliser l'imparfait pour les descriptions dans le passé!

_____

_____

_____

_____

_____

_____

_____

_____

_____

_____

_____

_____

_____

_____

_____

_____

_____

_____

_____

_____

Passage **3**

Mon vocabulaire

L'enfance

A. L'ordre naturel. Numérotez les phrases suivantes dans l'ordre naturel de la vie d'un enfant.

a. _____ Les parents élèvent leur enfant.

b. _____ L'enfant fait des bêtises.

c. _____ Les parents attendent un enfant.

d. _____ L'enfant pleure.

e. _____ La femme accouche.

f. _____ Les parents punissent l'enfant.

B. L'expression juste. Donnez l'expression qui décrit l'enfant dans chaque dessin.

1.

_____

2.

_____

3.

_____

4.

_____

5.

_____

6.

_____

7. Maintenant, décrivez votre enfance. Comment étiez-vous enfant?

_____

🔊 **C. La famille Olivier.** Il y avait cinq enfants dans la famille Olivier. Écoutez la description que les parents
CD 3
Track 11 donnent de chaque enfant, et décidez s'il/elle a été un petit ange ou un démon.

1. Nicolas   ange   démon

2. Karine   ange   démon

3. Martine   ange   démon

4. Sylvie   ange   démon

5. Marc   ange   démon

D. Jacques a dit! Aurélien et sa maman jouent à **Jacques a dit** *(Simon says).* Écrivez en anglais les parties
du corps nommées. (**Droit(e)** veut dire *right* et **gauche** veut dire *left*; **lever** veut dire *to raise* and **baisser**
veut dire *to lower*).

1. Jacques a dit, lève <u>la jambe</u> droite: _____

2. Jacques a dit, lève <u>le bras</u> gauche: _____

3. Jacques a dit, lève <u>le pied</u> gauche: _____

4. Jacques a dit, lève <u>la main</u> droite: _____

5. Jacques a dit, baisse <u>le poignet</u> gauche: _____

6. Jacques a dit, lève <u>le pouce</u> droit: _____

E. "The neckbone's connected to the backbone..." Avez-vous chanté cette chanson, enfant? Dites ce
qui est relié à quoi en français.

1. Les orteils sont reliés aux _____.

2. Les mains sont reliées aux _____.

3. La tête est attachée au _____.

4. Les dents sont à l'intérieur de la _____.

5. Le genou est au milieu de la _____.

6. Les doigts sont reliés à la _____.

7. La hanche est reliée au(x) _____.

8. La peau couvre tout le _____.

F. Quel type de monstre est-ce?! Votre ami croit aux extraterrestres. Il vous décrit l'être qu'il a vu
 vendredi dernier. Identifiez aussi vite que vous le pouvez l'être dont il parle. Avez-vous deviné dès
(from / starting with) la première phrase? La deuxième? Bravo, vous avez bien appris le vocabulaire!
Avec trois phrases? Pas mal, mais il faut encore étudier un peu plus! Avec quatre phrases? Vous avez
du travail à faire avant l'examen!

a.

b.

c.

d.

Structure 3

Les pronoms interrogatifs et les questions à l'imparfait

G. «Jeopardy»! Vous jouez à Jeopardy avec vos amis. Donnez la question qui correspond à la partie en
italique dans les réponses ci-dessous.

1. George Washington était président des États-Unis *de 1789 à 1797.*

   _____

2. La capitale des États-Unis était *à Philadelphie* en ce temps-là.

   _____

3. *Louis XVI* était roi de France en 1789.

   _____

4. Sa femme s'appelait *Marie-Antoinette*.

   _____

5. La famille royale habitait *à Versailles*.

   _____

6. Le palais du roi était *très grand et luxueux*.

   _____

7. Les révolutionnaires en France pensaient *que le roi ne s'occupait pas d'eux*.

   _____

8. Louis XVI a été exécuté en 1793 *parce que les gens pauvres n'aimaient pas la corruption de la royauté*.

   _____

H. De retour chez vos parents. Imaginez que vous retournez chez vos parents après un semestre à l'université. Ils veulent tout savoir concernant votre vie à l'université. Utilisez les verbes suggérés à l'imparfait pour créer six questions que vos parents poseraient, et puis donnez vos réponses.

> dormir   ne… pas aller en cours   sortir   manger   s'appeler
>
> faire les devoirs   regarder (à la télé)   s'entendre avec ton/ta colocataire

1. Quand _____?

   _____

2. Où _____?

   _____

3. Pourquoi _____?

   _____

4. Comment _____?

   _____

5. Qui _____?

   _____

6. Qu(e) _____?

   _____

🔊 **I. Une bonne histoire.** Marianne explique comment elle a rencontré son mari. Écoutez son récit, puis répondez aux questions qui suivent.

CD 3
Track 13

1. Comment est-ce que Marianne se sentait le matin où elle a rencontré son mari?
   a. Elle était très malade.
   b. Elle était nerveuse à cause d'un examen de chimie.
   c. Elle allait bien.

2. Pourquoi est-ce que sa sœur a refusé de l'aider?
   a. Elle voulait rester au lit.
   b. Elle n'avait pas de voiture.
   c. Elle devait étudier.

3. Qu'est-ce que son amie a dit?
   a. Elle devait travailler—elle est mécanicienne.
   b. Sa voiture était chez le mécanicien.
   c. Le mécanicien lui a dit de ne pas conduire sa voiture.

4. Quel temps faisait-il ce jour-là?
   a. Il pleuvait.
   b. Il faisait du soleil.
   c. Le ciel était couvert.

5. Comment allait Marianne dans le bus?
   a. Elle était encore plus malade.
   b. Elle allait mieux—elle parlait avec la personne à côté d'elle.
   c. Elle était un peu malade, et elle dormait.

6. Qu'est-ce que l'homme a offert?
   a. De l'accompagner chez le médecin.
   b. De lui donner son numéro de téléphone.
   c. De se marier avec elle.

7. Pourquoi est-ce qu'il voulait son numéro de téléphone?
   a. Pour vérifier qu'elle allait mieux.
   b. Pour le donner à son ami.
   c. Pour lui demander de sortir.

Structure 4

Les parties du corps et les articles définis et indéfinis

J. Un week-end plein d'accidents! Vos amis et vous avez eu beaucoup d'accidents ce week-end. Décrivez ce que chaque personne s'est fait (utilisez le **passé composé**), selon les dessins suivants.

Vocabulaire utile: se tordre *(to sprain, to twist);* se casser *(to break);* se faire mal à *(to hurt);* se couper *(to cut oneself)*

Pascale    Rémy

Cathy    Nadine    Stéphane

Kim    Samnang

> **MODÈLE:** Pascale s'est tordu la cheville.

1. Kim _____.

2. Rémy _____.

3. Stéphane _____.

4. Cathy _____.

5. Samnang _____.

6. Nadine _____.

K. Des parties du corps indispensables. Certaines parties du corps sont indispensables pour faire les activités suivantes. Identifiez la/les partie(s) que vous utilisez pour chaque activité.

> **MODÈLE:** écouter
> *Pour écouter, j'utilise les oreilles.*

1. parler _____

2. jouer au foot _____

3. apprécier une rose _____

4. se sécher les cheveux _____

5. marcher _____

6. regarder à droite et à gauche _____

7. jouer du piano _____

🔊 **L. Associations libres.** Écrivez les parties du corps qui correspondent aux activités que vous entendez.

CD 3
Track 14

> **MODÈLE:** *Vous entendez:* jouer au basket
> *Vous écrivez:* *les mains, les pieds*

1. _____ , _____

2. _____

3. _____

4. _____ , _____ , _____

5. _____ , _____ , _____

6. _____ , _____ , _____

🔊 **M. Bonne continuation!** Dans l'exercice ci-dessous, vous allez entendre le début d'une phrase. Complétez chaque phrase avec un verbe et une partie du corps appropriée.

CD 3
Track 15

> **MODÈLE:** *Vous entendez:* Avant de me coucher le soir, je...
> *Vous ajoutez:* *me lave le visage.*

1. _____

2. _____

3. _____

4. _____

5. _____

6. _____

À vous de vous perfectionner! (2)

> 1. **L'intonation dans les phrases interrogatives: oui/non, pourquoi, comment, qui, que, etc.**
>
> 2. **Les accents d'insistance, expressif et émotionnel**

1. L'intonation dans les phrases interrogatives

Pour les **questions** *oui/non*, le ton monte à la fin de la phrase pour marquer la question.

Vous partez?

Mais quand la phrase commence par un **pronom interrogatif—quand, comment, où, pourquoi, combien, qui, que—**l'intonation musicale **monte au début,** ensuite, la musique descend puis remonte[1] à nouveau un peu.

Où est-ce que vous sortiez?   **Qu'est-ce que tu faisais?**

Application immédiate: Perception et production

🔊 **Un enfant sage** Alexandre, un petit garçon de quatre ans, pose des questions à sa mère.
CD 3
Track 16
Pour cet exercice, utilisez votre *SAM Audio.*

- Tout d'abord, vous écoutez **les questions** du petit Alexandre sur l'audio CD, et vous indiquez **dans le texte**—par des flèches ➤ —quand l'intonation monte. Marquez aussi **les pauses (//).**
- Écoutez le CD aussi souvent que nécessaire pour vous imprégner de la musique.
- Et enfin, imitez le modèle.
- Imaginez que **vous faites du** *théâtre,* que vous êtes sur scène! Votre public vous adore... et adore votre superbe prononciation française.

ALEXANDRE:	Maman, quand j'avais deux ans, est-ce que je pleurais souvent?
MAMAN:	Oh oui! Tu pleurais beaucoup et après tu avais les yeux tout rouges!
ALEXANDRE:	Pourquoi est-ce que je pleurais, Maman?
MAMAN:	Parce que tu faisais beaucoup de caprices! Tu ouvrais la bouche bien grand et tu criais: «Je veux ça, je veux ça!»
ALEXANDRE:	Est-ce que je faisais des bêtises?
MAMAN:	Mmm... oui, de temps en temps!
ALEXANDRE:	Qu'est-ce que je faisais comme bêtises?
MAMAN:	Tu adorais mettre les mains dans l'eau du chien et tu y mettais les pieds aussi!
ALEXANDRE:	Est-ce que tu me donnais une fessée quand j'étais vilain?
MAMAN:	Jamais! Je te punissais, mais la fessée jamais!
ALEXANDRE:	Comment est-ce que tu me punissais?
MAMAN:	Je te mettais au coin pendant quelques minutes.
ALEXANDRE:	Et qu'est-ce que je faisais au coin?

[1]goes back up

MAMAN:	Tu pleurais, encore une fois!
ALEXANDRE:	Beaucoup?
MAMAN:	Oh, là là oui! Beaucoup! Mais après quelques minutes, je ne pouvais plus tenir et je te faisais un gros bisou sur la joue ou sur la tête. Comme ça!

Pour aller plus loin…

Votre professeur va certainement vous demander de faire en classe des activités de groupe. À vous de pratiquer l'intonation des questions suivantes.

Quand tu étais plus jeune *(p. 284 dans votre livre de cours)*

Voici comment vous préparer à poser les questions suivantes à votre camarade de classe sur son adolescence.

Pour les deux premières questions:

- En **gras**, nous avons marqué quand l'**intonation monte.**
- Nous avons divisé la question en **groupes rythmiques (//).**
- Nous avons aussi souligné les <u>syllabes avec accent.</u>

Pour les autres, à vous de faire le même travail → 3 étapes

1. **Quand** tu étais adoles<u>cente</u>, // est-ce que tu allais au ly<u>cée</u> // tous les jours de la se<u>**maine**</u>?
2. **Est-ce que** tu restais à la mai<u>son</u> // le samedi <u>**soir**</u>? **Qu'est-ce que** tu fais<u>**ais**</u>?
3. Est-ce que tu aimais regarder des comédies à la télé? Qu'est-ce que tu regardais?
4. Est-ce que tu avais beaucoup d'amis?
5. Est-ce que vous faisiez des bêtises, tes amis et toi? Quoi, par exemple?
6. Est-ce que vous alliez souvent au bowling? Où est-ce que vous sortiez d'habitude?
7. Quand tu rentrais du lycée, est-ce que tes parents étaient à la maison?

2. Les accents d'insistance, expressif et émotionnel

Regardons quelques exemples.

Tu fais du kara**TÉ**? (Pas possible!!!)

Combien d'**HEURES** est-ce que tu restes au club de gym? (Si longtemps que ça?!)

AVANT les examens, qu'est-ce que tu fais? Tu dors ? (Pas possible!!!)

C'est facile, n'est-ce pas? Quand vous insistez, vous insistez plus sur le mot ou la syllabe, et le ton monte. C'est logique!

Application immédiate:

Utilisons à nouveau *(again)* certaines questions des exercices ci-dessus. Mais cette fois, nous allons **insister** sur certains points.

Insistez très fort sur les mots soulignés pour bien marquer votre question.

- Est-ce que tu aimais regarder <u>**des comédies**</u> à la télé? (pas des westerns!!!)
- Est-ce que tu avais <u>**beaucoup**</u> d'amis? (des centaines???)
- Est-ce que vous alliez <u>**souvent**</u> au bowling? (tous les jours???)
- Tu donnais des coups de pied à tout le <u>**monde**</u>? (vraiment à tout le monde???)
- En général, étais-tu un ange ou étais-tu un petit <u>**démon**</u>? (pour marquer la distance entre «ange» et «démon»!)

Et voilà! Vous connaissez tous les secrets de la «musique» de l'intonation en français!

À vous maintenant de «chanter» en français!

À vous de lire!

Le passage qui suit décrit l'enfance de Daniel Eyssette, le personnage principal dans le roman *Le Petit Chose* d'Alphonse Daudet. Dans ce passage, Daniel, le fils d'une famille pauvre, arrive au collège dans une nouvelle ville, où il ne connaît personne. Il raconte ses premières journées. Avant de lire, imaginez quelle a été probablement son expérience pendant le premier jour et la première semaine. Ensuite, lisez sa description, et répondez aux questions qui suivent.

Le Petit Chose (extrait)

Ce qui m'a frappé d'abord, à mon arrivée au collège, c'est que j'étais le seul avec une blouse. À Lyon, les fils de riches ne portent pas de blouses; il n'y a que les enfants de la rue, les *gones* comme on dit. Moi, j'en avais une, une petite blouse à carreaux qui datait de la fabrique; j'avais une blouse, j'avais l'air d'un gone... Quand je suis entré dans la classe, les élèves ont ricané[1]. On disait:

—Tiens! Il a une blouse!

Le professeur a fait la grimace et tout de suite m'a pris en aversion. Depuis lors, quand il m'a parlé, [ceci] a été toujours au bout des lèvres, d'un air méprisant. Jamais il ne m'a appelé par mon nom; il disait toujours:

—Hé! vous là-bas, le petit Chose!

Je lui avais dit pourtant plus de vingt fois que je m'appelais Daniel Ey-sset-te... À la fin, mes camarades m'ont surnommé «le petit Chose», et le surnom m'est resté...

Quant à moi, j'avais compris que lorsqu'on est boursier, qu'on porte une blouse, qu'on s'appelle «le petit Chose», il faut travailler deux fois plus que les autres pour être leur égal, et ma foi! Le petit Chose s'est mis à travailler de tout son courage...

De temps en temps, la porte de la chambre s'ouvrait doucement: c'était Mme Eyssette qui entrait. Elle s'approchait du petit Chose sur la pointe des pieds. Chut!...

—Tu travailles? lui disait-elle tout bas.

—Oui, mère.

—Tu n'as pas froid?

—Oh! non!

Le petit Chose mentait, il avait bien froid, au contraire.

Alors Mme Eyssette s'asseyait auprès de lui, avec son tricot[2], et restait là de longues heures, comptant ses mailles[3] à voix basse, avec un gros soupir[4] de temps en temps.

Pauvre Mme Eyssette! Elle y pensait toujours à ce cher pays qu'elle n'espérait plus revoir... Hélas! pour son malheur, pour notre malheur à tous, elle allait le revoir bientôt...

Alphonse Daudet, *Le petit Chose* © Le Livre de Poche Jeunesse, 2002. (Une réédition sortira en novembre 2010 au Livre de Poche Jeunesse)

Compréhension. Maintenant, répondez aux questions suivantes.

1. Les autres étudiants et le professeur ont vite compris que Daniel venait d'une famille pauvre. Comment?

_____

[1]laughed   [2]knitting   [3]stitches   [4]sigh

2. Quel surnom est-ce que le professeur lui a donné? Est-ce que cela montre que le professeur respectait ou ne respectait pas Daniel?

_____

3. Quel effet est-ce que le surnom a eu sur Daniel? Comment est-ce qu'il a travaillé?

_____

4. Comment est-ce que Daniel appelle sa mère? Qu'est-ce que cela suggère de leurs relations familiales?

_____

5. Pourquoi est-ce que Daniel ne disait pas la vérité à sa mère quand elle lui demandait s'il avait froid?

_____

6. Qu'est-ce que le narrateur veut dire quand il dit que Mme Eyssette allait bientôt revoir son cher pays? Qu'est-ce qui va se passer dans cette histoire, selon vous? Est-ce que l'enfance de Daniel va être plus gaie ou plus triste?

_____

Réaction personnelle

1. Connaissiez-vous (Did you know) des enfants pauvres quand vous étiez au collège? Avaient-ils les mêmes expériences que Daniel?

_____

2. Si vous savez que quelqu'un n'a pas de respect pour votre travail, est-ce que vous travaillez plus dur ou moins dur?

_____

3. Quelles émotions avez-vous éprouvées (did you feel) en lisant cette histoire? Voudriez-vous continuer? Pourquoi ou pourquoi pas?

_____

Mon boulot

CHAPITRE
10

Passage 1

Mon vocabulaire

Le travail (1)

A. Descriptions familiales. Sophie décrit les membres de sa famille. Complétez ses phrases avec un mot ou une expression approprié.

> **MODÈLE:** Mon frère et ses collègues ne sont pas satisfaits de leurs conditions de travail. Ils *font la grève*.

1. Mon père vient de fêter son 70ᵉ anniversaire. Il ne travaille plus—il est _____.

2. Ma sœur vient d'obtenir son diplôme universitaire. Elle _____.

   Demain, elle va passer _____ pour un poste dans une

   _____—Toyota.

3. Mon oncle avait un bon travail, mais l'économie a changé. La compagnie où il travaillait a fermé, et il

   est maintenant _____.

4. Ma mère aime travailler mais elle ne veut pas travailler à plein temps. Elle a un travail

   _____.

5. Mon cousin n'est pas très sérieux. Il ne travaille pas dur et il est souvent

   _____, mais il trouve vite un nouvel emploi!

6. Et moi? Je suis en deuxième année dans une école de commerce. L'été prochain, j'espère

   faire un _____ dans une banque pour apprendre les finances.

B. Le travail idéal. Décrivez le travail idéal, selon vous.

1. Est-ce que c'est un travail à mi-temps ou à plein temps?

   _____

2. Vous avez un bon salaire, bien sûr. Vous gagnez combien d'euros?

   _____

3. C'est dans quel type d'entreprise?

   _____

4. Vous avez combien de semaines de congés payés par an?

_____

5. Vous pouvez prendre votre retraite à quel âge?

_____

6. Vous avez un bureau individuel ou collectif? Avec combien de fenêtres?

_____

7. Comment est votre patron (patronne)?

_____

🔊 **C. Le/La stagiaire.** Avez-vous regardé «The Apprentice» avec Donald Trump ou Martha Stewart à la télévision? Voici une version française. Écoutez les conversations suivantes, puis répondez aux questions.

CD3
Tracks 17–19

1. Philippe a _____.
   a. une formation scientifique   b. une formation littéraire

2. Il cherche _____.
   a. un travail à mi-temps   b. un travail à plein temps

3. Pour lui, le plus important c'est _____.
   a. d'avoir un bon salaire   b. d'être satisfait au travail   c. d'apprendre une profession

4. Le patron va probablement lui dire «_____».
   a. Vous êtes embauché!   b. Vous êtes licencié!

5. Raïsa va probablement bientôt _____.
   a. toucher la retraite   b. faire la grève   c. postuler pour un autre poste

6. Elle cherche _____.
   a. un travail à temps partiel   b. un travail à temps complet

7. Pour elle, le plus important c'est de travailler _____.
   a. dans une multinationale   b. dans une compagnie privée   c. dans une entreprise publique

8. Le patron va probablement lui dire «_____».
   a. Vous êtes embauchée!   b. Vous êtes licenciée!

9. Jean-Luc est actuellement (currently) _____.
   a. à la retraite   b. au chômage

10. Il cherche _____.
    a. un travail à mi-temps   b. un travail à plein temps

11. Pour lui, le plus important c'est _____.
    a. d'apprendre une profession   b. d'avoir un bon salaire   c. d'avoir un bureau privé

12. La patronne va probablement lui dire «_____».
    a. Vous êtes embauché!   b. Vous êtes licencié!

Structure 1

Le passé composé et l'imparfait

D. L'entretien. Complétez le paragraphe ci-dessous en mettant le bon verbe au passé composé ou à l'imparfait, selon le cas.

aller   neiger   avoir   se réunir   faire   commencer

Récemment, mon amie Christine (1) _____ un entretien très important.

Elle (2) _____ à Philadelphie où elle et le directeur d'une société internationale

(3) _____. La journée (4) (ne... pas) _____ très bien.

Il (5) _____ froid et gris à Philadelphie et il (6) _____ un peu.

décider   arriver   être (2 fois)   apporter   penser   changer   avoir   pouvoir

Christine (7) _____ très nerveuse et elle (8) _____ qu'elle

perdait son temps. Elle (9) _____ même envie de retourner à son hôtel sans passer

l'entretien. Mais quand le patron (10) _____ dans la salle de réunion, elle

(11) _____ d'avis. Le patron (12) _____ grand et souriant et il

(13) _____ deux tasses de café. Christine (14) _____ très vite qu'elle

(15) _____ travailler dans une société où le patron apporte le café aux employés!

E. À ce moment-là. Que faisiez-vous lors d'événements mondiaux importants? Répondez aux questions suivantes en utilisant un verbe au **passé composé** ou à l'**imparfait,** selon le cas.

1. Où étiez-vous le 11 septembre 2001? _____

   Qu'est-ce que vous faisiez? _____

   Comment avez-vous appris la nouvelle? (à la télé / par un ami?) _____

2. Quel âge est-ce que vous aviez quand la navette spatiale «Columbia» a explosé? _____

   Est-ce que vous avez compris ce qui se passait? _____

   Où étiez-vous? _____

   Est-ce que vous pouviez croire *(to believe)* la nouvelle? _____

3. Est-ce vous avez un petit frère ou une petite sœur? Où étiez-vous quand il/elle est né(e)? _____

   Qu'est-ce que vous en pensiez? _____

   Est-ce que vous étiez content(e)? _____

   Qu'est-ce que vous avez dit à vos parents? _____

4. Est-ce que vous avez perdu quelqu'un ou quelque chose de précieux? _____

   Qui c'était / Qu'est-ce que c'était? _____

   Comment est-ce que vous avez réagi? _____

🔊 **F. L'enfance de Marielle.** Dans le passage que vous allez entendre, Marielle parle de son enfance. Pour
CD3 chaque phrase, dites si elle parle d'une activité terminée dans le passé, d'une suite *(series)* d'activités, d'une
Track 20 activité habituelle, ou si elle fait une description. À côté de votre réponse, notez le temps verbal qu'elle utilise.

1. _____ activité terminée dans le passé

   _____ suite d'activités

   _____ activité habituelle

   _____ description   **temps verbal:** _____

2. _____ activité terminée dans le passé

   _____ suite d'activités

   _____ activité habituelle

   _____ description   **temps verbal:** _____

3. _____ activité terminée dans le passé

   _____ suite d'activités

   _____ activité habituelle

   _____ description   **temps verbal:** _____

4. _____ activité terminée dans le passé

   _____ suite d'activités

   _____ activité habituelle

   _____ description   **temps verbal:** _____

5. _____ activité terminée dans le passé

   _____ suite d'activités

   _____ activité habituelle

   _____ description   **temps verbal:** _____

6. _____ activité terminée dans le passé

   _____ suite d'activités

   _____ activité habituelle

   _____ description   **temps verbal:** _____

7. _____ activité terminée dans le passé

   _____ suite d'activités

   _____ activité habituelle

   _____ description   **temps verbal:** _____

8. _____ activité terminée dans le passé

   _____ suite d'activités

   _____ activité habituelle

   _____ description   **temps verbal:** _____

9. _____ activité terminée dans le passé

   _____ suite d'activités

   _____ activité habituelle

   _____ description   **temps verbal:** _____

G. Le semestre de Louis. Dans le passage que vous allez entendre, Louis décrit son semestre passé. Écoutez la description et complétez le tableau ci-dessous.

CD3
Track 21

Cours et jours de réunion:	
1. maths	
2. lundi, mercredi	
3.	
Cours préféré et pourquoi:	
Description du/de la prof dans ce cours:	
Ce qu'il a appris:	
Cours le moins apprécié:	
Description du/de la prof dans ce cours:	
Ce qu'il a appris:	

À vous de vous perfectionner! (1)

> 1. **Les consonnes finales: expansion et application**
>
> 2. **Les consonnes initiales /p, t, k/: pas d'aspiration**

1. Les consonnes finales: expansion et application

Observons:

dan<u>s</u>	dan<u>se</u>
un cour<u>s</u>	les cour<u>ses</u>
le peti<u>t</u> cous<u>in</u>	la peti<u>te</u> cous<u>ine</u>
un chan<u>t</u>	je chan<u>te</u>
Pierre atten<u>d</u>	Pierre et Alain atten<u>dent</u>

Rappel: On **ne** prononce **pas** la **consonne finale sauf** si elle est suivie de **e**. Mais bien sûr, il y a des **exceptions: pou<u>r</u>, ave<u>c</u>, don<u>c</u>, su<u>r</u>, sept, que<u>l</u>, che<u>f</u>,** etc.

◄))
CD3
Track 22

Application immédiate: Perception et production. Voici plusieurs mots à problèmes potentiels à cause de leurs consonnes finales. Est-ce qu'on prononce ces consonnes? À vous de choisir entre **O** (oui) ou **N** (non).

(1) Marquez **O** (oui) si vous devez prononcer la consonne finale ou **N** (non) si vous ne devez pas la prononcer.

(2) Ensuite, utilisez votre *SAM Audio* pour vérifier vos réponses.

(3) Et enfin, répétez la prononciation correcte.

MODÈLE: il atten<u>d</u> → <u>N</u> (parce que le **d final n'est pas** suivi de **e**)

	OUI , je prononce la consonne finale	NON, je **ne** prononce **pas** la consonne finale
j'atten<u>ds</u>		
ils s'endor<u>m</u>ent		
la semai<u>ne</u>		
il compren<u>d</u>		
elle est encein<u>te</u>		
le taba<u>c</u>		
le pie<u>d</u>		
les doi<u>gts</u>		
le pou<u>ce</u>		
le premie<u>r</u>		
la premiè<u>re</u>		
un cabine<u>t</u>		
l'archite<u>cte</u>		
il est en reta<u>rd</u>		
Pierre enten<u>d</u>		
Pierre et Anne enten<u>dent</u>		
à mi-tem<u>ps</u>		

🔊 **Application immédiate: Perception.** Un petit commerce.
CD3
Track 23 Écoutez à nouveau des extraits du texte sur Emmanuelle Binoche. Mais cette fois, vous allez décider si oui ou non la dernière consonne <u>soulignée</u> est prononcée.

«Je suis che<u>f</u> d'entreprise. C'est une peti<u>te</u> entreprise, mais le travail est quan<u>d</u> même

_____   _____   _____

énorme. En général, je travaille 45 heure<u>s</u> par semai<u>ne</u> à la chocolaterie, e<u>t</u> encore 10

_____   _____   _____

heures par semaine chez moi, devan<u>t</u> l'ordinateur. Au début, j'avais une associée,

_____   _____

mais elle a dû déménag<u>er</u> dans une autre ville, don<u>c</u>, maintenan<u>t</u> je suis la seule à

_____   _____   _____

m'occuperchocolaterie: l'acha<u>t</u> des produi<u>ts</u>, [...], la ven<u>te</u>, [...] et je gère les

_____   _____   _____

comptes bancaires à la <u>fin</u> de chaque semaine.

_____

«[...] Mes employés assurent la fabrication des chocola<u>ts</u> fai<u>ts</u> à la main. Ce sont de vrais arti<u>stes</u>!

_____ _____   _____   _____

Évidemmen<u>t</u>, ils travaillent à plein tem<u>ps</u>, [...]

_____   _____

« [...]Je travaille beaucou<u>p</u> mais je pren<u>ds</u> au moi<u>ns</u> deux semaines de vacan<u>ces</u>

_____   _____   _____   _____

par an. Je ferme la boutique, et je p<u>ars</u> me reposer! Même la patronne a besoin de

_____

congé de tem<u>ps</u> en tem<u>ps</u>! Vous ne croyez pas»?

_____   _____

2. Les consonnes initiales /p, t, k/: pas d'aspiration

L'aspiration de *p, t* et *c/k* en position initiale/début de mot et de syllabe
Observons tout d'abord quelques mots **en anglais:**
"My p^harents have only t^hwo t^helephones in their ap^hartment. I c^han't believe it!"
Les petits '**h**' ajoutés en **superscript** après **p, t, ca** indiquent qu'en anglais, vous allez produire simultanément **une aspiration.** En d'autres termes, quand ces consonnes se trouvent en début de mot ou de syllabe, vous allez *souffler et pousser* de l'air en même temps que ces consonnes. C'est une **aspiration.**

En français, ces **p, t, ca/cu/k** sont sans aspiration. Mais comment faire? Faites un peu comme si c'étaient des **b, d, ga/gu** et faites la syllabe (consonne et voyelle) toute courte. Pour vous aider à vous contrôler, prenez une feuille de papier et tenez-la entre vos doigts devant la bouche. Si la feuille bouge et tremble un peu avec vos **p, t, c/k...** c'est qu'il y a aspiration! Mais si la feuille ne tremble pas, c'est parfait!

Alors, essayons avec la même phrase mais en français. Écoutez la phrase suivante, prononcée une première fois avec l'accent américain et ensuite avec la prononciation française standard. Attention aussi à l'accentuation sur la dernière syllabe. Répétez après le modèle standard, le deuxième modèle.

CD3
Track 24

Mes <u>p</u>arents n'ont <u>qu</u>e deux <u>t</u>éléphones dans leur a<u>pp</u>ar<u>t</u>ement.
É<u>c</u>oute, je ne <u>p</u>eux <u>p</u>as <u>t</u>e croire!

Application immédiate:

- Utilisons les sections «Mon vocabulaire» de ce chapitre et pratiquons les consonnes **p, t** et **ca/cu/k** des mots suivants <u>sans aspiration</u>! Pour vous aider, nous avons <u>souligné</u> les consonnes à problèmes.

Perception et production. un <u>p</u>oste, à <u>t</u>emps <u>p</u>artiel, une entre<u>p</u>rise <u>p</u>ublique, un <u>c</u>andidat /
CD3
Track 25 Une <u>p</u>ostulante <u>p</u>ostule pour un <u>p</u>oste et <u>p</u>asse un entretien.

- Maintenant, pratiquons <u>sans aspiration</u> les consonnes **p, t, ca/cu/k** des questions 2, 4 et 5 de l'exercice C. **Au travail!**

Pour vous aider, nous avons <u>souligné</u> les consonnes à problèmes:
CD3
Track 26 2. As-<u>t</u>u un travail à mi-<u>t</u>emps ou à <u>t</u>emps <u>c</u>omplet? <u>C</u>ombien d'heures par semaine est-ce <u>qu</u>e <u>t</u>u travailles? [...] <u>P</u>our<u>qu</u>oi?

4. <u>Qu</u>and tu <u>p</u>asses un entre<u>t</u>ien, <u>c</u>omment es-<u>t</u>u?

5. <u>C</u>omment <u>t</u>'habilles-<u>t</u>u <u>qu</u>and <u>t</u>u <u>p</u>asses un entre<u>t</u>ien?

À vous d'écrire!

Une foire aux emplois. *(Job fair.)* Imaginez que vous allez bientôt assister à une foire aux emplois. Vous voulez certainement y trouver un poste intéressant. Avant d'y aller, vous voulez donc vous préparer autant que possible. Écrivez deux paragraphes que vous pouvez mémoriser, pour être certain(e) de communiquer clairement. Notez:

(1) votre formation et le type de travail que vous voulez (partiel / complet / type de société / etc.);

(2) votre expérience. Décrivez le(s) poste(s) que vous avez eu(s) dans le passé, vos responsabilités à ce(s) poste(s), pourquoi vous voulez changer de poste, etc.

Dans le premier paragraphe, vous allez surtout utiliser le **présent,** dans le deuxième les temps du **passé.**

MODÈLE: *Je suis spécialiste en sciences politiques, avec une sous spécialisation en français. J'espère trouver un poste d'analyste politique dans une société multinationale. J'ai aussi suivi des cours de marketing, donc je peux aussi aider le service marketing international de la société...*

À mon dernier poste, j'ai travaillé comme gérant(e) chez McDonalds. J'étais responsable des commandes et aussi de l'emploi du temps de tous les employés. C'était un poste difficile, avec beaucoup de responsabilités, mais ce n'est pas mon domaine et je ne veux pas faire carrière dans cette branche.

Passage 2

Mon vocabulaire

Le travail (2)

A. Le typique / L'idéal. Décrivez la personne ou la chose mentionnée, selon l'adjectif. Incorporez le vocabulaire du chapitre autant que possible.

> **MODÈLE:** le smicard typique
>
> *Pour moi, le smicard typique est un étudiant. Il travaille à mi-temps. Il n'a pas d'assurances médicales, et il n'a pas d'autres avantages.*

1. le PDG idéal

    _____

2. un(e) gérant(e) terrible

    _____

3. les avantages idéaux

    _____

4. les achats typiques dans un fast-food

    _____

5. les responsabilités typiques d'un chef d'entreprise

    _____

6. les clients parfaits

    _____

7. l'horaire typique pour un(e) étudiant(e) qui travaille

    _____

8. l'horaire idéal pour un(e) étudiant(e) qui travaille

    _____

B. Mots croisés. Faites les mots croisés selon les définitions données.

Horizontalement *(Across)*:

2. le service qui s'occupe des comptes bancaires d'une compagnie
4. la personne qui a le plus haut poste dans une société
7. ce qu'on reçoit en plus du salaire
8. l'emploi du temps d'un travailleur
9. le service qui assure le fonctionnement d'une compagnie

Verticalement (Down):

1. la production d'une compagnie

2. les vacances (2 mots)

3. la personne responsable d'une compagnie

5. les personnes qui achètent un produit

6. l'argent reçu pour notre travail

🔊 **C. Qui c'est?** Les membres de la famille de Geneviève ont tous des postes très différents dans la
CD3
Track 27 compagnie fondée par le grand-père. Ils se décrivent; identifiez-les par leur numéro.

_____ Marie-Claude, PDG

_____ Michel, gérant

_____ Pierre, ouvrier

_____ Shimène, comptable

_____ Raoul, vendeur

🔊 **D. Entretien téléphonique.** Giselle est confiseuse et elle cherche du travail en Amérique du Nord.
CD3
Track 28 Écoutez sa conversation téléphonique avec Emmanuelle Binoche, propriétaire d'une chocolaterie, et puis
répondez aux questions qui suivent.

1. Quelle est la formation de Giselle?

   _____

2. Est-ce qu'elle a de l'expérience? Combien d'années?

   _____

3. Quel est le salaire proposé pour ce poste?

   _____

4. Est-ce un travail à mi-temps ou à plein temps?

   _____

5. Quels jours de la semaine est-ce qu'on travaille?

   _____

6. Quels avantages sont inclus?

   _____

7. Quand est-ce que Giselle ne peut pas partir en vacances? Pourquoi?

   _____

8. Est-ce que Giselle va être embauchée, selon vous?

   _____

Structures 2 et 3

Le passé composé et l'imparfait pour exprimer la subjectivité; certains verbes au passé composé et à l'imparfait

E. La surprise. Complétez le texte ci-dessous avec la forme correcte du verbe entre parenthèses. Utilisez le passé composé ou l'imparfait, selon le cas.

Hier, mon neveu (1) _____ (avoir) treize ans. Ma belle-sœur (2) _____ (préparer) une surprise-partie pour fêter l'occasion. Quand mon neveu (3) _____ (entrer) dans la salleet qu'il a vu qu'il y (4) _____ (avoir) beaucoup de personnes et beaucoup de cadeaux, il (5) _____ (être) très surpris, surtout quand tout le monde (6) _____ (crier) «Surprise»! Nous (7) _____ (chanter) «Bon anniversaire», mon neveu (8) _____ (faire) un vœu, et puis nous (9) _____ (manger) un gâteau au chocolat délicieux. Plus tard, tous les invités (10) _____ (se parler) et on (11) _____ (s'amuser) quand, soudain, quelqu'un (12) _____ (frapper) à la porte. (13) C'_____ (être) un fleuriste. Il (14) _____ (apporter) des ballons pour mon neveu de la part de ses grands-parents qui habitent le Canada. Ils les (15) _____ (envoyer) parce qu'ils (16) _____ (ne... pas pouvoir) venir à la fête. Mon neveu (17) _____ (dire) que (18) c' _____ (être) le meilleur anniversaire de sa vie!

F. Obligations/préférences/capacités. Répondez aux questions suivantes en faisant très attention au temps verbal du verbe dans la question.

1. Qu'est-ce que vous deviez faire hier soir? Qu'est-ce que vous vouliez faire? Qu'est-ce que vous avez fait, finalement?

   _____

2. La dernière fois que vous avez voulu sortir avec des amis, où êtes-vous allé(e)?

   _____

3. Avez-vous pu répondre à toutes les questions au dernier examen? Est-ce que vous avez dû étudier beaucoup avant de passer l'examen?

   _____

4. Quand vous étiez enfant, pouviez-vous passer la nuit chez un(e) ami(e) quelquefois?

   _____

5. Quel temps a-t-il fait le week-end passé chez vous? Avez-vous fait quelque chose à l'intérieur ou à l'extérieur?

   _____

6. La dernière fois qu'il a plu, qu'est-ce que vous avez fait pour passer le temps?

   _____

7. Quand vous étiez petit(e), que faisiez-vous quand il pleuvait?

   _____

8. Est-ce que vous avez eu mal à la tête récemment? Est-ce que vous avez pris un médicament?

_____

9. Quand vous étiez enfant, est-ce que vous aviez souvent mal à la tête? Et maintenant?

_____

10. Où avez-vous connu *(did you meet)* votre meilleur(e) ami(e)? Comment?

_____

11. Quand vous étiez petit(e) enfant, est-ce que vous saviez *(know)* qu'il n'y avait pas de Père Noël? À quel âge avez-vous su *(know)* la vérité?

_____

CD3
Track 29

G. Action ou description? Dans les passages suivants, les personnes (les locuteurs *[speakers]*) parlent de la même période de temps, mais souvent avec des temps verbaux différents. Écoutez leurs récits, et puis répondez aux questions par **vrai** ou **faux.**

1. Le locuteur a fêté son anniversaire.	vrai	faux
Il s'est amusé.	vrai	faux
2. Le locuteur a fêté son anniversaire.	vrai	faux
Il s'est amusé.	vrai	faux
3. Le temps a changé pendant le week-end.	vrai	faux
La locutrice a essayé de sortir mais elle n'a pas pu.	vrai	faux
4. Le temps a changé pendant le week-end.	vrai	faux
La locutrice a essayé de sortir mais elle n'a pas pu.	vrai	faux
5. La locutrice a vu le docteur le matin.	vrai	faux
Elle n'a pas pu aller au travail pendant toute la journée.	vrai	faux
6. Le locuteur a vu le docteur le matin.	vrai	faux
Il n'a pas pu aller au travail pendant toute la journée.	vrai	faux

Passage

Mon vocabulaire

Pour demander son chemin et donner des renseignements / des indications

A. Les renseignements. Vous habitez une nouvelle ville et vous devez demander des renseignements pour trouver votre chemin. Complétez les phrases suivantes, selon les indications.

1. _____ *(Excuse me)*, Madame, je tourne _____ *(right)* ou

   _____ *(left)* pour aller à la bibliothèque?

2. _____ *(Pardon me)*, Mademoiselle, la rue du Traversin _____

   (is on the left) ou _____ *(on the right)?*

3. Messieurs, _____ *(could you tell me)* si l'arrêt du bus 121 est _____

   (in the center) ou _____ *(next to)* du boulevard Michelin?

B. Les indications. Vous êtes perdu(e) à Paris, et vous demandez de l'aide. Regardez le plan de Paris, et écrivez une phrase complète pour indiquer la réponse probable de la personne avec qui vous parlez.

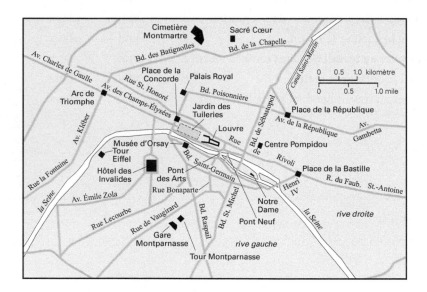

1. Monsieur, pour aller de la place de la Concorde aux Champs-Élysées, s'il vous plaît?

   _____

2. Pardonnez-moi Madame, comment vais-je du Palais-Royal au Jardin des Tuileries?

   _____

3. Excusez-moi, Messieurs, comment vais-je de la place de l'Hôtel des Invalides à la tour Eiffel?

   _____

C. Je suis perdu(e)! Vous êtes perdu dans la ville et en retard pour une fête chez votre camarade de classe. Écoutez les directions que votre camarade vous donne, puis complétez les phrases ci-dessous.

Alors, pour aller dans la rue Malesherbes _____, puis _____

dans la rue du Serpolet. Ensuite _____ et continuez jusqu'à la place du Tilleul.

Là _____, la rue Malesherbes est _____.

D. Toujours perdu(e)! Vous avez encore du mal à trouver la soirée. Votre camarade vous donne à nouveau des indications. Écoutez ses nouvelles indications, mais cette fois choisissez la réponse correcte pour compléter chaque phrase.

Pour aller dans la rue Malesherbes:

1. D'abord, vous _____.

   a. traversez la rue   b. continuez tout droit   c. tournez à gauche

2. Ensuite vous _____.

   a. tournez à droite   b. traversez la rue Petit Pois   c. continuez tout droit

3. La rue Malesherbes, _____.

   a. c'est en face   b. c'est après la place Pois Carrés   c. c'est à droite

Structure 4

L'impératif

E. Les ordres. Vos amis et vous dites toujours ce qu'il faut (et ne faut pas!) faire. Faites des phrases à l'impératif basées sur les phrases ci-dessous.

MODÈLE: Tu ne dois pas manger trop de chocolat.
Ne mange pas trop de chocolat!

1. Tu ne dois pas être timide. _____!
2. Tu ne dois pas avoir peur. _____!
3. Tu ne dois pas acheter trop de pain. _____!
4. Vous devez travailler. _____!
5. Vous ne devez pas faire trop d'achats. _____!

F. Mes ordres. Vos parents vous ont toujours dit ce que vous deviez faire. Mais maintenant, vous avez 20 ans et vous pensez que vous pouvez leur dire ce qu'ils doivent faire! Écrivez cinq ordres pour vos parents, suivant le modèle. Utilisez des verbes réguliers et irréguliers à l'impératif.

> **MODÈLE:** *Maman, arrête de faire les courses à Auchamp! C'est trop cher!*

1. _____
2. _____
3. _____
4. _____
5. _____

G. Le chien. Laure vient d'adopter un adorable petit chien, Alfred, et elle essaie de lui donner des leçons. Écoutez les ordres qu'elle donne à Alfred, et cochez (✓) les phrases que vous entendez.

CD3 Track 32

1. Alfred, ne mange pas mes chaussettes! _____
2. Alfred, arrête tout de suite de crier! _____
3. Tourne à droite! _____
4. Continue tout droit! _____
5. Va chercher la balle! _____
6. Prends les pantoufles *(slippers)!* _____

H. Que faire? Julien veut améliorer la vie de ses amis. Il sait que pour le faire, il faut être honnête et leur donner des ordres! Écoutez ses conseils une première fois, puis, la deuxième fois, écrivez chacune de ses idées ci-dessous, à l'impératif avec **vous**.

CD3 Track 33

> **MODÈLE:** *You hear:* Vous devez téléphoner à vos parents plus souvent!
> *You write:* *Téléphonez* à vos parents plus souvent!

1. _____ bien!
2. _____ plus responsables!
3. _____ tout votre argent!
4. _____ la vérité!
5. _____ des pâtisseries tous les jours!
6. _____ plus actifs!
7. _____ plus de sport!
8. _____!

Structure 5

L'impératif et les verbes pronominaux

I. Un chien difficile! Laure continue ses leçons avec Alfred, mais c'est un chien un peu difficile. Changez ses phrases ci-dessous en ordres, à la forme affirmative ou négative, selon le cas. Attention à la place du pronom réfléchi!

1. Alfred, tu dois te calmer! _____

2. Tu vas te lever maintenant. _____

3. Mais non, on va travailler. Tu ne vas pas te coucher! _____

4. Arrête de te lécher *(to lick)* les pattes. _____

5. Tu es quand même un bon chien. Nous allons nous promener! _____

6. Mais Alfred! Tu ne peux pas t'arrêter au milieu de la rue! _____

J. Une prof stressée. Votre pauvre prof de français est très stressée ces jours-ci, et à cause de cela, un peu confuse. Elle vous raconte ses activités. Corrigez-la, avec une forme à l'impératif (affirmatif ou négatif), pour proposer quelque chose de plus logique.

1. PROFESSEUR: Je me brosse les dents avant les repas.

   VOUS: Mais non, Madame. _____ les dents après les repas.

2. PROFESSEUR: Je m'habille avant de prendre une douche.

   VOUS: Mais non, Madame. Ne _____ pas avant votre douche!

3. PROFESSEUR: Mes amis et moi, nous nous retrouvons au théâtre pour voir des films.

   VOUS: Mais non, Madame. On ne va pas au théâtre pour voir un film! _____ au cinéma!

4. PROFESSEUR: Je me couche avant de mettre mon pyjama.

   VOUS: Mais non, Madame. _____ après avoir mis votre pyjama!

5. PROFESSEUR: Je me dépêche même quand je ne suis pas en retard.

   VOUS: Ne _____ pas si vous n'êtes pas en retard!

6. PROFESSEUR: Je me sèche les cheveux avant de les laver.

   VOUS: Mais non Madame, ce n'est pas logique! _____ les cheveux après les avoir lavés!

🔊 **K. Pour bien commencer sa vie de couple.** Cécile et Paul vont se marier le mois prochain. Ils sont maintenant chez un conseiller conjugual célèbre, qui leur donne des conseils pour réussir leur mariage. Écoutez ses suggestions, et cochez (✓) les verbes que vous entendez à l'impératif. Attention: Distinguez bien les verbes à l'impératif des verbes aux autres modes (l'indicatif, l'infinitif, etc.).

CD3
Track 34

_____ se parler   _____ s'entendre

_____ prendre quelques minutes   _____ se disputer

_____ prendre le temps   _____ se calmer

_____ se téléphoner   _____ se dire

_____ ne pas se dépêcher   _____ s'aimer

_____ se regarder dans les yeux

À vous de vous perfectionner! (2)

Quelques pièges à éviter

1. **La consonne *h*: réalité ou fantôme?**

2. **Le *h* dans le couple *th***

3. **Le *-oo* comme dans *alcoolisme***

1. La consonne *h*: réalité ou fantôme?

En français, le **h** n'est *jamais* prononcé. De plus, certains mots commençant par **h** ont parfois l'article **le** (**le h**aut du bikini) ou **la** (**la h**arpe), mais parfois **l'** (**l'h**omme, **l'h**onneur)

Observons ensemble! Nous avons organisé en deux colonnes les mots de *À vous!* commençant par **h** avec leurs articles. Nous y avons aussi ajouté quelques mots apparentés, mots semblables en français et en anglais!

CD3
Track 35

Le *h* fantôme = muet	le *h* réel = aspiré
s'habiller	le hall
l'habitude	la halte
l'humidité	le hamburger
l'harmonie	le hamster
l'hélicoptère	le handicap
l'hérédité	le hardware
l'héroïne	le haricot
l'heure	la harpe
l'histoire	le hasard
l'hiver	le haut
l'holocauste	le haut-parleur *(loud-speaker)*
l'hommage	le héron
l'homme	le héros
l'honneur	le hibou *(owl)*
l'hôpital	le hit-parade
l'horaire	le hockey
l'horizon	le hold-up
l'hormone	la Hollande
l'horreur	le home cinéma
l'hôtel	la honte
l'hôtesse de l'air *(flight attendant)*	le hors-d'œuvre
l'huile	le huit
l'huître	

Qu'avez-vous remarqué? Dans la colonne de gauche, l'article défini **le** ou **la** devient **l'** parce que le **h** en fait n'existe pas vraiment. C'est comme si le mot commençait par une voyelle. C'est le **h** fantôme, ou bien le **h muet**.

Par contre, dans la colonne de droite, les articles **le** et **la** ne se changent pas en **l'**: le **h** est comme une **consonne**. Il n'est toujours pas prononcé, mais il bloque la possibilité de l'élision, du **l'**. On appelle ça un **h aspiré**; dans les dictionnaires, il est signalé par un astérisque: *hamster → **le** hamster

Comment savoir? Il n'y a malheureusement pas de règle pour faire la différence. Vous devez donc étudier les mots avec l'article défini. Cela vous aidera à **entendre** et mémoriser les mots avec un **h muet** (l'homme) et ceux avec un **h aspiré** (le haut du bikini).

Pourquoi cette différence est-elle importante? À cause de la **liaison au pluriel!**

En effet, comparons:

singulier	pluriel
h muet → l'héroïne	les‿héroïnes (avec liaison)
h aspiré → le héros	les # héros... si on fait la liaison, ça devient «les zéros»!

Vous voyez: le **h aspiré** bloque la liaison!

Application immédiate: Perception. Lisez ces courtes phrases pleines de **h** pour s'amuser! À vous de marquer si oui **(O)** ou non **(N)** vous pouvez faire la liaison ou l'élision.

1. Nous avons tous des _____ habitudes! Nous nous _____ habillons en _____ hiver comme des joueurs de/d' _____ hockey canadiens, ces _____ héros!

2. Les _____ hôtesses de l'air internationales ont de la chance! Elles dorment dans des _____ hôtels de luxe, mangent des _____ huîtres en _____ hors d'œuvre et regardent des films sur des _____ hérons et des _____ hamsters dans des _____ homes cinéma tout en _____ haut du bâtiment.

3. Les _____ hôpitaux en _____ Hollande servent des _____ hamburgers avec des _____ haricots dans de la / de l'_____ huile. J'ai ça en _____ horreur!

2. Le *h* dans le couple *th*

Un autre exemple du **h** fantôme est le **th**, comme dans **théâtre, thérapie, authentique** ou **sympathique**. La règle est très simple: en français le **th** se prononce tout simplement **t**.

3. Le –*oo* comme dans *alcoolisme*

Attention: Les étudiants anglophones ont tendance à prononcer **alcool** comme **cool** en anglais. Mais en français, les deux **oo** dans **alcool** sont exactement comme le **o** dans <u>collège.</u>

À vous de lire!

Savez-vous qui est Carla Bruni? Elle est maintenant la femme du Président de la France, Nicolas Sarkozy, mais avant cela, elle a aussi été la petite amie de Mick Jagger, mannequin[1], et chanteuse. Dans cet extrait, tiré du journal canadien *Le Soleil de Québec*, elle parle de son travail de chanteuse/compositrice. Lisez l'entretien qui suit, et répondez aux questions.

Mannequin et égérie de Mick Jagger, Carla Bruni a pendant longtemps gratté sa guitare entre deux shootings, histoire de tuer le temps[2]. Maintenant qu'elle a posé ses baskets et quitté le monde de la mode, ce passe-temps est devenu profession. Contre toute attente[3], le premier résultat de cette reconversion est un disque intimiste, dense, étonnamment dépouillé, dont les chansons d'artisane ont immédiatement fait amours en France, puis ici.

PAR RALPH BONCY

Elle est vraiment charmante. Mais là je ne vous apprends rien. D'ailleurs, la première particularité avec mademoiselle Bruni, cette belle Turinoise francophone, c'est que la plupart de ceux et celles qui écoutent ses chansons ou achètent aujourd'hui son disque l'ont déjà vue sous toutes les coutures—littéralement—qu'il s'agisse de Guess ou Gucci; et même plutôt dévêtue[4], dans ses plus beaux atours[5]. ...

Qui a dit quoi?

En tout cas, la fille polie qui me parle depuis son portable et qui s'excuse sans arrêt des bruits et de la cohue à Paris, cette fille est toute simple, pleine d'humour; pas diva ni top model pour deux sous. Elle dit exactement ce qu'elle pense et ne se fera pas marcher sur les pieds. ...

«Faites-moi plaisir, lui dis-je, et dites-moi que *Quelqu'un m'a dit* est une vraie chanson autobiographique dictée par un événement vécu».

«Eh bien oui! rétorque-t-elle avec joie. L'histoire est très simple. J'étais à La Baule avec mes amies Karine et Thérèse, qui était enceinte, sur le point d'accoucher. Elles m'avaient dit: 'Viens nous retrouver. L'air de l'océan Atlantique va te faire du bien.' Je suis donc allée, très déprimée; je vivais[6] une rupture amoureuse. J'arrive dans le hall de l'hôtel et là, un monsieur vient me voir et me dit: 'Ah! Carla, j'ai rencontré ton ami (parlant de mon ex) au Québec (justement, il venait d'arriver chez vous pour un grand festival de cinéma). Et il m'a dit qu'il t'aimait encore...' J'avais un énorme rhume, c'était vraiment épouvantable, j'étais face à l'océan Atlantique, j'avais un chagrin d'amour, mais la chanson est venue. En quelques minutes»!

Carla Câline[7]

Et la même femme qui chante ses amants de manière plutôt coquine[8] dans *J'en connais* nous déballe[9] une chanson flatteuse sur Raphaël, son vrai chum depuis des lustres[10], proclamant son prénom. Petit cadeau d'anniversaire? «C'était plutôt une chanson pour le séduire, explique l'intéressée. Je l'ai écrite au moment de notre rencontre. C'est aussi un bon investissement pour notre vie de couple, qui pourrait me durer encore un bon dix ou quinze ans. Par exemple, quand il me dit: 'Elles ne sont pas très bien cuites, ces pâtes,' je réponds: 'C'est ça. Va donc te trouver une fille qui écrive[11] une chanson avec ton prénom, va!' La vérité, c'est qu'il y a beaucoup d'hommes qui ont fait des chansons sur des femmes—*Carole, Angie,* etc.—mais on avait peu parlé des mecs[12] dans les chansons. Je trouvais ça dommage. Surtout quand on connaît Raphaël»!

---

[1]fashion model [2]in order to kill time [3]Contrary to all expectations [4]nude [5]fineries [6]was in the middle of [7]tender, loving
[8]mischievous [9]unwraps [10]for ages [11]can write [12]guys

Compréhension. Répondez **vrai** ou **faux** selon l'article.

1. Carla Bruni avait une autre profession avant de devenir chanteuse/compositrice.   vrai   faux

2. Son premier CD a eu un succès énorme.   vrai   faux

3. Elle est française.   vrai   faux

4. Dans le passé, elle est apparue dans les publicités pour Guess.   vrai   faux

5. L'idée pour *Quelqu'un m'a dit* est venue d'un film que Carla Bruni a vu.   vrai   faux

6. Elle a eu beaucoup de difficultés à écrire cette chanson.   vrai   faux

7. «Raphaël» est une vraie personne.   vrai   faux

8. Carla a écrit cette chanson comme cadeau d'anniversaire pour son ami.   vrai   faux

Réaction personnelle. Maintenant, répondez aux questions personelles suivantes.

1. Le journaliste déclare sur Carla Bruni: «Cette fille est toute simple, pleine d'humour; pas diva ni top model pour deux sous». Êtes-vous d'accord avec cette évaluation après avoir lu l'entretien avec elle? Pourquoi ou pourquoi pas?

    _____

2. Carla Bruni considère sa chanson «Raphaël» «un bon investissement pour notre vie de couple». Pourquoi est-ce qu'elle dit cela?

    _____

3. Avez-vous eu une expérience intéressante sur laquelle vous pourriez écrire une chanson? Quel en est le sujet? Est-ce que vous allez écrire la chanson?

    _____

4. Est-ce que vous avez envie d'écouter les chansons qui sont mentionnées dans le passage? Pourquoi ou pourquoi pas? (Si oui, allez les trouver sur Internet!)

    _____

Mes finances

CHAPITRE
11

Passage 1

Mon vocabulaire

Au salon de coiffure / Chez le coiffeur

A. La remise des *Oscars* à Hollywood et des *Palmes* du Festival de Cannes. En France, le cinéma est aussi important qu'à Hollywood et le Festival du Film à Cannes attire une foule énorme de vedettes, de journalistes... et de curieux! Les vedettes font très attention à leurs robes, costumes, bijoux et accessoires, mais aussi à leur coiffure. Alors, expliquez à vos amis français les coiffures de quelques vedettes.

1. Penelope Cruz *(long and wavy)* avait des cheveux _____ et _____.

2. Meryl Streep *(light, straight, with highlights and a bun)* était superbe avec ses cheveux _____, _____, _____ et _____.

3. Dans *Avatar*, les héros ont *(braided hair and a pony tail)* des _____ et une _____ de _____ très spéciale!

4. George Clooney *(short, crew-cut, dark)* a des cheveux _____, en _____, _____ avec quelques cheveux gris aussi!

5. Denzel Washington *(short, dark, and very curly)* a les cheveux _____, _____ et _____.

B. Problèmes d'épiderme et de cuir chevelu. Vous ouvrez un salon de coiffure specialisé en problèmes de cheveux et de visage. Jouons! À vous de proposer la solution aux problèmes suivants.

MODÈLE: Problème = cheveux secs → solution = *shampooing pour cheveux secs*

1. Pour renforcer et nourrir les cheveux colorés, la solution est le _____ enrichi *(enriched)*.

2. Si vous avez un visage trop allongé, vous pouvez répartir vos cheveux de manière asymétrique avec une _____ pas trop longue sur le côté.

3. Mais si vous avez un visage trop rond, pour l'allonger, vous pouvez répartir vos cheveux de façon très symétrique avec une _____ au milieu.

4. Pour les cheveux secs, après votre shampooing, vous devez utiliser un bon _____.

5. Si vous perdez beaucoup vos cheveux, des massages au ginseng concentré peuvent vous aider à ne pas devenir _____ comme Alfred Hitchcock!

C. Mme Ana Bachima chez sa coiffeuse Claire. Écoutez le dialogue entre Ana Bachima et sa coiffeuse Claire. Entourez **le ou les** choix de Mme Bachima. Ana veut...

CD3
Track 36

1. une coupe	au carré	moins courte	plus courte
2. un shampooing	cheveux gras	cheveux secs	cheveux lisses
3. une frange	au milieu	à droite	sur le côté
4. une couleur	plus claire	trop claire	plus foncée

D. Dans le désordre! Lisez les phrases suivantes. Écoutez à nouveau le dialogue entre Mme Ana Bachima et sa coiffeuse Claire. Remettez les phrases dans l'ordre du dialogue.

CD3
Track 36

_____ a. Moi aussi, mais je ne la veux pas trop longue.

_____ b. Vous voulez une frange?

_____ c. Je les voudrais lisses.

_____ d. J'ai eu du mal à m'y habituer.

_____ e. Lavez-les avec le shampooing *Miracle*.

Structure 1

Les compléments d'objet direct

E. Soyons francs! Votre ami(e) vous pose des questions, et il/elle veut des réponses franches. Donnez votre réponse, en utilisant un pronom complément d'objet direct.

1. Tu préfères <u>mes cheveux</u> lisses ou ondulés?

_____

2. Est-ce que votre ton coiffeur (ta coiffeuse) <u>vous</u> comprend bien?

_____

3. Combien de fois par an ton coiffeur (ta coiffeuse) coupe-t-il/elle <u>tes cheveux</u>?

_____

4. Est-ce que ton coiffeur (ta coiffeuse) et ton/ta pédicure <u>te</u> comprennent?

_____

5. Quand tu sors de chez ton coiffeur (ta coiffeuse), est-ce que tu fumes <u>ta cigarette</u>?

Oui, je _____ fume tout de suite, devant la porte! C'est terrible!

🔊 **F. Mais non! Ana est furieuse!** Sa coiffeuse a fait le contraire de ce qu'Ana voulait! Lisez le modèle.
CD3
Track 37 Ensuite, faites l'exercice.

> **MODÈLE:** Vous entendez: Je ne voulais pas une coupe en brosse!
>
> Vous lisez: Je _____ voulais au carré!
>
> Vous complétez: *Je **la** voulais au carré!*

1. Je _____ voulais pour cheveux secs.

2. Je _____ voulais sur le côté.

3. Mais je vous ai demandé de _____ faire lisses!

4. Je _____ voulais plus foncée. Mes amis vont tous _____ détester!

5. Vous allez _____ laver à nouveau.

6. Vous allez toutes _____ refaire!

🔊 **G. Une amie désorganisée.** Votre amie Thérèse est assez désorganisée et passe très vite d'un sujet à
CD3
Track 38 l'autre pendant la conversation. Le problème, c'est qu'elle utilise des pronoms compléments d'objet direct dans ses phrases, et vous êtes obligé(e) de deviner de quoi elle parle. Choisissez le nom auquel elle se réfère dans chacune des phrases, selon le pronom que vous entendez.

De qui / De quoi est-ce que Thérèse parle?

1.	M. Alexandre	Mme Christian	les Richard
2.	les boucles d'oreilles	le portefeuille	les billets d'opéra
3.	le métro	le chocolat	mes amis
4.	sa mère	vous	vous et Thérèse
5.	le dîner	la soupe	les repas
6.	sa chambre	ses cheveux	son chien
7.	ses clés	son cahier	sa cassette
8.	Thérèse	sa mère	votre mère

Structure 2

Les compléments d'objet direct avec l'impératif

H. Les conseils du petit frère. Votre petit frère, Jérôme, est toujours en train de répéter les ordres de vos parents. Pour chaque situation ci-dessous, donnez un conseil logique en vous servant de l'impératif et d'un pronom complément d'objet direct. Utilisez l'impératif avec **tu, nous** ou **vous,** selon le cas.

> **MODÈLE:** PAPA: Paul, écoute ta mère.
>
> JÉRÔME: Oui Paul, *écoute-la!*

1. PAPA: Chérie, pose le balai *(broom)*; nous allons faire le ménage ce soir!

   JÉRÔME: Oui Maman, _____!

2.   PAPA: Virginie et Nicolas, faites la vaisselle s'il vous plaît.

      JÉRÔME: Oui Virginie et Nicolas, _____!

3.   PAPA: Daniel, ne frappe pas le chien.

      JÉRÔME: Daniel, _____!

4.   MAMAN: Daniel, aide ton père, s'il te plaît.

      JÉRÔME: Oui Daniel, _____!

5.   MAMAN: Chéri, n'oublie pas de mettre la poubelle sur le trottoir.

      JÉRÔME: Oui Papa, _____!

6.   PAPA: Virginie, répète ta leçon de piano.

      JÉRÔME: Oui Virginie, _____!

7.   MAMAN: Nicolas, ne change pas la chaîne de télé si souvent!

      JÉRÔME: Oui Nicolas, _____!

8.   PAPA: Allons mes enfants, couchons-nous!

      JÉRÔME: Mais non Papa, _____!

CD3
Track 39

I. Ana et sa coiffeuse: explications précises! Pour corriger ses problèmes de coiffure, Ana explique clairement à sa coiffeuse ce qu'elle veut. Utilisez l'impératif suivi du pronom complément d'objet direct approprié.

MODÈLE: Vous entendez:

      Mme Ana Bachima: Claire, je pense que mes cheveux sont très secs.

      Claire, la coiffeuse: D'accord, alors on utilise un <u>après-shampooing hydradant?</u>

      Vous répondez pour Ana: *Oui! Utilisez-<u>le.</u>*

1. Faites-_____ au carré bien sûr! Vous êtes drôle!

2. Cette fois-ci, faisons-_____ plus claire.

3. Non, ne _____ ajoutez pas à la couleur.

4. Laissez-_____ lisses cette fois-ci.

5. Non, avec mes cheveux courts, ne _____ faites pas! C'est impossible!

6. D'accord, mais ne _____ coupez-pas trop courte.

Structure 3

L'accord du participe passé

J. Thérèse revient. Est-ce que vous vous souvenez de Thérèse, votre amie désorganisée? Maintenant, elle cherche ses effets personnels—c'est à vous de lui dire ce qu'elle en a fait. Répondez à ses questions avec le verbe indiqué au passé composé et avec un pronom complément d'objet direct. Attention à l'accord du participe passé!

MODÈLE:	THÉRÈSE: Où sont mes lunettes? (laisser dans la salle de bains)
	VOUS: *Tu les as laissées dans la salle de bains.*

1. THÉRÈSE: Qu'est-ce que j'ai fait de mon dictionnaire? (prêter à Lucie)

   VOUS: _____

2. THÉRÈSE: As-tu vu mes bonbons au chocolat? (manger)

   VOUS: _____

3. THÉRÈSE: Où sont mes stylos? (oublier à la fac)

   VOUS: _____

4. THÉRÈSE: Je ne trouve pas mes clés! (laisser sur la porte)

   VOUS: _____

5. THÉRÈSE: Où est ma voiture? (prêter à Alain)

   VOUS: _____

6. THÉRÈSE: Est-ce que tu as pris les boissons? (mais non; mettre sur la table)

   VOUS: _____

K. Vous dépensez beaucoup d'argent en voyages? Dites si vous avez vu les endroits ou les choses indiqués en utilisant un pronom complément d'objet direct.

Avez-vous vu... ?

1. la tour Eiffel
2. le monument à F. Roosevelt à Washington
3. les pyramides *(f.)* en Égypte
4. la Maison Blanche
5. l'arche *(f.)* de Saint Louis
6. la grande muraille de Chine
7. les châteaux *(m.)* de la Loire
8. le palais de Buckingham et le château de Windsor en Angleterre

🔊 **L. Dictée partielle. Danièle parle de son week-end à Universal Studio à Orlando!** Écoutez le
CD3
Track 40 texte ci-dessous et ajoutez-y les participes passés «bien accordés»!

C'est fou tout ce que nous avons (1) _____ce week-end. Les entrées... c'est mon père qui les a

(2) _____. Les attractions étaient géniales! Nous les avons toutes (3) _____ et ma préférée bien sûr...

«Harry Potter»; ma copine et moi y sommes (4) _____ et les avons _____ deux fois! Au resto, nous

avons (5) _____ des coquilles St Jacques grillées et nous les avons (6) _____ d'un bon vin blanc sec.

Heureusement, l'addition... c'est ma carte de crédit qui l'a (7) _____! Nos photos? Elles sont géniales!

Je les ai (8) _____ sur Facebook. Les as-tu déjà (9) _____?

À vous de vous perfectionner! (1)

> 1. **Révision du couple de voyelles** *eu:* la progression de *j'ai p**u*** → *je p**eux*** / *il p**eut*** → *ils p**eu**vent*
>
> 2. **Le couple** *eui + l* **et** *œi + l*

1. *eu:* la différence entre *il peut* et *ils peuvent*

RAPPEL: Prononciation: distinction entre le *eu* dans *il p**eu**t* et le *eu* dans *ils p**eu**vent*

Dans les chapitres précédents, nous avons examiné...

- les différences et similarités entre **i** et **u,** sous la rubrique **Progression de** *i* → *u* → *ou* comme dans **riz** → **rue** → **roue**
- et la progression entre le
  - **eu** dans **je peux,** avec la bouche un tout petit peu plus ouverte que pour **j'ai pu** et
  - le **eu** dans **ils peuvent,** encore plus bas, et qui ressemble à l'anglais *duh.*

Voyons comment produire ces deux différents **eu**.
Examinons les figures ci-dessous pour visualiser les mouvements articulatoires.

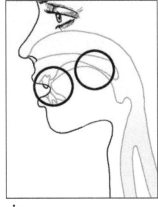
riz

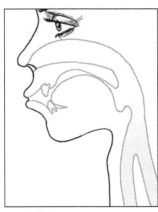
r**u**e/ j'ai p**u**

Observez: La position de la langue est la même pour **i** de **riz** et pour **u** de **rue** ou de **j'ai pu**. Seules vos lèvres se sont arrondies de **i** à **u**.

Avec le **u** bien en place, passons à la différence entre ce **u** et les deux prononciations différentes de **eu**.

j'ai pu

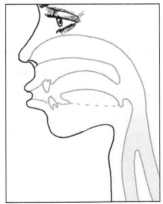
il peut «mi-fermé»

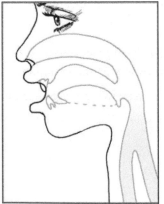
ils peuvent «ouvert»

- de *j'ai pu* → *il peut*: votre langue et vos lèvres bien arrondies n'ont pas changé mais **votre bouche s'est ouverte <u>un tout petit peu</u>**.

- de *il peut* → *ils peuvent*: votre bouche s'ouvre beaucoup plus comme pour *duh!*

Comment savoir quel *eu* choisir? Quelle prononciation devez-vous utiliser?

Observons: **Elles v<u>eu</u>lent des fl<u>eu</u>rs bl<u>eu</u>es comme tes y<u>eu</u>x.**
                             1   2   3   4

Nous prononçons toujours le **r** de fleur et bien sûr le **l** dans **veulent**, mais nous ne prononçons pas le **s** dans **bleues** ni le **x** dans **yeux**. Donc le premier et le deuxième **eu** seront ouverts comme l'anglais *duh,* mais le troisième et le quatrième seront mi-fermés.

Comparez avec cette phrase: **Elle *veut* des fleurs bleues.** La seule différence est dans le verbe: **veulent** vs **veut.**

Comme le **t** de **veut** ne se prononce pas, le **eu** sera mi-fermé, pas *duh* comme dans **veulent.**

Donc, en règle générale:

- quand *eu* est **suivi** par une **consonne prononcée**, ce **eu** ressemble à l'anglais *duh:* **elles v<u>eu</u>lent des fl<u>eu</u>rs;**

- dans les autres cas, le **eu** est plus fermé, c'est-à-dire que les lèvres et les dents se referment plus et se rapprochent de la position du **u: hideux, heureux, deux yeux bleus;**

- attention: pour le féminin des **-eux** en **-euse**, on fait aussi le **eu mi-fermé.**

🔊 **Application immédiate 1: Perception et production.** Écoutez, lisez et répétez avec le modèle les
CD3
Track 41 mots avec eu et prêtez surtout attention à la colonne de gauche... tous ces *eu* mi-fermés.

eu mi-fermé	*eu* comme l'anglais *duh*
bleue (une carte)	l'instituteur
les yeux	le professeur
c'est délicieux	il pleure
c'est hideux	les fleurs
c'est savoureux	
être heureux/malheureux	
être euphorique	
être soucieux	
les euros	
l'Europe	

> **NOTE:** Attention avec **euro** et **Europe**. Évitez de transférer la prononciation anglaise. Au contraire, faites un **eu** mi-fermé, mais sans le son *you!*

Application immédiate 2: À vous de choisir dans le texte suivant pour tous les <u>eu</u> soulignés entre **eu mi fermé (MF)** comme dans **il peut** ou bien **ouvert (O)** comme dans **peuvent.**

Un chôm<u>eu</u>r, c'est un demand<u>eu</u>r d'emploi et bien sûr, une chôm<u>eu</u>se aussi!
           O   **O**   **MF**

1. Ma sœur est chôm<u>eu</u>se.
   ___

2. Son bonh<u>eu</u>r total, c'est de couper les chev<u>eux</u> et de gagner des <u>eu</u>ros pour vivre.
   ___   ___   ___

3. Mais son malh<u>eu</u>r, c'est que son patron coiff<u>eu</u>r est amour<u>eux</u> d'une jeune coiff<u>eu</u>se aux
   ___   ___   ___   ___

   y<u>eux</u> bl<u>eus</u> qui a remplacé ma s<u>œu</u>r dans son salon!
   ___ ___   ___

4. Quel sans c<u>œu</u>r!
   ___

5. Alors, maintenant ma s<u>œu</u>r est très souci<u>eu</u>se et malh<u>eu</u>reuse.
   ___   ___   ___

6. Elle pl<u>eu</u>re sans cesse, comme il pl<u>eu</u>t sur sa ville de Saint-Bri<u>eu</u>c* en <u>Eu</u>rope.
   ___   ___   ___   ___

2. le triangle *eui + l* et *œi + l*

Observons: *Un œil, un fauteuil*
Dans **«Les parties du corps»**, vous avez rencontré une curieuse combinaison de voyelles et de lettres: œi + l et eui + l.

Ces deux combinaisons se prononcent tout simplement comme *duh* + le son y dans *you*. Voici comment ces mots se prononcent:

Œil et faut<u>eui</u>l = comme le *duh* anglais + y comme dans *you*.

À vous d'écrire!

Mes dépenses et moi. Comparez vos habitudes aux habitudes des Français. Utilisez la section "Les Français dépensent comme ça."

(Voir le Chapitre 11 de votre texte de cours, pp. 344–345). Pensez à toutes les catégories de dépenses que vous avez: votre appartement, vos transports (voiture, autobus), vos repas, votre portable, votre télévision, votre PC, vos voyages, vos vêtements, votre coiffeur, votre pédicure, etc.

MODÈLE: *Mes habitudes sont très différentes ou tout à fait semblables à celles des Français.*
Moi aussi je dépense beaucoup pour mes... Mais, ...

_____
_____
_____
_____
_____
_____
_____
_____

*Le **c** ne se prononce pas!

Passage **2**

Mon vocabulaire

Les services bancaires

A. Savez-vous parler comme un banquier? Terminez les phrases suivantes. Si vous pouvez le faire sans difficulté, vous savez parler comme un banquier!

1. Pour économiser de l'argent, il vaut mieux ouvrir _____.

2. Pour avoir de l'argent en espèces *(in cash)* quand vous êtes payé(e) par chèque, il faut

   _____.

3. Pour retirer de l'argent avec une carte de crédit, il faut connaître *(to know)* _____.

4. Quand on veut acheter une maison, on demande très souvent _____.

5. Les étudiants demandent souvent _____ pour aller à l'université.

6. Quand on dépense son argent sans faire attention, on le _____.

7. On prend ses chèques de son _____.

B. Les prévisions des grands-parents! Vos frères et sœurs et vous êtes indépendants, mais vos grands-parents veulent toujours vous donner des conseils financiers. Écoutez ce qu'ils disent et terminez chaque phrase selon leurs conseils.

CD3 Track 42

1. Si vous ne voulez pas remplir un chèque au magasin, vous pouvez payer avec _____.

2. Si vous devez de l'argent à quelqu'un, vous avez _____.

3. Si vous n'êtes pas économe du tout, on dit que vous êtes _____.

4. Si vous avez peu d'argent et votre ami en a beaucoup, vous pouvez _____ à votre ami.

5. Plus tard, si c'est vous qui avez de l'argent, vous pouvez _____ à votre ami.

6. Si vous avez placé de l'argent, vous avez des _____.

Structures 4–5

Le comparatif et le superlatif

La Banque centrale européenne (BCE) *(European Central Bank [ECB])*. Cette banque est responsable de la zone euro dans l'Union européenne. Créée en 1999, cette zone géographique réunit aujourd'hui seize pays où l'euro est la monnaie commune, comme le dollar aux États-Unis.

Pour les deux activités suivantes, si vous n'êtes pas certain(e) de la réponse, vous pouvez utiliser le site www.ecb.int/euro/html/index.fr.html. Découvrez!

Structure 4

Le comparatif

C. Regardons certains pays membres de la zone euro.

1. La France est _____ que la Belgique.

   a. plus grande   b. moins grande   c. aussi grande que

2. La France est approximativement _____ que l'Espagne.

   a. plus grande   b. moins grande   c. aussi grande

3. Les 27 pays membres de l'Union européenne représentent 4,2 millions de kilomètres carrés, mais les États-Unis couvrent 9,6 millions de kilomètres carrés, donc, les États-Unis sont _____ que l'UE.

   a. aussi grands   b. plus grands   c. plus petits

4. L'Union européenne (27 membres) compte 493 millions d'habitants, mais les États-Unis en comptent un peu plus de 300 millions, donc l'UE compte _____ d'habitants que les États-Unis.

   a. moins   b. autant   c. plus

5. Le produit intérieur brut *(Gross National Product)* de l'Union européenne est de 22.600, mais le PIB des États-Unis est de 35.200. Donc le PIB américain est _____ que celui de l'UE.

   a. pire   b. aussi bon   c. meilleur

Structure 5

Le superlatif

D. Pour le meilleur ou pour le pire! Utilisez le même site et décidez quel pays est le meilleur ou le pire. Attention <u>aux articles et aux accords!</u>

1. Le Danemark dépense 8,28% de son PIB pour l'éducation, mais la Roumanie ne dépense que 3,44% de son PIB pour l'éducation. Donc:

   a. En matière d'éducation, le Danemark est le _____ pays.

   b. Mais la Roumanie est la _____ .

2. 80% de la population aux Pays-Bas *(Netherlands)* a accès à l'Internet, en France 41% de la population et en Roumanie seulement 14%.

   a. La population des Pays-Bas a les _____ possibilités d'information.

   b. Mais la Roumanie, avec seulement 14% de la population connectée, constitue le marché le _____ ouvert aux nouvelles technologies.

3. Votre colocataire téléphone régulièrement en Corée du Sud. Vous, vous ne téléphonez qu'à vos amis sur le campus. Votre coloc aura la note de téléphone la _____ élevée.

🔊 **E. Aurélie va étudier à Genève pendant un an.** Elle veut ouvrir un compte en banque à la Banque
CD3
Track 43   Crédit Suisse. Écoutez le dialogue et complétez les phrases ci-dessous avec la formule appropriée: **plus...
que, moins... que, aussi... que, le/la meilleur(e)**, etc.

L'employée:

1. Le compte courant est _____ le compte épargne.

2. Le compte courant est _____ le compte épargne.

3. Mais vous avez _____ qu'avec le compte épargne...

Aurélie:

4. ... le carnet de chèques est _____ la carte bancaire?

L'employée:

5. Le carnet de chèques est _____ la carte...

6. Vous pouvez utiliser votre carte suisse _____ votre carte américaine.

Aurélie:

7. Quelle est _____?

L'employée:

8. Dépensez _____...

Structure 6

Les verbes *venir (de), revenir* et *devenir*

F. À vous de choisir! Complétez le texte ci-dessous et utilisez le verbe et le temps approprié, soit au
présent soit au passé composé. Attention à **de/du/ de l'**.

Mon ami Robert (1) _____ _____ Luxembourg. Après de longues études en finances

et économies, il (2) _____ _____ banquier. Maintenant, il travaille à la Banque euro-

péenne d'investissements. Il (3) _____ _____ arriver hier dans les nouveaux bureaux

à Strasbourg. Comme sa famille habite au Luxembourg, il (4) _____ tous les week-ends chez lui

pour se reposer.

Gabriel est né à Casablanca; il (5) _____ _____ Maroc mais il habite aux États-

Unis depuis très longtemps. Une grande partie de sa famille a émigré en Israël et il leur rend visite très

souvent. En fait, il (6) _____ _____ de Jérusalem la semaine dernière et ce matin, il

(7) _____ _____ me montrer toutes ses photos. Superbes!

G. Aurélie de retour de Genève! Vous êtes Aurélie et vos amis vous posent des dizaines de questions! Écoutez ces questions et utilisez l'un des verbes suivants dans vos réponses: **venir (de), revenir (de), devenir.** Attention à la conjugaison et aux prépositions **du/de/d'/dela.**

1. _____
2. _____
3. _____
4. _____
5. _____

À vous de vous perfectionner! (2)

> **1. Oir/oire/oy**
>
> **2. Hiatus**

1. Oir/oire/oy

Vous connaissez déjà la combinaison de **oi** comme dans v**oi**là, hist**oi**re ou l**oy**er! Appliquons cette combinaison au vocabulaire plus récent. Utilisez votre SAM Audio Lexique: **la patin**oi**re, le dort**oi**r, la b**oî**te de nuit, les d**oi**gts, le dr**oi**t, les v**oy**ages, le p**oi**sson, p**oi**lu, l'**oi**seau.**

2. Hiatus = 2 voyelles juxtaposées = 2 sons différents

Vous êtes tout à fait familiarisés avec les couples traditionnels de voyelles comme: **leur, vais, connaître, eau, haut,** etc. Ces couples de **deux voyelles** correspondent à **un seul son.**

Nous avons aussi étudié des couples comme **pied, nièce, hier, violet, vieux, huit, Louis** ou **boire;** dans ces cas, nous avons deux sons mais le premier est très, très court; ce n'est plus qu'une ½ voyelle, une semi-voyelle.

Observons quelques couples bizarres! Prêtons plus particulièrement attention aux couples soulignés: **n**oë**l, J**oë**l, europ**ée**n, lyc**ée**n, a**é**roport, ma**ï**s, r**éi**térer, cambr**io**lage, hom**éo**pathie, g**éa**nt.**

Dans ces cas, les deux voyelles soulignées correspondent à deux sons bien séparés, de deux syllabes bien distinctes. On les appelle des **hiatus.**

Ce mot existe bien sûr aussi en anglais. Mais attention à la prononciation en français:

La prononciation française de hiatus:

h fantôme

+ *i* comme *il*

+ *a* = comme *papa*

+ *t* = sans aspiration

+ *u* = lèvres bien arrondies comme un baiser

+ *s*

= *i – a – tus*

Il existe un moyen très simple pour identifier ces mots: en général, une des deux voyelles porte un accent pour bien marquer sa séparation de l'autre voyelle.

Application immédiate: Perception et production. Lisez et écoutez simultanément. Ensuite répétez après le modèle.

CD3
Track 45

- Joyeux N<u>oë</u>l
- le parlement europ<u>éen</u>
- la culture du m<u>aïs</u>
- je vous r<u>éi</u>tère mes vœux
- l'<u>aé</u>roport de Noum<u>éa</u> n'est pas g<u>éan</u>t

À vous de lire!

La Banque centrale européenne et la Banque européenne d'investissements

Compréhension. Lisez les articles ci-dessous et répondez aux questions.

Depuis le 1er janvier 1999, la **Banque centrale européenne (BCE)** est responsable de la mise en œuvre de la politique monétaire dans la zone euro, la deuxième économie mondiale après les États-Unis.

La zone euro a vu le jour en janvier 1999 lorsque les banques centrales nationales de onze États membres de l'Union européenne (UE) ont transféré à la BCE leurs compétences en matière monétaire. La Grèce a adhéré à la zone euro en 2001, la Slovénie en 2007, Chypre et Malte en 2008 et la Slovaquie en 2009. La création de la zone euro et d'une nouvelle institution supranationale— la BCE—a constitué une étape importante du long et difficile processus d'intégration européenne.

Pour adhérer à la zone euro, les seize pays ont dû satisfaire à des **critères de convergence**. Les autres États membres de l'UE souhaitant adopter l'euro devront remplir les mêmes exigences. Le respect de ces critères économiques et juridiques est la condition préalable d'une participation réussie à l'Union économique et monétaire.

Le traité instituant la Communauté européenne et les statuts du Système européen de banques centrales (SEBC) et de la Banque centrale européenne constituent le fondement juridique de la politique monétaire unique. En vertu des statuts, la BCE et le SEBC ont été institués le 1er juin 1998. La BCE est placée au cœur de l'Eurosystème et du SEBC. Conjointement, la BCE et les banques centrales nationales accomplissent les missions qui leur ont été conférées. La BCE, en vertu du droit public international, est dotée de la personnalité juridique, semblable à une «corporation» aux États-Unis.

Questions.

1. L'abréviation BCE correspond à _____ _____ _____.

2. La zone euro est plus importante ou moins importante que la zone monétaire américaine? _____

3. En janvier 1999, à l'origine, la BCE réunissait _____ membres.

4. Aujourd'hui, la BCE réunit _____ membres.

5. Vrai ou faux? _____ Il n'y a aucune restriction pour devenir membres de la zone euro.

6. Vrai ou faux? _____ La BCE est totalement indépendante de l'Eurosystème.

La Banque européenne d'investissement (BEI) a été créée en 1958 par le Traité de Rome en tant qu'institution de financement à long terme de l'Union européenne (UE). Ses actionnaires *(shareholders)* sont les États membres, dont les Ministres des finances constituent son Conseil des gouverneurs.

Notre mission: La BEI a pour mission de contribuer à l'intégration, au développement équilibré et à la cohésion économique et sociale des États membres de l'UE. La BEI est motivée par sa participation directe à la construction de l'Europe.

La BEI emprunte d'importants volumes de fonds et les prête à des conditions favorables en faveur de projets viables contribuant à la réalisation des objectifs de l'UE. En 2009, la BEI a collecté près de 79,4 milliards d'euros.

En plus de l'appui à des projets réalisés dans les États membres, les grandes priorités de la BEI portent aussi sur le financement d'investissements dans les futurs États membres et dans les pays partenaires de l'UE.

La BEI ne vise pas à maximiser ses profits et prête à des tarifs et à des conditions de premier ordre.

Pour recevoir l'appui de la BEI, les projets et programmes doivent être viables dans quatre domaines essentiels: économique, technique, environnemental et financier. Chaque projet d'investissement est soigneusement évalué et suivi jusqu'à son achèvement.

La BEI associe d'autres partenaires à son action. La BEI coopère étroitement avec le monde des affaires et le secteur bancaire, ainsi qu'avec les grandes organisations internationales présentes dans son domaine.

La BEI attire un personnel qualifié et multiculturel provenant de tous les États membres.

Pour plus d'information, visitez www.eib.org http://www.eib.org/.

Questions.

1. L'abréviation BEI correspond à _____ _____ d'_____.

2. À quels groupes de pays la BEI prête-t-elle de l'argent? (a) _____ et (b) _____ et (c) _____

3. Pour obtenir un prêt *(loan)* auprès de la BEI, le projet présenté doit être viable dans quatre domaines: (a) _____, (b) _____, (c) _____ et (d) _____

4. Vrai ou faux? _____ La BEI travaille avec toutes les organisations internationales.

5. Vrai ou faux? _____ Le personnel qui travaille à la BEI est multiculturel.

6. Quelles sont les différences entre les missions et responsabilités de la BCE et de la BEI?
_____
_____

Mes rêves

CHAPITRE

12

Passage 1

Mon vocabulaire

Les émotions

A. Situations hypothétiques. Imaginez que vous êtes dans les situations suivantes. Exprimez vos réactions avec les émotions que vous avez apprises dans ce chapitre.

> **MODÈLE:** Vous avez un nouveau-né.
> *Je suis aux anges! OU Je suis stressé(e)!*

1. Vous avez été licencié(e) de votre travail. _____

2. C'est le dernier jour de cours et vous partez en vacances. _____

3. Vous avez rompu avec votre ami(e). _____

4. Votre chien a mangé vos devoirs. _____

5. Vous passez la soirée avec vos meilleurs amis. _____

6. Vous pensez que vous avez perdu les clés de la maison. _____

7. Vous venez de retrouver les clés de la maison—vous ne les avez pas perdues! _____

B. Mots croisés des synonymes. Faites les mots croisés ci-dessous en donnant un synonyme pour chaque mot donné.

Horizontalement

2. navré

4. triste *(m.)*

5. euphorique (2 mots)

Verticalement

1. choqué

3. horriblement déçu et triste; sans espoir *(hopeless)*

6. être horrifié et avoir peur

C. Sentiments positifs, sentiments négatifs. Vous apprenez le français en France dans une famille. Votre «mère française» vous donne des nouvelles de la famille. Écoutez les phrases suivantes et dites si la personne dont elle parle a réagi avec un sentiment positif (☺) ou un sentiment négatif (☹).

CD4 Track 2

> **MODÈLE:** Vous entendez: Quand Charlotte a appris la nouvelle, elle a été choquée.
>
> Vous choisissez: (☹)

1. ☺ ☹ 4. ☺ ☹
2. ☺ ☹ 5. ☺ ☹
3. ☺ ☹ 6 ☺ ☹

D. Mes réactions personnelles. Écoutez les phrases suivantes et dites quelle serait votre réaction.

CD4 Track 3

> **MODÈLE:** Vous entendez: Jim Carrey est élu président des États-Unis.
>
> Vous voyez: a. Je suis surpris(e). b. Je suis soulagé(e). c. Je suis aux anges.
>
> Vous choisissez: *a. (Ou votre réaction, si elle est différente!)*

1. a. Je suis horrifié(e). b. Je suis euphorique. c. Je suis jaloux(-se).
2. a. Je suis malheureux(-euse). b. Je suis aux anges. c. Je suis démoralisé(e).
3. a. Je suis outré(e) b. Je suis inquiet (inquiète). c. Je suis désolé(e).
4. a. Je suis enchanté(e) b. Je suis fier (fière). c. Je suis désespéré(e).
5. a. Je suis stressé(e). b. Je suis calme. c. Je suis soulagé(e).

Structure 1

Le conditionnel

E. Soyons polis, mes enfants! Les Maureau sont en vacances. M. et Mme Maureau essaient d'apprendre à leurs enfants à être plus polis. Dans chacune de leurs phrases, substituez au présent le conditionnel.

> **MODÈLE:** JÉRÉMY: Madame, je veux un hamburger, s'il vous plaît. Et est-ce que vous pouvez me passer le ketchup pour mes frites?
>
> MME MAUREAU: Jérémy, il faut dire: je *voudrais* un hamburger. Et est-ce que vous *pourriez* me passer le ketchup?

Au restaurant:

JÉRÉMY: Madame, avez-vous des serviettes en papier, s'il vous plaît?

M. MAUREAU: Non Jérémy, il faut dire: (1) _____-vous des serviettes en papier?

CLAIRE: Madame, nous voulons regarder la carte, s'il vous plaît.

MME MAUREAU: Non Claire, dis: nous (2) _____ regarder la carte.

À la tour Eiffel:

CLAIRE: Monsieur, je veux quatre billets, s'il vous plaît.

M. MAUREAU: Claire, il faut dire je (3) _____ quatre billets, s'il vous plaît.

JÉRÉMY: Madame, est-ce que vous avez des centimes? J'ai besoin de faire de la monnaie. Ma sœur veut utiliser le télescope.

MME MAUREAU: Jérémy, sois plus poli! Dis: est-ce que vous (4) _____ des centimes? Je (5) _____ faire de la monnaie. Ma sœur (6) _____ utiliser le télescope.

À l'hôtel:

CLAIRE: Monsieur, est-ce que nous pouvons utiliser la piscine?

M. MAUREAU: Claire, dis: est-ce que nous (7) _____ utiliser la piscine?

MME MAUREAU: Allons, mes enfants, votre père veut retourner dans sa chambre.

JÉRÉMY ET CLAIRE: Non, Maman, dis: votre père (8) _____ retourner dans sa chambre!

F. Décisions importantes. Que feriez-vous dans chacune des situations suivantes?

> **MODÈLE:** Que feriez-vous si vous étiez président(e) des États-Unis?
> *Je travaillerais pour la paix dans le monde.*

1. Que feriez-vous si vous étiez ambassadeur (ambassadrice) au Canada?

   _____

2. Où est-ce que vous iriez si vous pouviez faire le voyage de vos rêves?

   _____

3. Qu'est-ce que vous étudieriez si vous deviez changer de spécialisation?

   _____

4. Que changeriez-vous si vous étiez président(e) de votre université?

_____

5. Qu'est-ce que vous achèteriez si vous aviez un million de dollars?

_____

6. Qu'est-ce que vous feriez si les cours étaient annulés la semaine prochaine?

_____

7. Où habiteriez-vous si vous n'habitiez pas dans votre ville actuelle?

_____

8. Qu'est-ce que vous feriez si vous étiez l'acteur le plus beau (l'actrice la plus belle) d'Hollywood?

_____

◀))) **G. Je le fais—je le faisais—je le ferais.** Indiquez si les phrases que vous entendez contiennent un
CD4
Track 4 verbe au présent, à l'imparfait ou au conditionnel.

> **MODÈLE:** Vous entendez: Est-ce que vous auriez un moment?
>
> Vous voyez: présent   imparfait   conditionnel
>
> Vous choisissez: *conditionnel*

1. présent   imparfait   conditionnel
2. présent   imparfait   conditionnel
3. présent   imparfait   conditionnel
4. présent   imparfait   conditionnel
5. présent   imparfait   conditionnel
6. présent   imparfait   conditionnel
7. présent   imparfait   conditionnel
8. présent   imparfait   conditionnel

◀))) **H. Vite—plus vite!** Vous avez été choisi(e) pour participer à un nouveau jeu télévisé qui va s'appeler
CD4
Track 5 «Vite—plus vite!». Dans ce jeu, vous devez changer le temps d'un verbe conjugué. La personne qui le fait
le plus vite et avec le moins d'erreurs, gagne. Ici, il s'agit de garder le même sujet mais de changer le verbe
du présent au conditionnel. Vous n'avez que huit secondes pour donner la bonne réponse. Bonne chance!
Faites tout le jeu, puis calculez votre score.

> **MODÈLE:** Vous entendez: elle fait
>
> Vous écrivez: *elle ferait*

1. _____   9. _____
2. _____   10. _____
3. _____   11. _____
4. _____   12. _____
5. _____   13. _____
6. _____   14. _____
7. _____   15. _____
8. _____

Comment calculer votre score: Pour chaque verbe que vous avez conjugué correctement au conditionnel dans la limite de temps, donnez-vous deux points. Pour chaque verbe que vous avez conjugué correctement en plus de huit secondes, ou qui était à moitié correct (bon radical, mauvaise terminaison ou mauvais radical, bonne terminaison), donnez-vous 1 point.

Si vous avez entre 26 et 30 points: Bravo! Vous êtes un(e) champion(-ne)!

... entre 20 et 25 points: Assez bien! Mais révisez un peu plus avant le quiz!

... entre 14 et 19 points: Pas mal—mais vous avez encore du travail à faire!

... moins de 14 points: Révisez encore ces verbes, et puis refaites le jeu!

Structure 2

Les expressions géographiques

I. Les voyages de Laurent. Laurent voyage énormément pour ses affaires. Complétez les phrases ci-dessous avec les prépositions et articles appropriés.

1. Laurent habite _____ États-Unis.

2. Ses parents vivent _____ Suisse, mais son épouse, Angela, travaille

   _____ Canada.

3. L'année dernière, il est allé _____ Angleterre, _____ Londres.

4. Il est rentré _____ Angleterre et _____ Londres.

5. Immédiatement après, il est allé _____ Mexique.

J. La démographie mondiale. Complétez le texte ci-dessous en utilisant **de, du, des, d', en, au, aux** ou **à.**
En 2005, il y avait quelques 200 millions de migrants internationaux mais 75 millions en 1975! Les migrations influencent le développement économique, les droits de l'homme et la sécurité constate la Commission mondiale sur les migrations internationales. Les membres de cette Commission sont

(1) _____ Suisse, (2) _____ Brésil, (3) _____
Maroc et (4) _____ Philippines.

On pensait à une surpopulation, mais aujourd'hui, on pense à la dépopulation de la planète d'ici 2050: 9 milliards d'habitants et non 15 milliards! En 1900, l'Europe représentait 33% de la population mondiale, aujourd'hui 6,2%! Voyons certains exemples.

(5) _____ Europe, l'indice de fécondité est tombé à 1,5

(6) _____ France, 1,94

(7) _____ Asie orientale, il est descendu à 1,6

(8) _____ Hong Kong = 0,8

(9) _____ États-Unis = 2,09, un taux en fait plus élevé qu'en 1980

(10) _____ Brésil = 2,01

Bien sûr de nombreux pays connaissent encore des indices de fécondité très élevés. C'est le cas pour les

populations _____ Afrique subsaharienne et (12) _____ Moyen-Orient.

K. Les voyages de Frédérique. Frédérique a toujours beaucoup voyagé avec sa famille et maintenant
elle voyage pour son travail. Écoutez les phrases et écrivez tous les **continents** et **pays** avec les articles
appropriés: l', le, la ou les. Mettez les pays et continents féminins dans la colonne **rouge** et les masculins
dans la colonne **bleue.**

Rouge (féminin)	Bleu (masculin)
1. *L'Allemagne*	1.
2.	2.
3.	3.
4.	4.
5.	5.
6.	
7.	

L. Il est grand temps et utile d'encourager les migrations. Écoutez le texte et à côté de chaque
pays / continent mentionné, écrivez la préposition qui l'accompagne. Ensuite, justifiez le choix de la
préposition.

> **MODÈLE:** Vous entendez: En Belgique, le chômage...
>
> Vous écrivez: *en*
>
> Vous expliquez: *la Belgique = pays féminin + e → en*

1. _____ États-Unis _____
2. _____ Europe _____
3. _____ Suisse _____
4. _____ Mexique _____
5. _____ Inde _____
6. _____ Philippines _____

À vous de vous perfectionner! (1)

> 1. Les *é, ée er* et *ez* en fin de mots
>
> 2. Le *e* muet qui disparaît... ou «comment parler plus vite»

1. Les *é, ée, er* et *ez* en fin de mots

Vous savez déjà comment prononcer le **é**. Dans cet exercice, nous allons surtout travailler le problème du
"*gliding*": en anglais, vous le faites tout naturellement et encore plus dans le sud des États-Unis. Pensez
au prénom Désirée... qui ressemble à "Daij-si-raye... ai... y... y!"

Mais en français, ces **é** et **ée** sont... TOUJOURS COURTS. Donc, ils ne sont JAMAIS allongés (*they do
not glide*).

Application immédiate: Perception et production. Lisez ci-dessous les adjectifs de sentiments et
émotions de ce chapitre.

Écoutez-les avec l'accent français. Maintenant, c'est à vous de répéter avec l'accent... français... bien sûr!

Attention: tous ces *ée* = ultra-courts!

accent américain   **accent francais**

enchanté

soulagé

désolé

choqué

effrayé

horrifié

outré

Voul**ez**-vous vous promen**er** sur les Champs-Élys**ées**?

2. La disparition du *e* muet: comment parler plus vite (1)

Vous trouvez probablement que les Français parlent très vite parfois! Et pourtant, vous espérez de tout
votre cœur parler aussi vite qu'eux. Alors, comment accélérer votre volume de production?

Le secret vient du **e** muet, ce **e** qu'on prononce un peu comme le *duh* en anglais. Dans de nombreux
cas, il disparaît.

Attention! Le **é** dans l'**été**, le **è** de **mère**, le **ê** de **fête** ou le son **è** dans **respecter** *ne sont pas des e muets*,
donc, ils ne peuvent <u>jamais</u> disparaître.

Observons et comparons l'anglais et le français dans deux cas de conversation courante.

<u>En anglais:</u>

| I do not know | devient | I don't know | devient | I dunno |
| 4 syllabes | 3 syllabes | 3 (2?) syllabes | | |

<u>En français:</u>

je ne sais pas	devient	j'—sais pas
4 syllabes	3 syllabes	
je ne le regarde pas	devient	je n—le r—gard—pas
7 syllabes	4 syllabes	

Le principe est le même en anglais et en français. La différence entre l'anglais et le français est que
seul le e muet peut disparaître. Donc, les autres voyelles simples **a, i, o, u,** et bien sûr les couples de
voyelles, par exemple **au, eu, oi, ou,** gardent leur identité. Ces voyelles ne peuvent <u>jamais</u> disparaître.

Les **e** muets à la fin d'un mot: il chante—ils chant

Vous savez déjà que ces <u>e</u> ne se prononcent pas quand ils sont à la fin d'un mot.

Les neufs monosyllables—**je, me, te, le, se, ce, que, de, ne**—souvent on ne les prononce pas.

Application immédiate

1. Quelques expressions de vocabulaire du chapitre 12

Écoutez les mots suivants et notez les e muets inutiles. Ils sont en gras et entre parenthèses nous avons
indiqué combien de ces e disparaissent.

Puis nous avons découpé les expressions en syllabes pour vous montrer comment "accélérer" votre
français. Alors, en piste... Vroum... Vroum... Vroum!!!

Avec les *e* muets	Sans les *e* muets
1. *le contrôle de sûreté (2)*	→ *le-con-trôl-de-sûr-té*
8 syllabes	6 syllabes
2. *la remise des bagages (3)*	→ *la-rmis-des-ba-gag*
8 syllabes	5 syllabes
3. *le vol en provenance (2)*	→ *le-vol-en-prov-nanc*
7 syllabes	5 syllabes
4. *(un) aller-retour (1)*	→ *a-ller-rtour*
4 syllabes	3 syllabes

2. Allons plus loin et utilisons l'activité «Si j'étais à ta place» dans votre livre (SE p. 377) et appliquons les règles du **e** muet aux quatre scénarios proposés. Nous allons supprimer tous ces **e** inutiles! Nous les avons soulignés et indiqués en gras.

Si j'étais à ta place[1]...

CD4
Track 10

- Écoutez et faites bien attention aux ***e* inutiles.**
- Ensuite, répétez avec le modèle...

Si j'étais à ta place[2]...

1. Étudiant 1: J**e** suis kleptoman**e**. Chaqu**e** fois qu**e** je vais dans un magasin, j**e** vol**e** quelque chos**e**.
2. Étudiante 2: Moi, j**e** suis dépensièr**e**: je n**e** peux pas arriver à la fin du mois avec assez d'argent pour payer mon loyer.
3. Étudiante 3: Eh bien moi, j**e** transpir**e** beaucoup, même quand j**e** rest**e** assis**e** et malgré les douch**e**s. J'ai peur d'incommoder mon entourage[3].
4. Étudiante 4: Alors moi, j**e** perds tout: mes clés, mon sac, mes lunett**e**s, etc. En plus, je n**e** sais jamais où sont mes affair**e**s. J**e** suis très désordonné**e**!

À vous d'écrire!

Voici un poème très connu en France, d'un poète très populaire: Jacques Prévert. Prévert (1900–1977) a écrit une poésie accessible à tous les lecteurs. Dans ses poèmes, il parle souvent des émotions qui touchent tout être humain. Lisez le texte une première fois en ajoutant la ponctuation là où vous le croyez nécessaire. Puis, écoutez-le et lisez-le à nouveau à voix haute avec tout votre cœur... pour bien ressentir les émotions qu'il contient.

---

[1]If I were in your shoes, [2]If I were in your shoes, [3]I am afraid I will make people uncomfortable (with my body odor).

CD4
Track 11

«Je suis comme je suis»

par Jacques Prévert

Je suis comme je suis
Je suis faite comme ça
Quand j'ai envie de rire
Oui je ris aux éclats
J'aime celui qui m'aime
Est-ce ma faute à moi
Si ce n'est pas le même
Que j'aime chaque fois
Je suis comme je suis
Je suis faite comme ça
Que voulez-vous de plus
Que voulez-vous de moi

Je suis faite pour plaire
Et n'y puis rien changer
Mes talons[1] sont trop hauts
Ma taille[2] trop cambrée[3]

Mes seins[4] beaucoup trop durs
Et mes yeux trop cernés[5]
Et puis après
Qu'est-ce que ça peut vous faire
Je suis comme je suis
Je plais à qui je plais
Qu'est-ce que ça peut vous faire

Ce qui m'est arrivé
Oui j'ai aimé quelqu'un
Oui quelqu'un m'a aimée
Comme les enfants qui s'aiment
Simplement savent aimer
Aimer aimer...
Pourquoi me questionner
Je suis là pour vous plaire
Et n'y puis rien changer.

Compréhension et écriture dirigée. Répondez aux questions suivantes selon le poème.

1. À votre avis, qui est le narrateur / la narratrice de ce poème: un homme ou une femme? Comment le savez-vous?

   _____

2. Quel est le message de ce poème?

   _____

3. Est-ce que cette personne est contente de son corps? De sa personnalité?

   _____

Réaction personnelle. Écrivez un poème (en français, bien sûr!) où vous exprimez vos propres émotions concernant votre corps / votre personnalité / le monde autour de vous. Qui êtes-vous? Quelles émotions est-ce que vous ressentez régulièrement? Qu'est-ce que vous pensez du monde? (La poésie peut s'écrire en **vers libre**—sans rime ni rythme spécifique.)

_____

_____

_____

_____

_____

_____

Jacques Prévert, "Je suis comme je suis" in Paroles © Editions Gallimard

[1]heels   [2]waist   [3]curved   [4]breasts   [5]I have dark rings under my eyes

Passage 2

Mon vocabulaire

Les trains; à l'aéroport et dans l'avion

A. À la gare, à l'aéroport, dans l'avion. Trouvez les définitions les plus appropriées pour les mots suivants.

À la gare

1. le quai _____
2. le guichet _____
3. composter _____
4. l'horaire des trains _____

   a. valider un billet
   b. l'endroit où les passagers attendent
   c. indique l'heure de départ et d'arrivée
   d. l'endroit où l'on achète les billets

À l'aéroport et dans l'avion

5. le bagage à main _____
6. la valise _____
7. la porte d'embarquement _____
8. le tapis roulant _____
9. l'atterrissage _____
10. le siège _____
11. les compartiments _____
12. le décollage _____

   e. on y met les vêtements
   f. à l'enregistrement, on y met ses valises
   g. on ne l'enregistre pas
   h. on y passe pour entrer dans l'avion
   i. on s'assoit dedans
   j. on y place sa valise
   k. quand l'avion monte
   l. quand l'avion descend

B. Voyages en train. Carol Goldthorne travaille à Washington pour la Délégation de la Commission de l'Union européenne aux États-Unis. Elle retourne d'une semaine de réunions à Bruxelles, à Luxembourg et à Strasbourg (en France). Hubert de Villemuyser, son collègue de l'ambassade de France, l'accompagne dans son vol de retour à Washington. Carol explique à Hubert qu'elle a voyagé tout le temps en train. C'est le moyen de transport favori des fonctionnaires de l'Union européenne; c'est très facile, rapide et agréable: Vive le TGV! Complétez le texte avec les mots et expressions appropriés.

wagon-lit-couchettes	voiture-restaurant	le quai	l'horaire des trains
première classe	le guichet	composter le billet	

1. Pour acheter son billet, Carol a dû attendre au _____ pendant une demi-heure.

2. Comme elle voyage pour le travail, elle a choisi une place dans une voiture _____.

3. Pour vérifier les heures de départ et d'arrivée, elle a consulté attentivement _____.

4. Elle est arrivée trop tôt à la gare et a dû attendre longtemps sur _____ avant que le train n'arrive.

5. Pendant le trajet, plusieurs contrôleurs de train ont voulu _____ de Carol pour le valider.

6. Dans le train Bruxelles–Strasbourg, pour déjeuner, Carol est allée à la _____ pour prendre une omelette aux champignons et une bonne bière belge.

7. Comme son train arrivait vers 22h30, elle n'a pas eu besoin de dormir dans le train; elle n'a pas voyagé en _____.

🔊 **C. À la gare, à l'aéroport, dans l'avion.** Lisez la liste de mots ci-dessous et ensuite, écoutez les
CD4
Track 12 descriptions et écrivez le numéro de la description qui correspond à chacun des mots.

À la gare

_____ a. un billet première classe

_____ b. le quai

_____ c. la gare

_____ d. le train-couchettes

À l'aéroport

_____ e. la douane

_____ f. le tapis roulant

_____ g. la porte d'embarquement

_____ h. l'enregistrement

Dans l'avion

_____ i. la sortie de secours

_____ j. la piste d'atterrissage

_____ k. l'hôtesse de l'air / le steward

_____ l. la ceinture de sécurité

🔊 **D. À bord.** Lisez les phrases incomplètes suivantes, écoutez le texte et complétez les phrases.
CD4
Track 13 1. Dans l'avion, _____ s'occupe des passagers?

_____

2. À bord, il est primordial *(essential)* de/d'

_____

3. Carole et Hubert ont des difficultés pour placer leurs bagages à main parce que

_____

4. À leur arrivée à Washington, Carole et Hubert doivent se rendre au

_____

5. Carol fait la queue dans la file réservée

aux _____

et aux _____

6. À la douane, Carol et Hubert disent tous les deux: «_____.»

_____

E. Les touristes! Elvire et Jean-Noël sont allés au Lac de Genève en Suisse pour fêter leur dixième anniversaire de mariage. Lisez les phrases et indiquez la lettre du dessin qui correspond à la description.

Hôtel et restaurant

_____ 1. Ils ont réservé une chambre d'hôtel avec salle de bains, un lit double et un balcon.

_____ 2. Ils ont choisi une table au restaurant pour deux à l'extérieur.

Activités touristiques

a.

b.

c.

d.

e.

f.

_____ 3. Ils ont vu une jeune femme qui prenait une photo de son enfant qui donnait du pain aux oiseaux.

_____ 4. Ils ont goûté les bières locales pour se rafraîchir.

_____ 5. Ils ont acheté des cartes postales et des tee-shirts pour envoyer à leurs amis.

_____ 6. Ils se sont reposés dans les jardins de la ville.

_____ 7. Ils ont goûté le chocolat local. Un délice!

_____ 8. Ils sont allés visiter le musée d'Histoire.

F. Des vacances en Suisse. Elvire et Audrien viennent de revenir de Suisse et racontent leur séjour.
CD4 Track 14 Lisez la liste complète des possibilités, puis écoutez les commentaires d'Elvire et Audrien et marquez oui (**O**) ou non (**N**) selon ce qu'ils disent.

une chambre d'hôtel:

_____ avec salle de bains et toilettes

_____ sans salle de bains

_____ avec un lit double

_____ avec deux lits

_____ avec balcon

une table au restaurant:

_____ pour quatre personnes

_____ pour deux personnes

_____ à l'intérieur

_____ à l'extérieur

aller aux musées:

_____ admirer les tableaux

_____ admirer les sculptures

_____ apprendre l'histoire

visiter les monuments:

_____ bâtiment

_____ place publique

_____ parc public

_____ parc national

regarder les personnes qui passent sur une place publique ou dans un parc public:

_____ les familles

_____ les couples

_____ les enfants

_____ un spectacle public

se reposer dans un parc:

_____ sur un banc

_____ couché sous un arbre

_____ à côté d'un lac

goûter les spécialités régionales:

_____ le fromage

_____ les pâtisseries / les desserts

_____ les gourmandises / le chocolat

_____ les vins

acheter des souvenirs:

_____ des cartes postales

_____ des tee-shirts

_____ des livres

prendre des photos:

_____ numériques

G. Voyage d'études à l'étranger. Vous organisez un voyage d'études à l'étranger (aller-retour:
CD4 Track 15 New York-Bruxelles-Strasbourg) sur le thème multiculturel de l'Union européenne. Pendant la réunion préparatoire avec les étudiants, vous écoutez leurs questions et y répondez par quelques phrases simples mais complètes. Utilisez le vocabulaire des activités précédentes et les renseignements suivants.

Visites et activités culturelles à Bruxelles: la Grand-Place, le palais Royal, le Temple du chocolat, le Parlement européen, les musées d'arts et d'histoire, les théâtres, les cinémas (en 15 langues différentes), le shopping dans les nombreuses galeries couvertes.

Spécialités locales: les moules-frites, le chocolat, la bière, la choucroute de Strasbourg (Alsace).

1. _____

2. _____

3. _____

4. _____

5. _____

Structure 3

Les pronoms relatifs *qui* et *que*

H. Charles de Foucauld: aristocrate, militaire, ethnographe, linguiste et ermite. Complétez le texte avec **qui** ou **que**.

Charles-Eugène de Foucauld, (1) _____ est né à Strasbourg en 1858, perd ses parents à l'âge

de six ans. Il est recueilli *(taken in)* par ses grands-parents (2) _____ le prennent en charge.

Vers 15 ans, il choisit la carrière militaire, à la prestigieuse École de St-Cyr (3) _____ beaucoup

de jeunes gens de l'époque recherchaient. Vers 1883, il part explorer le Maroc, (4) _____

était encore très mal connu à cette époque. De ces expéditions, Charles ramènera des observations

géographiques et ethnologiques importantes (5) _____ sont publiées dans son livre

Reconnaissance au Maroc, livre (6) _____ nous lisons encore aujourd'hui. En 1905, il s'installe

en Algérie, à Tamanrasset où il construit un ermitage (7) _____ les Touaregs apprécient et

respectent. Charles élabore aussi un dictionnaire touareg-français (8) _____ nous utilisons

encore aujourd'hui.

🔊 **I. Charles de Foucauld.** Gérard et Martine discutent de ce personnage célèbre. Écoutez les phrases et
CD4
Track 16 cochez les **qui** sujets ou les **que** compléments d'objet direct dans les colonnes appropriées.

	QUI Sujet	QUE/QU' Complément d'objet direct	
1.	_____	_____	je trouve fascinant.
2.	_____	_____	aurait pu lui donner une vie sociale très facile.
3.	_____	_____	j'aimerais visiter aussi.
4.	_____	_____	le rendait heureux.
5.	_____	_____	il a écrit?

Structure 4

Les pronoms relatifs *dont* et *où*

J. Voyage et business: La Chine. Complétez le texte avec **dont** ou **où**.

La Chine, (1) _____ vivent 1,6 milliards d'habitants et (2) _____ on parle comme de la sixième puissance économique mondiale attire de nombreux investisseurs. Mais, ce (3) _____ les Chinois sont fiers, c'est que la Chine a été la première puissance mondiale jusqu'en 1820, moment (4) _____ elle a manqué la révolution industrielle et laissé la suprématie à l'Europe puis à l'Amérique au XXè siècle. La Chine est la première à profiter de la mondialisation (5) _____ elle dépend: elle est le premier client pour beaucoup de matières premières. Des milliers de voitures s'accumulent dans les villes chinoises (6) _____ avant on ne voyait que des milliers de bicyclettes.

🔊 **K. La Chine et les affaires.** Lisez les fins de phrases ci-dessous. Écrivez le numéro de chaque début de phrase que vous entendez à côté de la fin la plus logique.

CD4
Track 17

_____ a.   où la vie était très dure.

_____ b.   dont les investisseurs et financiers parlent beaucoup.

_____ c.   où l'on voit des milliers de voitures.

_____ d.   dont les Chinois sont très fiers.

Résumé des Structures 3 et 4

Les quatre pronoms relatifs *qui, que, dont, où*

L. Voyage et science-fiction: Lisez le texte ci-dessous et suivez le modèle pour justifier les pronoms relatifs **qui, que, dont, où** soulignés en gras et numérotés.

Pourquoi voyageons-nous? Les voyages ont toujours été une nécessité ou un plaisir, pour répondre à une soif de découverte, de rêve, de passion... d'espace!

JULES VERNE

Il y a eu d'abord les premiers hommes (1) **qui** se déplaçaient de plus en plus loin pour trouver de la nourriture. Puis il y a eu les courageux (2) **qui,** comme Ulysse, ce héros grec, ont connu des aventures peuplées de monstres, ou les Vikings (3) **qui** sont partis à la conquête de nouvelles terres sur leurs drakkars fantômes. On connaît aussi les navigateurs intrépides comme Christophe Colomb (4) **qui** a voyagé au XVè siècle à la recherche de la route des Indes, (5) **où** il espérait ouvrir de nouveaux marchés et renforcer le pouvoir de l'Espagne. Ce sont les ancêtres des voyages fantastiques.

Roger Viollet/Getty Images

Bettman/Corbis

Les voyages ont souvent été réservés aux personnes riches
(6) **qui** faisaient cela pour passer le temps, ou aussi à des personnes
cultivées (7) **qui** profitaient de leurs voyages pour étudier de
nouvelles régions.

MODÈLE:

1. **qui** *se déplaçaient: qui = sujet du verbe* **se déplaçaient,** *remplace «les premiers hommes»*

2. qui _____

3. qui _____

4. qui _____

5. dont _____

6. où _____

7. qui _____

8. qui _____

◀))） **M. Dictée partielle.** Jules Verne. Écoutez et complétez le texte.

CD4
Track 18

Jules Verne est né le 8 février 1828 à Nantes et est mort le 24 mars 1905 à Amiens, en France. Dans beaucoup
de ses récits, on retrouve deux composantes: la science et le fantastique, (1) _____ comme
science-fiction. C'est un domaine (2) _____ d'inspiration scientifique. Mais, en bon
romancier, Jules Verne laisse son lecteur imaginer et rêver.

Dans *Voyage au centre de la terre,* les descriptions (3) _____ des roches et des
minéraux prouvent ses connaissances en géologie.

Jules Verne est international dans ses choix. Il y a des héros (4) _____,
parfois français, anglais, américains, russes, chinois. Cent ans après sa mort, il est un auteur
(5) _____ a de nombreux lecteurs.

À vous de vous perfectionner! (2)

1. Le *t* dans Mon**t**réal

2. La disparition du *e* muet: comment parler plus vite
   (deuxième partie)

3. La voyelle *a* non-accentuée (*unstressed*)

1. Le *t* dans Mon**t**réal.

Bien sûr, spontanément vous allez prononcer le **t** comme dans *Mount Vernon, Mount Kinley, Mount Everest*, etc.

Mais en français, tous ces **monts** se prononcent comme **mon**... le **t** disparaît!

Application immédiate: Production.

Le Mont-St-Michel se prononce comme **mon** St-Michel.

Montréal, se prononce comme **mon** réal.

Le Mont Blanc se prononce comme le **mon** blanc... Attention le **c** ... ne se prononce pas non plus... c'est une consonne finale sans **e**.

Répétez après le modèle les **monts = mon** suivants:

Le Mont-St-Michel

CD4
Track 19

Montréal

Le Mont-Blanc

Le Mont-Everest

2. La disparition du *e* muet: comment parler plus vite (2)

Nous venons d'étudier la disparition du **e** muet dans deux cas:

- **Les *e* muets à la fin d'un mot:** il chant~~e~~—ils chant~~ent~~
- **Les neufs monosyllabes:** je, me, te, le, se, ce, que, de, ne

À l'intérieur d'une phrase, dans de nombreux cas, les **e** de ces neuf petits mots peuvent disparaître:
je ne le regarde pas devient **je n— le r—gard— pas.**

Examinons la disparition du **e** muet **à l'intérieur** d'un texte plus long.

Écoutons et observons le commentaire de Sylvie à la page 367 de votre livre.

CD4
Track 20

> **SYLVIE** (à CHICOUTIMI):   Oui, bien sûr, je partirais! Je serais très heureuse de quitter
> mon travail et la grisaille de ma ville en hiver. Je déteste
> Chicoutimi en hiver! La boîte où je travaille est super cool.
> Le responsable me donnerait mes congés sans problème.

Est-ce que vous avez entendu   je serais ou j'serais?

de quitter ou d'quitter?

je déteste ou j'déteste?

je travaille ou j'travaille?

Si vous avez entendu le dernier choix *(last choice)* c'est bien ça! Conclusion: certains **e** muets on été supprimés, mais pas d'autres *(not others)*.

Certains **e** muets ne peuvent pas être supprimés. La règle générale s'appelle la **Loi des trois consonnes.** Un **e** muet peut disparaître mais il ne peut jamais y avoir trois consonnes «prononcées» ensemble *(three-consonant cluster)*.

Et voilà! Vous connaissez le secret des **e** muets et vous savez comment **parler plus vite le français!**

Application immédiate: Production.

Écoutez à nouveau Sylvie et tâchez de répéter en même temps qu'elle.

SYLVIE (à CHICOUTIMI):	Oui, bien sûr, j**e** partirais! J**e** serais très heureus**e** de quitter mon travail et la grisaille de ma ville en hiver. J**e** déteste Chicoutimi en hiver! La boît**e** où j**e** travaille est super cool. Mon responsable m**e** donn**e**rait mes congés sans problèm**e**.

Pour aller plus loin. Dans les autres dialogues de ce chapitre, c'est à vous de couper en syllabes et faire disparaître les **e** muets.

3. La voyelle a non-accentuée *(unstressed)*

Quelle est la différence de prononciation entre le **a** en anglais et en francais?

En anglais, le *a* peut se prononcer de différentes façons: *father, baby, ball* ou *man.* Mais dans des mots comme *cigarette* ou *Bernadette,* le *a* perd son identité parce qu'il se trouve dans une syllabe non accentuée. Dans ces deux cas, le *a* ressemble plutôt au son de *duh.* On dit que le *a* est *neutralized...*il a perdu son identité propre.

En français, le *a* ressemble au *a* dans *father* prononcé par une personne de Boston (pas de New York!), un peu comme dans *my father parks the car.* Mais le *a* reste toujours *a.* Alors! Le problème... c'est l'accentuation! Le **a** est toujours **a...** même dans une syllabe non accentuée. Écoutez les mots suivants... et ouvrez une grande bouche pour produire un beau **a** bien ouvert même dans les syllabes non-accentuées.

Application immédiate: Production.

CD4
Track 21

Attention à l'accent tonique.
l'**a**éroport
les b**aga**ges
les p**assa**gers
le termin**a**l
la **ca**bine
le comp**ar**timent
le m**aga**zine
les cig**ar**ettes

À vous de lire!

L'histoire du chocolat. Pour vous «mettre dans l'ambiance», répondez aux questions suivantes:

1. Aimez-vous le chocolat? Pas du tout? Un peu? Beaucoup? À la folie?

    _____

2. Quel genre de chocolat préférez-vous? Le noir? Au lait avec des amandes?

    _____

3. Combien en mangez-vous par jour? Par semaine?

    _____

4. Que savez-vous de l'origine et de la production du chocolat?

    _____

Stratégies. Voici quelques stratégies pour lire efficacement le texte suivant.

- Lisez les questions de compréhension pour vous familiariser avec le contenu du texte.
- Lisez les **Mots apparentés:** synonyme, persévérance, loyauté, un astronaute, le potassium, le magnésium, le phosphore, le calcium, les vitamines, le système nerveux

---

Le temple du chocolat *Côte D'Or*

Introduction
Le chocolat fait partie des aliments magiques de notre vie; il est synonyme de moments privilégiés, de fêtes et de cadeaux.

Les origines de la culture du cacao

Les Mayas, qui vivaient dans le Yucatan, sont les premiers cultivateurs du cacaoyer, probablement aux environs de l'an 600 de notre ère.

    La cabosse, le fruit du cacaoyer, contient des graines qui se conservent très bien. Les Mayas les utilisaient comme monnaie et aussi pour préparer un liquide où ils mélangeaient les graines écrasées, du poivre et des piments[1]: le *tchocoatl*. Au XIXè siècle, les Toltèques assurent l'extension de la culture du cacaoyer et le considèrent comme «l'Arbre du Paradis»[2].

L'arrivée du chocolat en Europe

Cette partie de l'histoire du chocolat se développe en 1502. Christophe Colomb débarque dans les Caraïbes où les indigènes lui offrent des bijoux[3] et aussi une boisson curieuse: rouge et amère... Il est le premier Européen à goûter le chocolat! En 1519, l'Espagnol Hernán Cortés arrive au Mexique où les Aztèques lui offrent une immense plantation de cacaoyers. Quand les colons n'ont plus de vin, ils décident de boire ce chocolat étrange. Petit à petit, ils y ajoutent du sucre, de la vanille et de la crème. Le chocolat devient alors la boisson favorite des colons qui la font connaître en Espagne.

    Alors, la réputation du chocolat s'étend aussi aux Pays-Bas[4], en Allemagne, en France, en Suisse, en Belgique et en Angleterre, à Londres, où on ouvre les premières *Chocolate Houses.* Avec les progrès techniques du dix-neuvième siècle, la chocolaterie prend une nouvelle dimension économique.

    En Belgique, la marque *Côte d'Or* (avril 1883) fait référence à la Côte d'Or d'Afrique de l'Ouest, aujourd'hui le Ghana. Sur le logo: l'éléphant est symbole de puissance, de loyauté et longévité. *Côte d'Or* devient rapidement international.

La préparation du chocolat

Le cacaoyer produit deux récoltes de cabosses par an: novembre-janvier et mai-juillet. Entre la récolte des cabosses et l'expédition du chocolat aux clients, le processus de fabrication comprend

---

[1]hot pepper   [2]Paradise Tree   [3]jewels   [4]the Netherlands

une douzaine d'étapes[5] très complexes. Voici quelques pays qui exportent le cacao: la Jamaïque, le Mexique, le Costa Rica, la Colombie, l'Équateur, le Venezuela, le Brésil, la Côte d'Ivoire, la République démocratique du Congo, Madagascar, les Philippines, la Malaisie et l'Île de Java.

Les propriétés et vertus du chocolat

- Le chocolat noir est un aliment riche en énergie: 500 calories aux 100 grammes. Il est beaucoup apprécié par les sportifs... et les astronautes!
- Le chocolat contient aussi des sels minéraux: du potassium, du magnésium, du phosphore, du fer et du calcium.
- Il nous procure aussi les vitamines A, B1, B2, C, D et E.
- Le chocolat contient des substances qui stimulent le système nerveux.

Mmh! Quel plaisir des sens.

Compréhension. Répondez aux questions suivantes selon la lecture.

1. Dans nos vies actuelles, le chocolat est synonyme de _____.

2. Qui sont les premiers cultivateurs de cacao? _____

3. Où habitaient-ils? _____

4. Comment s'appelle l'arbre où pousse le cacao? _____

5. Comment s'appelle le gros fruit qui contient les graines de cacao? _____

6. Ces premières boissons au cacao étaient-elles sucrées ou épicées? _____

7. Quel personnage historique célèbre était le premier Européen à goûter le chocolat? _____

8. Pour quelle raison étrange les colons espagnols installés au Mexique commencent-ils à boire du chocolat? _____

9. Qu'est-ce que les Espagnols ajoutent au cacao? _____

10. Après son arrivée en Espagne au seizième siècle, dans quels autres pays européens le chocolat arrive-t-il?

(a) _____, (e) _____,

(b) _____, (e) _____,

(c) _____, (f) _____.

11. À quel pays d'Afrique la marque *Côte d'Or* fait-elle référence? _____

12. Combien de fois par an récolte-t-on les cabosses? _____

13. Nommez six pays producteurs de cacao:

(a) _____, (b) _____, (c) _____,

(d) _____, (e) _____, (f) _____.

14. Donnez quatre propriétés du chocolat:

(a) _____

(b) _____

(c) _____

(d) _____

Quelle extraordinaire note d'histoire, de voyages et de bonheur des cinq sens!

[5]stage

Ma vie branchée!

CHAPITRE 13

Passage **1**

Mon vocabulaire

La technologie d'aujourd'hui

A. Les bonnes affaires! La FLEC annonce des soldes sur tous les appareils électroniques. Regardez l'annonce publicitaire et ajoutez <u>les mots français</u> correspondant aux objets. N'oubliez pas les <u>articles indéfinis</u>: **un, une, des!**

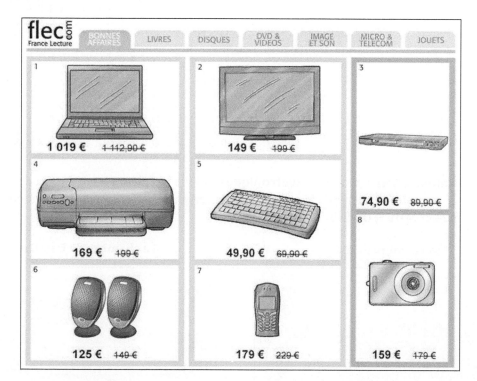

1. laptop _____
2. screen _____
3. DVD player _____
4. color printer _____

5. keyboard _____
6. speakers _____
7. cell phone _____
8. digital camera _____

B. La peste des *spywares* se développe. Complétez le texte avec les mots appropriés.

ordinateurs	connexion haut débit	clavier	logiciels
naviguez	mots de passe	écrans	la Toile

Apple, Microsoft, Dell, HP, tous les (1) _____ sont victimes de virus et spammeurs! Les

(2) _____ anti-*spyware* ne sont pas infaillibles. Donc, la sécurité n'est pas parfaite! La

plupart présentent de la publicité sans danger sous forme de petites fenêtres «pop-up» ou modifient la page

d'accueil quand vous (3) _____ sur (4) _____. D'autres sont plus

dangereux parce qu'ils volent nos (5) _____ et les envoient à l'extérieur.

Autre problème: certains *spywares* sont incompatibles entre eux et ralentissent votre PC même si vous

avez une (6) _____. C'est beau la technologie, mais... ce n'est pas parfait!

C. Développements technologiques. Dans la grille ci-dessous, trouvez les équivalents français des
mots anglais donnés. Attention, les mots peuvent être dans le sens horizontal, vertical ou diagonal.

cell phones (*2 mots*)
Walkman (*pluriel*)
screen
Web
to click
digital
text message (synonyme de SMS)

```
T M W S L A I A W V B U A O P A H J R A
A E I O S M A W A E F A C L J N H C Q N
T C L P H A B A G T O I L E F Y A W P A
U A F E O C H V H J U J P I W X A F B A
F A G A P J Y T W E I B T A I G F E C V
D M N A A H I T E R V C N B I T C E V A
A S Q A D J O P A B R N A M J R A W D U
E A W B S D A N Y G A E D Y A S F A R H
D V D B D F A Q E Y W A J N D E V W E I
G B O T G U L C A S O H M U R F G H U I
M A I E O A L Q A Q P C R P F Q C I Q L
N F A X Y A N M Y A D O W L O H J N I E
A D G T N G R H U C V A R T R O I B L A
C E M O L K M U Q W A P O T V D S A C K
E C D T I O S R Y L P K O A A J C D B O
W A S R U E D A L A B V N M O B B Y P L
A T Q E U F O P D A C V T Y J A L P I U
E N W E I N U M E R I Q U E D Y I E V I
R G T C W A D C F G Q Z Q S W S A A S K
E A E J V X A V A G L I E S I M N N F T
```

 D. Marc et Damien: quels appareils électroniques ont-ils? Regardez les dessins ci-dessous,
CD 4
Track 22
écoutez la description des chambres de Marc et Damien et écrivez les différents objets mentionnés
respectivement pour Marc et Damien.

La chambre de Marc

La chambre de Damien

Marc		Damien
1. _____	6. _____	1. _____
2. _____	7. _____	2. _____
3. _____	8. _____	3. _____
4. _____	9. _____	4. _____
5. _____	10. _____	5. _____

🔊 **E. La presse et les médias en ligne.** Lisez le vocabulaire utile et les questions. Écoutez les
CD 4 informations suivantes concernant le quotidien japonais *Asahi Shimbun* et les deux quotidiens français,
Track 23 *Le Monde* et *Le Figaro*. Ensuite, répondez aux questions.

Vocabulaire utile: quotidien *(daily)*; rédacteurs *(editors)*; en moyenne *(on average)*; pourtant *(in spite of that)*; en temps réel *(in real time)*; la concurrence *(competition)*

1. *L'Asahi Shimbun* a réussi sa transformation

   sur _____

   et sur _____

2. Combien de millions de Japonais possèdent un mobile?

   3 millions _____   93 millions _____   90 millions _____

3. Le quotidien japonais a abandonné son édition imprimée.

   vrai _____ faux _____

4. Les jeunes Français lisent autant que leurs parents.

   vrai _____ faux _____

5. En France, il y a aussi la concurrence sur la Toile.

   vrai _____ faux _____

6. Les journaux français comme *Le Monde* et *Le Figaro* n'ont pas de version Internet.

   vrai _____ faux _____

Structure 1

Connaître vs. savoir

F. Le savez-vous / Le connaissez-vous? Choisissez entre **savoir** et **connaître**.

1. Graver *(to burn)* un CD?

   _____ a. Oui, je sais le faire, bien sûr.   _____ b. Oui, je le connais, bien sûr.

2. Un très bon magasin d'électronique près de chez toi?

   _____ a. Non, je ne le sais pas.   _____ b. Non, je n'en connais pas.

3. Comment changer mon mot de passe?

   _____ a. Oui, je sais le faire.   _____ b. Oui, je le connais.

4. Le mot de passe de votre professeur de français?

_____ a. Non, je ne sais pas le faire.　　　　_____ b. Non, je ne le connais pas.

5. Mon copain qui a un scanner?

_____ a. Oui, je le sais.　　　　_____ b. Oui, je le connais.

6. Utiliser un moteur de recherche?

_____ a. Oui, je sais le faire.　　　　_____ b. Oui, je le connais.

7. L'adresse e-mail du prof?

_____ a. Non, je ne la sais pas.　　　　_____ b. Non, je ne la connais pas.

8. Télécharger de la musique?

_____ a. Bien sûr, je sais le faire.　　　　_____ b. Bien sûr, je la connais.

G. Mireille, Annabelle et Robert discutent de deux grands «noms» de l'électronique: Pierre Chappaz et Pierre Kosciusko-Morizet. Choisissez le verbe qui convient, selon le contexte.

Mireille:

1. Je connais / sais très bien Pierre Chappaz le co-fondateur de WIKIO.
2. Dites-moi Annabelle et Robert, connaissez-vous / savez-vous ses passions?

Annabelle:

3. Oui, bien sûr. Tout le monde connaît / sait que ses deux passions sont l'Internet et l'escalade!
4. Il «tweette» aussi sur twitter.com/pierrechappaz! Tu le connaissais / savais?

Robert:

5. Mais enfin Mireille, tu n'es vraiment pas branchée!!! Tu ne nous as jamais dit que tu ne connaissais pas / savais pas Pierre Kosciusko-Morizet, le patron de PriceMinister.com?
6. Nous connaissons / savons tous en France qu'il est le patron de ce site de vente en ligne.

Annabelle:

7. Oui! Mais peu de gens le connaissent / savent comme Président de l'Association française pour le commerce et les services en ligne. Il a 32 ans et il parle français, anglais et allemand.

Mireille:

8. Dis-moi, Annabelle... connais-tu / sais-tu s'il est marié?

H. Les jeux sur Internet. Complétez le texte avec la forme correcte de **savoir** ou **connaître** selon les indications. N'oubliez pas de conjuguer les verbes! Attention à **Si + imparfait!**

Les jeux en ligne sur Internet (1) (connaître) _____ un succès extraordinaire. Les États-Unis sont «numéro 1» sur ce marché; et maintenant sur celui des jeux sur téléphone portable. Si cela continuait ainsi, le marché du **poker** et du **casino en ligne** (2) (connaître) _____ lui aussi une augmentation certaine.

Voici la répartition en Suisse des millions de passionnés de ces jeux: 28% ont plus de 25 ans, 27% ont entre 10 et 15 ans et 44% ont entre 16 et 25 ans. Ses passionnés du jeu (3) (savoir) _____ comment s'amuser et où rencontrer des partenaires. S'ils (4) (savoir) _____ que ces jeux sont une «évasion mentale» pour recréer leur propre univers, peut-être qu'ils (5) (connaître) _____ un meilleur équilibre mental!

🔊 **I. Jack Kilby, Prix Nobel de physique 2000.** Écoutez le dialogue entre un étudiant en informatique
CD 4
Track 24 (vous) et un professeur d'informatique, Edward Breton, qui étudie les inventions de Jack Kilby. Choisissez les formes appropriées de **savoir** et **connaître**.

EB: Est-ce que le grand public (1) (<u>connaît – connais – sais – sait</u>) encore Jack Kilby?

Vous: Bien sûr! Mes amis et moi (2) (<u>connais – connaissons – connaissent – sais – savons – savent</u>) que Jack Kilby est l'inventeur de la puce électronique; le 20 juin 2005, il est mort du cancer, à l'âge de 81 ans, à Dallas. Et vous, (3) (<u>connaissez – connais – savez – sais</u>)-vous la ville de Dallas?

EB: Oui, très bien. Je l'ai visitée une fois, et j'ai appris qu'en 1958, quand Jack travaillait chez Texas Instruments, il a conçu les circuits intégrés, les fameuses puces électroniques.

Vous: Jack Kilby était une personne très modeste. Mais ses collègues à Texas Instruments l'appelaient le gentil géant. Pourquoi?

EB: Mais parce qu'ils (4) (<u>connaît – connaissait – connaissent – connaissaient</u>) bien Jack, ils (5) (<u>sait – savent – savait – savaient</u>) que Kilby détenait plus de 60 brevets.

🔊 **J. L'iMac... l'iPhone... l'iPod... l'iPad... l'iTunes, la tablette (*slate*) «*multi-touch*»: révolution
CD 4
Track 25 permanente!** Écoutez les phrases suivantes et identifiez le temps des verbes **savoir** et **connaître**.

1. _____ infinitif _____ présent _____ passé composé _____ imparfait _____ conditionnel

2. _____ infinitif _____ présent _____ passé composé _____ imparfait _____ conditionnel

3. _____ infinitif _____ présent _____ passé composé _____ imparfait _____ conditionnel

4. _____ infinitif _____ présent _____ passé composé _____ imparfait _____ conditionnel

5. _____ infinitif _____ présent _____ passé composé _____ imparfait _____ conditionnel

6. _____ infinitif _____ présent _____ passé composé _____ imparfait _____ conditionnel

À vous de vous perfectionner! (1)

1. *écran* mais pas *écrin*
2. Les liaisons obligatoires

1. Un écr<u>an</u> (screen)... n'est pas un écr<u>in</u> (jewelry box).

Vous voyez qu'une petite erreur de prononciation peut créer la confusion. Alors, pratiquons!

CD 4
Track 26

  Perception et production

«—an»	«_____ in,»	«_____ ain»
maman	ma main	
du vent	du vin	
un banc	un bain	
écran	écrin	
cent / sans	saint	
un plan	un verre plein	

2. Liaisons obligatoires

Comme en anglais, **une liaison** c'est une communication. Faire une liaison, c'est établir un lien, une **union** très solide entre deux ou parfois trois mots. Nous avons choisi le symbole **(+)** pour marquer cette union.

Cette union, cette **liaison,** est obligatoire dans plusieurs cas:

(1) entre l'article et le nom: **un + enfant, les + enfants**

(2) entre les adjectifs possessifs et le nom: **mes + enfants, nos + enfants**

(3) entre les nombres et le nom: **deux + enfants, trois + enfants, dix + enfants**

(4) entre l'adjectif et le nom: **un petit + enfant**

(5) entre le pronom et le verbe: **nous + aimons, vous + allez**

(6) entre le verbe et l'auxiliaire: **nous + avons + été; il est + allé**

(7) avec **être** et le sujet ou l'adjectif: **c'est + un enfant, il est + intelligent**

(8) conjonctions, prépositions, adverbes + [...]: **dans + un jardin, en + hiver, sans + oublier, très + heureux, sous + un arbre**

(9) dans des expressions fixes: **de temps + en temps, tout + à l'heure, États + Unis**

Examinons le cas du *h* muet du Chapitre 11: **un + hôtel** mais **un # haricot.**
La **liaison est obligatoire** pour tous les mots avec le <u>h fantôme</u>.

> **mon + hôtel**
>
> **trois + heures**
>
> **sans + hypothèque**
>
> **nous nous + habillons**

Plus loin dans ce chapitre, nous étudierons les liaisons interdites.
Perception et production. À vous maintenant de pratiquer les liaisons obligatoires.
Lisez le texte ci-dessous et faites attention aux **(+)** qui vous indiquent les liaisons obligatoires.
Écoutez et répétez avec le modèle.

La technologie de tous les jours

CD 4
Track 27
Marc est (+) un (+) étudiant très (+) intelligent, qui aime beaucoup les nouvelles technologies. Pour cette raison, il décide de se spécialiser en (+) informatique. Il est (+) en première année à l'université. Sa chambre est (+) équipée des derniers gadgets technologiques. Comparons la chambre de Marc et la chambre de son (+) ami Damien.

Dans les chambres de Marc et de Damien, il y a un lit, une chaise et un bureau, bien sûr. Mais les similarités s'arrêtent là! Damien a un (+) ordinateur sur son bureau, avec un lecteur / graveur de CD/DVD. Marc a aussi un (+) ordinateur, mais c'est (+) un portable, qui pèse moins de deux kilos.

À vous d'écrire!

Les nouvelles technologies dans votre vie. Lisez le texte suivant et ensuite donnez votre opinion!

Les nouvelles technologies de l'information et de la communication sont présentes partout, dans nos maisons, nos voitures, sur le campus, dans pratiquement tous les domaines professionnels: la médecine, les voyages, les médias, les énergies renouvelables, les transports (Boeing, Airbus), les télécommunications, le domaine militaire, les banques, la musique en ligne, bref, dans tout. Elles transforment notre style de vie et influencent nos relations sociales.

Maintenant, écrivez au moins 12 phrases sur ce thème. Essayez de répondre aux questions suivantes dans votre composition:

- Dans votre vie personnelle, trouvez-vous que la technologie est présente dans votre chambre ou appartement et dans votre vie quotidienne?
- Quels sont les logiciels que vous connaissez le mieux?
- Quels gadgets / appareils utilisez-vous régulièrement dans votre vie? Choisissez-en cinq différents, par exemple: votre téléphone portable, votre appareil photo numérique, vos sites de musique en ligne et de jeux en ligne et votre traitement de texte.
- Expliquez les avantages et inconvénients de vos gadgets / appareils.
- Pensez-vous qu'une soirée passée à surfer l'Internet peut remplacer une soirée entre amis?

Soyez créatif (-ive)! Imaginez que vous expliquez cela à un(e) étudiant(e) francophone dans votre université. Vous pourriez commencer comme ceci: «Sans la technologie, je ne peux pas exister, je ne peux pas vivre! J'utilise... »

_____

_____

_____

_____

_____

_____

_____

_____

_____

_____

_____

_____

Passage 2

Mon vocabulaire

Les sports et l'équipement

A. Le site Internet de Club Vacances—Spécial sports! Le site "Club Vacances" veut illustrer sa page sport en version bilingue français/anglais. La partie en anglais est faite; à vous de faire la partie en français.

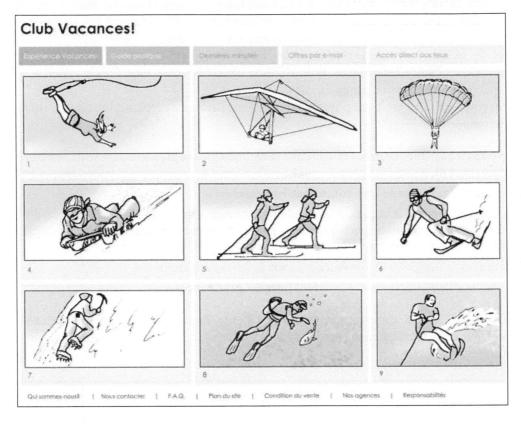

1. bungee jumping _____
2. hang-gliding _____
3. paragliding _____
4. sledding _____
5. cross-country skiing _____
6. downhill skiing _____
7. ice-covered mountain climbing _____
8. fishing _____
9. waterskiing _____

B. C'est mieux à deux: Valérie et Hughes / Caroline et Frédéric. Vous êtes «organisateur-sports» chez Club Vacances et vos clients vous expliquent leurs sports préférés: À vous de leur recommander le meilleur club.

- Valérie (37 ans, professeur de sciences) et Hughes (46 ans, directeur financier) habitent à Lyon. Tous les deux adorent la montagne surtout en hiver, les situations difficiles et les sports motivants. Vous leur conseillez votre Club Vacances à Chamonix dans les Alpes, ouvert toute l'année.

  S'ils vont à Chamonix en été:

  1. _____

  2. _____

  S'ils préfèrent Chamonix en hiver:

  3. _____

  4. _____

- Caro (21 ans, étudiante en audiovisuel) et Frédéric (25 ans, ingénieur agronome) sont tous les deux amoureux fous des sports de vol ou chute libre. Vous leur conseillez votre Club près de Toulouse, dans les Pyrénées, en été, pour qu'ils pratiquent les sports suivants:

  5. _____

  6. _____

🔊 **C. Nos sports préférés.** Karine et Marouane comparent leurs sports préférés. Indiquez dans les colonnes ci-dessous les activités qu'ils aiment ou n'aiment pas.
CD 4
Track 28

	aime / adore	n'aime pas / déteste
Marouane	1. *les sports de vol libre*	1.
	2.	2.
	3.	
	4.	
	5.	
	6.	
	7.	
Karine	1.	1.
	2.	2.
	3.	
	4.	
	5.	

🔊 **D. Club Vacances.** Élisabeth téléphone au Club Vacances. Elle a besoin de conseils pour organiser ses vacances d'été avec son copain. Pendant la conversation, l'employé du Club Vacances prend des notes pour compléter le formulaire ci-dessous:

1. Prénoms du/des client(s): Pascal et Élisabeth

2. Occupations: _____ et _____

3. lieu de résidence actuelle: _____

4. Sports et activités préféré(e)s _____, _____,

   _____, _____

Maintenant, écoutez la réponse du Club Vacances à Élisabeth. À vous d'insérer dans votre formulaire «fiche client» les sports que l'employé de Club Vacances leur recommande en Tunisie.

5. Sports conseillés: a. _____   d. _____

   b. _____   e. _____

   c. _____

E. Qu'est-ce que c'est? Choisissez le vocabulaire approprié d'après les images données pour compléter chaque description.

 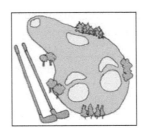 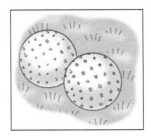

1. Aux jeux olympiques, le patinage artistique est toujours extraordinaire! Les champions font très attention à leurs _____ à glace.

2. En Floride, en Géorgie et à Pebble Beach en Californie, le sport qui attire les foules, c'est... LE GOLF! Les golfeurs professionnels utilisent des _____ en titane et beaucoup, beaucoup de _____!

3. La Coupe du Monde... *The World Cup*... quel sport! Vous savez pourquoi le _____ de _____ est différent du _____ de rugby?

4. En tennis de grande compétition, les champions utilisent souvent une ou deux _____ super légères. Quelle publicité pour Wilson, Dunlop, Prince ou Adidas!

Structure 2

Le futur

F. Que feront-ils au Club Vacances? Voyons les sports que Valérie, Hughes, Karine et Frédéric vont pratiquer pendant leurs vacances. Complétez les phrases suivantes et conjuguez les verbes entre parenthèses **au futur.**

1. Valérie _____ (faire) de la luge et _____ (découvrir) le ski de fond pour la première fois.

2. Hughes adore le ski alpin et _____ (descendre) les pistes à toute vitesse.

3. Ensemble, ils _____ (aller) au cinéma pour se relaxer.

4. Karine et Frédéric _____ (être) ensemble pour faire de l'alpinisme.

5. Mais Karine voudrait aussi essayer autre chose! Elle _____ (se risquer) au saut à l'élastique.

6. Tous les quatre, ils _____ (avoir) l'occasion d'admirer de très belles vues dans la montagne.

7. Quand ils _____ (revenir), ils _____ (vouloir) certainement montrer leurs photos de vacances à leurs amis.

8. Alors, attendons leur retour; nous _____ (voir) bien!

🔊 **G. Les vacances d'Élisabeth et Pascal.** Vous vous souvenez d'eux? Écoutez encore une fois le dialo-
CD 4 gue entre Élisabeth et le Club Vacances et insérez dans les phrases ci-dessous les verbes <u>au futur</u>!
Track 30

L'employé du Club Vacances:

1. Comme vous êtes passionnés de sports nautiques, notre Club en Tunisie _____ le meilleur.

2. Vous _____ y pratiquer tous vos sports favoris.

3. La mer Méditerranée vous _____ la possibilité de faire de la planche à voile.

4. Pascal _____ en profiter pour prendre des photos de la Baie de Tunis.

5. Vous _____ aussi aller à la pêche, si cela vous intéresse.

6. Nous _____ tout notre possible pour vous satisfaire.

7. Quand vous _____, vous me montrerez vos photos.

8. De mon côté, je vous _____ nos options pour vos prochaines vacances.

🔊 **H. «Allô? Je te vois!»: Visiophonie sur téléphone mobile.** Votre grand-mère, qui a 94 ans veut être
CD 4 branchée et acheter un portable moderne! Écoutez les commentaires de l'employé de FLEC et insérez dans
Track 31 le texte les **verbes au futur** que vous entendez.

1. Ce petit exploit technologique _____ de voir en direct sur l'écran du portable l'image de la personne qui parle. Mais, il y a plusieurs problèmes.

2. Tout d'abord, vous _____ connaître une personne avec la même sorte de téléphone.

3. Ensuite, vous _____ votre téléphone dans les mains en face de vous pendant tout le temps que vous parlerez... pas très discret!

4. Finalement, vous ne _____ pas bouger pendant l'appel sinon l'image ne _____ pas bonne à cause des pixels! Moi, je crois que je n'en _____ pas! Et vous?

Structure 3

Les pronoms disjoints

I. Oui, Mamie, c'est ça! Votre grand-mère n'entend plus très bien... à 94 ans, c'est normal! Quand vous lui parlez, vous répétez ce qu'elle dit pour être certain(e) qu'elle comprend bien. Substituez un pronom disjoint pour l'expression en italiques.

> **MODÈLE:** —Tu sors au restaurant avec *tes amis* ce soir?
> —Oui, Mamie, je sors **_avec eux_**.

1. —Tu achèteras un cadeau d'anniversaire pour *ta mère*?

   —Bien sûr, Mamie! Pour _____, j'achèterai le plus beau cadeau!

2. —Tu passes chez *moi* ce week-end?

   —Oui, Mamie, je passerai chez _____.

3. —Tu partiras en vacances avec *tes parents* cet été?

   —Oui, Mamie, comme d'habitude, je partirai avec _____.

4. —Tes amis et toi, vous parlez souvent avec *votre prof de français*?

   —Oui, Mamie, nous parlons souvent avec _____.

5. —Quelquefois, tu oublies *ton vieux grand-père*.

   —_____! Mais non, Mamie, je ne l'oublie jamais!

6. —Tes parents et toi, allez-vous venir nous visiter *ton grand-père et moi* ce week-end sur notre nouveau bateau?

   —Oui, Mamie, mes parents vont tous les deux être avec _____ sur votre nouveau yacht. Quelle chance! Mais _____, je ne peux pas! J'ai mes examens!

J. C'est qui au téléphone? Quand vous répondez au téléphone, votre colocataire veut toujours savoir qui c'est. Répondez à ses questions et utilisez un pronom disjoint.

1. —C'est qui au téléphone? C'est Jean-Marc?

   —Oui, c'est _____.

2. —C'est qui au téléphone? C'est Robert?

   —Non, ce n'est pas _____, ce sont mes parents.

3. —C'est qui au téléphone? Ce sont tes parents encore une fois?

   —Non, ce ne sont pas _____, cette fois-ci... c'est Robert!

4. —C'est qui au téléphone? C'est Julie?

   —Oui, c'est _____. Elle veut parler à Robert!

5. —C'est qui au téléphone? C'est Julie et Marie-Claudine?

   —Oui, ce sont _____.

6. —C'est qui au téléphone? C'est Jean-Marc pour toi?

   —Oui, c'est pour _____. Et maintenant... Arrête! Tu m'énerves sérieusement!

🔊 **K. Moi!** Répondez par un seul mot aux questions que vous entendez. Utilisez un **pronom disjoint**
CD 4
Track 32 comme réponse.

> **MODÈLE:** Vous entendez: 1. Qui travaille plus, vous ou votre meilleur(e) ami(e)?
>
> Vous écrivez: *Moi* (si c'est vous) ou *lui/elle* (si c'est votre ami/amie)

1. _____
2. _____
3. _____
4. _____
5. _____
6. _____
7. _____

Passage **3**

Mon vocabulaire

Au club de fitness

A. Que font-ils donc pour rester en forme? Voici deux couples très sportifs! Faites des phrases complètes pour chaque activité sportive que vous voyez sur les images.

> **MODÈLE:** *Élisabeth et Marc font des exercices d'échauffement deux à trois heures par semaine.*

Élisabeth et Marc habitent Bruxelles, un peu en dehors de la ville. Ils travaillent pour la Commission européenne. Voici les sports qu'ils pratiquent deux à trois heures par semaine.

1.

Ils _____.

2.

Ils _____.

3.

Ils _____.

Valérie et Didier habitent à Montréal. Ils vont souvent au club de fitness. Voici les sports qu'ils pratiquent:

Au club de gym

4.

Valérie _____.

5.

Didier _____.

6.

Ils _____.

B. Qu'est-ce que c'est? Où sommes-nous? Complétez la description des équipements, appareils et salles du club de fitness avec le mot correct.

1. On les tient fermement en mains et on les utilise pour développer les muscles des épaules et des bras. Ce sont des _____.

2. Avec cet équipement, on est assis et on tire en même temps sur les bras et les jambes. C'est un _____.

3. Pour cet exercice, on est debout et on marche... et on marche... de plus en plus vite. On est sur un _____.

4. Pour cet exercice, on est aussi debout, mais on monte... et puis on descend, et puis on monte à nouveau et on redescend! On fait des _____.

5. Pour faire de la natation, on peut aller à la plage ou dans une rivière bien sûr, mais aussi dans une _____ intérieure et chauffée!

6. Pour donner l'impression qu'on vit au soleil toute l'année et pour avoir une peau toute brune, on va dans _____.

C. Qu'est-ce que nous pourrions faire? Lisez les situations et complétez en choisissant le vocabulaire dans la banque de mots proposée.
Pour vous: to warm up, to jump rope, to do push-ups and sit-ups, to do muscle-building exercises, and to swim
Pour votre père: to stretch, to do floor exercises, to pedal on the stationary bike, to get a massage

«Je dois absolument perdre 5 kilos... en un mois! Alors, en route pour le club de fitness! Je vais choisir cinq activités différentes: une pour chaque kilo! Je vais faire (1) _____,
(2) _____, (3) _____,
(4) _____ et (5) _____».

«Mon père est en pleine forme, mais quand il pleut, son arthrite le fait souffrir. De plus, ce week-end, il s'est fait très mal au dos en travaillant dans le jardin. Son médecin lui recommande quelques exercices relaxants. Il va (6) _____, (7) _____ et
(8) _____».

🔊 **D. Les sports de Jean-Philippe et Michèle.** Jean-Philippe et Michèle voyagent beaucoup et ils adorent les sports d'hiver. Ils sont à Crans Montana, en Suisse, pour l'anniversaire de Michèle. Écoutez leur conversation et complétez dans les trois colonnes les activités (1) de Michèle, (2) de Jean-Philippe et (3) leurs activités communes.

CD 4
Track 33

Michèle	Jean-Philippe	Tous les deux
1.	1.	1.
2.	2.	2.
	3.	

E. L'entraînement des cyclistes du Tour de France. Votre colocataire est fasciné par l'endurance des cyclistes du Tour de France. Il vous parle de leur entraînement intensif. Écoutez-le et complétez le tableau ci-dessous.

CD 4
Track 35

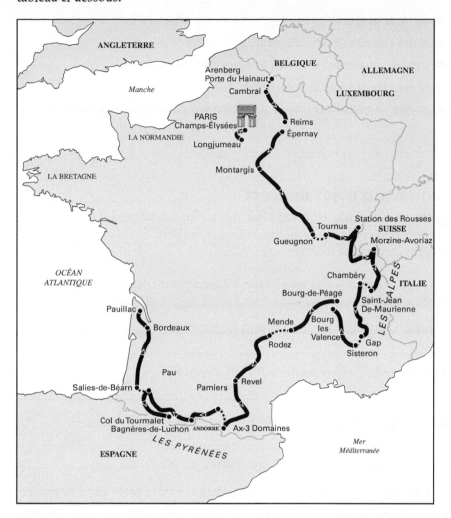

Quand?	Quelle activité, quel sport?	Combien de temps?
le matin	1. _____	1. _____ minutes
	2. _____	2. _____ minutes
	3. _____	3. _____ minutes
	4. _____	4. _____ minutes
avant le déjeuner	_____	_____
après-midi	1. _____	1. _____ minutes
	2. _____	2. _____ minutes
	3. _____	3. _____ minutes
	4. _____	4. _____ minutes
le soir	_____	_____

◀)) **F. Les sports de Véronique.** Michèle rencontre sa copine Véronique au club de fitness. Lisez tout
CD 4
Track 34 d'abord les phrases suivantes. Écoutez leur conversation et ensuite indiquez si chaque phrase est vraie (**V**)
ou fausse (**F**).

_____ 1. Véro aime s'entraîner tôt le matin.

_____ 2. Véro aime aussi faire des exercices d'échauffement.

_____ 3. Véro aime beaucoup utiliser le rameur et le vélo statique.

_____ 4. Elle veut surtout raffermir les muscles de ses épaules.

_____ 5. Michèle et Véro vont aller ensemble à la piscine quand Véro aura fini son entraînement.

Structure 4

Les pronoms compléments d'objet indirect

G. Votre dernier semestre sur le campus... Hourra! Vous avez terminé vos études et vous quittez
le campus. Vous videz votre appartement et donnez beaucoup de choses aux personnes suivantes. Utilisez
un **pronom complément d'objet indirect** dans votre réponse.

MODÈLE: à la propriétaire de l'appartement → *À la propriétaire de l'appartement, je lui donne mes plantes
vertes.*

1. à Sandrine, ma colocataire préférée (mon petit bureau et mon lecteur de DVD) _____
_____

2. aux responsables de la bibliothèque du campus (tous mes livres en retard!) _____
_____

3. à la responsable du club de fitness (les clubs de golf empruntés) _____
_____

4. à toi, Charlie, mon partenaire sur le cours de tennis (ma raquette) _____
_____

5. à mes parents (leur carte de crédit!) _____
_____

6. à nous, les auteurs, de ce livre! (un grand «Merci!») _____
_____

H. Problèmes et solutions. Votre colocataire Joël a beaucoup de problèmes. Il veut devenir plus responsable, mais souvent il ne sait pas comment résoudre ses problèmes. Répondez avec un verbe à l'impératif et un complément d'objet indirect pour remplacer les **mots en caractères gras.**

MODÈLE: JOËL: Je vais échouer à mon examen de maths. Je vais téléphoner **à mes parents.**
VOUS: Mais non, *ne leur téléphone pas!*

1. JOËL: Je vais demander de l'aide **à mes amis dans le cours.**

   VOUS: Oui, _____. Excellente idée!

2. JOËL: Je n'ai pas assez d'argent. Je vais emprunter de l'argent **à ma mère.**

   VOUS: Mais non, _____.

3. JOËL: Je ne peux pas sortir avec toi, mais je ne vais pas **te** dire pourquoi!

   VOUS: Mais si, Joël, _____.

4. JOËL: Si je ne peux pas couvrir mes dettes, je vais envoyer un chèque sans provisions *(bad check)* **à la compagnie de télécommunications.**

   VOUS: Non... C'est une idée terrible _____!

5. JOËL: Je ne peux plus trouver le livre que j'ai emprunté, alors je vais rendre cet autre livre **à mon professeur.**

   VOUS: Non Joël, _____.

6. JOËL: Je sais que je n'ai pas d'argent, mais je vais **m'**acheter un ordinateur portable quand même.

   VOUS: Non, _____.

7. JOËL: La prochaine fois que j'ai un problème, je vais vous téléphoner **à toi et tes amis.**

   VOUS: Oui, bonne idée! _____.

🔊 **I. Logique ou pas logique?** Écoutez les phrases suivantes et dites si la conversation est logique ou pas.

CD 4
Track 36

> **MODÈLE:** Vous entendez: —Tu me téléphones ce soir?
> —Oui, je lui téléphone ce soir.
>
> Vous encerclez: *pas logique*

1.	logique	pas logique
2.	logique	pas logique
3.	logique	pas logique
4.	logique	pas logique
5.	logique	pas logique
6.	logique	pas logique

🔊 **J. Une mère trop curieuse.** Vous êtes à l'université, mais votre mère s'occupe toujours de ce que vous

CD 4
Track 37

faites. Écoutez ses questions et écrivez une réponse logique, avec un **pronom d'objet indirect.**

> **MODÈLE:** Vous entendez: Tu as donné ton nouvel ordinateur à ton coloc?
> Vous écrivez: *Oui, je lui ai donné mon nouvel ordi.*

1. _____

2. _____

3. _____

4. _____

5. _____

6. _____

Structure 5

Les pronoms compléments d'objet direct et indirect...
l'ordre des pronoms dans la phrase

K. Tes vacances aux sports d'hiver. Répondez aux questions suivantes et utilisez <u>deux</u> pronoms d'objet **(un direct, un indirect)** dans chaque phrase.

1. Quand tu étais aux sports d'hiver, est-ce que tes copains <u>te</u> faisaient <u>la bise</u> le soir?

   _____

2. Tu remboursais *(pay back)* toujours <u>l'argent</u> que tu empruntais <u>à tes amis</u> pour tes sorties?

   _____

3. Est-ce que ton père <u>vous</u> faisait <u>les recommandations habituelles</u>: pas d'alcool, etc.?

   _____

4. Est-ce que tu envoyais <u>des cartes postales à ta famille</u>?

   _____

5. À la fin des vacances, est-ce que tu as donné <u>tes patins à glace à la petite fille de l'hôtel</u>?

   _____

6. Tu prêtais volontiers <u>tes nouveaux skis à tes amis</u>?

   _____

L. Au dîner après le ski, la patinoire et la piscine chauffée. Vous dînez et quelqu'un vous propose les différents plats qui sont sur la table. Utilisez **un impératif** et des pronoms d'objet direct et indirect pour indiquer ce que vous voulez manger.

> **MODÈLE:** — Marc, est-ce que tu veux les pommes de terre aux oignons?
> — Oui, *passe-les-moi, s'il te plaît.*

1. — Sophie, est-ce que tu veux le fromage des montagnes?

   — Non, merci. _____

2. — Marc et Sophie, vous voulez les haricots verts aussi?

   — Oui, _____.

3. — Marc, tu veux la soupe à l'oignon gratinée?

   — Oui, _____.

4. — Marc et Sophie, je vous passe la carafe de vin chaud?

   — Non merci. _____

5. — Et si on passait la carafe à nos voisins de table?

   — Bonne idée! _____

6. — Sophie, je te commande la fondue au chocolat comme dessert?

   — Certainement! _____

CD4
Track 38

M. Donne-le-moi! Patrick va bientôt déménager dans une autre ville. Avant de partir, il offre quelques-unes de ses possessions à ses amis. Écoutez ce qu'il offre, et puis choisissez la réponse logique.

> **MODÈLE:** Vous entendez: Giselle, veux-tu ce calendrier?
>
> Vous lisez: a. Non merci, ne me la donne pas.
>
> b. Non merci, ne me le donne pas.
>
> *Vous choisissez:* *b*

1. a. Oui, j'adore Céline Dion. Donne-les-moi.
   b. Oui, j'adore Céline Dion. Donne-le-moi.

2. a. Non, je n'ai pas de lecteur de cassette. Ne me le donne pas.
   b. Non, je n'ai pas de lecteur de cassette. Ne me la donne pas.

3. a. Oui, il aime lire. Tu peux certainement les lui donner.
   b. Oui, il aime lire. Tu peux certainement me les donner.

4. a. Oui, merci. Donne-les-nous.
   b. Oui, merci. Donne-les-vous.

5. a. Oui, tu peux me le donner.
   b. Oui, tu peux te le donner.

6. a. Non, je ne mange pas de céréales, mais Thierry et Gigi en mangent. Donne-la-leur.
   b. Non, je ne mange pas de céréales, mais Thierry et Gigi en mangent. Donne-le-leur.

7. a. Ahmed est très responsable. Donne-le-lui.
   b. Ahmed est très responsable. Donne-la-lui.

8. a. Non, il déteste les serpents. Ne le lui donne pas.
   b. Non, il déteste les serpents. Ne les lui donne pas.

9. a. Non, mais Patricia en a besoin d'une. Vends-le-lui.
   b. Non, mais Patricia en a besoin d'une. Vends-la-lui.

10. a. Je ne sais pas—tu me les donnes ou tu me les vends?
    b. Je ne sais pas—tu me la donnes ou tu me la vends?

À vous de vous perfectionner! (2)

Les liaisons interdites

Au début de ce chapitre, nous avons étudié les liaisons obligatoires. Maintenant, nous allons étudier les cas principaux de liaisons interdites:

(1) après un nom ou adjectif au singulier: **l'enfant # est beau; l'enfant # américain; le ski alpin # est chouette.**

(2) après **et** on ne fait jamais, *jamais, JAMAIS* la liaison: **Abdou et # Anne; et # aussi.**

(3) avant le **h** consonne: <u>**les # héros**</u> (très différents **de les zéros!!!**), **le # hachisch, la # haine, les # halls, la # halte, les # hamsters, les # harengs, les # haricots, les # harpes, les # hasards de la vie, le # haut-parleur, la # hiérarchie, le # hockey, le # home cinéma, la # Hollande, les # homards, la # Hongrie, j'ai le # hoquet, le # huit**

(4) avec **onze** et **oui**: **les # onze étudiants, les # oui**

(5) avec les mots composés pluriels: **salles # à manger, arcs # en-ciel, brosses # à dents, moulins # à vent**

Particularite:

Quand: avec la liaison, le **d** devient **t**. Donc « **quan<u>d</u> il était petit** » se prononce comme « **quan<u>t</u> il...** »

🔊 **Perception: Liaisons obligatoires (+) ou interdites (#).** Lisez les expressions ci-dessous. Écoutez
CD 4
Track 39
et expliquez pourquoi il y a une liaison ou non.

- **Modèle de liaison obligatoire:**
  Vous lisez: Mes enfants
  Vous entendez: Mes + enfants
  Vous expliquez: *Liaison obligatoire parce que "adjectif possessif + nom"*

- **Modèle de liaison interdite:**
  Vous lisez: mon frère et aussi ma sœur
  Vous entendez: mon frère et # aussi ma sœur
  Vous expliquez: *liaison interdite après **et***

1. un ordinateur _____

2. les internautes français _____

3. de temps en temps _____

4. ses amis _____

5. les haut-parleurs _____

6. Jean-Paul et André _____

7. l'étudiant est français _____

Production. À vous de décider "sans audio" si les liaisons sont obligatoires (**O**) ou interdites (**I**).
Expliquez pourquoi.

> **MODÈLE:** l'enfant américain
> ***I** – enfant = nom singulier*

1. un _ ?_ écran _____

2. le _ ?_ home cinéma _____

3. les _ ?_ hivers _____

4. nous _ ?_ adorons les sports nautiques _____

5. le ski alpin _ ?_ est super! _____

6. ils _ ?_ achètent un _____ ordinateur très cher _____

7. les _ ?_ héros en sports extrêmes _____

8. Je fais du ski de fond et _ ?_ aussi du snowboard _____

Perception et production: Liaisons obligatoires ou interdites et e muets. Écoutez l'audio
CD 4
Track 40 plusieurs fois! Nous avons indiqué:

(1) **les liaisons obligatoires** marquées d'un (+),

(2) **les liaisons interdites** marquées d'un (#),

(3) **les e muets** qui disparaissent pour que Carole et l'entraîneuse parlent plus vite.

Enfin, répétez <u>après</u> le modèle et ensuite <u>avec</u> le modèle.
Pratiquez cet exercice avec un(e) partenaire et faites une représentation théâtrale en classe!

ENTRAÎNEUSE: Bonjour. Est-c∅ que c'est la premièr∅ fois que vous venez à notre club de fitness?

CAROLE: Oui, en + effet, c'est la premièr∅ fois. Mes + amis m'ont dit d∅ venir vous demander
d∅ l'aid∅ pour me remettr∅ en form∅. Je leur ai dit que c'était impossible!

ENTRAÎNEUSE: Mais non, ce n'est pas + impossible! Mais vous + allez devoir travailler dur. Bon, alors,
par où voulez-vous commencer?

CAROLE: Par mon ventre, mes jamb∅s, mes bras et surtout mon derrièr∅!

ENTRAÎNEUSE: Alors, commençons par fair∅ des + abdominaux pour bien muscler l∅ ventre. Et pour
les jambes on va fair∅ des + exercic∅s au sol.

CAROLE: Oh zut alors! Je détest∅ fair∅ des + abdos. Est-c∅ que c'est vraiment nécessair∅?

ENTRAÎNEUSE: Mais # oui. Vous n∅ pouvez absolument pas fair∅ de progrès sans fair∅ des + abdos.
Je vous l∅ garantis.

CAROLE: Alors, quand + est-c∅ qu'on commenc∅?

ENTRAÎNEUSE: Eh bien, tout d∅ suit∅! Je vais vous + expliquer c∅ qu'il faut faire, et vous montrer aussi
quelques exercic∅s pour raffermir les bras et les jamb∅s. Et si vous + avez des questions,
vous pouvez m∅ les poser. Au travail!

À vous de lire!

Les 24 heures du Mans... le «must» des sports extrêmes... à quelques kilomètres de Paris!
Vous connaissez les circuits de Daytona ou le Indianapolis 500 et aussi le Grand Prix de Monaco! Alors,
découvrez les «24 heures du Mans»! Lisez l'article et répondez aux questions de compréhension.

LES 24 HEURES DU MANS 2010—LE MEILLEUR DE L'AUTOMOBILE
Réunir sur une grille de départ des Peugeot, Audi, Aston Martin, BMW, Corvette, Ferrari, Porsche,
Lamborghini... mais aussi Ford et Jaguar: la perspective fait rêver. En juin 2010, le rêve devient
réalité! La 78e édition des 24 Heures du Mans offre au public le meilleur de l'automobile et,
incontestablement, place cette compétition au rang des évènements sportifs majeurs de l'année 2010.

Un événement sportif fondé sur l'*endurance*:

–sportive: L'endurance allie la performance et la durée.

–technique: L'endurance est le meilleur juge des qualités techniques.

Une idée qui dure depuis longtemps:

–Organisée depuis 1923, c'est le plus grand «défi sportif» *(challenge)* des constructeurs automobiles car il consiste à être le meilleur sur 24 heures.

Une organisation crédible et réputée par:

–la rigueur de la conception et de l'application des règlements,

–l'engagement de plus de 1600 sportifs, motivés par la passion et par l'efficacité,

–un souci de l'organisation,

–une opportunité pour les constructeurs et partenaires de se rencontrer.

UNE ADHÉSION CONSTANTE DU PUBLIC

Fréquentation exceptionnelle:

- Fans qui renouvellent leur présence d'une année sur l'autre.
- Fans qui aiment l'automobile.
- Un lieu d'animation et de découverte, dédié au sport automobile.

UNE MÉDIATISATION FORTE

Télévision

–Diffusion TV dans 121 pays

–462 millions de familles dans le monde en 2008 (+ 50% par rapport à 2007)

Internet

–119 millions de pages vues sur le site Internet officiel www.lemans.org

–8,5 millions de visiteurs

–781 articles mis en ligne sur le site officiel en 3 langues (français, anglais et japonais)

Presse

–892 titres de la presse mondiale représentés (télévisions, radios, presse écrite, agences de presse)

–2376 demandes d'accréditations de journalistes de 41 nations

Le Mans Classic: se dispute tous les deux ans.
- 300 voitures s'affrontent pour faire vivre les grandes heures du Mans.
- Expositions et *Automobilia* font aussi le bonheur des passionnés.

Les «24 Heures Moto»: Disputées chaque année en avril, elles réunissent plus de 90 000 motards et les grandes marques: SUZUKI, HONDA, KAWASAKI et YAMAHA.

Les «24 Heures Camions»: Chaque année en octobre, c'est la grande fête du camion.

Les «24 Heures Karting»: c'est le must de l'endurance.

LE MANS: DES PRODUITS DÉRIVÉS

Le jeu «Le Mans»: le jeu «Le Mans» s'est vendu à plus d'un million d'exemplaires dans le monde: PLAYSTATION, DREAMCAST, GAME BOY et PC.

Les séries limitées: «Le Mans» est aussi une marque automobile par exemple la Bentley «Série Le Mans», l'Audi Le Mans Quattro et chez General Motors, la Corvette «Commémorative 24 Heures du Mans» et la couleur «bleue Le Mans».

L'annuel des «24 Heures»: le livre officiel de référence: un véritable ouvrage collection

Le Mans Racing: le magazine dédié à l'endurance.

Radio Le Mans: émet pour les spectateurs anglais.

Compréhension. Vocabulaire. Donnez les équivalents en anglais des termes suivants:

<u>français</u>	<u>anglais</u>
1. la grille de départ	_____
2. incontestablement	_____
3. l'engagement des sportifs	_____
4. les produits dérivés	_____
5. une marque automobile	_____
6. un ouvrage de collection	_____

Vrai ou faux?

1. _____ Les «24 Heures du Mans» réunissent essentiellement des automobiles de compétition européennes.

2. _____ Cet évènement attire les sportifs, les fans et les constructeurs.

3. _____ Cet évènement se fonde sur son excellente organisation.

4. _____ La publicité touche la télévision, la Toile et essentiellement les journaux français.

5. _____ Le Mans-Classic est organisé tous les ans.

6. _____ Le Mans sert aussi de plate-forme pour deux autres compétitions: camions, motos, vélos.

7. _____ Un «motard» c'est un cycliste mais sur une moto.

8. _____ La couleur «bleue Le Mans» est un exemple de produits dérivés.

Qu'en pensez-vous?

1. Avez-vous déjà assisté à une course ou une compétition automobile comme le circuit d'«Indy 500» ou de Daytona? Ou l'avez-vous regardé à la télé?

_____

2. Trouvez-vous ce sport passionnant, ennuyeux ou dangereux? Expliquez votre choix.

_____

3. D'après vous, à quoi servent ces compétitions? Pensez aux champions, aux constructeurs, aux agents publicitaires, etc.

_____

4. Concernant les produits dérivés, pensez-vous que cette technique de marketing est aussi typique aux États-Unis? Pensez à *Harry Potter*, *Avatar*, etc.

_____

Mon bien-être et ma santé

CHAPITRE

14

Passage 1

Mon vocabulaire

Les parties internes du corps, les maladies, les médicaments et les remèdes

A. Quel monde ce matin à la pharmacie de garde! Il y a beaucoup de personnes à la pharmacie; elles ont toutes des problèmes de santé. Regardez l'illustration et complétez les phrases suivantes avec les maladies de chaque personne.

1. Bernard _____.

2. Danièle _____ et _____; elle a le nez qui _____.

3. Yannick _____.

4. Thomas _____ et _____; il a envie de _____.

5. Mélanie _____; c'est une molaire du haut! Son visage est tout rouge: elle _____.

B. Les médicaments et les remèdes. L'employé de la pharmacie est débordé *(overwhelmed with work)* et il confond patients et médicaments. Choisissez les médicaments et remèdes appropriés à chacun et chacune.

_____ 1. Bernard   a. pour le foie: des tisanes digestives

_____ 2. Danièle   b. un antibiotique et un somnifère

_____ 3. Yannick   c. des cachets d'aspirine

_____ 4. Thomas   d. du sirop, un antihistaminique, des gouttes nasales

_____ 5. Mélanie   e. des piqûres anti-douleur/anti-inflammatoire

◀)) **C. Un mauvais week-end.** C'est le week-end mais Nicolas et Cécile sont tous les deux malades.
CD4
Track 41 Écoutez-les et insérez dans la grille ci-dessous leurs problèmes de santé et les remèdes recommandés.

	Maladies, douleurs et problèmes	Remèdes
Nicolas	1.	1.
	2.	2.
	3.	
Cécile	1.	1.
	2.	2.
	3.	3.
		4.

◀)) **D. Combattre le mal des transports.** Lisez le vocabulaire utile et les phrases de compréhension
CD4
Track 42 ci-dessous. Ensuite, écoutez l'article et complétez les phrases.

Vocabulaire utile: cerveau *(the brain)*; au milieu du bateau *(in the middle of the boat)*; sur le pont *(on the deck)*; l'air frais *(fresh air)*; la somnolence *(drowsiness)*

1. Cet article parle de/du _____.

2. Les personnes qui en souffrent le plus sont _____.

3. Les symptômes de ce mal sont nombreux:

     a. Vous avez mal au _____.

     b. Vous avez une _____ terrible.

     c. Vous avez envie de _____.

     d. Vous avez des _____ cardiaques.

     e. Vous avez des maux de _____.

4. Les patchs derrière l' _____ ne sont pas recommandés chez les moins de 18 ans.

Structure 1

Le présent du subjonctif

E. Le sport... c'est la santé! Vous connaissez bien ces couples: Élisabeth et Marc, Valérie et Hughes, Jean-Philippe et Michèle. Pour faire du sport ensemble, ils doivent s'organiser! Lisez le paragraphe et mettez les verbes entre parenthèses au subjonctif.

La première chose à faire: il faut que nous (1) _____ (organiser) nos temps libres et

que nous (2) _____ (trouver) le temps nécessaire pour faire du sport. Il faut que nous

(3) _____ (téléphoner) à un(e) baby-sitter pour nos enfants. Il est indispensable que nous

(4) _____ (finir) notre travail à la même heure, que nous (5) _____ (respecter)

l'équilibre entre le travail, les enfants et le sport. Pour l'harmonie dans la famille, nos trois couples

ont tous décidé: «Il vaut mieux que nous (6) _____ (s'entraîner) ensemble, avec nos

enfants aussi!»

🔊 **F. Pour mon rhume, que faut-il faire?** Vanessa a un gros, GROS rhume et en parle avec son copain
CD4
Track 43
Mahjoub. Écoutez leur dialogue et cochez les verbes à l'indicatif (I) ou au subjonctif (S).

	I	S
1.	_____	_____
2.	_____	_____
	_____	_____
3.	_____	_____
4.	_____	_____
	_____	_____
5.	_____	_____
6.	_____	_____

Structure 2

La formation du subjonctif des verbes irréguliers

Votre bien-être: votre guide d'auto-évaluation (1) (self-evaluation). Avec ce guide, vous allez évaluer votre équilibre physique et mental sur la base de certains critères: **motivation / planification et concentration.** Complétez chaque phrase avec les verbes entre parenthèses au subjonctif. Ensuite, accordez-vous 1, 2 ou 3 points.

3 points: Je suis **tout à fait d'accord** avec la recommandation / question.
2 points: Je suis **plus ou moins d'accord** avec la recommandation / question.
1 point: Je **ne** suis **pas d'accord** avec la recommandation / question.

G. Motivation et planification.

1. Avant tout, pour la motivation et pour réussir vos études il faut que vous le _____ (vouloir) de tout votre cœur!

2. Il faudrait aussi que vous _____ (avoir) une idée précise de votre avenir, de la vie de vos rêves!

3. Il est indispensable que vous _____ (être) passionné(e) par vos cours, par vos études.

4. Il est essentiel que vous _____ (faire) votre travail même quand vous préférez sortir.

5. Il faut que vous _____ (savoir) comment établir un ordre de priorités et planifier votre emploi du temps et vos moments de détente.

_____ /15 Score total – Motivation et planification

H. Concentration.

1. Il faut que vous _____ (pouvoir) lire vos livres et en retenir l'essentiel.

2. Est-il indispensable que vous _____ (prendre) des notes pratiques?

3. Je recommande que vous _____ (venir) me voir pour examiner vos méthodes de travail.

4. Pour bien étudier, il est indispensable que vous _____ (boire) suffisamment d'eau... pas de bière.

5. Est-il indispensable que vous _____ (aller) au club de gym pour vous concentrer?

_____ /15 Score total – Concentration

Maintenant, il faut que vous marquiez dans le tableau ci-dessous les points qui correspondent à votre score.

Total	Motivation-planification	Concentration
15		
10		
5		

🔊 **I. Des recommandations.** Quand, comment et où vaut-il mieux que vous étudiiez ou que vous fassiez du sport? Lisez les verbes ci-dessous, écoutez chaque phrase et écrivez les verbes conjugués que vous entendezau subjonctif.

CD4
Track 44

> **MODÈLE:** Vous entendez: Il faut que j'étudie deux heures pour chaque heure de cours.
> Vous écrivez: étudier → *il faut que j'étudie*

1. a. reviser _____

   b. garder _____

2. a. finir _____

3. a. savoir _____

   b. être conscient _____

4. a. pouvoir étudier _____

   b. aller _____

🔊 **J. Votre bien-être et vos études: dictée partielle.** Écoutez et complétez le texte avec les verbes que
CD4
Track 45 vous entendez. Les verbes peuvent être à l'indicatif ou au subjonctif.

> **MODÈLE:** Vous lisez: Nous _____ notre corps et notre esprit à s'habituer à un espace réservé à l'étude.
> Vous écoutez et complétez: Nous *pouvons entraîner* notre corps et notre esprit à s'habituer à
> un espace réservé à l'étude.

1. Il faut que votre corps et votre esprit _____ l'habitude et _____
l'habitude de travailler dans ce lieu. Mais attention, pas de fauteuil ni de lit trop confortables! Vous
_____ de vous y endormir *(to fall asleep)*!

2. Tous les jours, il faut _____ un plan de travail, _____ des
questions sur la grammaire, _____ le texte et enfin _____ notre
vocabulaire.

3. Je _____ deux heures par jour à faire du sport. C'est trop! Alors, c'est évident:
il faut _____ mes études plus au sérieux.

4. Mais je _____ aussi rester en forme; donc, il est aussi important
_____ un minimum de sport quand même.

Allez plus loin! Suivez les recommandations ci-dessus et imaginez deux suggestions que vous feriez à
votre copain ou copine de cours. Dites-lui: **«Pour stimuler ta motivation et ta concentration...»**

5. il faut que tu _____.

6. et il est aussi super important qu'ensemble toi et moi, nous _____.

À vous de vous perfectionner! (1)

> **1. Mots apparentés *(cognates)*–(«mots cousins»!)**
>
> **2. Mots français utilisés en anglais**

🔊 1. Mots apparentés–(mots «cousins»!)

CD4
Track 46 Avez-vous remarqué tous ces mots «cousins» entre l'anglais et le français: **philosophie, idée, conversation, cousin, courageux, intelligent, architecture, bulletin, informations**, et bien d'autres? Quelle
bonne affaire... «Deux pour le prix d'un»!

C'est très facile de mémoriser les mots. Mais pour la **prononciation... c'est un gros problème!**
Spontanément, vous allez avoir envie de prononcer ces mots... avec un accent américain!

Perception et production. Écoutez ces mots «cousins» apparentés, oubliez la prononciation anglaise
et <u>imitez la prononciation française</u>.

> **intestins, sirop, antibiotique, antihistaminique, aspirine, remède, vitamines, produit, ligne,
> essentiel, indispensable, désolé, furieux, surprise, recommande, demande, juste/injuste,
> préférable, ridicule, regrettable, inacceptable, stupide, agréable, possible/impossible, probable/
> improbable, certain/incertain, évident**

Comment faire pour ne pas les prononcer «à l'américaine»? Voici quelques petits tuyaux! Pour chaque **Application,** écoutez votre audio.

1. **L'accentuation** *(stress)*: Rappelez-vous… l'accent est généralement sur la **dernière syllabe.**
2. **Les voyelles**: toujours pures et courtes

    a. **a = a** même dans une syllabe non-accentuée:

    Application: aspirine, vitamines, préférable, inacceptable, agréable, probable

    b. **é**: court → *(no gliding)*… pensez à **désiré** vs *day*… *siray*!

    Application: désolé, agréable, évident

    c. Le **u** du baiser: lèvres bien arrondies

    Application: produit, furieux, juste/injuste, ridicule, stupide

    d. **i = i** de **riz** même dans une syllabe non-accentuée

    Application: antibiotiques, antihistaminique, aspirine, vitamines, produit, ligne, surprise, ridicule, inacceptable, stupide, possible, évident

    e. **o = o** même dans une syllabe non-accentuée

    Application: sirop, antibiotiques, produit

3. **Les nasales**: **in** = vin; **an/en** = vent; **ein/ain** = main. Le **n** disparaît totalement!

    Application: intestins, antibiotiques, antihistaminique, essentiel, indispensable, recommande, demande, injuste, impossible, improbable, certain/incertain, évident

4. **La combinaison -tiel = -siel**

    Application: essentiel, potentiel

5. **Le r…** bien sûr qui **ronronne** comme un petit chat dans votre gorge!

    Application: sirop, aspirine, remède, produit, furieux, surprise, recommande, préférable, ridicule, regrettable, agréable, probable/improbable, certain/incertain

Pour aller plus loin. Application aux <u>200 mots apparentés</u> des chapitres précédents
Appliquez-leur les mêmes petits tuyaux! Quelle excellente préparation pour vos examens oraux!

(1) **l'accent tonique**
(2) **la <u>pureté constante</u> des voyelles…** même dans les syllabes non-accentuées:
    u/ou - a – i- é/è/ê – e (= *the* ou muet) **-eu-oi-au/eau**
(3) **les nasales: vent/maman, vin/main/rein, vont/mon/ron-ron**
(4) **-tie/ tion = -si / -sion**
(5) **le r**

Si vous pouvez contrôler ces quatre variables, votre prononciation sera déjà française à 75%!

Écoutez ses mots «cousins» et répétez-les:

CD4
Tracks 47–53 **Chapitre 7:** la publicité, informations culturelles, fréquence, concert, romantique, journaliste, un photographe, commettre un crime, une conférence, participer à un défilé et à une manifestation
Chapitre 8: la routine, les relations amoureuses, une déception amoureuse, divorcer, se réconcilier, se téléphoner, ma fiancée, mon fiancé
Chapitre 9: le collège, la récréation, affirmer sa personnalité, son individualité, avoir des difficultés, avoir des relations sexuelles, l'alcoolisme, la délinquance, la toxicomanie, être vilain
Chapitre 10: avoir un emploi, avoir une formation littéraire, scientifique, un candidat, un employé est licencié, une compagnie privée, publique, multinationale, une société, une assurance médicale, la fabrication, le service aux clients, la supervision, pardonnez-moi

Chapitre 11: le shampooing, un compte en banque, un chèque, une carte de crédit, avoir des investissements

Chapitre 12: les émotions, être calme, enchanté, désolé, surpris, l'agent, un bagage, le passage, le compartiment, les turbulences, se reposer sur un banc public, prendre des photos en couleur

Chapitre 13: la technologie, un microphone, une adresse électronique, l'Internet, le parachute, un court de tennis, de la musculation, un masseur, une masseuse

2. Mots français utilisés en anglais

1066... Guillaume le Conquérant... la bataille de Hastings en Angleterre en face de Calais, en France! Et voilà pourquoi l'anglais a assimilé beaucoup de mots français.

CD4
Track 54
Perception et production. Voici quelques expressions françaises totalement assimilées dans l'usage de la langue anglaise: écoutez la prononciation française... très différente sans doute de ce que vous entendez habituellement! Répétez avec le modèle:

coup de grâce (et non *cut the grass*!)

déjà vu

raison d'être

joie de vivre

et voilà

la pièce de résistance

À vous d'écrire!

Les virus, les vaccins, l'influenza et les épidémies aux États-Unis et dans le monde. Pour préparer votre «prose», lisez le texte suivant et ensuite répondez aux questions en fonction de votre propre expérience.

Il ne faut que quelques heures pour qu'une maladie devienne une épidémie.

En 1918, la Première Guerre mondiale *(World War I)* se termine mais, en fait, la grippe a fait plus de morts *(dead)* que la guerre: entre vingt et cinquante millions! Pourquoi? Les armées voyagent et contaminent la planète.

En février 1916, à Madrid, la capitale de l'Espagne, 8 millions de personnes sont infectées; les transports publics ne fonctionnent plus! Aux États-Unis, on estime à 675.000 le nombre des victimes. Des villages eskimo entiers sont éliminés de la carte. En 1919, la pandémie s'arrête mais elle continue à fasciner les chercheurs.

Voici quelques symptômes: La peau des malades devient très foncée, les patients ont de violents maux de tête et ont mal aux articulations, ils souffrent d'hémorragies des yeux et du nez; ils souffrent aussi de délire et leurs poumons détruits provoquent des crises cardiaques massives. Porter un masque de protection est obligatoire.

La coupable: une bactérie aujourd'hui appelée *hemophilus influenza.* Mais la pénicilline et les antibiotiques n'existaient pas encore!

À notre époque, les médias nous informent toujours de risques potentiels d'épidémies. Et bien souvent... c'est la panique! Heureusement, les vaccins sont maintenant disponibles!

---

1. Connaissez-vous des épidémies qui ont touché récemment votre pays?

   _____

2. Avez-vous, un membre de votre famille ou un ami proche déjà été touché par un virus lors d'une épidémie?

   _____

3. Quels étaient les symptômes de votre maladie?

4. Comment vous êtes-vous soigné(e) et combien de temps avez-vous mis à guérir? Utilisez **trois verbes au subjonctif**: «il était indispensable/essentiel que je...»

   _____

5. Quel rôle a joué votre famille, votre communauté, les services du campus?

   _____

6. Quelles émotions avez-vous ressenties: peur, stress, fatigue, sentiment d'isolement?

   _____

7. Si cette maladie vous arrivait à nouveau, comment réagiriez-vous?

   _____

Passage 2

Mon vocabulaire

Les émotions, le régime alimentaire

A. Le régime alimentaire. Vous travaillez dans un magasin d'alimentation en Floride. Comme beaucoup de Québécois résident en Floride en hiver, vous souhaitez annoncer certains produits en anglais **et** en français. Votre collègue ne parle pas français et confond tout! À côté des illustrations suivantes, mettez les produits qui correspondent.

a. des produits bio (biologiques)

b. des produits allégés

c. des aliments riches en matières grasses

d. des produits surgelés

e. des aliments maigres (sans matières grasses)

_____ 1.

_____ 2.

_____ 3.

_____ 4.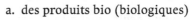

_____ 5.

B. Comment sont ces personnes? Décrivez les personnes dans l'illustration suivante.

1. 110 kilos... c'est le poids de Simone!

   Elle est _____

   et _____.

2. Henri travaille dans le bâtiment *(construction)*.

   Il est _____

   et _____.

3. Isabelle mange toujours sain! Elle est

   _____ et toujours

   au _____.

4. Oscar est à l'hôpital; il est très malade. Il est _____.

C. Qu'est-ce qu'ils devraient faire? Maintenant, choisissez la recommandation appropriée à côté de chacune des personnes de l'activité précédente... et faites ces recommandations en français!

1. Simone devrait _____
2. Henri devrait _____
3. Isabelle devrait _____
4. Oscar devrait _____

a. to maintain one's weight to be strong
b. to lose weight and go on a diet
c. to put on weight
d. to eat healthy to be thin

CD4
Track 55

🔊 **D. Être au régime sans succès: c'est dur!** Isabelle (mince) et Simone (obèse) se parlent. Écoutez le dialogue plusieurs fois et cochez les expressions qu'elles utilisent dans leur conversation.

Régime alimentaire et apparence physique

_____ être costaude	_____ être mince	_____ maigrir
_____ être en bonne santé		
_____ être forte	_____ suivre un régime	_____ manger sainement
_____ être grosse	_____ garder sa ligne	_____ perdre du poids
_____ être maigre	_____ grossir	_____ prendre du poids

Expressions d'émotion

_____ avoir honte	_____ être déçue	_____ être insatisfaite
_____ ça me déprime		
_____ ça m'agace		_____ être navrée
_____ être aux anges	_____ être désolée	_____ être malheureuse
_____ être en colère	_____ être fâchée	_____ être ravie
_____ être comblée	_____ être gênée	_____ être satisfaite
_____ être contente	_____ être heureuse	

Structure 3

Le subjonctif vs. l'infinitif

Votre guide d'auto-évaluation (2). Vos conseillers vous posent des questions concernant votre bien-être: **mémoire et stress.** Lisez-les, complétez les verbes au subjonctif, à l'infinitif ou à l'indicatif et accordez-vous 1, 2 ou 3 points en fonction des valeurs suivantes:

3 points: Je suis **tout à fait d'accord** avec la recommandation / question.

2 points: Je suis **plus ou moins d'accord** avec la recommandation / question.

1 point: Je **ne suis pas d'accord** avec la recommandation / question.

E. Auto-évaluation: Mémoire.

1. Il faut que vous _____ (travailler) beaucoup les formules mathématiques et chimiques.

2. Est-il important de _____ (pouvoir) résumer les points essentiels d'un cours?

3. Il est essentiel que vous _____ (avoir) une méthode pour mémoriser vos cours.

4. Il faut que vous _____ (mémoriser) tout même quand vous _____ (être) stressé.

5. Faut-il absolument que vous _____ (faire) du sport pour vous aider à mémoriser?

_____ /15 Score total – Mémoire

F. Auto-évaluation: Stress.

1. Il faudrait que vous _____ (être) à l'aise pour parler en public.

2. Quand vous _____ (avoir) une bonne idée, il est important que vous

   la _____ (poursuivre).

3. Si vous avez des problèmes, est-il essentiel que vous _____ (devenir) expert en solutions?

4. Quand vous passez un examen, il est important que vous _____ (se sentir) calme et nous

   pensons aussi qu'il _____ (être) important de _____ (programmer) votre temps.

5. Pour acquérir plus d'assurance et un esprit d'équipe, pensez-vous qu'il _____ (être) néces-

   saire de _____ (faire) du sport?

_____ /15 Score total – Stress

Maintenant, il faut que vous marquiez dans le tableau ci-dessous les points qui correspondent à votre
score.

Total	Mémoire	Stress
15		
10		
5		

🔊 **G. Pour être en forme, que faut-il faire?** Écoutez les phrases suivantes et dites si vous entendez
CD4 l'infinitif (I) ou le subjonctif (S).
Track 56

1. _____   4. _____

2. _____   5. _____

3. _____   6. _____

🔊 **H. Qu'en penses-tu? Dictée partielle.** Vous parlez de votre guide d'auto-évaluation au téléphone avec
CD4 votre meilleure amie qui vous donne des conseils. Complétez le texte avec un indicatif présent, un sub-
Track 57 jonctif ou un infinitif.

Comment aider notre mémoire? Voici quelques techniques. Elles peuvent nous (1) _____ à (2) _____

les synapses et neurones de notre cerveau. Nous (3) _____ beaucoup! Mais sais-tu que nous (4)

_____ 80% de ce que nous (5) _____? Pour mieux (6) _____, nous devons nous (7) _____. Je

pense aussi qu'il est indispensable que nous (8) _____ attentivement, que nous (9) _____ des notes

dans la marge de notre livre, et surtout que nous (10) _____ les interférences comme le bruit. Donc,

pas de télé, pas d'iPod, pas de téléphone! Si nous (11) _____ être prêts pour nos examens, il est néces-

saire aussi que nous _____ (12) réciter nos leçons à voix haute.

Maintenant, à vous! Imaginez deux conseils supplémentaires que vous pourriez faire à votre copain ou
copine de cours. Utilisez les trois possibilités: **indicatif, infinitif** et **subjonctif**.

13. Pour développer ta mémoire, il faut que tu _____.

14. Pour le stress, tu devrais _____.

Structure 4

Le subjonctif avec les expressions d'émotion et de volonté

I. Tante Ghislaine. Votre tante Ghislaine adore parler de toutes ses maladies. Elle vous agace souverainement; mais comme c'est votre tante, vous restez aimable avec elle. Utilisez le subjonctif et suivez le modèle.

> **MODÈLE:** Tante Ghislaine: J'<u>ai</u> encore une crise de foie!
>
> Vous: Je suis vraiment désolé(e) que tu *aies* de nouveau une crise de foie.

1. TANTE GHISLAINE: Je pense que j'<u>ai</u> de la fièvre. Touche mon front; comme il est brûlant!

   Vous: Je suis vraiment désolé(e) que tu _____ de la fièvre.

2. TANTE GHISLAINE: Je <u>me sens</u> très mal.

   Vous: Je regrette beaucoup pour toi que tu _____ si mal.

3. TANTE GHISLAINE: Je <u>crois</u> que je vais faire une crise cardiaque!

   Vous: Je prie pour que tu n'en _____ pas.

4. TANTE GHISLAINE: Je vais <u>aller</u> à l'hôpital.

   Vous: Mais Tantine, je ne veux pas que tu _____ à l'hôpital!

Votre auto-évaluation (fin). Votre santé peut dépendre de facteurs tels que vos finances et la nutrition. Continuons le travail d'auto-évaluation. Maintenant, vous allez évaluer **vos finances et votre santé.** Vos conseillers académiques vous font des recommandations ou vous posent de nouvelles questions sur ces thèmes. Complétez les phrases avec les verbes **au subjonctif** ou **à l'infinitif.** Ensuite, accordez-vous 1, 2 ou 3 points en fonction des valeurs suggérées.

3 points: Je suis **tout à fait d'accord** avec la recommandation / question.
2 points: Je suis **plus ou moins d'accord** avec la recommandation / question.
1 point: Je **ne suis pas d'accord** avec la recommandation / question.

J. Finances. Les questions financières peuvent souvent créer des tensions incroyables et même nous rendre malades. Écoutez vos conseillers.

1. Nous sommes ravis que vous _____ (s'occuper) efficacement de vos problèmes financiers.

2. Est-ce que vous êtes déçu(e) de _____ (ne pas avoir) assez d'argent pour faire vos études et aussi vous amuser?

3. Il est important de _____ (connaître) les ressources financières du campus.

4. Nous sommes très heureux que vous _____ (être) capable de ne pas dépasser votre budget.

5. L'administration de l'université est surprise que vous _____ (ne pas payer) vos dettes.

_____ /15 Score total – Finances

K. Santé.

1. Nous regrettons que votre instabilité émotionnelle _____ (avoir) un impact négatif sur votre vie académique.

2. Nous ne voulons pas que cette instabilité vous _____ (empêcher) de développer des relations humaines enrichissantes.

NOM _____ DATE _____

3. C'est formidable que vous _____ (se sentir) responsable de votre alimentation.

4. Nous sommes ravis que vous _____ (reconnaître) que des objectifs clairs sont essentiels.

_____ /15 = Score total – Santé

Maintenant, il faut que vous additionniez vos points pour ces deux dernières sections et marquez les scores de toutes les sections dans le tableau ci-dessous.

Total	motivation planification	concentration	mémoire	stress	finances	santé

L. Dialogue. Vous êtes déçu(e) des résultats de votre auto-évaluation et vous en discutez avec votre copine Sandrine à la fac. Dans le dialogue ci-dessous, conjuguez les verbes **à l'infinitif, à l'indicatif** ou **au subjonctif.**

VOUS: Salut Sandrine! Tu as terminé le devoir pour aujourd'hui sur le questionnaire d'auto-évaluation? Mes résultats sont *étonnants!* D'une part, je suis ravi(e) de (1) _____ (voir) que je suis capable de faire durer mes économies. Mais cela m'agace que je (2) _____ (ne pas connaître) toutes les ressources financières proposées aux étudiants. Qu'en penses-tu?

SANDRINE: Ben, je suis super contente pour toi que tu (3) _____ (être) capable de t'occuper si bien de tes finances. Mais je recommande vivement que tu (4) _____ (s'informer) des ressources du campus. Moi, j'ai dû (5) _____ (s'informer) dès le début et je pense que (6) ce/c'_____ (être) nécessaire!

VOUS: Mais en ce qui concerne ma motivation, quelle horreur! Je suis gêné(e) qu'il n'y (7) _____ (avoir) pas de relation claire entre mes études et mes objectifs de vie. J'ai vraiment honte et je suis furieux (-euse) que mes résultats me (8) _____ (faire) prendre conscience de mon ignorance.

SANDRINE: Ne t'affole pas! Nous sommes jeunes et nous (9) _____ (se découvrir) petit à petit seulement. Je regrette un peu que tu (10) _____ (se sentir) si coupable. Tu dois (11) _____ (se détendre) et surtout je pense que nous (12) _____ (devoir) garder confiance en nous et en l'avenir.

🔊 **M. Dépression: Vos parents sont inquiets!** C'est la fin du semestre et vous êtes totalement épuisé(e) CD4 *(exhausted).* Ils se sentent très inquiets et vous téléphonent! Écoutez leurs questions, écrivez-les et Track 58 répondez si vous êtes d'accord ou pas d'accord.

MODÈLE: Vous entendez: As-tu des problèmes de sommeil?

Vous écrivez: As-tu des problèmes de sommeil?

Vous répondez: *Oui! Ça m'agace énormément que je ne puisse jamais m'endormir avant 3 heures du matin!*

1. Question:

   Réponse: Non! Ce serait étonnant que je _____.

2. Question:

   Réponse: Oui... êtes-vous surpris que je _____?

3. Question:

   Réponse: Ah non pas du tout! Vous pouvez être soulagés que je _____.

4. Question:

   Réponse: Hélas oui! Vous n'êtes certainement pas contents que je _____.

Structure 5

Le subjonctif pour exprimer le jugement et le doute

N. Qu'en penseraient nos arrière-grands-parents? Lisez le texte et choisissez la forme verbale correcte.

Récemment, j'ai lu le cas d'Élisabeth, une divorcée de 38 ans, qui rêvait d'être enceinte et a choisi un donneur de sperme inconnu! Elle a accouché de quatre bébés tous en bonne santé.

> **Je doute que nos arrière-grands-parents conservateurs (1. *peuvent* – *puissent*) tolérer ce genre de situation. Mais je ne suis pas certaine qu'on (2. *peut* – *puisse*) arrêter la science. De toute manière, il est évident qu'Élisabeth (3. *est* – *soit*) très heureuse avec ses enfants. Il est possible qu'elle (4. *doit* – *doive*) trouver un compagnon pour donner un père à ses enfants. Certains de ses amis pensent qu'elle (5. *doit* – *doive*) se marier.**

🔊 **O. Conseils de vos parents.** Vos parents pensent que vous êtes déprimé(e). Écoutez leurs conseils
CD4
Track 59
et complétez la conversation ci-dessous avec les verbes que vous entendez: soit **à l'infinitif**, soit à **l'indicatif**, soit **au subjonctif**.

1. Nous conseillons que tu _____ _____ un médecin et qu'il te _____ des somnifères.

2. Comme tu _____ triste sans raison, tu _____ _____. Tes copains et copines _____ certainement très contents que tu _____ les _____ au café.

3. Nous insistons pour que tu _____ un spécialiste en nutrition.

4. Pour améliorer ton état physique, tu _____ _____ du yoga. Nous pensons aussi que la natation
   _____ beaucoup te _____. Alors, nous recommandons que tu _____ un peu de natation une fois
   par semaine.

5. Les médecins recommandent que leurs patients _____ une nuit complète et insistent pour que les
   étudiants _____ trop, surtout les week-ends. Prends bien soin de toi. Garde l'esprit positif. On
   t'embrasse très fort.

P. Congé pour les nouveaux papas. La Grande-Bretagne propose un congé paternité. Reliez les
expressions ci-dessous pour créer des phrases complètes. N'oubliez pas de conjuguer les verbes entre
parenthèses au **subjonctif** ou à **l'indicatif**.

MODÈLE: 1. Il est probable que... → c → *puissent* bénéficier de six mois de congé paternité

1. Il est probable que les papas britanniques _____ c: *puissent bénéficier de six mois de congé paternité.*

   a. (avoir) la possibilité de s'arrêter de travailler en même temps

2. Je suis ravie que ces papas _____.

   b. (prendre) en considération la responsabilité du père

3. C'est très bien que le gouvernement _____.

   c. (pouvoir) bénéficier de six mois de congé de paternité

4. Huit pères sur dix (8/10) pensent qu'ils _____.

   d. (vouloir) jouer un rôle actif dans la vie de leurs enfants

5. Quatre mères sur dix (4/10) sont très heureuses que leur mari _____.

   e. (être) prêts à rester à la maison pour s'occuper de leur bébé

6. Mais il n'est pas possible que les deux parents _____.

   f. (prendre) le relais *(to take over)*

🔊 **Q. La nounou droguait mon enfant!** Regardez le vocabulaire utile. Ensuite, écoutez et complétez la
CD4
Track 60 dictée partielle!

   Vocabulaire utile: nounou/nourrice *(nanny)*, la tranquillité, mortel, les yeux gonflés *(swollen eyes)*, un pédiatre *(pediatrician)*, une analyse de sang *(blood sample analysis)*

Tout le monde (1) _____ qu'elle (2) _____ la nounou idéale. Mais il est devenu évident qu'elle

(3) _____ administré un sirop sédatif à des dizaines d'enfants. Évidemment, c'était une manière d'avoir

le calme avec tous ces enfants. Mais il n'y a pas de doute que les effets secondaires de ce sirop (4) _____

être graves et même mortels.

Tout a commencé en 2002, quand Annabelle (5) _____ bizarre que sa petite fille Éloïse (6) _____

les yeux gonflés et (7) _____ son équilibre. Annabelle pensait qu'il était probable que sa petite fille

(8) _____ d'une allergie. Elle est allée voir son pédiatre; il a exigé qu'on (9) _____ une analyse de

sang. La vérité est apparue. Heureusement, tout (10) _____. Ouf!

À vous de vous perfectionner! (2)
Les problèmes de prononciation: orthophonie, logopédie, acoustique et logiciels

Observons! Avez-vous déjà essayé de crier dans l'eau? Comment des cris de dauphins peuvent-ils s'entendre dans l'eau?

Avez-vous remarqué la différence de son entre un violon et une contrebasse? Entre un hautbois et une flûte? Le violon et la flûte sont petits par rapport à la contrebasse et au hautbois, n'est-ce pas?

Quand vous remplissez une bouteille d'eau le bruit de l'eau change. Au début, le «glou-glou» est grave, comme une voix d'homme. Quand l'eau monte, le «glou-glou» devient plus aigu, comme une voix de femme ou d'enfant.

Pourquoi reconnaissez-vous facilement la voix de quelqu'un au téléphone, sans la voir? C'est parce que la voix, un peu comme les doigts de la main, est quasi unique pour chaque individu.

L'accent du sud (*Southern*) particulier de Tom Hanks dans le film *Forrest Gump?* Comment l'a-t-il appris? Savez-vous que certains avocats, médecins ou professeurs étrangers doivent suivre des cours de prononciation anglaise pour pouvoir pratiquer leur profession? Ils doivent suivre des cours de «*accent reduction*».

Alors... qu'est-ce que ça veut dire «parler avec un accent étranger»?

Vous êtes en voyage d'étude à Paris. Que se passe-t-il quand vous parlez français avec votre interlocuteur français?

- votre cerveau encode le message
- votre bouche transmet le message
- le message se transmet à travers des ondes dans l'air
- le message arrive à l'oreille de votre interlocuteur
- le cerveau de votre interlocuteur décode le message

vous (le locuteur)		→	**votre interlocuteur francophone**	
votre cerveau	votre bouche	**l'air** et les ondes	son oreille	son cerveau
niveau	*niveau*	*niveau*	*niveau*	*niveau*
linguistique	*physiologique*	*acoustique*	*physiologique*	*linguistique*

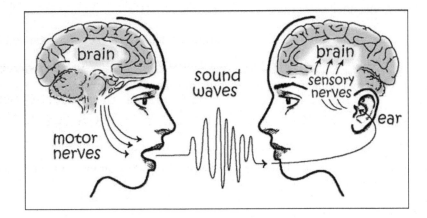

L'air et les ondes sont le medium pour transmettre les sons. Le cerveau de votre interlocuteur qui décode perçoit votre accent étranger. Comment un cerveau «français» entend-il que vous avez un accent américain? La réponse peut en fait être très simple.

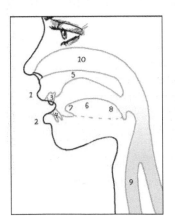

Votre bouche est comme la bouteille d'eau. Quand vous changez la position de votre langue, l'ouverture de vos lèvres, l'espace à l'intérieur de votre bouche, vous changez la forme de la bouteille d'eau. Donc le «glou-glou» change lui aussi de son!

Le cerveau de votre interlocuteur français est habitué à certains sons français. Si vos lèvres ne forment pas un baiser pour le **u**, les formes de votre **u** créeront un «glou-glou» différent du **u** français habituel. Le cerveau de votre interlocuteur va automatiquement décoder: accent étranger! Le même raisonnement est applicable pour tous les sons que nous avons étudié ensemble: **la syllabe accentuée**, **ou, é, r, an, ain, p-t-k** sans aspiration, etc.

Nous revenons donc au Chapitre 1 de notre livre! Tout dépend des mouvements et de la position des différentes parties de votre bouche.

Pour étudier ces phénomènes, vous pouvez prendre des cours de linguistique, de sociolinguistique, d'orthophonie *(speech pathology)*, d'acoustique ou des cours de diction, de prononciation pour le cinéma, le théâtre ou l'opéra!

Bien prononcer… c'est promouvoir la conversation, la communication entre votre interlocuteur et vous!

CD4
Track 61

Perception et production. Écoutez: faites attention aux petits tuyaux mentionnés ci-dessous:

(1) **l'accent tonique**

(2) **la pureté constante des voyelles… même dans les syllabes non-accentuées:**

u/ou - a – i- é/è/ê – «e» (=*the*)-eu-oi

(3) **les nasales:**

vent/maman   vin/main/rein   vont/mon/ron-ron

(4) **-tie/-tion = -si/-sion**

(5) **le r**

À vous de lire!

Votre bien-être, votre santé et votre alimentation sont intimement liés. Dans notre monde actuel, la chimie fait partie intégrante de nos aliments. Est-ce positif ou négatif ou les deux? Le texte que vous allez lire va nous en dire plus!

L'alimentation pour votre santé: pour ou contre les organismes génétiquement modifiés–OGM *(genetically modified)*?

Depuis l'époque du néolithique, il y a 10.000 ans, l'homme s'est efforcé de travailler, de manipuler la qualité des variétés végétales. Tous les organismes qui vivent ont un patrimoine génétique. Mais on peut changer les gènes à travers des virus ou des bactéries. Ces deux éléments scientifiques sont à la base du concept des OGM, né en laboratoire en 1973. Un organisme génétiquement modifié ou transgénique est donc un organisme vivant: animal, végétal, bactérie, virus. Son code génétique situé dans le centre des cellules a été modifié parce qu'on y a ajouté un ou plusieurs gènes d'une autre espèce. Ce processus est destiné à lui donner de nouvelles caractéristiques.

Quelques dates:

1983 – première plante en laboratoire

1990 – première commercialisation d'un plant transgénique

1994 – première tomate transgénique

1997 – première plante productrice d'hémoglobine utilisée en santé (tabac)

2005 – 900,000 km^2 (222 millions d'acres) de cultures OGM dans le monde

Les variétés cultivées sont principalement le soja, le maïs, le colza, le tabac et le coton.

À l'origine, le but était la recherche de médicaments. La biotechnologie est admise sans restriction dans le domaine médical, par exemple l'insuline fabriquée par des bactéries génétiquement modifiées. Mais les producteurs de semences agricoles *(agricultural seeds)* ont vu très vite des opportunités. Le désavantage des semences OGM est qu'il faut en racheter chaque année. Les plantes ne se reproduisent pas spontanément comme dans la nature. Certains opposants disent aussi que les produits OGM sont dangereux pour la santé.

Les principaux pays cultivateurs de produits OGM sont: les États-Unis, l'Argentine, le Canada, le Brésil et la Chine. Ces pays cultivent 99% des OGM. Par contre, dans de nombreux pays de l'Union européenne (UE), les OGM provoquent des débats passionnés entre pro- et anti-OGM. Dans certains cas, 70% des Européens ne veulent pas d'OGM dans leur assiette! Ils ne veulent que du naturel... du bio!

Compréhension. Voyons tout d'abord si vous avez bien compris le texte d'introduction. Répondez **V** (vrai) ou **F** (faux) aux phrases suivantes.

_____ **1.** La recherche génétique sur les OGM, c'est-à-dire l'amélioration des produits végétaux, est un phénomène du XXe siècle.

_____ **2.** La manipulation des variétés végétales est un phénomène très récent.

_____ **3.** La recherche en manipulation génétique a eu comme premier objectif la fabrication de médicaments.

_____ **4.** Les plantes OGM produisent des semences comme dans la nature.

_____ **5.** L'Union européenne et les États-Unis ont des opinions divergentes concernant les OGM.

Pourquoi ces divergences d'opinion? Écoutez le dialogue audio suivant entre David qui est pro-OGM et Angela qui est anti-OGM.

_____

_____

_____

_____

_____

_____

_____

_____

_____

_____

_____

_____

_____

_____

_____

_____

_____

_____

_____

_____

iLrn HEINLE LEARNING CENTER

Table of Contents

Getting Started

Congratulations on working with a Cengage Learning book! *iLrn: Heinle Learning Center* gives you access to a wealth of data about your performance, thereby allowing you to learn more effectively. Moreover, you'll enjoy *iLrn: Heinle Learning Center* because it is easy to use and gives you instant feedback when you complete an exercise. *iLrn: Heinle Learning Center* simply requires you to set up your account with your book key and then to log in each time you use it.

Registration

Creating an Account

To set up your account, follow these steps:

Step 1: Go to *http://ilrn.heinle.com*

Step 2: Click the *Login* button.

Step 3: Click *Create account*.

Step 4: Enter your user information and click *Submit*.

Step 5: You will be prompted to enter your book key printed inside the sleeve that came bundled with your book. Click *Go.* (You can also purchase an access code online from cengagebrain.com)

Step 6: Your book also requires an instructor's course code. You must get the course code from your instructor to gain access to your course. If you already have it, enter it when prompted. Otherwise, you can enter it the next time you login.

Figure 1: Student Workstation: Before entering course code

Login Instructions

To access your book after you have added it to your account, follow these steps:

Step 1: Go to *http://ilrn.heinle.com*

Step 2: Click the *Login* button.

Step 3: Enter your username and password. You are taken to the Student Workstation.

Step 4: Click on the book cover to open the *iLrn: Heinle Learning Center*.

If you experience any problems with setting up your account, ask Quia for help. You can submit a request at http://hlc.quia.com/support.html, email Quia at bookhelp@quia.com or call them at 1-877-282-4400.

Updating Your Profile

When you create your *iLrn: Heinle Learning Center* account, the information you enter, such as your name and email address, is saved in your profile.

To update your profile:

1. Login to the *Student Workstation*.

2. Click *Profile* in the upper right corner of your screen.

3. Update the information and press *Save changes*.

Make sure your email address is current in your profile, as Quia uses this email address to respond to technical support questions and provide forgotten username/password information.

Student Workstation

Once you have entered your book and course keys, the Student Workstation will appear like the screen below each time you login.

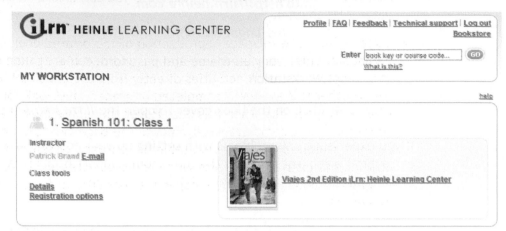

Figure 2: Student Workstation: After entering course code

In this view, you can choose one of the five options:

1) Click on book cover to access resources

Click on the book title or cover. This brings you to the *Welcome page* for *iLrn: Heinle Learning Center*, where you have access to all the resources available for your course.

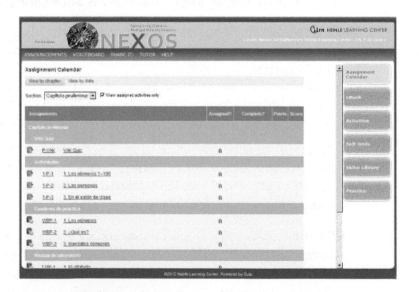

Figure 3: Student Workstation: Assignment Calendar Welcome Screen

From the Welcome page, you have access to these tabs:

▸ *Assignment Calendar*— Provides one place for you to go to access all of your assigments (Text and SAM Activities). Here you can locate all assignments by due date or by chapter.

▸ *eBook*—This page-for-page reproduction of the printed book features embedded audio, video, as well as note-taking and text highlighting capabilities. You can complete textbook activities directly from the ebook interface. You can also see whether it is assigned, completed or graded. Just look for the 🔵 icon to see what is assigned and when it is due. Hover the mouse over the 🔵 icon to see your grade for a completed assignment. The page view can be magnified and the content searched via the index, table of contents, or search functions. Within the ebook, your instructor can also write and post notes and links for the whole class to view. All books published in copyright year 2013 or beyond have an iPad-compatible ebook.

▸ *Activities*— You can locate all assignments (textbook and SAM) here. You can select a chapter and view all of the Textbook and SAM exercises for each chapter. Click on the title to open an activity. Links to the exercises are available here, the Assignment Calendar and directly from the ebook.

▸ *Self-Tests*— You may take an online self-test before or after working through a textbook chapter to get an initial assessment of what you know and what you still need to master. Your results are graded automatically and displayed according to learning outcomes.

A Personalized Study Plan, based on the automatically graded test, directs you to additional study aids that focus your efforts and study time on the areas where you need the most help. Please see the *Self-Tests and Personalized Learning* section for more information.

▸ *Video Library*— For every chapter, you can access accompanying video segments. You can can also turn closed captioning on and off as an aid to understanding. Video segments may be accompanied by pre and post-viewing exercises.

▸ *Practice*—Depending on the title, practice activities might include any or all of the following additional activities: vocabulary flashcards; grammar and pronunciation tutorials; additional auto-graded quizzing; and access to Heinle iRadio's MP3-ready cultural exploration activities.

▸ *Online exams* – Your instructor may choose to make exams available online. If you are in a distance course, this may be the sole method of taking exams in your course. To access your exam, click the book cover from your Student Workstation. On the left-hand navigation bar, click on the ⊞ to expand a chapter. Click on the *Exam* for that chapter. Your instructor can assign times when the exams are available. If the exam is not yet available, you will not be able to access it. If it is available, just click *Start* to begin.

2) Class details

In your Student Workstation you will find the details related to your course including:

▸ Course Information: Name (the title and section), Instructor (with a button to click for easy contact, Code (course number), School, Duration (dates of course)

▸ Book Information: Book title, Publisher, Book duration.

3) Registration options

You can drop a course, transfer to a different class, or transfer to a different course or instructor.

To drop a course:

1. Login to the Student Workstation.

2. Click the *Registration options* button in the course you wish to drop.

3. Click *Drop course* to drop your enrollment in this course. Your instructor will be notified. After dropping this course, you will still be able to view your scores; however, you will no longer be able to access the books in this course.

To transfer to a different course or instructor:

1. Login to the Student Workstation.

2. Click the *Registration options* button in the course you wish to transfer from.

3. Click *Change course/instructor*.

4. Enter the new course code and click *Submit*.

To transfer to a different class:

1. Login to the Student Workstation.

2. Click the *Registration options* button in the course you wish to transfer from.

3. Click *Change class*.

4. Select the class you want to enroll in and click *Submit*.

Assignment Calendar

To access all of your assignments by date:

1. Login to the Student Workstation. Click on the book title or cover.

2. Click on the *Assignment Calendar* tab on the right-hand side. Then click on "View by Date" in the blue toolbar.

Figure 4: Calendar

3. You will see all Textbook and Student Activities Manual assignments that are due. This icon indicates a Textbook Activity and this icon indicates a SAM Activity.
Click an activity to complete it.

4. You can also check your grades on completed assignments. If you see the ● icon, your assignment needs to be graded by your instructor.

5. To see assignments for previous or future weeks, select a date from the calendar during the week you wish to view.

To access all of your assignments by chapter:

Alternatively, you can view the assignments for each chapter.

1. From the Welcome page, click *Assignment Calendar* tab on the right-hand side.

Then click on "View by Chapter" in the blue toolbar.

2. Select a chapter from list to see all assignments for that chapter. A due date will appear under the Due Date column for all assigned activities. If an assignment has been completed, the date will be indicated.

3. Select an activity from the list to open and complete.

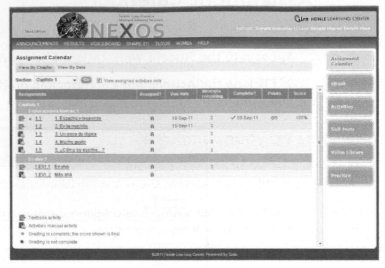

Figure 5: Assignment List

Review & Practice Activities

With enhanced feedback, student are given additional support. At the end of each chapter students will find additional auto-grade grammar activities with specific explanations to their answers. This way students are given direct support and guidance while practicing.

Figure 6: Enhanced Feedback

The **Review It!** button appears with grammar and vocabulary activities and links to relevant resources in the Textbook and Student Activities Manual. Located in the accent toolbar, when a you click the button for an accompanying activity you'll see links to ebook pages covering relevant lessons, flashcards for vocab terms in the activity, podcasts and tutorials that review grammar lessons in the activity, and other resources found in the iLrn for that topic all in one place. This will help you self-correct.

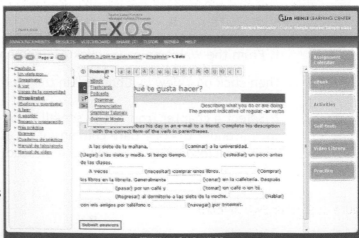

Figure 7: Review it! Button links

Voice-enabled Activities

Voice-enabled activities can be completed alone, with a partner, or with a group. You can talk to your partner or team and write instant messages to work together on the activity, then record a conversation that your instructor will grade. Please note that voice-enabled activities do not work on mobile devices at this time due to technical limitations.

Tips for setting up your computer

It is important that your computer is configured correctly to capture the voice-enabled activities. Here are some tips for ensuring you have the proper setup:

▸ *Microphone* — The latest browser versions and Adobe Flash works best with USB (Universal Serial Bus) connected microphones. Internal microphones, WebCam microphones and the older stereo-jack (male connection) microphones can be problematic.

▸ **Adobe Flash** — You should have the latest version of Adobe Flash installed. Also make sure your Flash settings are configured on your web browser for the program to recognize the microphone being used for Voiceboard. To this follow this steps:

    1. Open a voiceboard exercise and right-click on the **Record** button. Select **Settings**.

    2. At the bottom of the menu, click the second tab from the left (it looks like a monitor with an eye on it). Make sure the **Allow** option and the **Remember** check box are selected.

    3. Click the fourth tab (the one with a microphone on it). Make sure the record volume is up all the way and the correct microphone is selected from the drop-down list.

▸ *"Lab" environment*— In a "Lab" environment, your IT department needs to make sure that the network port "1935" is enabled for voice. If this port is disabled from the school's network voice will not transmit.

Find a partner/team

    1. Click on *Voiceboard* at the top of your student Welcome page screen.

    2. From the *Voice activities*, select the activity you want to complete.

    3. If you need a partner, click the *Find a partner* link at the top of the *Partner Record and Chat box*. This will take you to the partner switchboard where you can invite someone online to partner with you.

Figure 8: Partner Switchboard

4. If you are working with one partner, his or her name will appear at the top of the *Partner Record and Chat box*.

5. If the assignment requires you to work in teams, you will either need to join an existing team, or invite others to join you. To join an existing team, check the Partnership/Team column and find the name of a person whose team you would like to join. Click his/her name and send him/her a private chat to request an invitation.

6. To form your own team, find an available partner from the Partnership/Team column, click his/her name and the *Invite to partner* link. To add more team members, click their names and the *Invite to team* link. Note that if you have four teammates, you cannot invite more – teams are restricted to five members.

Complete a voice-enabled activity

1. To send text messages to your partner or team, type in the text box and press Send or press the *Enter* key.

2. To talk to your partner or team before recording, press the *Talk to your partner* button. Make sure that you and your partner have microphones and a headset or speakers, and that the volume is turned on. Note: Your partner cannot speak to you or hear what you say until he or she presses *Talk to your partner* as well. Your conversation will not be recorded unless you click the *Record* button.

3. Coordinate with your partner or team on what you'd like to say. When you're ready to record the conversation, press the *Record* your conversation button. The computer will start to record your conversation ONLY after all partners or teammates have clicked the *Record* button. You will know it is recording because a message in red appears saying "recording..." until either one of the partners presses *Stop recording*.

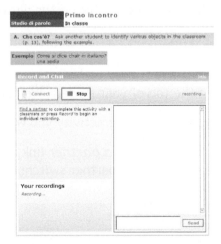

Figure 9: Activity in recording mode

4. Press *Stop* when you want to stop recording. You can still talk with your partner or team when the recording stops.

5. To listen to your recording, press *Play*. You can pause the recording at any time by pressing *Pause*. If you are not satisfied with your recording, you may record again.

10

Each recording is saved and you can choose which recording (from a drop-down list) you want to submit.

6. When you are satisfied with your recording, press **Submit answers** to send your recording to your instructor. Note: All partners and teammates must press **Submit** in order for the recording to be counted in all of your grades.

7. If you can't find a partner or team, you can record answers on your own; just press **Record** to record your voice, then stop the recording and submit it when you're done. Check with your instructor to see if an individual recording is acceptable, since these activities are designed to be done with a partner.

Share It!

The new Share It! feature allows you to upload a file, image or video to the Share It! tab where your classmates can comment and rate your file. You can make comments on your classmates files as well, including audio comments.

Your instructor may assign Share It! activities. These will be prompts asking you to upload a file to complete the assignment. When you submit the activity, it will go to the gradebook for your instructor to assign a grade. It will also publish directly the the Share It! tab.

Figure 10: Share It! comment

Self-Tests and Personalized Learning

You may take an online self-test before or after working through a text chapter to get an initial assessment of what you know and what you still need to master. Your results are graded automatically and displayed according to learning outcomes. A Personalized Study Plan, based on the automatically graded test, directs you to additional study aids available in *iLrn: Heinle Learning Center*, including Student Activities Manual activities and pages in the ebook, that focus your efforts and study time on the areas where you need the most help.

> ▸ Step 1 ...Pre-Test (or What Do I Know?) provides an evaluation of what you already know.

> ▸ Step 2 ... Personalized Study Plan (or What Do I Need to Learn?) provides a focus for your work. Chapter sections and additional study materials are chosen to cover concepts that you had problems with in the pre-test.

> ▸ Step 3 ... Post-Test (or What Have I Learned?) provides an evaluation of what you have learned after working through the personalized study plan.

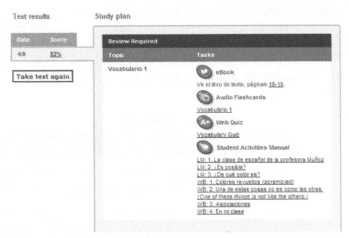

Figure 11: Personalized Study Plan

Using Personal Tutor

What is Personal Tutor?

▸ Personal Tutor provides tutors exclusively from among experienced and qualified instructors. Tutors have achieved high grades in their degrees (many have a Master's degree and higher) and have real classroom teaching experience. All of Personal Tutor's tutors are located in Tampa, FL, and are monitored on-site by a director, who also holds a Ph.D.

How does Personal Tutor work?

▸ Personal Tutor provides whiteboard technology for synchronous tutoring (Q&A sessions) that also includes video and audio capabilities (for those students who want these extra features).

How many hours of tutoring do students get on Personal Tutor?

▸ Personal Tutor provides students with 5 hours of tutoring time.

▸ Students have 3-semesters to use the 5 hours of tutoring

▸ Students have the option of purchasing additional tutoring directly from Personal Tutor if their hours/paper submissions are used up before the end of a semester. The cost is significantly less at $29.99 for an entire month of tutoring versus paying $35 per hour from other services.

When will tutoring be available?

▸ Tutors are available for online tutoring seven days a week, and offline questions and papers can be submitted at any time, 24 hours a day. Online tutoring is available for languages at the times below. Responses to offline questions can take 24 to 48 hours to be returned, however, they are usually returned within one day.

	Spanish	French	Italian	German
MONDAY	9AM-1PM 9PM-12AM			
TUESDAY	9AM-1PM	4-8PM		8PM-Midnight
WEDNESDAY	9AM-1PM 9PM-12AM		6PM-10PM	
THURSDAY	9AM-1PM	4-8PM	8PM-12PM	
FRIDAY	9AM-1PM 5PM-9PM	4-8PM		
SATURDAY	12PM-4PM	4-8PM		
SUNDAY			3PM-7PM	7PM-11PM

Technical Support

▸ Visit *http://hlc.quia.com/support.html*

▸ View FAQs at *http://hlc.quia.com/help/books/faq.html* for immediate answers to common problems.

▸ Send an e-mail to *bookhelp@quia.com*

▸ Call Toll-free 1-877-282-4400

System Requirements

Microsoft® Windows 98, NT, 2000, ME, XP, VISTA, 7
Browsers: Internet Explorer 7.x or higher, or Firefox version 3.x or higher

Macintosh OS X
Browsers: Firefox version 3.x or higher, or Safari 3.x or higher.

Additional Requirements

▸ A high-speed connection with throughput of 256 Kbps or more is recommended to use audio and video components.

▸ Screen resolution: 1024 x 768 or higher

▸ CPU: 233MHz

▸ RAM: 128MB

▸ Flash Player 10 or higher

▸ You will need speakers or a headset to listen to audio and video components, and a microphone is necessary for recording activities.

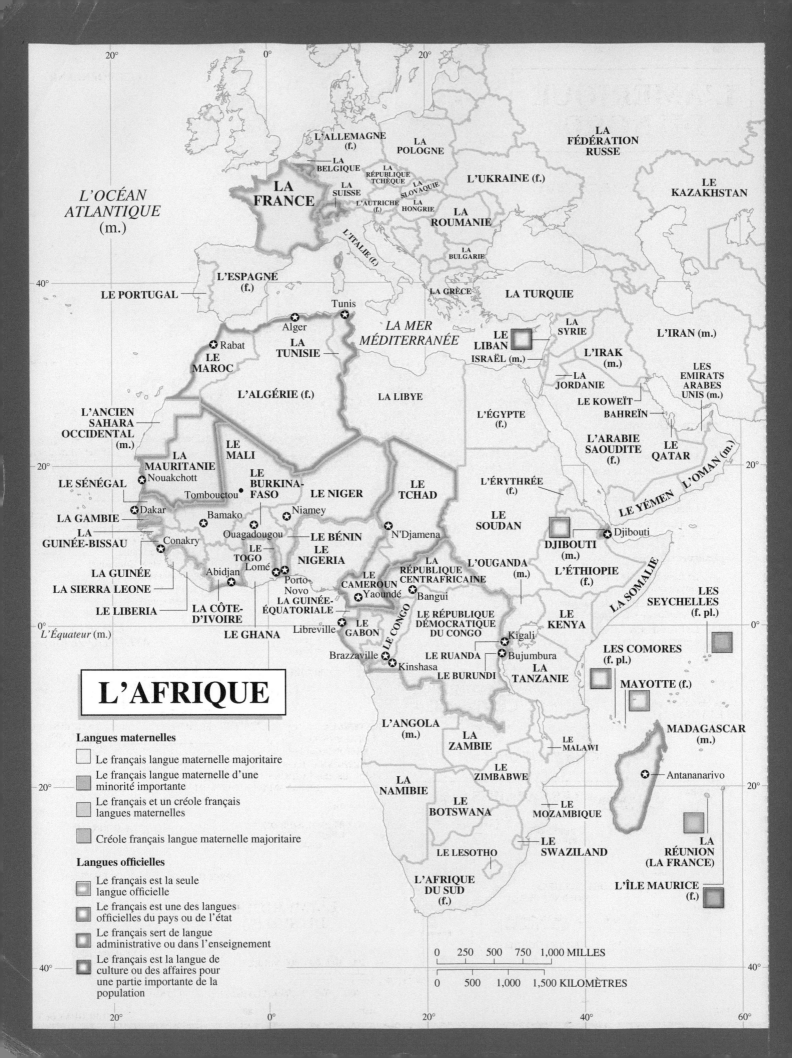

L'AFRIQUE

L'AFRIQUE

20° **0°** **20°**

L'ALLEMAGNE (f.)
LA POLOGNE
LA FÉDÉRATION RUSSE
LA BELGIQUE
LA RÉPUBLIQUE TCHÈQUE
LA SUISSE
LA SLOVAQUIE
L'UKRAINE (f.)
LE KAZAKHSTAN

L'OCÉAN
ATLANTIQUE
(m.)

LA FRANCE
L'AUTRICHE (f.)
LA HONGRIE
LA ROUMANIE
LA BULGARIE

40°
L'ESPAGNE (f.)
L'ITALIE (f.)
LA GRÈCE
LA TURQUIE
LE PORTUGAL
Tunis
Alger
LA SYRIE
LE LIBAN
L'IRAN (m.)
Rabat
LE MAROC
LA TUNISIE
ISRAËL (m.)
L'IRAK (m.)
LA JORDANIE
LES EMIRATS ARABES UNIS (m.)
L'ALGÉRIE (f.)
LA LIBYE
LE KOWEÏT
BAHREÏN
L'ANCIEN SAHARA OCCIDENTAL (m.)
L'ÉGYPTE (f.)
L'ARABIE SAOUDITE (f.)
LE QATAR
LE MALI
L'OMAN (m.)
LA MAURITANIE
Nouakchott
LE BURKINA-FASO
L'ÉRYTHRÉE (f.)
20°
LE SÉNÉGAL
Tombouctou
LE NIGER
LE TCHAD
LE SOUDAN
LE YÉMEN
Dakar
Bamako
Niamey
LA GAMBIE
LA GUINÉE-BISSAU
Ouagadougou
LE BÉNIN
N'Djamena
Djibouti
Conakry
LE TOGO
LE NIGERIA
DJIBOUTI (m.)
LA GUINÉE
Abidjan
Lomé
LE CAMEROUN
LA RÉPUBLIQUE CENTRAFRICAINE
L'OUGANDA (m.)
L'ÉTHIOPIE (f.)
LA SIERRA LEONE
Porto-Novo
Yaoundé
Bangui
LE LIBERIA
LA CÔTE-D'IVOIRE
LA GUINÉE-ÉQUATORIALE
LA SOMALIE
LES SEYCHELLES (f. pl.)
LE GHANA
Libreville
LE GABON
LE CONGO
LE RÉPUBLIQUE DÉMOCRATIQUE DU CONGO
LE KENYA
0°
L'Équateur (m.)
Brazzaville
Kinshasa
Kigali
LE RUANDA
Bujumbura
LES COMORES (f. pl.)
LE BURUNDI
LA TANZANIE
MAYOTTE (f.)
L'ANGOLA (m.)
MADAGASCAR (m.)
LA ZAMBIE
LE MALAWI
Antananarivo
20°
LA NAMIBIE
LE ZIMBABWE
LE BOTSWANA
LE MOZAMBIQUE
LA RÉUNION (LA FRANCE)
LE SWAZILAND
LE LESOTHO
L'AFRIQUE DU SUD (f.)
L'ÎLE MAURICE (f.)

LA MER MÉDITERRANÉE

Langues maternelles

- Le français langue maternelle majoritaire
- Le français langue maternelle d'une minorité importante
- Le français et un créole français langues maternelles
- Créole français langue maternelle majoritaire

Langues officielles

- Le français est la seule langue officielle
- Le français est une des langues officielles du pays ou de l'état
- Le français sert de langue administrative ou dans l'enseignement
- Le français est la langue de culture ou des affaires pour une partie importante de la population

0   250   500   750   1,000 MILLES

0   500   1,000   1,500 KILOMÈTRES

40°

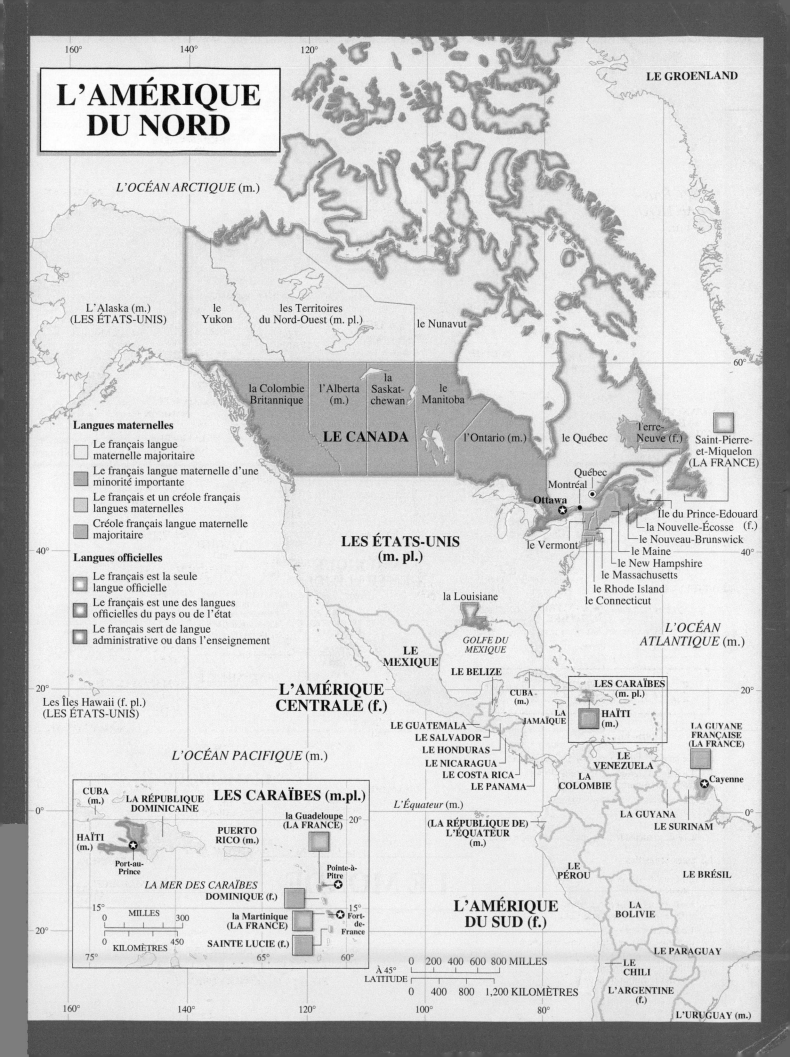

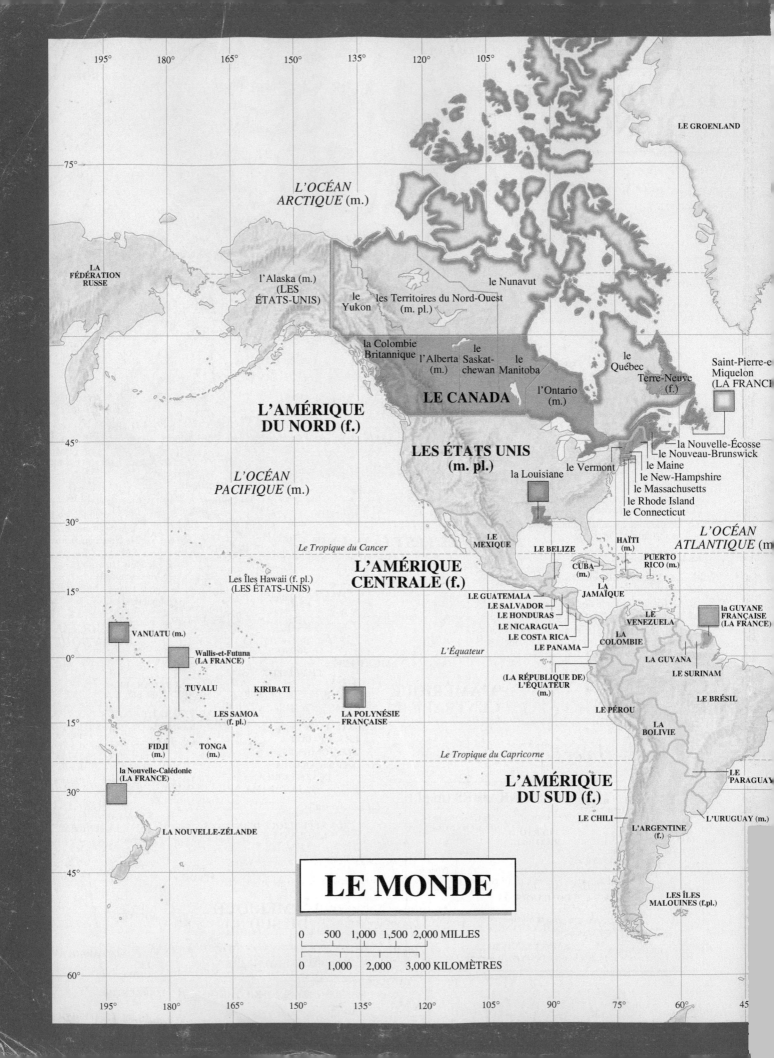

LE MONDE

195° 180° 165° 150° 135° 120° 105°

L'OCÉAN ARCTIQUE (m.)

LE GROENLAND

75°

LA FÉDÉRATION RUSSE

l'Alaska (m.) (LES ÉTATS-UNIS)

le Nunavut

le Yukon les Territoires du Nord-Ouest (m. pl.)

la Colombie Britannique l'Alberta (m.) le Saskat-chewan le Manitoba l'Ontario (m.) le Québec Terre-Neuve (f.) Saint-Pierre-e Miquelon (LA FRANCI

LE CANADA

L'AMÉRIQUE DU NORD (f.)

45°

LES ÉTATS UNIS (m. pl.)

la Louisiane le Vermont la Nouvelle-Écosse le Nouveau-Brunswick le Maine le New-Hampshire le Massachusetts le Rhode Island le Connecticut

L'OCÉAN PACIFIQUE (m.)

30°

Le Tropique du Cancer

LE MEXIQUE LE BELIZE HAÏTI (m.) *L'OCÉAN ATLANTIQUE* (m

PUERTO RICO (m.)

CUBA (m.)

L'AMÉRIQUE CENTRALE (f.)

Les Îles Hawaii (f. pl.) (LES ÉTATS-UNIS)

15°

LA JAMAÏQUE

LE GUATEMALA LE SALVADOR LE HONDURAS LE NICARAGUA LE COSTA RICA LE PANAMA

LE VENEZUELA la GUYANE FRANÇAISE (LA FRANCE)

VANUATU (m.)

LA COLOMBIE LA GUYANA LE SURINAM

Wallis-et-Futuna (LA FRANCE)

0°

L'Équateur

(LA RÉPUBLIQUE DE) L'ÉQUATEUR (m.)

TUVALU KIRIBATI

LE PÉROU LE BRÉSIL

LA POLYNÉSIE FRANÇAISE

LES SAMOA (f. pl.)

15°

LA BOLIVIE

FIDJI (m.) TONGA (m.)

Le Tropique du Capricorne

LE PARAGUAY

la Nouvelle-Calédonie (LA FRANCE)

L'AMÉRIQUE DU SUD (f.)

30°

LE CHILI L'ARGENTINE (f.) L'URUGUAY (m.)

LA NOUVELLE-ZÉLANDE

45°

LES ÎLES MALOUINES (f.pl.)

0   500   1,000   1,500   2,000 MILLES

0   1,000   2,000   3,000 KILOMÈTRES

60°

195° 180° 165° 150° 135° 120° 105° 90° 75° 60° 45